商業登記
ハンドブック

第3版

松井信憲 著

商事法務

第3版はしがき

　先般，会社法の一部を改正する法律（平成26年法律第90号）が成立し，平成27年5月1日から施行されることとなりました。改正法は，社外取締役等による株式会社の経営に対する監査等の強化や，株式会社及びその属する企業集団の運営の一層の適正化等を図るため，①監査等委員会設置会社制度の創設，②社外取締役等の要件の厳格化，③株式会社の完全親会社の株主による代表訴訟の制度の創設，④株主による組織再編等の差止請求制度の拡充等を内容としており，登記実務にも相当の影響を与えるものです。

　また，取締役等の就任の登記申請につき本人確認資料として住民票等を添付書面とすることなどを内容とする商業登記規則等の一部を改正する省令（平成27年法務省令第5号）が同年2月27日から施行されており，商業登記の真実性が一層確保されることが期待されています。

　これらの改正については，順次，立案担当者の解説や通達等が公表されているところですが，本書においても，これらを踏まえ，記述の内容を見直すこととしました。旧版と同様に，本書が商業登記実務の一助となることを祈るとともに，登記制度に関わる各位の御尽力により，改正法及び改正省令の理念が広く社会に根付いていくことを願っています。

　本書の改訂に際しては，株式会社商事法務の川戸路子氏及び庄司祐樹氏に多大な御配慮をいただきました。深く御礼を申し上げます。

　　平成27年4月

松 井 信 憲

第2版はしがき

本書を刊行して2年が経過しました。

その間，本年4月には，登記実務に影響を与える会社法施行規則等の一部改正省令が施行されましたが，全般的に，新しい会社法について，学者や実務家の方々の解説書やコンメンタール等が出版され，登記実務の取扱いも安定してきたと聞くようになりました。

そこで，今回，本書の内容を改めて見直し，初版刊行時には躊躇した持分会社に関する記述を新たに加筆するとともに，株式会社に関する記述についても，各種書籍における有力な見解を補充し，また，初版第2刷以後に御指摘いただいた記述の誤り等を補完することとしました。

持分会社については，人的会社に関する従来の議論がさほど多くはない上に，個別事例として定款自治の範囲も広く，本書が実務家の方々の疑問にどれだけ応えられるものか，心許ない限りですが，①初版と同じく，人的会社について積み重ねられた従前の取扱いを尊重し，その理由・考え方に関する文献を広く紹介すること，②合同会社について，合名会社及び合資会社の解釈が妥当するか否かを検討することに，特に留意するよう努めています。

私は，この春から佐賀地方裁判所に勤務し，事件記録中に登記事項証明書を幾度となく見ては，登記の完了に至るまでの法律専門家の御労苦や法務局職員の真摯な取組に思いを致し，会社法に則った実体法的判断と，それを必要な添付書面で確認して適正な公示を行うことの重要性を，再認識しています。ここに，本書が，そのような重要な役割を持つ商業登記実務の一助となることを，改めて祈るばかりです。

最後に，本書の改訂に際しては，株式会社商事法務の川戸路子氏に多大な御配慮をいただきました。心から御礼を申し上げます。

平成21年7月

松 井 信 憲

はしがき

　明治26年に商業登記制度が発足してから114年が，そして，会社法が施行されてから１年が経とうとしています。

　私は，平成15年４月から平成19年３月までの４年間，法務省民事局商事課に勤務し，商業・法人登記実務に接する機会を得ましたが，その間，具体的な事案に即して妥当な結論を得るべく積み重ねられた諸先輩の考え方を学びつつも，近時の法改正に伴い，いかなる点が変更されたのか，判断に迷う場面も少なくありませんでした。

　本書は，このような観点から，次の点に留意するよう努めています。

① 　私の理解する現時点の登記実務の在り方を正確に記述すること。

② 　会社法の下でも，従前の取扱いをなお参考にすべき事案が多く見られるため，その理由・考え方に関する文献を広く紹介すること。

③ 　会社法の解釈につき，条文の形式的な規定振りのみを根拠とせず，可能な限り，結論を導く実質的な理由を検討すること。

④ 　先般の著作権の存続期間延長に係る判決等を教訓に，現在示されている見解に解釈の危うさが残る箇所については，その旨及び複数の解釈のうち手堅いものを明らかにして，実務家の参考に供すること。

　商事課を離れるに当たり振り返ってみますと，私が，今まで商法・会社法・商業登記と向き合ってこられたのも，原田晃治法務省大臣官房審議官（当時）の熱意と御指導によるものであり，心から感謝の念にたえません。本書は，遅ればせながら，同審議官に対する私のレポートのようなものですが，商業登記実務の円滑な運用に，何らかのお役に立てば幸いです。

　最後に，本書の刊行に際しては，株式会社商事法務の菅野安司氏及び小野寺英俊氏に多大な御配慮をいただきました。厚く御礼を申し上げます。

　平成19年４月

松 井 信 憲

凡　例

1　法令の引用

内容は，平成27年5月1日時点のものとする。

本書における法令の略称は，次のとおりである。

括弧内	本文中	正式名称
法	会社法	会社法
施	施行規則	会社法施行規則
計	計算規則	会社計算規則
商登	商登法	商業登記法
商登規	商業登記規則	商業登記規則
整備法	会社法整備法	会社法の施行に伴う関係法律の整備等に関する法律
経過令	経過措置政令	会社法の施行に伴う関係法律の整備等に関する法律の施行に伴う経過措置を定める政令
旧商	旧商法	会社法整備法による改正前の商法
旧商特	旧商法特例法	会社法整備法による廃止前の株式会社の監査等に関する商法の特例に関する法律
旧有	旧有限会社法	会社法整備法による廃止前の有限会社法
社振	社債等振替法	社債，株式等の振替に関する法律
金商	金商法	金融商品取引法
民	民法	民法
登税	登税法	登録免許税法
登税規	登税規則	登録免許税法施行規則
情報利	情報通信技術利用法	行政手続における情報通信の技術の利用に関する法律

(8)　　　凡　　例

2　参考文献及びその略称

●相澤・一問一答
　　　相澤哲編著『一問一答　新・会社法〔改訂版〕』（商事法務，2009）
●相澤・論点解説
　　　相澤哲・葉玉匡美・郡谷大輔編著『論点解説　新・会社法』（商事法務，2006）
●坂本・一問一答
　　　坂本三郎編著『一問一答　平成26年改正会社法』（商事法務，2014）
●新版注釈会社法(1)～(15)・平成2年改正・平成5年改正・平成6年改正・平成9年改正
　　　上柳克郎ほか編『新版注釈会社法(1)～(15)・平成2年改正・平成5年改正・平成6年改正・平成9年改正』（有斐閣，1985～1991，1992・1996・1997・2000）
●会社法コンメ1～14・16～18・20・21
　　　江頭憲治郎・森本滋編集代表『会社法コンメンタール1～14・16～18・20・21』（商事法務，2008～2016）
●逐条会社法1～5
　　　酒巻俊雄・龍田節編集代表『逐条解説会社法1～5』（中央経済社，2008～2011）
●会社法大系1～4
　　　江頭憲治郎・門口正人編集代表『会社法大系1～4』（青林書院，2008）
●実務相談1～5
　　　稲葉威雄ほか編『新訂版実務相談株式会社法1～5』（商事法務，1992）
●商登法逐条解説
　　　商業登記実務研究会編著『新版商業登記法逐条解説』（日本加除出版，2005）
●書式精義（第3版，第5版上・下）
　　　登記研究編集室編『商業登記書式精義（全訂第三版，全訂第五版上・下)』（テイハン，2004，2012）
●味村・商業登記上・下
　　　味村治著『新訂詳解商業登記（上巻）』（きんざい，1996），『新訂詳解商業登記（下巻）』（きんざい，1996）
●鴻・先例百選
　　　鴻常夫ほか編『商業登記先例判例百選』（有斐閣，1993）
●清水・登税法詳解
　　　清水湛編著『登録免許税法詳解』（きんざい，1982）
●登記関係先例集上・下

法務省民事局編『登記関係先例集上・下』（帝国判例法規，1955）
- ●前田・会社法入門（第10版，第12版）
  前田庸『会社法入門（第10版，第12版）』（有斐閣，2005，2009）
- ●江頭・株式会社法
  江頭憲治郎『株式会社法（第6版）』（有斐閣，2015）
- ●江頭・株式会社有限会社法
  江頭憲治郎『株式会社・有限会社法（第4版）』（有斐閣，2005）
- ●郡谷・計算詳解
  郡谷大輔・和久友子編著，細川充・石井裕介・小松岳志・澁谷亮著『会社法の計算詳解（第2版）』（中央経済社，2008）

目　次

第3版はしがき・(1)

第2版はしがき・(3)

はしがき・(5)

凡　例・(7)

第1章
株式会社の設立の登記 1

1-1 設立の手続の概要————————————2

1-2 定款の記載例と留意点————————————3

1　商　　　号／4

2　目　　　的／9

3　本店の所在地／18

4　公告方法／19

5　発行可能株式総数，発行可能種類株式総数等／24

6　株式譲渡制限の定め／33

7　株券発行会社の定め／37

8　単元株式数／38

9　株主名簿管理人／40

10　会社に設置する機関／42

（12） 目 次

11 株主総会／*44*

12 取締役の員数等／*47*

13 代表取締役／*50*

14 取締役会／*52*

15 取締役の責任免除及び責任制限／*54*

16 監査役の員数等／*59*

17 監査役会／*63*

18 計 算／*64*

19 定款附則／*66*

20 現物出資等に関する定款附則／*73*

21 相対的記載事項についての整理／*77*

22 発起人の署名又は記名押印／*80*

1-3 **定款作成以後の手続**————————*82*

1 公証人の認証／*82*

⑴ 定款認証の手続等・*82*

⑵ 定款の変更と認証の要否・*85*

⑶ その他の場合の認証の要否・*86*

2 発起人の同意又は一致を要する手続／*87*

⑴ 発起人全員の同意を要する事項・*87*

⑵ 発起人の過半数の一致を要する事項・*88*

⑶ 発起人代表の適宜の決定によっても差し支えない事項・*89*

3 検査役の調査／*90*

4 出資の履行／*92*

⑴ 発起人による出資・*92*

⑵ 設立時募集株式の引受人による金銭払込み・*94*

目　　次　　*(13)*

5　設立時役員等の選任及び就任／*96*

　⑴　設立時役員等の選任の方法・*96*

　⑵　設立時役員等の就任・*97*

6　設立時取締役等による調査／*98*

7　創立総会／*99*

1-4　設立登記申請の手続───────────── *102*

1　登記申請書／*102*

2　添付書面／*108*

3　登記申請書の例／*118*

第 **2** 章

株式会社の変更の登記

131

2-1　総　　論───────────────── *132*

1　株主総会の決議／*133*

　⑴　株主総会と種類株主総会・*133*

　⑵　株主総会の決議事項・*136*

　⑶　決議要件・*137*

　⑷　招集手続等・*141*

　⑸　議 事 録・*144*

　⑹　株主総会の決議の省略・*151*

　⑺　主要株主の情報に関する添付書面（株主リスト）・*154*

2　種類株主総会の決議／*155*

　⑴　種類株式・*155*

(14) 目　次

⑵　種類株主総会の決議事項及び決議要件・*156*

⑶　種類株主に損害を及ぼすおそれがある場合の種類株主総会・*159*

⑷　そ　の　他・*160*

3　取締役会の決議／*161*

⑴　取締役会の権限・*161*

⑵　決議要件等・*165*

⑶　議　事　録・*170*

⑷　取締役会の決議の省略・*173*

4　取締役の過半数の決定／*175*

⑴　取締役の過半数の一致を要する事項・*175*

⑵　決定方法等・*177*

⑶　取締役の過半数の一致があったことを証する書面・*178*

5　主務官庁の許可／*178*

⑴　官庁の許可を要する事項・*178*

⑵　登記事項の変更年月日・*179*

⑶　目的上事業者の合併等の取扱い・*180*

6　登記事項証明書を添付すべき場合／*181*

2-2　商号，目的，本支店，支配人，公告方法，解散事由，資本金の額等の変更による登記————*182*

1　商号の変更／*182*

⑴　手　　続・*182*

⑵　本店所在地における登記手続・*182*

⑶　支店所在地における登記手続・*184*

2　目的の変更／*185*

⑴　手　　続・*185*

(2)　登記手続・*185*

3　本店移転（管轄区域外への移転）／*186*

　(1)　手　　続・*186*

　(2)　本店所在地における登記手続・*187*

　(3)　支店所在地における登記手続・*195*

　(4)　支店所在場所への本店移転・*196*

4　本店移転（管轄区域内の移転）／*199*

　(1)　手　　続・*199*

　(2)　本店所在地における登記手続・*199*

　(3)　支店所在地における登記手続・*200*

5　支店の設置，移転又は廃止／*200*

　(1)　手　　続・*200*

　(2)　本店所在地における登記手続・*201*

　(3)　支店所在地における登記手続・*202*

6　行政区画の変更と住居表示の実施等／*208*

　(1)　行政区画の変更・*208*

　(2)　住居表示の実施等・*209*

7　支　配　人／*210*

　(1)　支配人の選任・*210*

　(2)　支配人を置いた営業所を移転した場合等の取扱い・*211*

　(3)　支配人の代理権の消滅・*215*

8　公告方法の変更／*216*

　(1)　手　　続・*216*

　(2)　登記手続・*216*

　(3)　有価証券報告書提出会社に該当した場合の取扱い・*218*

（16）　目　　次

9　貸借対照表の電磁的開示のためのURLの設定，変更又は廃止／218

　⑴　貸借対照表の電磁的開示のためのURLの設定・218

　⑵　貸借対照表の電磁的開示のためのURLの変更・220

　⑶　貸借対照表の電磁的開示のためのURLの廃止・221

10　存続期間又は解散事由の設定，変更又は廃止／222

　⑴　手　　　続・222

　⑵　登記手続・223

11　貸借対照表上の資本金の額の変更／223

　⑴　準備金の資本組入れ・223

　⑵　剰余金の資本組入れ・227

　⑶　資本金の額の減少・228

2-3　株式に関する登記————————————————232

1　発行可能株式総数の変更／232

　⑴　手　　　続・232

　⑵　登記手続・237

2　株式の内容の変更（株式譲渡制限の定めの設定等を含む。）／239

　⑴　単一株式発行会社の場合・239

　　①　譲渡制限株式の定めの設定　239

　　②　譲渡制限株式の定めの変更又は廃止　245

　⑵　種類株式発行会社の場合・247

　　①　優先株式の定めの設定，変更又は廃止（剰余金の配当，残余財産の分配）　248

　　②　議決権制限株式の定めの設定，変更又は廃止　252

　　③　株式譲渡制限の定めの設定，変更又は廃止　253

　　④　取得請求権付株式の定めの設定，変更又は廃止　254

⑤ 取得条項付株式の定めの設定，変更又は廃止　*255*

⑥ 全部取得条項付種類株式の定めの設定，変更又は廃止　*256*

⑦ 拒否権付株式又は取締役等選解任権付株式の定めの設定，変更又は廃止　*257*

3　株券発行会社の定めの設定又は廃止／*258*

⑴　株券発行会社の定めの設定・*258*

⑵　株券発行会社の定めの廃止・*259*

4　単元株式数の設定，変更又は廃止／*261*

⑴　手　　続・*261*

⑵　登記手続・*262*

5　株主名簿管理人の設置，変更又は廃止／*263*

⑴　手　　続・*263*

⑵　登記手続・*264*

6　募集株式の発行／*266*

⑴　株主に株式の割当てを受ける権利を与えてする募集株式の発行（いわゆる株主割当て）・*266*

①　手　　続　*266*

②　登記手続　*274*

⑵　株主割当て以外の募集株式の発行（いわゆる第三者割当て）・*281*

①　手　　続　*281*

②　登記手続　*290*

7　取得請求権付株式等の取得と引換えにする株式の発行／*294*

⑴　取得請求権付株式の取得と引換えにする株式の発行・*294*

⑵　取得条項付株式の取得と引換えにする株式の発行・*296*

⑶　全部取得条項付種類株式の取得と引換えにする株式の発行・*299*

(4) 取得条項付新株予約権の取得と引換えにする株式の発行
・302

8 株式の消却／304

(1) 手　　続・304

(2) 登記手続・305

9 株式の併合／306

(1) 手　　続・306

(2) 登記手続・308

10 株式の分割／309

(1) 手　　続・309

(2) 登記手続・310

11 株式無償割当て／311

(1) 手　　続・311

(2) 登記手続・312

2-4 **新株予約権に関する登記**————————————314

1 募集新株予約権の発行／314

(1) 新株予約権の発行形態・314

(2) 手　　続・315

(3) 登記手続・329

2 取得請求権付株式等の取得と引換えにする新株予約権の発行／337

(1) 取得請求権付株式の取得と引換えにする新株予約権の発行
・337

(2) 取得条項付株式の取得と引換えにする新株予約権の発行
・340

(3) 全部取得条項付種類株式の取得と引換えにする新株予約権の発行・344

目　　次　　(*19*)

⑷　取得条項付新株予約権の取得と引換えにする新株予約権の発行・*346*

3　株式の分割・併合等に伴う新株予約権の登記の変更／*349*

　⑴　総　　論・*349*

　⑵　登記手続・*351*

4　新株予約権の内容の変更／*352*

　⑴　手　　続・*352*

　⑵　登記手続・*354*

5　新株予約権無償割当て／*356*

　⑴　手　　続・*356*

　⑵　登記手続・*358*

6　新株予約権の行使／*359*

　⑴　手　　続・*359*

　⑵　登記手続・*361*

7　新株予約権の消却，行使不能又は放棄／*365*

　⑴　新株予約権の消却・*365*

　⑵　新株予約権の行使不能・*366*

　⑶　新株予約権の放棄・*368*

8　新株予約権の行使期間の満了／*370*

　⑴　手　続　等・*370*

　⑵　登記手続・*370*

2-5　機関・役員等に関する登記────────*371*

1　会社に設置する機関／*371*

　⑴　総　　論・*371*

　⑵　登記手続・*374*

2　取締役及び代表取締役／*379*

(1) 取締役及び代表取締役の就任・*379*

  ① 取締役の選任手続　*379*

  ② 代表取締役の選任手続　*384*

  ③ 登記手続　*390*

(2) 取締役の退任・*403*

  ① 手　続　*403*

    (a) 退任事由　*403*

    (b) 取締役又は代表取締役としての権利義務を有する場合　*410*

  ② 登記手続　*414*

(3) 取締役の氏名（代表取締役の氏名・住所）の変更・*421*

3　会計参与／*423*

(1) 会計参与の就任・*423*

(2) 会計参与の退任・*427*

(3) 会計参与の合併・*432*

(4) 会計参与の氏名・名称の変更・*432*

(5) 計算書類等の備置き場所の変更・*432*

4　監査役／*433*

(1) 監査役の就任・*433*

  ① 総　論　*433*

  ② 選任手続　*434*

  ③ 登記手続　*446*

(2) 監査役の退任・*448*

  ① 手　続　*448*

  ② 登記手続　*452*

(3) 監査役の氏名の変更・*456*

5　監査役会／*457*

(1) 総　　論・*457*

(2) 登記手続・*457*

6　会計監査人／*460*

(1) 会計監査人の就任（重任を除く。）・*460*

(2) 会計監査人の重任・*463*

(3) 会計監査人の退任・*465*

(4) 会計監査人の合併・*470*

(5) 会計監査人の氏名・名称の変更・*472*

(6) 一時会計監査人の職務を行うべき者の就任・*473*

7　特別取締役／*475*

(1) 総　　論・*475*

(2) 登記手続・*476*

8　監査等委員会／*480*

(1) 総　　論・*480*

(2) 登記手続・*484*

9　指名委員会等及び執行役／*490*

(1) 総　　論・*490*

(2) 登記手続・*493*

10　役員等の責任免除の定めの設定，変更又は廃止／*498*

(1) 手　　続・*498*

(2) 登記手続・*502*

11　非業務執行取締役等の責任制限の定めの設定，変更又は廃止／*503*

(1) 手　　続・*503*

(2) 登記手続・*504*

12　社外性の喪失による社外取締役等の登記の抹消／*506*

(22)　目　次

⑴　総　論・*506*

⑵　登記手続・*507*

2-6　解散・清算等に関する登記─────────── *508*

1　解散及び清算人／*508*

⑴　解散及び最初の清算人の登記・*508*

⑵　清算人，代表清算人及び監査役の変更の登記・*517*

2　その他の登記事項の変更／*522*

3　会社の継続／*524*

⑴　手　続・*524*

⑵　登記手続・*525*

4　清算結了／*527*

⑴　手　続・*527*

⑵　登記手続・*528*

2-7　組織再編に関する登記─────────────── *530*

1　吸収合併，吸収分割及び株式交換／*530*

⑴　手　続・*530*

⑵　登記手続・*551*

2　新設合併，新設分割及び株式移転／*571*

⑴　手　続・*571*

⑵　登記手続・*573*

第 **3** 章
特例有限会社の登記

583

1 株式会社の特例／584

⑴ 商　　号・584

⑵ 株式の譲渡制限の定め・584

⑶ 機関及び役員・585

⑷ 計算書類の公告義務・587

⑸ 解散及び清算・587

⑹ 組織再編・588

2 通常の株式会社への移行／589

⑴ 手　　続・589

⑵ 登記手続・592

第4章
持分会社の登記
601

4-1　設立の登記──────────602

1 設立の手続の概要／602

2 定款の記載例と留意点／603

⑴ 社員の氏名・住所，出資及び責任・606

⑵ 持分の譲渡・610

⑶ 社員の相続及び合併・610

⑷ 業務執行社員及び代表社員・611

⑸ その他の留意点・612

⑹ 印　紙　税・615

3 定款作成以後の手続／616

⑴ 社員の過半数の一致等を要する手続・616

(24) 目　次

　　　　⑵　合同会社における出資の履行・617

　　　　⑶　業務執行社員である法人における職務執行者の選任・617

　　4　設立登記申請の手続／619

　　　　⑴　登記申請人・619

　　　　⑵　登記すべき事項・619

　　　　⑶　添付書面・621

　　　　⑷　登録免許税額・626

　　　　⑸　登記申請書の例・626

　　　　⑹　印鑑届書・630

4-2　商号，目的，本支店，支配人，公告方法，解散事由等の変更による登記————632

　　1　手　　続／632

　　2　登記手続／634

4-3　社員に関する登記————636

　　1　社員の加入／637

　　　　⑴　手　　続・637

　　　　⑵　登記手続・640

　　2　社員間の持分の移転／650

　　　　⑴　手　　続・650

　　　　⑵　登記手続・651

　　3　社員の退社／655

　　　　⑴　手　　続・655

　　　　⑵　登記手続・661

　　4　代表社員の変更／666

　　　　⑴　代表社員の就任・666

目　　次　(25)

　　　(2)　代表社員の退任等・669

　　　(3)　職務執行者の就任・退任・672

　5　業務執行権に関する変更／674

　　　(1)　合同会社における業務執行権の付与及び喪失・674

　　　(2)　業務執行権消滅の判決確定・677

　6　合資会社の社員の責任変更，出資目的の変更等／677

　　　(1)　無限責任社員及び有限責任社員の責任の変更・677

　　　(2)　有限責任社員の出資の目的又はその価額の変更・679

　　　(3)　有限責任社員が既に履行した出資の価額の変更・681

　7　社員等の氏名・名称及び住所の変更／682

　　　(1)　手　　続・682

　　　(2)　登記手続・683

4-4　**合同会社の資本金に関する登記**——————684

　1　資本金の額の増加／684

　　　(1)　社員の加入に伴う資本金の額の増加・684

　　　(2)　社員の出資の価額の増加に伴う資本金の額の増加・686

　　　(3)　出資履行請求権の資産計上又は資本剰余金の資本組入れに伴う資本金の額の増加・687

　2　資本金の額の減少／688

　　　(1)　退社に伴う持分払戻しによる資本金の額の減少・688

　　　(2)　出資の払戻しによる資本金の額の減少・690

　　　(3)　損失の塡補による資本金の額の変更・692

4-5　**持分会社の種類の変更の登記**——————694

　1　手　　続／694

　　　(1)　定款変更による持分会社の種類の変更・694

　　　(2)　法律上当然の持分会社の種類の変更・695

（26）　目　　次

2　登記手続／696

4-6　解散・清算等に関する登記―――――――――――　703

1　解散及び清算人／703

⑴　解散及び最初の清算人の登記・703

⑵　清算人及び代表清算人の変更の登記・713

2　その他の登記事項の変更／717

3　会社の継続／719

⑴　手　　　続・719

⑵　登記手続・720

4　清算結了／723

⑴　手　　　続・723

⑵　登記手続・724

第 **5** 章
嘱託による登記

727

1　株主総会決議の無効等に関する裁判／728

2　合併の無効に関する裁判／734

3　清算人に関する裁判／737

4　破産手続に関する裁判／740

判例・先例索引・743

第1章

株式会社の設立の登記

設立の手続の概要

　株式会社の設立の手続は，次の**図表1−1**のとおり，おおむね，①定款の作成，②出資の履行，設立時役員等の選任その他の実体形成手続及び③設立の登記から成っている。
　第1章では，これらの各段階に沿って，留意点を示すこととする。

図表1−1　株式会社の設立手続

発起人による定款の作成
 →
- 公証人による定款認証
- 社員の確定及び財産的基礎の確立
  ・発起人による出資
  ・募集設立では，更に，引受人の募集及び引受人による金銭払込み
- 機関の具備（設立時役員等）
  ・発起設立では，発起人による選任
  ・募集設立では，創立総会による選任
- 設立時取締役等による設立手続の調査

 → 設立登記申請

1-2 定款の記載例と留意点

定款の記載例については，次のようなモデルが公表されている。
以下，代表的な定款の記載例を掲げた上で，留意点を示すこととする。

① **日本公証人連合会の記載例**（http://www.koshonin.gr.jp/index2.html）
  (a) 小規模会社向け（非公開会社。取締役1名。取締役会，監査役及び会計参与は非設置）
  (b) 小規模会社向け（非公開会社。取締役2名以上。取締役会及び監査役は非設置。会計参与を設置）
  (c) 中規模会社向け（非公開会社。取締役3名以上。取締役会及び監査役を設置）
  (d) 大会社向け（公開会社。取締役会，監査役会及び会計監査人を設置）

② **全国株懇連合会の記載例**（下山祐樹「全株懇「定款モデル」の解説」旬刊商事法務1761号32頁）
  大会社向け（公開会社。取締役会，監査役会及び会計監査人を設置。剰余金配当等を取締役会で決定するもの）
  なお，全上場会社の株券電子化への移行を前提として，平成20年8月，上記定款モデルの改正が行われている（旬刊商事法務1842号53頁）。

1 商 号

（商号）

第〇条　当会社は，〇〇株式会社と称し，英文では，〇〇〇Co., Ltd.
　　　と表示する。

⑴　使用可能な文字等

　商号の登記に用いることができるのは，日本文字のほか，ローマ字その他
の符号で法務大臣の指定するものに限られる（商登規50条，平成14年法務省告
示315号）。

　ローマ字その他の符号としては，次のものがこれに該当する。

①　ローマ字（AからZまでの大文字及びこれらの小文字）

　　ローマ字を用いて複数の単語を表記する場合に限り，当該単語の間を
　空白（スペース）によって区切ることも差し支えない。

②　アラビヤ数字（0 1 2 3 4 5 6 7 8 9）

③　次の符号

(a)　「&」（アンパサンド）

(b)　「'」（アポストロフィー）

(c)　「,」（コンマ）

(d)　「－」（ハイフン）

(e)　「.」（ピリオド）

(f)　「・」（中点）

　なお，上記(a)から(f)までの符号は，字句（日本文字を含む。）を区切る際
の符号として使用する場合に限り用いることができ，会社の種類を表す部分
を除いた商号の先頭又は末尾に用いることはできない。ただし，ピリオドに

ついては，その直前にローマ字を用いた場合に省略を表すものとして，会社の種類を表す部分を除いた商号の末尾にも用いることができる（http://www.moj.go.jp/MINJI/minji44.html）。

　実務上「○○（○○）株式会社」のように，商号の登記に用いることができない「（」（カッコ）という符号を用いた申請や，「株式会社○○Ⅲ」のようにローマ数字を用いた申請が誤ってされる場合があるので，注意が必要である。

参考先例等１－１

1　具体的に，商号の登記の認められる例及び認められない例は，次のとおりである（平14・7・31民商1841号通知，大西さおり「商業登記規則等の一部を改正する省令等の施行に伴う登記事務の取扱いについて」登記研究661号175頁）。
　（認められる例）
　　東京・ＡＢＣ・２００２商事株式会社
　　株式会社Ｄ．Ｇ．
　　大阪Ａｉｒ　Ｃａｒｇｏ株式会社
　　株式会社Ａ＆Ｂ
　　株式会社ｄｏｔ－ｃｏｍ
　（認められない例）
　　’７０株式会社　　　　　（会社の種類を表す部分を除いた商号の先頭に符号を用いているため）
　　株式会社＆Ａ　　　　　（同上）
　　株式会社・　　　　　　（符号が字句を区切るものでないため）
　　株式会社ＴＯＫＹＯ，．（コンマが字句を区切るものでないため）
　　鈴木　太郎株式会社　　（日本文字の間にスペースがあるため）
2　日本文字につき，平仮名で表記した商号にも長音符号「ー」を用いることができる（平14・8・14民商1960号通知，登記研究658号203頁）。
3　外国会社の商号の表示は，本国において商号を漢字で表記する場合を除き，その種類を表す部分を含めて日本文字，ローマ字，アラビヤ数字その他の符号（アンパサンド，アポストロフィー，コンマ，ハイフン，ピリオド及び中点）以外の文字によって表されている場合には，当該商号の発音どおり片仮名で表示するのが相当であるが，ローマ字その他の符号で法務大臣が指定す

るもので表されている場合には，当該ローマ字等で登記することもできる（商登法逐条解説594頁は，ローマ字商号制度の導入に伴い，平5・11・5民四6928号通知及び登記研究556号136頁を修正する上記の見解を示している。）。

⑵　商号の選定に関する制限

①　「株式会社」という文字の使用

株式会社は，その商号中に「株式会社」という文字（特例有限会社にあっては，「有限会社」という文字）を用いなければならない（法6条2項，整備法3条1項）。

なお，商号中の「株式会社」の文字は，片仮名又は平仮名をもって表示することはできない（登記研究124号47頁）。

②　法令による名称使用制限

銀行業，保険業，信託業等の公益性の高い事業については，法令の規定により，当該事業を営む者はその商号中に「銀行」，「生命保険」，「信託」等の文字を使用しなければならず，それ以外の者は銀行，保険会社，信託会社等であると誤認されるおそれのある文字を使用してはならないとされる場合が多い（銀行法6条，保険業法7条，信託業法14条）。

制限に係る文字に他の文字を付加した商号について，名称使用制限に抵触するか否かの判断が難しい場合もあるが，他の文字の付加により明白に誤認のおそれがなくなるかどうかという見地から，個別に判断するほかない（鴻・先例百選36頁）。

参考先例等1-2

1　名称使用制限に抵触するとされたもの
　⒜　有限会社バンク（昭45・11・12民四5754号回答）
　⒝　株式会社野村保険（昭53・2・21民四1200号回答），株式会社山田総合保

険（登記研究616号152頁）

(c)　株式会社〇〇信託（昭34・3・9民事甲464号通達，登記研究137号38頁）

(d)　株式会社信用身元保証協会（信用保証協会法3条2項違反。昭54・2・16民四911号回答）

(e)　株式会社〇〇サービサー（ただし，引越サービサーのように他の業態を表す文字と相まって債権回収会社でないことが明白な場合を除く。登記研究634号149頁），株式会社〇〇債権管理回収機構，株式会社〇〇債権回収センター（債権管理回収業に関する特別措置法13条2項違反。黒川弘務『逐条解説サービサー法（新版）』102頁（金融財政事情研究会，2003））

2　名称使用制限に抵触しないとされたもの

(a)　株式会社データ・バンク（旬刊商事法務1017号44頁），株式会社メディアバンク（登記研究438号98頁）

(b)　有限会社四日市損保事務所（昭43・8・21民四635号回答），株式会社山田総合保険事務所，株式会社山田総合保険サービス，株式会社山田総合保険企画（登記研究616号152頁）

(c)　株式会社NPO（特定非営利活動促進法4条には違反しない。平14・7・31民商1841号通知）

③　公序良俗に反する商号の禁止

公序良俗に反する商号は，使用することができない（民90条）。

商号が公序良俗に反するか否かについては，会社の事業目的との関連をも考慮して，個別に判断する必要があるが，次の参考先例等がある。

参考先例等1－3

1　出版物の印刷，発行及び販売を営業目的とする個人商人がする「公安調査機関」又は「公益社団日本探偵調査士連合会」という商号の登記の申請は，商登法24条10号により却下すべきである（昭53・7・14民四3956号回答，登記研究372号77頁）。

2　「株式会社東京都住宅相談所」又は「株式会社東京都住宅センター」という商号を用いた設立登記は，民間の機関であることが一応分かるため，一般的には受理されるが，主体を誤認させて取引をする一般人に損害を与える等，現実に公序良俗に反する場合には，そのような商号を用いた設立登記は受理されない（神崎満治郎「官公署の名称と類似する商号を用いた会社設立登記

申請の受否」旬刊商事法務923号40頁）。

④ その他

商号に関するその他の参考先例として，次のものがある。

(a) 会社本店の商号中に「支店」，「支社」，「支部」，「出張所」という文字を用いて登記することはできない（大10・10・21民事2223号回答，登記関係先例集上1005頁）。ただし，この中で，商号中に「支部」という文字を用いることについては，そのような組織の実態が様々であるという実情等を踏まえ，登記することができると変更された（平21・7・16民商1678号回答，法人税法施行令5条1項29号リ参照）。

(b) 会社の商号中に「代理店」又は「特約店」という文字を使用することは，差し支えない（昭29・12・21民事甲2613号回答，登記関係先例集下2504頁）。

(c) 会社の商号中に，「事業部」，「不動産部」，「出版部」，「販売部」のように，会社の1営業部門を示すような名称を用いることはできない（登記研究404号137頁）。

(3) 同一商号・同一本店の禁止

　他の株式会社が既に登記した商号と同一の商号を用い，かつ，その本店の所在場所が当該他の株式会社の本店の所在場所と同一であるときは，登記をすることができない（商登27条）。

　「同一の商号」とは，会社の種類を表す部分を含め，商号全体の表記そのものが完全に一致することをいう。漢字と平仮名のように，読み方が同一であっても表記が異なるときは，同一の商号には当たらない。商登法27条の趣旨は，会社の同一性を誤解することによる社会の混乱を回避する点にあるから，現存する会社である限り，清算手続中の会社についても同条の規律は妥当するが，清算結了後の閉鎖登記簿に係る会社については同条の規律は妥当しない。

「同一の本店」とは，既に登記された他の会社の本店の所在場所と区分することができない場所に本店があることをいう。例えば，他の会社の本店が「○○ビル」と既に登記されているときは，同一商号の会社は，本店を「○○ビル○階」として登記することはできない。

なお，登記官においても，登記情報システムのコンピュータ検索機能を利用して，商登法27条に関する審査を行っている。

同一商号・同一本店の関係にない場合は，商登法27条には抵触しないが，不正の目的をもって他の会社と誤認されるおそれのある商号等を使用する者は，その侵害の停止又は予防の請求の訴え（法8条）を提起されるおそれがあるので，注意を要する。

■2 目 的

（目的）
第○条 当会社は，次の事業を営むことを目的とする。
一 ………………
二 ………………
三 前各号に附帯関連する一切の事業

---

(1) 具 体 性

会社の目的をどの程度具体的に定めるかは，会社が自ら判断すべき事項であり，登記官による審査の対象とはならない（平18・3・31民商782号通達）。

これは，①会社法の制定に伴い類似商号規制が廃止されたこと，②会社の権利能力の範囲を決する「目的の範囲内の行為」という基準は，定款に明示された目的自体に限られず，その目的を遂行する上で直接又は間接に必要な行為であれば全てこれに包含されると解されており，会社の目的を細分化す

る必要がないこと，③具体性がない目的が定款に定められ，登記簿により公示されることに伴う不利益（会社の具体的な事業内容が明らかでないこと，取締役の目的外行為の差止請求が困難になること等）があったとしても，当該不利益は当該会社の構成員や当該会社を取引相手とした債権者その他の利害関係人が自ら負担すべきものと解することで足りること等の観点から，登記実務の取扱いが変更されたものである。

　これを受けて，実務的には，個別具体的な事業を掲げた上で，最後に「その他適法な一切の事業」とする会社の目的の登記も見られるが，特に，上記③の不利益があり得ることや，主務官庁の監督を受ける事業に関して目的の具体性をどの程度まで緩和することができるかについては，なお注意が必要である。

(2)　明　確　性

　会社の目的の明確性は，目的の具体性と同義で用いられる場合もあるが，「語句の意義が明瞭であり一般人において理解可能なこと」という意味（法務省民事局第四課職員編『会社の商号と事業目的（新訂第二版）』83頁（商事法務，1990））においては，会社法の制定後も，なお必要な要件である。

　そのため，目的の記載中に特殊な専門用語，外来語，新しい業種を示す語句等が使用されているときは，従来どおり，通常の国語辞典や現代用語辞典（広辞苑，イミダス，現代用語の基礎知識等）に当該語句の説明があるか等を参考にして判断されることとなる。

　なお，法令に用いられている語句は，一般に明確性を有すると考えられている（ただし，目的の記載中に法令名や条文番号を掲げる例がよく見られるが，法改正があった場合に定款変更の煩雑さを伴うので，可能な限り避けることが望ましい。）。

■2 目　　的　　*11*

参考先例等1－4

　従来，目的の登記にローマ字を用いることはできないという取扱いをしてきたが，「OA機器」，「H型鋼材」，「LPガス」，「LAN工事」，「NPO活動」等，ローマ字を含む表記方法が社会的に認知されている語句は，目的の明確性の要請に反しない限り，目的の登記に用いても差し支えない（平14・10・7民商2364号回答，登記研究664号150頁）。

⑶　適 法 性

　強行法規又は公序良俗に反する事業を目的とすることはできない（民90条）。しばしば問題となる例として，次のものがある。

①　営業開始につき行政庁の許認可を要する場合において，当該許認可を受ける前に当該事業を会社の目的に掲げることの可否

　一般に，銀行業等のように事業の開始について行政庁の許認可を要する場合（銀行法4条1項等）でも，会社成立後に正式に許認可を受けることになるため，当該事業に係る定款中の目的の定めが直ちに無効であるとは解されていない。

　ただし，当該事業を営むには資本金の額が一定額以上であることを要する場合（銀行法5条等）において，その一定額に満たない額を資本金の額とする設立の登記が申請されたときは，通常，そのまま許認可を受ける可能性がなく，許認可を受けずに当該事業を営むときは刑事罰の対象にもなること等から，当該申請は受理することができないと解されている（下記**参考先例等1－5**の3から5まで参照）。

参考先例等1－5

1　非訟事件手続法150条ノ2（現商登19条）並びにその準用規定により登記申請書に添付すべき許可又は認可を証する書面については，当該許可又は認可が登記すべき事項の効力要件である場合に限りこれを添付すべく，例えば営

業許可のごとく当該許可又は認可が登記事項の効力要件でない場合には，その添付を要しない（昭26・8・21民事甲1717号通達，登記研究45号25頁，鴻・先例百選14頁）。

2　銀行業を営むことを目的とする株式会社の設立の登記を申請する場合には，主務大臣の免許を証する書面の添付を要しない。

3　資本金50万円の「銀行営業を目的とする」株式会社設立の登記申請は，受理しないのが相当である（上記2及び3につき，昭31・11・15民事甲2633号回答，登記研究109号41頁）。

4　商号中に銀行の文字を用いて長期信用銀行法6条に規定する事業を営むことを目的とし，資本の額が法定の最低資本金の額（200億円。同法3条1項，同法施行令1条）に満たない株式会社の設立の登記の申請について，同法4条1項の規定による営業の免許を受けようとする場合に行われる同法施行規則2条に基づく予備審査が終了し，金融庁長官からその通知が行われ，当該通知が申請書に添付されている場合には，後に同法4条1項の規定による営業の免許を受けるまでに資本の額が法定の最低資本金の額を満たすことが確実であると認められることから，当該設立の登記の申請は受理して差し支えない。この場合には，当該予備審査の終了通知は，商登法19条の規定の類推適用により，申請書の添付書面になる（平13・12・25民商3126号通知，登記研究653号160頁）。

5　金融商品取引業を行う旨を目的の1つに掲げる株式会社の設立登記の申請において，当該株式会社の資本金の額が当該事業者の登録の要件として法令により定められた額に満たない場合であっても，当該株式会社が金融商品取引業者に紛らわしい商号を用いているものでない限り，これを受理して差し支えない（上記3及び4の先例と異なり，商号中に特定の業態を示す文字の使用が義務付けられていない業種に関する事案。平20・10・2民商2653号回答）。

6　債権回収会社に係る法務大臣の許可は，効力要件ではないので，法務大臣の許可書は，設立等の登記の申請書に添付することを要しない（平11・1・27民四137号通知，登記研究634号137頁）。

　なお，従来「債権取立て」又は「債権回収」等を目的に掲げる会社の設立は，弁護士法に違反する違法行為を目的に掲げるものとして，登記実務上，設立の登記が認められなかったが，債権管理回収業に関する特別措置法の施行後は，商号中に「債権回収」という文字を用いて，上記の目的を掲げる会社の設立の登記（債権管理回収業の許可を受けていない段階のもの）が可能となっている（黒川弘務『逐条解説サービサー法（新版）』67頁（金融財政事情研究会，2003））。ただし，商号中に「債権回収」という文字を用いることなく，上記の目的を掲げる会社の設立の登記は，前記3の先例と同様に，受

理されないものと考えられる（上記平成11年通知参照）。

②　資格者の行うべき事業を会社の目的に掲げることの可否

　法令上，弁護士，司法書士等の資格者に限り行うことができる事業については，資格者以外の者が目的とすることはできない。

参考先例等1−6

1　弁護士法72条関係

　「割賦債権買取業務」及び「集金代行業務」という目的は，弁護士法73条には抵触しない（昭54・12・24民四6466号回答，登記研究401号150頁）。

　「債権取立て」又は「債権回収」等を目的に掲げる会社の設立の登記が可能となったことについては，前記**参考先例等1−5の6**を参照されたい。

　なお，これと同様に，従来，業として和解の仲介を行うことを目的に掲げる会社の設立の登記は，弁護士法72条に違反するとして認められていなかったが，裁判外紛争解決手続の利用の促進に関する法律の施行日（平成19年4月1日）以後は，民間紛争解決手続の業務につき法務大臣の認証を受けていない段階で，和解の仲介を行う裁判外紛争解決手続を行うことを目的に掲げる会社を設立することも，可能となる（このように，株式会社に禁じられていた事業が，一定の営業許可制度の下に株式会社に許容されることとなったときは，原則として，許可前に当該事業を目的に掲げて設立の登記をすることが可能となる。ただし，当該事業につき最低資本金規制や名称使用制限がある場合については，前記**参考先例等1−5の3から6まで**を参照されたい。）。

2　司法書士法73条関係

　司法書士の業務の主体となり得るのは，司法書士個人に限るから，会社の名においてその業務を営むことは許されない（「司法書士の事務所の経営」という目的に関する昭27・7・21民事甲1047号回答，登記研究58号28頁。なお，現在では，司法書士の業務は，司法書士法人にも許されている。）。

3　行政書士法1条の2関係

　「諸官庁に提出する書類作成代行業務」を目的とする株式会社の設立の登記申請は，受理しないのが相当である（昭39・1・24民事甲167号回答，登記研究197号54頁）。

③ その他強行法規違反となるか否かが疑わしい場合

　上記以外にも，各種法令の解釈上，株式会社が一定の事業を行うことができるか否かの判断が難しい場合があり，先例の一部を示すこととするが，近時，構造改革特別区域法（平成14年法律第189号）等により株式会社が行うことができる事業の範囲が拡大している（農地の耕作，特別養護老人ホームの設置，学校の設置等）ので，注意を要する。

参考先例等 1 － 7

1　理髪師，美容師である者が理髪，美容に関する一切の業務を行うことを目的とする有限会社設立登記の申請は，受理してよい（事実行為についての資格に関する昭30・2・18民事甲354号回答，登記研究89号37頁）。

2　「産婦人科病院経営」等を目的とした株式会社設立登記申請は，受理して差し支えない（昭30・5・10民四100号回答，医療法7条6項，構造改革特別区域法18条）。

3　農地法の一部改正により，平成13年3月1日からは，株式会社についても定款に株式の譲渡につき取締役会の承認を要する旨の定めがあれば，農業生産法人となることが可能となったので，同日以後は，株式会社が「農業」を目的にすることができる（登記研究638号167頁。なお，平成21年の農地法改正後は，農業生産法人以外の法人も，農地を借り入れて農業を行うことができる。また，平成28年の農地法改正により，農業生産法人という呼称は農地所有適格法人に変更された。農地法3条3項）。

4　「水稲の生産販売」を目的中に含めた有限会社の設立登記も，受理して差し支えない（昭36・8・30民事甲2091号回答。当時は，会社が農地の使用収益権を取得することは原則として許可されないという法制であったが，自ら山林を開墾して農地とすることは禁止されていないこと等から，この先例が発出されたものと考えられている。味村・商業登記上472頁）。

5　構造改革特別区域法12条1項の規定により，株式会社が学校教育法4条1項の文部科学大臣等の認可を受けて学校を設置する場合の目的変更の登記申請には，商登法19条の規定により，当該認可書等の添付を要する（平16・6・18民商1765号回答。なお，本件において認可が効力要件と解された特殊性については，後記2－1の■5の(1)参照）。

④ 法律の施行前に，当該法律で規律される事業を会社の目的に掲げることの可否

　一般に，新たに法律で規律される事業についても，当該法律の施行前に包括的な禁止規定が存在していない限り，当該法律の施行前にこれを会社の目的とする登記の申請があったときは，これを受理して差し支えないとされている。ただし，速やかに営む予定のない事業を目的に掲げることは適切ではないので，会社において，当該法律の施行後に当該事業を開始する意図であるときは，当該法律の施行を停止条件として定款を変更する措置をとることが望ましいと思われる。なお，定款の目的の記載中には，未施行の法律の題名を引用しないことが望ましいが，仮に引用した場合でも，当該法律によって特定される一定内容の事業という意味として，登記の申請は受理される取扱いが多いようである。

　これに対し，既存の法令において包括的な禁止規定が存在する分野において，新たに法律で定義された事業が一定の規制の下に許容される場合には，当該法律の施行前にこれを会社の目的とすることはできない（目的の追加にあっては，当該法律の施行を停止条件として定款変更の決議をしなければならない。）。

参考先例等1－8

1　介護保険法（平成9年12月17日公布，平成12年4月1日施行）に規定する介護サービスを業として行うために必要な目的の変更に係る株主総会の特別決議及び登記の申請は，同法の施行前であっても行うことができる（横山亘「介護保険法施行前に同法に定める事業を会社の目的とすることの可否」旬刊商事法務1529号42頁。介護保険法の規定する指定事業者であると否とにかかわらず，介護事業を行うこと自体は禁止されていなかったもの）。

2　公表された先例ではないが，上記1に類するものとして筆者の見聞した例として，道路交通法の一部を改正する法律（平成16年法律第90号）の施行日（平成18年6月1日）前に，目的に「放置車両の確認及び標章の取付に関する事務並びに放置違反金に関する事務の請負」を追加する変更登記申請を受理したものがある。

16　　　1-2　定款の記載例と留意点

3　特定目的会社による特定資産の流動化に関する法律の施行に伴う関係法律の整備等に関する法律案等が可決され，各法律が成立し，施行されると同時に，新たに追加される証券業務を行うこと等が可能となるよう，各法律の成立前に，銀行の定款の目的に「国債，地方債，政府保証債以外の有価証券に係る引受けの業務」のように追加し，その変更の登記の申請をした場合には，これを受理することができる。なお，この取扱いは，現行の銀行法及び証取法上，銀行が国債，地方債又は政府保証債以外の有価証券に係る引受け等を一定の範囲で行うことができることとされていることによるものであり，定款の目的につき，各法律の施行により初めて行うこととなる業務を具体的に列挙する形での変更を行う場合には，各法律の施行を停止条件としてその変更の決議を行うべきである（平10・5・22民四986号通知，登記研究610号136頁）。

4　公表された先例ではないが，既存の法令において包括的な禁止規定が存在する分野に関するものとして筆者の見聞した例として，裁判外紛争解決手続の利用の促進に関する法律の施行日（平成19年4月1日）前に，目的に「裁判外紛争解決手続に関する業務」を追加することは，弁護士法72条に違反して許されないとしたものがある。

⑷　営　利　性

株式会社は，その株主に利益配当請求権又は残余財産分配請求権が認められている（法105条2項）ことから明らかなとおり，対外的事業活動を通じて上げた利益を構成員に分配するものであり（相澤・一問一答23頁，江頭・株式会社法21頁，68頁），その意味では，例えば「政治献金」のように，当該会社において利益を取得する可能性の全くない事業は，これを会社の目的として掲げる適格性を欠くものと解される（昭40・7・22民四242号回答）。

ただし，当該事業によって利益を得る可能性があれば，公益性の認められる事業であっても，法律で禁止されていない限り，会社の目的として掲げることができる。産婦人科病院経営を目的とした株式会社設立登記申請を受理して差し支えない（昭30・5・10民四100号回答）としたのも，その例である。

（注1）　持分会社の営利性

持分会社については，会社法105条2項の営利性に相当する規定はなく，

利益の配当，出資の払戻し及び残余財産の分配に関する事項は定款自治に委ねられている（法621条２項，624条２項，666条）が，株式会社と同様に，社員の一切の経済的利益を否定する旨の定款の定めは，会社の本質に反するものとして無効と解する見解が有力である（神作裕之「一般社団法人と会社－営利性と非営利性」ジュリスト1328号39頁）。

（注２）　営利性と登記簿上の会社の目的

　　商法学において，一般に「営利性」とは，対外的事業活動を通じて得た利益を社員に分配することと定義されており，このような営利性の問題（事業活動の成果を構成員に分配するか否かという問題）は，本来，登記簿（定款）上の会社の目的（事業内容の種別）とは異なるものである（上記**（注１）**の神作論文43頁）。

　　登記簿（定款）上の会社の目的には，本文の記述のとおり，基本的に，直接利潤を獲得する事業の内容のほか，公益的事業の内容をも広く掲げることができるが，業として全く利益を得る可能性すらない行為（商法学にいう営利性（分配可能性）に繋がる余地のない行為）については，これを掲げることができないという関係にあるものと思われる。

⑸　そ　の　他

　100％出資の子会社を有する親会社の目的の記載については，従前は，子会社の営む事業をそのまま具体的に列挙する方法によっていたが，平成９年の独占禁止法の一部改正による持株会社の解禁を機として，「○○業を営む会社の株式を所有することにより，当該会社の事業活動を支配・管理すること」等の例も許容されるようになった（登記研究614号164頁。子会社の事業を全く示さない例まで許されるか否かについては，これを許容すると同一市区町村内で複数の持株会社の存在を認めないこととなってしまう類似商号規制との関係で，なお解釈に委ねられていた。座談会「改正商法に基づく株式交換・株式移転の実務」旬刊商事法務1539号13頁）。

　会社法の制定後も，次の**参考先例等１－９**の１及び２はなお維持されているが，類似商号規制が廃止されたこと，目的の具体性が登記所において審査されないこと等を踏まえると，親会社の持株事業については一層柔軟な記載方法が可能となり，親会社の目的の記載そのものが子会社のそれを形式的に

包含する必要もなく，当該目的を達成するために必要又は有益な行為か否か
という観点からみて，子会社を保有することが親会社の目的（権利能力）の
範囲内にあれば足りるものと考えられる。

参考先例等１－９

1　株式会社が他の株式会社の設立発起人となった定款の認証の嘱託があった
場合には，他の株式会社の発起人となることが当該株式会社の目的の範囲内
にあることを公証人において確認した上，定款の認証をなすべきである。な
お，定款に「他の会社設立の発起人となる」旨の定めがないからといって直
ちに目的の範囲外と判断することは相当でないので，念のため申し添える
（昭35・6・9民事甲1422号回答）。

2　会社が発起人となっている株式会社の設立登記の申請がされた場合，添付
書類によって，申請に係る会社設立の発起行為が明らかに会社の目的の範囲
外のものと認められない限り，当該登記申請を受理せざるを得ない（昭56・
4・15民四3087号回答，登記研究403号65頁，鴻・先例百選66頁）。

■ 3　本店の所在地

（本店の所在地）
第○条　当会社は，本店を東京都○○区に置く。

⑴　定款記載事項

　定款に記載すべき本店の所在地は，最小行政区画である市町村（東京都の
特別区を含み，政令指定都市にあっては市）により表示すれば足り，何丁目
何番地まで表示する必要はない（大13・12・17民事1194号回答，登記関係先例
集上1034頁）。

　なお，支店の所在地は，定款で定める必要はない。

定款記載の最小行政区画内における具体的な本店の所在場所の決定は，設立時にあっては発起人の過半数により行い，会社成立後にあっては会社の業務執行の意思決定機関（取締役の過半数，取締役会等）により行う。この場合，ビルの一室に会社の本店があるときの登記申請書に記載すべき本店所在場所の表示は，「○市○町○番地」で足りるが，その部屋番号を「○市○町○番地○○ビル第何号室」として明記しても差し支えないとされている（登記研究111号42頁，420号125頁）。

⑵　同一商号・同一本店の禁止

他の株式会社が既に登記した商号と同一の商号を用い，かつ，その本店の所在場所が当該他の株式会社の本店の所在場所と同一であるときに，登記をすることができない（商登27条）ことは，前記■1の⑶のとおりである。

■4　公告方法

（公告方法）

第○条　当会社の公告方法は，電子公告とする。ただし，事故その他やむを得ない事由によって電子公告による公告をすることができない場合は，東京都において発行する○○新聞に掲載して行う。

【官報の場合】

　当会社の公告方法は，官報に掲載する方法とする。

【日刊新聞紙の場合】

　当会社の公告方法は，東京都において発行する○○新聞に掲載する方法とする。

---

(1) 定款記載事項

　会社は，定款において，公告方法として，①官報に掲載する方法，②時事に関する事項を掲載する日刊新聞紙に掲載する方法又は③電子公告を定めることができ，この定款の定めがない会社の公告方法は，上記①によるものとされる（法939条）。ただし，銀行，銀行持株会社，保険会社，無尽会社等については，上記①によることはできない（銀行法57条，保険業法９条，無尽業法35条の２の５）。

　これらの公告方法については，「Ａ紙及びＢ紙」のように重畳的に定めることは可能であるが，「Ａ紙又はＢ紙」のように選択的に定めることはできない（大５・12・19民事甲1952号回答，実務相談１・159頁）。また，「組織再編の場合以外はＡ紙，組織再編の場合はＢ紙」のように，公告対象事項を任意に細分化して，各事項につきそれぞれの公告方法を定めることもできない（会社法の下では，旧有限会社法46条，58条，63条，63条ノ６，63条ノ９又は68条の規定による事項別の公告方法が統合されており，このような定め方を認めない趣旨と解される。）。

　なお，日刊新聞紙による場合に，定款にその新聞紙の発行地を規定することが常に必要なものではないが，発行地の定めがないにもかかわらず地方版に公告を掲載した場合の取扱い等に疑義があるため，発行地を特定することが望ましいと思われる（昭34・９・４民事甲1974号回答，実務相談１・153頁）。

　電子公告については，法務省ホームページで電子公告リンク集サイトが提供されており（http://e-koukoku.moj.go.jp/），これにより，現実に電子公告が掲載されている各会社の公告アドレス，公告事項を規定した法令条項，公告期間等を検索することができる。

　┄┄《参考──各種法人の公告方法について》┄┄┄┄┄┄┄┄┄┄┄┄┄┄┄
　　各種法人法制において，公告方法が定款の絶対的記載事項であるか，公告方法の種類につき法令の規律があるか，公告方法が登記事項であるか等について

■4　公告方法　　*21*

は，まちまちであり，規定振りも統一されていないが，例えば，次のような例
が代表的である。

① **定款の絶対的記載事項としない法制**
　　この法制の下では，一般に，公告方法の種類につき法令の規律がなく，
　登記事項でもない（かつての民法法人，労働組合等）。

② **定款の絶対的記載事項とする法制（定款に記載がない場合には，官報を**
　公告方法とする法制を含む。）

(a)　公告方法の種類につき法令の規律がなく，登記事項でもないもの（社会
　福祉法人，医療法人，学校法人，特定非営利活動法人等）

(b)　公告方法の種類につき法令の規律はないが，登記事項となるもの（漁業
　信用基金協会，農業信用基金協会等）

(c)　公告方法の種類につき法令の規律があり，登記事項となるもの

　(i)　公告方法を官報，時事に関する事項を掲載する日刊新聞紙又は電子公
　　告に限定するもの（会社，船主相互保険組合，投資法人，特定目的会社，
　　農林中央金庫等。なお，会社，投資法人及び特定目的会社は，厳密には
　　絶対的記載事項ではないが，定款に記載がない場合には，法律上官報が
　　公告方法となる。）

　(ii)　公告方法を時事に関する事項を掲載する日刊新聞紙又は電子公告に限
　　定するもの（銀行，保険株式会社，相互会社等）

　(iii)　公告方法を店頭掲示の方法に加え，時事に関する事項を掲載する日刊
　　新聞紙又は電子公告に限定するもの（信用金庫，労働金庫，信用事業を
　　行う農業協同組合，信用事業を行う漁業協同組合等）

　(iv)　公告方法を店頭掲示の方法（更に，官報，時事に関する事項を掲載す
　　る日刊新聞紙又は電子公告を付加することも可能）に限定するもの（信
　　用事業を行わない農業協同組合，信用事業を行わない漁業協同組合，森
　　林組合等。中小企業等協同組合及び会員商品取引所も，規定振りは異な
　　るが，この範疇と解される。）

　これらの各種法制のうち，公告方法が登記事項となるのは，上記②(b)及び(c)
であるが，次の点に留意する必要がある。

　上記②(b)の法制に関し，公告方法に制限はなく，当該法人のホームページに
よることも可能であるが，これを「電子公告」と称することはできない。電子
公告とは，基本的に電子公告調査機関による調査を伴うものであり，厳密には，
法令において許容された場合以外には，することができないからである。

　上記②(c)(iv)の法制に関し，実務上，「当法人の公告は，当法人の掲示場に掲
示し，かつ，必要があるとき（合併等をするとき）は，○○市において発行す
る○○新聞に掲載してする」等の定款の定めが散見されるが，このような定め

22　　　1-2　定款の記載例と留意点

は相当でなく，登記することができない。会社法整備法による改正後は，上記
②(b)とは異なり，新たに公告方法に関する規律が設けられているところ，司法
書士法人における合併の公告方法のような明文の規定がない限り，公告対象事
項を任意に細分化して各事項ごとの公告方法を定めることはできないことから，
必要な場合だけ日刊新聞紙により公告するとの定めは許されない（当該法人は，
店頭掲示の方法のみを公告方法とするか，店頭掲示のほか官報，日刊新聞紙又
は電子公告を常にセットで公告方法とするかのいずれかによる）と解されるた
めである。

⑵　電子公告の場合の具体的なウェブページの決定

　電子公告を公告方法とする場合には，定款にはその旨を定めれば足り，具
体的なウェブページのURLは，発起人代表が適宜決定することとなる。こ
の場合には，当該URLとは別に，貸借対照表の公告のためのURLを定めた
上，これを登記することもできる（施220条2項）。ただし，法令の規定によ
らず，公告対象事項を任意に細分化して，各事項の公告のためのURLを定め
ること（例えば，組織再編の場合の公告のためのURLなど）は，許されない。

　決定されたURLは，通常半角文字であるが，これを登記する場合には，
登記情報システム上全角文字で表示されるので，登記申請書にも全角文字で
記載することが便宜である。

　銀行及び銀行持株会社についてはURLに関する特則があり，上記のほか，
銀行については，中間貸借対照表等，中間連結貸借対照表等及び連結貸借対
照表等の公告のためのURLを，また，銀行持株会社については，中間連結
貸借対照表等及び連結貸借対照表等の公告のためのURLを，それぞれ別に
定めることができる（銀行法施行規則36条の2第2項，平18・4・28民商1140号
通達）。

　なお，URLは，原則として，電子公告が実際に閲覧できるページのもの
であるが，電子公告が掲載されたページへのリンクが分かりやすく設定され
ている目次ページのようなものがあれば，そのアドレスでも差し支えなく，

■4 公告方法 **23**

そのような措置がとられていれば，例えば，自社ホームページのトップページでもよいものと考えられる（貸借対照表の電磁的開示のURLに関する中川晃「平成14年4月・5月施行商法等改正に伴う商業・法人登記事務の取扱いについて（下）」登記研究658号144頁参照）。

(3) 登記記録例

公告方法や貸借対照表の電磁的開示の関係については，規定が複雑であるので，登記記録例を掲げておく。

① 官報又は日刊新聞紙を公告方法とする会社

公告をする方法	東京都において発行される〇〇新聞に掲載してする。
貸借対照表に係る情報の提供を受けるために必要な事項	ｈｔｔｐ：／／（全角文字。以下略）
中間貸借対照表等に係る情報の提供を受けるために必要な事項	ｈｔｔｐ：／／（全角文字。以下略）

（注） 上記①の会社は，定時総会後遅滞なく，公告方法（官報又は日刊新聞紙）により貸借対照表を公告すべきである（法440条1項）が，電磁的開示のURLを定めてこれにより開示すれば，公告を省略することができる（同条3項）。

さらに，日刊新聞紙を公告方法とする銀行は，一定の時期から3月以内に，公告方法（日刊新聞紙）により中間貸借対照表等を公告すべきである（銀行法20条4項）が，電磁的開示のURLを定めてこれにより開示すれば，公告を省略することができる（同条6項）。この場合の登記は，貸借対照表の電磁的開示については会社法911条3項26号，それ以外の中間貸借対照表等の電磁的開示については銀行法57条の4による。

24　　　1-2　定款の記載例と留意点

②　電子公告を公告方法とする会社

公告をする方法	電子公告の方法により行う。 ｈｔｔｐ：／／（全角文字。以下略） 当会社の公告は、電子公告による公告をすることができない事故その他のやむを得ない事由が生じた場合には、官報に掲載してする。 貸借対照表の公告 ｈｔｔｐ：／／（全角文字。以下略） 中間貸借対照表等の公告 ｈｔｔｐ：／／（全角文字。以下略）

（注）　上記②の会社は，電子公告と同様の実質を有する「貸借対照表の電磁的
開示（法440条3項）」の措置をとることはできない。
　　　　その代わり，電子公告のURLにつき，一般的な公告のほか，貸借対照表
の公告（施220条2項）のためのものを定めることができ（銀行にあっては，
更に，それ以外の中間貸借対照表等の公告（銀行法施行規則36条の2第2
項）のためのものを別に定めることができ），これを登記することができる。

■ 5　発行可能株式総数，発行可能種類株式総数等

（発行可能株式総数）
第○条　当会社の発行可能株式総数は，○○○万株とする。

---

(1)　発行可能株式総数

　発行可能株式総数は，必ずしも公証人の認証を受ける原始定款に定めなく

■5 発行可能株式総数，発行可能種類株式総数等 25

てもよいが，その場合には，会社の成立時までに，発起人全員の同意（募集
設立の場合において，払込期日の初日以後にあっては，創立総会の決議）に
より，定款を変更して発行可能株式総数の定めを設けなければならない（法
37条，95条，98条）。

　全ての種類の株式につき譲渡制限規定がある会社では，発行可能株式総数
の上限は存しないが，それ以外の会社（公開会社）では，発行可能株式総数
は，設立時発行株式の総数の4倍を超えることができない（法37条3項）。

(2)　発行可能種類株式総数等

　種類株式を発行する予定の会社（種類株式発行会社）は，定款で，発行可
能種類株式総数及び発行する各種類の株式の内容をも定めなければならない
（法108条2項）。

①　発行可能種類株式総数

　一般には，各種類の株式の発行可能種類株式総数の合計が会社の発行可能
株式総数と一致する例が圧倒的に多いが，理論的には，一致する必要はない
（これを超えても，下回っても差し支えない）と整理されている（相澤・論
点解説56頁）。

②　各種類の株式の内容

(a)　「種類株式」の意義

　種類株式という概念は，次の9つの事項のいずれかについて内容の異なる
株式をいう（法108条1項）。

　・剰余金の配当

　・残余財産の分配

　・株主総会において議決権を行使することができる事項

　・株式譲渡制限

26   1-2　定款の記載例と留意点

- ・株主の取得請求権
- ・会社による取得条項
- ・会社による全部取得条項
- ・いわゆる拒否権（株主総会，取締役会等において決議すべき事項のうち，当該決議のほか，当該種類の種類株主総会の決議があることを必要とするもの）
- ・当該種類の種類株主総会における取締役又は監査役の選任権（公開会社及び指名委員会等設置会社では，この種類株式を発行することはできない。）

　これら以外の事項について内容が異なる場合（１株当たりの議決権の数が異なる場合等）であっても，それは，種類株式ではなく，会社法109条２項の株主ごとに異なる取扱いを行う旨の非公開会社の定款の定めにすぎない（同項の定款の定めは，同条３項において登記に関し種類株式とみなしておらず，登記事項とはされていない。旧有39条１項ただし書，44条，73条参照。なお，株主ごとの異なる取扱いの具体例については，江頭・株式会社法167頁参照）。

(b)　定款で定めるべき種類株式の内容

　定款で定めるべき種類株式の内容は，次の**図表１－２**のとおりである。

　表の右欄に掲げる事項については，定款において，その具体的な内容まで定めることなく，その内容の要綱を示した上，当該種類株式を初めて発行する時までに株主総会又は取締役会等の決議によって具体的な内容を定める旨を規定することも，可能である。

　具体的に，どのような条項が適法又は違法とされるかについては，相当に微妙であり（例えば，取得条項付株式の取得対価として，会社の判断により金銭又は株式を選択的に交付するとの定めは違法であるが，株主側の判断により選択することができるとの定めは適法であると解されている。相澤・論点解説78頁），資金調達の必要性と株式引受人の予見可能性とを総合考慮する必要があろうが，筆者の見聞した種類株式の例のいくつかを後記(d)に掲げたので，参考に

されたい（後記２－３の■２も参照）。

　なお，会社が，種類株式につき，定款において，会社法322条１項の規定
による種類株主総会（会社が同項１号の事項に係る定款の変更以外の一定の
行為をする場合において，ある種類の種類株主に損害を及ぼすおそれがある
ときに必要となる種類株主総会）の決議を要しない旨を定めたときは，当該
定めも，当該種類株式の内容となる（法322条２項）。この会社法322条２項の
定款の定めは，会社法322条１項１号の事項（株式の種類の追加等）に係る
定款変更について設けることができない（同条３項ただし書）ほか，同条１
項に掲げられている行為の一部につき定めることはできないと解されている
（相澤哲・細川充「株主総会等」旬刊商事法務1743号31頁。なお，相澤・論点解説
104頁は反対）ので，注意が必要である。

| 図表１－２ | 定款で定めるべき種類株式の内容（法108条２項，施20条１項） | |

	定款で定めるべき種類株式の内容	
		要綱で足りる事項
剰余金の配当	配当財産の種類	配当財産の価額の決定方法 剰余金の配当条件その他配当に関する取扱い
残余財産の分配	残余財産の種類	残余財産の価額の決定方法 残余財産の分配に関する取扱い
株主総会における議決権	議決権を行使することができる事項	議決権の行使の条件を定めるときは，その条件
株式譲渡制限	株式の譲渡による取得につき会社の承認を要する旨	一定の場合には会社が承認したものとみなすときは，その旨及び当該一定の場合
株主の取得請求権	株主が会社に対して取得請求権を有する旨 株式の取得と引換えに株主に交付する財産の種類	株式の取得と引換えに株主に交付する財産の内容，数又は算定方法 取得請求の可能な期間

会社による取得条項	一定の事由が生じた日に会社が株式を取得する旨 会社が別に定める日の到来をもって上記一定の事由とするときは，その旨 株式の一部を取得することとするとき（各株主に平等な場合を除く。）は，その旨及び一部の決定方法 株式の取得と引換えに交付する財産の種類	左記一定の事由 株式の取得と引換えに株主に交付する財産の内容，数又は算定方法
会社による全部取得条項	取得対価の価額の決定方法	株式の全部取得に係る株主総会の決議についての条件を定めるときは，その条件
いわゆる拒否権	種類株主総会において拒否権を有する事項	種類株主総会の決議を必要とする条件を定めるときは，その条件
種類株主総会における取締役又は監査役の選任権	種類株主総会において取締役又は監査役を選任すること及びその人数 他の種類株主と共同して選任するときは，当該他の種類株式及び選任する人数	左記の事項を変更する条件があるときは，その条件及び条件成就後のこれらの事項 施行規則19条の事項

⒞　定款で種類株式の内容の要綱を定めた場合のその後の手続

　定款で種類株式の内容の要綱を定めた場合には，当該種類の株式を初めて発行する時までに，株主総会（取締役会設置会社にあっては，株主総会又は取締役会）の決議により，その具体的内容を定めなければならない（法108条３項）。

　この決議をした場合には，発行する各種類の株式の内容の変更の登記をしなければならない（平18・３・31民商782号通達）。

（注） 会社法制定前も，優先配当株式については，定款に優先配当額の上限の
みを定めれば足りるとされていた（旧商222条3項）が，具体的な優先配当
額は，各回の新株の発行に際し，新株発行事項の一部として取締役会（定
款に別段の定めがあるときは，株主総会）の決議をもって定めることがで
きるとされ，会社法と異なり，当該上限の範囲内で数回にわたり発行され
た株式は，同一種類の株式であると考えられていた（平2・12・25民四
5666号通達）。

　会社法の施行の際現に存するこの種の定款の効力につき，経過措置が設
けられていないために疑義が生じているが，登記実務上は，当事者の従来
の地位を覆さないという観点等から，会社法施行後も，当該定款に基づき，
配当額の異なる優先配当株式を同一種類の株式として発行することを許容
している（相澤・論点解説61頁）。

(d)　定款の記載例

　種類株式発行会社の定款の記載例は，次のとおりである。

　一般に，種類株式の内容は，会社法108条1項各号の9つの事項のうち複
数の事項にわたるため，種類株式の内容に係る定款の規定振りも，相当に複
雑にならざるを得ず，定款のある条項で1つの種類株式の内容が一覧性のあ
る形で示されるのではなく，各事項ごとに各種類株式ごとの内容が示される
例が多いようである。

【下記定款記載例についての説明】

1　甲種優先株式及び第一種優先株式は，定款で，その具体的内容まで定め
　られているが，第二種優先株式は，定款では，その内容の要綱を定めるに
　止まっている（**B条，C条，F条，G条関係**）。

2　優先株式につき，基本的に株主総会における議決権を認めない例である
　（**D条関係**）。

　なお，この規定だけでは，優先株主は，種類株主総会における議決権を
　有することとなるため，種類株主総会における決議を要しないものとする
　ときは，E条2項やH条のような規定を設ける必要がある。

3　第二種優先株式を譲渡制限株式とするとともに，当該譲渡制限株式に係
　る募集株式の発行につき種類株主総会の決議を要しない旨の定款の定めを

30 1-2 定款の記載例と留意点

設けた例である（**E条関係**，法199条4項）。

4　優先株式につき，種類株主に損害を及ぼすおそれがある場合の種類株主総会の決議を要しない旨の定款の定めを設けた例である（**H条関係**，法322条2項）。なお，この定めは，会社法322条1項1号の事項（株式の種類の追加等）に係る定款変更について設けることができない（同条3項ただし書）ほか，同条1項1号の2から13号までの事項の一部に限定して設けることもできないとされている（相澤哲・細川充「株主総会等」旬刊商事法務1743号31頁。なお，相澤・論点解説104頁は反対）。

5　上記4の会社法322条2項の定款の定めは，種類株式の内容として登記すべき事項となるが，上記3の同法199条4項の定款の定めは，登記すべき事項ではない（施20条2項6号）。

（発行可能株式総数及び発行可能種類株式総数）

第A条　当会社の発行可能株式総数は，〇〇〇万株とし，当会社の発行可能種類株式総数は，次のとおりとする。

　　普　通　株　式　　　〇〇〇万株

　　甲種優先株式　　　　〇万株

　　第一種優先株式　　　〇万株

　　第二種優先株式　　　〇万株

（剰余金の配当）

第B条　当会社は，剰余金の配当を行うときは，優先株式を有する株主（以下「優先株主」という。）又は優先株式の登録株式質権者（以下「優先登録質権者」という。）に対し，普通株式を有する株主（以下「普通株主」という。）及び普通株式の登録株式質権者（以下「普通登録質権者」という。）に先立ち，それぞれ次に定める額の優先配当金を支払う。ただし，配当金支払の直前事業年度中に優先中間配当金を支払ったときは，当該優先中間配当金の額を控除した額とする。

　　甲種優先株式　　1株につき300円

■5　発行可能株式総数，発行可能種類株式総数等　*31*

第一種優先株式　　1株につき，その払込金額（10万円）に，配当金
　　　　　　　　　　支払の直前事業年度についての下記に定める配当
　　　　　　　　　　年率を乗じて算出した額（円未満小数第1位まで
　　　　　　　　　　算出し，四捨五入する。）

　　　　　　　　　　配当年率は，平成27年4月1日以後，次回年率見
　　　　　　　　　　直し日の前日までの各事業年度について，下記算
　　　　　　　　　　式により計算される年率とする。

　　　　　　　　　　配当年率＝ユーロ円LIBOR（1年物）＋0.50%

　　　　　　　　　　配当年率は，%未満小数第4位まで算出し，四捨
　　　　　　　　　　五入する。

　　　　　　　　　　年率見直し日は，平成27年4月1日以後の毎年4
　　　　　　　　　　月1日とする。

第二種優先株式　　1株につき，その払込金額に，発行に先立って取
　　　　　　　　　　締役会の決議をもって定める配当率を乗じて得た
　　　　　　　　　　額を，円貨にて支払う。

　　　　　　　　　　ただし，配当率は，固定配当率の場合は年〇%を，
　　　　　　　　　　変動配当率の場合はLIBORその他有価証券の発
　　　　　　　　　　行において一般に用いられる金利指標に年〇%を
　　　　　　　　　　加算した率を上限とする。

（残余財産の分配）

第C条　当会社は，残余財産を分配するときは，優先株主又は優先登録
　　質権者に対し，普通株主及び普通登録質権者に先立ち，それぞれ次に
　　定める額の金銭を支払う。

　　甲種優先株式　　1株につき20万円

　　第一種優先株式　　1株につき10万円

　　第二種優先株式　　1株につき，その払込金額に，発行に先立って取
　　　　　　　　　　　締役会の決議により定める比率を乗じて算出した
　　　　　　　　　　　額の円貨による金銭。ただし，当該比率の上限は，

○%とする。

（株主総会において議決権を行使することができる事項）

第D条 甲種優先株主，第一種優先株主及び第二種優先株主は，株主総会において議決権を有しない。ただし，甲種優先株主は，計算書類の承認に係る取締役会の決議において優先配当金の全額を支払う旨の決議がされなかった場合には，その時から優先配当金の全額を支払う旨の取締役会の決議があるまでの間，株主総会において議決権を有する。

（株式の譲渡制限）

第E条 第二種優先株式を譲渡により取得するには，取締役会の承認を要する。

2　第二種優先株式を引き受ける者の募集については，当該第二種優先株式の種類株主を構成員とする種類株主総会の決議を要しない。

（取得請求権）

第F条 第二種優先株主は，発行に先立って取締役会の決議により定める期間中，当会社に対して，その有する第二種優先株式の取得を請求することができ，この場合には，当会社は，当該第二種優先株式の取得と引換えに，当該第二種優先株主に対して，当該取締役会の決議により定める算定方法により算出される数の当会社の普通株式を交付する。

（取得条項）

第G条 当会社は，前条の規定により取得を請求することができる期間の末日の翌日以後であって取締役会の決議により定める日に，当該期間中に取得請求のなかった第二種優先株式を取得することができ，この場合には，当会社は，これと引換えに，第二種優先株式1株につき，その払込金額に発行に先立って取締役会の決議により定める比率を乗じて算出した額の円貨による金銭を支払う。ただし，当該比率の上限は，○%とする。

（会社法322条1項の規定による種類株主総会の決議を要しない旨の定

め）

第Ｈ条 当会社が会社法322条１項１号の２から13号までに掲げる行為
をする場合には，甲種優先株主，第一種優先株主又は第二種優先株主
を構成員とする種類株主総会の決議を要しない。

■6　株式譲渡制限の定め

（株式の譲渡制限）

第〇条 当会社の株式を譲渡により取得するには，当会社の承認を要す
る。

2 取締役会が前項の承認をしない場合には，代表取締役は，指定買取
人を定めることができる。

（株式の売渡請求）

第〇条 当会社は，相続その他の一般承継により当会社の株式を取得し
た者に対し，当該株式を当会社に売り渡すことを請求することができ
る。

（株主割当てによる募集株式の発行）

第〇条 株主に株式の割当てを受ける権利を与えて募集株式の発行を行
う場合には，会社法199条１項各号に掲げる募集事項及び同法202条１
項各号に掲げる事項は，取締役会の決議によって定める。

(1)　株式譲渡制限規定

①　定款の規定振り

会社は，譲渡制限株式を発行する予定の場合には，定款に，当該株式を譲
渡により取得することについて会社の承認を要する旨（一定の場合において

は会社が承認したものとみなすときは，更に，その旨及び当該一定の場合）
を定めなければならない（法107条2項1号）。

(a) 会社の承認を要する旨

株式譲渡制限に関する定款の規定振りは，会社法107条2項1号イの文言
に従い「当会社の承認を要する」旨で足りる。承認機関が会社法139条1項
のとおり株主総会（取締役会設置会社にあっては，取締役会）である限り，
これを定款に定める必要はない。なお，会社法制定前の実務のように，取締
役会設置会社において「取締役会の承認を要する」旨の確認的規定を設ける
ことも差し支えないが，その場合には，仮に，将来，取締役会を置く旨の定
めを廃止する定款変更の決議をするときや，解散の決議をするときは，株式
譲渡承認機関に係る定款の規定も併せて変更することとなる。

承認機関は，会社法139条1項ただし書の別段の定めとして，代表取締役
その他の機関とすることも可能であるが，会社の決定とはいえないような定
め方（会社と無関係の第三者とする等）はできないと解されている（相澤・
論点解説63頁）。

（注1）　承認機関を代表取締役とすることについて
　　　　　譲渡制限株式の制度は，本来は株主が自分の仲間を選択する形が望ま
　　　　しい姿であり，取締役会設置会社において，株式譲渡承認機関を代表取
　　　　締役その他の下位の機関にゆだねる場合には，承認の可否につき一定の
　　　　基準を定め，その基準に従って個々の承認請求を処理することをゆだね
　　　　る形のみが認められるとの見解が有力である（江頭・株式会社法237頁）。

（注2）　一部の株式につき譲渡制限規定を設ける公開会社について
　　　　　当該公開会社では，株式譲渡承認機関は原則として取締役会となる
　　　　（法327条1項1号，139条1項本文）が，譲渡制限株式の譲渡は会社支配
　　　　に重大な関係があるケースが多いため，必要に応じ，譲渡制限株式の譲
　　　　渡承認機関を当該譲渡制限株式の種類株主総会とする旨を定款に定める
　　　　べきであるとされている（同項ただし書，江頭・株式会社法149頁）。

(b) 会社が承認したものとみなされる場合

譲受人の属性に着目し，特定の者（株主，従業員等）が株式を取得する場
合に会社の承認を要しないものとすることは，会社の閉鎖性の基準を示した

ものとして，有効である。例えば，株主間における株式の譲渡につき会社の承認を要しないものとする場合には，「当会社の株主が当会社の株式を譲渡により取得する場合においては，当会社が承認したものとみなす。」などと規定する（整備法9条1項参照）。

これに対し，譲受人側ではなく，譲渡人である株主の資格によって承認の要否を区別し，例えば，一定数以上の株式を有する株主の株式譲渡は承認を要しないとしたり，従業員株主の株式譲渡の場合は承認を要しないとしたりすることは，株主平等の原則に反すると解されている（実務相談2・14頁，会社法大系2・63頁）。また，譲渡対象の株式に着目し，一定数の株式の譲渡に限り譲渡制限規定を設けること（例えば，1000株以上の株式譲渡についてのみ承認を要するとするもの）もできないと解されている（実務相談2・36頁。ただし，前田・会社法入門（第12版）170頁及び江頭・株式会社法235頁は反対）。

② 登記すべき事項

(a) 定款の文言との関係

譲渡制限株式についての登記すべき事項は，当該株式の内容であり（法911条3項7号），会社法107条2項1号イ及びロに掲げる事項である。

登記申請書中の登記すべき事項には，定款の文言をそのまま掲げるべきである（商登24条9号）。

したがって，「当会社の株式を譲渡により取得するには，当会社の承認を要する。」や「当会社の株式を譲渡により取得するには，取締役会の承認を要する。」との定款の規定があるときは，当該規定がそのまま登記事項となり，また，前記①(b)の会社が承認したものとみなす旨の規定も，そのまま登記事項となる。

なお，定款の1項で「当会社の株式を譲渡により取得するには，当会社の承認を要する。」とし，2項で「前項の承認は，代表取締役が行う。」とする場合には，厳密には，登記すべき事項は1項のみであるが，「取締役会の承

認を要する」として承認機関を明示した従来の登記の在り方等を勘案し，登記実務上，１項及び２項を登記事項とした申請も受理して差し支えないとして取り扱われている。

(b)　登記記録の編成

譲渡制限株式に係る事項は，公開会社か否かという会社法の規定の適用関係を決する重要な指標となっており，より明示的に公示することが望ましいため，株式会社登記簿の株式・資本区中「発行する株式の内容」欄や「発行する各種類の株式の内容」欄ではなく，会社法制定前と同様に，「株式の譲渡制限に関する規定」欄に記録される（平18・３・31民商782号通達）。

したがって，登記申請書中の登記すべき事項の記載に当たっては，留意する必要がある。

(2)　そ の 他

株式譲渡制限を設ける会社では，併せて，①譲渡を承認しない場合の指定買取人の指定機関（法140条５項ただし書），②相続人等に対する株式の売渡請求（法174条），③株主割当てによる募集株式の発行の場合における募集事項等の決定機関（法202条３項２号），④種類株式発行会社において譲渡制限株式を発行する場合における種類株主総会の省略（法199条４項）等につき，定款で別段の定めを置くことが多い（上記の定款記載例のほか，前記■５の(2)②(d)のＥ条の記載例参照）。

ただし，これらは，いずれも登記すべき事項ではない（施20条２項４号・６号）。

7　株券発行会社の定め

（株券の発行）

第○条　当会社は，株式に係る株券を発行する。

---

(1)　株券発行会社

　会社法では，株券の存在を予定しない会社が原則となり，会社は，定款で，その株式（種類株式発行会社にあっては，全部の種類の株式）に係る株券を発行する旨を定めることができるとされた（法214条）。

　株券発行会社は，株式を発行した日以後，遅滞なく株券を発行しなければならないが，次の**図表1－3**のとおり，一定の場合には，株券を発行しないことができる（法215条4項，217条）。上記一定の場合以外で，株券を発行しないときは，100万円以下の過料の制裁がある（法976条14号）。

図表1－3　株券の発行・不発行

定款に株券発行会社の定めなし	株券を発行することはできない。
株券発行会社	遅滞なく株券を発行しなければならない（法215条1項）が，次の場合には，株券を発行しないことができる。 ① 全ての種類の株式につき譲渡制限規定がある会社（非公開会社）で，株主から株券発行の請求がない場合（法215条4項） ② 株券不所持の申出がある場合（法217条）

（**注**）　上記①②により現に株券を一切発行していない会社も，株券発行会社の概念に含まれる点に，留意する必要がある。

⑵ 平成21年の上場株券等の無券面化

　平成21年1月5日から，株式等の取引に係る決済の合理化を図るための社債等の振替に関する法律等の一部を改正する法律（平成16年法律第88号。以下「社振法改正法」という。）が施行され，株式についても，株券等保管振替制度に代えて，完全ペーパーレス化を図る社債等振替法における振替決済制度の対象とされた。

　これに伴い，施行日に保振法の保管振替機関において取り扱われている上場株券等（以下「保管振替株券」という。）に係る株式を，社債等振替法における振替決済制度に円滑に移行させるため，保管振替株券の発行会社で施行日に株券発行会社の定款の定めを設けているものは，施行日を効力発生日として当該定款の定めを廃止する定款変更決議をしたものとみなされ，保管振替株券は，施行日に無効となるとされた（整備法242条による改正後の社振改正法附則6条1項，法218条2項）。

■8　単元株式数

（単元株式数及び単元未満株券の不発行）

第○条　当会社の単元株式数は，1000株とする。

2　当会社は，前条の規定【株券発行会社に係る規定（前記■7参照)】にかかわらず，単元未満株式に係る株券を発行しない。ただし，株式取扱規程に定めるところについては，この限りでない。

（単元未満株式についての権利）

第○条　当会社の株主（実質株主を含む。以下同じ。）は，その有する単元未満株式について，次に掲げる権利以外の権利を行使することができない。

一　会社法189条２項各号に掲げる権利

二　会社法166条１項の規定による請求をする権利

三　株主の有する株式数に応じて募集株式の割当て及び募集新株予約
権の割当てを受ける権利

四　次条に定める請求をする権利

（単元未満株式の買増し）

第〇条　当会社の株主は，株式取扱規程に定めるところにより，その有
する単元未満株式の数と併せて，単元株式数となる数の株式を売り渡
すことを請求することができる。

(1)　単元株式数

　会社は，一定の数の株式をもって株主総会又は種類株主総会において１個
の議決権を行使することができるものとするときは，定款で単元株式数を定
めることができる（法188条１項）。

　単元株式数は，1000株以下であり，かつ，発行済株式総数の200分の１以
下でなければならない（法188条２項，施34条）。

　種類株式発行会社では，単元株式数は，株式の種類ごとに定めなければな
らない（法188条３項）が，各種類の株式につき単元株式数を同じとすること
もできるし，１の種類の株式に限り単元株式数を定めることもできると解さ
れている（前田・会社法入門（第12版）138頁）。

　（注）　発行済株式総数の200分の１以下基準に関する改廃について
　　旧商法における単元株式数の上限は本文と同様であった（旧商221条１
　項）ところ，平成18年５月１日の会社法の施行により，発行済株式総数の
　200分の１以下でなければならないという基準が廃止されたが，その後，少
　数株主の保護をより十分に図る観点から，平成21年４月１日施行の平成21
　年法務省令第７号により，本文のように復された（大野晃宏ほか「会社法
　施行規則，会社計算規則等の一部を改正する省令の解説」旬刊商事法務
　1862号18頁）。
　　ただし，その間に発行済株式総数の200分の１を超える単元株式数を定め

40　　　1-2　定款の記載例と留意点

ていた場合には，その定款の定めはなお効力を有する旨の経過措置が設けられている（同省令附則3条1項）。

⑵　そ　の　他

　単元株式数を定める会社では，併せて，①単元未満株式に係る株券の不発行（法189条3項），②単元未満株主が行使することができない権利（同条2項），③単元未満株主の売渡請求権（法194条1項）等につき，定款の定めを置くことが多い（上記定款記載例参照）。

　上記②の定めを置かない場合には，単元未満株主は，株主総会及び種類株主総会における議決権以外は，株主としての権利を有することとなる（法189条1項・2項）。

　なお，これらは，いずれも登記すべき事項ではない。

■9　株主名簿管理人

（株主名簿管理人）

第○条　当会社は，株主名簿管理人を置く。

2　株主名簿管理人及びその事務取扱場所は，取締役会の決議によって定め，これを公告する。

3　当会社の株主名簿（実質株主名簿を含む。以下同じ。），新株予約権原簿及び株券喪失登録簿の作成，備置きその他の株主名簿，新株予約権原簿及び株券喪失登録簿に関する事務は，これを株主名簿管理人に委託し，当会社においては取り扱わない。

（株式取扱規程）

第○条　当会社の株式に関する取扱い及び手数料は，法令又は本定款の

ほか，取締役会において定める株式取扱規程による。

⑴　株主名簿管理人の決定手続

　会社は，定款で，株主名簿管理人を置く旨を定めることができる（法123条）。

　具体的に誰を株主名簿管理人とするかの決定は，設立時にあっては発起人の過半数により行い，会社成立後にあっては会社の業務執行の意思決定機関（取締役の過半数，取締役会等）により行う。

　株主名簿管理人との間の事務委託契約の締結は，設立時にあっては発起人組合の代表者が行い，会社成立後にあっては会社の代表者が行う。

⑵　株主名簿管理人の職務

　株主名簿管理人は，株主名簿の作成，管理等の株主名簿に関する事務のほか，会社が新株予約権を発行する場合には，新株予約権原簿に関する事務も併せて取り扱う（法123条，251条）。

　なお，会社法の施行に伴う経過措置として，旧商法において株式の名義書換代理人と新株予約権の名義書換代理人が別個の存在として観念されていたことに配慮し，次の規律が設けられている。

①　会社法整備法の施行の際現に株式及び新株予約権について異なる名義書換代理人を置いていた場合には，いずれか一方がその地位を失うまでは，それぞれが株主名簿管理人として，株主名簿及び新株予約権原簿に関する事務を行う（整備法80条2項）。

②　会社法整備法の施行の際現に新株予約権を発行していた会社が株式についての名義書換代理人を置き，新株予約権についての名義書換代理人を置いていなかった場合には，当該株式についての名義書換代理人は，会社が当該新株予約権原簿に関する事務を委託するまでの間は，株主名

42　　1-2　定款の記載例と留意点

簿管理人として新株予約権原簿に関する事務を行う必要はない（経過令13条4項）。

《参考——投資法人の投資主名簿等管理人について》

投資法人の投資主名簿等管理人（投資信託及び投資法人に関する法律166条2項8号）については，会社法整備法において上記(2)①②のような経過措置が設けられておらず，この点に照らすと，会社法制定前と同様に，投資主名簿に関する事務と投資法人債原簿に関する事務とを常に併せて取り扱う必要はなく（各別に選任することが可能であり），株主名簿管理人に関する整理とは異なるものと解される。

■10　会社に設置する機関

（機関）

第○条　当会社は，株主総会及び取締役のほか，次の機関を置く。

一　取締役会

二　監査役

【三　監査役会】

【四　会計監査人】

会社は，株主総会及び取締役のほかに置く機関については，これを定款で定めなければならない（法326条2項）。会社に設置する機関を明らかにする趣旨であるから，「次の機関を置くことができる。」のように当該機関の設置の有無が不明となる定款の定めは，許されない（相澤・論点解説271頁）。

なお，会社の株主総会以外の機関設計は，公開会社又は大会社に該当するか否かの区分に応じ，次のいずれかに該当する必要があり（ただし，(1)④を除き，会計参与を置くこともできる。），株主総会及び取締役以外の機関の設置状況（取締役会設置会社等）は，登記すべき事項である。

■10 会社に設置する機関　　*43*

(1)　公開会社でない大会社以外の会社

① 　取締役

② 　取締役＋監査役（監査の範囲を会計に関するものに限定することもできる。）

③ 　取締役＋監査役＋会計監査人

④ 　取締役会＋会計参与

⑤ 　取締役会＋監査役（監査の範囲を会計に関するものに限定することもできる。）

⑥ 　取締役会＋監査役＋監査役会

⑦ 　取締役会＋監査役＋会計監査人

⑧ 　取締役会＋監査役＋監査役会＋会計監査人

⑨ 　取締役会＋監査等委員会＋会計監査人

⑩ 　取締役会＋指名委員会等＋会計監査人

(2)　公開会社である大会社以外の会社

① 　取締役会＋監査役

② 　取締役会＋監査役＋監査役会

③ 　取締役会＋監査役＋会計監査人

④ 　取締役会＋監査役＋監査役会＋会計監査人

⑤ 　取締役会＋監査等委員会＋会計監査人

⑥ 　取締役会＋指名委員会等＋会計監査人

(3)　公開会社でない大会社

① 　取締役＋監査役＋会計監査人

② 　取締役会＋監査役＋会計監査人

③　取締役会＋監査役＋監査役会＋会計監査人

④　取締役会＋監査等委員会＋会計監査人

⑤　取締役会＋指名委員会等＋会計監査人

⑷　公開会社である大会社

①　取締役会＋監査役＋監査役会＋会計監査人

②　取締役会＋監査等委員会＋会計監査人

③　取締役会＋指名委員会等＋会計監査人

■11　株主総会

（招集）

第Ａ条　当会社の定時株主総会は，毎事業年度終了後２か月以内にこれを招集し，臨時株主総会は，必要あるときに随時これを招集する。

（定時株主総会の基準日）

第Ｂ条　当会社の定時株主総会の議決権の基準日は，毎年３月31日とする。

（招集権者及び議長）

第Ｃ条　株主総会は，取締役社長がこれを招集し，議長となる。

2　取締役社長に事故があるときは，取締役会においてあらかじめ定めた順序に従い，他の取締役が株主総会を招集し，議長となる。

（株主総会参考書類等のインターネット開示とみなし提供）

第Ｄ条　当会社は，株主総会の招集に際し，株主総会参考書類，事業報告，計算書類及び連結計算書類に記載又は表示をすべき事項に係る情報を，法務省令に定めるところに従いインターネットを利用する方法

■11　株主総会　　45

で開示することにより，株主に対して提供したものとみなすことがで
きる。

（決議の方法）

第E条　株主総会の決議は，法令又は本定款に別段の定めがある場合を
除き，出席した議決権を行使することができる株主の議決権の過半数
をもって行う。

2　会社法309条2項に定める決議は，議決権を行使することができる
株主の議決権の3分の1以上を有する株主が出席し，出席した当該株
主の議決権の3分の2以上をもって行う。

（議決権の代理行使）

第F条　株主は，当会社の議決権を有する他の株主1名を代理人として，
その議決権を行使することができる。

2　株主又は代理人は，株主総会ごとに代理権を証明する書面を当会社
に提出しなければならない。

　株主総会に関する事項として，上記の定款記載例のような定款の定めを置
くことが多い。

　なお，これらの定めは，いずれも登記すべき事項ではない。

(1)　A条関係

　A条（株主総会の招集時期）は，会社法296条1項に関連して，会社が任
意に定款で定める事項である。

　なお，定時株主総会の招集について「毎事業年度終了後3か月以内」とす
る場合には，事業年度終了の日までに，所轄税務署長に対し，確定申告書の
提出期限までに決算が確定しない理由（会計監査人の監査を受けなければな
らないこと等）を示して，確定申告書の提出期限の延長申請をしなければな
らない（法人税法75条の2第1項）。この場合には，当該事業年度終了の日の

翌日以後2月を経過した日から延長された提出期限までの期間の日数に応じ，年7.3パーセントの割合を乗じて計算した金額に相当する利子税を併せて納付しなければならない（同条6項）。

⑵　B条関係

　B条（定時株主総会の基準日）は，基準日を設定した場合にすべき公告を省略するために，定款に基準日の定めを設けるものである（法124条3項ただし書）。

　なお，このような定款の定めがない限り，会社は，基準日を定めたときは，当該基準日の2週間前までに，当該基準日及び基準日株主が行使することができる権利の内容を公告しなければならない。

　このほか，基準日後に株式を取得した者の議決権行使を認めることもできることについては，後記2－1の■1の⑶を参照されたい。

⑶　C条関係

　C条（招集権者及び議長）は，会社法296条3項に関連して，会社が任意に定款で定める事項である。

⑷　D条関係

　D条（参考書類等のインターネット開示等）は，施行規則94条1項ただし書の定款の定めとして，株主総会参考書類をインターネットにより開示する措置をとることにより，これを株主に対して提供したものとみなすこととするものである。

(5) E条関係

　E条（決議の方法）のうち，１項は，会社法309条１項の出席株主数の下限につき，「議決権を行使することができる株主の議決権の過半数」とする法定要件を排除し，１人でも出席すれば足りるとする別段の定めを設けるものである（実務相談２・790頁）。

　E条２項は，会社法309条２項の株主総会の特別決議における出席株主数の下限につき，「議決権を行使することができる株主の議決権の過半数」とする法定要件を緩和し，その３分の１が出席すれば足りるとする別段の定めを設けるものである。

(6) F条関係

　F条（議決権の代理行使）は，会社法310条１項及び４項に関連して，代理人の員数及び資格を制限する旨の定めである。

■12　取締役の員数等

（取締役の員数）

第A条　当会社の取締役は，【〇名以上】〇〇名以内とする。

（取締役の選任方法）

第B条　取締役は，株主総会において選任する。

2　取締役の選任決議は，議決権を行使することができる株主の議決権の過半数【３分の１】以上を有する株主が出席し，出席した当該株主の議決権の過半数をもって行う。

3　取締役の選任決議は，累積投票によらないものとする。

48　　　1-2　定款の記載例と留意点

（取締役の任期）

第C条　取締役の任期は，選任後2年【10年】以内に終了する事業年度のうち最終のものに関する定時株主総会の終結の時までとする。

【2　補欠又は増員により選任された取締役の任期は，前任取締役又は他の在任取締役の任期の満了すべき時までとする。】

【（取締役の解任方法）

第D条　取締役の解任決議は，議決権を行使することができる株主の議決権の過半数を有する株主が出席し，出席した当該株主の議決権の3分の2以上をもって行う。】

　取締役の員数等に関する事項として，上記の定款記載例のような定款の定めを置くことが多い。

　なお，これらの定めは，いずれも登記すべき事項ではない。

(1)　A条関係

　A条（員数）は，会社が任意に定款で定める事項である。

　取締役は，取締役会設置会社にあっては3名以上とする必要があり（法331条5項），更に，取締役会において特別取締役による議決の定めを設ける場合にあっては，6名以上とする必要がある（法373条1項）。

　会社の業務執行の意思決定を常に一定数の取締役の合意によって行うことを望む場合には，定款で，員数の最低限を定めることとなる。この場合には，定款で定めた役員の員数が欠けたときでも，任期満了又は辞任により退任した役員は，新たに選任された役員が就任するまで，なお役員としての権利義務を有し，また，必要があれば，裁判所に対し一時取締役の職務を行うべき者（仮取締役）の選任を申し立てることが可能である（法346条）。

⑵　Ｂ条関係

　Ｂ条（選任方法）のうち，１項及び２項は，会社法341条の内容を確認的に規定するものであり，３項は，２人以上の取締役を選任する場合において，会社法342条１項の定款の定めとして，株主の累積投票請求権を排除するものである。

⑶　Ｃ条関係

①　任　　期

　Ｃ条（任期）のうち，１項は，会社法332条１項の内容を確認的に規定するものであるが，公開会社でない株式会社（監査等委員会設置会社及び指名委員会等設置会社を除く。）においては，同条２項の定款の定めとして，任期を選任後10年以内に終了する事業年度のうち最終のものに関する定時株主総会の終結の時まで伸長することもできる。

　なお，監査等委員会設置会社では，監査等委員である取締役の任期は，選任後２年以内に終了する事業年度のうち最終のものに関する定時株主総会の終結の時までであり（補欠者を除き，短縮は許されない。），その他の取締役の任期は，選任後１年以内に終了する事業年度のうち最終のものに関する定時株主総会の終結の時までである（定款又は株主総会の決議により短縮も可能である。）。指名委員会等設置会社における取締役の任期は，監査等委員会設置会社における監査等委員以外の取締役の任期と同様である（法332条３項から６項まで）。

②　補欠取締役等

　Ｃ条２項は，補欠又は増員により選任された取締役の任期を前任取締役又は他の取締役の任期満了時と合わせるための規定であるが，通常は，この「補欠」の意味は，前任者の退任後に補欠者を選任する場合と前任者の任期

中に補欠者を予選する場合の双方を意図するものであろう。

なお，増員取締役については，事柄の性質上，増員の事実が客観的に明らかであるため，その任期は，当然にC条2項により規律されることとなる。これに対し，補欠取締役については，単に前任者の後任として選任されるだけではなく，補欠として選任されて（予選にあっては，更に，役員の員数を欠く場合に）初めてC条2項の規律が適用されるのであって，規律が複雑であるので，注意を要する（補欠の役員の詳細については，後記2－5の■2の(1)①(c)及び■4の(1)②(e)参照）。

⑷　D条関係

D条（解任方法）は，会社法341条の株主総会の決議要件につき，「出席した議決権を行使することができる株主の議決権の過半数」とする法定要件（普通決議）を加重する別段の定めを設け，旧商法257条における取扱いの実質（特別決議）を維持する例である。

■13　代表取締役

（代表取締役及び役付取締役）

第〇条　取締役会は，その決議によって代表取締役を選定する。

2　取締役会は，その決議によって取締役会長，取締役社長各1名，取締役副社長，専務取締役，常務取締役各若干名を定めることができる。

【2　当会社は，代表取締役を社長とする。】

【3　当会社は，必要に応じ，取締役会の決議によって，専務取締役及び常務取締役を選定することができる。】

■13　代表取締役　*51*

(1)　取締役会設置会社

　1項は，取締役会設置会社における代表取締役の選定方法につき，会社法362条2項3号の内容を確認的に規定するものであり，2項は，会社が任意に定款で定める事項である。

(2)　取締役会を置かない会社

　取締役会を置かない会社においては，定款に定めがない場合には，原則として取締役各自が代表取締役となり（法349条1項本文），株主総会の決議によって代表取締役を定めることもできる（同条3項）が，他方，①定款に直接代表取締役の氏名を記載する方法，②定款に取締役の互選により代表取締役を定める旨を記載した上で互選をする方法によっても，代表取締役を定めることができる（同項）。

　取締役会を置かない会社の定款記載例は，次のとおりである。

　　例1　当会社の取締役は，各自当会社を代表するものとする。

　　例2　当会社の代表取締役は，取締役何某とする。

　　例3　当会社の代表取締役は，取締役の互選により定める。

　　例4　①　当会社に社長1名及び常務取締役1名を置き，これらの者は，各自当会社を代表する。

　　　　　②　社長及び常務取締役は，取締役の互選をもって，取締役の中からこれを定める。

（注）　取締役の員数と互選規定の趣旨について

　　　例3に類するものとして，定款に「当会社に取締役2名を置き，取締役の互選により代表取締役1名を置く。」と定めた場合には，代表取締役が死亡により退任したときの取扱いにつき，残存する他の取締役の代表権が回復しないため，後任の取締役及び代表取締役を選任した上で，これらの変更の登記を申請すべきとされている（後記2－5の■2の(1)②(a)(iv)，商業登記の栞⑧・登記研究646号118頁）。

これに対し，定款に「当会社に取締役2名以内を置き，取締役の互選により代表取締役1名を置く。」と定めた場合には，当該定款の定めは，「取締役が2名の場合には代表取締役を互選により定めるが，取締役が1名の場合にはその者が当然に代表取締役になる」旨の趣旨と解されるので，代表取締役が死亡により退任したときは，残存する他の取締役が定款の定めに従い代表取締役となり，自らこれらの変更の登記を申請することができるとされている（商業登記の栞⑧・登記研究646号118頁）。

このように，取締役の員数及び互選の方法に関する定款の文言により効果が異なるため，注意が必要である。

■14 取締役会

（取締役会の招集権者及び議長）

第A条　取締役会は，法令に別段の定めがある場合を除き，取締役会長【社長】がこれを招集し，議長となる。

2　取締役会長に欠員又は事故があるときは，取締役社長が，取締役社長に事故があるときは，取締役会においてあらかじめ定めた順序に従い他の取締役が，それぞれ取締役会を招集し，議長となる。

（取締役会の招集通知）

第B条　取締役会の招集通知は，会日の3日前までに各取締役及び各監査役に対して発する。ただし，緊急の必要があるときは，この期間を短縮することができる。

2　取締役及び監査役の全員の同意があるときは，招集の手続を経ないで取締役会を開催することができる。

（取締役会の決議の省略）

第C1条　当会社は，会社法370条の要件を満たしたときは，取締役会の決議があったものとみなす。

【第C2条　取締役が取締役会の決議の目的である事項について提案を

した場合において，当該提案につき議決に加わることができる取締役の全員が書面により同意の意思表示をしたときは，当該提案を可決する旨の取締役会の決議があったものとみなす。ただし，監査役が異議を述べたときは，この限りでない。

（取締役会規程）
第D条 取締役会に関する事項は，法令又は本定款のほか，取締役会において定める取締役会規程による。

取締役会の運営等に関する事項として，上記の定款記載例のような定款の定めを置くことが多い。

なお，これらの定めは，いずれも登記すべき事項ではない。

(1) A条関係

A条（招集権者）は，会社法366条1項ただし書の定款の定めとして，取締役会を招集する取締役を定めたものである。この定めがないときは，各取締役が取締役会の招集権を有する（同項本文）。

(2) B条関係

B条（招集手続）のうち，1項は，会社法368条1項の定款の定めとして，取締役会の日の1週間前という招集通知の法定発出期限を短縮するものであり，2項は，会社法368条2項の内容を確認的に規定するものである。

(3) C条関係

C1条及びC2条（取締役会の決議省略）は，表現振りは異なるが，いずれも，会社法370条の定款の定めとして，取締役会の決議の省略の制度を採

用するものである。株主総会の決議の省略は，定款の定めがあることを要せ
ず，随時，取締役又は株主の提案につき議決権を行使することができる株主
の全員が同意の意思表示をすることにより可能である（法319条）が，取締
役会の決議の省略は，上記のような定款の定めが必要である。

　なお，会社法370条により取締役会の決議を省略する場合には，実際に取
締役会は開催されないため，その招集手続も不要である（始関正光編著
『Ｑ＆Ａ平成14年改正商法』28頁（商事法務，2003））。

■15　取締役の責任免除及び責任制限

> （取締役の責任免除及び責任制限）
> 第〇条　当会社は，会社法426条１項の規定により，任務を怠ったこと
> 　　による取締役（取締役であった者を含む。）の損害賠償責任を，法令
> 　　の限度において，取締役会の決議【取締役（当該責任を負う取締役を
> 　　除く。）の過半数の同意】によって免除することができる。
> 2　当会社は，会社法427条１項の規定により，取締役（業務執行取締
> 　　役等であるものを除く。）との間に，任務を怠ったことによる損害賠
> 　　償責任を限定する契約を締結することができる。ただし，当該契約に
> 　　基づく責任の限度額は，〇〇万円以上であらかじめ定めた金額又は法
> 　　令が規定する額のいずれか高い額とする。

　取締役，会計参与，監査役，執行役又は会計監査人（以下この項目におい
て「役員等」という。）の任務懈怠による会社に対する損害賠償責任は，原
則として，総株主の同意がなければ免除することができない（法424条）が，
例外として，当該役員等が職務を行うにつき善意でかつ重大な過失がないと
きは，後記(1)又は(2)の方法により事後的に責任の一部を免除したり，後記(3)
の方法により事前に責任限定契約を締結したりすることができる。

■15 取締役の責任免除及び責任制限　　*55*

　後記⑴は，定款の定めを要せず，随時行うことができるが，後記⑵及び⑶は，定款記載例1項及び2項のような定款の定めが必要であり，この定めは登記すべき事項である（法911条3項24号・25号）。

　なお，平成26年の会社法の改正により，多重代表訴訟の制度（完全親会社の株主による完全子会社の取締役等に対する代表訴訟の制度。法847条の3）が導入されたことに伴い，その追及の対象となる特定責任（一定の重要な完全子会社の取締役等の責任）につき，当該完全子会社の株主総会の決議のみによって責任の一部免除が可能であるとすると多重代表訴訟の制度の意義が減殺されるため，その一部免除には最終完全親会社等の株主総会の決議をも要するとされるなど，後記⑴から⑶までの場合について最終完全親会社等の株主の一定の関与が予定されている。

⑴　株主総会の特別決議による一部免除（法425条）

①　機関設計

　この方法による一部免除は，あらゆる機関設計の会社において，行うことができる。

②　一部免除の手続等

　監査役設置会社（監査役が業務監査を行うもの），監査等委員会設置会社又は指名委員会等設置会社において，取締役（監査等委員又は監査委員を除く。）及び執行役の責任の免除に関する議案を株主総会に提出するには，各監査役，各監査等委員又は各監査委員の同意を得なければならない（法425条3項）。

　株主総会の決議によっても免除することができない最低責任限度額は，次の額の合計額とされている（法425条1項，施113条，114条）。

(a)　当該役員等の区分に応じ，その在職中に会社から職務執行の対価として受け，又は受けるべき財産上の利益の1年間当たりの額に次の数を乗

じて得た額

(i) 代表取締役又は代表執行役　6

(ii) (i)又は(iii)に該当する者以外の取締役又は執行役　4

(iii) 取締役（業務執行取締役等であるものを除く。），会計参与，監査役又は会計監査人　2

(b) 当該役員等が特に有利な条件で引き受けた会社の新株予約権に関する財産上の利益に相当する額

⑵　取締役の過半数の同意又は取締役会の決議による一部免除（法426条）

①　機関設計

この方法による一部免除の定款の定めは，取締役会の有無は問わないものの，取締役が２人以上ある監査役設置会社（監査役が業務監査を行うもの），監査等委員会設置会社又は指名委員会等設置会社に限り，設けることができる（法426条１項）。

したがって，少なくとも会社法426条１項の定款の定めを設ける時（設立時を含む。）には，上記の要件を満たしている必要があり，例えば，取締役が１人であり，又は監査役の監査の範囲が会計監査に限定されていることが原始定款や登記簿から判明する場合には，会社法426条１項の定款の定めを登記事項とする登記の申請は，受理されないものと考えられる（商登24条9号，後記２－５の■10の(1)②(b)参照）。

ただし，当該定款の定めの設定後，事後的に，取締役の死亡等により取締役の員数が１名となった場合には，当該定款の定めが無効になるわけではなく（この定めを廃止する変更登記義務が生ずるわけではなく），単に，⑵の方法による責任の一部免除をすることができないに止まるものと解される。

また，当該定款の定めを設定する時点では，実際に一部免除の対象となる責任が特定責任の要件を満たすかどうかは明らかでなく，その設定に係る定

款の変更について最終完全親会社等の株主総会の決議をも得ることは予定されていない（坂本・一問一答179頁）。

②　一部免除の手続等

　監査役設置会社（監査役が業務監査を行うもの），監査等委員会設置会社又は指名委員会等設置会社において，取締役（監査等委員又は監査委員を除く。）及び執行役の責任の免除に係る会社法426条１項の定款の定めを設ける議案を株主総会に提出する場合や，これらの責任の免除についての取締役の同意を得る場合（取締役会設置会社にあっては，その議案を取締役会に提出する場合）には，前記(1)と同様に，各監査役，各監査等委員又は各監査委員の同意を得なければならない（法426条２項）。

　(2)の方法によっても免除することができない最低責任限度額は，前記(1)と同様である（法426条１項）。

　なお，総株主の議決権の100分の３以上の議決権を有する株主が責任の一部免除に異議を述べたとき（特定責任の一部免除にあっては，最終完全親会社等の総株主の議決権の100分の３以上の議決権を有する株主が異議を述べたときを含む。）は，(2)の方法による一部免除をすることはできない（法426条７項）。

(3)　非業務執行取締役等との間の責任限定契約（法427条）

①　機関設計

　会社は，その取締役（業務執行取締役等を除く。），会計参与，監査役又は会計監査人との間で責任限定契約を締結することができる旨の定款の定めを設けることができる（法427条１項）。

　役員等の責任免除規定（前記(2)参照）と異なり，監査役設置会社，監査等委員会設置会社又は指名委員会等設置会社に限られることなく，当該会社に置く機関につき，上記の責任限定契約に係る定款の定めを設けることができ

る。

　なお，従前は，会社法427条の責任限定契約は，社外取締役，会計参与，社外監査役又は会計監査人との間で締結することができるとされていたが，平成26年の会社法の改正により，社外取締役及び社外監査役の要件が厳格化される（取締役等の近親者，親会社等の関係者，兄弟会社の業務執行者等は社外性を有しないとされた。）反面で，責任限定契約を締結することができる相手方については，社外性の有無という基準ではなく，自ら業務執行を行わず経営に対する監督・監査を行うことが期待されているかどうかという基準から，上記のような見直しがされた。

②　責任限定契約の設定手続及び内容等

　監査役設置会社（監査役が業務監査を行うもの），監査等委員会設置会社又は指名委員会等設置会社において，非業務執行取締役等である取締役（監査等委員又は監査委員を除く。）との間の責任限定契約に係る会社法427条1項の定款の定めを設ける議案を株主総会に提出する場合には，前記(1)と同様に，各監査役，各監査等委員又は各監査委員の同意を得なければならない（法427条3項）。

　責任限定契約の内容は，非業務執行取締役等の責任につき「定款で定めた額の範囲内であらかじめ会社が定めた額と法定の最低責任限度額（前記(1)参照）とのいずれか高い額を限度とする旨」であるので，定款においては，定款記載例の2項のように「〇〇万円以上」などと定めることとなる。

　なお，株主総会において，会社が定める額と法定の最低責任限度額を一致させることを望む場合には，次のような定款記載例が考えられる。

　　　例　当会社は，会社法427条1項の規定により，非業務執行取締役等との間に，任務を怠ったことによる損害賠償責任に関し，法令が規定する額を限度とする旨の契約を締結することができる。

　また，当該定款の定めを設定する時点では，実際に責任限定契約により限定される責任が特定責任の要件を満たすかどうかは明らかでなく，その設定

■16 監査役の員数等 59

に係る定款の変更について最終完全親会社等の株主総会の決議をも得ること
は予定されていない（坂本・一問一答180頁）。

③ 登記すべき事項

会社法427条１項の定款の定めを設けた場合には，その定めを登記しなけ
ればならない（法911条３項25号。後記２－５の■10参照。定款で定めた額の範
囲内であらかじめ会社が定めた責任限度額は，登記事項ではない。平14・４・25
民商1067号通達）。

なお，平成26年の会社法改正法の施行の際，現に責任限定契約に係る社外
取締役又は社外監査役の登記がある場合は，当該取締役又は監査役の任期中
に限り，当該登記の抹消をすることを要しないとされている（同法附則22条
２項）。

■16 監査役の員数等

（監査役の員数）

第Ａ条　当会社の監査役は，【〇名以上】〇名以内とする。

【２　当会社の監査役の監査の範囲は，会計に関するものに限定する。】

（監査役の選任方法）

第Ｂ条　監査役は，株主総会において選任する。

２　監査役の選任決議は，議決権を行使することができる株主の議決権
の過半数【３分の１】以上を有する株主が出席し，出席した当該株主
の議決権の過半数をもって行う。

（監査役の任期）

第Ｃ条　監査役の任期は，選任後４年【10年】以内に終了する事業年度
のうち最終のものに関する定時株主総会の終結の時までとする。

２　任期の満了前に退任した監査役の補欠として選任された監査役の任

> 期は，退任した監査役の任期の満了する時までとする。

　監査役の員数等に関する事項として，上記の定款記載例のような定款の定めを置くことが多い。

　これらのうち，A条2項の定めは，平成26年の会社法の改正により登記事項とされた（法911条3項17号イ）。この事項は，株式会社登記簿の役員区に記録される（商登規別表第5）。

　なお，平成26年の会社法改正法の施行の際現にA条2項のような定款の定めがある株式会社は，施行後最初の監査役の就任又は退任の機会までにその登記をしなければならない（同法附則22条1項）。とりわけ，平成18年の会社法施行時における旧商法特例法上の小会社（資本金1億円以下であり，かつ，最終の貸借対照表上の負債が200億円以上でない株式会社。整備法53条。ただし，公開会社を除く。法389条1項）については，会社法389条1項の定款の定めがあるとみなされた状況にあることが想定されるため，留意する必要がある（この場合の登記の添付書面は，基本的には定款又は株主総会の議事録となる。平27・2・6民商13号通達）。

(1)　A条関係

①　員　　数

　A条（員数）のうち，1項は，会社が任意に定款で定める事項である。

　監査役は独任制の機関であり，複数の監査役がある場合でも，多数決ではなく，各自単独で監査役の職務権限を有し，責任を負う。

　ただし，監査役会設置会社においては，監査役は，3名以上で，そのうち半数以上は社外監査役でなければならず，監査役会は，監査役の中から常勤の監査役を選定しなければならない（法335条3項，390条3項）。この場合には，各監査役は監査権限を有するものの，法定の職務（監査報告の作成，監査役の職務執行に関する事項の決定等。法390条2項）については，監査役会が

行うとされ，監査役会の決議は，監査役の過半数をもって行うとされている（法393条1項）。

② 監査役の監査の範囲を会計に関するものに限定する定め

A条2項は，会社法389条1項の定款の定めとして，監査役の監査の範囲を会計に関するものに限定するものである。

公開会社でない会社は，監査役会設置会社及び会計監査人設置会社を除き，この定款の定めを置くことができる（機関設計の詳細は，前記■10参照）。会計監査のみを行う監査役は，取締役会への出席義務及び意見陳述義務を負わないが（法389条7項，383条），任意に取締役会に出席した場合には，取締役会の議事録に記名押印する義務を負う（法369条3項）。

なお，会計監査のみを行う監査役は，会社と取締役との間の訴えについて，法令上会社の代表権を有するわけではない（法389条7項，386条）。このような会社では，株主総会又は取締役会は，当該訴えについて会社を代表する者を定めることとなる（法353条，364条）。

(2) B条関係

B条（選任方法）は，会社法341条の内容を確認的に規定するものである。

(3) C条関係

① 任　期

C条（任期）のうち，1項は，会社法336条1項の内容を確認的に規定するものであるが，公開会社でない株式会社においては，同条2項の定款の定めとして，任期を選任後10年以内に終了する事業年度のうち最終のものに関する定時株主総会の終結の時まで伸長することもできる。

②　補欠監査役

　Ｃ条２項は，会社法336条３項の定款の定めとして，補欠として選任され
た監査役の任期を退任した監査役の任期満了時と合わせるための規定である
（詳細については，後記２－５の■４の(1)②(e)参照）。

　監査役の任期は，定款に別段の定めがない場合には，会社法336条１項に
より選任後４年以内に終了する事業年度のうち最終のものに関する定時株主
総会の終結の時までと法定され，取締役の任期のように，その選任に係る株
主総会の決議においてその都度任期を短縮すること（法332条１項ただし書）
が許されていないため，会社法336条１項の特則として，定款にＣ条２項の
ような定めを置くことにより，補欠監査役に限って任期の短縮を認める旨の
条文が設けられている。

　会社法における「補欠」の概念は，従来の先例の考え方（昭30・8・8民
事甲1665号回答，登記研究97号36頁，399号82頁）が変更され，(a)監査役を１名
しか置かない会社において，当該監査役の後任者として選任する場合や，(b)
複数の監査役を置く会社において，監査役の全員が退任し，その後任者とし
て選任する場合を含むと解されている（平18・9・6民総2051号通知，登記研
究700号200頁，矢部博志「会社法施行後における商業登記実務の諸問題」登記研
究702号61頁）ので，監査役を１名しか置かない会社も，会社法336条３項の
定款の定めを置くことができる。

　なお，監査役の「増員」の場合は，補欠監査役とはいえないため，取締役
に関する議論（前記■12の(3)②参照）と異なり，定款をもってしても，増員
監査役の任期を他の在任監査役の任期の満了すべき時までとすることはでき
ない（浅野克男「補欠選任された株式会社の監査役の任期と登記」・菊池洋一編著
『商業登記制度をめぐる諸問題』376頁（テイハン，1994））。

■17　監査役会

> （常勤の監査役）
> 第Ａ条　監査役会は，その決議によって常勤の監査役を選定する。
> （監査役会の招集通知）
> 第Ｂ条　監査役会の招集通知は，会日の３日前までに各監査役に対して
> 　発する。ただし，緊急の必要があるときは，この期間を短縮すること
> 　ができる。
> ２　監査役全員の同意があるときは，招集の手続を経ないで監査役会を
> 　開催することができる。
> （監査役会規程）
> 第Ｃ条　監査役会に関する事項は，法令又は本定款のほか，監査役会に
> 　おいて定める監査役会規程による。

　監査役会の運営等に関する事項として，上記の定款記載例のような定款の
定めを置くことが多い。

　なお，これらの定めは，いずれも登記すべき事項ではない。

(1)　Ａ条関係

　Ａ条（常勤監査役）は，会社法390条３項の内容を確認的に規定するもの
である。

(2)　Ｂ条関係

　Ｂ条（招集手続）のうち，１項は，会社法392条１項の定款の定めとして，
監査役会の日の１週間前という招集通知の法定発出期限を短縮するものであ

64   1-2 定款の記載例と留意点

り，２項は，同条２項の内容を確認的に規定するものである。

18 計 算

> （事業年度）
> **第Ａ条**　当会社の事業年度は，毎年４月１日から翌年３月31日までの１
> 年とする。
> **【（剰余金の配当等の決定機関）**
> **第Ｂ条**　当会社は，剰余金の配当その他の会社法459条１項各号に定め
> る事項については，法令に別段の定めのある場合を除き，株主総会の
> 決議によらず，取締役会の決議によって定める。】
> （剰余金の配当の基準日）
> **第Ｃ条**　当会社の期末配当の基準日は，毎年３月31日とする。
> **【２**　当会社の中間配当の基準日は，毎年９月30日とする。】
> **【３**　前２項のほか，当会社は，基準日を定めて剰余金の配当をするこ
> とができる。】

　会社の計算に関する事項として，上記の定款記載例のような定款の定めを
置くことが多い。

　なお，これらの定めは，いずれも登記すべき事項ではない。

(1)　Ａ条関係

　Ａ条（事業年度）は，会社法296条１項に関連して，会社が任意に定款で
定める事項である。

　会社法には，定時総会を毎年１回以上招集しなければならない（旧商234
条）旨の規定はないが，計算規則59条２項において，事業年度が１年を超え

てはならない（事業年度を変更する場合にあっては，1年6か月を超えては
ならない）旨が示されている。

⑵　Ｂ条関係

　Ｂ条（剰余金の配当等の決定機関）は，会社法459条1項の定款の定めと
して，剰余金の配当等を取締役会が定めるものとすると同時に，会社法460
条1項の定款の定めとして，剰余金の配当等を株主総会の決議（法454条1項
等）によっては定めないものとしたものである。

　この定款の定めを置くことができる会社は，①機関設計として，監査役会
及び会計監査人を設置する会社であるか，監査等委員会設置会社であるか，
又は指名委員会等設置会社であること，②取締役（監査等委員会設置会社に
あっては，監査等委員以外の取締役）が毎事業年度改選される会社であるこ
とのいずれをも満たすものに限られている（法459条1項）。

⑶　Ｃ条関係

　Ｃ条（基準日）は，基準日を設定した場合にすべき公告を省略するために，
定款に基準日の定めを設けるものである（法124条3項ただし書。基準日制度
の変遷については，浜田道代「新会社法の下における基準日の運用問題（上）」旬
刊商事法務1772号4頁に詳しい。）。

　上記の定款記載例は，大会社等がＢ条の定めを設け，取締役会の決議によ
り剰余金の配当を随時行うこととした場合に，期末配当や中間的な時期の配
当につき基準日を定めている例であって，Ｃ条2項の「中間配当」は，この
意味で用いられているから，会社法454条5項に規定する中間配当とは意味
が異なっている（下山祐樹「全株懇「定款モデル」の解説」旬刊商事法務1761号
38頁）。

　なお，取締役の任期を2年とする取締役会設置会社等が会社法454条5項

の中間配当を行うことを望む場合には，同項の定款の定めとして，次のような定款記載例が考えられる。

　例　当会社は，取締役会の決議によって，毎年9月30日を基準日として，中間配当をすることができる。

■19　定款附則

（設立に際して出資される財産の最低額）

第Ａ条　当会社の設立に際して出資される財産の最低額は，金100万円とする。

（設立時発行株式に関する事項）

第Ｂ条　当会社の設立時発行株式に関する事項は，次のとおりとする。

　　　発起人が割当てを受ける設立時発行株式の数　合計20株

　　　　発起人何某につき15株

　　　　発起人○○株式会社につき5株

　　　設立時発行株式と引換えに払い込む金銭の額　1株につき5万円

　　　成立時の株式会社の資本金及び資本準備金の額に関する事項

　　　　資本金　　　　50万円

　　　　資本準備金　50万円

（設立時取締役等）

第Ｃ条　当会社の設立時取締役，設立時監査役及び設立時代表取締役は，次のとおりとする。

　　　設立時取締役　　　　何某，何某，何某

　　　設立時監査役　　　　何某

　　　設立時代表取締役　　東京都千代田区○○何丁目何番何号

　　　　　　　　　　　　　何某

（最初の事業年度）

第Ｄ条　当会社の最初の事業年度は，当会社成立の日から平成28年３月31日までとする。

（発起人の氏名又は名称及び住所）

第Ｅ条　発起人の氏名又は名称及び住所は，次のとおりである。

東京都千代田区○○何丁目何番何号　　何某

東京都中央区○○何丁目何番何号　　　○○株式会社

発起設立の場合には，上記の定款記載例のような附則の定めを置くことが多い。

(1)　Ａ条関係

設立に際して出資される財産の価額又はその最低額は，定款の絶対的記載事項である（法27条４号）。

(2)　Ｂ条関係

Ｂ条に関する事項は，定款に定めるか，又は発起人の全員の同意により定めるべき事項である（法32条１項各号）。

発起人が割当てを受ける設立時発行株式の数（法32条１項１号）については，条文上明らかではないが，発起人ごとの内訳も定めなければならない（Ｂ条又はＥ条に定める例が多いようである。）。各発起人の割当株式数の内訳が定款又は発起人の全員の同意書により明らかになるとの解釈を前提として，旧商法169条（各発起人が書面等により株式の引受けをしなければならない旨の規定）が削られ，更に，設立の登記の添付書面に関する旧商登法80条２号中株式引受証に係る部分が削られている。なお，各発起人間において，払込みに係る金銭の額に応じて平等に設立時発行株式が割り当てられていな

くとも，発起人の全員の同意により定めた以上，差し支えないとされている（新版注釈会社法(2)124頁，江頭・株式会社法78頁）。

設立時発行株式と引換えに払い込む金銭の額（法32条１項２号）については，各発起人につき１円以上でなければならない（出資なくして株主となることはできない）が，各発起人が10株単位で引き受けることを前提として，「10株につき１円」とすることは差し支えない。

成立時の株式会社の資本金及び資本準備金の額に関する事項（法32条１項３号）については，会社に出資された財産の額の一部を資本金としない場合（当該財産の額の２分の１以上を資本金の額とし，その余を資本準備金とする場合。法445条２項・３項）に定める必要がある。この事項を定めない場合には，出資された財産の額がそのまま資本金の額となり，資本準備金の額は０円となる。

⑶　Ｃ条関係

①　設立時役員等の選任

設立時取締役（監査等委員会設置会社にあっては，監査等委員か否かの別を含む。），設立時会計参与，設立時監査役又は設立時会計監査人は，発起設立の場合には，定款に定めるか，又は発起人の議決権の過半数により定めるべき事項であり（法38条，40条１項・４項），募集設立の場合には，創立総会の決議により定めるべき事項である（法88条）。

なお，募集設立の場合において定款でこれらの者を定めることができるかどうかについては，旧商法の下では否定的に解されていた（実務相談１・175頁）が，会社法の下ではこれを肯定する解釈が示されている（相澤哲・清水毅「設立時代表取締役の選定」登記情報540号16頁。ただし，同論文では，定款でその氏名を直接定めることと発起人により選任する旨を定めることを区別し，募集設立の場合に，定款で「発起人が設立時取締役を選任する」旨を定めることはできないとされる。）。

② 設立時代表取締役の選定

(a) 取締役会設置会社

取締役会設置会社（指名委員会等設置会社を除く。）における設立時代表取締役は，設立時取締役の過半数により決定する事項である（法47条３項）。

なお，このほか，次の方法も許容されるとの解釈が示されている（相澤・論点解説39頁）。

(i) 定款に設立時代表取締役の氏名を直接記載する方法

(ii) 定款に発起人の互選による旨の規定を置き，発起人が互選する方法

(iii) 定款に設立時取締役の互選による旨の規定を置き，設立時取締役が互選する方法（定款の定めがなくても，会社法47条３項の規律が妥当するので，この方法自体に特段の意味があるわけではないと思われる。）

(iv) 創立総会の決議により選定する方法（募集設立の場合に限る。）

(注) 旧商法の下では，昭和25年商法改正以後，株式会社の代表取締役の選任を株主総会の権限とする旨を定款をもって定めることができるかどうかにつき，長らく学説が二分されていた（消極説に立つものとして，大隅健一郎・大森忠夫『逐条改正会社法解説』266頁（有斐閣，1952），服部榮三『会社法通論第２版』115頁（同文舘，1982），河本一郎『現代会社法新訂第５版』303頁（商事法務，1991）等があり，積極説に立つものとして，松田二郎『会社法概論』217頁（岩波書店，1968），田中誠二『三全訂会社法詳論上巻』610頁（勁草書房，1993），鈴木竹雄『新版会社法全訂第５版』189頁（弘文堂，1994），前田・会社法入門（第10版）437頁，江頭・株式会社有限会社法285頁等がある。論点全般の解説につき，鴻・先例百選112頁参照）。

　　この点，登記実務は，消極説に立っていた（昭26・10・12民事甲1983号通達）。

　　上記(i)，(ii)及び(iv)の方法の可否については，会社法でも明文の規定がなく，従前の解釈論がそのまま妥当するものと考えられるが，登記実務は，現在，積極説で運用されている（ただし，本文に記載した整理は，例えば，募集設立の場合に，定款に「発起人が設立時取締役を選任する」旨の定めを置くことはできない（上記①参照）が，「発起人が設立時代表取締役を定める」旨の定めを置くことはできる（上記(ii)参照）とするが，その理由及

び合理性については必ずしも判然としない。）。

(b) 取締役会を置かない会社

取締役会を置かない会社において，各自代表とせず，設立時取締役の中から設立時代表取締役を選定する方法については，明文の規定がない（法47条1項参照）。

実質論として，設立時取締役の過半数によるべきか，発起人の過半数によるべきか，疑義があるところであるが，会社法では「設立時取締役が行うことができる職務は，法律又は定款に定められた事項に限られ……それ以外の設立に関する事項一般について……職務執行の決定自体を行う者も発起人であると整理している」（相澤哲・岩崎友彦「会社法総則・株式会社の設立」旬刊商事法務1738号13頁）ことから，発起人の過半数によるものと解されており（下記(i)参照），このほか，下記(ii)から(v)までの方法が許容されるとの解釈が示されている（相澤・論点解説39頁）。なお，同解説によると，定款に「代表取締役は取締役の互選により定める」旨の定めがある場合でも，会社成立後に関するこの定めを下記(iv)の定めとみることはできないとされているので，注意が必要である。

(i) 発起人の互選による方法

(ii) 定款に設立時代表取締役の氏名を直接記載する方法

(iii) 定款に発起人の互選による旨の規定を置き，発起人が互選する方法（定款の定めがなくても，上記(i)が妥当するので，この方法自体に特段の意味があるわけではないと思われる。）

(iv) 定款に設立時取締役の互選による旨の規定を置き，設立時取締役が互選する方法

(v) 創立総会の決議により選定する方法（募集設立の場合に限る。）

③ まとめ

設立時役員等及び設立時代表取締役の定め方については，会社法の規定が

不十分なことや，定款で定めることができる事項が明らかでないことから，その解釈が難解である。

　現在の登記実務上は，上記①②による定め方が許容されているが，私見としては，実務上大多数を占める発起設立にあっては，次の方策によることが最も無難であると思われる。

(a)　取締役会設置会社

　設立時役員等は，条文どおり，定款で定めるか，又は発起人の議決権の過半数により定める（法38条，40条1項）。

　設立時代表取締役は，条文どおり，設立時取締役の過半数により定める（法47条）。

(b)　取締役会を置かない場合

　設立時役員等については，上記(a)と同様である。

　設立時代表取締役については，条文がないが，発起設立における最も無難な考え方として，定款にその氏名を直接記載する方法によって定める。これは，設立時代表取締役の選定方法につき上記②(b)のような解釈が示されてはいるものの，設立中の会社の業務執行の一内容として発起人の互選により定められるとの見解（上記②(b)(i)参照）に対しては，「設立時取締役が行うことができる職務は法律又は定款に定められた事項に限られる」（相澤哲・岩崎友彦「会社法総則・株式会社の設立」旬刊商事法務1738号13頁）という形式論理に過度に依拠するものであり，実質論として，取締役会設置会社において設立時取締役の過半数により設立時代表取締役を定めることとした会社法47条の理念と不均衡である（特に，成立後に互選代表制を採用する会社について）との批判も予想されるため，その解釈上の危険を回避するものである。

⑷　D条関係

　最初の事業年度は，会社法296条1項に関連して，会社が任意に定款で定める事項である。

⑸ Ｅ条関係

　発起人の氏名又は名称及び住所は，定款の絶対的記載事項である（法27条5号）。

　自然人及び法人は，発起人になることができる。日本人（日本法人）であると，外国人（外国法人）であるとを問わない。

　意思無能力者，行為無能力者又は制限行為能力者も，発起人になることができるが，意思無能力者及び行為無能力者は法定代理人によって代理される必要があり，制限行為能力者は法定代理人の同意を得る必要がある（新版注釈会社法⑵37頁）。

　地方公共団体（公法人）も，発起人になることができるが，株式会社に関する後記**参考先例等１−10**の１と同様に，発起人になることが当該地方公共団体の目的の範囲内に属することを確認した上で，公証人は定款を認証すべきであり，その確認方法としては，当該地方公共団体の長に理由を付した証明書を提出させる等により確認するのが，実務の取扱上適当であると解されている（日本公証人連合会『新訂法規委員会協議結果要録』362頁（新日本法規，1996））。

　法人格のない組合（民法上の組合，投資事業有限責任組合（いわゆるLPS），有限責任事業組合（いわゆるLLP））は，株式会社の発起人になることができない。ただし，組合員個人が発起人となることは差し支えなく，この場合には，発起人は，組合員個人として定款に署名し又は記名押印することを要する。なお，組合の肩書きを付した組合員個人の氏名が発起人として定款に記載されている場合であっても，発起人はあくまで当該組合員個人であり，当該肩書きは無益的な余事記載と解する余地もあるため，そのような登記の申請も受理される取扱いである。

　また，権利能力なき社団についても，権利義務の主体となり得ない社団に発起人の重い責任を負わせることができないこと等から，発起人になる適格性を有しないと解されている（小林健二「株式会社における発起人の資格」・菊

池洋一編著『商業登記制度をめぐる諸問題』295頁（テイハン，1994））。ただし，募集設立の場合には，権利能力なき社団も株式の申込みをすることができ，株式申込者として，当該団体名のほか，その代表者等の氏名を記載するのが相当であるとされている（登記研究165号54頁）。

参考先例等 1 −10

1　株式会社が他の株式会社の設立発起人となった定款の認証の嘱託があった場合には，他の株式会社の発起人となることが当該株式会社の目的の範囲内にあることを公証人において確認した上，定款の認証をなすべきである。なお，定款に「他の会社設立の発起人となる」旨の定めがないからといって直ちに目的の範囲外と判断することは相当でないので，念のため申し添える（昭35・6・9民事甲1422号回答）。
2　会社が発起人となっている株式会社の設立登記の申請がされた場合，添付書類によって，申請に係る会社設立の発起行為が明らかに会社の目的の範囲外のものと認められない限り，当該登記申請を受理せざるを得ない（昭56・4・15民四3087号回答，登記研究403号65頁）。
3　宗教法人が発起人の1名となっている「魚介類及び生鮮食料品の販売及び貿易並びに損害保険代理業」を目的とする株式会社の設立登記申請は，受理して差し支えない（昭52・8・15民四4079号回答，登記研究360号53頁）。

20　現物出資等に関する定款附則

（現物出資）

第A条　当会社の設立に際して現物出資をする者の氏名，出資の目的である財産及びその価額並びにこれに対して割り当てる設立時発行株式の種類及び数は，次のとおりである。

一　出資者　発起人何某

二　現物出資財産

東京都〇区〇町〇丁目〇番地　宅地　〇〇平方メートル

三　現物出資財産の価額　金〇〇万円

四　割り当てる設立時発行株式　普通株式〇〇株

（設立費用）

第Ｂ条　当会社の負担する設立費用（定款の認証の手数料その他会社法施行規則５条各号に掲げるものを除く。）は，金〇〇円以下とし，発起人が受ける報酬は，発起人何某につき金〇〇円，発起人何某につき金〇〇円とする。

　いわゆる変態設立事項（現物出資，財産引受け，発起人が受ける報酬その他の特別の利益及び設立費用）は，定款に記載しなければ，その効力を生じない（法28条）。

　定款に変態設立事項の記載があるときは，裁判所の選任した検査役による調査を受ける必要があるが，現物出資及び財産引受けについては，一定の場合に，検査役の調査を省略することができる（法33条）。

⑴　Ａ条関係

①　出　資　者

　現物出資をすることができるのは，発起人に限られる。旧商法168条２項のような明文の規定はないが，これを前提として，募集設立の場合における設立時募集株式の引受人について金銭の払込みに係る規定しか設けられていない（法58条１項３号，63条１項，34条１項参照）。

②　現物出資財産

　現物出資の目的となる財産は，貸借対照表に資産として掲げることができるものである限り，その種類を問わないと解されており（新版注釈会社法⑵102頁），動産，不動産，第三者に対する債権（会社成立前にあっては，会社に対する債権は存在しない。），特許権等の権利，工業技術上の知識経験（ノ

ウハウ）や営業の全部又は一部であってもよい（早貸淳子「債権を現物出資の目的とすることの可否」旬刊商事法務1328号36頁。なお，会社法コンメ1・308頁も参照）。

（注1）　労務や信用の現物出資
　　　　労務や信用の提供については，価額の評価が可能な報酬債権又は営業権等の出資という意味であれば，現物出資が可能であるとされている（会社法576条1項6号の有限責任社員の出資に関する相澤・論点解説564頁参照）が，少なくとも，株式会社の設立時においては，その成立前は会社に対する報酬債権は存在しないし，また，評価可能な営業権等の現物出資が可能であること（評価することができない信用の現物出資が許されないこと）は，上記早貸論文と異なるものではないであろう。

（注2）　敷金返還請求権の現物出資
　　　　賃借物の返還により既に発生している敷金返還請求権の現物出資は可能であるが，賃貸借契約が継続中であるなど，敷金返還請求権が現に発生していない場合（最判昭48・2・2民集27巻1号80頁）には，これを現物出資の目的とした設立の登記の申請は，受理することができない（中垣治夫「敷金返還請求権を現物出資の目的とすることの可否」旬刊商事法務1439号38頁）。

③　現物出資財産の価額及び割当株式数

　定款に記載する現物出資財産の価額は，厳密な時価ではなく，発起人が当該財産の価額として合意した価額である。

　金銭の払込みをした引受人と現物出資財産の給付をした引受人との間で，払込みに係る金銭の価額と現物出資財産の価額の比率に応じて平等に設立時発行株式が割り当てられていなくとも，会社成立前の段階では平等原則は働かないため，差し支えない（新版注釈会社法(2)202頁，江頭・株式会社法78頁。なお，募集設立の場合の設立時発行株式の申込人間や，募集株式の発行の場合の募集株式の申込人間では均等取扱いが要求されることにつき，法58条3項及び199条5項参照）。

（注）　定款に記載された現物出資財産の価額が相当でない場合
　　　　検査役の調査結果の報告を受けた裁判所が当該価額の評価を不当と認め，

76　　　　1-2　定款の記載例と留意点

これを変更する決定をしたときは，当該決定の内容に従い，定款の内容は変更される（法33条7項・9項）。

　なお，検査役の選任の有無を問わず，設立時取締役は，当該価額の相当性を調査し，これを不当と認めるときは，発起人に対しその旨を通知しなければならない（法46条）が，当該通知には，裁判所の決定のような形成的効力はなく，このような取締役等の調査報告書が添付された設立の登記の申請も，そのことのみを理由として却下されるものではない（門野坂修一「現物出資の定めを不相当とする旨の記述を含む調査報告書が申請書に添付された登記申請の受否」旬刊商事法務1304号42頁）。

④　資本金の額の定め方

　資本金の額の算定基準となる「設立に際して株主となる者が給付をした財産の額」（法445条1項）は，原則として，給付の日における当該財産の価額（計43条1項2号本文）を指すが，例外として，例えば，会計処理上の共通支配下の取引の場合や，ある会社が単独で事業を現物出資して会社を設立する場合等には，給付をした者における当該給付の直前の帳簿価額を指すこともある（計43条1項2号イ・ロ。弥永真生『コンメンタール会社計算規則・改正商法施行規則』376頁（商事法務，2006））。

　したがって，A条3号の定款に定めた現物出資財産の価額は，必ずしも資本金の額の算定基準となるわけではない（計43条5項参照）。

⑵　B条関係

①　設立費用

　設立費用の主なものには，創立事務所の賃借料，定款及び株式申込証の印刷費，株主募集の広告費，設立準備のために雇用した事務員の給料，創立総会の招集費用及び会場賃借料等がある（実務相談1・15頁）。

　会社の設立時に発行する株券の作成費用は，株券が会社成立後に発行すべきものであること（法215条1項）から，一般的には設立費用に含まれないが，設立手続中に発起人がやむを得ずその作成費用を支出した場合には，当該支

出額を設立費用に含める取扱いをすることも許されると解されている（実務相談1・15頁）。

　なお，定款の認証の手数料，定款に係る印紙税，払込取扱機関に支払うべき手数料及び報酬，裁判所の定めた検査役の報酬並びに設立の登記の登録免許税については，発起人が過大に支出するおそれがないため，これを定款に記載しなくても，発起人の支出額を当該発起人に返済することができる（法28条4号，施5条）。

②　報　酬　等

　旧商法の下では，発起人が受ける特別の利益については，その内容及び発起人の氏名を定款に記載し，発起人が受ける報酬については，全発起人の報酬の総額を記載すれば足りると解されていた（旧商168条1項4号・7号，新版注釈会社法(2)119頁，書式精義第3版127頁）。

　会社法の下では，発起人の報酬が特別利益の1つの例示となり，かつ，これを受ける発起人の氏名が定款記載事項とされており（法28条3号），その改正の趣旨は文献上明らかでないが，条文に従い，各発起人の報酬を定款に記載することが無難であると思われる。

■21　相対的記載事項についての整理

(1)　会社法の規定

　定款には，会社法の規定により定款の定めがなければその効力を生じない事項（相対的記載事項。後記**図表1－5**参照）のほか，その他の事項で会社法の規定に違反しないもの（任意的記載事項）を記載することができる（法29条）。

　相対的記載事項に関しては，会社法の立案担当者によれば，「法律におい

ては定款に対する言及はないが、定款で別段の定めをすることができるものと解されている事項（たとえば、少数株主権の要件を緩和する旨の定款の定め）」について、「解釈によりこのような定款の定めを置くことができるものとすることを許容することは、法的安定性に欠け、実務上の取扱いとしても適切な運用をすることが困難な場合が生じうる」ことから、「法律に規定されている事項について定款で別段の定めを置くことができる場合については、逐一、法律でこれを規定することとしている（法297条1項等参照）」と説明されている（相澤哲・岩崎友彦「会社法総則・株式会社の設立」旬刊商事法務1738号4頁）。

(2) 私　　見

　上記(1)の立法趣旨に対しては、その意味内容につき疑問が多いように思われる（解釈による相対的記載事項を認めるものとして、前田・会社法入門（第12版）35頁、江頭・株式会社法71頁参照）。

　例えば、取締役会設置会社において、譲渡制限株式を募集する場合の割当先等の決定（法204条2項）については、上記立法趣旨のとおり、同項ただし書の規定により定款の別段の定めを許容している（後記2－3の■6の(2)①(b)(vi)参照）が、代表取締役の選定（法362条3項）については、同項に定款の別段の定めを許容する規定はないものの、会社法295条2項の定款の定めとして、取締役会でなく株主総会が代表取締役を選定することを許容する旨の解釈が採られている（後記2－5の■2の(1)②(b)参照）。すなわち、現時点の解釈では、取締役会の決定事項を株主総会以外の機関で決定する旨の定款の定めについては、確かに、上記立法趣旨のとおり、逐一別段の定めを許容する規定があるかどうかによりその許容性を判断するが、取締役会の決定事項を株主総会が決定する旨の定款の定めについては、逐一別段の定めを許容する規定がなくても、会社法295条2項の規定により、包括的に許容されていると整理されている。

そして，取締役会の決定事項を株主総会が決定する旨の定款の定めについては，このように，①会社法において逐一規定された別段の定めとして置かれるもの（法139条1項ただし書，186条3項ただし書，204条2項ただし書等）と，②包括的に許容されるものとして置かれるもの（法295条2項）とがあるところ，前者については，取締役会の権限から奪うことも可能であるが，後者については，取締役会の権限から奪うことはできず，取締役会と株主総会の双方が権限を有するにとどまるとの解釈が採られている（後記2−1の■1の(2)，相澤・論点解説262頁。なお，従来の議論については，会社法大系1・212頁，会社法大系3・31頁以下も参照）。しかし，例えば，株式無償割当て（法186条3項ただし書）が上記①に属するのに対し，株式分割（法183条2項）は上記②に属するなど，どのような区別で逐一別段の定めが置かれたのか，必ずしも明らかではない（視点は異なるが，上記(1)の立法趣旨に無理があるとの見解として，宍戸善一「定款自治の範囲の拡大と明確化」旬刊商事法務1775号21頁。なお，会社法コンメ1・336頁以下，会社法大系1・12頁，208頁以下も参照）。

さらに，上記①②のいずれも，定款に株主総会の権限とする旨の定めがあって，初めて株主総会の決議事項となるはずであるが，例えば，株式の発行と同時にする資本金の額の減少の決議機関（法447条3項）や簡易合併・略式合併の客観的要件に該当する場合の合併の決議機関（法784条等）については，これらの条文が原則として株主総会の決議を要する事項の簡易な決定手続を設けたものであるとの立法趣旨から，会社法上は取締役会の決議事項とされているが，これを取締役会ではなく株主総会において決議する場合（本来は，上記②に該当する場合）であっても，定款に別段の定めを要しないものとして，登記実務上取り扱われている。

このように，定款の相対的記載事項については，なお上記のとおり取り扱わざるを得ないものの，類似する制度間の実質的な規律の不均衡や株主総会と取締役会との総合的な権限分配の在り方等につき，今後も検討を要するものと思われる。

■22　発起人の署名又は記名押印

⑴　発起人の署名等

　発起人は，自然人の場合は「発起人何某」として，法人の場合は「発起人○○株式会社代表取締役何某」などとして，定款に署名し，又は記名押印しなければならない（法26条1項）。

　電子定款の場合には，発起人は，電子定款に係る情報に電子署名を行わなければならない（法26条2項，施225条1項1号）。

⑵　代理人による定款の作成

　定款は，代理人によって作成することもできる。

　代理人が定款を作成するときは，「発起人何某　右代理人何某」などと，定款に本人を表示し，本人のためにすることを示して，代理人が定款に署名し，又は記名押印しなければならない（民99条。新版注釈会社法⑵63頁）。

　電子定款の場合には，これと同様の体裁で代理人が電子定款に係る情報を作成した上，電子署名を行わなければならない（法26条2項，施225条1項1号）。

　なお，定款の作成に当たり，発起人が他の発起人を自己の代理人とすることも差し支えなく，民法108条の適用はないとされている（新版注釈会社法⑵63頁）。また，親権者が未成年者である子を代理し，子と共に共同して会社を設立することは，共同の事業を営むことを目的としており，民法826条の利益相反行為として特別代理人の選任を要する事案ではないと解されている（大判大6・2・2民録23輯186頁）。

（注）　資格者による定款の作成代理

　　司法書士は，類型的に定款の作成代理を業として行うことができるわけ

ではない（昭29・1・13民事甲2553号回答）が，当該定款の作成代理行為が弁護士法72条本文の「一般の法律事件に関して代理その他の法律事務を取り扱うこと」に該当しないケースでは，これを行うことができるとされている。なお，商業登記の申請書に，司法書士が作成代理人として記名押印又は署名をしている定款が添付されている場合において，他に却下事由がないときは，当該申請を受理して差し支えないとされている（平18・1・20民商135号回答，登記研究696号264頁）。

行政書士は，他人の依頼を受け報酬を得て，定款を代理人として作成する事務を業とすることができる（行政書士法1条の3第3号）。

(3) 印 紙 税

定款を書面で作成した場合には，定款1通につき，4万円の印紙税を納める義務がある。なお，公証人に提出した2通の定款のうち，公証人の保存するものに限り，印紙税が課される（印紙税法別表第1第6号）。

電子定款の場合には，印紙税は課されない。

1-3 定款作成以後の手続

1 公証人の認証

(1) 定款認証の手続等

　株式会社の設立に際して発起人の作成した定款は，公証人の認証を受けることにより，効力を生ずる（法30条1項）。

① 管　　轄
　定款の認証事務は，会社の本店の所在地を管轄する法務局又は地方法務局の所属公証人が取り扱う（公証人法62条ノ2）。
　他管内所属の公証人が認証した定款を添付してされた設立登記の申請は，その受理前であれば，管轄区域内の公証人の認証を受けた上で改めて申請させるべきであるとされている（昭28・7・29民事局長回答，登記研究70号45頁）。この取扱いは，原始定款の認証後，創立総会において本店の所在地を変更したために，当該認証をした公証人が本店の所在地を管轄する法務局又は地方法務局の所属公証人でなくなった場合についても，同様であると解する見解が有力である（登記研究468号99頁。なお，登記研究343号86頁は反対）。

② 認証手続
　定款の認証手続は，次のとおりである。なお，公証人は，法令に違反した

事項等につき，定款の認証をすることはできない（公証人法62条ノ3第4項，60条，26条）。

(a) 書面による定款の認証

定款の認証の嘱託は，定款の作成者（発起人又は代理人）の全員から，定款（原本）2通を提出する方法による（公証人法62条ノ3第1項。新版注釈会社法(2)89頁）。この嘱託を代理人によって行うことも，もとより可能である。

公証人が定款の認証をするには，その面前において，当該定款の各通につき，嘱託人にその署名又は記名押印を自認させた上で，その旨をこれらに記載し，うち1通を自ら保存し，他の1通を嘱託人に還付する（公証人法62条ノ3第2項・3項）。代理嘱託の場合も，嘱託人（定款作成者）がその署名又は記名押印をしたことを自認している旨を代理人が述べたことを記載することになるほかは，基本的に，これと同様である。

公証人は，嘱託人の氏名を知り，これと面識がある場合を除き，官公署の作成した印鑑証明書（作成後3か月以内のもの）の提出等により，人違いのないことを証明させることを要する（公証人法62条ノ3第4項，60条，28条）。代理嘱託の場合には，これと同様に代理人自身について人違いのないことを証明させた上，委任状及び委任者の印鑑に係る官公署の作成した印鑑証明書の提出（作成後3か月以内のもの）等により，代理人の権限を証明させることをも要する（同法62条ノ3第4項，60条，31条，28条，32条）。

(b) 電子定款の認証

電子定款の認証の嘱託は，法務大臣の指定した公証人（指定公証人）に対し，登記・供託オンライン申請システムを経由して，前記1－2の■22の電子定款に係る情報（10メガバイト以下の電子署名付きPDF形式の情報）を送信した上，嘱託人が公証人役場に出頭する方法による（公証人法62条ノ6第3項・1項，指定公証人の行う電磁的記録に関する事務に関する省令9条1項・2項）。この嘱託を代理人によって行うことも，もとより可能であり，この場合には，電子定款に係る情報につき，更に嘱託代理人が電子署名をする必要がある。

指定公証人が電子定款の認証をするには，その面前において，嘱託人に当該電子定款に係る情報につき電子署名をしたことを自認させた上で，認証した旨の表示，年月日，指定公証人の氏名等を内容とする情報を電磁的方法によって付し，これを嘱託人が公証人役場において提出した記録媒体（フロッピーディスク，CD－R，CD－RW又はUSBメモリ）に記録して，嘱託人に交付する（公証人法62条ノ6第1項2号，指定公証人の行う電磁的記録に関する事務に関する省令9条1項・2項・6項）。代理嘱託の場合も，同様である。

指定公証人は，嘱託人の氏名を知り，これと面識がある場合を除き，確実に嘱託人を確認することができる方法によって，本人であることを証明させることを要する（指定公証人の行う電磁的記録に関する事務に関する省令10条1項）。代理嘱託の場合には，これと同様に代理人自身について人違いのないことを証明させた上，委任状その他の情報の提供等により，代理人の権限を証明させることをも要する（同条2項・3項）。

なお，詳細については，原司・岡本圭二・高橋要「指定公証人の行う電磁的記録に関する事務に関する省令の一部を改正する省令の解説」登記情報548号26頁以下や，法務省ホームページ中「「公証制度に基礎を置く電子公証制度」について」（http://www.moj.go.jp/MINJI/DENSHIKOSHO/index.html）を参照されたい。

（注）　謄本の交付請求に代わる手続

　　指定公証人は，認証を受けた電子定款の同一性を確認するに足りる情報（ハッシュ関数により変換された情報）を保存する（公証人法62条ノ7第1項）。

　　嘱託人が，認証を受けた電子定款と同一の情報（平文の情報）を指定公証人において保存することを望む場合には，認証の付与の嘱託と同時に，その請求をすることができ（公証人法62条ノ7第2項），その場合には，嘱託人は，指定公証人に対し，保存された情報と同一の情報の提供を請求し，又はその内容を証する書面の交付を請求することができる（同条3項2号・4項，指定公証人の行う電磁的記録に関する事務に関する省令16条，17条）。

　　本文に述べた嘱託人が公証人役場に提出した記録媒体に記録された「認証を受けた電子定款に係る情報」そのもののほか，上記により指定公証人

■1　公証人の認証　　85

から提供された「認証を受けた電子定款と同一の情報」又は「認証を受け
た電子定款の内容を証する書面」も，これを設立の登記申請の添付書面
（オンライン申請の場合における添付書面情報を含む。）として使用するこ
とができる（後記1－4の■2の(1)参照）。

(c)　手 数 料

定款の認証についての手数料は，5万円である（公証人手数料令35条）。

(2)　定款の変更と認証の要否

①　変更定款の認証

発起設立の場合において，変更に係る事項を明らかにし，発起人が署名又
は記名押印した書面に公証人の認証を受けたときは，変更後の定款による設
立登記の申請を受理して差し支えないとされている（平18・3・31民商782号
通達，鴻・先例百選68頁）。

募集設立の場合について，上記通達は触れていないが，次の**参考先例等**
1－11の2を否定する趣旨ではない。

参考先例等1－11

1　株式会社の発起設立又は有限会社の設立登記前において，発起人全員又は
　設立前の社員全員の同意をもって定款中商号を変更した場合には，当該変更
　を明らかにし，発起人が署名した書面に公証人の認証を受ければ足りる（昭
　32・8・30民事甲1661号回答）。
2　定款に公証人の認証を受けた後でも，発起設立の場合には旧商法173条（検
　査役の調査）の手続終了まで，募集設立の場合には株式の募集に着手するま
　では，発起人が脱退し，又は新たに発起人を加入させることができる。この
　場合には，脱退により7人以上（当時の法定員数）の発起人を欠くに至る場
　合を除き，他の発起人及び脱退した発起人又は従来の発起人及び新たに加入
　した発起人において，脱退又は加入の趣旨を明らかにした定款を作成し，公
　証人の認証を受ければ足りる（昭15・3・29民事甲350号回答，登記関係先例
　集上1063頁，登記研究263号64頁）。

② 上記①以外の定款の変更

公証人の認証を受けた定款は，会社の成立前は，次の場合に限り，変更することができる（法30条2項）。これらの場合には，変更後の定款について，公証人の認証を受ける必要はない（相澤・論点解説17頁）。

(a) 変態設立事項についての裁判所の変更決定があった場合（法33条7項・9項）

(b) 発行可能株式総数の定めを設け，又は変更する場合（法37条1項・2項）

(c) 募集設立の場合には，更に，創立総会の決議による場合（法96条）

したがって，例えば，会社の機関設計に関する定款の定めを遺漏していた場合など，上記(a)又は(b)以外の場合で原始定款の変更が必要となるときは，発起設立にあっては上記①の方法により，募集設立にあっては創立総会の決議により，当該遺漏を補正することとなる。

(3) その他の場合の認証の要否

組織変更後株式会社，新設合併設立株式会社，新設分割設立株式会社及び株式移転設立株式会社の原始定款については，これらの組織再編行為の事実が株主総会の議事録等により明確であること等から，会社成立後の定款変更の場合と同様に，公証人の認証は要しない。

参考先例等1−12

1 組織変更により有限会社又は株式合資会社が株式会社となり，また，株式会社が有限会社となった場合の新会社の定款については，公証人の認証を要しない（昭15・2・1民事甲1225号回答）。

2 合併により新設される株式会社の定款には，公証人の認証は要しない（昭35・12・27民事甲2868号回答，登記研究160号33頁）。

3 株式移転による設立の登記の申請書に添付すべき定款については，公証人の認証を要しない（平12・1・5民四9号通知，登記研究630号160頁）。

■2 発起人の同意又は一致を要する手続

発起人は，その全員の同意や過半数の一致等により，次の事項（定款に定めがある事項を除く。）を定めることとなる。

(1) 発起人全員の同意を要する事項

① 設立時発行株式に関する次の事項の決定（法32条）

(a) 発起人が割当てを受ける設立時発行株式の数（発起人ごとの内訳も含むことについては，前記1－2の■19の(2)参照）

(b) 引換えに払い込む金銭の額

(c) 会社に出資された財産の額の一部を資本金としない場合には，成立後の株式会社の資本金及び資本準備金の額に関する事項

(d) 種類株式発行会社において，定款で株式の内容の要綱を定めた場合には，その具体的内容

② 発行可能株式総数（法37条）

会社の成立の時まで，定款を変更して発行可能株式総数を変更することができ，これにつき公証人の認証も要しない（募集設立の場合において，株式の募集に着手した後は，発起人全員の同意ではなく，創立総会の決議による。法98条）。

なお，発行可能種類株式総数については，会社法37条に相当する規定がなく，原始定款を変更するには，変更定款につき公証人の認証を受けるか，又は創立総会の決議による必要があると解されている（前記■1の(2)参照）。

③　募集設立の場合には，設立時募集株式に関する次の事項の決定（法58条）

(a)　設立時募集株式の種類及び数

(b)　設立時募集株式１株と引換えに払い込む金銭の額

(c)　金銭の払込みの期日又はその期間

(d)　一定の日までに設立の登記がされない場合において，設立時募集株式の引受けの取消しをすることができることとするときは，その旨及びその一定の日

⑵　発起人の過半数の一致を要する事項

①　発起設立の場合には，設立時取締役，設立時会計参与，設立時監査役及び設立時会計監査人の選任（法38条）

②　一定の場合には，設立時代表取締役の選定

取締役会設置会社にあっては，定款に発起人の互選により設立時代表取締役を定める旨の規定を置いた場合に，取締役会を置かない会社にあっては，定款に特段の定めがなくても，それぞれ発起人が設立時代表取締役を選定することができると解されている（前記１－２の■19の⑶参照）。

③　その他業務執行の決定に関する事項

(a)　本店の具体的な所在場所の決定

(b)　支店を置く場合には，その具体的な所在場所の決定

(c)　株主名簿管理人を置く場合には，その選任

(d)　支配人を置く場合には，その選任

(e)　特別取締役による議決の定めを設ける場合には，これを設ける旨の決定及び特別取締役の選定

旧商法の下では，上記③の事項は取締役会の決議により決定していたが，

会社法では，「設立時取締役が行うことができる職務は，法律又は定款に定められた事項に限られ……それ以外の設立に関する事項一般について……職務執行の決定自体を行う者も発起人であると整理」された（相澤哲・岩崎友彦「会社法総則・株式会社の設立」旬刊商事法務1738号13頁）。

これに関連して，上記①については，発起人の議決権の過半数をもって決定する旨の明文の規定がある（法40条1項）が，上記②及び③については明文の規定がなく，議決権によるのか，頭数によるのか，疑義がある（平18・3・31民商782号通達，相澤・論点解説15頁）。一般的に，議決権基準によるのは，「発起人としての資格においてではなく，設立中の会社の構成員である株式引受人としての地位においてなす」場合（新版注釈会社法(2)139頁）であるといえるが，例えば，設立時代表取締役の選定（上記②）が設立時取締役の選任（上記①）と実質的にどれだけ異なるか（成立後の取締役会を置かない会社では，株主総会において取締役及び代表取締役を選任することも可能である。法349条3項参照）等，解釈の困難な問題であり，いずれの基準によっても瑕疵のない手続をとることが望まれる。

(3)　発起人代表の適宜の決定によっても差し支えない事項

①　設立時募集株式の割当先の決定（法60条1項）

会社法60条1項の募集設立の場合の設立時募集株式の割当てを受ける者の決定につき，発起人の過半数の一致を要するかどうか疑義があるが，同様の条文構造をとる譲渡制限株式以外の株式の割当てに関する議論（法204条1項の割当自由の原則。新版注釈会社法(7)54頁）を踏まえると，発起人の過半数の一致を要しないと考えられる。

② 電子公告を公告方法とする場合におけるウェブページのURLの
決定

③ 貸借対照表を電磁的に開示する措置をとる場合に，当該措置を
とること及びウェブページのURLの決定（法440条3項）

　会社法440条3項の措置をとることの決定につき，発起人の過半数の一致
を要するかどうか疑義があるが，旧商法283条7項中の「取締役会ノ決議ヲ
以テ」の文言が削られた改正の経緯に照らすと，発起人の過半数の一致を要
しないと考えられる。

　なお，このURLは，原則として，貸借対照表が実際に閲覧できるページ
のものであるが，貸借対照表が掲載されたページへのリンクが分かりやすく
設定されている目次ページのようなものがあれば，そのアドレスでも差し支
えなく，そのような措置がとられていれば，例えば，自社ホームページの
トップページでもよいと解されている。また，このURLは，当該会社の貸
借対照表が掲載されているものであれば足り，他の会社が開設したもので
あっても差し支えない（中川晃「平成14年4月・5月施行商法等改正に伴う商
業・法人登記事務の取扱いについて（下）」登記研究658号143頁）。

■3　検査役の調査

　定款に変態設立事項についての記載があるときは，発起人は，公証人の認
証の後遅滞なく，当該事項を調査させるため，裁判所に対し，検査役の選任
の申立てをしなければならない（法33条1項）。

　ただし，検査役の調査を要しない次の例外がある（法33条10項）。この例外
は，いずれか1つに該当すれば例外となるものであり，例えば，現物出資又
は財産引受けの目的である財産（以下「現物出資財産等」という。）が不動
産のみであり，定款に記載されたその価額が500万円以下である場合には，

下記③の要件を問うまでもなく，下記①により検査役の調査を要しないこととなる。

①　現物出資財産等について定款に記載された価額の総額が500万円以下である場合

　現物出資と財産引受けとを区分せず，全ての現物出資財産等の価額を合計して判断するが，この要件に合致するときは，現物出資財産等の全部について，検査役の調査を要しない。

　したがって，100万円の財産Ａと800万円の有価証券Ｂが現物出資される場合には，仮に，Ｂについて下記②により検査役の調査を要しないときであっても，現物出資財産の合計額が900万円である以上，Ａについて，この要件により検査役の調査を省略することはできない。

②　現物出資財産等のうち，市場価格のある有価証券について定款に記載された価額が市場価格以下である場合

　市場価格のある有価証券には，証券取引所に上場されているもののほか，店頭登録株式（外国の店頭登録を含む。），日本証券業協会のグリーンシート銘柄等が該当する。

　市場価格の算定については，公証人の認証の日における最終市場価格（当該日に売買取引がない場合等にあっては，その後最初にされた売買取引の成立価格）によるが，当該日において公開買付け等の対象であるときは，この最終市場価格と公開買付け等に係る契約における価格とのいずれか高い額となる（施6条）。

　したがって，定款に記載された価額が施行規則6条各号のうちいずれか一方の額以下であることが判明すれば，同条各号のうち他の一方を考慮することなく，②の要件を具備することとなる。

　この場合には，現物出資財産等のうち当該有価証券について，検査役の調査を要しない。

③ 現物出資財産等について定款に記載された価額が相当であることについて，弁護士，公認会計士，税理士等の証明（現物出資財産等が不動産である場合には，当該証明及び不動産鑑定士の鑑定評価）を受けた場合

弁護士等の証明の対象は価額の相当性であり，現物出資の履行の有無ではない（出資の履行の有無は，設立時取締役及び設立時監査役の調査事項である。法46条1項）。

なお，③の「不動産」とは，不動産鑑定士による鑑定評価の対象となる必要があり，不動産賃借権，地上権，地役権，採石権等も含まれると解されている（不動産の鑑定評価に関する法律2条1項，宮田和一「株式会社の設立において現物出資をする場合の特例」旬刊商事法務1230号40頁）。

③の要件を具備するときは，現物出資財産等のうち証明を受けた財産について，検査役の調査を要しない。

■ 4　出資の履行

(1)　発起人による出資

①　履行の時期

発起人は，設立時発行株式の引受け後遅滞なく，その出資に係る金銭の全部を払い込み，又はその出資に係る金銭以外の財産の全部を給付しなければならない（法34条1項）。

出資の履行は，定款につき公証人の認証を受けその効力が生じた時（法30条1項）以後にされることが多いと思われる。ただし，発起人が割当てを受ける設立時発行株式の数は，定款又は会社法32条1項の発起人全員の同意により定まるから，登記実務上，出資の履行の時期は，定款の認証前であっても，定款の作成又は当該発起人全員の同意の後であれば差し支えないとして

取り扱われている。

参考先例等 1 −13

　定款認証前に株式の引受け及び役員の選任をなし，その後定款の認証を受けている株式会社の設立（発起設立）の登記申請は，受理してよい（昭31・5・19民四103号回答，登記研究103号29頁）。

②　出資の目的物

　現物出資の場合には，定款記載の目的物（法28条1号）を出資する必要がある。

　それ以外の場合には，定款又は会社法32条1項2号の発起人全員の同意により定められる払込金額を出資する必要がある。

③　金銭の払込み場所

　金銭の払込みは，発起人が定めた銀行等の払込みの取扱いの場所（払込取扱機関）においてしなければならない（法34条2項）。

　具体的には，次のいずれかである必要がある（施7条）。

(a)　銀行（銀行法8条2項に基づく邦銀の海外支店のほか，同法47条1項に基づく外国銀行の日本における外国銀行支店を含む。平28・12・20民商179号通達）

(b)　信託会社

(c)　商工組合中央金庫

(d)　信用事業を行う農業協同組合又は農業協同組合連合会

(e)　信用事業を行う漁業協同組合，漁業協同組合連合会，水産加工業協同組合又は水産加工業協同組合連合会

(f)　信用協同組合又は信用協同組合連合会

(g)　信用金庫又は信用金庫連合会

(h)　労働金庫又は労働金庫連合会

(i)　農林中央金庫

　なお，発起設立の場合には，払込取扱機関に払込金保管証明の義務は課さ

れておらず（法64条），発起人が払込金を引き出してこれを設立費用のために支出することも可能である（相澤・論点解説30頁）。

また，特に募集設立の場合であろうが，払込取扱機関を複数定めることも可能である。

④　出資の不履行の場合

発起人のうち出資の履行をしない者がある場合には，発起人は，一定の期日を定め，その期日までに出資の履行をしなければならない旨を通知する必要があるが，更に，当該期日までに出資の履行がないときは，履行をしない発起人は，株主となる権利を失う（法36条）。

この場合において，各発起人が設立時発行株式を1株以上引き受けないこととなるときは，会社法25条2項違反により，設立無効事由になると解されている（相澤・論点解説31頁）。

⑵　設立時募集株式の引受人による金銭払込み

①　募集及び引受け

発起人全員の同意により募集事項を決定した後（法58条），原則として全ての発起人が出資を履行した上で，発起人は，設立時募集株式の申込みをしようとする者に次の事項を通知しなければならない（法59条1項・2項）。

- (a)　定款の認証年月日及び認証をした公証人の氏名
- (b)　定款の絶対的記載事項（法27条各号）
- (c)　変態設立事項（法28条各号）
- (d)　発起人が割当てを受ける設立時発行株式の数及びこれと引換えに払い込む金銭の額（法32条1項1号・2号）
- (e)　成立後の資本金及び資本準備金の額（法32条1項3号）
- (f)　募集事項（法58条1項各号）
- (g)　発起人が出資した財産の価額

(h)　払込取扱機関

(i)　その他施行規則8条各号に掲げる事項

申込者は，目的となる設立時募集株式を特定した上で，その氏名又は名称及び住所並びに引き受ける設立時募集株式の数を明らかにして，申込みをすれば足りる。したがって，株式申込証自体に，上記(a)から(i)までの事項が記載されていなくても，差し支えない。

発起人は，申込者の中から割当てを受ける者を定めるが，割当自由の原則が妥当し，割当てを受けた者が引受人となる（法60条，62条1号。新版注釈会社法(2)202頁）。

②　履行の時期

引受人は，発起人の定めた払込期日又は払込期間内に，その払込金額の全額を払い込まなければならない（法63条1項。なお，それ以前にされた金銭の払込みは，従前の取扱いと同様に，法律上の払込金額の払込みではなく，申込証拠金のような性質のものと考えることができる。新版注釈会社法(2)203頁参照）。

③　出資の目的物

設立時募集株式の引受人には，現物出資は認められていない（前記1－2の■20の(1)参照）。

④　金銭の払込場所

金銭の払込みは，前記(1)と同様に，発起人が定めた払込取扱機関においてしなければならない（法63条1項）。

ただし，募集設立の場合には，払込取扱機関は，発起人及び設立時募集株式の引受人により払い込まれた金銭につき保管証明義務を負う（法64条）。

⑤　出資の不履行の場合

設立時募集株式の引受人は，払込期日又は払込期間内にすべき払込みをし

96　　　1-3　定款作成以後の手続

ないときは，株主となる権利を失う（法63条3項）。

　この場合においても，出資された財産の価額が定款記載の「設立に際して出資される財産の最低額」を下回らない限り，再度引受人の募集をする必要はない。

■ 5　設立時役員等の選任及び就任

(1)　設立時役員等の選任の方法

①　設立時取締役，設立時会計参与，設立時監査役及び設立時会計監査人の選任

　設立時取締役（監査等委員会設置会社にあっては，監査等委員か否かの別を含む。），設立時会計参与，設立時監査役又は設立時会計監査人は，発起設立の場合には，定款に定めるか，又は発起人の議決権の過半数により定めるべき事項であり（法38条，40条1項・4項），募集設立の場合には，創立総会の決議により定めるべき事項である（法88条）。

　詳細については，前記1－2の■19の(3)①を参照されたい。

　なお，これらの者については，会社成立前に，発起設立の場合には発起人の議決権の過半数（設立時監査等委員である設立時取締役の解任又は設立時監査役の解任にあっては，3分の2以上の多数）により，募集設立の場合には創立総会の決議により，解任することができる（法42条，43条，91条）。

　定款に定めた設立時役員等を解任する場合に定款の変更が必要かどうかについては，必要説（類似の問題に関する実務相談5・525頁）と不要説（相澤哲・清水毅「設立時代表取締役の選定」登記情報540号20頁，類似の問題に関する福岡高判昭36・9・28高民14巻7号472頁）とがある（新版注釈会社法(14)82頁）。従来から見解の対立のある論点であるが，近時は，不要説が有力なようである（江頭・株式会社法85頁，逐条会社法1・345頁。法42条括弧書き参照）。

② 設立時代表取締役の選定

取締役会設置会社（指名委員会等設置会社を除く。）における設立時代表取締役は，設立時取締役の過半数により決定する事項である（法47条3項）が，取締役会を置かない会社において設立時取締役の中から設立時代表取締役を選定する方法については，明文の規定がなく，これに関連して，一定の方法による選定方法が紹介されていることは，前記1－2の■19の(3)②のとおりである。

③ 設立時委員等の選定

指名委員会等設置会社では，設立時取締役は，その過半数により，設立時委員（指名委員，監査委員及び報酬委員）のほか，設立時執行役及び設立時代表執行役を選任しなければならない（法48条1項・3項）。

④ 特別取締役の選定

設立に際して特別取締役による議決の定め（法373条）を設ける場合の特別取締役の選定手続については，明文の規定がない。

実質論として，設立時取締役の過半数によるべきか，発起人の過半数によるべきか，疑義があるところであるが，「設立時取締役が行うことができる職務は，法律又は定款に定められた事項に限られ……それ以外の設立に関する事項一般について……職務執行の決定自体を行う者も発起人であると整理している」（相澤哲・岩崎友彦「会社法総則・株式会社の設立」旬刊商事法務1738号13頁）ことから，発起人の過半数によるものと解されている（平18・3・31民商782号通達。なお，解釈上の問題点については，前記■2の(2)③，前記1－2の■19の(3)③参照）。

(2) 設立時役員等の就任

一般に，設立時役員等は，就任承諾の意思表示により，その地位に就く。

ただし，設立時代表取締役については，成立後の会社において代表取締役に就任するために就任承諾の意思表示が必要か否かに関連して，議論があり得る。旧有限会社法においては，定款又は社員総会の決議により定められた代表取締役は，定款の規定に基づく取締役の互選により定められた場合と異なり，代表取締役の地位と取締役の地位とが一体（未分化）となっているため，取締役としての就任を承諾した以上，別途代表取締役としての就任の承諾を要しないと解されていた（味村・商業登記下45頁，55頁，商業登記の栞⑧・登記研究646号120頁）。

したがって，会社法の下でも，これと同様に，取締役会を置かない会社において，代表取締役を原始定款の本則に規定した場合や創立総会によって代表取締役を選定するという場合には，設立時代表取締役としての就任承諾を別途要しないと解される。

なお，会社成立後は定款の規定に基づく取締役の互選によるとしつつ，設立時代表取締役についてのみ原始定款の附則で直接その氏名を定めた場合において，設立段階の代表取締役の地位と取締役の地位とが分化しているとみるか否かについては，両論があろうが，会社の意思としては基本的に互選代表制を採用していること，従来の実務では，設立時代表取締役を成立後の代表取締役と区別しておらず，このような場合は互選代表制とみたものと考えられること等から，少なくとも，会社成立後に代表取締役の地位と取締役の地位とが分化している場合には，設立時代表取締役の就任承諾を別途要すると考えるのが穏当であるように思われる。定款の規定に基づく取締役の互選によるのでなく，取締役会設置会社についても，同様である。

■6　設立時取締役等による調査

設立時取締役（監査役設置会社にあっては，設立時取締役及び設立時監査役）は，その選任後遅滞なく，次の事項を調査しなければならない（法46条

1 項，93条 1 項）。

① 現物出資及び財産引受けに係る財産が500万円以下であり，又は市場
価格のある有価証券である場合において，定款に記載された価額が相当
であること。

② 現物出資又は財産引受けに係る財産の価額の相当性について弁護士等
の証明がある場合において，当該証明が相当であること。

③ 出資の履行（募集設立にあっては，発起人による出資の履行及び設立
時募集株式の払込金額の全額の払込み）が完了していること。

④ 設立の手続が法令又は定款に違反していないこと。

設立時取締役等は，発起設立の場合にあっては，法令若しくは定款に違反
し又は不当な事項があると認めるときに，発起人にその旨を通知しなければ
ならず，募集設立の場合にあっては，調査の結果を創立総会に報告しなけれ
ばならない（法46条 2 項，93条 2 項）。

定款に変態設立事項についての記載がある場合において，検査役が選任さ
れたときはその調査報告書（法33条 4 項）が，検査役が選任されないときは
設立時取締役等の調査報告書が，それぞれ設立の登記申請書の添付書面とな
る（商登47条 2 項 3 号）。なお，検査役の調査報告書は，設立時取締役等の調
査報告書と異なり，出資の履行完了の事実を証明するものではないが，これ
は，募集株式の発行による変更の登記において，現物出資に係る財産の履行
完了の事実が登記官の審査対象ではないこと（商登56条 3 号参照）と同様で
ある。

7　創立総会

創立総会では，次の事項について，会議の目的とすることが多い。なお，
創立総会の招集，議事進行，議事録の作成等の手続については，株主総会に
関する記述を参照されたいが，創立総会の決議方法は，原則として，議決権

を行使することができる設立時株主の議決権の過半数であり，かつ，出席した当該設立時株主の議決権の３分の２以上（法73条１項）とされており，株主総会の特別決議（議決権の過半数出席が要件）より更に厳しいので，注意が必要である。

(1) 発起人からの設立に関する事項の報告（法87条）

特に，次の事項については，書面又は電磁的記録を創立総会に提出しなければならない。

① 定款に変態設立事項の定めがあり，裁判所が検査役を選任した場合には，当該検査役の報告の内容

② 現物出資又は財産引受けに係る財産の価額の相当性について弁護士等の証明がある場合には，当該証明の内容

なお，発起人が設立時株主の全員に対して創立総会への報告事項を通知した場合において，創立総会への報告の省略につき設立時株主の全員が同意したときは，創立総会において，報告を省略することができる（法83条）。

(2) 定款の承認又は一部の変更の決議

創立総会では，その決議によって，定款の変更をすることができる（法96条）。

特に，設立時株主の募集をする場合に，原始定款又は発起人全員の同意による定款の変更によって発行可能株式総数を定めていないときは，創立総会の決議により，定款を変更してこれを定めなければならない（法98条）。

(3) 設立時取締役その他の役員の選任（法88条）

前記■５に記述したとおりである。

⑷ 設立時取締役等からの調査結果の報告（法93条2項）

設立時取締役（監査役設置会社にあっては，設立時取締役及び設立時監査役）は，前記■6の調査の結果を創立総会に報告しなければならない。

設立時取締役等の候補者が事前に事実上の調査を周到に行い，必要な資料を収集している場合には，設立時取締役等の選任決議をした創立総会において，引き続き，当該設立時取締役等が設立手続の調査の結果を報告することも，差し支えないと解されている（相澤・論点解説43頁）。

1-4 設立登記申請の手続

1 登記申請書

(1) 申請の方式

登記申請は，オンライン申請の方法又は申請書を提出（郵送）する方法によって，しなければならない（商登17条，情報利3条，商登規101条）。

① オンライン申請による場合

登記の申請は，インターネットを利用してすることができる（平成20年7月には，全国の登記所でオンライン申請が可能になった。）。

この場合には，申請書に記載すべき事項に係る情報に申請人又は代理人が電子署名を付した上で，これを，添付書面に代わるべき情報に作成者の電子署名が付されたものと共に，登記・供託オンライン申請システム（詳細は，http://www.touki-kyoutaku-online.moj.go.jp/を参照）を経由して，登記所に送信することとなる。電子化されていない添付書面は，別途，登記所に提出し又は郵送することができる（商登規102条）。

詳細については，法務省ホームページ中「商業・法人登記のオンライン申請について」（http://www.moj.go.jp/MINJI/minji60.html）に紹介がある。

なお，オンライン申請の場合における補正，取下げ，添付書面の還付請求等の方法については，土手敏行「商業登記実務Q＆A(4)」登記情報554号94

頁を参照されたい。

② 申請書の提出又は郵送による場合

　書面申請の場合でも，申請書の記載事項のうち「登記すべき事項」（支店の所在地においてする登記申請にあっては，支店の記載を含む。）については，電磁的方法によって登記所に提供することができ，具体的には，登記・供託オンライン申請システムにより送信する方法と，電磁的記録媒体を提出する方法とが認められている（商登17条４項，商登規35条の２第１項）。

　第１に，登記・供託オンライン申請システムにより送信する方法としては，登記事項を同システムにより事前に送信した上で，速やかに申請書を提出し又は郵送して，登記を申請することができる（商登規35条の２第４項。電子署名を付す必要はない。http://www.moj.go.jp/MINJI/minji06_00051.html参照）。このようなオンラインによる登記事項の提出は，法務省ホームページから取得できる申請用総合ソフト等を用い，画面上の「作成例」から「株式・役員変更・全員重任」などの項目を選択すると，入力例データが表示され，これを利用して簡単に申請書を作成することができる上，オンラインによって受付番号，補正，手続終了等の連絡を受けることができる点で，利便性の高いものである（操作手引書は，http://www.touki-kyoutaku-online.moj.go.jp/download_kani.html#Abridged003参照）。

　第２に，電磁的記録媒体を提出する方法としては，申請書に「別添CD-Rのとおり」などと記載し，登記事項をCD-R，CD-ROM，DVD-R又はDVD-ROMに記録した上，申請書と共に提出することができる。CD-R等には，全て全角文字で，テキスト形式により記録をするが，押印のされた申請書と共に提出するため，電子署名を付す必要はない。記録方式や具体的な入力例は，法務省ホームページ中「商業・法人登記申請における登記すべき事項を記録した電磁的記録媒体の提出について」（http://www.moj.go.jp/MINJI/MINJI50/minji50.html）に紹介がある。

　なお，このCD-R等は申請書の一部というべきものであるが，保管スペー

スの省力化の観点から，登記官がこれに代わるものとして保存すべき書面を作成した場合には，このCD-R等を廃棄することができる（平成21年法務省令第5号による改正後の商登規9条の7，平21・3・16民商433号通知）。

(2) 申請書の記載事項

株式会社の登記の申請書には，次の事項を記載し，申請人の代表者又はその代理人が記名押印しなければならない（商登17条2項）。

① 申請人の商号及び本店並びに代表者の氏名及び住所
② 代理人によって申請するときは，その氏名及び住所
③ 登記の事由
④ 登記すべき事項
⑤ 登記すべき事項につき官庁の許可を要するときは，許可書の到達した年月日
⑥ 登録免許税額及びこれにつき課税標準の金額があるときは，その金額
⑦ 申請の年月日
⑧ 登記所の表示

具体的な申請書の記載例については，設立の登記につき，後記■3を参照されたい（法務省ホームページ中「商業・法人登記申請」の申請書様式（http://www.moj.go.jp/ONLINE/COMMERCE/11-1.html）に詳しい。）。

なお，平成27年法務省令第5号による商業登記規則の改正により，設立の登記等の申請をする者は，婚姻により氏を改めた取締役，監査役，執行役，会計参与，会計監査人等につき，婚姻前の氏をも記録するよう申し出ることができるとされた（商登規81条の2）。

(3) 印鑑の提出

① 印鑑の提出の方法

■ 1　登記申請書　　　*105*

　登記の申請書に押印すべき者(設立の登記にあっては，設立時代表取締役又は設立時代表執行役)は，遅くとも登記申請書の提出と同時に，その印鑑を本店の所在地を管轄する登記所に提出しなければならない(商登20条１項・３項)。

　この印鑑は，会社の印鑑という概念ではなく，あくまで申請書に押印する会社代表者としての自然人の印鑑という概念であること（代表者が交代した場合には，必ず新代表者による印鑑の提出が必要なこと）に留意する必要がある（鴻・先例百選18頁）。

　具体的には，後記**図表１－４**の印鑑届書に所要の事項を記載し，届出印（会社代表者印）を押印するほか，会社代表者の個人印をも押印し，当該個人印に係る市区町村長作成の印鑑証明書（作成後３か月以内のもの）を添付して，これを登記所に提出する（商登規９条１項・５項）。届出印は，辺の長さが１センチの正方形に収まるもの又は辺の長さが３センチの正方形に収まらないものであってはならない（同条３項）。

　設立の登記をオンライン申請によってする場合も，印鑑届書は，登記所に提出し又は郵送する必要がある。

参考先例等１－14

1　一会社に数人の代表者があるときも，各代表者が同一の印鑑を提出することはできない（昭43・１・19民事甲207号回答）。

2　設立登記又は代表取締役の就任による変更登記の申請書に添付される就任承諾書や，代表取締役の就任による変更登記の申請書に添付される取締役会議事録には，市区町村長の作成した印鑑証明書が添付される場合があるが，印鑑届書を同時に提出するときは，印鑑届書に添付する印鑑証明書の貼付欄に「印鑑証明書は，就任承諾書（又は取締役会議事録）に添付のものを援用する。」と記載して，添付を省略することができる（書式精義第５版上22頁，後記**図表１－４**の(注４)参照）。

3　商業登記規則９条５項の規定により同条１項の書面（印鑑届書）に添付された印鑑証明書については，同規則49条の規定を類推適用し，原本の還付をして差し支えない（平11・２・24民四379号通知）。

4　外国人が申請書に押印して登記の申請をする場合には，印鑑届書に署名をして，当該署名が本人のものであることの本国官憲（当該国の領事及び日本にお

106 　　1-4　設立登記申請の手続

図表1－4　　印鑑届書

印　鑑　（　改　印　）　届　書

※　太枠の中に書いてください。

（注1）（届出印は鮮明に押印してください。）	商号・名称	
	本店・主たる事務所	
	印鑑提出者　資　格	代表取締役・取締役・代表理事 理事・（　　　　　　　　）
	氏　名	
	生年月日	明・大・昭・平・西暦　　　年　　　月　　　日生
□ 印鑑カードは引き継がない。 （注2）□ 印鑑カードを引き継ぐ。	会社法人等番号	

印鑑カード番号 ＿＿＿＿＿＿＿＿＿＿＿＿＿＿＿＿

前　任　者 ＿＿＿＿＿＿＿＿＿＿＿＿＿＿＿＿

届出人（注3）　□ 印鑑提出者本人　　□ 代理人

　　　　　　　　　　　　　　　　　　　　　　（注3）の印

住　所	
フリガナ 氏　名	

　　　　　　　　　　　　　委　任　状
　　私は，（住所）

　　　　（氏名）

　　を代理人と定め，印鑑（改印）の届出の権限を委任します。
　　　平成　　　年　　　月　　　日

　　　　住　所
　　　　氏　名　　　　　　　　　　　　　　　　　印　| 市区町村に
登録した印鑑 |

　　□ 　市区町村長作成の印鑑証明書は，登記申請書に添付のものを援用する。（注4）

（注1）　印鑑の大きさは，辺の長さが1cmを超え，3cm以内の正方形の中に収まるものでなければなりません。

（注2）　印鑑カードを前任者から引き継ぐことができます。該当する□にレ印をつけ，カードを引き継いだ場合には，その印鑑カードの番号・前任者の氏名を記載してください。

（注3）　本人が届け出るときは，本人の住所・氏名を記載し，市区町村に登録済みの印鑑を押印してください。代理人が届け出るときは，代理人の住所・氏名を記載，押印（認印で可）し，委任状に所要事項を記載し，本人が市区町村に登録済みの印鑑を押印してください。

（注4）　この届書には作成後3か月以内の**本人の印鑑証明書**を添付してください。登記申請書に添付した印鑑証明書を援用する場合は，□にレ印をつけてください。

印鑑処理年月日				
印鑑処理番号	受　付	調　査	入　力	校　合

（乙号・8）

■ 1 登記申請書 *107*

ける権限がある官憲を含む。）の作成した証明書の添付をもって，市区町村長の作成した印鑑証明書の添付に代えることができる（昭48・1・29民四821号通達，平28・6・28民商100号通達）。

また，外国人は，登記所に印鑑を提出する義務はなく，申請書又は委任状に署名する方法によっても差し支えない（外国人の署名捺印及び無資力証明に関する法律1条）が，この方法により，あらかじめ登記所に印鑑を提出していない外国人が登記の申請をする場合（会社の支店の所在地において登記の申請をする場合を除く。）には，当該登記の申請書又は委任状の署名が本人のものであることの本国官憲の証明が必要である（上記昭48年通達及び平28年通達，実務相談1・790頁）。

これらが外国語で作成された場合には，日本語の訳文を併せて添付することとなる（鴻・先例百選117頁）。

5　あらかじめ登記所に印鑑を提出していない外国人が登記の申請をする場合に必要となる本国官憲の署名証明は，申請書又は委任状に奥書証明（直接証明）をする方法のほか，申請書又は委任状の署名と当該署名証明の対象である署名との間の同一性を登記官において確認することができる限り，別に証明書として作成されたものでも差し支えない（平15・6・30民商1870号回答，登記研究669号198頁）。

6　外国人の本国の法制上の理由等のやむを得ない事情から，本国官憲の署名証明を取得することができないときは，①申請書に押印すべき者の作成したその旨の上申書，及び②当該署名が本人のものであることの日本の公証人又は当該外国人が現に居住している国の官憲の作成した証明書の添付をもって，市区町村長の作成した印鑑証明書の添付に代えることができる。

なお，署名が本人のものであることの証明書を日本における領事等が発行していないため当該証明書を取得することができない場合又は日本に当該外国人の本国官憲がない場合には，日本以外の国における本国官憲において当該証明書を取得することが可能であっても，やむを得ない事情があるものとして取り扱ってよい（平28・6・28民商100号通達，平29・2・10民商15号通達・16号通知）。

②　印鑑カード及び印鑑証明

印鑑提出者は，印鑑カードの交付を請求することができる（商登規9条の4第1項）。

印鑑証明書の交付を登記所に請求する場合には，オンラインによる請求の場合を除き，印鑑カードを提示しなければならない（商登規22条2項，107条4項）。

■2　添付書面

　本店の所在地における設立の登記の申請書には，下記(1)から(11)までの書面を添付しなければならない（商登47条2項から4項まで）。

　支店の所在地における登記の申請書には，本店の所在地においてした登記を証する書面（登記事項証明書）を添付すれば足り，委任状その他の書面の添付を要しない（商登48条1項）。

　なお，設立の登記の登記すべき事項と添付書面との関係については，本章末尾の**図表1－5**も参照されたい。

(1)　定款（商登47条2項1号）

　その内容については，前記1－2の各留意点を参照されたい。

　なお，認証を受けた電子定款にあっては，その謄本に相当するものとして，指定公証人から提供された当該電子定款の内容を証する書面を添付書面とすることもできる（公証人法62条ノ7第3項2号・4項。前記1－3の■1の(1)参照）。

　これに対し，電子定款について，これを印刷した書面に発起人が「本書面は，電子定款に係る電磁的記録に記録された情報と同一である」旨奥書証明をしたとしても，前段落のような謄本に相当するものとはいえず，設立の登記の申請を受理することはできない。

(2)　株式の引受け等に関する書面

① 　発起設立の場合には，割当て及び引受けに関する会社法32条1
項1号の発起人全員の同意を証する書面（商登47条3項）

　前記1－2の■19の(2)及び前記1－3の■2の(1)を参照されたい。

■2　添付書面　　*109*

② 募集設立の場合には，上記①の書面（法25条1項2号）に加え，設立時募集株式の引受けの申込み又は総数引受契約を証する書面（商登47条2項2号）

引受けの申込みを証する書面としては，株式申込証や払込取扱機関の作成に係る証明書がこれに該当する（平18・3・31民商782号通達，山下順子「株式の申込みを証する書面および株式払込金保管証明書を発行することのできる会社の範囲」旬刊商事法務1370号39頁）。なお，株式申込証は，目的となる設立時募集株式を特定した上で，申込者の氏名又は名称及び住所並びに引き受ける設立時募集株式の数が記載されていれば足りる（法59条3項，前記1－3の■4の⑵参照）。

総数引受契約は，申込者と設立中の会社（発起人代表）との意思表示の合致により成立するところ，従来の社債の総額引受契約（旧商302条）に関する実務を踏まえれば，両当事者の関与した契約書が作成されるのが通常と考えられ，この契約書が添付書面となる。

⑶ 変態設立事項がある場合には，これに関する書面

① 定款に変態設立事項の記載があるときは，次の書面

定款に変態設立事項の記載がある場合には，下記(a)の書面は，常に必要であるが，下記(b)又は(c)の書面は，それぞれに該当する場合に限り，必要となる。

なお，現物出資財産等について定款に記載された価額の総額が500万円以下である場合（時価を問わない。）に検査役の調査を要しないことは，定款の記載自体から明らかとなる。

(a) 検査役又は設立時取締役（監査役設置会社にあっては，設立時取締役及び設立時監査役）の調査報告を記載した書面及びその附属書類（商登47条2項3号イ）

検査役が選任されたときはその調査報告書（法33条4項）が，検査役が選任されないときは設立時取締役等の調査報告書が，それぞれ添付書面となる

（前記1－3の■6参照）。

(b)　現物出資財産等のうち，市場価格のある有価証券について定款に記載された価額が市場価格以下であるときは，当該市場価格を証する書面（商登47条2項3号ロ）

証券取引所の発行する証券取引所日報や新聞等がこれに当たる（平2・12・25民四5666号通達）。

これらの添付書面により，施行規則6条各号のうちいずれか一方の額（公証人の認証の日における最終市場価格又は公開買付け等に係る契約における価格）を示し，定款に記載された価額がこの額以下であることが明らかになれば足りる（前記1－3の■3参照）。

(c)　現物出資財産等について定款に記載された価額が相当であることについて，弁護士等の証明（現物出資財産等が不動産である場合には，当該証明及び不動産鑑定士の鑑定評価）を受けたときは，その証明書及び附属書類（商登47条2項3号ハ）

弁護士等の証明の対象は価額の相当性であり，現物出資の履行の有無ではない（前記1－3の■3参照）。

この証明書に証明者として押印した弁護士の印鑑につき所属弁護士会の発行に係る印鑑証明書の添付を要するとの平2・12・25民四5666号通達の取扱いは，平成15年4月1日以後，廃止されている（平14・12・27民商3239号通達参照）。

なお，上記の「不動産」には，不動産賃借権，地上権，地役権，採石権等も含まれると解されている（前記1－3の■3参照）。

②　検査役の報告に関する裁判があったときは，その謄本（商登47条2項4号）

(4)　引受人の出資に関する書面

■2　添付書面　*111*

①　発起設立の場合には，金銭の払込みがあったことを証する書面（商登47条2項5号）

(a)　具体例

具体的には，下記(i)又は(ii)は，この書面に該当する（平18・3・31民商782号通達。邦銀の海外支店については，平28・12・20民商179号通達）。

　(i)　払込取扱機関（前記1-3の■4参照）の作成した払込金受入証明書

　(ii)　設立時代表取締役又は設立時代表執行役の作成に係る払込取扱機関に払い込まれた金額を証明する書面に，次の書面のいずれかを合てつしたもの

　(ア)　払込取扱機関における口座の預金通帳の写し（表紙と該当頁。外貨預金の場合の取扱いについては，土手敏行「商業登記実務Q＆A(2)」登記情報545号40頁参照）

　(イ)　取引明細表その他の払込取扱機関が作成した書面

なお，金銭の払込みと異なり，発起人による現物出資財産の履行完了の事実は，前記(3)①(a)の設立時取締役等の調査報告書が添付書面となる場合に限り，登記官の審査の対象となる（検査役の調査報告書からは，履行完了の事実は判明しない。）。

(b)　上記(a)(ii)による場合の留意点

(i)　設立時代表取締役等の証明書の様式

証明書の作成名義人は，発起人代表ではなく，設立時代表取締役又は設立時代表執行役である。この証明書は，登記申請用に作成され，登記申請人が責任を持って作成すべきものであるからである。

証明書には，設立のために払込取扱機関に払い込まれた金額を記載し，これを証明した上で，登記所に提出した印鑑（商登20条）を押印する。設立時代表取締役等が個人としての資格ではなく，会社を代表すべき者として証明すべきものであるからである。

証明書に記載された払込金額は，現物出資財産がない場合には，定款記載

112　　　1-4　設立登記申請の手続

の「設立に際して出資される財産の最低額」以上でなければならない（法27条4号）が，発起人が一部を払い込まずに失権することもある（法36条）ため，発起人が払い込むべき金銭の合計額（法32条1項1号及び2号により算出される額）に一致するとは限らない。

(ii)　払込取扱機関

預金通帳は，払込取扱機関の作成のものに限る（法34条2項）ため，銀行，信託会社，商工組合中央金庫，農業協同組合等の一定の金融機関のものでなければならない（施7条。邦銀の海外支店については，平28・12・20民商179号通達）。

外国銀行支店（内閣総理大臣の免許を受けた外国銀行の日本における支店等）も，銀行とみなされるため，払込取扱機関となることができる（銀行法47条）。

(iii)　預金通帳の名義人

預金通帳の名義人は，払込みを受ける地位にある者であり，原則として，設立中の会社を代表する発起人の名義となる（仮に，銀行の実務において，設立中の会社の肩書を付すことが許されれば，肩書付きの名義でもよい。）。発起人の既存の個人用口座でも差し支えないが，会社経理と個人財産とを峻別すべき観点からは，発起人が新たに口座を開設することが望ましいものと考えられる。

ただし，例えば，日本国内の銀行に口座を有しない外国会社が発起人として株式会社を設立する場合等の不便さに配慮して，設立時取締役を預金通帳の名義人とする場合であっても，登記実務上，設立の登記申請は受理されている。この場合には，発起人が口座名義人に対し払込金の受領に係る権限を授与する旨を委任した代理権限証書をも，添付する必要がある。

さらに，発起人及び設立時取締役以外の第三者を預金通帳の名義人とすることができるかどうかについては，議論が分かれ得る。従前は，その必要性に乏しく，逆に，設立に際しての出資の名目で第三者に資金が提供されることに伴う弊害を懸念する観点等から，基本的に，これを認める運用ではなかったが，添付書面の記載から発起人及び設立時取締役の全員が日本国内に住所を有していないことが明らかである場合には，特例として，第三者を名

義人とする余地が認められた（平29・3・17民商41号通達）。

(iv) 預金通帳の記載内容

預金通帳の記載上，「入金」，「振込入金」等の原因により口座に金員が払い込まれたことが明らかになるものである必要があり，添付した預金通帳の写しには，下線を引く等して，どの取引記録が設立に際しての出資分であるかを示さなければならない。なお，発起人が口座に一定の残高を有していることを示す預金通帳（入金記録のないもの）だけでは，銀行に対する預金債権の現物出資（変態設立事項）と区別する意味においても，これを「払込みがあったことを証する書面」と評価することはできない。

払込みの時期は，払込金額が定款又は会社法32条1項2号の発起人全員の同意により定まることから，定款作成時又は当該発起人全員の同意時より後になるものと考えられる。

払込人は，各発起人（現物出資のみをする者を除く。）であるが，発起人を使者としてこれに交付して入金してもらうことや，使者を通じて振込入金することもあり得るため，預金通帳に各発起人の氏名が表示される必要はない。

預金通帳における入金記録の合計額は，設立時代表取締役等の証明書に記載された出資に係る払込金額と一致するのが通常であろうが，会社に対する出資用の入金と他の用途の入金を同一の機会にした場合のように，出資に係る払込金額以上であっても差し支えない。なお，設立中の会社に払い込まれた金銭については，これを直ちに設立事務所の賃料その他の設立費用のために支出することも可能である。

② 募集設立の場合には，払込取扱機関の払込金保管証明書（商登47条2項5号）

払込金保管証明書の作成名義人は，登記手続上，払込取扱機関の代表者のほか，本店営業部長，支店長その他の当該業務につき代理権を有すると思われる者でも差し支えなく，その代理権限を証明させる必要はないとされている（昭30・12・17民事甲2686号通達。ただし，銀行の出張所長については，その代

114　　　1-4　設立登記申請の手続

理権限を証明させることにつき，山下順子「株式の申込みを証する書面および株式
払込金保管証明書を発行することのできる会社の範囲」旬刊商事法務1370号39頁)。

⑸　設立時の機関に関する書面

①　設立時取締役

　選任に関する書面として，発起設立の場合には定款又は発起人の議決権の
過半数の一致があったことを証する書面（商登47条3項）が，募集設立の場
合には創立総会の議事録（同条2項9号）が，それぞれ添付書面となる（前
記1−3の■5参照）。監査等委員会設置会社にあっては，設立時監査等委員
である設立時取締役か否かの別が明らかにされなければならない。

　このほか，就任承諾書（取締役会を置かない会社にあっては，市区町村長
作成の印鑑証明書を含む。）が添付書面となる（商登47条2項10号，商登規61
条4項前段）。

　また，平成27年法務省令第5号による商業登記規則の改正により，設立時
取締役の本人確認資料として，その就任承諾書に記載された氏名及び住所に
ついての本人確認証明書（住民票，運転免許証の両面のコピーで本人が原本と
相違ない旨を記載して記名押印したもの等）が添付書面とされた（ただし，その
者の印鑑証明書が添付書面となる場合を除く。商登規61条7項，平27・2・20民
商18号通達）。

②　設立時代表取締役

　選定に関する書面として，取締役会設置会社（指名委員会等設置会社を除
く。）にあっては設立時取締役の過半数の一致があったことを証する書面
（商登47条3項）が，取締役会を置かない会社（定款に設立時代表取締役の氏
名を記載したもの）にあっては定款が，それぞれ添付書面となる。さらに，
設立時代表取締役の選定方法については，その他一定の方法が紹介されてお
り（相澤・論点解説39頁），現在の登記実務上，これによるときは，その事実

を証する書面（定款，互選書，創立総会の議事録）が添付書面となるとして取り扱われている（前記1－2の■19の(3)②，前記1－3の■5参照）。

このほか，就任承諾書（取締役会設置会社にあっては，市区町村長作成の印鑑証明書を含む。）が添付書面となる（商登47条2項10号，商登規61条5項・4項前段）が，取締役会を置かない会社において，設立時代表取締役の就任承諾が必要か否かに関して議論があり得ることは，前記1－3の■5の(2)のとおりである。

③　設立時会計参与

選任に関する書面として，発起設立の場合には定款又は発起人の議決権の過半数の一致があったことを証する書面（商登47条3項）が，募集設立の場合には創立総会の議事録（同条2項9号）が，それぞれ添付書面となる。

このほか，次の書面も添付書面となる（商登47条2項11号）。

(a)　就任承諾書

(b)　法人であるときは，登記事項証明書（代表者事項証明書でも差し支えない。）

(c)　個人であるときは，日本公認会計士協会又は日本税理士会連合会の資格証明書

④　設立時監査役

選任に関する書面として，発起設立の場合には定款又は発起人の議決権の過半数の一致があったことを証する書面（商登47条3項）が，募集設立の場合には創立総会の議事録（同条2項9号）が，それぞれ添付書面となる。

このほか，就任承諾書も添付書面となる（商登47条2項10号）。

また，設立時監査役の本人確認資料として，その就任承諾書に記載された氏名及び住所についての本人確認証明書（住民票，運転免許証の両面のコピーで本人が原本と相違ない旨を記載して記名押印したもの等）が添付書面となること（ただし，その者の印鑑証明書が添付書面となる場合を除く。商登規61条7項）

は，設立時取締役と同様である。

⑤　設立時会計監査人

選任に関する書面として，発起設立の場合には定款又は発起人の議決権の過半数の一致があったことを証する書面（商登47条3項）が，募集設立の場合には創立総会の議事録（同条2項9号）が，それぞれ添付書面となる。

このほか，次の書面も添付書面となる（商登47条2項11号）。

(a)　就任承諾書

(b)　法人であるときは，登記事項証明書（代表者事項証明書でも差し支えない。）

(c)　個人であるときは，日本公認会計士協会の資格証明書

⑥　指名委員会等設置会社

設立時委員，設立時執行役及び設立時代表執行役の選任に関する書面として，設立時取締役の過半数の一致があったことを証する書面が添付書面となる（商登47条2項8号）。

このほか，それぞれの就任承諾書も添付書面となる（商登47条2項10号）。

また，設立時執行役の本人確認資料として，その就任承諾書に記載された氏名及び住所についての本人確認証明書（住民票，運転免許証の両面のコピーで本人が原本と相違ない旨を記載して記名押印したもの等）が添付書面となること（ただし，その者の印鑑証明書が添付書面となる場合を除く。商登規61条7項）は，設立時取締役と同様である。

⑦　特別取締役

選定に関する書面として，定款又は発起人の過半数の一致があったことを証する書面が添付書面となる（商登47条2項12号。前記1－3の■5の(1)④参照）。

このほか，就任承諾書も添付書面となる（商登47条2項12号）。

⑹ 募集設立の場合の創立総会及び種類創立総会の議事録（商登 47条2項9号）

創立総会及び種類創立総会の決議方式が株主総会の特別決議より厳しいものであることにつき，前記1－3の■7を参照されたい。

⑺ 株主名簿管理人を置いたときは，その選任に関する発起人の過半数の一致があったことを証する書面及びその者との契約を証する書面（商登47条3項・2項6号）

⑻ その他発起人の同意に関する書面

上記のほか，前記1－3の■2の⑴又は⑵に掲げる事項については，当該事項についての発起人の全員又は過半数の一致を証する書面が添付書面となる（商登47条3項）が，商登法上具体的に列挙されておらず，特に，会社法32条の同意書等につき補正事件が多いようなので，注意を要する。

⑼ 資本金の額が会社法及び計算規則の規定に従って計上されたことを証する書面（商登規61条9項）

具体的には，設立時代表取締役又は設立時代表執行役の作成に係る証明書（計43条1項各号の額又はその概算額を示す等の方法により，資本金の額が法及び計算規則の規定に従って計上されたことを確認することができるもの）であり（平18・3・31民商782号通達），登記所に提出した印鑑（商登20条）を押印する。

ただし，会社法施行規則及び会社計算規則の一部を改正する省令（平成18年法務省令第87号）により，資本金の額の計上に際して控除することができる設立費用等の額（計43条1項3号）が当分の間零とされ（計附則11条5号），

出資に係る財産が金銭のみである場合の設立登記に際しては，払込みがあったことを証する書面により資本金の額の計上の適法性を判断することができることから，この場合には，登記実務上，(9)の書面の添付を要しないとされている（平19・1・17民商91号通達）。

なお，出資に係る財産のうちに現物出資されたものがある場合には，資本金の額の計上に際して，現物出資財産の価額（必ずしも定款記載の価額と一致しないことは，前記1-2の■20の(1)④参照）を確認する必要があるため，(9)の書面の添付を省略することはできない。

(10) 代理人によって登記を申請するときは，その権限を証する書面（商登18条）

委任状は，登記原因の発生後に作成されることが一般的であるが，将来の事項に係る委任も私法上原則として有効であり，取締役会の決議がされるなど，委任の内容となる登記原因が既に確定している場合には，委任状の作成日が登記原因の発生前であったとしても，登記申請は受理される（櫻庭倫「平成26年商業・法人登記実務における諸問題」民事月報70巻5号41頁）。

(11) 設立につき官庁の許可を要するときは，その許可書又はその認証がある謄本（商登19条）

■3　登記申請書の例

いくつかの例は，法務省ホームページ中「申請書の様式」（http://www.moj.go.jp/ONLINE/COMMERCE/11-1.html）に紹介があるので，参照されたい。

■3 登記申請書の例

(1) 本店の所在地における登記申請書の例

株式会社設立登記申請書

1　商号　〇〇株式会社

1　本店　〇県〇市〇町〇丁目〇番〇号

1　登記の事由　　平成〇年〇月〇日発起設立の手続終了

1　登記すべき事項　別紙のとおりの内容をオンラインにより提出済み

1　課税標準金額　　金500万円（資本金の額）

1　登録免許税　　金15万円

1　添付書類　定款　　　　　　1通

　　　　　　　発起人の同意書　1通

　　　　　　　就任承諾書　　　〇通

　　　　　　　本人確認証明書　〇通

　　　　　　　印鑑証明書　　　〇通

　　　　　　　払込みがあったことを証する書面　1通

　　　　　　　（資本金の額の計上に関する証明書　1通）

　　　　　　　（設立時取締役及び設立時監査役の調査報告書　1通）

　　　　　　　委任状　　　　　1通

　　　　　　　（委任状には，同時に提出した印鑑届書の印鑑を押印する。）

上記のとおり登記の申請をする。

　　平成〇年〇月〇日

　　　　　　　　　　　〇県〇市〇町〇丁目〇番〇号

　　　　　　　　　　　　申請人　〇〇株式会社

　　　　　　　　　　　〇県〇市〇町〇丁目〇番〇号

代表取締役　何某

〇県〇市〇町〇丁目〇番〇号

上記代理人　何某　印

（電話番号　・・・）

〇〇法務局御中

【別紙の例】

　オンラインによる登記事項の提出の詳細は，前記■1の(1)を参照されたい。

「商号」〇〇株式会社

「本店」〇県〇市〇町〇丁目〇番〇号

「公告をする方法」官報に掲載してする。

「目的」

1　…………

2　…………

「発行可能株式総数」100株

「発行済株式の総数」25株

「資本金の額」金500万円

「株式の譲渡制限に関する規定」

当会社の株式を譲渡により取得するには、当会社の承認を要する。

「役員に関する事項」

「資格」取締役

「氏名」甲野太郎

「役員に関する事項」

「資格」代表取締役

「住所」〇県〇市〇町〇丁目〇番〇号

「氏名」甲野太郎

「役員に関する事項」

■3　登記申請書の例　　*121*

「資格」監査役

「氏名」甲野花子

「役員に関する事項」

「資格」監査役の監査の範囲に関する事項

「役員に関するその他の事項」

監査役の監査の範囲を会計に関するものに限定する旨の定款の定めがある。

「監査役設置会社に関する事項」監査役設置会社

「登記記録に関する事項」設立

（注１）　**発起人の同意書**

　　　同意書の内容は，前記１－３の■２に掲げる事項であるが，特に次のものには留意する必要がある。

　　・株式の割当て及び引受けその他の設立時発行株式に関する事項についての全員の同意（法32条１項）

　　・本店所在場所についての過半数の同意

　　・設立時役員等の選任についての過半数の同意（法40条）

（注２）　**募集設立の場合**

　　　この場合には，①設立時募集株式の申込みを証する書面（株式申込証等）又は総数引受契約を証する書面及び②創立総会の議事録も添付しなければならない。

（注３）　**変態設立事項（現物出資等）がある場合**

　　　この場合には，設立時取締役の調査報告書，有価証券の市場価格を証する書面等の一定の書面も添付しなければならない（前記■２の(3)参照）。

　　　また，現物出資の場合には，資本金の額の計上に関する証明書も添付しなければならない。

（注４）　**取締役会設置会社を設立する場合**

　　　この場合には，設立時代表取締役の選定に関する書面も添付しなければならない。

（注５）　**登録免許税額**

　　　株式会社の本店所在地における設立登記の登録免許税額は，申請１件につき，資本金の額（課税標準金額）の1000分の７（これによって計算した税額が15万円に満たないときは，15万円）である（登税別表第一第24号㈠イ）。

⑵ 支店の所在地における登記申請書の例

株式会社設立登記申請書

1　商号　○○株式会社

1　本店　○県○市○町○丁目○番○号

1　支店　○県○市○町○丁目○番○号

1　登記の事由　　平成○年○月○日会社成立と同時に支店設置

1　登記すべき事項　別紙のとおりの内容をオンラインにより提出済み

1　登録免許税　　金9000円

1　添付書類　　　登記事項証明書　1通

上記のとおり登記の申請をする。

　　平成○年○月○日

　　　　　　　　　　　　　　○県○市○町○丁目○番○号

　　　　　　　　　　　　　　　申請人　○○株式会社

　　　　　　　　　　　　　　○県○市○町○丁目○番○号

　　　　　　　　　　　　　　　　代表取締役　何某

　　　　　　　　　　　　　　○県○市○町○丁目○番○号

　　　　　　　　　　　　　　　　上記代理人　何某　印

　　　　　　　　　　　　　　　（電話番号　・・・）

○○法務局御中

【別紙の例】

「商号」○○株式会社

「本店」○県○市○町○丁目○番○号

「会社成立の年月日」平成○年○月○日

■3 登記申請書の例 *123*

「支店」○県○市○町○丁目○番○号
「登記記録に関する事項」設立

124　　　1-4　設立登記申請の手続

┌───┐
《参考 ── 設立の登記事項に係る会社法上の決定方法及び添付書面》

　設立の登記の申請書には，登記すべき事項（法911条3項各号）を記載し，必要な添付書面（商登46条，47条）を添付しなければならないが，添付書面の理解に当たっては，個々の登記事項が会社法上どのような方法で決定されるかについての理解が不可欠である。

　既に詳述したところであるが，個々の登記事項につき，会社法上の決定方法及び添付書面の内容等の概要を再掲することとする。
└───┘

図表1−5　　**設立の登記事項に係る会社法上の決定方法及び添付書面**

（注）　登記事項の欄中の「（必須）」は，全ての株式会社につき必須の登記事項であることを示す。

登記事項	会社法上の決定方法	添付書面
目的（必須）	定款の絶対的記載事項（法27条1号）	定款（商登47条2項1号）
商号（必須）	定款の絶対的記載事項（法27条2号）	定款（商登47条2項1号）
本店の所在場所（必須）	最小行政区画は，定款の絶対的記載事項（法27条3号）	定款（商登47条2項1号）
	具体的な番地は，発起人の過半数の決定による。	ある発起人の一致を証する書面（商登47条3項）
支店の所在場所	発起人の過半数の決定による。	ある発起人の一致を証する書面（商登47条3項）
存続期間又は解散の事由	定款の相対的記載事項（法471条1号・2号）	定款（商登47条2項1号）
資本金の額（必須）	出資される財産の最低額は，定款の絶対的記載事項（法27条4号）	定款（商登47条2項1号）
	発起人が払い込む金銭の額（募集設立の場合は，設立時募集株式1株ごとの払込金額を含む。）は，発起人全員の同意による（法32条1項2号，58条1項2号）。	発起人全員の同意を証する書面（商登47条3項）払込みがあったことを証する書面（募集設立の場合は，払込金保管証明書。商登47条2項5号）

■3　登記申請書の例　　*125*

	現物出資財産は，定款の相対的記載事項（法28条1号）	定款（商登47条2項1号） 現物出資に関する商登法47条2項3号・4号の書面
	出資の合計額のうち資本金に計上しない額を定めるときは，発起人全員の同意による（法445条2項，32条1項3号）。	発起人全員の同意を証する書面（商登47条3項） 資本金の額の計上に関する代表者の証明書（商登規61条7項）
発行可能株式総数（必須）	定款（原始定款に定めがないときは，発起人全員の同意又は創立総会による定款の変更を要する。法37条1項，98条）	定款（商登47条2項1号） 定款の変更をした場合は，発起人全員の同意を証する書面又は創立総会の議事録（商登47条3項・2項9号）
発行する株式の内容（種類株式発行会社にあっては，発行可能種類株式総数及び発行する各種類の株式の内容）	株式の内容は，定款の相対的記載事項だが，種類株式の内容の一部は，設立段階ではその要綱を定款で定めれば足りる（法107条2項，108条2項・3項）。設立時発行株式につき要綱を定めた場合は，株式の内容の詳細は，発起人全員の同意による（法32条2項）。	定款（商登47条2項1号） 設立時発行株式につき要綱を定めた場合は，更に，発起人全員の同意を証する書面（商登47条3項）
	発行可能種類株式総数は，定款の相対的記載事項（法108条2項）	定款（商登47条2項1号）
単元株式数	定款の相対的記載事項（法188条1項）	定款（商登47条2項1号）
発行済株式の総数並びにその種類及び種類ごとの数（必須）	①発起人が割当てを受ける株式の数（募集設立の場合は，設立時募集株式の数を含む。）及び②発起人が払い込む金銭の額（募集設立の場合は，設立時募集株式1株ごとの払込金額	発起人全員の同意を証する書面（商登47条3項） 募集設立の場合は，設立時募集株式の申込み又は総数引受けを証する書面

	を含む。）は，発起人全員の同意による（法32条1項，58条2項）。 なお，引受人が払込みをしないときは，失権する（法36条3項，63条3項）。	（商登47条2項2号） 払込みがあったことを証する書面（募集設立の場合は，払込金保管証明書。商登47条2項5号）
株券発行会社である旨	定款の相対的記載事項（法214条）	定款（商登47条2項1号）
株主名簿管理人の名称，住所及び営業所	株主名簿管理人を置く旨は，定款の相対的記載事項（法123条）	定款（商登47条2項1号）
	株主名簿管理人の選任は，発起人の過半数の決定による。	ある発起人の一致を証する書面（商登47条3項）
	株主名簿管理人との間の契約の締結は，発起人代表が行う。	株主名簿管理人との契約を証する書面（商登47条2項6号） なお，株主名簿管理人の営業所の所在場所に係る添付書面は不要
新株予約権に関する事項	新設型組織再編の場合を除き，設立の登記において新株予約権に関する事項が登記されることはない。	
取締役の氏名（必須。ただし，監査等委員会設置会社にあっては，後記のその旨の欄を参照）	設立時取締役の選任は，発起設立の場合は，定款又は発起人の過半数の決定による（法38条4項，40条1項）。 募集設立の場合は，創立総会の決議による（法88条）。	選任に関する書面（定款，ある発起人の一致を証する書面，創立総会の議事録。商登47条2項1号・3項・2項9号）
	就任承諾が必要	設立時取締役の就任承諾書（商登47条2項10号） 取締役会を置かない会社では，就任承諾書に係る印鑑証明書（商登規61条4項） 就任承諾書に係る住民票（商登規61条7項）

代表取締役の氏名及び住所（指名委員会等設置会社を除き，必須）	取締役会を置かない会社では，取締役の各自代表が原則であるが，設立時代表取締役を選定するときは，定款その他の一定の方法による（前記1－2の■19の(3)②参照）。取締役会設置会社では，設立時取締役の過半数の決定による（法47条）。	選定に関する書面（商登47条2項7号）
	多くの場合は，設立時代表取締役の就任承諾が必要（前記1－3の■5の(2)参照）	設立時代表取締役の就任承諾書（商登47条2項10号）取締役会設置会社では，就任承諾書に係る印鑑証明書（商登規61条5項）
取締役会設置会社である旨	定款の相対的記載事項（法326条2項）	定款（商登47条2項1号）
会計参与設置会社である旨並びに会計参与の名称及び計算書類等の備置き場所	会計参与設置会社である旨は，定款の相対的記載事項（法326条2項）	定款（商登47条2項1号）
	設立時会計参与の選任は，発起設立の場合は，定款又は発起人の過半数の決定による（法38条3項，40条1項）。募集設立の場合は，創立総会の決議による（法88条）。	選任に関する書面（定款，ある発起人の一致を証する書面，創立総会の議事録。商登47条2項1号・3項・2項9号）
	就任承諾が必要	就任承諾書（商登47条2項11号イ）
	会計参与は，公認会計士，監査法人，税理士又は税理士法人でなければならない（法39条3項，333条1項）。	会計参与が法人の場合は登記事項証明書，個人の場合は資格証明書（商登47条2項11号ロ・ハ）なお，計算書類等の備置き場所に係る添付書面は不要
監査役設置会社である旨，	監査役設置会社である旨及び監査の範囲を会計に限定する定めがある旨	定款（商登47条2項1号）

監査の範囲を会計に限定する定めがある旨及び監査役の氏名	は，定款の相対的記載事項（法326条2項，389条1項）	
	設立時監査役の選任は，発起設立の場合は，定款又は発起人の過半数の決定による（法40条1項）。募集設立の場合は，創立総会の決議による（法88条）。	選任に関する書面（定款，ある発起人の一致を証する書面，創立総会の議事録。商登47条2項1号・3項・2項9号）
	就任承諾が必要	就任承諾書（商登47条2項10号）就任承諾書に係る住民票（商登規61条7項）
監査役会設置会社である旨及び社外監査役である旨	監査役会設置会社である旨は，定款の相対的記載事項（法326条2項）	定款（商登47条2項1号）なお，社外監査役である旨に係る添付書面は不要
会計監査人設置会社である旨及び会計監査人の名称	会計監査人設置会社である旨は，定款の相対的記載事項（法326条2項）	定款（商登47条2項1号）
	設立時会計監査人の選任は，発起設立の場合は，定款又は発起人の過半数の決定による（法40条1項）。募集設立の場合は，創立総会の決議による（法88条）。	選任に関する書面（定款，ある発起人の一致を証する書面，創立総会の議事録。商登47条2項1号・3項・2項9号）
	就任承諾が必要	就任承諾書（商登47条2項11号イ）
	会計監査人は，公認会計士又は監査法人でなければならない（法39条3項，337条1項）。	会計監査人が法人の場合は登記事項証明書，個人の場合は資格証明書（商登47条2項11号ロ・ハ）
仮会計監査人の名称	設立の登記において仮会計監査人の名称が登記されることはない。	
特別取締役による議決の定めがある旨，特別取締役の	特別取締役による議決の定めの設定及び特別取締役の選定は，定款又は発起人の過半数の決定による。	選定に関する書面及び就任承諾書（商登47条2項12号）
	就任承諾が必要	なお，社外取締役である

■3 登記申請書の例 *129*

氏名及び社外取締役である旨		旨に係る添付書面は不要
監査等委員会設置会社である旨，監査等委員及びそれ以外の取締役の氏名，社外取締役である旨及び重要な業務執行の取締役への委任の定めがある旨	監査等委員会設置会社である旨は，定款の相対的記載事項（法326条2項）	定款（商登47条2項1号）
	監査等委員及びそれ以外の取締役の選定は，発起設立の場合は，定款又は発起人の過半数の決定による（法38条2項・4項，40条1項・4項）。募集設立の場合は，創立総会の決議による（法88条）。	選任に関する書面（定款，ある発起人の一致を証する書面，創立総会の議事録。商登47条2項1号・3項・2項9号）
	就任承諾が必要	就任承諾書（商登47条2項10号）就任承諾書に係る住民票（商登規61条7項）なお，社外取締役である旨に係る添付書面は不要
	重要な業務執行の取締役への委任の定めがある旨は，定款の相対的記載事項（法399条の13第6項）	定款（商登47条2項1号）
指名委員会等設置会社である旨，社外取締役である旨，各委員会の委員及び執行役の氏名並びに代表執行役の氏名及び住所	指名委員会等設置会社である旨は，定款の相対的記載事項（法326条2項）	定款（商登47条2項1号）
	設立時委員，設立時執行役及び設立時代表執行役の選定は，設立時取締役の過半数の決定による（法48条）。	選定に関する書面（商登47条2項8号）
	就任承諾が必要	就任承諾書（商登47条2項10号）設立時執行役の就任承諾書に係る住民票（商登規61条7項）設立時代表執行役の就任承諾書に係る印鑑証明書

		（商登規61条5項） なお，社外取締役である 旨に係る添付書面は不要
役員等の責任の免除についての定め	定款の相対的記載事項（法426条）	定款（商登47条2項1号）
非業務執行取締役等の責任限定契約についての定め	非業務執行取締役等の責任限定契約についての定めは，定款の相対的記載事項（法427条）	定款（商登47条2項1号）
貸借対照表の電磁的開示のためのウェブページのURL	貸借対照表の電磁的開示の採用及びURLの決定は，発起人代表の適宜の決定による（法440条3項参照）。	添付書面は不要
公告方法（必須）		定款（商登47条2項1号）により，公告方法の定めの有無及びその内容を確認する。 なお，電子公告のURLに係る添付書面は不要
定款の定め	定款の相対的記載事項（法939条1項）	
電子公告によるときは，ウェブページのURL及び予備的公告方法	URLは，発起人代表の適宜の決定による。 予備的公告方法は，定款の相対的記載事項（法939条3項・1項）	
定款の定めがないときは，官報による旨	法律による効果（法939条4項）	

第2章

株式会社の変更の登記

2-1

総　論

　登記事項に変更が生じたときは，原則として，2週間以内に，本店の所在地において，変更の登記をしなければならない（法915条1項）。

　また，商号，本店又は当該登記所の管轄区域内の支店に係る登記事項に変更が生じたときは，3週間以内に，当該支店の所在地においても，変更の登記をしなければならない（法930条3項）。

　登記事項に変更が生ずる原因には多様なものがあるが，多くに共通するものとして，株主総会，種類株主総会，取締役会等における決議があったことが挙げられる。

　そこで，まず，これらの手続や議事録の内容等について，登記手続に関係する範囲で留意点を示すこととする。

（注）　変更の登記と独立の登記

　　　商業登記の態様による分類として，変更の登記と独立の登記の区分の説明がされることがある。

　　　おおむね，変更の登記とは，設立の登記事項（株式会社については，法911条3項各号に列挙された事項）に変更が生じた場合の登記を指し，独立の登記とは，それ以外の登記（設立の登記，合併による設立の登記，本店移転の登記等のような登記記録を新たに起こす場合の登記のほか，支配人の登記，清算人の登記等のように，法915条とは別の根拠により既存の登記記録にする登記を含む。）を指すことが多い（これらを総称して広義の「変更の登記」という場合もある。これらにつき，法務省民事局第四課職員編『最新商業登記読本』7頁（大蔵省印刷局，1996）参照）。

　　　この区分は，登記事項の事柄としての本質から定まるものではなく，形式的に何が会社法911条3項各号に掲げられているかというだけの基準ではあるが，登記実務上は，伝統的に，初めてする支配人の登記や清算人の登

記において，登記原因（就任）年月日の記録がなく，登記年月日だけが記録されるという点に，留意する必要がある。

■ 1　株主総会の決議

(1)　株主総会と種類株主総会

会社法は，種類株式の種類を旧商法より拡充し，かつ，種類株主総会の決議事項を明らかにする（法322条，323条等）等により，種類株式の利用促進に資する制度となっている。

株主総会と種類株主総会は，当然別個の概念であるが，これを混同して次のような点で誤解を招きやすいので，注意を要する。

①　無議決権株式

例えば，剰余金の配当に関する優先株につき，株主総会において議決権を行使することができない旨の定めを設けることも実務上みられる（無議決権優先株）が，会社法108条1項3号は株主総会における議決権を規律しているにすぎず，無議決権株主も，当然に，種類株主総会における議決権を有している。

したがって，株式の併合等により発行済みの無議決権優先株式に損害を及ぼすおそれがあるときは，会社法322条2項の別段の定めがない限り，種類株主総会の特別決議を要する（同条1項本文）。なお，会社法322条1項ただし書には，「種類株主総会」において議決権を行使することができる種類株主が存しない場合には種類株主総会の決議を要しない旨の規定があるが，株主総会についての無議決権株主であるからといって，同項ただし書に該当するものではない。

②　拒否権付株式

例えば，２種類の株式を発行する会社において，一方の株式の内容として，会社の重要事項（株式の種類の追加等）につき，株主総会の決議のほか，種類株主総会の決議があることを必要とする旨の定めを設けることも実務上みられる（拒否権付株式）が，会社法108条１項８号は，株主総会における議決権については規律していない。

したがって，この例では，２種類の株式に係る株主全員が株主総会を構成することとなる。拒否権付株式であるからといって株主総会における議決権がないわけではなく，仮にこれを与えないことを望むのであれば，拒否権付無議決権株式（上記①参照）にする必要がある。

③　取締役・監査役選解任権付株式

指名委員会等設置会社及び公開会社以外の会社は，持株比率と異なる割合で株主が取締役を選任することを望む場合等には，例えば，３種類の株式（A種，B種，C種）を発行するときは，株式の内容として，「A種株式は，種類株主総会において取締役〇人を選任することができる。B種株式は，種類株主総会において取締役△人を選任することができる。C種株式は，種類株主総会において取締役を選任することができない。」旨の定めを設けることも実務上みられる（取締役等選解任権付株式）。

このような会社法108条１項９号の定めを定款に置くときは，取締役等を株主総会で選任することはできず，全ての取締役等を種類株主総会において選任しなければならない（法347条）。この定めは，取締役又は監査役のいずれかについてのみ設けることもできる（取締役は種類株主総会で，監査役は株主総会で選任する）が，取締役又は監査役の一部についてのみ設けることはできない（中川晃「商法等の一部を改正する法律等の施行に伴う商業登記事務の取扱い」登記研究671号91頁）。また，監査等委員会設置会社においてこの定めを取締役につき設けるときは，監査等委員か否かの別が明らかにされなければならない。

したがって，取締役の選任につき，一部を種類株主総会で，残余を株主総会で決議することは許されず，仮にその実質を実現したいのであれば，全ての種類の株主が共同して開催する種類株主総会で残余の取締役を選任する方策をとる必要がある（法108条2項9号ロ）。

（注）　取締役等選解任権付株式と議決権制限株式との関係

　　議決権制限株式を活用して，ある種類の株式に限り取締役等の選解任の権限を与えることによっても，取締役等選解任権付株式と類似する効果を上げることができる。

　　ただし，議決権制限株式には，取締役等選解任権付株式と異なり，①公開会社又は指名委員会等設置会社においても利用することができること，②取締役等の選任と解任を区別し，一方についてのみ議決権を認めることもできること，③公開会社において発行済株式総数の2分の1を超えたときは，直ちに，その2分の1以下にするために必要な措置をとらなければならないこと（法115条）等の特色があり，ある種類の株式に限り取締役等の選解任の権限を与える旨の議決権制限株式が発行された場合において，取締役等の選解任を行うのは，「種類株主総会」ではなく「株主総会」であることに留意する必要がある。

　　また，取締役等選解任権付株式の発行会社は，本文に述べたとおり，種類株主総会において取締役等の選解任を行うため，取締役等の選解任に係る議決権制限株式（論理的に株主総会における選解任を前提とするもの）を発行する余地はないとされている（以上につき，前田・会社法入門（第12版）112頁参照）。

④　株主総会と種類株主総会の決議要件

　特に，合併その他の組織再編においては，株主総会と種類株主総会の決議要件の相違に留意する必要がある。

　例えば，1種類の株式を発行している会社が吸収合併により消滅し，存続会社の譲渡制限株式の割当てがされる場合についてみると，仮に消滅会社の株式が譲渡制限株式でないとき（公開会社）は，消滅会社の株主総会は，特殊決議が必要になるが，仮に消滅会社の株式が譲渡制限株式であるとき（非公開会社）は，その株主総会は，特別決議で足りる（法309条3項2号・2項12号）。

さらに，種類株式発行会社（A種株式には譲渡制限の定めなし，B種株式には譲渡制限の定めあり）が吸収合併により消滅し，存続会社の譲渡制限株式の割当てがされる場合についてみると，消滅会社の株主総会は，特別決議で足りる（法783条1項，309条2項12号）が，そのほか，A種株式の種類株主総会において特殊決議を得る必要がある（法783条3項，324条3項2号）。

このように，組織再編行為を行う場合には，特に，株主総会の決議要件と種類株主総会のそれとを区別して考える必要がある。

⑵　株主総会の決議事項

取締役会を置かない会社では，株主総会は，会社に関する一切の事項について決議をすることができる（法295条1項）。これは，旧有限会社法における有限会社の社員総会の権限と同様である。

これに対し，取締役会設置会社では，株主総会は，法令に規定する事項及び定款で定めた事項に限り，決議をすることができる（法295条2項）。これは，昭和25年商法改正後における株式会社の株主総会の権限と同様である（旧商230条ノ10）。

なお，取締役会設置会社において，定款により，株主総会の決議事項をいかなる範囲で拡張することができるかについては，従来から争いがあり，①性質上株主総会の決議事項として馴染まないもの（総会の招集決定等）を除き，無制限に認められるとの見解や，②基本的に上記①と同様の立場に立ちながら，代表取締役の選解任についてだけは株主総会の決議事項となし得ないとする見解等があったところ，多数の学説は，上記①によっていたものである（新版注釈会社法(5)24頁）。

会社法の下でも，どのような事項であれ，定款の定めにより株主総会の決議事項とすることができると解されており，その場合には，明文の規定がない限り，定款で取締役会の法律上の権限を奪うことはできないから，株主総会と取締役会の決議事項の範囲が重なることとなる（いずれによっても決議

■ 1　株主総会の決議　　*137*

することができる）と解されている（相澤・論点解説262頁。前記 1 － 2 の■19
の⑶②及び■21，後記■ 3 の⑴参照）。

⑶　決議要件

　株主総会の決議要件は，次頁の**図表 2 － 1** のとおりである。
　なお，基準日後に発行された新株の株主の議決権については，基本的に，
図表 2 － 1 中「議決権を行使することができる株主の議決権」又は「総株主
の議決権」には含まれない（平14・ 6 ・10民商1407号回答，登記研究666号195
頁）が，会社は，基準日後に株式を取得した者を議決権を行使することがで
きる者と定めることもできる（法124条 4 項，相澤・論点解説131頁，江頭・株
式会社法215頁，浜田道代「新会社法の下における基準日の運用問題（上）」旬刊
商事法務1772号12頁）。
　これらの決議要件について，登記事項に変更が生ずる場合の例を掲げると，
次のとおりである。

①　普通決議による場合

⒜　取締役会を置かない会社における取得条項付株式の取得日の決定及び
　取得する一部の株式の決定（法168条 1 項，169条 2 項）

⒝　取締役会を置かない会社における株式の分割（法183条）

⒞　取締役会を置かない会社における株式無償割当て（法186条 3 項）

⒟　取締役会を置かない会社における取得条項付新株予約権の取得日の決
　定及び取得する一部の新株予約権の決定（法273条 1 項，274条 2 項）

⒠　取締役会を置かない会社における新株予約権無償割当て（法278条 3 項）

⒡　会計監査人の選任，解任又は不再任（法329条，339条，338条 2 項）

⒢　資本金の額の減少（定時株主総会における決議であり，かつ，欠損の額
　を超えない場合に限る。法447条，309条 2 項 9 号）

⒣　資本準備金の資本組入れ（法448条）

図表2－1　株主総会の決議要件

種　類	最低出席数	最低賛成数
普通決議 （309①）	議決権を行使することができる株主の議決権の過半数（定款で別段の定めが可能）	出席した当該株主の議決権の過半数（これを上回る割合を定款で定めた場合は，その割合）
特別な普通決議 （206の2⑤，244の2⑥，341）	議決権を行使することができる株主の議決権の過半数（3分の1以上の割合を定款で定めた場合は，その割合）	出席した当該株主の議決権の過半数（これを上回る割合を定款で定めた場合は，その割合）
特別決議 （309②）	議決権を行使することができる株主の議決権の過半数（3分の1以上の割合を定款で定めた場合は，その割合）	出席した当該株主の議決権の3分の2（これを上回る割合を定款で定めた場合は，その割合）なお，一定数以上の株主の賛成を要する旨等の要件を定款で定めることも可能
特殊決議 （309③）		次の者が賛成 ①　議決権を行使することができる株主（頭数）の半数以上（これを上回る割合を定款で定めた場合は，その割合以上），かつ， ②　当該株主の議決権の3分の2（これを上回る割合を定款で定めた場合は，その割合）
特別な特殊決議 （309④）		次の者が賛成 ①　総株主（頭数）の半数以上（これを上回る割合を定款で定めた場合は，その割合以上），かつ， ②　総株主の議決権の4分の3（これを上回る割合を定款で定めた場合は，その割合）

（i） 清算人の選任及び解任（法478条1項3号，479条1項）

（注） 特別決議の要件（最低出席数・最低賛成数）の加重の限界
例えば，特別決議に総株主の出席及び賛成を要する旨の定款の定めの有効性については，従来から争いがあり（新版注釈会社法(12)28頁），当該定款の定めは事実上不可能を強いることがあり無効とする見解もあったが，最近では，会社法309条2項本文括弧書きが同法制定時に明示された趣旨から，会社の責任で任意に定めることを許容する見解（有効説）が有力である（会社法大系1・204頁。なお，江頭・株式会社法357頁は，原則として有効としつつも，決議事項ごとに分析して検討される。）。

② 特別な普通決議による場合

（a） 取締役，会計参与又は監査役の選任（法329条，341条）

（b） 取締役（累積投票により選任されたもの及び監査等委員であるものを除く。）の解任（法339条，341条，344条の2第3項，309条2項7号）

（c） 会計参与の解任（法339条，341条）

③ 特別決議による場合（法309条2項）

（a） 通常の定款変更（商号，目的，本店の所在地等の変更。法466条）

（b） 非公開会社における募集株式の募集事項の決定（法199条2項）
非公開会社における募集事項の取締役等への委任（法200条1項）
非公開会社において株主に株式の割当てを受ける権利を与える場合の募集事項等の決定（定款に別段の定めがない場合に限る。法202条3項4号）
取締役会を置かない会社における譲渡制限株式の割当先等の決定（法204条2項，205条2項）

（c） 全部取得条項付種類株式の取得（法171条1項）

（d） 株式の併合（法180条）

（e） 非公開会社における募集新株予約権の募集事項の決定（法238条2項）
非公開会社における募集事項の取締役等への委任（法239条1項）
非公開会社において株主に新株予約権の割当てを受ける権利を与える場合の募集事項等の決定（定款に別段の定めがない場合に限る。法241条3

項4号）

　　取締役会を置かない会社における募集新株予約権（譲渡制限株式を目
　的とするもの又は譲渡制限新株予約権に限る。）の割当先等の決定（法
　243条2項，244条3項）

(f)　累積投票により選任された取締役又は監査等委員である取締役の解任
　（法339条）

(g)　監査役の解任（法339条）

(h)　資本金の額の減少（前記①の(g)の場合を除く。法447条）

(i)　解散（法471条3号）

(j)　合併，会社分割，株式交換又は株式移転

(注)　このほか，登記事項の変更は生じさせないが，実務上重要な特別決議の
　　例としては，次のものがある。
　　・譲渡制限株式の譲渡を承認しない場合の会社による株式買取決定（法140
　　　条2項）
　　・自己株式を特定の株主から取得する旨の決定（法160条1項）
　　・一般承継人に対する譲渡制限株式の売渡請求の決定（法175条1項）
　　・役員等の責任の一部免除（法425条1項）
　　・現物配当（株主に金銭分配請求権を与えない場合に限る。法454条4項）
　　・事業の全部の譲渡等（法467条1項）

④　特殊決議による場合（法309条3項）

(a)　公開会社から非公開会社（完全譲渡制限会社）になる旨の定款変更

(b)　合併により消滅する株式会社又は株式交換若しくは株式移転をする株
　式会社が公開会社である場合（1種類の株式のみを発行する場合に限
　る。）において，組織再編の対価が譲渡制限株式であるときの承認決議
　（法783条1項，804条1項）

⑤　特別な特殊決議による場合（法309条4項）

　公開会社でない会社において，剰余金の配当，残余財産の分配又は議決権
に関し株主ごとに異なる取扱いを行う旨の定款の設定又は変更（当該定めの

廃止を除く。)

ただし，この定款の定めは，登記事項ではない（法109条3項）。

⑥ 総株主の同意による場合

(a) 1種類の株式のみを発行する会社において，全部の株式を取得条項付株式とする旨の定款の設定又は取得条項についての定款の変更（当該定めの廃止を除く。法110条）

(b) 株主総会の招集手続の省略（法300条）

(c) 株主総会の決議の省略（法319条1項）

(d) 持分会社への組織変更（法776条1項）

(e) 1種類の株式のみを発行する会社において，合併又は株式交換の対価が持分会社の持分等である場合の承認決議（法783条2項，804条2項）

(4) 招集手続等

① 招集時期

(a) 定時株主総会

定時株主総会は，毎事業年度の終了後一定の時期に招集しなければならない（法296条1項）。

事業年度は原則として1年を超えることができない（計59条2項）ため，定時株主総会は，少なくとも1年に1回以上招集することとなる。

定時株主総会は，定款において，事業年度終了後2か月又は3か月以内に開催するものと定める例が多い（前記1－2の■11参照）。ただし，剰余金の配当は必ずしも決算期現在の株主に対してしなければならないものではなく，また，定時株主総会の議決権を行使することができる者は決算期現在の株主でなければならないものではないから，決算期から定時株主総会までの期間を3か月以内としなくても差し支えないと解されている（実務相談4・422頁，相澤・論点解説469頁。基準日制度については，浜田道代「新会社法の下における

基準日の運用問題（上）」旬刊商事法務1772号4頁に詳しい。）。

(b) 臨時株主総会

臨時株主総会は，必要がある場合に，いつでも招集することができる（法296条2項）。

(c) 両者の区別

定時株主総会と臨時株主総会との区別につき，定款に定める招集時期に招集された総会か否かという点に求める見解や，計算書類の承認等を議題とする総会か否かという点に求める見解等があり，争いがある（新版注釈会社法(5)95頁）。

しかし，登記手続上は，上記の見解のいずれによるかはさほど重要ではなく，「定款所定の時期に定時株主総会が開かれなかったときは，取締役の任期は，総会の開かれるべき期間の満了の日に終了する」との取扱い（昭38・5・18民事甲1356号回答，登記研究188号64頁）に注意すれば足りる。

なお，この取扱いは，監査役及び会計参与についても妥当するが，会計監査人については，その地位の継続性に照らし，別途考慮する必要がある（後記2－5の■6の(3)①(c)参照）。

② 招集権者

株主総会は，原則として，取締役（取締役会設置会社にあっては，取締役会）がその日時や議題等を決定した上で，取締役が招集する（法298条，296条3項）が，裁判所の許可を得た少数株主もこれを招集することができる（法297条4項）。

この招集手続の具体的な執行者である「取締役」について，旧商法の下では，業務執行の具体的な執行機関である代表取締役によってされなければならないとされてきた（新版注釈会社法(5)31頁）が，会社法の下では，会社の内部的な意思決定機関である株主総会の招集手続に関する行為であり，業務の執行には該当しないため，法律上代表取締役の権限になるものではないとの解釈がある（相澤・論点解説468頁）。

■1　株主総会の決議　　*143*

　一時取締役の職務を行うべき者（仮取締役。法346条2項）や断行の仮処分により取締役の地位を仮に定められた者（民事保全法23条2項）は，制限なく株主総会の招集権限を有するが，取締役の職務を代行する者（同法56条）は，裁判所の許可を得なければ，常務に属しない行為（臨時株主総会の招集等）をすることはできない（法352条，新版注釈会社法(5)419頁）。

　なお，招集権限のない者が招集した株主総会には，決議の取消原因がある（法831条1項1号。全くの部外者が招集した場合には，更に決議不存在と評価される場合もある。）。従来から，代表者が任期満了後もなお権利義務を有する旨の規定（法346条1項に相当するもの）のない法人につき，仮理事を選任することなく，任期満了により退任した理事が社員総会を招集したとして，これに係る登記申請が却下される例が比較的多くみられた（2年の任期を満了した社会福祉法人の理事，特定非営利活動促進法24条の任期満了後の特定非営利活動法人の理事等）ところであるが，この点については，仮理事の選任を待つことができないような急迫の事情がある等の限定的な場合には，民法654条の趣旨に照らし，退任した理事がなお必要な処分をすることも許容されるため，今後は，基本的に，このような登記申請も受理されることとなると思われる（平19・1・11民商30号回答，最判平18・7・10集民220号689頁，民事法情報243号28頁参照）。

（注）　招集手続を欠く場合と全員出席株主総会

　　招集権者による招集手続を欠く場合でも，いわゆる一人会社において当該株主が出席したとき（最判昭46・6・24民集25巻4号596頁）を含め，株主全員が株主総会の開催に同意して出席するときは，当該株主総会における決議は，有効に成立する。ただし，株主の代理人の出席を含む全員出席総会にあっては，当該株主が会議の目的たる事項を了知した上で委任をし，かつ，決議の内容が右事項の範囲内のものである必要がある（最判昭60・12・20民集39巻8号1869頁）。

　　なお，上記昭和46年判決は，取締役の出席なくして開催された一人会社の株主総会の決議を有効と認めているが，一般に，複数の株主のある会社の全員出席株主総会については，取締役や監査役を排除した決議には取消原因があると解する見解が有力のようである（江頭・株式会社法326頁，篠原勝美・最高裁判所判例解説民事篇昭和60年度492頁参照。ただし，原則と

して瑕疵はないとするものとして，会社法大系3・60頁や，東京地方裁判
所商事研究会編『類型別会社訴訟（第三版）Ⅰ』391頁（判例タイムズ社，
2011）がある。）。

③ 招集通知の発送時期

　株主総会の招集通知は，原則として，株主総会の日の2週間前までに発し
なければならないが，書面投票制度を採用しない場合には，次の例外がある
（法299条1項）。

　(a)　公開会社でない場合には，会日の1週間前まで

　(b)　公開会社でなく，かつ，取締役会を置かない会社である場合において，
　　1週間を下回る期間を定款で定めたときは，その期間前まで

　なお，登記申請の添付書面（株主総会議事録）からは，招集通知の発送時
期が法令又は定款に違反することは通常判明せず，登記官の審査対象となら
ないことが多いが，仮にこれに違反していれば，決議の取消原因となる（法
831条1項1号）。

⑸　議　事　録

① 議事録の記載事項

　株主総会の議事については，施行規則72条の定めるところに従い，議事録
を作成しなければならない（法318条1項）。

　議事録の記載事項は，次のとおりである。

　(a)　開催日時及び場所（当該場所に存しない取締役等が株主総会に出席を
　　した場合における出席の方法を含む。）

　(b)　議事の経過の要領及び結果

　(c)　会計参与が選解任に関し陳述した意見その他株主総会において述べら
　　れた一定の意見又は発言の内容の概要

　(d)　出席した取締役，執行役，会計参与，監査役又は会計監査人の氏名又
　　は名称

■1 株主総会の決議 *145*

(e) 議長があるときは，その氏名

(f) 議事録の作成に係る職務を行った取締役の氏名

なお，議事録作成者の押印は，会社法上は必須の要件ではない（後記⑤のとおり，商業登記規則61条により要件となる場合がある。）が，議事録の原本を明らかにし，改ざんを防止する観点，登記申請代理の委任者と受任者との間のトラブルを防止する観点等から，常に押印を行うことが望ましいものと思われる。

議事録の具体例は，**図表2－2**のとおりである。

図表2－2 　株主総会議事録の例

臨時株主総会議事録

日時　平成〇年〇月〇日（月）10時から11時まで

場所　当社本店会議室

発行済株式の総数	〇〇株
自己株式の数	〇株
議決権を行使することができる株主の総数	〇名
議決権を行使することができる株主の議決権の数	〇〇個
出席した当該株主の数（委任状による出席を含む。）	〇名
出席した当該株主の有する議決権の数	〇〇個

株主総会に出席した役員

　取締役何某　　同何某

　監査役何某

議長　取締役何某

議事録の作成に係る職務を行った取締役　取締役何某

以上のとおり，議決権を行使することができる株主の議決権の過半数に相当する株式を有する株主が出席したので，本会は適法に成立した。

　よって，定款第〇条第〇項の規定に基づき，代表取締役何某は議長席に着き，開会を宣し，直ちに議事に入った。

第1号議案　定款変更の件

　議長は，業務の都合上本店を〇県〇市に移転したいこと及びその理由を述べ，定款第〇条を次のとおり変更したい旨説明し，その賛否を議場に諮ったところ，満場異議なく，原案どおりこれを承認可決した。

　（本店）

　第〇条　当会社は，本店を〇県〇市に置く。

第2号議案　　（中略）

　以上をもって本日の議事を終了したので，議長は閉会を宣した。

　上記議事の経過の要領及びその結果を明確にするため，本議事録を作成する。

　平成〇年〇月〇日

　　　　　　　　　　　　　　〇〇株式会社臨時株主総会

　　　　　　　　　　　　　　議事録作成者　取締役何某　印

②　株主総会の開催場所

(a)　開催場所

　株主総会の開催場所については，定款に定めがあればこれに従う必要があるが，定款に定めがないときは，本店の所在地やこれに隣接する地（旧商233条参照）に限られることなく，招集決定の際に適宜定めることができる（法298条1項1号）。

■ 1　株主総会の決議　　*147*

　ただし，株主総会の場所が過去に開催した株主総会のいずれの場所とも著しく離れた場所であるときは，招集決定の際にその場所を決定した理由を明らかにしなければならない（施63条２号）。かつて大阪市内において株主総会を開催してきた会社が東京都内で開催する場合も，これに該当すると解されている（相澤・論点解説471頁）。

　なお，株主の多くが外国にいる場合等に，定款で株主総会の招集地を外国とすることができるかについては，従来から争いがあり，否定的見解が有力とされてきた（新版注釈会社法(5)88頁，別冊商事法務163「条解会社法の研究⑤・株主総会」47頁（商事法務，1994），実務相談２・510頁。もっとも，株主全員の同意があり，役員の出席権が確保されているときは，事実上適法に開催する余地はあるとされる。）。会社法の下では，定款に定めがない場合に招集地を適宜定めることができるため，外国会社の完全子会社等のように外国にしか株主が存しないときに外国で株主総会を開催することも可能となるとされている（相澤・論点解説471頁，江頭・株式会社法320頁）が，あらかじめ定款で株主総会の招集地を外国と定めることができるかについては，なお明らかでなく，裁判所の選任する総会検査役（法306条）の出席が困難になること等の従前の解釈論を踏まえ，慎重に対応するのが穏当であると思われる。

(b)　複数の場所における開催（テレビ会議システム等）

　会社法の下では，テレビ会議システム等を利用して複数の場所で株主総会を開催することも可能である。

　ただし，複数の会場について，出席者の状況の把握，質問や発言をしようとする者の確認，現に発言している者が当該株主であることの確認等が確保されていることが必要であると解されており（相澤・論点解説472頁），出席者の音声が即時に他の出席者に伝わり，出席者が一堂に会するのと同等に適時的確な意見表明が互いにできる状態となっている必要がある（電話会議システムによる取締役会に関する平14・12・18民商3044号回答，登記研究662号171頁）。

　この場合の株主総会議事録には，上記平成14年回答と同様に，情報伝達の即時性と双方向性の確認の事実を盛り込むことが望ましいと考えられる。

③ 議事録中の「株主総会に出席した役員」の記載

出席した役員等の記載については，株主総会においてその改選があった場合に新旧いずれの役員を指すかが問題となり得るが，旧商法において株主総会議事録の署名義務者とされた「取締役」の解釈を参考にして，基本的に，株主総会の開催中に現に役員等の権限を有する者がこれに該当すると解され（実務相談2・1018頁，鴻・先例百選90頁），これを表にすると，**図表2－3**のとおりとなる。

なお，総会の席上において新任の役員等が就任承諾をして即時就任の効果が生ずる場合（**図表2－3**の(b)から(e)までの場合）において，議事録をもって就任承諾書に援用するときは，当該議事録の「出席した役員」に後任者の氏名も記載することとなるので，注意が必要である。

図表2－3　「出席した役員」として記載すべき者

前任者の退任事由	記載すべき者
(a)　任期満了（定時総会終結時に満了退任）	前任者を記載し，後任者は記載しない。
(b)　辞任（総会前の辞任，席上における就任）	前任者は記載せず，後任者を記載する。
(c)　辞任（総会席上における辞任及び就任）	前任者・後任者とも記載する。
(d)　上記(a)～(c)において，定款又は法令の員数を欠き，後任者の総会席上における就任の時まで，前任者が権利義務を承継する場合	前任者・後任者とも記載する。
(e)　解任（総会における解任及び就任）	前任者・後任者とも記載する。

④ 議事録の作成者

株主総会の議事録には，議事録の作成に係る職務を行った取締役の氏名を記載しなければならない（施72条3項6号）。

旧商法の下では，株主総会議事録の作成義務者につき，代表取締役説と議長説とがあった（実務相談3・677頁）が，会社法の下では，議長は作成権限

がなく,「取締役」が作成するものとされた。この「取締役」については,上記③と同様に,株主総会において取締役の改選があった場合に新旧いずれの取締役かが問題となり得るが,旧商法において株主総会議事録の署名義務者と解されてきた「取締役」のうちの1人で差し支えないと解されており,更に,改選後の新取締役（株主総会の終結後に就任を承諾し,当該株主総会に出席していない者）であってもよいとする見解も存するところである（葉玉匡美氏のブログ「会社法であそぼ。」2006年7月4日部分参照。http://blog.livedoor.jp/masami_hadama/archives/2006-07.html）。

旧商法の議事録への署名義務者については,基本的に,株主総会の開催中に現に取締役の権限を有する者がこれに該当すると解されてきたが,これに関する解釈（実務相談2・1018頁）を参考にしつつ,会社法における議事録の作成者を表にすると,**図表2-4**のとおりである。

| 図表2-4　　株主総会議事録の作成者 |

前任者の退任事由	作成権限の有無
(a)　任期満了（定時総会終結時に満了退任）	前任者は作成権限あり 後任者は作成権限なし
(b)　辞任（総会前の辞任,席上における就任）	前任者は作成権限なし 後任者は作成権限あり
(c)　辞任（総会席上における辞任及び就任）	前任者・後任者とも作成権限あり
(d)　上記(a)～(c)において,定款又は法令の員数を欠き,後任者の総会席上における就任の時まで,前任者が権利義務を承継する場合	前任者・後任者とも作成権限あり
(e)　解任（総会における解任及び就任）	後任者は作成権限あり

（**注**）　本文に記載した葉玉氏の見解によれば,上記(a)についても,後任者に作成権限があることとなる。ただし,株主総会に出席していない者が議事録を作成することは,極力避けることが穏当であると考えられる。

⑤　議事録への押印

議事録作成者の押印は,会社法上は必須の要件ではない（トラブル防止の

ために押印が望ましいことは，前記①のとおりである。）。

　しかし，株主総会の決議により代表取締役を定めた場合（取締役選解任権付株式の発行会社にあっては，種類株主総会の決議により取締役を定め，その者が各自代表として代表取締役になる場合）には，その議事録に変更前の代表取締役が届出印を押印していない限り，議長及び出席取締役の全員が議事録に押印しなければならず，代表取締役の変更の登記申請書に当該押印に係る市区町村長作成の印鑑証明書を添付すべき旨の規定が設けられている（商登規61条6項1号，後記2－5の■2の(1)③(b)(i)(エ)参照）。

　この株主総会議事録への押印及び印鑑証明書の要否（商登規61条6項ただし書の適用の有無）等については，旧商法の下で株式会社の代表取締役を選任する取締役会議事録等に関する次の取扱いが参考になる。

参考先例等2－1

【印鑑証明書の要否】

1　商業登記規則82条3項ただし書（現行商登規61条6項ただし書）の登記所に提出している印鑑とは，当該登記の申請時において提出されている印鑑であり，取締役会議事録の作成時に登記所に提出している印鑑ではない（平10・2・10民四270号通知，登記研究609号166頁）。

2　辞任した取締役兼代表取締役甲が使用していた届出済みの印鑑を後任代表取締役乙が引き継いで使用し，取締役会議事録に記名押印している場合（甲は参加していない。）は，商業登記規則82条2項ただし書（現行商登規61条6項ただし書）に該当しない（登記研究241号68頁）。

3　代表取締役の改印届と同時に，当該代表取締役の重任による変更の登記の申請があった場合（登記の申請書には，改印後の印鑑を使用している。）において，それに添付されている取締役会議事録の印鑑が右改印後の印鑑と同一であるときは，印鑑証明書の添付を要しない（登記研究270号72頁）。

【出席者が記名押印を拒否した場合等の取扱い】

4　株主総会の議事録には，出席した取締役全員の署名を要することは当然であるが，株主総会の終了後，取締役の中に死亡その他やむを得ない事由により署名できない者がある場合において，これを証するに足りる書面を添付し，その他の出席取締役の署名した議事録があるときは，登記の申請を受理して差し支えない（昭28・10・2民事甲1813号回答，登記研究72号34頁，鴻・先例百選90頁）。

■1　株主総会の決議　　*151*

5　株主総会の議事録に出席取締役のうちの1名が記名捺印しない場合は，当該取締役の記名捺印を受けられない事情を付した代表取締役の上申書又は他の出席取締役全員からの上申書を添付させるのが相当である（昭38・12・18民四313号回答）。

6　定時株主総会において再選されなかった取締役が議事録への署名を拒否した場合には，議事録作成者が署名を拒否する取締役の氏名と署名しない理由を議事録に付記し，他の出席取締役の署名がある総会議事録を添付すれば，登記の申請は受理される（藤島紀子「出席取締役の総会議事録への署名拒否と登記申請」旬刊商事法務1056号40頁）。

【その他】

7　株主総会の議事録3通を作成し，それぞれに記名押印してある3通を合わせれば全出席取締役の記名押印が完全にそろう場合であっても，適法な議事録の作成とはいえない（昭36・5・1民四81号回答，登記研究164号38頁）。

8　外国文字をもって作成された株主総会議事録を添付した内国株式会社の取締役変更登記の申請は受理されない（昭60・7・8民四3952号回答，登記研究452号109頁，実務相談2・1069頁）。

9　外国会社の登記の申請に際し，外国文字をもって作成された株主総会議事録等（当該外国会社の本国の管轄官庁又は日本における領事等の認証を受けたもの）を添付する場合には，登記と関係のない部分の翻訳を省略し得るとされている（http://www.moj.go.jp/MINJI/minji06_00102.html）。

⑹　株主総会の決議の省略

①　要　件　等

取締役又は株主が株主総会の目的である事項について提案をした場合において，議決権を行使することができる株主の全員が書面又は電磁的記録により同意の意思表示をしたときは，当該提案を可決する旨の株主総会の決議があったものとみなされる（法319条1項）。

この場合は，会議を現実に開催しないため，株主総会の招集手続（招集通知や株主総会参考書類の発送等）を要しない。

株主の同意の表明方法について，署名（記名押印）や電子署名をすることが会社法上必要なわけではないが，全ての株主が同意を表明したことを証明できないと決議に瑕疵が生ずるため，実務上は，株主本人又はその正当な代

理権のある代理人が同意の意思表示をしたことを証明することができる書面
又は電磁的記録（署名，電子署名等のあるもの）を取得しておくべきである
と考えられる。また，このほかにも，例えば，電磁的記録によって同意を表
明してもらう場合には，会社と株主間の連絡通信に用いるＩＤ番号とパス
ワードを使って送信してもらう方法によることも，当該ＩＤ等が適正に管理
されているという通常の場合であれば，証明資料として十分なものといえる
と解されている（始関正光編著『Ｑ＆Ａ平成14年改正商法』27頁（商事法務，
2003））。

　なお，この制度は，株主総会の開催を前提として，総会に出席しない株主
につき書面又は電磁的方法による議決権行使を認める書面投票制度（法298
条１項３号・４号）とは異なる。書面投票制度は，議決権を行使するか否か，
議案に賛成するか反対するかが株主ごとにまちまちであることを許容してお
り，株主総会参考書類の交付を要する（法301条）が，株主総会の決議の省
略の制度は，株主の全員が同意した場合の制度であり，株主総会参考書類の
交付も要しない。

②　議 事 録

⒜　作成者及び記載事項

　株主総会の決議があったものとみなされるときは，次の事項を内容とする
議事録を作成しなければならない（施72条４項１号）。

・決議があったものとみなされた事項の内容
・提案をした者の氏名又は名称
・決議があったものとみなされた日
・議事録の作成に係る職務を行った取締役の氏名

　なお，議事録の作成者については，株主総会を開催した場合（前記⑸④参
照）と同様と考えられる。

　商業登記の申請において，登記すべき事項につき株主総会の決議を要し，
商登法46条３項により，その決議があったものとみなされる場合に該当する

ことを証する書面を添付しなければならないときは，議事録がこの書面に該当するのであり，会社の代表者が作成した証明書に実際に送付した書面の見本を合綴したもの（議事録と評価することもできない体裁のもの。会社法制定前の平14・12・27民商3239号通達，登記研究671号98頁参照）では足りない。

(b) 議事録への押印

議事録作成者の押印は会社法上の要件ではないが，株主総会を開催して，その決議により代表取締役を定めた場合に，その議事録に変更前の代表取締役が届出印を押印していない限り，代表取締役の変更の登記申請書に議長及び出席取締役全員の市区町村長作成の印鑑証明書を添付すべきこと（商登規61条6項1号）は，前記(5)⑤のとおりである。

これに対し，株主総会の決議を省略した場合は，書面等による株主の同意の意思表示はあるが，会議を開催せず，各取締役が議事を見聞した上で議事録を作成するという意思もないため，全取締役の意思の真正を担保するための印鑑証明書を添付させることも相当でない。そこで，株主総会の決議省略の方法により代表取締役を定めた場合には，登記実務上，議長に相当するものが議事録作成者であるとの観点から，商業登記規則61条6項1号を類推し，その議事録に変更前の代表取締役が届出印を押印していない限り，株主総会議事録の作成に係る職務を行った取締役が議事録に押印しなければならず，代表取締役の変更の登記申請書には，当該取締役に係る市区町村長作成の印鑑証明書を添付すべきものとして取り扱われている（後記2−5の■2の(1)③(b)(ii)(ア)参照）。

なお，株主総会の決議を省略した場合の議事録に，前任役員等の辞任の事実や，当該決議により選任された役員等の就任承諾の事実が記載されていたとしても，本人の意思表示が伝聞形式で議事録に現れるにすぎないため，株主総会議事録をもってこれらの事実を証する書面とすることはできない（堀恩恵「就任を承諾したことを証する書面としての株主総会議事録の記載」旬刊商事法務1225号48頁。後記2−5の■2の(1)③(b)(i)(オ)参照）。

⑺ 主要株主の情報に関する添付書面（株主リスト）

　近時，商業登記について，株主総会の決議を仮装するなどして虚偽の登記申請がされ，犯罪や違法行為が行われている等の指摘がされており，内閣府に置かれた消費者委員会からは，登記事項の真正を担保する必要がある旨の建議がされた。また，国際的にも，Ｇ８行動計画において法人格の悪用の防止が要請されていた。このような背景の下で，平成28年法務省令32号により，同年10月１日以後，株主総会又は種類株主総会の決議を要する登記事項に係る申請書には，主要株主（議決権の数の割合の多い順に３分の２に達するまでの株主を指し，原則10名を上限とする。）の氏名・住所・株式数等を証する書面を添付しなければならないとされた（商登規61条３項。法319条１項により株主総会の決議が省略される場合も，同様である。辻雄介「平成28年改正商業登記規則等に基づく商業・法人登記事務の取扱いについて」旬刊商事法務2110号４頁）。この書面には，株主総会に出席した株主に限らず，その決議事項につき議決権を行使することができた株主全ての中から，対象となる株主を記載する必要がある。

　株主又は種類株主の全員の同意を要する登記事項にあっては，その全員の氏名・住所・株式数等を証する書面が添付書面となる（商登規61条２項）。

　これら株主の氏名・住所・株式数等を証する書面（以下「株主リスト」という。）には，登記所に提出された印鑑を押印する必要があり（平28・６・23民商98号通達・99号通知），その書式例や，主要株主が死亡した場合の株主リストの記載方法等については，法務省ホームページに掲載されている（http://www.moj.go.jp/MINJI/minji06_00095.html，http://www.moj.go.jp/MINJI/minji06_00103.html）。

■2 種類株主総会の決議 *155*

図表2-5	株主リストの例

証　明　書

次の対象に関する商業登記規則61条2項又は3項の株主は次のとおりであることを証明する。

対象	株主総会等又は総株主の同意等の別	株主総会	←株主総会，種類株主総会，株主全員の同意，種類株主全員の同意のいずれかを記載してください。種類株主総会等の場合は，対象となる種類株式も記載してください。
	上記の年月日	平成　　年　　月　　日	←株主総会等の年月日を記載してください。
	上記のうちの議案	全議案	←全議案又は対象となる議案を記載してください。総株主等の同意を要する場合は，記載不要です。

	氏名又は名称	住所	株式数　（株）	議決権数	議決権数の割合
1					
2					
3					
4					
5					
6					
7					
8					
9					
10					
			合計		
			総議決権数		

証明書作成年月日	平成○○年○○月○○日	登記所届出印
商号	○○株式会社	
証明書作成者	代表取締役○○　○○	

■2　種類株主総会の決議

(1)　種類株式

会社法上，種類株式は，次の9つの事項のいずれかについて内容の異なる株式をいい（法108条1項），種類株主総会は，各種類株式の内容（同条2項各号）の同一のものごとに開催すべきものである。

① 剰余金の配当
② 残余財産の分配
③ 株主総会において議決権を行使することができる事項
④ 株式譲渡制限
⑤ 株主の取得請求権
⑥ 会社による取得条項
⑦ 会社による全部取得条項
⑧ いわゆる拒否権（株主総会，取締役会等において決議すべき事項のうち，当該決議のほか，当該種類の種類株主総会の決議があることを必要とするもの）
⑨ 当該種類の種類株主総会における取締役又は監査役の選任権（公開会社及び指名委員会等設置会社では，この種類株式を発行することはできない。）

なお，上記④の株式譲渡制限の定めは，公開会社か否かという会社法の規定の適用関係を決する重要な指標となっており，より明示的に公示することが望ましいため，登記記録中「株式の譲渡制限に関する規定」欄に記録される（平18・3・31民商782号通達，前記1-2の■6参照）。

上記④以外の種類株式の内容は，登記記録中「発行する各種類の株式の内容」欄に記録されるが，同欄には，このほか，会社法322条2項の種類株主総会の決議を要しない旨の定款の定めも記録される（前記1-2の■5参照）。もっとも，この定款の定めは，各種類株式の付加的な内容であるにとどまり，それのみで独立した株式の種類とは観念されない。

⑵　種類株主総会の決議事項及び決議要件

■2　種類株主総会の決議　　*157*

　種類株主総会は，法令に規定する事項及び定款で定めた事項に限り，決議をすることができる（法321条）。この「定款で定めた事項」には，その性質上当然に，当該種類株主の利害に密接な関係がある事項という制約があると解されており，例えば，譲渡制限種類株式に関するその譲渡承認の権限等が許容されている（江頭・株式会社法319頁）。

　種類株主総会の決議要件には，株主総会と同様に，普通決議，特別な普通決議，特別決議及び特殊決議があり（法324条），会社法に規定のある決議事項及びその決議要件を示すと，次のとおりである。

①　種類株主総会の普通決議による場合（法324条1項）

　拒否権の対象事項の承認（拒否権付株式の種類株主総会。法323条）

　なお，普通決議による場合の定足数は，定款に別段の定めがある場合を除き，当該種類の株式の「総株主」の議決権の過半数であり（法324条1項），特別決議による場合のように，当該種類株主総会において議決権を行使することができる株主の議決権の過半数とはされていないことに留意する必要がある（同条2項参照）。

②　特別な普通決議による場合

(a)　取締役又は監査役の選任（取締役・監査役選任権付株式の種類株主総会。法347条，329条，341条）

(b)　取締役の解任（取締役選任権付株式の種類株主総会。法347条1項，339条，341条）

③　特別決議による場合（法324条2項）

(a)　監査役の解任（監査役選任権付株式の種類株主総会。法347条2項，339条，341条）

(b)　種類株主に損害を及ぼすおそれがある行為を行う場合における当該行為の承認（法322条1項）

(c)　種類株式に全部取得条項を付す場合の定款の変更（法111条2項）

(d)　譲渡制限株式の募集事項の決定（当該譲渡制限株式の種類株主総会。法199条4項）

　　譲渡制限株式の募集事項の取締役等への委任（当該譲渡制限株式の種類株主総会。法200条4項）

(e)　譲渡制限株式を目的とする新株予約権の募集事項の決定（当該譲渡制限株式の種類株主総会。法238条4項）

　　譲渡制限株式を目的とする新株予約権の募集事項の取締役等への委任（当該譲渡制限株式の種類株主総会。法239条4項）

(f)　合併存続会社，分割承継会社又は株式交換完全親会社が種類株式発行会社である場合において，組織再編の対価として譲渡制限株式を交付するときの承認（当該譲渡制限株式の種類株主総会。法795条4項）

④　特殊決議による場合（法324条3項）

(a)　種類株式に譲渡制限を付す場合の定款の変更（法111条2項）

(b)　合併により消滅する株式会社又は株式交換若しくは株式移転をする株式会社の株主（譲渡制限株式を除く。）に，組織再編の対価として譲渡制限株式等を交付するときの承認（法783条3項，804条3項）

⑤　種類株主の全員の同意による場合

(a)　種類株式に取得条項を付す旨の定款の設定又は取得条項についての定款の変更（当該定めの廃止を除く。法111条1項）

(b)　種類株式の発行後に，会社法322条1項の規定による種類株主総会（会社が同項1号の事項に係る定款の変更以外の一定の行為をする場合において，ある種類の種類株主に損害を及ぼすおそれがあるときに必要となる種類株主総会）の決議を要しない旨の定めを設ける定款の変更（法322条4項）

(c)　種類株主総会の招集手続の省略（法325条，300条）

(d)　種類株主総会の決議の省略（法325条，319条1項）

(e)　合併により消滅する株式会社又は株式交換若しくは株式移転をする株式会社の株主に，組織再編の対価として持分会社の持分等を交付するときの承認（法783条4項，804条2項）

(3)　種類株主に損害を及ぼすおそれがある場合の種類株主総会

①　種類株主総会を開催すべき場合

　種類株式発行会社が次の行為をする場合において，ある種類の種類株主に損害を及ぼすおそれがあるときは，後記②の定款の定めがある種類株式を除き，種類株主総会の特別決議がなければ，その効力を生じない（法322条1項・3項）。

(a)　定款の変更のうち，次のもの

　・株式の種類の追加

　・株式の内容の変更

　・発行可能株式総数又は発行可能種類株式総数の増加

(b)　特別支配株主の株式売渡請求に関する会社の承認

(c)　株式の併合，分割又は無償割当て

(d)　株主に株式又は新株予約権の割当てを受ける権利を与えてする株式又は新株予約権の募集

(e)　新株予約権無償割当て

(f)　組織再編（合併，会社分割，株式交換，株式移転）

　なお，これらの行為については，旧商法において種類株主総会の決議を要する場合の範囲が不明確であったことを踏まえ，限定列挙の趣旨で改正が行われたとされている（相澤哲・細川充「株主総会等」旬刊商事法務1743号30頁）。

（注）　種類株主に損害を及ぼすおそれがある場合

　　例えば，普通株主にのみ株式の割当てを受ける権利を与えて株式を募集する場合等，ある種類株式についてのみ上記(a)から(f)までの取扱いをする場合には，種類株主に損害を及ぼすおそれがあることが多い。

もっとも，全ての株式につき一律の定めをする場合でも，例えば，普通株式と優先株式の双方につき10株を１株に併合し，優先株主の優先配当額が減少するときは，やはり種類株主に損害を及ぼすおそれがあるのであって，実質的な考慮が必要であることに注意すべきである（前田・会社法入門（第12版）116頁）。

② 種類株主総会の開催を要しない旨の定款の定め

種類株式発行会社は，会社法322条１項の種類株主総会の決議を要しない旨を定款で定めることもできる（同条２項）。種類株式の発行後に当該定款の定めを設定するには，当該種類株主の全員の同意を得なければならない（同条４項）。

この定款の定めは，当該種類株式の内容となる（法322条２項）が，同条１項１号の事項（株式の種類の追加等）に係る定款変更について設けることができない（同条３項ただし書）ほか，同条１項に掲げられている行為の一部につき定めることもできないと解されている（相澤哲・細川充「株主総会等」旬刊商事法務1743号31頁。なお，相澤・論点解説104頁は反対）ので，注意が必要である（前記１－２の■５参照）。

なお，種類株主総会の決議を要しない旨の定款の定めは，会社法322条１項の「損害を及ぼすおそれ」という抽象的な規範の適用を避け，解釈に疑義の生じない明確な条件の下に発動される拒否権を与えることにより必要な利害調整を図る場合等において，その活用が期待されるものであり（旬刊商事法務1743号30頁参照），いたずらに種類株主の利益を制約することには慎重であるべきものと考えられる。

⑷ そ の 他

上記のほか，種類株主総会の招集手続，議事録，決議の省略の制度，主要株主の情報に関する添付書面等については，株主総会と同様である（前記■１参照）。

■ 3 取締役会の決議

(1) 取締役会の権限

　取締役会は，次の職務を行う（法362条2項。監査等委員会設置会社及び指名委員会等設置会社については，後記2－5の■8及び■9を参照）。

・取締役会設置会社の業務執行の決定

・取締役の職務の執行の監督

・代表取締役の選定及び解職

　また，取締役会は，会社法上その決議事項として明記された事項（株式の消却，株式の分割，株式無償割当て，単元株式数の減少，公開会社における募集株式の募集事項の決定，譲渡制限株式の募集における割当先の決定，法447条3項の場合における資本金の額の減少等）についても，当然に，これを決定する権限を有する。

　ただし，①取締役会と株主総会との権限分配（法295条の定款の許容性），②取締役会と単独の取締役との権限分配（法362条2項1号の業務執行の具体的内容），③取締役会から単独の取締役への委任の可否（同条4項の重要な業務執行の具体的内容）については，必ずしも明らかでないため，まず，これについて記述することとする。

① 取締役会と株主総会との権限分配

　会社法上，株主総会の決議事項として明記されているものについては，定款の定めにかかわらず，取締役会は，決定することができない（法295条3項）。

　逆に，会社法上，取締役会の決議事項として明記されているものについては，株主総会で決定することができる旨の定款の定めを置くことにより，これを株主総会で決定することができると解されている（法295条2項。代表取締役の選定権限に関する従来の議論の経緯等につき，前記1－2の■19の(3)②及

び■21，前記■1の(2)参照）。

この場合には，会社法204条2項の譲渡制限株式の募集における割当先の決定のように，取締役会の権限を奪うことができる旨の規定（同項ただし書）があれば，株主総会の専権とすることができるが，会社法362条3項の代表取締役の選定のように，その旨の規定がないときは，取締役会又は株主総会のそれぞれが決定権限を有するものとされている（相澤・論点解説262頁）。

②　取締役会と単独の取締役との権限分配

会社法362条2項1号の「業務執行の決定」の解釈として問題となるのは，特に，会社法上「株式会社は……することができる」等と規定されている場合において，当該行為を取締役会が決定すべきかどうかという点である。

この点，決議機関が法定されていない場合には適宜の業務執行者が行い得るとする見解（相澤哲・豊田祐子「株式（株式の併合等・単元株式数・募集株式の発行等・株券・雑則）」旬刊商事法務1741号16頁，相澤哲・岩崎友彦「株式会社の計算等」旬刊商事法務1746号32頁）もあるが，妥当でなく，現在の登記実務は，事柄の実質が会社法362条2項1号の「業務執行の決定」に当たる場合（軽微とはいえない場合）であれば，取締役会の決議を要する（このうち「重要な」業務執行の決定以外は，後記③の取締役会の決議により，その決定を単独の取締役に委任することはできる。）として取り扱っている。

問題となるものには，例えば，次のものがある。基本的に，登記事項の変更を伴うような会社の決定は，軽微とはいえないものが多いといえるが，最終的には，程度問題であり，個別具体的に判断せざるを得ない。

⒜　一定の場合の単元株式数の増加（法191条）

会社は，株式の分割と同時に単元株式数を増加し又は設定する場合には，その前後で各株主の議決権数が減少しないときに限り，株主総会の決議によらないで，単元株式数に係る定款の変更をすることができる。

会社法191条には決議機関が法定されていないが，会社の根本規則である定款の変更の重要性や，単元株式数の減少に関する同法195条とのバランス

等を考慮して，同法362条 2 項 1 号の「業務執行の決定」に該当し，取締役会の決議を要するものと解されている（平18・3・31民商782号通達）。

(b)　一定の場合の発行可能株式総数の増加（法184条 2 項）

会社は，現に 2 種類以上の株式を発行している場合を除き，株主総会の決議によらないで，株式の分割と同時に，当該分割比率を超えない範囲で発行可能株式総数を増加する定款の変更をすることができる。

会社法184条 2 項には決議機関が法定されていないが，会社の根本規則である定款の変更の重要性，上記(a)とのバランス，旧商法218条 2 項の取扱い等を考慮して，会社法362条 2 項 1 号の「業務執行の決定」に該当し，取締役会の決議を要するものと解されている。

(c)　譲渡制限株式以外の株式を募集する場合の割当先の決定（法204条 1 項）

会社は，募集株式の第三者割当てに当たり，その割当てを受ける者を定めなければならない。

会社法204条 1 項及び 2 項では，割当てを受ける者の決議機関に関し，譲渡制限株式の割当てについては，定款に別段の定めがない限り，株主総会（取締役会設置会社にあっては，取締役会）であるとするのに対し，譲渡制限株式以外の株式の割当てについては，法定されていないが，旧商法の取扱いを考慮して，譲渡制限株式以外の株式の割当てを受ける者は，会社の代表者が決定することができると解される（割当自由の原則。新版注釈会社法(7)54頁）。

なお，募集設立の場合の設立時募集株式の割当てについても，会社法60条 1 項の構造が同法204条 1 項と同様であることから，登記実務上，発起人の代表者が決定することができる（割当先の決定につき，発起人の過半数の一致を証する書面を添付する必要はない。）として取り扱われている。

(d)　吸収型組織再編等の効力発生日の変更

会社は，株主総会の決議で定めた資本金の額の減少，組織変更，吸収合併，吸収分割又は株式交換の効力発生日を，変更することができる（法449条 7 項，780条 1 項，790条 1 項）。

これらの規定には決議機関が法定されていないが，株主総会の決議により

定めた事項を適宜の業務執行者が変更することができるとすることは相当でないこと等を考慮して，会社法362条2項1号の「業務執行の決定」に該当し，取締役会の決議を要するものと解されている（平18・3・31民商782号通達）。

(e)　貸借対照表の電磁的開示の方法の採用（法440条3項）

官報又は日刊新聞紙を公告方法とする会社は，貸借対照表を公告せず，その内容を電磁的に開示する方法（インターネットによる開示）を採用することができる。

会社法440条3項には決議機関が法定されていないが，旧商法283条7項の文言から「取締役会ノ決議ヲ以テ」を削除した改正の趣旨等を考慮して，会社法362条2項1号の「業務執行の決定」に該当せず，取締役会の決議を要しないものと解されている。

(f)　持分会社の業務執行社員となる場合の職務執行者の選任（法598条1項）

株式会社が持分会社の業務執行社員となる場合には，当該株式会社は，当該業務執行社員の職務を行うべき者を選任しなければならない。

会社法598条1項には決議機関が法定されていないが，業務執行社員の職務を行うべき者は，業務執行社員としての権限を包括的に委ねられているという意味で支配人に準ずる「重要な使用人」というべきものであること等を考慮して，会社法362条2項1号の「業務執行の決定」に該当し，取締役会の決議を要するものと解されている（平18・3・31民商782号通達）。

③　取締役会から単独の取締役への委任の可否

取締役会は，会社法上その決議事項として明記された事項（株式の消却，株式の分割，単元株式数の減少，公開会社における募集株式の募集事項等）の決定については，取締役に委任することができないと解される（法295条3項参照，江頭・株式会社法408頁）。

このほか，取締役会は，会社法362条4項各号の事項その他の「重要な業務執行の決定」を，取締役に委任することはできない（相澤・論点解説359頁）。一般的に，日常の業務についての決定は代表取締役に委任されると推

定すべきであるとの見解がある（新版注釈会社法(6)108頁）ところ，登記事項の変更を伴うような会社の決定は，これとは異なり，比較的重要な業務執行に該当するものが多いといえる（支店の設置・移転・廃止，支配人の選任，持分会社の業務執行社員となる場合の職務執行者の選任等）が，他方，吸収型組織再編等の効力発生日の変更のように，取締役への委任が可能と解されるものもある（後記２－７の■１の(1)③(a)(iv)参照）。

この点は，上記②と同様に，最終的には程度問題であり，個別具体的に判断せざるを得ない。

（注）　取締役に委任することができない重要な業務執行の例
　　　　会社法362条４項１号の「重要な財産の処分」に当たるか否かは，当該財産の価額，その会社の総資産に占める割合，保有目的，処分行為の態様及び会社における従来の取扱い等の事情を総合的に考慮して判断すべきである。
　　　　なお，事例判断として，株式の譲渡につき，当該株式が帳簿価額で7800万円（会社の総資産の1.6％）であり，適正時価を把握し難く，その譲渡が代価いかんによっては会社の資産及び損益に著しい影響を与え得るものであり，営業のため通常行われる取引に属さない等の事実関係の下では，「重要な財産の処分」に当たらないとはいえず，取締役会において決定すべきとされた例がある（最判平６・１・20民集48巻１号１頁）。

(2)　決議要件等

①　決議要件

(a)　総　　論

取締役会の決議は，議決に加わることができる取締役の過半数（これを上回る割合を定款で定めた場合にあっては，その割合以上）が出席し，その過半数（これを上回る割合を定款で定めた場合にあっては，その割合以上）をもって行う（法369条１項）。

株主総会の普通決議について，最低出席議決権数を軽減する定款の定めが有効である（法309条１項）のに対し，取締役会の決議については，軽減する定款の定めが許されないことが明らかにされている。

なお，定款の委任に基づく取締役会規則中に「可否同数であるときは，議長の決するところによる」旨の規定がある場合には，第一次的に議長である取締役が議決権を行使せず，可否同数の場合にこれを行使する趣旨であれば，当該規定は有効であるが，議長が二重に議決権を行使する趣旨であれば，当該規定は無効であると解されている（昭34・4・21民事甲772号回答，実務相談3・754頁）。

(b) 定 足 数

定足数の算定基準である「議決に加わることができる取締役」は，原則として，現存する取締役（取締役としての権利義務を有する者を含む。）の員数が基準になるが，取締役の死亡，解任等により法律又は定款に定める員数の最低限を下回る場合には，法律又は定款に定める最低限の員数が基準になる（新版注釈会社法(6)112頁，実務相談3・641頁）。

ただし，法律又は定款に定める最低限の員数を欠く状態のまま継続的に業務執行の決定が行われることは，取締役会制度の趣旨を没却するため，あらかじめ補欠役員の選任をしていない場合には，速やかに，欠員を補充するための株主総会の招集を決定するか，又は一時取締役の職務を行うべき者（仮取締役）の選任を裁判所に申し立てなければならない（相澤・論点解説308頁）。

例えば，取締役を3名置く旨の定款の定めのある取締役会設置会社において，3名の取締役のうち1名が死亡した場合には，定款で取締役会の定足数等につき加重要件が定められていない限り，残りの2名の取締役で取締役会を開催し，後任取締役の選任のための臨時株主総会の招集を決定すべきであり（昭35・6・20民事甲1520号回答，実務相談3・647頁），更に，3名の取締役のうち2名が死亡した場合には，法律に定める最低員数の過半数の定足数を満たさないため，少なくとも1名の仮取締役の選任の申立てをすべきこととなる（なお，このような仮取締役の選任は，死亡，解任等により法律又は定款に定める員数の最低限を確定的に下回る場合の取扱いであり，特別利害関係人の数を控除した結果，ある決議につき法律又は定款に定める員数の最低限を下回る場合にまでは及ばない。昭60・3・15民四1603号回答，鴻・先例百選121頁）。

なお，取締役会への取締役の代理出席は認められず，定足数を満たす頭数の取締役が現実に（電話会議システム等を含む。）出席する必要がある（昭27・12・27民事甲905号通達）。

② 特別の利害関係

特別の利害関係を有する取締役は，議決に加わることができず，定足数の算定に際しても算入されない（法369条2項）。

どのような場合に特別利害関係があるかにつき文言上明らかではないが，競業取引・利益相反取引（法356条，365条）や譲渡制限株式の譲渡承認（法139条。江頭・株式会社法417頁，236頁，実務相談3・711頁，斎藤一道「株式の譲渡制限の承認決議と特別利害関係人」旬刊商事法務1072号56頁。ただし，実務相談2・27頁は反対）がこれに当たると解されているほか，商業登記の申請の観点から問題となるものは，次のとおりである（下記(c)から(f)までの募集株式の発行の際の特別利害関係に関しては，特に議論が熟していない分野でもあり，私見であることを特にお断りするとともに，慎重な対応をお願いしたい。）。

なお，下記において特別利害関係があるとされる場合に，その取締役が議決権を行使したときであっても，その者を除いて決議の成立に必要な多数が存するならば，決議の効力は妨げられないと解されている（新版注釈会社法(6)118頁，会社法コンメ8・300頁，最判平28・1・22民集70巻1号84頁参照）。

(a) 代表取締役の選定の場合における候補者たる取締役

特別利害関係はない（新版注釈会社法(6)115頁）。

(b) 代表取締役の解職の場合における当該代表取締役

特別利害関係がある（最判昭44・3・28民集23巻3号645頁，昭26・10・3民事甲1940号回答）。

なお，専務取締役その他の役付取締役につき，当該役職を解職する取締役会の決議の場合も，同様である（実務相談3・688頁）。

(c) 取締役に対して募集株式を割り当てる場合における当該取締役

168　　2-1　総　　論

　募集株式が譲渡制限株式以外の株式である場合には，募集事項の決定は取締役会（特に有利な発行の場合は，株主総会）が行い（法201条1項），割当先の決定は代表取締役が行う（法204条2項参照）ため，原則として，特定の取締役に対し募集株式を割り当てること（割当先の決定）につき取締役会における特別利害関係の議論は生じない。ただし，取締役会（株主総会の委任を受けた場合を含む。）において募集事項と共に割当先を決議するときであって，かつ，割当てを受ける予定の取締役に有利な発行（公正な価格を下回る発行）となるときは，当該取締役には，特別利害関係があるものと解される（前田・会社法入門（第12版）460頁，実務相談3・697頁参照）。なお，登記手続上，払込金額の公正さに係る添付書面は提出されないため，通常，登記官において，特別利害関係のある取締役の議決権行使の有無が審査されることはないものと考えられる。

　募集株式が譲渡制限株式である場合には，募集事項の決定は，非公開会社では株主総会が，公開会社では取締役会（特に有利な発行の場合は，株主総会）が行い（法199条2項，201条1項），割当先の決定は，取締役会設置会社では取締役会が行う（法204条2項，205条2項）。そのため，割当先の決定につき取締役会における特別利害関係の議論が生ずるが，上記②の冒頭の記述のとおり，譲渡制限株式の譲渡承認の場合に譲渡当事者となる取締役が特別利害関係人に当たることとのバランスを考慮すると，譲渡制限株式の割当てを受ける取締役も，特別利害関係があるものと解される。この場合には，登記官は，割当先の決定に係る取締役会の議事録において，割当てを受ける取締役が議決権を行使していないかを審査するが，その者を定足数から除いた場合でも過半数の賛成があれば，決議方法に瑕疵があるとはいえないと解されている（新版注釈会社法(6)118頁）。

参考先例等2-2

1　特別利害関係を有しない取締役1名のみにより，有効に取締役会の決議をすることができる（昭60・3・15民四1603号回答，登記研究450号123頁，

鴻・先例百選120頁）。

2 取締役の全員につき各自新株の割当てを受けることが特別利害関係に当たることとなる場合には，各取締役が新株の割当てにより特別利害関係を有する部分の個々の決議について，その決議に特別利害関係を有する当該取締役を１人ずつ外して，残余の取締役によって有効に決議をすることができると解されている（実務相談３・700頁）。

(d)　株主に募集株式の割当てを受ける権利を与える旨の決定をする場合に，取締役が株主でもあるときにおける当該取締役

株主に平等に株式の割当てを受ける権利が与えられ，取締役の裁量によって会社に不利益を及ぼすおそれはないから，特別利害関係はないものと解される。

(e)　取締役に対して募集新株予約権を割り当てる場合における当該取締役

旧商法における第三者割当増資の方法（新株発行に際して第三者に新株の引受権を付与する方法）は，会社法の下では，当該第三者に対して新株予約権を交付するものと構成されるが，新株予約権の割当先の決定につき取締役会の決議を要するかどうか（法243条２項，244条３項）に応じて，上記(c)の議論がそのまま妥当するものと考えられる。

なお，旧商法の実務においても，取締役の１名が第三者割当増資による新株の割当てを受けるときは，新株発行の取締役会決議を行うに当たり，当該取締役が特別利害関係人となると解されてきたところである（実務相談３・697頁）。

(f)　募集株式の発行の場合に，取締役が現物出資者となるときにおける当該取締役

取締役が現物出資をする場合につき，旧商法の下では，取締役会は現物出資を新株の対価とすることが経営上妥当かについても判断すべきであるとして，当該取締役が特別利害関係人となる旨の見解があった（新版注釈会社法(7)33頁）。

この点，会社法では，募集事項から現物出資者の氏名が削られ，専ら割当ての問題とされた（法199条１項３号）こととの関係で，どのように解釈すべ

きか困難な問題であるが，少なくとも，旧商法と同様の場合，すなわち，取締役会（株主総会の委任を受けた場合を含む。）において，募集事項として現物出資に係る財産を定めるとともに，取締役をその財産の出資者（割当先）として定めるときは，慎重に対応すべきであろう。

(g) 合併当事会社の取締役を兼ねる場合における当該取締役

特別利害関係はないとの見解が有力である（新版注釈会社法⒀45頁）。

(3) 議 事 録

① 議事録の記載事項

取締役会の議事については，施行規則101条の定めるところに従い，議事録を作成し，出席した取締役及び監査役は，署名又は記名押印をしなければならない（法369条3項・4項）。

取締役会の決議に参加した取締役であって議事録に異議をとどめないものについては，決議に賛成したものと法律上推定する旨の規定が設けられており（法369条5項），このような法律上の効果を伴わない株主総会議事録について会社法上議長及び取締役の署名義務の規定が削られている（単なる証拠の問題とされている）のとは異なる。

なお，署名等の義務を負う「監査役」には，取締役会への出席義務のない監査役（監査役の監査の範囲を会計に関するものに限定する旨の定款の定めのある会社の監査役）が任意に取締役会に出席した場合も，含まれる。

議事録の記載事項は，次のとおりである（施101条3項）。

(a) 開催日時及び場所（当該場所に存しない取締役等が取締役会に出席した場合における出席の方法を含む。）

(b) 特別取締役による取締役会の場合は，その旨

(c) 取締役会が株主等の請求を受けて招集されたときは，その旨

(d) 議事の経過の要領及び結果

(e) 特別の利害関係を有する取締役があるときは，その氏名

■3　取締役会の決議　　*171*

(f)　取締役が競業取引に関してした報告その他取締役会において述べられた一定の意見又は発言の内容の概要

(g)　出席した執行役，会計参与，会計監査人又は株主の氏名又は名称

(h)　議長があるときは，その氏名

議事録の具体例は，**図表2-6**のとおりである。

図表2-6　　取締役会議事録の例

取締役会議事録

　下記の日時及び場所において，取締役〇名のうち下記〇名（又は取締役全員）及び監査役何某（又は監査役〇名のうち下記〇名若しくは監査役全員）出席の下に取締役会を開催し，取締役の全会一致をもって，下記議案につき可決確定した。

日時　平成〇年〇月〇日（月）〇時から〇時まで
場所　当社本店会議室
出席取締役　何某（議長），何某，何某
出席監査役　何某

（決議事項）
第1号議案　本店移転の件
　当社の本店を下記へ移転すること。
　　〇県〇市〇町〇丁目〇番〇号
　移転の時期は，平成〇年〇月〇日とする。

第2号議案　代表取締役選定の件
　代表取締役（社長）　何某

なお，被選定者は，席上で就任を承諾した。

上記決議を明確にするため，本議事録を作成し，出席取締役及び監査役の全員がこれに記名押印する。
平成〇年〇月〇日

〇〇株式会社

出席取締役	何某	印
同	何某	印
同	何某	印
出席監査役	何某	印

②　取締役会の開催場所

(a)　開催場所

取締役会の開催場所については，旧商法の実務上も，取締役会を外国で開催することは，取締役及び監査役の出席を事実上困難にすることがなければ差し支えなく，定款で取締役会の開催場所を外国と定めることも可能であると解されている（実務相談3・633頁）。

(b)　複数の場所における開催（テレビ会議システム等）

取締役会をテレビ会議システム等を利用して開催することは，旧商法の実務上も，情報伝達の即時性と双方向性の両要件を満たす限り，許容されており，その場合の議事録の記載方法については，平14・12・18民商3044号回答（登記研究662号171頁）を参考にすることが望ましい。

③　議事録への記名押印

会社法上は，出席取締役及び監査役は，取締役会の議事録に署名するか，又は記名押印（三文判でもよい。）をすれば足りる。

しかし，取締役会の決議により代表取締役を定めた場合には，その議事録に変更前の代表取締役が届出印を押印していない限り，出席取締役及び監査

役は議事録に記名押印しなければならず（単なる署名や三文判の押印では足りない。），代表取締役の変更の登記申請書に市区町村長作成の印鑑証明書を添付すべき旨の規定が設けられている（商登規61条6項3号）。

この取締役会議事録への押印及び印鑑証明書の要否等については，株主総会議事録に関する記述（前記**参考先例等2－1**）を参照されたい。

(4)　取締役会の決議の省略

①　要件等

取締役会設置会社では，定款の定めにより，取締役が取締役会の目的である事項について提案をした場合において，議決権を行使することができる取締役の全員が書面又は電磁的記録により同意の意思表示をしたときは，監査役が異議を述べたときを除き，当該提案を可決する旨の取締役会の決議があったものとみなすことができる（法370条）。

この場合は，会議を現実に開催しないため，取締役会の招集手続（法368条）を要しない。

取締役の同意の表明方法については，株主総会の決議の省略の場合（前記■1の(6)①参照）と同様に，後日の証明の便宜から，署名（記名押印），電子署名又はID番号及びパスワード等によることが相当であろう。

なお，この制度は，株主総会の決議の省略の制度と異なり，事前に定款の定めが必要であり，また，監査役が異議を述べていないことが要件となるので，注意が必要である。

②　議事録
(a)　作成者及び記載事項

取締役会の決議があったものとみなされるときは，次の事項を内容とする議事録を作成しなければならない（施101条4項1号）。

・決議があったものとみなされた事項の内容

・提案をした取締役の氏名

・決議があったものとみなされた日

・議事録の作成に係る職務を行った取締役の氏名

　商業登記の申請において，登記すべき事項につき取締役会の決議を要し，商登法46条3項により，その決議があったものとみなされる場合に該当することを証する書面を添付しなければならないときは，議事録がこの書面に該当する。なお，この場合には，上記①のとおり，定款に会社法370条の定めがある必要があるため，登記の申請書には，定款も添付しなければならない（商登規61条1項）。

(b)　議事録への押印

　取締役会を開催した場合には，会社法上，出席取締役及び監査役は，取締役会の議事録に署名又は記名押印をする義務を負う（法369条3項）が，取締役会の決議を省略した場合には，一般的に，取締役及び監査役に押印の義務はないと解されている（相澤哲・石井裕介「株主総会以外の機関」旬刊商事法務1761号21頁）。

　しかし，商業登記手続上の特例として，取締役会の決議により代表取締役を定めた場合については，特にその決議に係る議事録の作成の真正を担保するため，当該議事録に変更前の代表取締役が届出印を押印していない限り，出席取締役及び監査役は市区町村長に届け出た印鑑で議事録に押印しなければならないところであり（商登規61条6項3号），登記実務上，取締役会の決議を省略した場合にも，この条文を類推解釈して，取締役会議事録に変更前の代表取締役が届出印を押印していない限り，同意の意思表示をした取締役の全員が議事録に記名押印し（監査役は積極的な意思表示をしていないため，記名押印の必要はない。），代表取締役の変更の登記申請書には，取締役の全員に係る市区町村長作成の印鑑証明書を添付しなければならないとして取り扱われている。なお，当該登記の申請においては，このような取締役の全員が記名押印した取締役会議事録及び印鑑証明書に代えて，これと実質的に等価値のものとして，議事録作成者の記名のある取締役会議事録，会社法370

条の取締役の同意書（各取締役の記名押印のあるもの）及び印鑑証明書を併せて添付しても差し支えないとして取り扱われている（後記２－５の■２の(1)③(b)(ii)(イ)参照）。

参考までに，不動産登記手続上，不動産の権利移転等に関し利益相反取引に該当して取締役会の決議を要する場合は，登記の申請には，第三者が承諾したことを証する情報として取締役会議事録を添付することとなり（不動産登記令７条１項５号ハ），同令19条により作成者が記名押印しなければならないところ，取締役会の決議を省略した場合には，この「作成者」は議事録の作成に係る職務を行った取締役と解されており，その印鑑証明書を添付すれば足りる（登記研究701号211頁）ので，注意を要する。

■ 4　取締役の過半数の決定

(1)　取締役の過半数の一致を要する事項

①　株主総会との権限分配

会社法上，株主総会の決議事項として明記されているものについては，定款の定めにかかわらず，取締役がこれを決定することはできない（法295条３項）。

上記以外の業務に関しては，取締役会を置かない会社では，取締役は，定款に別段の定めがある場合を除き，株式会社の業務を執行する（法348条１項）。したがって，取締役会を置かない会社では，１次的には，業務執行の意思決定は取締役が行うが，２次的に，定款の定めにより，ある事項の意思決定につき取締役の権限から奪ってこれを株主総会の権限とすることも自由である。この点，取締役会設置会社において，仮に，ある事項の意思決定を株主総会の権限としても，会社法204条２項ただし書のように取締役会の権限を奪うことができる旨の規定がない限り，取締役会及び株主総会のいずれ

もが決定権限を有することとなる（法362条3項の代表取締役の選定等）のとは，異なる解釈がとられている（前記■3の(1)①参照）。

②　単独の取締役との権限分配

　会社法上「株式会社は……することができる」等と規定されている場合に，当該行為の決定を各取締役がすることができるか，又は取締役の過半数の一致を要するかについては，基本的に，取締役会の権限について述べたところと同様であり，会社法348条2項の「業務の決定」に当たる場合（軽微とはいえない場合）であれば，取締役の過半数の一致が必要となる。そのため，会社法184条2項又は191条の決定や効力発生日の変更には，取締役の過半数の一致を要すると解されている（平18・3・31民商782号通達。前記■3の(1)②参照）。

　また，取締役会を置かない会社における株式の消却の決定機関につき，明文の規定はない（法178条2項参照）が，これも株式会社の業務（法348条2項）に含まれ，取締役の過半数の一致を要すると解されている（平18・3・31民商782号通達，相澤哲・豊田祐子「株式（株式会社による自己の株式の取得）」旬刊商事法務1740号53頁，会社法コンメ4・135頁。なお，江頭・株式会社法268頁は，改正前の有限会社が自己持分の消却を行う場合との均衡から，株主総会の普通決議が必要であるとして反対する。ただし，株主総会の決議を要する場合は，一般的には，明文でその旨の規定を置くべきであろう。）。

③　単独の取締役への委任の可否

　取締役会を置かない会社では，取締役の過半数の決定により，その決定すべき事項を各取締役に委任することもできるが，会社法348条3項各号の事項を委任することはできない。

　取締役会を置かない会社では，各取締役に委任可能な事項は，取締役会設置会社において取締役会が各取締役に委任することができる事項（法362条4項）より広範囲に及び（江頭・株式会社法400頁），基本的に，会社法348条

■ 4 取締役の過半数の決定　　*177*

３項各号に列挙された事項以外の事項を各取締役に委任することができると解されているので，注意を要する。ただし，重要な業務執行（法362条４項柱書に相当するもの）については，会社法348条３項に明記されていないものの，その委任の可否につきなお疑義が残る（新版注釈会社法(14)193頁参照）ため，慎重な実務運用が望まれる。

　なお，取締役の過半数の決定によりその決定すべき事項を各取締役に委任した場合には，変更登記の申請書には，当該取締役の過半数の決定があったことを証する書面を添付しなければならない（商登46条１項）。

（注）　定款による単独取締役の権限化

　　　上記のとおり，会社法348条３項各号の事項については，取締役の過半数の決定により各取締役に委任することはできないが，同条２項の定款の定めによって，これを各取締役の権限とすることはできるので，注意を要する（相澤・論点解説357頁）。この場合には，変更登記の申請書には，定款（定款に一定の要件（常務会の決議等）が定められたときは，当該要件を満たすことを証する書面を含む。）を添付しなければならない（商登規61条１項）。

(2)　決定方法等

　取締役会を置かない会社の業務は，定款に別段の定めがある場合を除き，取締役の過半数をもって決定する（法348条２項）。この定款による別段の定めについては，前記(1)③の(注)のとおり特に明文の規制はないため，「取締役の過半数が出席し，その過半数の賛成による議決をもって決する（全取締役の過半数に満たなくても差し支えない）」とする等，合理性のあるものであれば認められると解されている（相澤・論点解説356頁，江頭・株式会社法377頁）。

　また，取締役会を置かない会社では，従来の有限会社と同様に，会議を開催して決議をする必要はなく，持ち回り決議（書面決議）をすることも差し支えない（新版注釈会社法(14)191頁）。

⑶ 取締役の過半数の一致があったことを証する書面

　会社法上，取締役会について議事録の作成義務がある（法369条３項）のに対し，取締役会を置かない会社については，議事録に相当するものに関する特段の規律はないから，登記申請の添付書面となる「ある取締役の一致があったことを証する書面」（商登46条１項）は，適宜の方式で差し支えないが，一定数の取締役の一致を「証する」というためには，必要数の取締役が署名又は記名押印をする必要があると解されている（商登法逐条解説518頁，味村・商業登記下13頁）。

　定款で任意的機関として取締役会を設けた場合には，取締役会議事録をもって，ある取締役の一致があったことを証する書面とすることができるが，その議事録にすべき取締役の署名又は記名押印についても，同様に解すべきであろう。

■5　主務官庁の許可

⑴ 官庁の許可を要する事項

　官庁の許可が登記事項の変更の効力要件となる場合には，申請書に，官庁の許可書又はその認証がある謄本を添付しなければならない（商登19条，昭26・8・21民事甲1717号通達，鴻・先例百選14頁）。

　許認可が効力要件かどうかは，おおむね法律の該当条文の規定振りから判断されており，下記①の文言は，許認可が効力要件と解されるのに対し，下記②の文言は，許認可が効力要件ではなく営業許可等の性質のものと解されている。

　　①　………の定款の変更（又は代表取締役の選定，合併，解散等）は，○○大臣の認可を受けなければ，その効力を生じない。

■5 主務官庁の許可 *179*

② ………は，定款の変更（又は株式の募集，社債の発行等）をしようと
するときは，○○大臣の認可を受けなければならない。

ただし，稀ではあるが，上記②の文言の場合でも，当該許認可の性質等か
ら効力要件と解される場合もないわけではない。例えば，学校教育法4条1
項では，学校の設置廃止等は文部科学大臣等の認可を受けなければならない
として上記②の文言を使用するが，その「認可」の性質が行政法学上の特許
（特定人のために行政庁が新たに法律上の力を賦与する行為）と解されてい
る（鈴木勲編著『逐条学校教育法』29頁（学陽書房，2002））ほか，構造改革特
別区域法12条による認定があった場合にその区域内に限り株式会社が学校教
育法4条1項の認可を受けて学校を設置することが許容されるという特殊性
に鑑み，前記1－2の■2の(3)③のとおり，構造改革特別区域法の規定によ
り株式会社が学校を設置する場合の目的変更の登記の申請書には，文部科学
大臣の認可書等の添付を要すると解されているところである（平16・6・18
民商1765号回答）。

⑵ 登記事項の変更年月日

変更登記の申請書には，登記すべき事項として変更年月日の記載をも要す
るが，当該登記事項が官庁の許可を要する事項である場合（当該許可が効力
要件となる場合）には，変更年月日としては，当該許可書に記載された日で
はなく，その到達した日を記載すべきものと解される。行政行為は，相手方
に到達して初めてその効力が生ずるのを原則とするからである（民法法人の
設立許可に関する昭34・11・30民事甲2737号通達，登記研究146号31頁。民法法人
の設立許可の取消しに関する昭55・6・7民四3263号通達，登記研究391号94頁，
474号142頁参照）。

なお，申請書には，登記すべき事項（商登17条2項4号）のほか，許可書
の到達した年月日を別に記載する必要がある（同項5号）。

（注） 法人の代表者の所在が不明の場合の取扱い

法人の解散命令等の場合には，その代表者の所在が不明であるため，行政処分の告知が困難な場合があるが，民法98条による公示の方法によることとなると解される。

⑶　目的上事業者の合併等の取扱い

　一定の事業を営む株式会社の合併等につき主務官庁の認可が効力要件となる場合には，上記⑴のとおり，合併等の登記申請書に，官庁の認可書又はその認証がある謄本を添付しなければならないが，現実には，定款の目的に当該事業を掲げながら，当該事業の開始に係る許認可を受けていない等の事情により法律上の「事業者」に該当しない者（以下「目的上事業者」という。）も存するところである。

　登記記録の目的に当該事業を掲げる会社が主務官庁の認可書を添付しないで合併等の登記申請をした場合に，登記官において当該申請人が事業者又は目的上事業者のいずれであるかを判断することはできないが，これをそのまま受理することは，当該法律において一定の事業者の合併等を厳格な規律に服するものとした趣旨（更に，合併にあっては，手続の瑕疵を訴訟によってしか争うことができないこと）等に照らすと，適切とはいい難い。

　そこで，申請人の登記記録の目的に当該事業が掲げられている場合には，事業者にあっては，主務官庁の認可書又はその認証がある謄本を添付しなければならず，目的上事業者にあっては，登記実務上，合併等についての認可を要しない旨の主務官庁の証明書等を添付するものとして，基本的に取り扱われているところである（例えば，海上運送法における一般旅客定期航路事業者について，平6・1・10民四311号通知，登記研究557号158頁参照。なお，「旅客定期航路事業」，「定期航路事業」，「船舶運航事業」及び「海上運送事業」のような一般旅客定期航路事業を実質的に包含する事業名が目的に掲げられている場合も，同様とされている。上記平成6年通知のその後の改正については，平12・1・19民四103号通知，平12・10・11民四2310号通知，平19・2・23民商451号通

知参照）。

6　登記事項証明書を添付すべき場合

　商業登記の申請においては，登記事項証明書が添付書面となる場合がある。

　例えば，本店所在地における登記のうち，法人である会計参与又は会計監査人に関する登記，合併消滅会社等に関する登記（管轄登記所以外の登記所を経由してされる登記），法人である持分会社の社員に関する登記などがこれに当たるほか，支店所在地における登記もこれに当たる。

　この点に関しては，登記簿のコンピュータ化の実現を踏まえ，いわゆるマイナンバー法整備法（行政手続における特定の個人を識別するための番号の利用等に関する法律の施行に伴う関係法律の整備等に関する法律）13条による改正後の商登法において，登記簿に会社法人等番号を記録することが明文で規定される（商登7条）とともに，登記事項証明書が登記申請の添付書面となる場合について，申請書に会社法人等番号を記載したときは，登記事項証明書の添付を要しないこととされ，平成27年10月5日に施行された（商登19条の3，商登規36条の3）。

　なお，登記事項証明書の添付を省略する場合には，申請書に次のように記載するものとされている。

「登記事項証明書　添付省略

　（会社法人等番号　１１１１－１１－１１１１１１）」

　(注)　社会保障・税番号制度（マイナンバー制度）においては，国税庁長官は，法務大臣に対し，会社法人等番号その他の登記簿の記録事項の提供を求めることができ，法人等に対し，法人番号を指定して通知するとされた（行政手続における特定の個人を識別するための番号の利用等に関する法律39条1項，41条）。

　　　この法人番号（13桁）は，登記簿上の会社法人等番号（12桁）の前に1桁の数字を付したものであり，インターネット（国税庁法人番号公表サイト）により，その商号及び本店所在場所と共に公表されている（同法39条4項）。

2-2 商号，目的，本支店，支配人，公告方法，解散事由，資本金の額等の変更による登記

■ 1 商号の変更

⑴ 手　　続

　商号の変更は，株主総会の特別決議により，定款を変更することによって行う。

　変更後の定款における商号の留意点（使用可能な文字，商号の選定に関する制限，同一商号・同一本店の禁止等）については，前記1－2の■1を参照されたい。

　商号を変更した場合には，本店及び支店の所在地の双方において，変更の登記をする必要がある（法915条1項，930条3項）。

⑵ 本店所在地における登記手続

① 登記すべき事項

登記すべき事項は，変更後の商号及び変更年月日である。

② 添付書面

添付書面は，株主総会の議事録及び株主リストである（商登46条2項，商登規61条3項）。

③ 登録免許税額

申請1件につき3万円である（登税別表第一第24号㈠ツ）。

なお，登税法の別表第一中同一の項目に規定する範囲内の数個の登記事項につき，同一申請書をもって登記の申請があった場合は，1件として登録免許税を徴収する（昭29・4・24民事甲866号通達，登記研究79号42頁）ため，商号と同時に，登税法別表第一第24号㈠ツに属する事項（目的等）を変更した場合も，申請1件につき，合わせて3万円となる。

④ 登記申請書の例（本店所在地用）

株式会社変更登記申請書

1　商号　〇〇株式会社（変更前のもの）（会社法人等番号・・・）

1　本店　〇県〇市〇町〇丁目〇番〇号

1　登記の事由　　　商号変更

1　登記すべき事項　平成〇年〇月〇日商号の変更

　　　　　　　　　　商号　△△株式会社

1　登録免許税　　　金3万円

1　添付書類　　　　株主総会議事録　　1通

　　　　　　　　　　株主リスト　　　　1通

　　　　　　　　　　委任状　　　　　　1通

上記のとおり登記の申請をする。

　　平成〇年〇月〇日

　　　　　　　　　　　〇県〇市〇町〇丁目〇番〇号

　　　　　　　　　　　　申請人　△△株式会社

　　　　　　　　　　〇県〇市〇町〇丁目〇番〇号

　　　　　　　　　　　　代表取締役　何某

```
                              ○県○市○町○丁目○番○号

                                 上記代理人　何某　印

                              （電話番号　・・・）

○○法務局御中
```

⑶　支店所在地における登記手続

①　添付書面

　添付書面は，本店の所在地においてした登記を証する書面（登記事項証明書）のみで足り，委任状その他の添付書面を要しない（商登48条1項）。

②　登録免許税額

　申請1件につき9000円である（登税別表第一第24号㈡イ）。

③　登記申請書の例（支店所在地用）

```
                    株式会社変更登記申請書

1　商号　○○株式会社（変更前のもの）（会社法人等番号・・・）

1　本店　○県○市○町○丁目○番○号

1　支店　○県○市○町○丁目○番○号（支店所在地の登記所で申請す
　　る場合は，当該登記所の管轄区域内にある支店（複数あるときは，そ
　　の1つ）の場所を記載する。商登17条3項）

1　登記の事由　　　商号変更

1　登記すべき事項　平成○年○月○日商号の変更

　　　　　　　　　　商号　△△株式会社

1　登録免許税　　　金9000円

1　添付書類　　　　登記事項証明書　1通
```

（添付省略の余地は，前記2－1の■6参照）

上記のとおり登記の申請をする。

　　平成○年○月○日

　　　　　　　　　　　　○県○市○町○丁目○番○号

　　　　　　　　　　　　　申請人　△△株式会社

　　　　　　　　　　　　○県○市○町○丁目○番○号

　　　　　　　　　　　　　代表取締役　何某

　　　　　　　　　　　　○県○市○町○丁目○番○号

　　　　　　　　　　　　　上記代理人　何某　印

　　　　　　　　　　　　（電話番号　・・・）

○○法務局御中

■2　目的の変更

⑴　手　　続

　目的の変更は，株主総会の特別決議により，定款を変更することによって行う。

　変更後の定款における目的の留意点については，前記1－2の■2を参照されたい。特に，実務上，法律の施行前に当該法律で規律される事業を目的として定款に定めることが時折問題となるが，前記1－2の■2の⑶④のとおりである。

⑵　登記手続

①　登記すべき事項

登記すべき事項は，変更後の目的及び変更年月日である。

定款中の目的として，複数の事業を掲げている場合において，その一部を変更したときであっても，目的の全体が登記事項となっているため，目的の全体（全ての事業）について変更の登記を要する（昭38・9・19民事甲2623号回答，登記研究191号66頁参照）。

②　添付書面

添付書面は，株主総会の議事録及び株主リストである（商登46条2項，商登規61条3項）。

③　登録免許税額

申請1件につき3万円である（登税別表第一第24号㈠ツ）。

④　登記申請書の例

前記■1の(2)④の商号変更の登記申請書の例中

「登記の事由　　　目的の変更

　登記すべき事項　平成○年○月○日目的の変更

　　　　　　　　　目的　・・・（変更後の全ての事業を列挙）」

とするほかは，これと同様である。

■3　本店移転（管轄区域外への移転）

⑴　手　　続

本店の移転は，その所在地である最小行政区画が変更になる場合には，株主総会の特別決議により定款を変更した上，取締役会の決議（取締役の過半数の一致）により，移転の時期及び場所（定款の定める最小行政区画内の具体的場所）を定めることによって行う。

■3 本店移転（管轄区域外への移転） *187*

本店の移転場所等の決定は，各取締役に委任することはできないものと解される（法362条4項4号の「重要な組織の変更」に該当する。なお，法348条3項各号には，本店移転は掲げられていないが，同項2号に準ずべきものと解される。）。

登記所の管轄区域外に本店を移転した場合には，本店の新所在地及び旧所在地のほか，各支店の所在地においても，本店移転の登記をする必要がある（法916条1号，930条3項）。

(2)　本店所在地における登記手続

この場合には，旧所在地における登記の申請書と新所在地における登記の申請書とを，同時に旧所在地を管轄する登記所に提出する必要がある（商登51条1項・2項）。

①　旧所在地における登記の申請書

(a)　登記すべき事項

登記すべき事項は，移転後の本店の所在場所及び移転年月日である（法916条）。

この移転年月日は，本店を現実に移転した日をいう（書式精義第5版上241頁）。本店を現実に移転した日が取締役会議事録の記載と異なる場合には，登記申請を却下すべきである（商登24条9号）が，取締役会で移転時期を概括的に定めた場合（何月何日頃移転する旨）において，現実に本店を移転した日がその決議の範囲内であれば，これを受理することができる（昭41・2・7民四75号回答，登記研究221号49頁，284号78頁）。

なお，商業登記簿に記載する本店，支店又は役員の住所等については，地方自治法252条の19第1項の指定都市及び都道府県名と同一名称の市を除いては，都道府県名をも記載するのが相当である（昭32・12・24民事甲2419号通達，登記研究123号38頁。ただし，申請書に都道府県名の記載がなく，補正ができないときでも，これのみで却下すべきでなく，この場合は申請書のとおり記載す

るとされている。）。

（注）　管轄区域外への本店移転の登記と他の変更登記を同時にする場合

　　　　一般に，旧所在地における本店移転の登記申請書に，他の変更登記の申請を同時に記載することも可能であり，その場合には，旧所在地において，新所在地における登記の審査待ちのために本店移転の登記をすることができない間（商登52条4項）であっても，当該他の変更登記の申請を遅滞なく審査し，却下事由がないときはこれを登記することとなる（味村・商業登記上593頁）。当該会社に支店が存する場合において，上記の登記によって当該支店の所在地における登記事項に変更が生ずるときは，本店においてした登記の登記事項証明書を添付して，当該支店の所在地においても変更の登記をしなければならない。

　　　　ただし，当該本店移転の登記が支店の所在地に本店を移転する内容のものである場合には，当事者が上記のような支店の所在地における変更の登記を申請する前に，本店の旧所在地を管轄する登記所から新所在地を管轄する登記所に本店移転の登記の申請書が送付され，事実上，支店の所在地における変更の登記の申請をする余地がなくなることもある。そこで，このような場合には，後記(4)のとおり，まず本店移転の登記の申請のみを行い，旧所在地及び新所在地においてその登記を完了した後に，新所在地において，別途，他の変更登記の申請をするのが通例である。

(b)　添付書面

　添付書面は，株主総会の議事録，株主リスト及び取締役会の議事録（取締役の過半数の一致を証する書面）である（商登46条2項・1項，商登規61条3項）。

　なお，通常は，取締役会議事録に係る移転年月日に現実に本店を移転し，その日をもって登記申請がされるため，取締役会議事録が移転年月日を証する書面となるが，取締役会議事録に係る移転年月日が概括的な記載である場合には，議事録とは別に，現実の移転年月日を証する書面を添付する必要があるとされている（登記研究99号41頁）。

(c)　登録免許税額

　申請1件につき3万円である（登税別表第一第24号㈠ヲ）。

■3 本店移転（管轄区域外への移転） *189*

(d) 登記申請書の例（旧所在地用）

株式会社本店移転登記申請書

1 商号　○○株式会社（会社法人等番号・・・）

1 本店　○県○市○町○丁目○番○号（変更前のもの）

1 登記の事由　　本店移転

1 登記すべき事項　平成○年○月○日本店を○県○市○町○丁目○番
　　　　　　　　　○号に移転

1 登録免許税　　金3万円

1 添付書類　　　株主総会議事録　　1通

　　　　　　　　株主リスト　　　　1通

　　　　　　　　取締役会議事録　　1通

　　　　　　　　委任状　　　　　　1通

上記のとおり登記の申請をする。

　　平成○年○月○日

　　　　　　　　　　　　　○県○市○町○丁目○番○号（新本店）

　　　　　　　　　　　　　　申請人　○○株式会社

　　　　　　　　　　　　　○県○市○町○丁目○番○号

　　　　　　　　　　　　　　代表取締役　何某

　　　　　　　　　　　　　○県○市○町○丁目○番○号

　　　　　　　　　　　　　　上記代理人　何某　印

　　　　　　　　　　　　　（電話番号　・・・）

○○法務局御中

(e) 登記の在り方

旧所在地を管轄する登記所では，旧所在地あての申請書及び新所在地あて

の申請書の双方を審査し，一方に却下事由があるときは，これらを共に却下する（商登52条１項）。却下事由が存しないときは，新所在地あての申請書及び印鑑届書を新所在地を管轄する登記所に送付するが，その後，新所在地において登記をした旨の通知を待って，旧所在地においても本店移転の登記を行う（商登52条２項から５項まで）。

具体的な登記の在り方としては，旧所在地を管轄する登記所では，当該管轄区域内にその会社の営業所が存しなくなる場合には，登記記録区に本店移転の登記を行った上で，当該会社の登記記録を閉鎖する（商登規80条１項１号・２項）。他方，当該管轄区域内にその会社の支店が残る場合には，商号区の本店欄につき本店移転の登記を行った上で，商号，本店，当該管轄区域内の支店及び会社成立の年月日の登記並びに登記記録区にされた登記以外の登記事項に，抹消する記号を記録する（商登規65条５項）。

なお，管轄区域外への本店移転の登記の申請があった場合において，当該法人に係る動産譲渡登記事項概要ファイル又は債権譲渡登記事項概要ファイル（各法人につきされた動産・債権譲渡登記の概要をその管轄登記所で公示するもの）があるときは，旧所在地を管轄する登記所の登記官は，新所在地あての申請書及び印鑑届書を新所在地を管轄する登記所に送付する際，概要記録事項証明書を併せて送付し，これにより登記事項概要ファイルに係る記録を移送した上，後日，旧所在地における本店移転の登記をする際に，当該会社に係る登記事項概要ファイルを閉鎖しなければならない（動産・債権譲渡登記規則６条２項，平17・９・30民商2289号通達）。

② 新所在地における登記の申請書

(a) 登記すべき事項

登記すべき事項は，次のとおりである。

・設立の登記事項と同一の事項（法916条１号）

・設立後に登記されて現に効力を有する独立の登記事項（職務執行停止の仮処分，支配人，解散，清算人，破産手続開始決定，企業担保権等。平19・

■3 本店移転（管轄区域外への移転）　　*191*

11・7民商2404号回答。このほか，企業担保権につき昭41・8・11民事甲
1759号回答，登記研究227号70頁）

・会社成立の年月日（商登53条）

・本店を移転した旨及びその年月日（商登53条）

・現に存する役員等の就任年月日（商登規65条2項）

上記の本店移転の年月日については，上記①(a)と同様である。

なお，登記申請書における登記すべき事項の記載方法としては，本店を移
転した旨及びその年月日（商登53条）を除き，「別添登記事項証明書記載の
とおり」と記載し，当該登記事項証明書と申請書とを契印する取扱いでも差
し支えない（平19・11・12民商2450号回答）。この点については，旧所在地に
おいて直前にされた登記申請が登記事項証明書の記載内容に反映されていな
いため，この取扱いによることができない事案が多く見られ，他方，申請人
の会社法人等番号は新所在地を管轄する登記所の登記官にも明らかであるこ
とから，商登法19条の3の趣旨に鑑み，本店を移転した旨及びその年月日の
記載があれば足り，その他の事項の記載を省略しても差し支えないとされた
（平29・7・6民商110号回答）。

(b)　添付書面

委任状以外の添付書面を要しない（商登51条3項）。

(c)　登録免許税額

申請1件につき3万円である（登税別表第一第24号㈠ヲ）。

(d)　印鑑届出

管轄区域外への本店移転の場合には，新所在地における登記を申請するの
と同時に，印鑑を提出する必要があり（商登20条），申請人は，登記申請書
及び印鑑届書を旧所在地を管轄する登記所に提出することとなる（商登51条
1項）。新所在地においてあらかじめ支店の登記が存するか否かを問わない。

ただし，本店を他の登記所の管轄区域内に移転する場合の新本店所在地を
管轄する登記所への印鑑の提出は，その印鑑が，旧本店所在地を管轄する登
記所に提出している印鑑と同一であるときは，商業登記規則9条5項各号に

定める書面の添付を省略してすることができる（平11・4・2民四667号通達）。

(e) 登記申請書の例（新所在地用）

株式会社本店移転登記申請書

1 商号　○○株式会社

1 本店　○県○市○町○丁目○番○号（新本店）

1 登記の事由　　本店移転

1 登記すべき事項　別紙のとおりの内容をオンラインにより提出済み

1 登録免許税　　金3万円

1 添付書類　　　委任状　1通

　　　　　　（委任状には，同時に提出した印鑑届書の印鑑を押印する。）

上記のとおり登記の申請をする。

　　平成○年○月○日

　　　　　　　　　　　　○県○市○町○丁目○番○号（新本店）

　　　　　　　　　　　　　申請人　　○○株式会社

　　　　　　　　　　　　○県○市○町○丁目○番○号

　　　　　　　　　　　　　代表取締役　何某

　　　　　　　　　　　　○県○市○町○丁目○番○号

　　　　　　　　　　　　　上記代理人　何某　印

　　　　　　　　　　　　（電話番号　・・・）

○○法務局御中

【別紙の例】

　オンラインによる登記事項の提出の詳細は，前記1－4の■1の(1)を参照されたい。また，前記平29・7・6民商110号回答によれば，下記のうち，少なくとも「登記記録に関する事項」が正しく入力されていれば，登記申請

は却下されないこととなる。

「商号」○○株式会社

「本店」○県○市○町○丁目○番○号

「公告をする方法」官報に掲載してする。

「会社成立の年月日」平成○年○月○日

「目的」

1　・・・・

2　・・・・

「発行可能株式総数」8000株

「発行済株式の総数」2000株

「資本金の額」金1億円

「株式の譲渡制限に関する規定」

当会社の株式を譲渡により取得するには、当会社の承認を要する。

「役員に関する事項」

「資格」取締役

「氏名」甲野太郎

「原因年月日」平成○年○月○日重任

「役員に関する事項」

「資格」代表取締役

「住所」○県○市○町○丁目○番○号

「氏名」甲野太郎

「原因年月日」平成○年○月○日重任

「役員に関する事項」

「資格」監査役

「氏名」甲野花子

「原因年月日」平成○年○月○日就任

「監査役設置会社に関する事項」

監査役設置会社

「登記記録に関する事項」

平成○年○月○日○県○市○町○丁目○番○号から本店移転

(f) 登記の在り方

　新所在地を管轄する登記所では，旧所在地を管轄する登記所から申請書等の送付を受けた後，同一商号・同一本店の禁止に抵触しないか等の審査を行い，却下事由がなければ，上記(e)の登記事項を登記する（当該会社につき動産・債権譲渡登記がある場合には，職権で，旧所在地から送付された概要記録事項証明書に基づき，その登記もする。）。この場合，会社法制定前と異なり，新所在地では常に新たな登記記録を起こすものであり，従前から存する支店の登記記録を利用する（商号区の本店欄を変更するにとどめる）ことはない。なお，あらかじめ支店の登記記録が存するときは，商号区の本店欄につき抹消する記号を記録し，登記記録区に本店移転の登記を行った上で，当該登記記録を閉鎖する（商登規65条4項）。

　新所在地を管轄する登記所は，本店移転の登記をし，又はその登記申請を却下したときは，その旨を旧所在地を管轄する登記所に通知する（商登52条3項）。

③ 本店移転の登記申請の取下げの方法

　取下げの方法は，次のとおりである（昭39・8・6民事甲2712号通達）。

(a) 旧所在地を管轄する登記所が新所在地あての登記申請書を送付する前（商登52条2項）においては，旧所在地を管轄する登記所に対し，取下書1通（新旧両所在地あての申請を共に取り下げる旨の記載のあるもの）を提出すれば足りる。

(b) 旧所在地を管轄する登記所が新所在地あての登記申請書を送付した後においては，新所在地を管轄する登記所に対し，取下書2通を提出しなければならず，当該登記所は，登記事務日記帳に受付の記載をして，旧所在地あての取下書を旧所在地を管轄する登記所に送付する。この場合，旧所在地を管轄する登記所において印紙の未使用証明を受けようとする

ときは，新所在地あての取下書と共に未使用証明請求書を新所在地を管轄する登記所に提出しても差し支えなく，当該登記所では，これらを合わせて旧所在地を管轄する登記所に送付することとなる。

④ 無効原因があることによる抹消登記申請の場合の取扱い

管轄区域外への本店移転の登記が完了した場合において，当該本店移転の無効を原因として商登法134条１項２号の抹消登記の申請をするときは，新旧両所在地における抹消登記の申請は，旧所在地を管轄する登記所において同時に受理した上，本店移転の登記手続の例に従い処理するものとされている（昭45・３・２民事甲875号回答）。

なお，本店移転に係る株主総会決議の無効等の判決が確定した場合の嘱託登記の取扱いについては，後記**第５章の■１の(2)①**を参照されたい。

(3) 支店所在地における登記手続

１通の申請書を提出すれば足りる。

添付書面は，新本店所在地においてした登記を証する書面（登記事項証明書）のみであり，登録免許税額は，9000円である（登税別表第一第24号㈡イ）。

登記申請書の例は，次のとおりである。

株式会社本店移転登記申請書（支店所在地用）

1　商号　〇〇株式会社（会社法人等番号・・・）

1　本店　〇県〇市〇町〇丁目〇番〇号（変更前のもの）

1　支店　〇県〇市〇町〇丁目〇番〇号（支店所在地の登記所で申請する場合は，当該登記所の管轄区域内にある支店（複数あるときは，その１つ）の場所を記載する。商登17条３項）

1　登記の事由　　本店移転

```
1  登記すべき事項    平成○年○月○日本店を○県○市○町○丁目○番
                    ○号に移転
1  登録免許税        金9000円
1  添付書類          登記事項証明書    1通
                    （添付省略の余地は，前記2−1の■6参照）


上記のとおり登記の申請をする。
    平成○年○月○日
                              ○県○市○町○丁目○番○号（新本店）
                                申請人    ○○株式会社
                              ○県○市○町○丁目○番○号
                                代表取締役    何某
                              ○県○市○町○丁目○番○号
                                上記代理人    何某    印
                              （電話番号    ・・・）
○○法務局御中
```

⑷ 支店所在場所への本店移転

① 一般的な登記申請の方法

　支店所在場所への本店移転（既存の支店を本店とする場合）の登記申請は，まず，旧本店所在地に本店移転の登記申請書2通を提出してその登記を完了させ，次に，新本店所在地において支店廃止の登記を行うのが相当である（小林健二「支店所在場所への本店移転と支店廃止の登記申請手続」旬刊商事法務1324号32頁）。先に本店移転の登記を受理した以上，旧本店所在地では，支店廃止の登記を受理することができないからである。

　この場合，新所在地あての本店移転の登記申請書は，支店を廃止する前の状態のものとして作成することを要し（下記(注2)参照），新所在地を管轄す

る登記所では，却下事由が存しないときは，そのまま新たな登記記録を起こし，従前から存する支店の登記簿を閉鎖する。そして，その後，申請に基づき，支店廃止の登記を行うこととなる。

この方法による場合の登録免許税額は，旧所在地あての本店移転登記につき３万円，新所在地あての本店移転登記につき３万円，新所在地における支店廃止登記につき３万円となり，合計９万円である。

（注１）　従前から存する支店の登記記録に登記懈怠があった場合の取扱い

この場合に，支店所在地（新本店所在地）を管轄する登記所が，その備える登記記録と旧本店所在地から送付された登記申請書の記載事項との不合致を仮に発見したときは，本店移転の登記を受理すべきかどうか疑義が生ずるが，現在の登記実務は，いずれにせよ支店の登記記録は閉鎖されるものである（商登規65条４項）ことから，登記懈怠につき過料通知は発するものの，これを救済的に受理し，同一会社と判断された支店の登記記録を直ちに閉鎖することとしている。

この点，会社法制定前は，新本店所在地において従前から存する支店の登記記録を継続利用する法制であったため，支店所在地において数次の変更登記が省略されているときは，本店移転の登記以前にこれらの変更登記を申請しなければならないと解されていた（登記研究130号47頁）が，現在，ここまで厳格な取扱いはされていないこととなる。

（注２）　本店と支店を同一の場所とすることについて

会社が本店を支店の所在場所と同一の場所に移転した場合でも，当該支店を廃止しない限り，支店廃止の登記は要しないと解されている（登記研究321号74頁）。

②　例外的な方法

上記①では，論理的に本店移転を先にするものとして検討したが，逆に，まず，旧本店所在地に支店廃止の登記を行い，各支店所在地においてこの登記を反映させた後，旧本店所在地に本店移転の登記申請書２通を提出する方法も可能である（前掲小林健二論文・旬刊商事法務1324号33頁の二の最終段落）。

この場合，新所在地あての本店移転の登記申請書には，廃止された支店は記載しない。

この方法による場合の登録免許税額は，支店廃止登記につき本店所在地で

３万円，支店所在地で9000円，旧所在地あての本店移転登記につき３万円，新所在地あての本店移転登記につき３万円となり，上記①より高額となる。

③　実務上散見される申請

実務上，旧所在地を管轄する登記所に対し，旧所在地あての本店移転及び支店廃止の登記申請書と新所在地あての本店移転の登記申請書とを同時に提出し，新所在地あての本店移転の登記申請書に支店を記載しない例が散見されるが，適切とはいい難い。

仮に，この申請が論理的に本店移転登記を先にするという前提であれば，当該本店移転の登記申請は，旧所在地の登記記録には支店の記録があるのに新所在地あての申請書にはこれが存しないという不合致（商登24条９号）により却下すべきものである。

他方，この申請が論理的に支店廃止登記を先にするという前提であれば，上記②と比較して，各支店所在地において支店廃止の登記を反映させる手続を経ていないこととなる。旧本店所在地の登記所の審査においては，上記②の方法がとられる余地が残ることから，直ちにこれを却下することは困難であるが，新本店所在地の登記所の審査において，従前から存する支店の登記記録に支店の廃止の登記が反映されていないのに，支店の記載のない新所在地あての本店移転の登記申請を受理してよいかは，なお疑義が残る。上記①の**（注１）**と同程度の問題として，③の申請を救済的に受理する取扱いもあり得るが，上記①又は②の方法により容易に問題を回避し得るのであるから，申請人としてはこれらの方法によるのが穏当であろう。

（注）　支店の所在地へ商号を変更して本店を移転する場合の申請方法

この場合も，上記の説明のとおり，原則として，①まず，支店所在地への本店移転の登記（旧商号によるもの）をした上で，新本店所在地において商号変更の登記をすることが適切であるが，②旧本店所在地において商号変更の登記を行い，各支店所在地においてこの登記を反映させた後，旧本店所在地に本店移転の登記を申請する方法も可能である。

これに対し，③旧所在地を管轄する登記所に対し，旧所在地あての本店

移転及び商号変更の登記の申請書と新所在地あての本店移転の登記申請書（新商号によるもの）を同時に提出する方法は，従来から，これを認めないとするのが一般的な取扱いのようである（鴻・先例百選151頁）。

なお，このような問題は，いずれも支店の所在地に本店を移転することに伴う問題（支店の所在地の既存の登記をどのように変更すべきかという問題）であり，本店移転先に支店が存しない場合には，本店移転の登記と商号変更の登記を同一の申請書ですること（旧所在地を管轄する登記所に対し，旧所在地あての商号変更及び本店移転の登記の申請書と新所在地あての本店移転の登記申請書（新商号によるもの）を同時に提出すること）は可能である。この場合，旧所在地の登記所では，まず，商号変更の登記を処理した上で，通常の本店移転の登記の処理を行えば足りる。

4 本店移転（管轄区域内の移転）

(1) 手 続

本店の移転は，その所在地である最小行政区画が変更になる場合には，株主総会の特別決議により定款を変更した上，取締役会の決議（取締役の過半数の一致）により，移転の時期及び場所（定款の定める最小行政区画内の具体的場所）を定めることによって行う。

登記所の管轄区域内において本店を移転した場合には，本店の所在地のほか，支店の所在地においても，本店移転の登記をする必要がある（法915条1項，930条3項）。

(2) 本店所在地における登記手続

管轄区域外への本店移転と異なり，1通の申請書を提出すれば足りる。

① 登記すべき事項

登記すべき事項は，移転後の本店の所在場所及び移転年月日である（法

915条1項)。

なお，移転年月日に関して，定款変更を伴わない本店移転につき，移転後に取締役会の承認決議があったときは，当該決議の日に移転したものとして取り扱われている（昭35・12・6民事甲3060号回答，登記研究159号31頁）。

②　添付書面

添付書面は，取締役会の議事録（取締役の過半数の一致を証する書面）である（商登46条2項・1項）。なお，株主総会の決議を要する場合には，その議事録及び株主リストも添付書面となる（同条2項，商登規61条3項）。

③　登録免許税額

申請1件につき3万円である（登税別表第一第24号㈠ヲ）。

④　登記申請書の例

前記■3の⑵①⒟の管轄区域外への本店移転における旧所在地あての登記申請書と同様である。

⑶　支店所在地における登記手続

前記■3の⑶の管轄区域外への本店移転における支店所在地あての登記申請書と同様である。

■5　支店の設置，移転又は廃止

⑴　手　　続

支店とは，本店とは別に独自に営業活動を決定し，対外的な取引をなし得

る営業所の実質を備えるものをいう。実質的に支店にも当たらないような支部や出張所との区別は，事実問題であり困難な場合もあるが，味村・商業登記上599頁以下に詳しい。

支店の設置，移転又は廃止は，取締役会の決議（取締役の過半数の一致）により，移転の時期及び場所を定めることによって行う。

この決定は，各取締役に委任することはできない（法348条3項2号，362条4項4号）。

支店の設置，移転又は廃止をした場合には，本店の所在地のほか，設置，移転又は廃止に係る当該支店の所在地においても，その登記をする必要がある（法915条1項，930条3項）。

(2) 本店所在地における登記手続

① 登記すべき事項
登記すべき事項は，設置又は移転後の支店の所在場所（廃止の場合は，その旨）及び変更年月日である。

② 添付書面
添付書面は，取締役会の議事録（取締役の過半数の一致を証する書面）である（商登46条2項・1項）。

③ 登録免許税額
支店の設置については，支店1か所につき6万円である（登税別表第一第24号㈠ル）。

支店の移転については，支店1か所につき3万円である（登税別表第一第24号㈠ヲ）。

支店の廃止については，申請1件につき3万円である（登税別表第一第24号㈠ツ）。

④　登記申請書の例

前記■1の(2)④の商号変更の登記申請書の例中

「登記の事由　　　　支店設置

　　登記すべき事項　平成○年○月○日設置

　　　　　　　　　　支店　○県○市○町○丁目○番○号」

「登記の事由　　　　支店移転

　　登記すべき事項　平成○年○月○日○県○市○町○丁目○番○号の支店

　　　　　　　　　　移転

　　　　　　　　　　支店　○県○市○町○丁目○番○号」

「登記の事由　　　　支店廃止

　　登記すべき事項　平成○年○月○日○県○市○町○丁目○番○号の支店

　　　　　　　　　　を廃止」

などとし，添付書面及び登録免許税額を上記②及び③のとおりとするほかは，これと同様である。

(3)　支店所在地における登記手続

①　支店の設置の場合

(a)　登記すべき事項

登記すべき事項は，次のとおりである。

(i)　管轄区域内に初めて支店を設置した場合

商号，本店，会社成立の年月日，管轄区域内の支店及び支店設置の年月日

(ii)　既存の支店の所在地内に支店を設置した場合

当該設置した支店及び支店設置の年月日

(b)　添付書面

添付書面は，本店の所在地においてした登記を証する書面（登記事項証明書。添付省略の余地は，前記2－1の■6参照）のみである（商登48条1項）。

■5　支店の設置，移転又は廃止　　203

(c)　登録免許税額

登録免許税額は，9000円である（登税別表第一第24号㈡イ）。

(d)　登記申請書の例

前記■1の(3)③の支店所在地における商号変更の登記申請書の例中，上記(a)(i)の場合には

「登記の事由　　　　支店設置

　　登記すべき事項　　商号　〇〇株式会社

　　　　　　　　　　　本店　〇県〇市〇町〇丁目〇番〇号

　　　　　　　　　　　会社成立の年月日　平成〇年〇月〇日

　　　　　　　　　　　支店　〇県〇市〇町〇丁目〇番〇号

　　　　　　　　　　　登記記録に関する事項　平成〇年〇月〇日支店設置」

とし，上記(a)(ii)の場合には

「登記の事由　　　　支店設置

　　登記すべき事項　　平成〇年〇月〇日設置

　　　　　　　　　　　支店　〇県〇市〇町〇丁目〇番〇号」

とするほかは，これと同様である。

②　支店の移転の場合

(a)　登記すべき事項

登記すべき事項は，次のとおりである。

(i)　管轄区域内における支店の移転の場合

当該支店及び支店移転の年月日

(ii)　管轄区域を超える支店の移転の場合

旧支店所在地においては，支店が（管轄外に）移転した旨及び移転年月日であり，新支店所在地においては，当該管轄区域内に初めて支店を置くのか，又は既存の支店の所在地内に支店を置くのかの別に応じて，上記①(a)の支店の設置と同様である。

(b) 添付書面

　添付書面は，本店の所在地においてした登記を証する書面（登記事項証明書。添付省略の余地は，前記2－1の■6参照）のみである（商登48条1項）。

(c) 登録免許税額

　登録免許税額は，各登記所における申請1件につき9000円である（登税別表第一第24号㈡イ）。

(d) 登記申請書の例

　前記■1の(3)③の支店所在地における商号変更の登記申請書の例中，上記(a)(i)の場合には

　　「登記の事由　　　支店移転

　　　登記すべき事項　平成〇年〇月〇日〇県〇市〇町〇丁目〇番〇号の支店
　　　　　　　　　　　移転

　　　　　　　　　　　支店　〇県〇市〇町〇丁目〇番〇号」

とし，上記(a)(ii)の場合には，次のようにする。

（旧支店所在地）

　　「登記の事由　　　支店移転

　　　登記すべき事項　平成〇年〇月〇日〇県〇市〇町〇丁目〇番〇号の支店
　　　　　　　　　　　を〇県〇市〇町〇丁目〇番〇号に移転」（登記記録を
　　　　　　　　　　　閉鎖すべき場合）

　　「登記の事由　　　支店移転

　　　登記すべき事項　平成〇年〇月〇日〇県〇市〇町〇丁目〇番〇号の支店
　　　　　　　　　　　を移転」（管轄区域内に他の支店があり，登記記録を
　　　　　　　　　　　閉鎖しない場合）

（新支店所在地）

　　「登記の事由　　　支店移転

　　　登記すべき事項　商号　〇〇株式会社

　　　　　　　　　　　本店　〇県〇市〇町〇丁目〇番〇号

　　　　　　　　　　　会社成立の年月日　平成〇年〇月〇日

■5 支店の設置，移転又は廃止　　*205*

　　　　　　　支店　　○県○市○町○丁目○番○号
　　　　　　　登記記録に関する事項　平成○年○月○日○県○市○
　　　　　　　町○丁目○番○号から支店移転」（登記記録を新たに
　　　　　　　起こす場合）
「登記の事由　　　支店移転
　登記すべき事項　平成○年○月○日支店移転
　　　　　　　支店　　○県○市○町○丁目○番○号」（管轄区域内に
　　　　　　　他の支店があり，登記記録を起こさない場合）

(e)　**支店所在地における登記の在り方**

　上記(d)における申請書の5つの例に応じて，それぞれの登記は，順次，次のとおりである。

　(i)　**管轄区域内における支店の移転**

支店	○県○市○町○丁目○番○号	
	○県○市○町○丁目○番○号	平成○年○月○日移転
		平成○年○月○日登記

　(ii)　**管轄区域を超える支店の移転で，登記記録を閉鎖する旧支店所在地**

支店	○県○市○町○丁目○番○号
登記記録に関する事項	平成○年○月○日○県○市○町○丁目○番○号の支店を○県○市○町○丁目○番○号に移転 平成○年○月○日登記 平成○年○月○日閉鎖

(iii) 管轄区域を超える支店の移転で，他に支店があるために登記記録を閉鎖しない旧支店所在地

支店	○県○市○町○丁目○番○号	
		平成○年○月○日移転
		平成○年○月○日登記
	○県○市○町○丁目○番○号（管轄区域内の他の支店）	

(iv) 管轄区域を超える支店の移転で，登記記録を起こす新支店所在地

商号	○○株式会社
本店	○県○市○町○丁目○番○号
会社成立の年月日	平成○年○月○日
支店	○県○市○町○丁目○番○号
登記記録に関する事項	平成○年○月○日○県○市○町○丁目○番○号から支店移転 平成○年○月○日登記

(v) 管轄区域を超える支店の移転で，他に既存の支店があるために登記記録を起こさない新支店所在地

支店	○県○市○町○丁目○番○号（管轄区域内の他の支店）	
	○県○市○町○丁目○番○号	
		平成○年○月○日移転
		平成○年○月○日登記

なお，上記(iii)については管轄区域外のどの支店へと移転したのかが，上記(v)については管轄区域外のどの支店が移転してきたのかが，当該登記所の登記記録上は明らかでないが，これらの事実は本店の所在地の登記記録を見れば判明するのであって，支店の所在地においては，登記記録の編成上のスペースの問題からこれを記載しないものとして取り扱われている。

③ 支店の廃止の場合

(a) 登記すべき事項

登記すべき事項は，廃止する支店及び廃止の年月日である。

(b) 添付書面

添付書面は，本店の所在地においてした登記を証する書面（登記事項証明書。添付省略の余地は，前記2－1の■6参照）のみである（商登48条1項）。

(c) 登録免許税額

登録免許税額は，9000円である（登税別表第一第24号㈡イ）。

(d) 登記申請書の例

前記■1の(3)③の支店所在地における商号変更の登記申請書の例中

「登記の事由　　　支店の廃止

　登記すべき事項　平成○年○月○日○県○市○町○丁目○番○号の支店を廃止」

とするほかは，これと同様である。

(e) 登記の在り方

当該登記所の管轄区域内に他の支店がある場合には，登記記録中支店区において，廃止された支店につき変更登記をする（抹消する記号を記録する）だけで足りる（商登規41条）。

当該登記所の管轄区域内に他の支店がない場合には，登記記録中登記記録区に「平成○年○月○日○県○市○町○丁目○番○号の支店廃止」と記録し，支店区に当該支店を抹消する記号を記録した上で，その登記記録を閉鎖する（商登規80条1項2号・2項）。

■ 6 行政区画の変更と住居表示の実施等

(1) 行政区画の変更

① 変更登記の擬制

　市町村の合併，境界の変更等により，行政区画，郡，区，市町村内の町若しくは字が変更し，又はその名称が変更した場合には，法律上，変更による登記があったものとみなされており（商登26条），登記記録上は旧市町村名になっていても，新市町村名に読み替えられることとなる。

　したがって，この場合には，当事者に変更登記申請の義務はない。

　もっとも，行政区画の変更に伴い地番が変更された場合には，商登法26条の適用はなく，また，住居表示が実施された場合や，土地改良事業・土地区画整理事業等の施行のために地番が変更された場合も，行政区画の変更とは別の概念であって同条の適用はない（商登法逐条解説123頁）ため，これらの場合には，当事者に変更登記申請の義務があることとなる（昭4・9・18民事8379号回答，味村・商業登記上624頁）。

② 登記簿の修正の方法

　法律上は上記①により変更登記が擬制されるが，登記記録の事実上の表記の問題として，登記官は，職権で，その変更があったことを記録することができる（商登規42条1項）。この場合には，登記年月日の記録に代えて，「平成〇年〇月〇日修正」の振り合いで記録する（商業登記等事務手続取扱準則56条）。

　通常，変更のあった行政区画内の登記所では，当該変更の事実が明らかなので，その管轄区域内に本店のある法人につき，職権で，本店のみの修正の登記をすることが多いようであり（清水・登税法詳解134頁），当該行政区画外の登記所では，直ちに職権による修正の登記をすることはないようである。

このような場合には，当事者が登記所に対して職権発動を促す申出をすることもあり（昭39・9・26民四308号回答），その申出には，行政区画の変更の事実を知らない登記所にその事実を了知させるための資料を添える必要がある（何らの資料もなければ，職権を発動することは困難であろう。）が，例えば，登税規則1条2号の市町村長の証明書なども，これに該当するものと考えられる。

なお，この修正の登記は，登記官が職権で行うものであるため，登録免許税は当然に免除される（登税5条2号）。

⑵　住居表示の実施等

前記⑴①のとおり，住居表示が実施され又は変更された場合，行政区画の変更に伴い地番が変更された場合及び土地改良事業・土地区画整理事業等の施行のために地番が変更された場合には，当事者は，その日から2週間以内に，本店，支店，役員の住所等につき変更登記の申請をしなければならない（法915条1項）。

これらの申請をする場合において，市町村長の証明書，土地改良事業等の施行者の証明書又は住居表示の実施等に係る住居番号決定通知書を添付したときは，その登記につき登録免許税は課されない（登税5条4号・5号，登税規1条，昭37・9・11民事甲2609号通達）。

なお，行政区画の変更等により会社の本店所在地番等に変更を生じた場合は，変更登記を要するが，法定期間内にその申請がされないときでも必ずしも会社法違反とはならず，手続上懈怠があると認める事件に限って，所轄地方裁判所に通知するとされている（大13・3・26民事5429号回答，登記関係先例集上1032頁，鴻・先例百選148頁）。

7 支配人

(1) 支配人の選任

① 手　続

支配人の選任は，取締役会の決議（取締役の過半数の一致）により行う。

この決定は，各取締役に委任することはできない（法348条3項1号，362条4項3号）。

支配人を選任した場合には，これを置いた本店又は支店にかかわらず，全て本店の所在地において，その登記をする必要がある（法918条）。

なお，会社の取締役と支配人の地位を兼ねることはできるが，会社の代表者と支配人の地位を兼ねることはできず，代表取締役を支配人とする支配人選任の登記の申請は，商登法24条10号により却下するのが相当であるとされている（昭40・1・19民事甲104号回答，登記研究207号61頁）。これとは逆に，支配人を代表取締役とする代表取締役の変更の登記については，代表取締役への就任をもって支配人を辞任する意思表示が含まれているとみられるため，支配人の代理権消滅の登記も申請しなければならない（昭57・2・12民四1317号回答，登記研究413号90頁，316号74頁，鴻・先例百選62頁）。

② 登記手続

(a) 登記すべき事項

登記すべき事項は，支配人の氏名及び住所並びにこれを置いた本店又は支店である（商登44条2項）。

支配人の登記は，独立の登記であり，その選任の登記において就任年月日は公示されない（前記2-1の冒頭の記述参照）。

(b) 添付書面

添付書面は，取締役会の議事録（取締役の過半数の一致を証する書面）で

ある（商登46条2項・1項）。

支配人の就任承諾書は，要しない（登記研究282号75頁）。

(c) **登録免許税額**

申請1件につき3万円である（登税別表第一第24号㈠ヨ）。

なお，数個の営業所に置かれた各支配人の選任登記を1通の申請書で申請する場合の登録免許税額は，3万円であり，この場合，支配人の登記は全て本店の所在地においてする登記と構成されたことから，本店と支店に各支配人が置かれた場合も同様であると解される（昭42・11・14民事甲3164号通達参照）。

また，「支配人の選任」の登記と「その代理権の消滅」の登記は，登税法別表第一中それぞれ別個の区分とするとされており（昭42・7・22民事甲2121号通達，登記研究237号114頁），支配人の辞任及び後任支配人の選任の登記をする場合には，登録免許税額は，合計6万円となる。

(d) **登記申請書の例**

前記■1の⑵④の商号変更の登記申請書の例中

「登記の事由　　　支配人選任

　登記すべき事項　支配人の氏名及び住所

　　　　　　　　　○県○市○町○丁目○番○号　何某

　　　　　　　　　支配人を置いた営業所

　　　　　　　　　○県○市○町○丁目○番○号」

などとし，添付書面を上記(b)のとおりとするほかは，これと同様である。

⑵　支配人を置いた営業所を移転した場合等の取扱い

①　登記義務

本店又は支店の移転，変更又は廃止については，前記■3から■5までのとおりであるが，その営業所に支配人を置いていた場合には，本店又は支店の移転，変更又は廃止の登記の申請と同時に，支配人を置いた営業所に関する移転，変更又は廃止の登記を申請しなければならない（商登規58条）。

② 登記手続

(a) 登記すべき事項

登記すべき事項は，本店又は支店の移転，変更又は廃止に係る事項（前記
■3から■5まで参照）のほか，移転（変更）後の支配人を置いた営業所
（又はその廃止の旨）及び変更年月日である。

なお，管轄区域外への本店移転の場合には，旧所在地あての申請書（本店
移転の登記及び支配人を置いた営業所移転の登記を内容とするもの）及び新
所在地あての申請書（全ての登記事項を記載したもの。記載の一部省略の余地に
ついては，平29・7・6民商110号回答，前記■3の(2)②(a)参照）の2通を同時
に提出しなければならない（商登51条2項，商登規58条。上記平29年回答によ
る申請の場合には，旧所在地の登記官は，新所在地あての申請書を管轄登記所に
送付する際に，併せて支配人を置いた営業所移転の登記申請がされていること及
びその登記事項を連絡する必要がある。）。

(b) 添付書面

添付書面は，本店又は支店の移転，変更又は廃止に係るもの（前記■3か
ら■5まで参照）で足りる。

(c) 本店所在地における登録免許税額

(i) 支配人を置いた本店を管轄区域外に移転した場合

この場合の登録免許税額は，旧所在地あての申請に関しては，本店移転の
登記及び支配人を置いた営業所移転の登記につき各3万円（合計6万円）で
あり，新所在地あての申請に関しては，本店移転の登記として3万円である
（登税別表第一第24号(一)ヲ，ツ，平18・3・31民商782号通達）。

(注) 上記(i)の新所在地あての申請につき，本店移転の登記のほか，別途，支
配人を置いた営業所移転の登記として3万円（登税別表第一第24号(一)ツ）
を納付することは要しない。

支配人の登記は，これを置いた営業所の所在地ではなく，本店の所在地
において登記すべき事項と整理されており，新所在地あての申請は，登記
事項全体として本店移転の登記と評価されるからである（例えば，支店に
支配人を置く会社が管轄区域外に本店を移転した場合には，新所在地にお
ける登記には支配人の氏名等が記録されるものの，当該支配人の登記につ

き登録免許税は課されない（この場合には，支配人の登記事項に変更すら生じていない。）が，これと同様の整理である。）。

　なお，上記(i)の旧所在地あての申請につき，支配人を置いた営業所移転の登記を省略することはできない（商登規58条）。旧所在地における登記記録は閉鎖されるものではあるが，その前に，支配人を置いた営業所につき抹消する記号を記録すべきものであるからである（例えば，本店に支配人を置く会社が管轄区域内で本店を移転した場合には，本店移転の登記及び支配人を置いた営業所移転の登記を共に登記記録上反映させる必要があるが，これと同様の整理である。）。

(ii)　支配人を置いた本店を管轄区域内において移転した場合

　この場合の登録免許税額は，本店移転の登記及び支配人を置いた営業所移転の登記につき各３万円（合計６万円）である（登税別表第一第24号㈠ヲ，ツ）。

(iii)　支配人を置いた支店を移転した場合

　この場合の本店の所在地における登録免許税額は，支店移転の登記及び支配人を置いた営業所移転の登記につき各３万円（合計６万円）である（登税別表第一第24号㈠ヲ，ツ）。

(iv)　支配人を置いた支店を廃止した場合

　この場合の本店の所在地における登録免許税額は，支店廃止の登記及び支配人を置いた営業所廃止による支配人の代理権消滅の登記につき各３万円（合計６万円）である（登税別表第一第24号㈠ヲ，ツ。味村・商業登記下1324頁以下参照）。

(d)　登記申請書の例

(i)　支配人を置いた本店を管轄区域外に移転した場合

　この場合の旧所在地における申請書は，前記■3の(2)①(d)の旧所在地における本店移転の登記申請書の例中

「登記の事由　　　本店移転及び支配人を置いた営業所の移転

　登記すべき事項　平成○年○月○日本店移転

　　　　　　　　　本店　○県○市○町○丁目○番○号

同日〇県〇市〇町〇丁目〇番〇号の支配人何某を置い
た営業所の移転
　　支配人何某を置いた営業所
　　〇県〇市〇町〇丁目〇番〇号
　登録免許税　　　金6万円」
などとするほかは，これと同様である。
　また，この場合の新所在地における申請書は，前記■3の(2)②(e)の新所在
地における本店移転の登記申請書と同様である。
　　(ii)　支配人を置いた本店を管轄区域内において移転した場合
　この場合の申請書は，上記(i)の旧所在地における申請書と同様である。
　　(iii)　支配人を置いた支店を移転した場合
　この場合の申請書は，上記(i)の例に代えて
「登記の事由　　　支店移転及び支配人を置いた営業所の移転
　登記すべき事項　平成〇年〇月〇日〇県〇市〇町〇丁目〇番〇号の支店
移転
　　支店　〇県〇市〇町〇丁目〇番〇号
　　同日〇県〇市〇町〇丁目〇番〇号の支配人何某を置い
た営業所の移転
　　支配人何某を置いた営業所
　　〇県〇市〇町〇丁目〇番〇号
　登録免許税　　　金6万円」
などとする。
　　(iv)　支配人を置いた支店を廃止した場合
　この場合の申請書は，上記(i)の例に代えて
「登記の事由　　　支店廃止及び支配人を置いた営業所廃止
　登記すべき事項　平成〇年〇月〇日〇県〇市〇町〇丁目〇番〇号の支店
廃止
　　同日〇県〇市〇町〇丁目〇番〇号の支配人何某を置い

■7 支配人 *215*

た営業所の廃止

　　登録免許税　　　　金6万円」

などとする。

⑶　支配人の代理権の消滅
①　手　　続

　会社の支配人の代理権は，辞任，取締役会又は取締役の過半数の一致による解任（当該決定を各取締役に委任することはできない。法348条3項1号，362条4項3号），支配人の死亡，破産手続開始の決定，後見開始の審判（民653条）等によって消滅する。

　なお，会社が解散した場合も，登記実務上，解散時における支配人の代理権は消滅するとして取り扱われている（商登規59条参照）。

（注）　解散時の支配人の代理権

　　　　旧商法において，解散時の支配人の代理権が消滅することに異論はなかった（旧商登規66条，大隅健一郎『商法総則（新版）』146頁（有斐閣，1978））ところ，会社法では「支配人の選任や支店の設置など，清算中の株式会社が行いうるかどうかにつき解釈上争いがあった行為についても，これを可能とすることを前提とした規定が設け」られた（相澤哲・郡谷大輔「定款の変更，事業の譲渡等，解散・清算」旬刊商事法務1747号17頁）。

　　　　議論のあり得るところであるが，この趣旨が実質改正を意味するものか否か明らかでないことから，商業登記規則59条においては，会社法制定前と同様の整理がされている。

②　登記手続
⒜　登記すべき事項

　登記すべき事項は，支配人の代理権の消滅原因及び変更年月日である（商登44条2項，29条2項）。

⒝　添付書面

　添付書面は，支配人の代理権の消滅を証する書面である（商登45条2項）。

⒞　登録免許税額

申請1件につき3万円である（登税別表第一第24号㈠ヨ）。

(d) 登記申請書の例

前記■1の(2)④の商号変更の登記申請書の例中

「登記の事由　　　支配人の代理権消滅

　登記すべき事項　平成〇年〇月〇日支配人何某死亡（辞任，解任等）」

などとし，添付書面を上記(b)のとおりとするほかは，これと同様である。

■ 8　公告方法の変更

(1)　手　　　続

公告方法の変更は，株主総会の特別決議により，定款を変更することによって行う。

官報又は時事に関する事項を掲載する日刊新聞紙を公告方法とする場合には上記の手続で足りるが，電子公告を公告方法とする場合には，更に，会社の代表者による業務の決定として，具体的なウェブページのURLを定める必要がある（一般的な公告のためのURLのほか，貸借対照表の公告のためのURLを別に定めることも可能である。）。

上記に関する留意点については，前記1－2の■4を参照されたい。

(2)　登記手続

①　登記すべき事項

登記すべき事項は，変更後の公告方法及び変更年月日である（法915条1項，911条3項27号）。

電子公告を公告方法とする場合には，その旨のほか，ウェブページのURLの登記を要し，更に，事故その他やむを得ない事由によって電子公告をすることができない場合の予備的公告方法の定款の定めがあるときは，そ

■8　公告方法の変更　　**217**

の登記もしなければならない（法915条１項，911条３項28号）。

②　添付書面

　添付書面は，株主総会の議事録及び株主リストである（商登46条２項，商登規61条３項）。

　なお，電子公告のURLの決定手続については，添付書面を要しない。

③　登録免許税額

　申請１件につき３万円である（登税別表第一第24号㈠ツ）。

④　登記申請書の例

　前記■１の⑵④の商号変更の登記申請書の例中

「登記の事由　　　　公告をする方法の変更

　登記すべき事項　　平成〇年〇月〇日公告をする方法の変更

　　　　　　　　　　公告をする方法

　　　　　　　　　　　当会社の公告方法は、〇市において発行する〇〇新
　　　　　　　　　　　聞に掲載してする。」

などとし，添付書面を上記②のとおりとするほかは，これと同様である。

　なお，登記すべき事項については，前記１－２の■４の定款記載例や登記記録例を参照されたい。

⑤　登記の在り方

　官報又は日刊新聞紙を公告方法とし，かつ，貸借対照表の電磁的開示の措置をとる会社が，その公告方法を電子公告に変更した場合には，以後，論理的に当該会社は貸借対照表の電磁的開示をすることができなくなるので，登記官は，公告方法の変更の登記をした際に，職権で，貸借対照表（銀行にあっては，中間貸借対照表等を含む。）の電磁的開示のためのURLの登記を抹消する記号を記録しなければならない（商登規71条）。

⑶ 有価証券報告書提出会社に該当した場合の取扱い

電子公告を公告方法とし，かつ，貸借対照表の公告のためのURLを別に登記してある会社が有価証券報告書提出会社に該当した場合には，貸借対照表の公告に関する規律が法律上当然に適用除外となる（法440条４項）ため，貸借対照表の公告のためのURLの登記を抹消すべく，公告方法の変更の登記を申請する必要がある。

この取扱いは，官報又は日刊新聞紙を公告方法とし，かつ，貸借対照表の電磁的開示のためのURLを登記してある会社が有価証券報告書提出会社に該当した場合の取扱い（後記■９の⑶②⒝参照）と同様のものであり，その添付書面及び登録免許税も，同様である。

■ 9 貸借対照表の電磁的開示のためのURLの設定，変更又は廃止

⑴ 貸借対照表の電磁的開示のためのURLの設定

① 手　　続

官報又は日刊新聞紙を公告方法とする会社では，貸借対照表の電磁的開示の制度の採用及びそのURLの決定は，会社の代表者（代表取締役又は代表執行役）による業務の決定として行われる（法440条３項）。

日刊新聞紙を公告方法とする銀行及び銀行持株会社については，電磁的開示に関する特則があり，上記のほか，銀行については，中間貸借対照表等，中間連結貸借対照表等及び連結貸借対照表等の電磁的開示のためのURLを別に定めることができ，また，銀行持株会社については，中間連結貸借対照表等及び連結貸借対照表等の電磁的開示のためのURLを別に定めることができるとされている（銀行法20条６項，57条の４，銀行法施行規則36条の２第１

項，平18・4・28民商1140号通達。前記1－2の■4の(3)①参照）。

　なお，電子公告を公告方法とする会社では，電磁的開示の制度を採用することはできず，実質的に同意義のものとして，貸借対照表の公告のためのURLを別に定めることが許容されている。

②　登記手続

(a)　登記すべき事項

　登記すべき事項は，貸借対照表の電磁的開示のためのURL及び変更年月日である（法915条1項，911条3項26号）。

(b)　添付書面

　委任状以外の添付書面を要しない。

(c)　登録免許税額

　申請1件につき3万円である（登税別表第一第24号㈠ツ）。

(d)　登記申請書の例

　前記■1の(2)④の商号変更の登記申請書の例中

　「登記の事由　　　貸借対照表に係る情報の提供を受けるために必要な事
　　　　　　　　　　項の設定

　　登記すべき事項　平成〇年〇月〇日次のとおり設定

　　　　　　　　　　貸借対照表に係る情報の提供を受けるために必要な事
　　　　　　　　　　項

　　　　　　　　　　ｈｔｔｐ：／／（以下略)」

などとし，添付書面を上記(b)のとおりとするほかは，これと同様である。

　なお，登記すべき事項については，前記1－2の■4の(3)の登記記録例も参照されたい。

⑵ 貸借対照表の電磁的開示のためのURLの変更

①　手　続

　貸借対照表の電磁的開示のためのURLの変更の手続も，上記⑴の設定の手続と同様である。

　なお，貸借対照表の内容である情報は，定時株主総会の終結の日後5年を経過する日までの間，継続して掲載する必要があるところ，その後，URLを変更した場合も，掲載中の情報を新URLに移転させる義務があるとまではいえず（旧URLで掲載を続ければ足り），そのため，過去に掲載を開始した貸借対照表の内容である情報は，現在事項証明書上のURLではなく，履歴事項証明書等によって判明する過去（掲載開始時）のURLにおいて公示されていることとなる（中川晃「平成14年4月・5月施行商法等改正に伴う商業・法人登記事務の取扱いについて（下）」登記研究658号146頁）。

　ただし，URLは，原則として，貸借対照表が実際に閲覧できるページのものであるが，貸借対照表が掲載されたページへのリンクが分かりやすく設定されている場合には，リンク元のアドレスでも差し支えない（前記1－3の■2の⑶③参照）ため，会社が，過去に掲載を開始した貸借対照表の内容である情報につき，そのURLに新URLへの移転の旨を明記した場合には，任意に，全ての貸借対照表の内容である情報を最新のURLで掲載することも可能であると解される。

②　登記手続

　基本的に，上記⑴のURLの設定の手続と同様である。

　ただし，登記の事由及び登記すべき事項中「設定」とあるのを，「変更」とする。

■9　貸借対照表の電磁的開示のためのURLの設定，変更又は廃止　　*221*

⑶　貸借対照表の電磁的開示のためのURLの廃止

①　会社の代表者の業務決定として廃止する場合

貸借対照表の電磁的開示のためのURLの廃止の手続及びその登記手続については，基本的に，上記⑴のURLの設定の手続と同様である。

登記の事由及び登記すべき事項は，次のとおりである。

「登記の事由　　　貸借対照表に係る情報の提供を受けるために必要な事
　　　　　　　　　項の廃止

　登記すべき事項　平成〇年〇月〇日廃止」

なお，廃止の年月日は，電磁的開示を廃止する旨の業務決定をした日であり，インターネットに掲載してある最後の貸借対照表の掲載を終了した日ではない（前記⑵に掲げた中川論文・登記研究658号146頁）。

②　法律上当然に廃止になる場合

⒜　公告方法を電子公告に変更した場合（職権による登記）

会社が公告方法を電子公告に変更した場合には，以後，論理的に，当該会社は貸借対照表の電磁的開示の措置をとることができなくなるので，登記官は，公告方法の変更の登記をした際に，職権で，貸借対照表（銀行にあっては，中間貸借対照表等を含む。）の電磁的開示のためのURLの登記を抹消する記号を記録しなければならない（商登規71条）。

⒝　有価証券報告書提出会社に該当した場合（申請による登記）

⒤　法律上当然の廃止

官報又は日刊新聞紙を公告方法とし，かつ，貸借対照表の電磁的開示のためのURLを登記してある会社が有価証券報告書提出会社に該当した場合には，貸借対照表の電磁的開示に係る規律が法律上当然に適用除外となる（法440条4項）ため，当該電磁的開示のためのURLの登記を廃止する変更の登記を申請する必要がある（法915条，911条3項26号）。

これは，過去に掲載を開始した貸借対照表の内容である情報につきなお掲

載を継続すべき場合も，同様であり（前記(2)参照），廃止の年月日は，有価証券報告書提出会社に該当した日である。

（注）　銀行についての取扱い

　　　　日刊新聞紙を公告方法とする銀行が電磁的開示の方法により計算書類に係る情報を開示する場合（銀行法20条6項）には，貸借対照表等の電磁的開示のためのURLの登記（法911条3項26号）のほか，中間貸借対照表等・中間連結貸借対照表等・連結貸借対照表等の情報の電磁的開示のためのためのURLの登記（銀行法57条の4第1号）も，しなければならない（前記(1)①参照）。

　　　　このような銀行が有価証券報告書提出会社に該当した場合には，本文の記載と同様に，これらのURLの登記を廃止する変更の登記を申請する必要がある（平成23年法律第49号による銀行法20条7項の新設）。

(ii)　登記手続

　登記手続については，上記①の業務決定として電磁的開示の措置を廃止する場合と同様である。

　添付書面は，委任状以外に必要はなく（有価証券報告書提出会社に該当することを証する書面の添付も不要である。平18・3・31民商782号通達），登録免許税額は，申請1件につき3万円である（登税別表第一第24号㈠ツ）。

■10　存続期間又は解散事由の設定，変更又は廃止

⑴　手　　続

　存続期間又は解散事由の設定，変更又は廃止は，株主総会の特別決議により，定款を変更することによって行う（法471条1号・2号）。

(2) 登記手続

① 登記すべき事項

登記すべき事項は，設定又は変更後の存続期間又は解散事由（廃止の場合は，その旨）及び変更年月日である。

② 添付書面

添付書面は，株主総会の議事録及び株主リストである（商登46条2項，商登規61条3項）。

③ 登録免許税額

申請1件につき3万円である（登税別表第一第24号㈠ツ）。

④ 登記申請書の例

前記■1の(2)④の商号変更の登記申請書の例中

「登記の事由　　　存続期間の設定（変更）

　登記すべき事項　平成〇年〇月〇日存続期間の設定（変更）

　　　　　　　　　存続期間　平成〇年〇月〇日まで」

「登記の事由　　　存続期間の廃止

　登記すべき事項　平成〇年〇月〇日存続期間の廃止」

などとし，添付書面を上記②のとおりとするほかは，これと同様である。

■11　貸借対照表上の資本金の額の変更

(1) 準備金の資本組入れ

①　手　　続

(a) 決議機関

準備金の額を減少し，その全部又は一部を資本金とするには，株主総会の普通決議を要する（法448条1項，計25条1項1号）。

ただし，株式の発行と同時に準備金の額を減少する場合において，当該準備金の額の減少の効力発生日後の準備金の額が当該日前の準備金の額を下回らないときは，取締役の決定（取締役会設置会社にあっては，取締役会の決議）で足りる（法448条3項）。同項の規定振りによれば，取締役会設置会社については取締役会の権限とされ，株主総会でこれを決議するには定款に会社法295条2項の定めがあることを要するかにもみえるが，取締役会の決議により準備金の額を減少することが「できることとする措置」を講ずるとの立法趣旨（相澤哲・岩崎友彦「株式会社の計算等」旬刊商事法務1746号33頁）に鑑み，登記実務上は，会社法448条3項の要件に該当する場合であっても，同条1項の原則どおり，定款の定めなくして株主総会で決議することができるとして取り扱われている（前記1－2の■21参照）。

（注1）　**利益準備金の資本組入れに関する改廃について**
　　　　旧商法では，利益準備金の資本組入れは認められていた（旧商293条ノ3）ところ，会社法の施行時に，資本と利益とを徒らに混同させないという趣旨からこの制度は廃止されたが，その後，平成21年4月1日施行の平成21年法務省令第7号による計算規則48条1項1号の改正により，この制度は再度認められるに至った。

（注2）　**特例有限会社の資本組入れ**
　　　　従来，有限会社は，準備金の資本組入れをすることができないとされていた（旧有46条，旧商293条ノ3，昭35・11・21民事甲2869号回答，新版注釈会社法(14)369頁）が，改正後は，会社法整備法に特段の特例がなく，特例有限会社は，通常の株式会社と同様に，準備金の資本組入れをすることが可能になった。

（注3）　**清算株式会社における適用除外**
　　　　清算株式会社は，資本金の額その他の貸借対照表上の計数の変更をすることはできない（法509条1項2号）。

(b) 債権者保護手続

準備金の額を減少する場合には，減少する準備金の額の全部を資本金とする場合を除き，次の事項を官報に公告し，かつ，知れている債権者に各別に催告する等の債権者保護手続を行わなければならない。ただし，公告を官報のほか定款の定めに従って二重に行う場合には，各別の催告を要しない（法449条）。

- ・準備金の額の減少の内容
- ・計算書類に関する事項（最終事業年度に係る貸借対照表の要旨が公告されている官報の日付及び頁など。計152条）
- ・債権者が一定の期間内に異議を述べることができる旨

なお，定時株主総会において準備金の額のみの減少を決議した場合であって，減少する準備金の額が当該定時株主総会の日における欠損の額を超えないときは，債権者保護手続を要しない（法449条１項ただし書，計151条）。

(c) 効力発生日

準備金の資本組入れの効力は，株主総会の決議によって定めた効力発生日に生ずる。

債権者保護手続が遅延した場合その他必要があるときは，会社は，いつでも効力発生日を変更することができるが，この決定は，会社法348条２項又は362条２項１号の業務執行の決定に該当し，取締役の過半数の決定又は取締役会の決議を要するものと解されている（前記２－１の■３の(1)②(d)参照）。

② 登記手続

(a) 登記すべき事項

登記すべき事項は，変更後の資本金の額及び変更年月日である。

(b) 添付書面

添付書面は，次のとおりである。

- ・株主総会の議事録及び株主リスト（商登46条２項，商登規61条３項）
- ・取締役の決定又は取締役会の決議により行った場合（上記①(a)参照）に

は，株主総会の議事録等に代えて，(i)取締役の過半数の一致を証する書面又は取締役会の議事録，及び(ii)会社法448条３項に規定する場合に該当することを証する書面（商登規61条11項）

上記(ii)の書面は，具体的には，代表者の作成に係る証明書（準備金の額の減少と同時にする株式の発行に際して計上する準備金の額を示す等の方法により，当該場合に該当することを確認することができるもの）等がこれに該当する（平18・３・31民商782号通達）。

・減少に係る資本準備金又は利益準備金の額が計上されていたことを証する書面（商登69条）

この書面は，具体的には，代表者の作成に係る証明書等がこれに該当する（平18・３・31民商782号通達）。もとより，最終の貸借対照表における資本準備金又は利益準備金の額が効力発生日現在でも変更がないことを代表者が届出印をもって奥書証明したものでも，差し支えない。

なお，改正前は，準備金の資本組入れの登記の添付書面である「準備金の存在を証する書面」（旧商登84条）には，貸借対照表（監査役の証明のあるもの）や監査役の証明書が挙げられてきた（商登法逐条解説359頁，書式精義第３版531頁，登記研究423号128頁）ところ，準備金の額は期中にも変動すること，監査役を置かない会社もあること等から，上記の通達が発出されたものであるが，このように監査役が証明する取扱いを否定するまでのことはないものと考えられる。

・効力発生日を変更した場合には，取締役の過半数の一致を証する書面又は取締役会の議事録

なお，準備金の額は登記事項ではなく，準備金の額の減少に係る債権者保護手続を行ったことを証する書面の添付は要しない。

(c) 登録免許税額

申請１件につき，増加した資本金の額（課税標準金額）の1000分の７（これによって計算した税額が３万円に満たないときは，３万円）である（登税別表第一第24号(一)ニ）。

■11 貸借対照表上の資本金の額の変更　　*227*

　なお，資本組入れと同時に株式の分割が行われ，発行済株式総数の増加の登記の申請がされるときは，別途，３万円を加算する必要がある（登税別表第一第24号㈠ツ，平３・２・15民四1162号通知）。

(d)　登記申請書の例

　前記■１の(2)④の商号変更の登記申請書の例中

　「登記の事由　　　　準備金の資本組入れ

　　登記すべき事項　　平成○年○月○日次のとおり変更

　　　　　　　　　　　資本金の額　金○円

　　課税標準金額　　　金○円」

などとし，添付書面及び登録免許税額を上記(b)及び(c)のとおりとするほかは，これと同様である。

(2)　剰余金の資本組入れ

①　手　　続

　剰余金の額を減少し，その全部又は一部を資本金とするには，株主総会（定時株主総会に限られない。）の普通決議によって行う（法450条，計25条１項２号）。

　剰余金の資本組入れの効力は，株主総会の決議によって定めた効力発生日に生ずる。

（注１）　**配当可能利益の資本組入れに関する改廃について**

　　　　旧商法では，配当可能利益の資本組入れは認められていた（旧商293条ノ２）ところ，会社法の施行時に，資本と利益とを徒らに混同させないという趣旨からこの制度は廃止されたが，その後，平成21年４月１日施行の平成21年法務省令第７号による計算規則48条１項２号の改正により，その他利益剰余金の額を減少しこれを資本金とする制度が，再度認められるに至った。

（注２）　**清算株式会社における適用除外**

　　　　清算株式会社は，資本金の額その他の貸借対照表上の計数の変更をすることはできない（法509条１項２号）。

② 登記手続

(a) 登記すべき事項及び登録免許税額

準備金の資本組入れと同様である（前記(1)②(a)及び(c)参照）。

(b) 添付書面

添付書面は，次のとおりである。

・株主総会の議事録及び株主リスト（商登46条2項，商登規61条3項）
・減少に係る剰余金の額が計上されていたことを証する書面（商登69条）

　　　この書面の具体的な内容については，準備金の資本組入れの添付書面である「減少に係る資本準備金又は利益準備金の額が計上されていたことを証する書面」（前記(1)②(b)）を参照されたい。

(c) 登記申請書の例

登記の事由につき「剰余金の資本組入れ」などとするほかは，準備金の資本組入れと同様である（前記(1)②(d)参照）。

(3) 資本金の額の減少

① 手　　続

(a) 決議機関

(i) 株主総会の特別決議

資本金の額の減少は，株主総会の特別決議を要する（法447条1項，309条2項9号）。

(ii) 定時株主総会の普通決議

上記(i)の例外として，資本金の額の減少を定時株主総会で決議する場合において，減少する資本金の額が定時株主総会の日（会計監査人設置会社にあっては，取締役会による計算書類の承認日）における欠損の額を超えないときは，普通決議で足りる（法309条2項9号，施68条）。

(iii) 取締役の決定等

上記(i)の例外として，前記(1)の準備金の減少の場合と同様に，株式の発行

と同時に資本金の額を減少する場合において，当該資本金の額の減少の効力発生日後の資本金の額が当該日前の資本金の額を下回らないときは，取締役の決定（取締役会設置会社にあっては，取締役会の決議）で足りる（法447条3項）。なお，同項の要件に該当する場合であっても，登記実務上，同条1項の原則どおり，定款の定めなくして株主総会で決議することができるとして取り扱われている（前記(1)①(a)参照）。

（注）　清算株式会社における適用除外
　　清算株式会社は，資本金の額その他の貸借対照表上の計数の変更をすることはできない（法509条1項2号）。

(b)　債権者保護手続

　資本金の額を減少する場合には，効力発生日までに，前記(1)の準備金の減少の場合と同様の債権者保護手続を行わなければならない（法449条）。

　資本金の額の減少の決議より先に債権者保護手続を開始することも可能であり（相澤・論点解説663頁，686頁参照），その場合には，資本金の額の減少の決議により，直ちにその効力を生じさせることができると解される。

(c)　効力発生日

　資本金の額の減少の効力は，株主総会の決議によって定めた効力発生日に生ずる。

　効力発生日の変更については，前記(1)の準備金の減少の場合と同様である。

②　登記手続

(a)　登記すべき事項

　登記すべき事項は，変更後の資本金の額及び変更年月日である。

　なお，会社分割と同時に分割会社がする資本金の額の減少についても，一般の資本金の額の減少の手続と異ならないが，その詳細については，後記2－7の■1の(2)②(b)を参照されたい。

⒝ 添付書面

添付書面は，次のとおりである。

・株主総会の議事録及び株主リスト（商登46条2項，商登規61条3項）
・定時株主総会の普通決議による場合には，一定の欠損の額が存在することを証する書面（商登規61条10項）

　具体的には，代表者の作成に係る証明書等がこれに当たる。

・上記①⒜⒤⒤⒤の場合には，株主総会の議事録等に代えて，取締役の過半数の一致を証する書面又は取締役会の議事録（商登46条1項・2項）
・債権者保護手続のための公告及び催告（公告を官報のほか時事に関する事項を掲載する日刊新聞紙又は電子公告によってした場合にあっては，これらの方法による公告）をしたこと並びに異議を述べた債権者があるときは，当該債権者に対し弁済し若しくは相当の担保を提供し若しくは当該債権者に弁済を受けさせることを目的として相当の財産を信託したこと又は当該債権者を害するおそれがないことを証する書面（商登70条）

　公告をしたことを証する書面としては，公告を掲載した官報若しくは日刊新聞紙又は電子公告調査機関の調査報告書(法946条4項)が該当する。催告をしたことを証する書面としては，例えば，催告書の控え1通に催告対象債権者の名簿を合わせとじ，代表者が名簿記載の債権者に対し各別に催告した旨を証明した書面が該当する（書式精義第5版下1308頁）。

　また，異議を述べた債権者がある場合には，債権者の異議申立書と，債権者作成の弁済金受領書，担保契約書又は信託証書等（債権者を害するおそれがないときにあっては，十分な被担保債権額を有する抵当権の設定に係る不動産の登記事項証明書や，異議を述べた債権者の債権額，弁済期，担保の有無，自らの資産状況，営業実績等を具体的に摘示し，債権者を害するおそれがないことを代表者が証明した書面）を添付することとなる（書式精義第5版下1309頁）。

　異議を述べた債権者がないときは，申請書にその旨を記載するか，又は代表者がその旨を証明した上申書を添付すれば足りる（商登法逐条解

説386頁，書式精義第5版上569頁）。

・効力発生日を変更した場合には，取締役の過半数の一致を証する書面又は取締役会の議事録（商登46条1項・2項）

なお，資本金の額が会社法及び計算規則の規定に従って計上されたことを証する書面（商登規61条9項）については，登記簿から，減少する資本金の額が効力発生日における資本金の額を超えないこと（法447条2項）を確認することができるため，添付を要しないとされている（平18・3・31民商782号通達）。

(c) 登録免許税額

申請1件につき3万円である（登税別表第一第24号(一)ツ）。

なお，100パーセント減資の場合等において，資本金の額の減少の登記と募集株式の発行による変更の登記を同時に申請すべき場合があるが，中間省略のような形態で減増資後の最終的な金額への1つの変更の登記だけを申請することは許されない（登記申請書に記載された減資額が株主総会の決議に係る減資額と異なること，又は登記申請書に記載された増資額が募集株式の発行による資本金等増加限度額の2分の1以上とならないこと等により，商登法24条9号の却下事由に当たる。後記2-3の■7の(3)①(d)参照）。

(d) 登記申請書の例

前記■1の(2)④の商号変更の登記申請書の例中

「登記の事由　　　　資本金の額の減少

　登記すべき事項　　平成○年○月○日次のとおり変更

　　　　　　　　　　資本金の額　金○円」

などとし，添付書面及び登録免許税額を上記(b)及び(c)のとおりとするほかは，これと同様である。

2-3 株式に関する登記

1 発行可能株式総数の変更

⑴ 手　　続

①　決議機関

発行可能株式総数の変更（増加又は減少）は，原則として，株主総会の特別決議により，定款を変更することによって行う。

ただし，現に１種類の株式のみを発行している場合において，株式の分割と同時に，当該分割比率を超えない範囲で発行可能株式総数を増加するときは，取締役会の決議（取締役の過半数の一致）により，発行可能株式総数に係る定款の変更をすることができる（法184条２項）。この場合，少なくとも取締役会設置会社においては，当該事項（定款変更に係る事項）の決定を各取締役に委任することはできないものと解すべきであろう（法362条４項の「重要な業務執行の決定」に該当する。なお，取締役会を置かない会社に関し，法348条３項の解釈に疑義があることにつき，前記２－１の■４の⑴③参照）。

なお，発行可能株式総数を変更するには，このような決議の存在が必要であり，旧商法における解釈のように，株式の消却又は併合によって当然に発行可能株式総数が減少するものではない（平18・３・31民商782号通達，昭44・10・３民事甲2028号回答，昭57・11・13民四6854号回答，鴻・先例百選74頁，76頁）。ただし，定款に「株式の消却をした場合には，消却した株式の数に

つき，当会社の発行可能株式総数は減少する」旨の定めがある会社については，当該定めは合理性があり有効であると解されており（相澤・論点解説182頁），株式の消却の結果，株主総会等の決議なくして発行可能株式総数が減少することとなる。

（注）　株式の併合の場合の発行可能株式総数の取扱い

　　　　平成26年の会社法の改正により，株式の併合をする場合には，効力発生日における発行可能株式総数をも株主総会の特別決議において定めなければならず，その効力発生日に，発行可能株式総数に係る定款の変更をしたものとみなされることとなった（法180条2項4号，182条2項）。この場合も，下記②と同様に，公開会社においては，発行可能株式総数は，効力発生日における発行済株式総数の4倍を超えることができない（法180条3項）。

②　発行可能株式総数の変更の留意点

　公開会社が定款を変更して発行可能株式総数を増加する場合，及び非公開会社が定款を変更して公開会社となる場合には，発行可能株式総数は，定款変更の効力発生時における発行済株式総数の4倍を超えることができない（法113条3項。定款変更後も非公開会社であるときは，このような上限はない。）。

　これに対し，発行可能株式総数を減少する場合には，減少後のその数は，当然ながら，定款変更の効力発生時における発行済株式総数を下回ってはならない（法113条2項）。なお，行使期間の到来した新株予約権があるときは，その行使によって交付すべき株式の数を確保しておく必要がある（同条4項参照）ため，発行可能株式総数を減少する場合には，次の式の関係を満たすよう留意する必要がある。

$$\text{減少後の発行可能株式総数} \geqq \text{発行済株式総数} + \left(\begin{array}{l} \text{新株予約権行使による発行予定新株数} \\ \left(\begin{array}{l} \text{新株予約権行使による} \\ \text{交付予定株式数} \end{array} - \text{自己株式数} \right) \end{array} \right)$$

　発行可能株式総数を減少する場合には，これを増加する場合と異なり，定款変更の効力発生時における発行済株式総数の4倍を超えてはならない（法

113条3項参照）という制約はない。そうすると，株式の消却後に発行可能株式総数を減少するときは，減少後の発行可能株式総数がなお消却後の発行済株式総数の4倍を超えていても差し支えないとする会社法下の解釈を変更することは困難であろうが，上記①（注）の平成26年の会社法の改正の趣旨（既存株主の持株比率の低下の限界を画するという発行可能株式総数の機能を重視するもの）を踏まえると，あまり適切な運用ではないようにも思われる。

（注1） 新株発行に際してする発行可能株式総数の増加

　　公開会社において，資金調達の関係上，多数の新株を発行するとともに，発行可能株式総数の大幅な増加を望む場合がある。

　　この場合に，発行可能株式総数に余裕がないときは，株主総会で発行可能株式総数を増加する定款変更が決議されることを条件として，新株発行を決議することもできる。例えば，発行済株式総数3万株，発行可能株式総数4万株の会社において，発行可能株式総数を12万株（発行済株式総数の4倍以下）に増加する定款変更を条件として，その範囲内で新株を発行する事例である（条件付新株発行。昭34・8・29民事甲1923号回答，実務相談4・215頁）。

　　これに対し，発行可能株式総数に余裕があるときは，①新株を発行可能株式総数の上限まで発行する旨決議するとともに，②当該新株発行を条件として，発行後の株式総数の4倍を超えない範囲内で発行可能株式総数を増加する定款変更をすることもできるとされている。例えば，発行済株式総数1万株，発行可能株式総数4万株の会社において，3万株の新株発行を条件として，発行可能株式総数を16万株とする事例である（条件付定款変更。特殊な事案であるが，最判昭37・3・8民集16巻3号473頁参照）。

　　また，登記実務上は，上記の条件付新株発行と条件付定款変更を組み合わせることも可能であり，例えば，発行済株式総数2万株，発行可能株式総数4万株の公開会社では，次のとおり，定款変更→条件付新株発行→条件付定款変更という手続によって，発行可能株式総数を32万株とすることができるとされている（登記研究273号70頁。他の手法については，実務相談4・229頁も参照）。

・取締役会において，下記株主総会の第1号議案の可決を条件として，6万株の新株発行を決議する（条件付新株発行）。

■ 1　発行可能株式総数の変更　　　*235*

・株主総会において，第１号議案として，発行可能株式総数を８万株に
　増加する定款変更を決議し（即効力発生），第２号議案として，上記６
　万株の新株発行を条件として，発行可能株式総数を32万株に増加する
　定款変更を決議する（条件付定款変更）。

　　このように，登記実務上は，資金調達の要請から様々な手法が認めら
れているが，他方で，条件付定款変更については，その決議時と条件成
就時の株主構成が大きく異なり，条件とされた新株発行に係る新株主の
権利が奪われるのではないかとの指摘（真船孝允・最高裁判所判例解説
民事篇昭和37年度304頁）にも，十分に留意すべきであろう。

（注２）　枠外発行について

　　発行可能株式総数を超える新株発行（枠外発行）がされた場合には，
新株発行の無効原因があると解されており，公開会社にあっては６か月
の提訴期間が経過しない限り，これによる変更登記をすることはできな
い（法828条１項２号，商登25条，実務相談４・219頁。株式の超過発行
をした取締役等は，法966条により刑罰に処せられる。）。なお，上記
（注１）で示した事案は，新株発行の効力発生時点では発行可能株式総数
の枠内発行であって，枠外発行ではない。

　　ただし，現に枠外発行がされた後，発行後の株式総数の４倍を超えな
い範囲内で発行可能株式総数を増加する定款の変更がされた場合には，
上記の民事上の瑕疵は治癒され，６か月の提訴期間を経過しなくても，
新株発行による変更登記及び発行可能株式総数の変更登記は，受理され
るようである（昭40・11・13民事甲3214号回答，昭57・11・12民四6853
号回答，登記研究423号109頁，実務相談４・216頁）。

　　これに対し，枠外発行を条件として，発行可能株式総数を増加する定
款の変更がされた場合（例えば，発行済株式総数１万株，発行可能株式
総数４万株の会社において，５万株の新株発行を条件として発行可能株
式総数を24万株とする場合）には，枠外発行という無効事由を条件とす
る定款変更決議には瑕疵があり，前段落のように枠外発行の瑕疵を治癒
できないため，その後，現に枠外発行がされたときでも，新株発行によ
る変更登記及び発行可能株式総数の変更登記は，することはできない
（上記昭40回答，昭45・6・29民四468号回答，登記研究273号68頁，実務
相談４・228頁，鴻・先例百選136頁）。この場合には，公開会社にあって
は６か月の提訴期間の経過後に，新株発行による変更登記のみを受理す
ることとなる（登記研究273号71頁）。

　　なお，枠外発行を条件として発行可能株式総数を増加する定款変更が
あった場合の登記所における審査に関し，株主総会議事録等の決議事項
を文字どおり読まず，決議内容を善解して，上記（注１）の条件付定款変

更等の構成により適法になる余地があるものにつきこれを救済した先例（昭56・4・27民四2795号回答，登記研究402号79頁）もあるが，善解の限界が微妙な上，前記昭45回答との関係についても説明が難しく，会社としては，上記（**注1**）の枠内発行となるよう，留意すべきであろう。

（注3）　吸収合併における取扱い

　　吸収合併に際しては，存続会社が消滅会社の株主に合併対価を交付する必要から，その発行可能株式総数を超えて株式を発行することもできる（新版注釈会社法⒀113頁）。

　　この場合には，公開会社である存続会社は，吸収合併の効力発生前に，その効力発生を停止条件として，合併対価として発行する株式数を含めた株式総数の4倍を超えない範囲内で，発行可能株式総数を増加する定款の変更をすることができる（平20・9・30民商2664号回答，浅野克男「吸収合併と授権株式数増加の可否」旬刊商事法務1172号36頁）。

③　種類株式発行会社の場合

　一般には，旧商法の実務に従い，各種類の株式の発行可能種類株式総数の合計が会社の発行可能株式総数と一致する例が圧倒的であるので，発行可能株式総数を増加し又は減少する場合には，これと連動して発行可能種類株式総数も変更することが多いが，理論的には，両者は一致する必要はない（これを超えても，下回っても差し支えない）と整理されている（相澤・論点解説56頁）。

　なお，発行可能種類株式総数を減少する場合についても，上記②と同様，行使期間の到来した取得請求権付株式の取得と引換えに交付すべき種類株式の数，取得条項付株式の取得と引換えに交付すべき種類株式の数及び行使期間の到来した新株予約権の行使により交付すべき種類株式の数を，将来発行するものとして確保しておく必要がある（法114条2項。規定は欠けているが，取得条項付新株予約権の取得と引換えに交付すべき種類株式の数も，同様と解される。）。

■ 1 発行可能株式総数の変更   237

(2) 登記手続

① 登記すべき事項

登記すべき事項は，変更後の発行可能株式総数及び変更年月日である。

② 添付書面

添付書面は，株主総会の議事録及び株主リストである（商登46条2項，商登規61条3項）。

ただし，前記(1)①のとおり，取締役会の決議（取締役の過半数の一致）で足りる場合には，添付書面は，取締役会の議事録（取締役の過半数の一致を証する書面）である（商登46条2項・1項）。

③ 登録免許税額

申請1件につき3万円である（登税別表第一第24号㈠ツ）。

④ 登記申請書の例

株式会社変更登記申請書

1　商号　〇〇株式会社（会社法人等番号・・・）

1　本店　〇県〇市〇町〇丁目〇番〇号

1　登記の事由　　発行可能株式総数の変更

1　登記すべき事項　平成〇年〇月〇日発行可能株式総数の変更

　　　　　　　　　発行可能株式総数　〇万株

1　登録免許税　　金3万円

1　添付書類　　　株主総会議事録　　1通

　　　　　　　　株主リスト　　　　1通

　　　　　　　　委任状　　　　　　1通

---

238   2-3　株式に関する登記

上記のとおり登記の申請をする。

　　平成○年○月○日

　　　　　　　　　　　　　○県○市○町○丁目○番○号

　　　　　　　　　　　　　　申請人　○○株式会社

　　　　　　　　　　　　　○県○市○町○丁目○番○号

　　　　　　　　　　　　　　代表取締役　何某

　　　　　　　　　　　　　○県○市○町○丁目○番○号

　　　　　　　　　　　　　　上記代理人　何某　印

　　　　　　　　　　　　　　（電話番号　・・・）

○○法務局御中

（注）　書式精義第3版443頁では，数種の株式のうちある種の株式の数のみを増
　　加した場合には，当該種類の株式についてのみ登記すべき事項に記載する
　　として，次の記載例を掲げている。
　　　　「平成何年何月何日会社が発行する株式の総数及び発行する優先株式の
　　　　数の変更
　　　　　発行する株式の総数　　何万株
　　　　　発行する優先株式の数　何万株」
　　　しかし，コンピュータによる登記簿を備える登記所では，紙の登記簿と
　　異なり，変更部分だけを朱抹することができず，登記事項の単位ごとに変
　　更登記をせざるを得ない。この点，「発行可能株式総数」と「発行可能種類
　　株式総数及び発行する各種類の株式の内容」とはそれぞれ1つの単位であ
　　るため，仮に発行可能種類株式総数を変更する場合には，前記書式精義第
　　3版の記載例によることはできず，登記事項として，全ての種類株式に係
　　る発行可能種類株式総数とその内容を記載することとなる（書式精義第5
　　版上443頁）。

■2 株式の内容の変更（株式譲渡制限の定めの設定等を含む。）

(1) 単一株式発行会社の場合

　定款上１種類の株式のみを発行する会社は，株式の内容につき，特段の定款の定めを設けないこととする（いわゆる普通株）ほか，①譲渡制限株式の定め，②取得請求権付株式の定め，③取得条項付株式の定めを設けることもできる。

　これらの定めを設け，変更し，又は廃止した場合には，本店の所在地において，発行する株式の内容の設定，変更又は廃止の登記をする必要がある（法915条１項，911条３項７号）。

　定款上１種類の株式のみを発行する会社が上記①～③以外の定めを設けたとしても，それは株式の内容とはならず，会社法109条２項の株主ごとに異なる取扱いを行う旨の定めになる場合がある（非公開会社に限る。なお，具体例については，江頭・株式会社法167頁参照）にすぎないのであり，当該定めは登記事項ともならない。

　上記②及び③の株式は，実際上，種類株式発行会社において利用されることが予想されるため，その登記については，後記(2)において説明し，ここでは，譲渡制限株式の定めの設定，変更及び廃止の登記につき説明することとする。

① 譲渡制限株式の定めの設定

(a) 手　　続

譲渡制限株式の定めを設定するに当たっては，次の手続がある。

・株主総会の特殊決議（法309条３項１号）

・効力発生日の20日前までにする株主に対する通知又は公告及び反対株主

による株式買取請求（法116条）

・効力発生日の20日前までにする新株予約権者に対する通知又は公告及び反対新株予約権者による新株予約権買取請求（法118条）

・効力発生日の１か月前までにする株主及び登録株式質権者に対する株券提供公告及び通知（ただし，株式の全部について株券を発行していない場合は，この手続は不要である。法219条１項１号）

これらの手続の先後関係については，株式買取請求の手続等を株主総会の日に先立ち開始することも可能であって（相澤・論点解説94頁，663頁参照），他の手続を全て履践している場合には，株主総会の決議により直ちに株式譲渡制限の効力を生じさせることもできると解されている。

なお，平成13年法律第128号による改正前の商法では，転換社債又は新株引受権付社債がある場合には，その転換請求期間又は新株引受権行使期間の経過前には，株式譲渡制限の定めを設けることができなかった（改正前商法348条３項。登記研究622号153頁）ところ，この規律については，同改正後もなお従前の例によるとされており（平成13年法律第128号の附則７条），その状況は会社法施行後も変わらない。したがって，転換社債又は新株引受権付社債が残っている場合には，その転換又は行使によって発行される株式につき，譲渡制限株式の定めを設けることができない（他の種類の株式につき譲渡制限株式の定めを設けることができることについては，新版注釈会社法⑿61頁を参照）ことに注意する必要がある（これに対し，会社法施行前に発行された「新株予約権」がある場合でも，これは会社法の新株予約権として存続する（整備法66条１項）ため，会社法に基づき譲渡制限株式の定めを設定することができる。）。

（注１）　「20日前までに通知」の意味

　　　　会社法上「効力発生日の20日前までに通知しなければならない」旨の規定は，通知を発した日の翌日から起算して，当該効力発生日までの間に少なくとも20日間の日数がなければならない（通知を発した日と効力発生日を算入せず，その間に20日が存在しなければならない）という趣旨である（大判昭10・７・15大審院民事判例集14巻1401頁参照）。

■2　株式の内容の変更（株式譲渡制限の定めの設定等を含む。）　　*241*

（注2）　旧商法の手続との相違

　　旧商法の下では，株主総会の特殊決議後に，1か月以上の株券提供公告を開始し，その期間満了時に株式譲渡制限の効力が生ずるとされており（旧商350条），「株式会社が株券の提供公告をした場合において，その提供期間の末日が大祭日，日曜日その他の休日に当たった場合には，株券の提供期間は，その末日の翌日の終了をもって満了する。」と解されてきた（昭43・10・2民事甲3018号通達，登記研究252号58頁）。

　　しかし，会社法の下では，株主総会の決議と他の手続との先後関係は自由であり，株券提供公告についても，終期から遡って公告期間を計算する形式の規定振りとされている。そのため，上記昭和43年通達の適用場面はなく，効力発生日（休日を含む。）の午前零時（その日に株主総会を開催するときは，その決議時）に株式譲渡制限の効力が生ずるものと解される。

(b)　株券発行会社の定めの廃止手続を並行して行う場合

　実務上，譲渡制限株式の定めの設定手続と並行して株券発行会社の定めの廃止手続が行われ，その結果，譲渡制限株式の定めの設定手続において原則として必要なはずの株券提供公告が不要になる（法219条1項ただし書）事例がしばしば見られる。

　例えば，株券発行会社の定めの廃止のための株券廃止の公告及び通知（法218条1項）や，譲渡制限株式の定めの設定手続のための株主及び新株予約権者への通知又は公告（法116条，118条）を先に履践した後，株主総会において，第1号議案として株券発行会社の定めの廃止を，第2号議案として譲渡制限株式の定めの設定を決議する事例が1例である。

　また，逆に，先に株主総会を開催して，株券発行会社の定めの廃止を決議するとともに，その効力の発生を条件として，譲渡制限株式の定めの設定を決議し，その後，株券発行会社の定めの廃止のための株券廃止の公告及び通知（法218条1項）や，譲渡制限株式の定めの設定手続のための株主及び新株予約権者への通知又は公告（法116条，118条）を行う事例もある。

　これらは，両手続を並行して行っているが，いずれも，論理的には，株券発行会社の定めの廃止の効力を先に生じさせ，それを条件として，譲渡制限

株式の定めの設定に係る株主総会の決議を行うものであり，そのような構成であれば適法な手続といえる（登記研究707号194頁）。前者の事例で議案の順序を逆にしたり，後者の事例で議事録上条件付決議であると明示されなかったりしたとしても，議事録の全体から上記の論理的な順序が看取されれば，登記申請を受理して差し支えないと思われるが，議事録の作成に当たっては，上記の論理的順序が明らかになるよう，留意すべきであろう。

(c) 登記手続

(i) 登記すべき事項

登記すべき事項は，譲渡制限株式の定め及び設定年月日である。

登記申請書には，定款中の譲渡制限株式の定めの文言をそのまま掲げるべきであること，「当会社の株式を譲渡により取得するには，当会社の承認を要する。」と「当会社の株式を譲渡により取得するには，取締役会の承認を要する。」のいずれの申請も受理されること，株式会社登記簿の株式・資本区中「株式の譲渡制限に関する規定」欄に記録されること等については，前記１－２の■６の(1)②に記載したとおりである。

(ii) 添付書面

添付書面は，次のとおりである。

・株主総会の議事録及び株主リスト（商登46条２項，商登規61条３項）
・株券発行会社にあっては，株券提供公告をしたことを証する書面（当該株式の全部につき株券不所持申出がされているか，又は非公開会社における法215条４項の特例により株券が発行されていない場合には，これを証する書面（株主名簿）。商登62条）

株券発行会社以外の会社は，登記記録から株券発行会社でないことが判明し，株券提供公告を要しないことが登記官に明らかであるため，株主名簿の添付も要しない。

株券提供公告の要否につき，「公開会社である株券発行会社が違法に株券を発行していない場合には，株券提供公告の義務はない（法219条１項ただし書）」とする見解もある（相澤・論点解説222頁）が，違法に株券を発行しない

■2　株式の内容の変更（株式譲渡制限の定めの設定等を含む。）　*243*

会社の取締役には過料の制裁が課されること（法976条14号），現実に株券を
発行していないことの立証手段が困難なこと（違法な状態の株主名簿にどれ
ほどの真実性を期待することができるか）等から，登記実務上，そのような
登記申請に係る取扱いはされていないようである（旧商法における取扱いにつ
いては，実務相談2・112頁参照）。

　なお，旧商法において，株式譲渡制限の定めの設定や株券提供公告に関し
て，下記のような先例等がある（**参考先例等2－3**）。

　このうち，**参考先例等2－3**の1から3までについては，会社法の下でも，
従前と異なる解釈を採るべき特段の理由は見当たらないように思われる。

　また，**参考先例等2－3**の4及び5については，株券提供公告をすべき時
期に関する規律が改正されたことに留意する必要があるが，おおむね，①株
式譲渡制限規定の設定に係る株主総会の決議後その効力発生前に，募集株式
の募集決議を行い増資の効力が生じた場合には，募集株式の発行による変更
登記は受理されるが，株式譲渡制限規定の設定の登記は受理されず，逆に，
②株式譲渡制限規定の設定に係る株主総会決議後，募集株式の募集決議を行
い，株式譲渡制限規定の設定の効力の発生後に増資の効力が生じた場合には，
株式譲渡制限規定の設定による変更登記は受理されるが，株式申込人に株式
譲渡制限に係る事項が通知されていない限り（施41条），募集株式の発行に
よる変更の登記は受理されないという点で，従前と同様の解釈となるものと
思われる。

参考先例等2－3

　1　株式の譲渡制限のための株券提供公告において，商号を「クイン商事株式会
　　社」とすべきところ，「タイン商事株式会社」と誤って公告した後，後日訂正
　　公告をなし，訂正公告後1か月を経過して登記申請があった場合には，これを
　　受理して差し支えない（昭44・8・15民四733号回答，登記研究262号71頁）。
　2　株式の譲渡制限に関する規定の設定による変更登記申請書に添付された
　　「公告をしたことを証する書面」により，株券提供期間が1か月に満たないこ
　　とが明らかである場合には，改めて1か月を下らない期間公告をし直さなけ

れば，当該申請は受理できない（昭41・12・23民四772号回答，登記研究231号65頁，鴻・先例百選146頁）。

　なお，公告の原稿誤りとしては，上記１及び２の先例のように，商号，本店，公告期間等の誤りがみられるところ，訂正公告がされずに登記申請があった場合や，訂正公告がされてもその後一定の公告期間の経過前（当初の公告期間の経過後）に登記申請があった場合に，これを受理してよいかどうか，判断の難しい事案が多い。性質上個別事案とならざるを得ず，会社の同一性が認められて救済された事案（青森市大字造道字浪打五十八番地を青森市大字浪打五十八番地と公告した事案。登記研究191号64頁）もあるが，基本的に，直ちに訂正公告を行った上で上記１の先例のように取り扱うべきである（ただし，登記研究259号69頁は，訂正公告後に法定の公告期間の経過を求める趣旨かどうか，判然としない。）し，また，公告期間の延長については，当該公告期間の経過前であればこれを補正することもできるが，その経過後であれば，上記２の先例のように取り扱うこととなろう（登記研究231号65頁）。

3　官報公告に印刷誤りがあった場合において，誤った公告がされてから合理的な期間内（関係者が直ちに訂正の申入れを行い，官報に正誤表が掲載されるのに必要な期間内）に当該公告が訂正されているときは，原稿誤りの場合とは異なり，当初から正しい公告がされたものとして取り扱って差し支えない（平14・7・30民商1831号回答，登記研究658号202頁）。

4　株式譲渡制限の規定を設ける定款変更決議をした後，当該規定の設定の効力が生ずる前に取締役会の決議により新株を発行し，その後に旧商法350条１項の公告をなし，当該公告期間満了後になされた株式譲渡制限の規定の設定による変更の登記の申請は，受理すべきでない（昭51・3・18民四2157号回答，登記研究344号47頁）。

5　株式の譲渡制限に関する定めの設定に伴う株券提供公告期間中に新株発行がされた場合，右定めの効力が生ずる前に増資の効力が生じているときは，新株発行による変更登記は受理されるが，株式の譲渡制限に関する規定の設定による変更登記は受理されない。しかし，増資の効力が生ずる前に右定めの効力が生じているときは，株式の譲渡制限に関する規定の設定による変更登記は受理されるが，株式申込証に株式の譲渡制限に関する規定が記載されていない限り，新株発行による変更の登記は受理されない（実務相談2・95頁）。

(iii)　登録免許税額

申請１件につき３万円である（登税別表第一第24号㈠ツ）。

■2　株式の内容の変更（株式譲渡制限の定めの設定等を含む。）　　245

(iv)　登記申請書の例

前記■1の(2)④の発行可能株式総数の変更の登記申請書の例中

「登記の事由　　　株式の譲渡制限に関する規定の設定

　登記すべき事項　平成〇年〇月〇日設定

　　　　　　　　　株式の譲渡制限に関する規定

　　　　　　　　　　当会社の株式を譲渡により取得するには，当会社の

　　　　　　　　　　承認を要する。」

などとし，添付書面を上記(ii)のとおりとするほかは，これと同様である。

②　譲渡制限株式の定めの変更又は廃止

(a)　手　　　続

　譲渡制限株式の定めの変更又は廃止は，株主総会の特別決議により，定款を変更することによって行う（譲渡制限株式の定めの廃止により公開会社となる場合には，その発行可能株式総数が発行済株式総数の4倍を超えることができないことに注意する必要がある。法113条3項2号）。

　譲渡制限株式の定めを設定する場合と異なり，株主及び新株予約権者に対する通知又は公告や，株券提供公告をする必要はない（相澤・論点解説64頁）。

　なお，登記簿上，譲渡承認機関を明示せずに「当会社の承認を要する」と登記している会社にあっては，譲渡承認機関を変更したり，解散したりしても，変更登記の義務は生じない。

　これに対し，登記簿上，譲渡承認機関を明示している場合において，機関設計の変更や解散により当該明示された機関が存在しなくなったとき（登記簿上「取締役会の承認を要する」と登記している会社が，取締役会設置会社の定めを廃止したり，解散したりした場合等）は，譲渡制限株式の定めに関する定款の変更も併せて行い，その登記をする必要がある（旧商法の実務では，清算手続中には譲渡制限規定の効力が停止すると解されていたため，解散後に登記簿上「取締役会の承認」という文言を存置しても，これが無効であることが明らかであり，特段変更登記の義務はないとされていたが，会社

法では，この点につき，清算手続中も譲渡制限規定の効力を認めることに改めたとのことである（相澤哲・郡谷大輔「定款の変更,事業の譲渡等,解散・清算」旬刊商事法務1747号17頁）ので，清算手続中の譲渡制限規定の内容を適切に規律するため，定款を変更して変更登記をする必要があると解されている。）。

（注）　譲渡制限株式の定めの廃止と機関設計等

　　　　株式譲渡制限規定の廃止により非公開会社が公開会社になると，後記2－5の■1の(1)のとおり，機関設計に制約が課され（取締役会設置強制，監査役又は監査等委員会若しくは指名委員会等の設置強制），従来の機関設計が許容されなくなる場合がある。この場合，機関設計の変更に係る登記申請を同時にしない限り，譲渡制限株式の定めの廃止による変更の登記申請は，商登法24条9号（申請書と設置強制機関の存在しない登記簿との不合致）により却下されるものと解される（なお，同条10号については，相澤・論点解説272頁によれば，該当しないものと解される。）。

　　　　また，取締役・監査役選解任権付株式を発行している会社は，取締役・監査役選解任権付株式の定めの廃止の登記申請を同時にしない限り，譲渡制限株式の定めの廃止の登記をすることができない（法108条1項ただし書，商登24条9号。却下条項につき，中川晃「商法等の一部を改正する法律等の施行に伴う商業登記事務の取扱い」登記研究671号97頁参照）。

⒝　登記手続

　⒤　登記すべき事項

登記すべき事項は，変更後の譲渡制限株式の定め（又はその廃止の旨）及び変更年月日である。

　⒤⒤　添付書面

添付書面は，株主総会の議事録及び株主リストである（商登46条2項，商登規61条3項）。

　⒤⒤⒤　登録免許税額

申請1件につき3万円である（登税別表第一第24号㈠ツ）。

　⒤⒱　登記申請書の例

前記■1の(2)④の発行可能株式総数の変更の登記申請書の例中

「登記の事由　　　　株式の譲渡制限に関する規定の変更

登記すべき事項　平成〇年〇月〇日変更
　　　　　　　　　　株式の譲渡制限に関する規定
　　　　　　　　　　　当会社の株式を株主以外の者が譲渡により取得する
　　　　　　　　　　　には、当会社の承認を要する。」
　「登記の事由　　　株式の譲渡制限に関する規定の廃止
　　　登記すべき事項　平成〇年〇月〇日株式の譲渡制限に関する規定廃止」
などとするほかは，これと同様である。

(2)　種類株式発行会社の場合

　会社は，定款を変更して，発行する各種株式の内容及びその発行可能種類
株式総数を新たに定めることにより，会社法の原則的な株式の内容（いわゆ
る普通株）のほかにも，次の内容において異なる種類の種類株式を新規に発
行することができる（種類株式の追加）。

　・剰余金の配当
　・残余財産の分配
　・株主総会において議決権を行使することができる事項
　・株式譲渡制限
　・株主の取得請求権
　・会社による取得条項
　・会社による全部取得条項
　・いわゆる拒否権（株主総会，取締役会等において決議すべき事項のうち，
　　当該決議のほか，当該種類の種類株主総会の決議があることを必要とす
　　るもの）
　・当該種類の種類株主総会における取締役又は監査役の選任権（公開会社
　　及び指名委員会等設置会社では，この種類株式を発行することはできな
　　い。）

また，種類株式発行会社は，既発行の種類株式につき，一定の手続を履践

することにより，これを他の種類の株式に転換することもできる（種類株式の内容の変更）。

　ここでは，特に実務上主要なものを中心として，このような定款の変更に伴う変更の登記について説明し，具体的な種類株式の発行による変更の登記については，後記■6で説明することとする。

①　優先株式の定めの設定，変更又は廃止（剰余金の配当，残余財産の分配）

(a)　手　　続

　新たに発行すべき種類株式として剰余金の配当又は残余財産の分配に関する種類株式（ここでは「優先株式」と総称する。）を追加するには，株主総会の特別決議により定款を変更し，他の種類株主に損害を及ぼすおそれがあるときは，更に，その種類株主総会の特別決議をも得る必要がある（法108条2項1号・2号，322条1項1号イ）。

　既に発行済みの種類株式の内容を変更してこれを優先株式とする場合も，同様であり，株主総会の特別決議により定款を変更し，当該種類株式（通常は，この者に有利になる。）又は他の種類株主に損害を及ぼすおそれがあるときは，更に，その種類株主総会の特別決議をも得る必要がある（相澤・論点解説57頁の図表2－2参照）。

　これとは逆に，定款に定めた優先株式の定めを変更又は廃止して，当該優先株主に不利益になる場合（当該優先株式の全体に係る変更又は廃止）については，各別の合意の要否につき議論が分かれているが，通説は上記と同様であり，株主総会の特別決議により定款を変更し，当該優先株主に損害を及ぼすおそれがあるとして，その種類株主総会の特別決議を得れば足りると解している（昭39・12・26民事甲4024号回答，実務相談1・868頁，相澤・論点解説57頁の図表2－2参照。ただし，実務相談1・886頁は，会社と当該優先株主全員との合意が必要であるとして反対する。なお，当該優先株式を目的とする新株予約権を発行していた場合でも，旧商法下での取扱いと同様に，当該新株予約権者の同

意を得る必要はなく，法118条の新株予約権買取請求制度の対象ともならない。）。

　さらに，発行済みのある株式の一部を他の種類の株式とすること（例えば，普通株式のみを発行している会社が発行済株式の一部を優先株式に変更することを望む場合や，普通株式及び優先株式を発行している会社が発行済優先株式の一部を普通株式に変更することを望む場合等）については，新たな種類株式の定めを設ける必要があれば当該定めの設定に係る定款変更が必要になるほか，(i)株式の内容の変更に応ずる個々の株主と会社との合意，(ii)株式の内容の変更に応ずる株主と同一種類に属する他の株主全員の同意（江頭・株式会社法170頁注3参照），(iii)その他の種類株式（損害を受けるおそれのあるもの）の種類株主総会の特別決議が必要になるものと解される（昭50・4・30民四2249号回答，鴻・先例百選78頁参照。ただし，上記(ii)の要件は，株式の内容の変更に応ずる株主が不利益を受けるのみで，これと同一種類に属する他の株主の「不利益が全くない」場合には，論理的には不要であろう（新株予約権の内容の変更に関する後記2－4の■4参照）が，実務的には，種類株式の内容は複雑であり，不利益が全くないといえるかどうか微妙なことから，紛争防止の観点からその同意を得るよう努めるべきであろう。また，上記(iii)の要件につき，実務相談1・876頁では，不利益を受ける他の種類株主全員の同意を要するようにみえるが，株主平等の原則は同一種類の株式の間でのみ問題となること，発行済みの種類株式の全体に係る内容の変更の場合とのバランス等を考慮すれば，全員の同意までは要しないと考えられる。）。

（注）　会社法施行前から存する優先配当額の上限を定めた優先株式に係る定款及び登記の取扱い

　　　前記1－2の■5の(2)②(c)の(注)に記載したとおり，会社法施行前から存する優先配当額の上限を定めた優先株式については，会社法施行後も，なお従前のとおり取り扱われる。そのため，「発行する各種類の株式の内容」の登記には，優先配当額の上限が記録されるが，当該上限の範囲内で各別に発行した株式（これらは全て同一種類とされる。）のそれぞれの優先配当額は示されず，これらは，「発行済各種株式の数」の登記において示されることとなる（平2・12・25民四5666号通達の別紙記載例1の(1)，(3)のイ）。

250　　　2-3　株式に関する登記

　会社法施行後は，上記平成2年通達のような株式の内容の登記が新たに
されることはない（定款において株式の内容の要綱（法108条3項）を定め
た場合であっても，当該種類の株式を初めて発行する時までにその具体的
内容が定まり，その登記がされる。）が，従前された上記平成2年通達に係
る登記の変更の登記は，引き続きされることとなる。

(b)　登記手続

(i)　登記すべき事項

　登記すべき事項は，変更後の発行可能種類株式総数及び発行する各種類の
株式の内容並びに変更年月日である。

　種類株式発行会社において，ある種類の株式の内容を変更した場合であっ
ても，全ての種類株式につき，その発行可能種類株式総数及び発行する各種
類の株式の内容を明らかにする必要がある。

（**注**）　書式精義第3版448頁では，種類株式発行会社がある種類の発行する株式
の数を変更した場合には，発行可能種類株式総数の変更登記をすれば足り，発
行する各種株式の内容についての申請を要しない旨の記載例を掲げている。

　　　しかし，現在では，全ての登記所でコンピュータによる登記簿を備えて
いるところ，紙の登記簿と異なり，変更部分だけを朱抹することはできず，
登記事項の単位ごとに変更登記をせざるを得ない。この点，「発行可能種類
株式総数及び発行する各種類の株式の内容」が1つの単位であるため，仮
にある種類の株式の発行可能種類株式総数を変更する場合には，その申請
だけでは足りず，登記事項として，全ての種類株式に係る発行可能種類株
式総数とその内容を記載することとなる。

(ii)　添付書面

　優先株式の定めの設定，変更又は廃止（変更又は廃止にあっては，当該種
類の全体に係るものに限る。）の登記の添付書面は，株主総会（及び種類株
主総会）の議事録及び株主リストである（商登46条2項，商登規61条3項）。

　なお，既に発行済みのある優先株式の「一部」を他の種類の株式とする場
合には，前記(a)のとおり，一定の株主の同意が必要となる場合がある（この
場合には，同意が必要となる種類株式の株主に係る株主リストも添付書面と

なる。商登規61条2項。辻雄介・大西勇「株主リストに関する一考察」登記研究832号9頁）。

(iii) 登録免許税額

申請1件につき3万円である（登税別表第一第24号㈠ツ）。

(iv) 登記申請書の例

前記■1の(2)④の発行可能株式総数の変更の登記申請書の例中，単一株式発行会社が種類株式発行会社になる場合には

「登記の事由　発行可能種類株式総数及び発行する各種類の株式の内容の設定」

とし，種類株式発行会社においては

「登記の事由　発行可能種類株式総数及び発行する各種類の株式の内容の変更」

とし，種類株式発行会社が単一株式発行会社になる場合には

「登記の事由　発行可能種類株式総数及び発行する各種類の株式の内容の廃止」

とする（ただし，廃止にあっては，下記(v)のとおり，登記事項が職権で抹消される場合もある。）。登記すべき事項は上記(i)のとおりであり，添付書面は上記(ii)のとおりである。

(v) 登記の在り方

単一株式発行会社が種類株式発行会社となった場合には，登記官は，申請に基づき，発行可能種類株式総数及び発行する各種類の株式の内容の設定の登記をするが，仮に「発行する株式の内容」欄に取得請求権付株式又は取得条項付株式の定めの登記があったとき（普通株式のみを発行している場合には，この欄の登記はない。）は，職権で，この欄の登記を抹消する記号を記録しなければならない（商登規69条1項）。

また，種類株式発行会社が単一株式発行会社となった場合には，①普通株式のみを発行することとなるときは，発行可能種類株式総数及び発行する各種類の株式の内容の廃止の登記を行えば足りるが，②取得請求権付株式又は

取得条項付株式のみを発行することとなるときは，登記官は，申請に基づき「発行する株式の内容」欄に取得請求権付株式又は取得条項付株式の定めの登記をするとともに，職権で，発行可能種類株式総数及び発行する各種類の株式の内容の登記を抹消する記号を記録しなければならない（商登規69条２項）。

② 議決権制限株式の定めの設定，変更又は廃止

(a) 手 続

　無議決権株式その他の議決権制限株式の定めの設定，変更又は廃止も，上記①の優先株式についてと同様に，株主総会の特別決議による定款の変更（種類株主に損害を及ぼすおそれがあるときは，更に，当該種類株主総会の特別決議を含む。）によって行う（法108条２項３号，322条１項１号イ・ロ，相澤・論点解説57頁の図表２−２参照）。

　したがって，既に発行済みの種類株式を議決権制限株式とする（議決権制限条項の付加）には，通常，株主総会の特別決議及び議決権を制限される当該種類株式に係る種類株主総会の特別決議を要することとなる。

　なお，議決権制限株式の内容は，議決権を行使することができる事項及び行使の条件であり，その他の事項（法109条２項により定めた各株主ごとの議決権の個数等）は含まれないので，注意を要する。

（注１） 許容される議決権制限株式の態様

　　近時，敵対的買収防止策との関係で，例えば，その保有株式数が発行済株式総数の一定割合以上となった株主は議決権を行使することができないとの定款の定めの許容性が問題とされているが，法律上明示された場合以外に保有株式数や株式保有期間により株主を区別することは株主平等の原則に反することから，基本的には，これを疑問視する見解が有力である（前田・会社法入門（第12版）90頁，江頭・株式会社法131頁，145頁，江頭憲治郎「株式関係を中心に」旬刊商事法務1758号６頁，田中亘「ブルドックソース事件の法的検討〔上〕」旬刊商事法務1809号８頁，森本滋「株主平等原則と買収防衛策」法曹時報60巻１号45頁，会社法大系２・40頁以下。葉玉匡美「議決権制限株式を利用した買収防衛策」旬刊商事法務1742号30頁）。

（注２） 取締役・監査役の選任又は解任についての議決権制限株式

　　　　議決権制限株式は，例えば，ある種類の株式に限り取締役・監査役の選解任の権限を与えることにより，取締役等選解任権付株式（法108条１項９号）と類似する効果を上げることもできる。この場合の各種類株式の差異については，前記２－１の■１の(1)③の**(注)**を参照されたい。

(b)　登記手続

　議決権制限株式の定めの設定，変更又は廃止に係る登記手続も，上記①の優先株式についてと同様である。

③　株式譲渡制限の定めの設定，変更又は廃止

(a)　手　　続

　新たに発行すべき種類株式として譲渡制限種類株式を追加するには，株主総会の特別決議により定款を変更し，種類株主に損害を及ぼすおそれがあるときは，当該種類株主総会の特別決議も得る必要がある（法108条２項４号，322条１項１号イ）。

　既に発行済みの種類株式の内容を変更してこれを譲渡制限種類株式とする場合については，基本的に，単一株式発行会社におけるのと同様に，株主に対する通知・公告や株券提供公告等の手続を要する（前記(1)①参照）が，次のような点で異なる（相澤・論点解説57頁の図表２－２参照）。

　・株式譲渡制限の定めの設定に係る定款変更は，株主総会の特殊決議によるのではなく，その特別決議によること（法108条２項４号，309条２項11号）。

　・上記株主総会の決議のほか，種類株主総会（(i)譲渡制限を付す種類株式の種類株主総会，(ii)取得請求権付株式であってその取得と引換えに譲渡制限を付すべき種類株式を交付するものの種類株主総会，(iii)取得条項付株式であってその取得と引換えに譲渡制限を付すべき種類株式を交付するものの種類株主総会）の特殊決議を得る必要があること（法111条２項，324条３項１号）。

　種類株式についての株式譲渡制限の定めの変更又は廃止についても，基本

的に，単一株式発行会社におけるのと同様である（前記(1)②参照）が，例え
ば，譲渡制限規定を変更した場合など，種類株主に損害を及ぼすおそれがあ
るときは，その種類株主総会の特別決議を要するので，注意が必要である
（法322条１項１号ロ）。

なお，会社法において，種類株式ごとに譲渡制限株式とすることを新たに
可能とする改正が行われたかのような説明がある（相澤哲・岩崎友彦「株式
（総則・株主名簿・株式の譲渡等）」旬刊商事法務1739号38頁）が，登記実務上は，
旧商法の下でも，種類株式ごとに譲渡制限株式とすることが可能とされてき
たところである（味村治ほか「商法の一部を改正する法律逐条説明（上）」民事
月報21巻８号４頁，登記研究225号３頁，226号29頁）。

(b)　登記手続

種類株式についての株式譲渡制限の定めの設定，変更又は廃止の登記手続
も，基本的に，単一株式発行会社におけるのと同様である（前記(1)参照）。

なお，登記すべき事項には，定款中の譲渡制限株式の定めの文言をそのま
ま掲げるべきであるところ，種類株式発行会社における株式の内容の定款は
込み入った複雑なものも多く，譲渡制限株式の定めを抜粋して登記申請書に
記載するに当たり文章の多少の修正はやむを得ない場合もあるが，最小限に
とどめるべきであろう。また，定款の規定振りに従い，会社の発行する数種
の株式の全体を指して「当会社の株式を譲渡により取得するには」と登記し
ても，各種の株式の名称を明示して「当会社のＡ種類株式及びＢ種類株式を
譲渡により取得するには」と登記しても，差し支えない。

株式譲渡制限の定めは，発行する各種類の株式の内容（法108条２項４号）
の１つではあるが，登記記録上は，公開会社か否かを分かりやすく公示する
観点から，「発行可能種類株式総数及び発行する各種類の株式の内容」欄で
はなく，「株式の譲渡制限に関する規定」欄に登記される。

④　取得請求権付株式の定めの設定，変更又は廃止

かつての転換株式（転換予約権付株式）と同種の設計が可能な種類株式で

ある取得請求権付株式の定めの設定，変更又は廃止も，前記①の優先株式について と同様に，株主総会の特別決議による定款の変更（種類株主に損害を及ぼすおそれがあるときは，更に，当該種類株主総会の特別決議を含む。）によって行う（法108条2項5号，322条1項1号イ・ロ，相澤・論点解説57頁の図表2－2参照）。

その登記手続も，前記①の優先株式についてと同様である。

なお，取得請求権付株式の取得対価として新株予約権，社債又は新株予約権付社債を交付する旨の定めがある場合において，登記すべき各種類の株式の内容は，当該新株予約権，社債又は新株予約権付社債の内容を全て記載するのではなく，その名称（当該新株予約権，社債又は新株予約権付社債を特定するもの）で足りる（平18・3・31民商782号通達）。そもそも，発行済みの社債の内容は登記事項ではない（発行済みの新株予約権の譲渡制限の旨等も登記事項ではない）にもかかわらず，取得請求権付株式の内容となる場合にこれを公示するというのでは均衡を失し，他方，債権者は，定款等の閲覧により取得請求権付株式の詳細な内容を知り得るからである。

⑤ 取得条項付株式の定めの設定，変更又は廃止

(a) 手 続

新たに発行すべき種類株式として取得条項付株式を追加するには，株主総会の特別決議による定款の変更（他の種類株主に損害を及ぼすおそれがあるときは，更に，当該種類株主総会の特別決議を含む。）によって行う（法108条2項6号，322条1項1号イ）。既に発行済みの種類株式の内容を変更してこれを取得条項付株式とするには，これらの手続のほか，更に当該種類株主全員の同意が必要である（法111条1項）。

定款に定めた取得条項付株式の定めの変更については，未発行か発行済みかの別に応じて，上記の取得条項付株式に係る種類株式の追加の場合又は種類株式の内容を変更して取得条項付株式とする場合と同様である（法111条1項）。

定款に定めた取得条項付株式の定めの廃止については，未発行か発行済みかを問わず，株主総会の特別決議による定款の変更（種類株主に損害を及ぼすおそれがあるときは，更に，当該種類株主総会の特別決議を含む。）によって行う（法111条1項）。

(b) 登記手続

取得条項付株式の定めの設定，変更又は廃止に係る登記手続は，その設定の登記の添付書面につき，株主総会（及び種類株主総会）の議事録及び株主リスト（商登46条2項，商登規61条3項）に加え，取得条項を付す種類株主全員の同意があったことを証する書面及び株主リスト（商登46条1項，商登規61条2項）が必要になる場合があるほかは，前記①の優先株式についてと同様である。

なお，取得条項付株式の取得対価として新株予約権，社債又は新株予約権付社債を交付する旨の定めにつき，登記すべき各種の株式の内容は，前記④と同様の理由から，当該新株予約権，社債又は新株予約権付社債の内容を全て記載するのではなく，その名称（当該新株予約権，社債又は新株予約権付社債を特定するもの）で足りる。

⑥ 全部取得条項付種類株式の定めの設定，変更又は廃止

(a) 手 続

新たに発行すべき種類株式として全部取得条項付種類株式を追加するには，株主総会の特別決議により定款を変更し，種類株主に損害を及ぼすおそれがあるときは，当該種類株主総会の特別決議も得る必要がある（法108条2項7号，322条1項1号イ）。

既に発行済みの種類株式の内容を変更してこれを全部取得条項付種類株式とするには，これらの手続のほか，次の手続が必要である（相澤・論点解説57頁の図表2−2参照）。

・種類株主総会（(i)全部取得条項を付す種類株式の種類株主総会，(ii)取得請求権付株式であってその取得と引換えに全部取得条項を付すべき種類

■2　株式の内容の変更（株式譲渡制限の定めの設定等を含む。）　　*257*

株式を交付するものの種類株主総会，(iii)取得条項付株式であってその取
得と引換えに全部取得条項を付すべき種類株式を交付するものの種類株
主総会）の特別決議（法111条2項，324条2項1号）
・効力発生日の20日前までにする株主に対する通知又は公告及び反対株主
による株式買取請求（法116条）
・効力発生日の20日前までにする新株予約権者に対する通知又は公告及び
反対新株予約権者による新株予約権買取請求（法118条）

　定款に定めた全部取得条項付種類株式の定めの変更又は廃止は，株主総会
の特別決議による定款の変更（種類株主に損害を及ぼすおそれがあるときは，
更に，当該種類株主総会の特別決議を含む。）によって行う。

(b)　登記手続

　全部取得条項付種類株式の定めの設定，変更又は廃止に係る登記手続は，
前記①の優先株式についてと同様である。

⑦　拒否権付株式又は取締役等選解任権付株式の定めの設定，変更又は廃止

　拒否権付株式又は非公開会社における取締役等選解任権付株式（その内容
については，前記2－1の■1の(1)②③参照）の定めの設定，変更又は廃止も，
前記①の優先株式についてと同様に，株主総会の特別決議による定款の変更
（種類株主に損害を及ぼすおそれがあるときは，更に，当該種類株主総会の
特別決議を含む。）によって行う（法108条2項8号・9号，322条1項1号イ・
ロ，相澤・論点解説57頁の図表2－2参照）。

　その登記手続も，前記①の優先株式についてと同様である。

（注）　法律上，取締役等選解任権付株式の定めの廃止が擬制される場合

　　　取締役等選解任権付株式については，本文に述べたもののほか，法律又は
定款で定めた取締役又は監査役の員数を欠いた場合において，当該員数に足
りる数の取締役又は監査役を選任することができないとき（発行済種類株
式の数が零であったり，全て自己株式であったりするとき等）は，法律上，
当該株式に係る定款の定めが廃止されたものとみなされ（法112条1項・2

項），全ての取締役又は監査役を株主総会において選任することとなる。

この場合には，取締役等選解任権付株式の定めの廃止の登記の申請がされるが，その添付書面については，定款において法令と異なる役員の員数を定めている場合の定款（商登規61条1項）のほかは，特に規定がなく，添付書面及び登記記録と矛盾しない限り，これを受理して差し支えないとされている（中川晃「商法等の一部を改正する法律等の施行に伴う商業登記事務の取扱い」登記研究671号93頁）。

なお，このような事態に備えて，定款の定めの廃止が擬制されないように，定款で，各種類株主総会において選任する取締役等の数を変更する条件（A種類株主が存しないときは，その代わりにC種類株主が取締役等を選任する旨）を定めることが許容されている（法108条2項9号ハ，前田・会社法入門（第12版）406頁）。

■3 株券発行会社の定めの設定又は廃止

⑴ 株券発行会社の定めの設定

① 手 続

株券発行会社の定めの設定は，株主総会の特別決議により，定款を変更することによって行う（法117条7項，214条）。

株券発行会社の定め（その株式に係る株券を発行する旨の定款の定め）を設定したときは，仮に，公開会社でない会社において株主から請求がないために現に株券を発行しない場合（法215条4項）であっても，また，全ての株主から株券不所持の申出があるために現に株券を発行しない場合（法217条）であっても，株券発行会社の定めの設定による変更の登記をする必要がある。

なお，種類株式発行会社においては，定款に株券発行会社の定めを設けて全部の種類の株式につき株券を発行することができるとするか，又は当該定めを設けず全部の種類の株式につき株券を発行することができないとするかのいずれかであり，種類株式のうち一部についてのみ株券を発行できないとすることは許されない（法117条7項，214条）。

② 登記手続

(a) 登記すべき事項

登記すべき事項は，株券発行会社の定め及び設定年月日である。

(b) 添付書面

添付書面は，株主総会の議事録及び株主リストである（商登46条2項，商登規61条3項）。

(c) 登録免許税額

申請1件につき3万円である（登税別表第一第24号㈠ツ）。

(d) 登記申請書の例

前記■1の(2)④の発行可能株式総数の変更の登記申請書の例中

「登記の事由　　　株券を発行する旨の定め設定

　　登記すべき事項　平成○年○月○日株券を発行する旨の定め設定

　　　　　　　　　　当会社は、株式に係る株券を発行する。」

などとするほかは，これと同様である。

(2)　株券発行会社の定めの廃止

①　手　　続

株券発行会社の定めを廃止するに当たっては，次の手続がある。

・株主総会の特別決議（法309条2項11号）

・効力発生日の2週間前までにする株主及び登録株式質権者に対する株券廃止公告及び通知（ただし，株式の全部について株券を発行していない場合は，公告又は通知の一方で足りる。法218条1項・3項・4項）。

これらの手続の先後関係については，株券廃止公告の手続を株主総会の日に先立ち開始することも可能であって（相澤・論点解説663頁参照），他の手続を全て履践している場合には，株主総会の決議により直ちに株券廃止の効力を生じさせることもできると解されている。

なお，株券発行会社の定めを廃止するとともに，株式譲渡制限の定めを設

ける場合の手続については，前記■2の(1)①(b)を参照されたい。

② 登記手続

(a) 登記すべき事項

登記すべき事項は，株券発行会社の定めを廃止した旨及び廃止年月日である。

(b) 添付書面

添付書面は，次のとおりである。

・株主総会の議事録及び株主リスト（商登46条２項，商登規61条３項）

・株券廃止公告をしたことを証する書面（株式の全部について株券を発行していない場合には，その事実を証する書面（株主名簿）。商登63条）

　　株式の全部について株券を発行していない場合にも，株主及び登録株式質権者に対する公告又は通知の一方は必要であるが，これらの書面は添付書面とされていない（会社法施行後の商業登記手続では，基本的に，実体法上通知及び公告の双方を要する手続については，当該公告をしたことを証する書面が添付書面とされているが，通知又は公告のいずれか一方で足りる手続については，これらの手続を履践したことを証する書面は添付書面とされていない。拙稿「会社法の制定に伴う商業登記事務に関する改正の概要（二・完）」登記インターネット７巻10号34頁）ので，注意を要する。

　　なお，公告をしたことを証する書面については，併せて，株券提供公告に関する前記■2の(1)①(c)(ii)も参照されたい。

(c) 登録免許税額

申請１件につき３万円である（登税別表第一第24号㈠ツ）。

(d) 登記申請書の例

前記■1の(2)④の発行可能株式総数の変更の登記申請書の例中

「登記の事由　　株券を発行する旨の定め廃止

　登記すべき事項　平成〇年〇月〇日株券を発行する旨の定め廃止」

などとし，添付書面を上記(b)のとおりとするほかは，これと同様である。

■4　単元株式数の設定，変更又は廃止

(1)　手　　続

①　決議機関

単元株式数の設定，変更又は廃止は，原則として，株主総会の特別決議により，定款を変更することによって行う（法188条１項）。

ただし，単元株式数を減少し又は廃止する場合（各株主の議決権数が比例的に増加する場合）には，株主総会の決議を要せず，取締役の決定（取締役会設置会社にあっては，取締役会の決議）によることができる（法195条１項）。この場合には，定款変更の効力発生後，遅滞なく，株主に対して通知又は公告をしなければならない（同条２項・３項）。

また，株式の分割と同時に単元株式数を設定し又は増加する場合において，その前後において各株主の議決権数が減少しないときも，株主総会の決議を要せず，取締役の決定（取締役会設置会社にあっては，取締役会の決議）によることができる（法191条。決議機関が明示されていないが，その解釈については，前記２－１の■３の(1)②参照）。

上記のように，取締役の決定又は取締役会の決議によって単元株式数に係る決定をする場合，少なくとも取締役会設置会社においては，当該事項（定款変更に係る事項）の決定を各取締役に委任することはできないものと解すべきであろう（法362条４項の「重要な業務執行の決定」。なお，取締役会を置かない会社において，各取締役に委任可能な事項に関する法348条３項の解釈については，前記２－１の■４の(1)③参照）。

②　その他

単元株式数についての定款の変更には，上記①の機関による決定のほか，当該定款の変更が種類株主に損害を及ぼすおそれがある場合（ある種類株式

262　　　2-3　株式に関する登記

についての単元株式数の減少により，当該種類株主の議決権が増加し，他の種類株主の株主総会における議決権割合が低下する場合等）には，原則として種類株主総会の特別決議が必要である（法322条1項1号）が，種類株主総会の決議を要しない旨を定款で定めたときは，これに代えて，効力発生日の20日前までにする株主に対する通知又は公告及び反対株主による株式買取請求の手続が必要となる（法322条2項，116条1項3号ハ）。

　なお，単元株式数に関して留意すべき事項（1000株以下であり，かつ，発行済株式総数の200分の1以下でなければならないこと等）は，前記1－2の■8のとおりである。

⑵　登記手続

①　登記すべき事項

　登記すべき事項は，設定又は変更後の単元株式数（又は単元株式数の定めを廃止した旨）及び変更年月日である。

②　添付書面

　添付書面は，株主総会（種類株主総会の決議を要する場合にあっては，種類株主総会を含む。）の議事録及び株主リストである（商登46条2項，商登規61条3項）。

　ただし，前記⑴のとおり，取締役会の決議（取締役の過半数の一致）で足りる場合には，添付書面は，取締役会の議事録（取締役の過半数の一致を証する書面）である（商登46条2項・1項）。

③　登録免許税額

　申請1件につき3万円である（登税別表第一第24号㈠ツ）。

④　登記申請書の例

前記■1の(2)④の発行可能株式総数の変更の登記申請書の例中
「登記の事由　　単元株式数の設定（変更）
　登記すべき事項　平成○年○月○日設定（変更）
　　　　　　　　　単元株式数　△△株」
「登記の事由　　単元株式数の定めの廃止
　登記すべき事項　平成○年○月○日単元株式数の定めの廃止」
などとするほかは，これと同様である。

■5　株主名簿管理人の設置，変更又は廃止

(1)　手　　続

　株主名簿管理人を新たに設置するには，①株主総会の特別決議によりこれを置く旨に定款を変更し（法123条。あらかじめ定款に株主名簿管理人を置くことができる旨の規定があれば，この手続は不要である。），②取締役会の決議（取締役の過半数の一致）により株主名簿管理人を定め（法348条2項，362条2項1号），③会社の代表者が当該株主名簿管理人との間で事務委託契約を締結することによって行う。

　株主名簿管理人を変更するには，従前の株主名簿管理人との間の契約の終了（会社からの解除には，取締役会の決議（取締役の過半数の一致）を要すると解されている。商登法逐条解説392頁）のほか，新たな株主名簿管理人につき，上記②及び③の手続が必要である。

　株主名簿管理人の廃止には，株主総会の特別決議によりこれを廃止する旨に定款を変更する場合と，従前の株主名簿管理人との間の契約が終了した後に新たな株主名簿管理人を置かない場合とがある。

　株主名簿管理人を置いたときは，これを事実上置いた日（事務委託契約の締結日）から2週間以内に，登記をする必要がある。

⑵ 登記手続

① 登記すべき事項

登記すべき事項は，設置又は変更後の株主名簿管理人の氏名又は名称及び住所並びにその営業所（あるいは，株主名簿管理人を廃止した旨）並びに変更年月日である（法915条１項，911条３項11号）。

② 添付書面

添付書面は，次のとおりである。

⒜ 株主名簿管理人の設置の場合

・定款（商登64条）

・取締役会の議事録（取締役の過半数の一致を証する書面。商登46条２項・１項）

・株主名簿管理人との間の契約を証する書面（商登64条）

⒝ 株主名簿管理人の交代の場合

・定款（商登64条。商登法逐条解説393頁は，定款の添付を要しないかのような記載振りであるが，商登法の条文上は，書式精義第５版上578頁及び商登法逐条解説389頁と同様に，定款の添付を要するものと解すべきである。）

・取締役会の議事録（取締役の過半数の一致を証する書面。商登46条２項・１項）

　　なお，商登法逐条解説393頁は，新たな株主名簿管理人の選任に関する取締役会の議事録があれば足り，従前の株主名簿管理人の解除に関する取締役会の議事録を要しないとするが，後記⒠と不均衡であることは否めず，双方の事実（株主名簿管理人の追加ではなく，改選であること）が議事録上読み取れる必要があるものと思われる。ただし，商登法46条以外に根拠規定はないから，その他の契約の終了事由一般につき，これを証する書面まで添付する必要はないものと解される。

・新たな株主名簿管理人との間の契約を証する書面（商登64条）

■5 株主名簿管理人の設置，変更又は廃止　　*265*

(c)　**株主名簿管理人の氏名，商号，住所又は営業所の変更の場合**

ある株主名簿管理人につき，その氏名，商号，住所又は営業所に変更があった場合の変更登記の申請書には，その変更を証する書面を添付すべき旨の規定はなく，添付書面を要しないと解されている（書式精義第5版上578頁，商登法逐条解説393頁）。

(d)　**定款変更により株主名簿管理人を廃止した場合**

・株主総会の議事録及び株主リスト（商登46条2項，商登規61条3項）

(e)　**後任の株主名簿管理人を定めないことにより株主名簿管理人を廃止した場合**

・会社が従前の株主名簿管理人との間の契約を解除したときは，契約の解除に関する取締役会の議事録（取締役の過半数の一致を証する書面。商登46条2項・1項。書式精義第5版上581頁，商登法逐条解説393頁。前記(b)の説明参照）

③　**登録免許税額**

申請1件につき3万円である（登税別表第一第24号㈠ツ）。

④　**登記申請書の例**

前記■1の(2)④の発行可能株式総数の変更の登記申請書の例中

「登記の事由　　　　株主名簿管理人の設置

　登記すべき事項　　平成○年○月○日株主名簿管理人を設置

　　　　　　　　　　株主名簿管理人の氏名又は名称及び住所並びに営業所

　　　　　　　　　　　○県○市○町○丁目○番○号

　　　　　　　　　　　△△信託銀行本店（本店が事務を取り扱う場合）」

「登記の事由　　　　株主名簿管理人の変更

　登記すべき事項　　平成○年○月○日株主名簿管理人何某を変更

　　　　　　　　　　株主名簿管理人の氏名又は名称及び住所並びに営業所

　　　　　　　　　　　○県○市○町○丁目○番○号

266   2-3　株式に関する登記

　　　　　　　　　△△信託銀行△△支店（支店が事務を取り扱う場

　　　　　　　　　合）

　　　　　　　　　本店　○県○市○町○丁目○番○号」

「登記の事由　　　株主名簿管理人の名称（住所，営業所）の変更

　登記すべき事項　平成○年○月○日株主名簿管理人何某の商号変更（本

　　　　　　　　　店移転，支店移転）

　　　　　　　　　株主名簿管理人の氏名又は名称及び住所並びに営業所

　　　　　　　　　　○県○市○町○丁目○番○号

　　　　　　　　　　△△信託銀行△△支店

　　　　　　　　　本店　○県○市○町○丁目○番○号」

「登記の事由　　　株主名簿管理人の廃止

　登記すべき事項　平成○年○月○日株主名簿管理人何某の廃止」

などとし，添付書面を上記②のとおりとするほかは，これと同様である。

■ 6　募集株式の発行

⑴　株主に株式の割当てを受ける権利を与えてする募集株式の発行（いわゆる株主割当て）

①　手　　続

⒜　募集事項

　会社が募集株式の引受人の募集をするには，その都度，次の募集事項を定めなければならない（法199条1項）。

⒤　募集株式の数（種類株式にあっては，その種類及び数）

　各種株式は，当然，定款に発行可能種類株式総数及び発行する各種類の株式の内容の定めがある場合に限り，その範囲内で発行することができる。

　定款に，種類株式の内容の要綱を定めるとともに，その具体的内容を後日

定める旨を定めたときは，当該種類株式の募集事項の決定までに，当該定款の定めに従い，当該種類株式の具体的な内容を株主総会（取締役会設置会社にあっては，株主総会又は取締役会）によって定めなければならない（法108条3項。ただし，何が「要綱」かは具体的には難しい場合もあり，例えば，剰余金の配当に関する優先株式については，配当財産の価額の決定方法は，同条2項1号の株式の内容であって，要綱ではないが，一見要綱に見えることも少なくない。）。

なお，会社法施行前から存する優先配当額の上限を定款で定めた優先株式については，会社法施行後もなお従前のとおり取り扱われており，配当すべき額（又は算定の基準）を発行決議で定める（当該優先配当額の上限の範囲内で数回に分けて発行された株式も同一の種類と解されている）ことについては，注意する必要がある（旧商222条3項，書式精義第3版453頁，前記■2の(2)①(a)の(注)参照）。

(ii) 募集株式の払込金額又はその算定方法

募集事項における「払込金額」は，旧商法280条ノ2第1項2号の「発行価額」と比較して実質的な改正はなく，実際に払い込まれる金額が募集事項として定めた払込金額を上回ることを排除するものではないと整理されている（相澤哲・豊田祐子「株式（株式の併合等・単元株式数・募集株式の発行等・株券・雑則）」旬刊商事法務1741号20頁。ただし，旧商法では，取締役会が定める「発行価額」と引受人が株式申込証に記載する「引受価額」とを異なる概念として使用している（旧商280条ノ14，175条3項3号）のに対し，会社法では，株式申込証への記載に対応する法203条2項において，引受価額のような概念を用いておらず，なぜこのような語句の整理が行われたのか，疑問も残る。）。

上記解説によれば，募集事項における払込金額は，資本金の額の算定基礎となる「払込みをした財産の額」（法445条）との間には，直接の関係はないとされている。

このように，払込みに係る金額については，募集事項としての意義と資本金の額の算定基礎としての意義があるため，混乱しやすいが，登記実務とし

ては，①添付書面である払込みを証する書面から判明する現実の払込額が，募集事項における払込金額以上であること，②資本金等増加限度額が現実の払込額を基礎として計算され，その2分の1以上の額が資本金として計上されていること（渋佐慎吾「新株の引受価額が発行予定価額を超える場合の処理方法」旬刊商事法務1177号40頁（実務相談4・204頁，新版注釈会社法(2)198頁参照）のように，資本準備金が現実の払込額の2分の1を超えることは，会社法の下では許されていない。）について，注意する必要がある。

　募集事項における「払込金額の算定方法」としては，例えば，金商法上の届出の効力発生日の前日の市場終値等に一定率を乗じた金額とするものなどがある（江頭・株式会社法712頁）。この算定方法は，公開会社において市場価格のある株式の引受人を募集する場合に定める「払込金額の決定の方法」（法201条2項。いわゆるブック・ビルディング方式等。森本健一「新株発行に係る発行価額等の表現と日程の短縮」旬刊商事法務1611号25頁参照）とは異なるものであり，同項のような裁量の余地を許さないものを指す趣旨と解される。なお，旧商法の下では，非上場会社において，新株の発行価格を「入札によって決定する」とする募集決議は適法とはいえないと解されてきた（実務相談4・198頁）反面，最低入札価額をも表示する方法につきなお検討の余地があるとされてきた（同203頁）が，会社法の下でも，既存株主の利益を不当に害しないよう，慎重な対応が望まれるところである。

(iii)　現物出資の旨並びに現物出資財産の内容及び価額

　設立時において金銭出資者と現物出資者とに与える株式数につき平等取扱いが要求されていない（前記1−2の■20の(1)③参照）のと異なり，募集株式の発行の際は，募集事項は均等に定めなければならない（法199条5項，208条2項，新版注釈会社法(7)35頁）。

(iv)　払込（給付）期日又は払込（給付）期間

　払込期日を定めるか，又は払込期間を定めるかにより，登記期間が異なることにつき，後記②(a)を参照されたい。

　なお，払込期日の経過前にこれを延期するには，募集事項等の決定機関が

■6 募集株式の発行　269

これを決定し，1人でも株式の申込みをした者があるときは，その株式申込人の同意を要すると解されている（昭40・1・13民事甲79号回答，登記研究207号60頁，実務相談4・331頁）。

(v) 新株を発行するときは，増加する資本金及び資本準備金に関する事項

会社法445条1項の原則どおり，現実の払込額の全額を資本金として計上する場合には，この事項を特に決議する必要はない（新版注釈会社法(7)37頁）。

また，募集株式の発行に際して新株を発行せず，自己株式の交付のみを行う場合は，資本金の額が増加しないことが明らかであるから，この事項は決議しない。

(b) 募集事項等の決定から株式引受人の決定に至るまで

(i) 募集事項等の決定

株主割当ての場合には，会社は，会社法202条3項各号の機関により，上記(a)の募集事項のほか，株主に対して株式の割当てを受ける権利を与える旨及び申込期日を決定する。

募集事項等の決定機関は，次のとおりである（会社法施行前から存する非公開会社については，下記（注）を参照）。払込金額が特に有利な金額であるか否かで手続が異なることはない。なお，決議に参加する取締役の特別利害関係については，前記2-1の■3の(2)②を参照されたい。

- 公開会社にあっては，取締役会の決議（法202条3項3号）
- 非公開会社にあっては，原則として，株主総会の特別決議であるが，例外的に，定款の定めに従い取締役会の決議（取締役の過半数の一致）とすることができる（法202条3項4号・1号・2号）。
- 更に，募集株式の発行が種類株主に損害を及ぼすおそれがある場合には，原則として，種類株主総会の特別決議が必要である（法322条1項4号）が，種類株主総会の決議を要しない旨を定款で定めたときは，これに代えて，効力発生日の20日前までにする株主に対する通知又は公告及び反対株主による株式買取請求の手続が必要である（法322条2項，116条1項3号ニ）。

（注）　施行前から存する非公開会社における株主割当ての決定機関

　　　会社法施行前から存する非公開会社（完全譲渡制限会社）については，従来の取扱いを維持すべく，経過措置として，その定款に，株主に株式の割当てを受ける権利を与えてする募集株式の発行を取締役会の決議によりすることができる旨の会社法202条3項2号の定めがあるものとみなされている（整備法76条3項）。

　　　ただし，このような非公開会社でも，新株発行を株主総会の権限とする旨の定款の定めのあったもの（旧商280条ノ2第1項ただし書）については，上記の経過措置を適用することは相当でないから，明文の規定はないものの，従来の取扱いと同様に，株主に株式の割当てを受ける権利を与えてする募集株式の発行は，株主総会の決議によってすることができるものと解すべきであろう（法202条3項4号参照。なお，旧商法280条ノ2第1項ただし書の定めとして株主総会の「普通決議」による旨を定めていた場合には，法にそれに対応する規律がないため，更に困難な問題を生じさせるが，法202条3項1号・2号・4号のいずれかとなるよう定款を変更するまでの間は，従来の取扱いを認めざるを得ないのではなかろうか。）。

(ii)　基準日を設定する場合

　株主に株式の割当てを受ける権利を与えるにつき基準日を設ける場合において，定款にその定めがないときは，会社は，基準日の2週間前までに，当該基準日及び基準日株主が行使することができる権利の内容を公告しなければならない（法124条3項）。

　ただし，旧商法280条ノ4第3項と異なり，基準日の設定は義務付けられておらず，株主の変動が少ない会社では，基準日を定めないで手続を行うことも可能である（相澤哲・豊田祐子「株式（株式の併合等・単元株式数・募集株式の発行等・株券・雑則）」旬刊商事法務1741号24頁）。

（注1）　基準日公告の時期

　　　旧商法280条ノ4第3項における株主割当ての割当日の公告（名義書換の機会を与える趣旨のもの）については，新株発行の決議より前に事前に行うことができると解されており（昭34・7・28民四173号回答，昭39・4・7民事甲1500号回答，登記研究197号61頁，早貸淳子「株式の分割と登記」・菊池洋一編著『商業登記制度をめぐる諸問題』471頁（テイハン，1994）），同様の趣旨に基づく本文の基準日の設定についても，同

様に解することができる。

（注２）　**割当日の変更**

　　割当日の経過後に割当日を変更するには，既に発生した株式の割当てを受ける権利を保障するため，変更前の割当日現在における総株主の同意が必要であると解される（旧商法における具体的新株引受権に関する新版注釈会社法(7)171頁，179頁参照）。

(iii)　株主に対する失権予告付催告

　会社は，株主割当ての募集事項等を定めたときは，申込期日の２週間前までに，株式の割当てを受ける権利が与えられる各株主に対し，募集事項，当該株主の割当株式数及び申込期日を通知しなければならない（公告をもって代えることはできない。法202条４項）。

　なお，旧商法の下では，株主が新株引受権を有する場合に申込期日の２週間前にすべき失権予告付催告（旧商280条ノ５第２項）は，新株引受権を有する株主全員の同意があるときは，その期間を短縮することができると解されていた（昭54・11・６民四5692号回答，登記研究386号90頁，実務相談１・713頁，775頁）が，会社法の下でも，同様の解釈が妥当するものと解される。

(iv)　株式の申込み

　株主は，会社から申込事項の通知を受け，募集株式の引受けの申込み（法203条）をすれば，その株式の割当てを受ける権利に基づき，当然に募集株式の引受人となり，この場合には，会社法204条の規定による会社の割当ての決定手続は不要であると解されている（相澤・論点解説203頁，逐条会社法３・96頁参照。したがって，一般に，旧商法の新株引受権について形成権ではなく債権的権利であるとする整理とは異なっている。）。

(c)　株式引受人による出資

(i)　金銭出資

　金銭出資をすべき株式引受人は，募集事項に係る払込期日又は払込期間内に，払込取扱銀行において払込金額の全額を払い込まなければならない（法208条１項）。株式引受人は，払込期日（払込期間を定めた場合には，出資の

履行日）に，株主となる（法209条１項）。

（注）　**会社からする相殺等の可否**

　　　株式引受人が会社に対し金銭債権を有する場合において，株式引受人からする相殺は会社に対抗することができない（旧商200条２項，法208条３項）が，会社からの相殺及び会社と株式引受人との相殺契約の可否については明文の規定がなく，従来から議論があった（可能とするものに実務相談４・269頁等が，できないとするものに昭39・12・９民事甲3910号通達，新版注釈会社法(3)37頁等がある。）。

　　　会社法208条３項の規定振りは，旧商法のそれと大きく異なるわけではないが，会社からの相殺及び会社と株式引受人との相殺契約を肯定する趣旨のものと整理されている（法務省民事局参事官室「会社法制の現代化に関する要綱試案補足説明」旬刊商事法務1678号50頁）。

　　　なお，期限未到来の債務につき会社が期限の利益を放棄して相殺をすることについては，会社の財産状態が悪く，会社に対する債権の実質的価値がその名目額より低いにもかかわらず，当該名目額につき資本金の増加の効果を生じさせ，既存株主の利益にならないことがあり，資本充実の原則の観点からも，善管注意義務の観点からも問題が残るとの見解もある（前田・会社法入門（第12版）296頁，江頭・株式会社法760頁）ので，十分に留意すべきである。

(ii)　現物出資

　募集事項として現物出資事項を定めた場合には，次の５つの場合におけるそれぞれの括弧内の財産を除き，会社は，当該現物出資財産の価額を調査させるため，裁判所に対し，検査役の選任の申立てをしなければならない（法207条１項・９項）。

・引受人に割り当てる株式の総数が，直前の発行済株式総数の10分の１以下である場合（全ての現物出資財産）

　　　複数の現物出資者がある場合には，全ての現物出資者に割り当てる株式の合計数で計算することとなる（新版注釈会社法平成２年改正247頁）。

・現物出資財産につき募集事項の決定の際に定められた価額の総額が，500万円以下である場合（全ての現物出資財産）

　　　複数の現物出資財産がある場合には，その価額の総額で計算すること

■6 募集株式の発行 *273*

となる（新版注釈会社法平成2年改正247頁）。

・市場価格のある有価証券につき募集事項の決定の際に定められた価額が，①その決定日における最終市場価格（決定日に取引がない場合等にあっては，その後最初にされた売買取引の成立価格）又は②公開買付け等に係る契約における価格のうちいずれか高い額（施43条）以下である場合（当該有価証券）

・現物出資財産につき募集事項の決定の際に定められた価額が相当であることについて，弁護士，公認会計士，税理士等の証明（不動産にあっては，更に不動産鑑定士の鑑定評価）を受けた場合（証明を受けた現物出資財産）

・会社に対する弁済期到来済みの金銭債権につき募集事項の決定の際に定められた価額が，会社における負債の帳簿価額以下である場合（当該金銭債権）

現物出資をすべき株式引受人は，募集事項に係る払込期日又は払込期間内に，それぞれの募集株式の払込金額の全額に相当する現物出資財産を給付しなければならない（法208条2項）。株式引受人は，払込期日（払込期間を定めた場合には，出資の履行日）に，株主となる（法209条1項）。

(d) 資本金の計上の在り方

募集株式を発行するには，株式引受人に新株を発行しても，自己株式を交付しても，いずれによっても差し支えない（法199条1項）。

募集株式を発行した場合には，資本金の額として，おおむね，会社に出資された財産の価額（現物出資財産につき募集事項の決定の際に定められた価額とは，必ずしも一致しない。）のうち，交付する株式の全体数に占める新規発行株式数の割合に相当する部分を資本金等増加限度額として，その2分の1以上を計上しなければならない（自己株式のみを交付し，新規発行株式数が零であれば，資本金の額は増加しない。法445条1項・2項，計14条1項。旧商法との相違につき，前記(a)(ii)参照）。

通常，募集株式の発行に際して新株を発行した場合には，資本金の額は増

加するが，例えば，会計処理上，共通支配下の取引として評価され，財産の給付をした者における当該財産の帳簿価額を引き継ぐべき場合において，簿価債務超過の事業の現物出資を受けたとき等は，資本金の額は増加せず，その他利益剰余金の額の減少のみが生ずることとなる（相澤・論点解説209頁）。

なお，計算規則14条１項３号の資本金等増加限度額から減ずることができる株式の交付費用は，当分の間，零とするとされている（計附則11条）。

② 登記手続
(a) 登記期間

会社が募集株式の発行により新たに株式を発行した場合には，株式の発行の効力が生じた日，すなわち，払込期日（法209条１項１号。なお，払込期間を定めた場合には，各株式引受人につきその出資の履行日（同項２号））から２週間以内に，変更の登記をしなければならない（法915条１項）。

ただし，払込期間を定めた場合に，複数の株式引受人について出資の履行日が異なるとして異なる日付の登記原因により数回の変更の登記申請を要するとしては，煩雑にすぎるため，当該払込期間の末日現在までの変更分を一括して登記申請しても差し支えなく，その場合の登記期間は，当該末日から２週間以内とされている（法915条２項）。

なお，払込期日前に全額の払込みを完了した場合には，募集事項の決定機関が払込期日を繰り上げる旨の決定をしたことを証する書面を添付すれば，その繰り上げられた払込期日を登記原因年月日として，変更登記をすることができる（昭37・6・13民事甲1563号回答，鴻・先例百選132頁）。払込期間の開始前やその途中で全額の払込みを完了した場合に，その払込完了日を登記原因年月日として変更分を一括して登記申請することについても，会社法915条２項の規定振りとの関係から，同様に解すべきであろう。

(b) 登記すべき事項

募集株式の発行により新たに株式を発行した場合の登記すべき事項は，資本金の額，発行済株式総数（種類株式発行会社にあっては，発行済みの株式

■6 募集株式の発行 *275*

の種類及び数を含む。）及び変更年月日である（ただし，資本金の額が増加し
ない場合もあり得ることにつき，前記①(d)参照）。

登記記録上「発行済株式の総数並びに種類及び数」は１つの単位であるた
め，１つの種類株式につき変更が生じた場合でも，登記事項としては，発行
済株式の総数のほか，全ての種類株式に係る発行済みの数を記載することと
なる。

なお，募集株式の発行により自己株式のみを交付した場合には，登記すべ
き事項に変更は生じない。

(c) 添付書面

添付書面は，次のとおりである。

〔i〕 **募集事項等の決定機関（前記①(b)(i)参照）に応じ，株主総会（種類株主
総会）の議事録及び株主リスト，取締役会の議事録又は取締役の過半数の
一致を証する書面（商登46条２項・１項，商登規61条３項）**

非公開会社において，定款の定めに従い取締役会の決議（取締役の過半数
の一致）により募集事項及び株主に株式の割当てを受ける権利を与える旨を
定めた場合には，定款も添付する必要がある（法202条３項１号・２号，商登
規61条１項）。

（注） 施行前から存する非公開会社の取扱い

会社法施行前から存する非公開会社については，前記①(b)(i)の**（注）**のと
おり，従来の取扱いが維持されており，原則として，①会社法202条３項２
号の定款の定めがあるとみなされて，取締役会の決議により株主割当てを
決定することができるが，例外的に，②旧商法280条ノ２第１項ただし書の
定款の定めがあった会社では，株主総会の決議によることができる。

会社法施行後は，会社法整備法76条３項によりみなされた定款の定めを
事実上も反映させておくべきであるが，添付書面の問題としては，施行後
に上記①の方法により発行した募集株式については，みなされた定めを反
映した定款を添付する必要があり，他方，施行後に上記②の方法により株
主総会の特別決議により発行した募集株式については，定款を添付する必
要はないとして，当該非公開会社が施行前から存するか否かを区別しない
ように，登記実務は運用されている（西田淳二「会社法施行後における商
業登記実務の諸問題(2)」登記情報539号６頁）。

276　2-3　株式に関する登記

(ii)　募集株式の引受けの申込みを証する書面（商登56条１号）

株式申込証や新株発行の募集受託会社の証明書（当該証明書には，株式申込証のひな形を添付して契印を押すことが相当であるとされる。）は，この書面に当たる（書式精義第５版上460頁，201頁）。

旧商法では，募集事項等の記載のある株式申込証の用紙又は電磁的記録により申込みをするものとされていた（旧商280条ノ６）が，会社法では，申込人は，会社からの募集事項等の通知（金商法上の目論見書の交付でも差し支えない。）を前提として，その氏名・住所及び引き受けようとする当該株式の数に限り，これを書面又は電磁的記録で会社に提供すれば足りる（法203条）。

なお，旧商法の新株予約権の登記の添付書面については，次の参考先例等があるが，募集株式の引受けの申込みを証する書面についても，同様に解することができると思われる。

参考先例等２－４

発行会社の代表者が作成した新株予約権の申込み又は引受けがあったことを証する書面に，新株予約権申込証又は新株予約権付与契約書のひな形及び申込者又は付与対象者の一覧表を合綴したものは，旧商登法89条１号の「新株予約権の申込み又は引受けを証する書面」に該当する。ただし，申込み又は引受けがあったことを証する書面には，申込証又は契約書の枚数，申込み又は引受けがあった新株予約権の個数，各新株予約権の発行に際して払い込むべき価額（無償で発行する場合を除く。）及び申込取扱期間を記載し，当該記載事項のとおり申込み又は引受けがあったことを証明する旨を記載した上，発行会社の代表者が登記所への届出印をもって記名押印するものとし，当該書面に合綴したひな形及び一覧表との間に契印を施すものとする（平14・8・28民商2037号通知，登記研究664号146頁）。

(iii)　金銭を出資の目的とするときは，払込みがあったことを証する書面（商登56条２号）

発起設立の場合における払込みがあったことを証する書面（預金通帳の形

式等につき，前記１－４の■２の(4)①参照）と同様である。

なお，引受人が払込期日前に申込証拠金として払込みを行っているとの実務（新版注釈会社法(7)132頁）に照らし，預金通帳における入金記録の日付が払込期日又は払込期間に先立つ場合であっても，登記申請は受理されることとなる。

(iv) 現物出資がされるときは，次の(ア)から(オ)までの書面

検査役による調査が不要となる場合のうち，会社法207条９項１号の要件（引受人に割り当てる株式の総数が発行済株式総数の10分の１を超えないこと）は，申請書類と登記簿の比較から判明するため，特段の添付書面を要せず，また，同項２号の要件（現物出資財産につき募集事項の決定の際に定められた価額の総額が500万円以下であること）も，申請書類から判明するため，特段の添付書面を要しない（時価について審査を要しないのは，旧商法の取扱いと同様である。）。

(ア) 検査役が選任されたときは，検査役の調査報告書及びその附属書類（商登56条３号イ）

検査役の調査報告書は，現物出資財産の価額の相当性に関するものであり，現物出資の履行完了の事実を証明するものではない（法207条１項・７項）。

(イ) 現物出資財産のうち，市場価格のある有価証券について募集事項の決定の際に定められた価額が市場価格以下であるときは，当該市場価格を証する書面（商登56条３号ロ）

証券取引所の発行する証券取引所日報や新聞等がこれに当たる（平２・12・25民四5666号通達）。

これらにより，施行規則43条各号のうちいずれか一方の額（募集事項を定めた日における最終市場価格又は公開買付け等に係る契約における価格）を示し，募集事項の決定の際に定められた価額がこの額以下であることが明らかになれば足りる（前記１－３の■３参照）。

(ウ) 現物出資財産について募集事項の決定の際に定められた価額が相当であることについて，弁護士等の証明（現物出資財産等が不動産である場合には，当該証明及び不動産鑑定士の鑑定評価）を受けたときは，その証明書及び附属書類（商登56条３号ハ）

弁護士等の証明の対象は価額の相当性であり，現物出資の履行の有無ではない（前記１－３の■３参照）。

この証明書に証明者として押印した弁護士の印鑑につき所属弁護士会の発行に係る印鑑証明書の添付を要するとの平２・12・25民四5666号通達の取扱いは，平成15年４月１日以後，廃止されている（平14・12・27民商3239号通達参照）。

なお，上記の「不動産」には，不動産賃借権，地上権，地役権，採石権等も含まれると解されている（前記１－３の■３参照）。

(エ) 会社に対する弁済期到来済みの金銭債権につき募集事項の決定の際に定められた価額が会社における負債の帳簿価額以下である場合には，当該金銭債権について記載された会計帳簿（商登56条３号ニ）

当該金銭債権を含む現物出資財産につき募集事項の決定の際に定められた価額の総額が500万円以下である場合には，特段の添付書面なくして，会社法207条９項２号により検査役の調査を要しないことが判明するので，上記(エ)の書面の添付を要しない。

この会計帳簿は，債権者（この者が現物出資者となる。）及び債権内容の特定が可能なものであり，かつ，当該金銭債権に係る負債の帳簿価額を確認することができるものである必要があるが，具体的には，次の帳簿等がこれに当たると考えられる。

・仕訳伝票（借入金の記載のある入金伝票，買掛金や支払手形などの負債項目の記載がある振替伝票）
・現金出納帳（借入金の入金の記載がある場合）
・買掛元帳

なお，会計帳簿の記載から当該金銭債権の弁済期の到来の事実を確認する

ことができない場合であっても，会社が期限の利益を放棄していないことが添付書面から明らかな場合を除き，登記申請は受理される取扱いである（平18・3・31民商782号通達）。ただし，実体法上，期限未到来の債務につき会社が期限の利益を放棄して相殺をすることについては，前記①(c)(i)の(注)のとおり，資本充実の原則の観点からも，善管注意義務の観点からも問題が残るとの見解（前田・会社法入門（第12版）296頁，江頭・株式会社法760頁）もあるところ，この議論は，会社が期限の利益を放棄してその債権者が当該債権を現物出資する場合についても，妥当するものであろう。

(オ) 検査役の報告に関する裁判があったときは，その謄本（商登56条4号）

(v) **資本金の額が会社法及び計算規則の規定に従って計上されたことを証する書面（商登規61条9項）**

設立の登記の添付書面についてと異なり，出資に係る財産が金銭のみである場合であっても，株式発行割合を証明する必要があるため，この書面の添付を省略することはできない（平19・1・17民商91号通達）。

(vi) **失権予告付催告の期間を短縮する場合には，総株主の同意書及び株主リスト（商登46条1項，商登規61条2項）**

会社は，株主に対し株式の割当てを受ける権利を与えて募集株式を発行する場合には，申込期日の2週間前までに，募集事項等に関する事項を各株主に通知しなければならない（法202条4項。前記①(b)(iii)参照）。

上記(i)から(v)までの添付書面から上記の期間が足りないことが判明するとき（募集事項を決定した議事録等から，募集事項の決定の日と申込期日との間に2週間の期間がないことが判明するとき）は，総株主の同意書及び株主リストを添付する必要がある。

(d) **登録免許税額**

申請1件につき，増加した資本金の額（課税標準金額）の1000分の7（これによって計算した税額が3万円に満たないときは，3万円）である（登税別表第一第24号(一)ニ）。

募集株式の発行により，資本金の額の変更登記のほか，発行済株式総数の

280　　　2-3　株式に関する登記

変更登記も申請することとなるが，前者に係る登録免許税を納付する限り，後者に係る登録免許税を別途納付する必要はないと解されている（清水・登税法詳解164頁）。

(e)　**登記申請書の例（株主割当ての場合）**

株式会社変更登記申請書

1　商号　〇〇株式会社（会社法人等番号・・・）

1　本店　〇県〇市〇町〇丁目〇番〇号

1　登記の事由　　募集株式の発行

1　登記すべき事項　平成〇年〇月〇日次のとおり変更

　　　　　　　　　　　　発行済株式の総数　　〇〇株

　　　　　　　　　　　　発行済各種の株式の数

　　　　　　　　　　　　　普通株式　〇〇株

　　　　　　　　　　　　　取得請求権付株式　〇〇株

　　　　　　　　　　　　資本金の額　金〇〇万円

1　課税標準金額　　金〇万円

1　登録免許税　　　金〇万円

1　添付書類　　　　定款（法202条3項2号参照）　　1通

　　　　　　　　　　取締役会議事録　　　　　　　　1通

　　　　　　　　　　募集株式の申込みを証する書面　〇通

　　　　　　　　　　払込みがあったことを証する書面　1通

　　　　　　　　　　資本金の額の計上に関する証明書　1通

　　　　　　　　　　委任状　　　　　　　　　　　　1通

上記のとおり登記の申請をする。

　　　平成〇年〇月〇日

　　　　　　　　　　　　　　〇県〇市〇町〇丁目〇番〇号

■6 募集株式の発行　*281*

申請人　〇〇株式会社

〇県〇市〇町〇丁目〇番〇号

代表取締役　何某

〇県〇市〇町〇丁目〇番〇号

上記代理人　何某　印

（電話番号　・・・）

〇〇法務局御中

（注）　募集事項等の決定に関する書面

　　　公開会社が取締役会において募集事項等を決定した場合（法202条3項3号）には，上記の例のうち，定款の添付を要しない。

　　　株主総会において募集事項等を決定した場合（法202条3項4号）には，上記の例のうち，定款及び取締役会議事録に代えて，株主総会議事録及び株主リストを添付しなければならない。

⑵　株主割当て以外の募集株式の発行（いわゆる第三者割当て）

①　手　　続

　いわゆる第三者割当て（株主に株式の割当てを受ける権利を与えないでする募集株式の発行を指し，結果として株主に割り当てた場合を含むものとする。）の手続は，おおむね，次の過程で行われる。

　　募集事項の決定→株式の申込み→株式の割当て┐→出資の履行
　　　　　　　　　　└─→　　総数引受契約　　┘

　公開会社が取締役会の決議により募集事項を定めたときは，払込期日の2週間前までに，株主に対して募集事項の通知又は公告をし，募集株式の発行等をやめることの請求（新株発行差止請求）の機会を与えることとされている（法201条3項・4項，210条）。

　なお，最短期間で第三者割当てを行う場合には，総数引受契約の手続によるときは1日で可能であり（募集事項の決定や法205条2項の総数引受契約の承

認に係る株主総会・取締役会の決議につき招集手続を省略するなどし，更に，公開会社にあっては，株主に対する通知等の期間の短縮につき総株主の同意を得る。），申込み及び割当ての手続によるときは２日で可能である（申込者に対する割当て通知までの手続を１日で行い，その翌日を払込期日とする。法204条３項参照）とされている（相澤・論点解説201頁，205頁。ただし，金商法上の規制により，必要な日数がかかる場合もあるとされている。）。

> **（注）　「第三者割当て」の意味**
>
> 　旧商法では，新株発行の方法として，株主割当て，第三者割当て及び募集の３つがあり，前二者が新株引受権を付与するもの，募集が新株引受権を付与しないものとして，議論されてきた（新版注釈会社法(7)53頁等）。
>
> 　この意味では，会社法199条から201条までの規定による募集株式の発行は，従来の「募集」に相当するものであるが，会社法制定後，これを「第三者割当て」と呼ぶことが多くなっている（相澤・論点解説196頁の図表２－10）ため，本書では，それにならうこととする。

⒜　募集事項

　第三者割当てに際して定めるべき募集事項は，会社法199条１項各号の事項であり，その留意点は，前記⑴の株主割当ての手続で述べたとおりである。

　なお，公開会社が取締役会の決議により募集株式を発行する場合（払込金額が株式引受人に特に有利な金額ではない場合）において，市場価格のある株式を募集するときは，払込金額やその算定方法に代えて，「公正な価額による払込みを実現するために適当な払込金額の決定の方法」を定めることができる（法201条２項）。この「払込金額の決定の方法」には，例えば，現在の実務で一般に行われているものとして，機関投資家等へのヒアリングや需要の積上げを通じて価格を決定するブック・ビルディング方式と呼ばれる方法があり，取締役会において「ブック・ビルディング方式による」と決議し，また，その手続の実施時期，幹事証券会社その他の重要事項を併せて決議した上で，これを株主に対して公告することが多い（江頭・株式会社法712頁参照）。

> **（注）　ブック・ビルディング方式の具体例**
>
> 　この方式によるときは，まず，主幹事証券会社が会社の事業内容，経営

成績，財政状態等を勘案し，また，当該会社の株式の市場価格の動向，類似会社との比較，機関投資家等へのヒアリング等の方法により，妥当な価格帯を設定し，会社との間の協議で，仮条件（ブック・ビルディングの価格帯）を決定する。

そして，幹事証券会社は，投資家から提示された需要を集計して主幹事証券会社に報告し，主幹事証券会社は，自ら行った需要結果と報告結果とを集計して，需要の積上げ（ブック・ビルディング）を行い，会社と協議の上，投資家からの総需要，市場の状況，期間リスク等を総合的に勘案し，価格を決定するようである。

(b) 募集事項の決定から株式引受人の決定に至るまで（総数引受契約による場合を除く。）

(i) 募集事項の決定

第三者割当ての場合には，会社は，会社法199条から201条までの規定に従い，募集事項を決定しなければならない。

募集事項の決定機関は，次のとおりである。なお，決議に参加する取締役の特別利害関係については，解釈の困難な問題であるが，前記2-1の■3の(2)②を参照されたい。

・公開会社にあっては，原則として，取締役会の決議であるが，払込金額が株式引受人に特に有利な金額であるときは，株主総会の特別決議である（法201条1項，199条2項）。

・非公開会社にあっては，株主総会の特別決議である（法199条2項）。

・種類株式発行会社（公開会社と非公開会社とを問わない。）において，譲渡制限株式の募集を行う場合には，当該譲渡制限株式の種類株主総会の決議を要しない旨の定款の定めがない限り，当該種類株主総会の特別決議を要する（法199条4項）。

なお，上記のように，公開会社か否かにより募集事項の決定機関が異なることとなるが，株式譲渡制限の定めの廃止手続中に，公開会社として募集株式の発行手続を行うこと（株式譲渡制限の定めの廃止を停止条件として，取締役会の決議により募集事項を決定すること）も可能であると解されている

（実務相談 4 ・336頁）。

(ii) 株主総会が取締役会等に募集事項の決定を委任した場合

上記(i)により株主総会が募集事項を決定する場合（公開会社における有利発行及び非公開会社における発行の場合）には，おおむね旧商法と同様に，株主総会では，委任に基づき発行する募集株式の数の上限及び払込金額の下限を定めた上で，株主総会の決議の日から 1 年以内に払込期日（払込期間の末日）を設定する募集株式の発行決議について，これを取締役の過半数の一致（取締役会設置会社にあっては，取締役会）に委任することができる（法200条 1 項から 3 項まで，旧商280条ノ 2 第 4 項，280条ノ 5 ノ 2 第 2 項参照）。

ただし，このような株主総会から取締役会等への権限の委任は，譲渡制限株式の発行権限に関するものである場合には，会社法199条 4 項の定款の定め（譲渡制限株式の募集を行う場合でも当該譲渡制限株式の種類株主総会の決議を要しない旨の定め）がない限り，当該種類株主総会の特別決議を要する（法200条 4 項）。

したがって，これらの手続による委任がある場合には，上記(i)で株主総会の決議を要するとされるときであっても，各別の募集事項の決定は，取締役の過半数の一致（取締役会設置会社にあっては，取締役会）により行うことができる。

(iii) 募集事項の均等

募集事項は，募集ごとに均等に定めなければならない（法199条 5 項）。

旧商法の下では，第三者に対する有利発行を株主総会の特別決議により行う場合には，発行条件均等の原則の例外が設けられ，引受予定者のうち 1 人だけ特に有利な発行価額によることも可能であった（旧商280条ノ 3 ノ 3 第 1 項，実務相談 4 ・322頁）が，会社法では，これに相当する規定は設けられていない。その立法趣旨について文献上明らかではない（江頭・株式会社法789頁の注13参照）が，会社法199条 5 項の原則に従った慎重な取扱いが望まれるところである。

(iv) 株主に対する通知又は公告等

公開会社は，上記(i)により取締役会の決議で募集事項を定めた場合（有利発行につき株主総会から委任を受けた場合を除く。）には，払込期日（払込期間の初日）の2週間前までに，株主に対して募集事項の通知又は公告をし，募集株式の発行等をやめることの請求（新株発行差止請求）の機会を与えなければならない（法201条3項・4項，210条）。この通知又は公告は，会社法201条3項の文言上も，募集事項が確定した後に行う必要があり，取締役会の決議に先立って行うことはできない（植田和男「譲渡制限の定めのある会社における新株発行事項の公告・通知の期間の短縮に関する株主の同意」旬刊商事法務1271号46頁参照）。

この通知及び公告を全く欠く募集株式の発行は，新株発行差止請求をしたとしても差止めの事由がないためにこれが許容されないと認められる場合でない限り，無効原因となる（最判平9・1・28民集51巻1号71頁）。

ただし，この通知又は公告の日から払込期日までの2週間という期間の短縮については，株主全員の同意があれば可能であり（昭41・10・5民事甲2875号回答，実務相談4・241頁），また，通知又は公告を欠く場合でも，何らかの事情により株主全員が新株発行の公示事項を了知していたときは，新株発行の無効原因とはならないと解されている（新版注釈会社法(7)147頁）。

なお，会社が払込期日（払込期間の初日）の2週間前までに金商法4条1項又は2項の有価証券の募集の届出等をしている場合等には，株主に対する通知又は公告を要しない（法201条5項，施40条。その解釈については，相澤・論点解説200頁）。

(v) 株式の申込み

申込みをしようとする者は，会社から申込事項の通知を受け，募集株式の引受けの申込みをする（法203条）。従業員持株会のような民法上の組合がこの申込みをして株式の割当てを受けることも，可能である（山本浩司「実務家による商業・法人登記Q&A(3)」登記情報568号75頁）。

ただし，株主割当ての場合には，申込者がその株式の割当てを受ける権利

に基づき当然に株式引受人となるのに対し，第三者割当ての場合には，会社が，申込者の中から割当てを受ける者を定め，かつ，その者に割り当てる募集株式の数を定めなければならない（法204条1項）。

　なお，株式申込人となるA株式会社の代表取締役である甲が，募集株式の発行をするX株式会社の代表取締役であるときは，利益相反取引に当たり，A株式会社において株主総会（取締役会設置会社にあっては，取締役会。法356条，365条1項）の承認を得る必要があると解されている（鴻・先例百選70頁）が，商登法46条2項の規定は，登記申請人であるX株式会社の議事録についてしか適用がない上，承認がない場合の法律関係につき絶対的無効説をとる学説もほとんどないため，募集株式の発行による変更の登記の添付書面として，A株式会社の議事録の添付は要しないとされている（昭61・9・10民四6912号回答，登記研究466号111頁。この場合に，A株式会社に対する株式の割当てがX株式会社にとって利益相反取引とならないことについては，実務相談1・748頁，実務相談3・236頁参照）。

⑹　株式の割当て

　株式の割当先等の決定機関は，次のとおりである。

・公開会社において，譲渡制限株式以外の株式を割り当てる場合には，適宜の業務執行機関の決定（代表者による割当自由の原則。新版注釈会社法⑺54頁）

・公開会社において，譲渡制限株式を割り当てる場合には，取締役会の決議（法204条2項）。ただし，定款に別段の定めがある場合は，その定めに従う。

・非公開会社においては，株主総会の特別決議（取締役会設置会社にあっては，取締役会の決議。法204条2項）。ただし，定款に別段の定めがある場合は，その定めに従う。

　第三者割当てにおける募集事項の決定機関及び割当先等の決定機関をまとめると，次の**図表2－7**のとおりである。

　図表2－7のうち，例えば，取締役会を置く非公開会社では，株主総会に

おいて募集事項を決定し，取締役会において割当先等を決定することとなる等，両者の決議機関が異なることから実務上の不便が生じているとのことであるが，割当先等の決定機関を株主総会とする等の別段の定め（法204条2項ただし書）を定款に設けない限り，会社法の条文上はやむを得ない。

　なお，募集事項の決定機関と割当先等の決定機関が同一である場合には，同一の株主総会又は取締役会の機会で，これらを決議することができる。この場合には，割当先等の決定を，その者から株式の申込みがされることを条件として行うこととなる。

図表2－7　募集事項及び割当先等の決定機関

	募集事項の決定	割当先等の決定
公開会社		
自由譲渡株式の発行	取締役会の決議^(※)（有利発行にあっては，株主総会の特別決議）	代表者の決定
譲渡制限株式の発行	取締役会の決議^(※)（有利発行にあっては，株主総会の特別決議）当該譲渡制限株式の種類株主総会の特別決議（定款による排除可能）	取締役会の決議（定款による別段の定め可能）
非公開会社	株主総会の特別決議当該譲渡制限株式の種類株主総会の特別決議（定款による排除可能）	株主総会の特別決議（取締役会設置会社にあっては，取締役会の決議。なお，定款による別段の定め可能）

（注1）　上記の表中（※）印の取締役会の決議については，定款の定めにより，これを株主総会の権限とすることも可能である（法295条2項。相澤・論点解説197頁の図表2－10）。

（注2）　株主総会は，募集事項の決定につき，取締役会等に委任することができる（前記(ii)参照）が，上記の表では割愛している。

(vii) 公開会社における支配株主の異動を伴う株式の割当て等

公開会社では，**図表2-7**のとおり，有利発行でない限り，取締役会の決議により募集事項の決定等をすることができるが，これにより支配株主の異動が生ずる場合には，会社の経営の在り方に重大な影響を及ぼすことがあり得る。そこで，平成26年の会社法の改正においては，募集株式の割当て又は総数引受契約の締結により引受人となった者（特定引受人）が，当該募集株式の引受人の全員が株主となったとした場合における総株主の議決権の過半数を有することとなる場合には，①有価証券届出書を提出しているとき等を除き，払込期日（払込期間の初日）の2週間前までに，株主に対して当該特定引受人に関する情報の通知又は公告をするとともに，②総株主の議決権の10分の1以上の議決権を有する株主から反対の通知があったときは，払込期日（払込期間の初日）の前日までに，その割当て又は総数引受契約につき，会社法341条と同様の株主総会の特別な普通決議による承認を受けなければならないとされた（法206条の2）。

なお，特定引受人が当該公開会社の親会社等である場合は，上記規律の適用はなく（法206条の2第1項ただし書），また，当該公開会社の財産の状況が著しく悪化している場合において，その事業の継続のため緊急の必要があるときは，上記②の規律の適用はない（同条4項ただし書）。

（注） いわゆる公募の場合における会社法206条の2の適用

公募において引受証券会社が一時的に多数の議決権を有することとなる場合も，支配株主の異動に悪用されないことが法制度上担保されているとはいえないため，たとえ多数の投資家に転売することが予定されているとしても，本文の規律の適用があるものと解されている（坂本・一問一答131頁）。

(c) 総数引受契約を締結する場合

(i) 契約相手の選定等

第三者割当てによる募集株式の発行において，総数引受契約を締結するときも，上記(b)の(i)から(iv)までの手続（募集事項の決定，新株発行差止請求の機会を与える株主への通知・公告）は同様であるが，基本的に，申込み及び

■6 募集株式の発行 *289*

割当ての行為が不要になる（法205条1項）。

この点，平成26年の会社法の改正においては，譲渡制限株式の譲渡承認の在り方とのバランス等に配慮して，募集株式が譲渡制限株式である場合には，定款に別段の定めがあるときを除き，株主総会の特別決議（取締役会設置会社にあっては，取締役会の決議）により総数引受契約の承認を受けなければならないとされた（法205条2項，309条2項5号）。

また，公開会社において支配株主の異動を伴う総数引受契約が締結される場合については，上記(b)(vii)のとおり，特定引受人に関する情報の開示及び総株主の議決権の10分の1以上の議決権を有する株主から反対の通知があった場合の措置に関する規律が設けられた。

(ii) 総数引受契約

総数引受けとは，特定人が会社との契約によって募集に係る株式の総数を包括的に引き受ける方式であり，特定人は，複数であってもよい。

総数引受契約は，契約書が1通である必要はないものの，実質的に「同一の機会に一体的な契約」で募集株式の総数の引受けが行われたものと評価し得るものであることを要するとされている（相澤・論点解説208頁）。

具体的にどのような体裁の契約書がこれに当たるか，明確ではないが，1通の契約書に会社及び引受人の全員が記名押印する方法や，契約書を引受人ごとに複数に分けるとしても，当該契約書中に同時に株式を引き受ける他の者の氏名又は名称を記載する方法等により，複数の者が同一の機会にする一体的な契約であることが明らかとなるよう，実務上の工夫が期待されるところである。

（注） いわゆる差入れ方式

一般に，株式引受人のみが記名押印した書面であって会社に差し入れたものは，当事者双方の合意を証するものとはいえず，総数引受契約を証する書面とみることはできない。

もっとも，会社法による総数引受けの制度の導入後，日が浅く，会社及び株式引受人の記名押印のある契約書が作成されていない場合等もあるため，現在の登記実務上は，上記の書面（株式引受人のみが記名押印した書面）に，発行会社の代表者が，①当事者双方の記名押印のある契約書が作成されてい

ないこと，②契約の成立日，③当該書面が会社法205条１項の契約を証する
書面に当たることを奥書し，登記所への届出印で押印したものを添付した場
合には，これを総数引受契約を証する書面とみて取り扱っている。

ただし，この取扱いは，救済的なものであり，裁判手続等において総数
引受契約の事実が争われる場合等にも備えて，本文に述べたような確実な
方法によるべきである。

(d)　出資及び資本金の計上

第三者割当ての場合も，株式引受人による出資及び資本金の計上の在り方
は株主割当ての場合と同様であり，その留意点は，前記(1)で述べたとおりで
ある。

②　登記手続

(a)　登記期間，登記すべき事項及び登録免許税額

第三者割当ての場合も，登記期間，登記すべき事項及び登録免許税額につ
いては株主割当ての場合と同様であり，その留意点は，前記(1)②で述べたと
おりである。

(b)　添付書面

添付書面は，次のとおりである。詳細については，前記(1)②(c)を参照され
たい。

(i)　**募集事項の決定機関（前記①(b)(i)(ii)参照）に応じ，株主総会（種類株主
総会）の議事録及び株主リスト，取締役会の議事録又は取締役の過半数の
一致を証する書面（商登46条２項・１項，商登規61条３項）**

株主総会の委任に基づき取締役会等が募集事項を決定したときは，委任に
係る株主総会の議事録及び株主リストの添付も要する（商登46条２項，商登
規61条３項。辻雄介・大西勇「株主リストに関する一考察」登記研究832号８頁）。

なお，第三者に対する有利発行のために株主総会の特別決議を要する場合
（法199条３項）の株主総会の議事録は，添付を要しない（取締役会の議事録
が添付されていれば足りる）と解されている（昭30・６・25民事甲1333号通達，
書式精義第３版464頁，鴻・先例百選135頁，竹田盛之輔「株式譲渡制限会社が株

主以外の者に新株を発行する場合と登記」・菊池洋一編著『商業登記制度をめぐる諸問題』421頁（テイハン，1994））。そもそも，有利発行か否かを申請書から判断すること自体が困難であるが，更に，会社が第三者に対する有利発行を株主総会の特別決議を得ずに行っても，新株発行の無効原因とはならず（最判昭46・7・16民集23巻3号645頁，会社法大系4・297頁，東京地方裁判所商事研究会編『類型別会社訴訟（第三版）Ⅱ』611頁（判例タイムズ社，2011）），商登法46条2項に該当しないためである。

(ii) **募集株式が譲渡制限株式であるときは，割当ての決定機関又は総数引受契約の承認機関に応じ，株主総会の議事録及び株主リスト又は取締役会の議事録（商登46条2項，商登規61条3項）**

第三者割当ての場合（譲渡制限株式の募集に限る。）には，株主割当ての場合と異なり，この書面が添付書面となるので，注意を要する（平18・3・31民商782号通達。この取扱いは，平2・12・25民四5666号通達の取扱い（鴻・先例百選134頁参照）を参考にしたものである。）。

なお，割当ての決定機関又は総数引受契約の承認機関につき定款で別段の定めを設けたときは，定款の添付も要する（商登規61条1項）。

(iii) **募集株式の引受けの申込み又は総数引受契約を証する書面（商登56条1号）**

総数引受契約を証する書面の具体的な内容については，前記①(c)(ii)を参照されたい。

(iv) **金銭を出資の目的とするときは，払込みがあったことを証する書面（商登56条2号）**

(v) **現物出資がされるときは，商登法56条3号及び4号の書面**

(vi) **資本金の額が会社法及び計算規則の規定に従って計上されたことを証する書面（商登規61条9項）**

(vii) **支配株主の異動を伴う場合において，総株主の議決権の10分の1以上の議決権を有する株主から反対の通知があったときは，割当て又は総数引受契約の承認に係る株主総会の議事録及び株主リスト（商登46条2項，商登規61条3項）**

なお，支配株主の異動を伴う募集株式の発行につき，総株主の議決権の10分の1以上の議決権を有する株主から反対の通知があった場合において，会社法206条の2第4項ただし書により例外的に当該承認を受けるべき場合に該当しないときは，当該場合に該当しないことを証する書面（代表者の作成に係る証明書等）を添付する必要がある（商登56条5号）。

（注） **新株発行差止請求の機会を与える株主への通知又は公告の期間を短縮する場合について**

　　従前の登記実務は，募集事項の決定の日から払込期日までの間に2週間を置かない場合には，上記株主への通知若しくは公告の期間の短縮に関する株主全員の同意書の添付があるか，又は有利発行に関する株主総会の議事録の添付があるか，いずれかの場合でない限り，登記申請を却下するとしていた（昭41・10・5民事甲2875号回答，登記研究228号41頁，伊藤隆「商法280条ノ3ノ2の公告・通知を経ずにした第三者に対する新株の有利発行による変更登記申請の受否」旬刊商事法務1345号36頁。前記①(b)(iv)，②(b)(i)参照）。

　　これに対し，会社法では，払込期日の2週間前までに金商法による届出等をしている場合に，株主に対する通知又は公告を要しないとされた（法201条5項，施40条）。通常，募集事項の決定の日以後に金商法による届出がされるため，問題となる事例は稀であろうが，①実体法上，同項に該当することにより，募集事項の決定の日から払込期日までの間に2週間を置かないことがあるのではないか，②そうすると，通知・公告の期間短縮に関する株主全員の同意書や，有利発行に関する株主総会議事録の添付がないときは，手続法上，これらの代わりに，金商法による届出等を証する書面が添付書面となるのではないか，疑問が生じたところである。

　　この点，現在の登記実務は，会社法240条の新株予約権に関する解釈ではあるが，上記①につき，金商法による届出は募集事項の決定に係る取締役会決議に先行し得るものの，その場合でも，「当該取締役会決議の日から割当日までの間に2週間を置くことを要する」として運用されている（山下菜美子「会社法施行後における商業登記実務の諸問題(6)」登記情報553号37頁。なお，募集株式の発行にあっては，募集事項の決定の日から割当日までの期間ではなく，払込期日までの期間と読み替えて，上記と同様の解釈となろう。）。この前提によれば，上記②につき論ずる余地はなく，金商法による届出をした場合であっても，払込期日までの期間短縮に関する株主全員の同意書，又は有利発行に関する株主総会議事録の添付がない限り，募集事項の決定の日から払込期日までの間に2週間を置かない登記の申請

■6　募集株式の発行　　*293*

は，却下されることとなろう。

(c)　登記申請書の例（第三者割当ての場合）

株式会社変更登記申請書

1　商号　○○株式会社（会社法人等番号・・・）

1　本店　○県○市○町○丁目○番○号

1　登記の事由　　募集株式の発行

1　登記すべき事項　平成○年○月○日次のとおり変更

　　　　　　　　　　発行済株式の総数　　○○株

　　　　　　　　　　発行済各種の株式の数

　　　　　　　　　　　普通株式　　○○株

　　　　　　　　　　　　取得請求権付株式　　○○株

　　　　　　　　　　資本金の額　　金○○万円

1　課税標準金額　　金○万円

1　登録免許税　　　金○万円

1　添付書類　　　　株主総会議事録（取締役会を置かない非公開会社

　　　　　　　　　　において募集事項及び割当先を決定した議事の記

　　　　　　　　　　載のあるもの）　　　　　　　　　1通

　　　　　　　　　　株主リスト　　　　　　　　　　　1通

　　　　　　　　　　募集株式の申込みを証する書面　　○通

　　　　　　　　　　払込みがあったことを証する書面　1通

　　　　　　　　　　資本金の額の計上に関する証明書　1通

　　　　　　　　　　委任状　　　　　　　　　　　　　1通

上記のとおり登記の申請をする。

　　　平成○年○月○日

　　　　　　　　　　○県○市○町○丁目○番○号

```
                                申請人　○○株式会社
                     ○県○市○町○丁目○番○号
                                代表取締役　何某
                     ○県○市○町○丁目○番○号
                                上記代理人　何某　印
                     （電話番号　・・・）

○○法務局御中
```

（注）　募集事項及び割当先の決定に関する書面

　　　　非公開会社のうち取締役会設置会社にあっては，割当先の決定につき，原則として，株主総会の議事録等ではなく，取締役会の議事録を添付しなければならない（法204条2項）。

　　　　公開会社においては，募集事項の決定につき，原則として取締役会の議事録を添付しなければならず（法201条1項，199条1項），譲渡制限株式以外の株式を発行するときは，割当先の決定に関する添付書面を要しない。

■7　取得請求権付株式等の取得と引換えにする株式の発行

⑴　取得請求権付株式の取得と引換えにする株式の発行

①　手　　続

　取得請求権付株式（取得対価が他の株式であるもの）の株主は，会社に対し当該取得請求権付株式の取得を請求することができ，その請求の日に，これと引換えに，当該他の株式を取得する（法166条，167条2項）。

　この場合には，会社が当該他の株式を新たに発行するか，自己株式を処分するかにかかわらず，資本金の額は増加しない（計15条）。

② 登記手続

(a) 登記期間

会社が取得対価として他の株式を新たに発行した場合には，株式の発行の効力が生じた日（取得請求の日）から2週間以内に，変更の登記をしなければならない（法915条1項）。

ただし，株主から順次取得請求があった場合に各別に変更の登記申請を要するとしては，煩雑にすぎるため，毎月末日現在までの変更分を一括して登記申請しても差し支えなく，その場合の登記期間は，当該末日から2週間以内とされている（法915条3項2号）。

(b) 登記すべき事項

取得対価として他の株式を新たに発行した場合の登記すべき事項は，発行後の発行済株式総数（種類株式発行会社にあっては，発行済みの株式の種類及び数を含む。）及び変更年月日である。

登記記録上「発行済株式の総数並びに種類及び数」は1つの単位であるため，1つの種類株式を発行した場合でも，登記事項としては，発行済株式の総数のほか，全ての種類株式に係る発行済みの数を記載することとなる。

なお，取得対価として自己株式のみを交付した場合には，登記すべき事項に変更は生じない。また，会社が株主から取得した取得請求権付株式は，自己株式となるだけなので，これに関する登記事項にも変更はない。

(c) 添付書面

添付書面は，取得請求権付株式の取得の請求があったことを証する書面である（商登58条）。具体的には，取得請求書，株主名簿管理人が取得請求を受けた場合にはその証明書等が，これに当たる（書式精義第5版上520頁）。

(d) 登録免許税額

申請1件につき3万円である（登税別表第一第24号㈠ツ）。

(e) 登記申請書の例

前記■1の(2)④の発行可能株式総数の変更の登記申請書の例中

「登記の事由　　　取得請求権付株式の取得と引換えにする株式の発行

登記すべき事項　平成〇年〇月〇日次のとおり変更
　　　　　　　　　発行済株式の総数　〇株
　　　　　　　　　発行済各種の株式の数　普通株式　〇株
　　　　　　　　　　　　　　　　取得請求権付株式　〇株」

などとし，添付書面を上記(c)のとおりとするほかは，これと同様である。

(2)　取得条項付株式の取得と引換えにする株式の発行

①　手　　続

(a)　取得する日の決定

　定款に，取得条項付株式を取得すべき一定の事由を定めた場合（法107条
2項3号イ）には，後日，その取得日を別に定める必要はない。

　これに対し，定款に，会社が別に定める日の到来をもって取得事由とする
旨の定めがある場合（法107条2項3号ロ）には，会社は，定款に別段の定め
がある場合を除き，その日を株主総会の普通決議（取締役会設置会社にあっ
ては，取締役会の決議）により定め，当該日の2週間前までに，取得条項付
株式の株主等に対する通知又は公告をしなければならない（法168条）。

(b)　取得する株式の決定

　定款に，取得条項付株式の一部を取得する旨の定めがある場合（法107条
2項3号ハ）には，会社は，定款に別段の定めがある場合を除き，株主総会
の普通決議（取締役会設置会社にあっては，取締役会の決議）によって当該
一部の株式を決定し，直ちに，その株式の株主等に対する通知又は公告をし
なければならない（法169条）。

　なお，取得する一部の株式の決定に際しては，株主平等原則の適用があり，
持株数に比例して取得する方法や，抽選により決定する方法等が考えられる
とされる（会社法コンメ4・72頁）。

(c)　株券提供公告

　株券発行会社は，効力発生日の1か月前までに，取得条項付株式の株主及

び登録株式質権者に対する株券提供公告及び通知の手続を行わなければならない（ただし，取得条項付株式の全部につき株券を発行していない場合は，この手続は不要である。法219条1項4号）。

(d) 効力の発生

会社は，一定の事由が生じた日（取得条項付株式の一部を取得する旨の定めがある場合には，当該日又は上記(b)の通知若しくは公告の日から2週間を経過した日のいずれか遅い日）に，取得条項付株式を取得する（法170条1項）。

取得条項付株式（取得対価が他の株式であるもの）の株主は，その日に，当該他の株式を取得する（法170条2項）。

この場合には，会社が当該他の株式を新たに発行するか，自己株式を処分するかにかかわらず，資本金の額は増加しない（計15条）。

② 登記手続

(a) 登記期間

会社が取得対価として他の株式を新たに発行した場合には，株式の発行の効力が生じた日（前記①(d)の日）から2週間以内に，変更の登記をしなければならない（法915条1項）。

なお，取得条項付株式の一部を取得した場合において，取得する株式の決定に係る通知又は公告の日から2週間を経過した日を登記義務の起算点とするときは，添付書面からその日が明らかとならないが，やむを得ない。

(b) 登記すべき事項

取得対価として他の株式を新たに発行した場合の登記すべき事項は，発行後の発行済株式総数（種類株式発行会社にあっては，発行済みの株式の種類及び数を含む。）及び変更年月日である。

登記記録上「発行済株式の総数並びに種類及び数」は1つの単位であるため，1つの種類株式を発行した場合でも，登記事項としては，発行済株式の総数のほか，全ての種類株式に係る発行済みの数を記載することとなる。

なお，取得対価として自己株式のみを交付した場合には，登記すべき事項に変更は生じない。また，会社が株主から取得した取得条項付株式は，自己株式となるものであり，これに関する登記事項にも変更はない。

(c) 添付書面

添付書面は，次のとおりである。

・一定の取得事由の発生を証する書面（会社が別に定める日の到来をもって取得事由とする旨の定款の定めがある場合には，株主総会の議事録及び株主リスト又は取締役会の議事録。商登59条１項１号，46条２項，商登規61条３項）

　　なお，一定の取得事由の発生を証する書面につき，これを直接的に証明する書面がないときは，代表者が当該取得事由が生じたことを証する旨を記載した上，登記所への届出印を押印した書面で差し支えないと取り扱われている（書式精義第５版上521頁，旧商法の強制転換条項付株式に関する書式精義第３版500頁）。

・取得条項付株式の一部を取得した場合には，当該一部の株式の決定に係る株主総会の議事録及び株主リスト又は取締役会の議事録（商登46条２項，商登規61条３項）

・株券発行会社にあっては，株券提供公告をしたことを証する書面（当該株式の全部につき株券不所持申出がされているか，又は非公開会社における法215条４項の特例により株券が発行されていない場合には，これを証する書面（株主名簿）。商登59条１項２号）

なお，株券提供公告に関する諸問題については，譲渡制限株式の定めの設定の株券提供公告に関する記述（前記■２の(1)①(c)(ii)）を参照されたい。

(d) 登録免許税額

申請１件につき３万円である（登税別表第一第24号㈠ツ）。

(e) 登記申請書の例

前記■１の(2)④の発行可能株式総数の変更の登記申請書の例中

「登記の事由　　　　取得条項付株式の取得と引換えにする株式の発行

　登記すべき事項　　平成〇年〇月〇日次のとおり変更

　　　　　発行済株式の総数　　〇株

　　　　　発行済各種の株式の数　普通株式　〇株

　　　　　　　　　　　　　　　　取得条項付株式　〇株」

などとし，添付書面を上記(c)のとおりとするほかは，これと同様である。

⑶　全部取得条項付種類株式の取得と引換えにする株式の発行

①　手　　　続

(a)　取得に関する決定

　全部取得条項付種類株式の発行会社は，株主総会の特別決議によって，取得対価及び取得日を定め，全部取得条項付種類株式の全部を取得することができる（法171条）。

(b)　株券提供公告

　株券発行会社は，効力発生日の1か月前までに，全部取得条項付種類株式の株主及び登録株式質権者に対する株券提供公告及び通知の手続を行わなければならない（ただし，全部取得条項付種類株式の全部につき株券を発行していない場合は，この手続は不要である。法219条1項3号）。

(c)　効力の発生

　会社は，上記(a)の取得日に，全部取得条項付種類株式の全部を取得する（法173条1項）。

　全部取得条項付種類株式の株主（上記(a)において他の株式を取得対価とされたもの）は，その日に，当該他の株式を取得する（法173条2項）。

　この場合には，会社が当該他の株式を新たに発行するか，自己株式を処分するかにかかわらず，資本金の額は増加しない（計15条）。

(d)　100パーセント減資との関係

　全部取得条項付種類株式の取得と同時に，取得した全部取得条項付種類株式の消却及び資本金の額を0円とする資本減少を行い，更に，同時に，募集株式の発行をすることも，従来の100パーセント減資の取扱いと同様に可能

300　　　2-3　株式に関する登記

である（相澤・論点解説90頁。ただし，従来は，会社更生手続等の倒産手続以外では，総株主の同意による消却の場合に限り，100パーセント減資が許容されていた。昭56・6・5民四3466号回答，鴻・先例百選158頁）。

　このような方法をとった場合には，資本金の額の減少の登記と募集株式の発行による変更の登記の双方を申請する必要があり，中間省略のような形態で減増資後の最終的な金額への1つの変更の登記だけを申請することは許されない（登記申請書に記載された減資額が株主総会の決議に係る減資額と異なること，又は登記申請書に記載された増資額が募集株式の発行による資本金等増加限度額の2分の1以上とならないこと等により，商登法24条9号の却下事由に当たる。）。

（注1）　全部取得条項付種類株式の取得

　　　全部取得条項付種類株式の取得は，株主総会の特別決議によって可能であり，会社法では，多数決原理により少数株主を排除することができる。

　　　しかし，従来は，株主の財産権保障の限界という観点から，会社更生手続等の倒産手続以外では，総株主の同意による消却の場合に限り100パーセント減資が許容されていたところであり，全部取得条項付種類株式の取得の制度が濫用されないよう，十分な注意が必要である。

（注2）　平成26年改正の内容

　　　平成26年の会社法の改正においては，全部取得条項付種類株式の取得が実務上キャッシュ・アウト（支配株主が，少数株主の個別の承諾を得ることなく，その有する株式の全部を金銭を対価として取得すること）の手段として利用されることが多いという状況を踏まえ，その取得に際して開催される株主総会の前後における情報開示や差止請求に関する規律が設けられた（法171条の2，171条の3，173条の2）。

②　登記手続

ⓐ　登記すべき事項

　取得対価として他の株式を新たに発行した場合の登記すべき事項は，発行後の発行済株式総数（種類株式発行会社にあっては，発行済みの株式の種類及び数を含む。）及び変更年月日である。

登記記録上「発行済株式の総数並びに種類及び数」は１つの単位であるため，１つの種類株式を発行した場合でも，登記事項としては，発行済株式の総数のほか，全ての種類株式に係る発行済みの数を記載することとなる。

なお，取得対価として自己株式のみを交付した場合には，登記すべき事項に変更は生じない。また，会社が株主から取得した全部取得条項付種類株式は，自己株式となるものであり，これに関する登記事項にも変更はない。

(b) 添付書面

添付書面は，次のとおりである。

・株主総会の議事録及び株主リスト（商登46条２項，商登規61条３項）
・株券発行会社にあっては，株券提供公告をしたことを証する書面（当該株式の全部につき株券不所持申出がされているか，又は非公開会社における法215条４項の特例により株券が発行されていない場合には，これを証する書面（株主名簿）。商登60条）

なお，株券提供公告に関する諸問題については，譲渡制限株式の定めの設定の株券提供公告に関する記述（前記■２の(1)①(c)(ii)）を参照されたい。

(c) 登録免許税額

申請１件につき３万円である（登税別表第一第24号(一)ツ）。

(d) 登記申請書の例

前記■１の(2)④の発行可能株式総数の変更の登記申請書の例中

「登記の事由　　　全部取得条項付種類株式の取得と引換えにする株式の発行

登記すべき事項　平成〇年〇月〇日次のとおり変更

　　　　　　　　発行済株式の総数　〇株

　　　　　　　　発行済各種の株式の数　普通株式　〇株

　　　　　　　　　　　　　　　　　　全部取得条項付種類株式

　　　　　　　　　　　　　　　　　　〇株」

などとし，添付書面を上記(b)のとおりとするほかは，これと同様である。

⑷ 取得条項付新株予約権の取得と引換えにする株式の発行

① 手 続

(a) 取得する日及び取得する新株予約権の決定

会社が取得条項付新株予約権を取得する場合における取得する日及び取得する一部の新株予約権の決定については，取得条項付株式の取得の場合と同様である（法273条，274条。前記⑵①(a)(b)参照）。

(b) 新株予約権証券提供公告

新株予約権証券を発行している会社は，効力発生日の1か月前までに，取得条項付新株予約権の新株予約権者及びその登録新株予約権質権者に対する新株予約権証券提供公告及び通知の手続を行わなければならない（法293条1項1号の2）。

(c) 効力の発生

会社は，一定の事由が生じた日（取得条項付新株予約権の一部を取得する旨の定めがある場合には，当該日又は取得する新株予約権の決定に係る通知若しくは公告の日から2週間を経過した日のいずれか遅い日）に，取得条項付新株予約権を取得する（法275条1項）。

取得条項付新株予約権（取得対価が株式であるもの）の新株予約権者は，その日に，当該株式を取得する（法275条3項）。

取得条項付新株予約権の取得と引換えに新たに株式を発行する場合には，会社法445条及び計算規則18条1項に従い，資本金の額が増加する。

② 登記手続

(a) 登記すべき事項

取得対価として株式を新たに発行した場合の登記すべき事項は，資本金の額，発行後の発行済株式総数（種類株式発行会社にあっては，発行済みの株式の種類及び数を含む。）及び変更年月日である。

取得対価として自己株式のみを交付した場合には，登記事項に変更は生じ

■7　取得請求権付株式等の取得と引換えにする株式の発行　　*303*

ない。

　登記記録上「発行済株式の総数並びに種類及び数」は１つの単位であるため，１つの種類株式を発行した場合でも，登記事項としては，発行済株式の総数のほか，全ての種類株式に係る発行済みの数を記載することとなる。

　なお，会社が株主から取得した取得条項付新株予約権は，自己新株予約権となるものであり，これに関する登記事項にも変更はない。

(b)　添付書面

添付書面は，次のとおりである。

・一定の取得事由の発生を証する書面（会社が別に定める日の到来をもって取得事由とする旨の定款の定めがある場合には，株主総会の議事録及び株主リスト又は取締役会の議事録。商登59条２項１号，46条２項，商登規61条３項）

・取得条項付新株予約権の一部を取得した場合には，当該一部の新株予約権の決定に係る株主総会の議事録及び株主リスト又は取締役会の議事録（商登46条２項，商登規61条３項）

・新株予約権証券提供公告をしたことを証する書面（当該取得条項付新株予約権について新株予約権証券を発行していない場合には，これを証する書面（新株予約権原簿）。商登59条２項２号）

　　なお，新株予約権証券提供公告に関連して，譲渡制限株式の定めの設定の株券提供公告に関する記述（前記■２の(1)①(c)(ii)）については注意しておく必要がある。

・計算規則18条１項の資本金等増加限度額のうち資本金として計上しない額を定めた場合には，取締役会の議事録（取締役の過半数の一致を証する書面。商登46条２項・１項）

・資本金の額が会社法及び計算規則の規定に従って計上されたことを証する書面（商登規61条９項）

(c)　登録免許税額

申請１件につき増加した資本金の額（課税標準金額）の1000分の７（これによって計算した税額が３万円に満たないときは，３万円）である（登税別

表第一第24号㈠ニ)。

⒟　登記申請書の例

前記■1の(2)④の発行可能株式総数の変更の登記申請書の例中

「登記の事由　　　取得条項付新株予約権の取得と引換えにする株式の発行

　　登記すべき事項　平成○年○月○日次のとおり変更

　　　　　　　　　　発行済株式の総数　　○株

　　　　　　　　　　（発行済各種の株式の数　普通株式　○株

　　　　　　　　　　　　　　　　　　　　　優先株式　○株）

　　　　　　　　　　資本金の額　金○円

　　課税標準金額　　　金○万円」

などとし，添付書面及び登録免許税額を上記(b)及び(c)のとおりとするほかは，これと同様である。

■8　株式の消却

⑴　手　　　続

　自己株式の消却は，取締役会の決議（取締役の過半数の一致による決定）をした（法178条。取締役会を置かない会社につき，その決議機関は明示されていないが，その解釈については，前記2－1の■4の(1)②参照）上，株式失効の手続をすることによって行う（新版注釈会社法(3)293頁）。

　なお，①旧商法における解釈のように，株式の消却によって当然に発行可能株式総数が減少するものではないこと，②定款に「株式の消却をした場合には，消却した株式の数につき，当会社の発行可能株式総数は減少する」旨の定めがある会社については，株式の消却の結果，株主総会等の決議なくして発行可能株式総数が減少することについては，前記■1の(1)①を参照されたい。

■8　株式の消却　　305

　株式の消却をしても，資本金の額は減少しない。

　株式の消却をして０株とすることは，その後の会社の運営が不可能となるので認めることは困難である（原田晃治・泰田啓太・郡谷大輔「自己株式の取得規制等の見直しに係る改正商法の解説（上）」旬刊商事法務1607号13頁参照）が，これと同時に募集株式を発行して発行済株式総数を１株以上とするのであれば，従来の100％減資の議論（鴻・先例百選158頁）と同様に，可能であろう。

⑵　登記手続

①　登記すべき事項

　登記すべき事項は，発行済株式総数（種類株式発行会社にあっては，発行済みの株式の種類及び数を含む。）及び変更年月日である。

　登記記録上「発行済株式の総数並びに種類及び数」は１つの単位であるため，１つの種類株式を消却した場合でも，登記事項としては，発行済株式の総数のほか，全ての種類株式に係る発行済みの数を記載することとなる。

　なお，株式の消却の決議をした場合には，遅滞なく株式の失効の手続（株券の破棄，株主名簿からの記載の抹消）をすることとなる。消却の効力発生日につき議論はある（新版注釈会社法(3)293頁は，株券の破棄等の株券の減却行為がなくても，株券台帳から抹消したり，失効株式の番号を控えたりするなど，消却すべき株式を特定する行為があれば足りるとし，また，会社法コンメ４・136頁は，株券の発行の有無に区分して議論をする。）ものの，株券を発行しない会社は会社法制定前から存在していたのであるから，登記の変更年月日については，旧商法の取扱い（書式精義第３版541頁，548頁）と同様に，株式の失効の手続を終えた日と取り扱っても差し支えないであろう（添付書面からは，この日は判明しない。）。

②　添付書面

　添付書面は，取締役会の議事録（取締役の一致を証する書面）である（商

306　　　　2-3　株式に関する登記

登46条2項・1項)。

③　登録免許税額

申請1件につき3万円である（登税別表第一第24号㈠ツ)。

④　登記申請書の例

前記■1の(2)④の発行可能株式総数の変更の登記申請書の例中

「登記の事由　　　　株式の消却

　登記すべき事項　　平成〇年〇月〇日次のとおり変更

　　　　　　　　　　発行済株式の総数　〇株

　　　　　　　　　　（発行済各種の株式の数　普通株式　〇株

　　　　　　　　　　　　　　　　　　　　優先株式　〇株)」

などとし，添付書面を上記②のとおりとするほかは，これと同様である。

■9　株式の併合

⑴　手　　　続

　株式の併合をするには，次の手続がある。

・株主総会の特別決議（法309条2項4号)

・効力発生日の2週間前までにする株主及び登録株式質権者に対する通知
　又は公告（法181条。なお，平成26年の会社法の改正において，株式の併合
　により端数の株式が生ずる場合につき，株主に対する通知は20日前までに行
　うものとされるとともに，反対株主による株式買取請求の制度が創設された。
　法182条の4)

・効力発生日の1か月前までにする株主及び登録株式質権者に対する株券
　提供公告及び通知（ただし，株式の全部について株券を発行していない場合

は，この手続は不要である。法219条１項２号）

・株式の併合が種類株主に損害を及ぼすおそれがある場合（ある種類株式の併合により，当該種類株主への剰余金の配当やその議決権について損害を及ぼす場合等）には，原則として種類株主総会の特別決議が必要である（法322条１項２号）が，種類株主総会の決議を要しない旨を定款で定めたときは，これに代えて，効力発生日の20日前までにする株主に対する通知又は公告及び反対株主による株式買取請求の手続が必要である（法322条２項，116条１項３号イ）。

・株式の併合につき基準日を設ける場合において，定款にその定めがないときは，基準日の２週間前までにする当該基準日及び基準日株主が行使することができる権利の内容の公告（法124条３項）

これらの手続の先後関係については，株券提供公告の手続等を株主総会の日に先立ち開始することも可能であって（相澤・論点解説94頁，663頁参照），他の手続を全て履践している場合には，株主総会の決議により直ちに株式の併合の効力を生じさせることもできると解されている。

なお，旧商法においては，株式の併合の趣旨として当該併合の割合に比例して発行可能株式総数を減少する旨の決議を含むものと解する取扱いがされてきたが，平成26年の会社法の改正により，株式の併合をする場合には，効力発生日における発行可能株式総数をも株主総会の特別決議において定めなければならず，その効力発生日に，発行可能株式総数に係る定款の変更をしたものとみなされることとなった（法180条２項４号，182条２項）。この場合の発行可能株式総数は，公開会社においては，効力発生日における発行済株式総数の４倍を超えることができない（法180条３項）。

株式の併合をしても，資本金の額は減少しない。

（注）　平成26年改正の内容

　　上記のほか，平成26年の会社法の改正においては，株式の併合により端数となる株式の株主の利益を保護する観点から，株式の併合に際して開催される株主総会の前後における情報開示や差止請求に関する規律が設けられた（法182条の２，182条の３，182条の６）。

⑵ 登記手続

① 登記すべき事項

登記すべき事項は，発行済株式総数（種類株式発行会社にあっては，発行済みの株式の種類及び数を含む。）及び変更年月日である。

登記記録上「発行済株式の総数並びに種類及び数」は１つの単位であるため，１つの種類株式を併合した場合でも，登記事項としては，発行済株式の総数のほか，全ての種類株式に係る発行済みの数を記載することとなる。

なお，新株予約権を発行している会社が株式の併合をした場合には，通常，当該新株予約権の内容とされている調整条項に基づき，新株予約権の変更の登記も必要となる（後記２－４の■３参照）。

② 添付書面

添付書面は，次のとおりである。

・株主総会（種類株主総会の決議を要する場合にあっては，種類株主総会を含む。）の議事録及び株主リスト（商登46条２項，商登規61条３項）
・株券発行会社にあっては，株券提供公告をしたことを証する書面（当該株式の全部につき株券不所持申出がされているか，又は非公開会社における法215条４項の特例により株券が発行されていない場合には，これを証する書面（株主名簿）。商登61条）

株券発行会社以外の会社は，登記簿上その旨が判明し，株券提供公告を要しないことが登記官に明らかであるため，株主総会の議事録を添付すれば足りる。

なお，株券提供公告に関する諸問題については，譲渡制限株式の定めの設定の株券提供公告に関する記述（前記■２の⑴①(c)(ii)）を参照されたい。

③ 登録免許税額

申請１件につき３万円である（登税別表第一第24号㈠ツ）。

■10 株式の分割 309

④ 登記申請書の例

前記■1の(2)④の発行可能株式総数の変更の登記申請書の例中

「登記の事由　　　株式の併合

　登記すべき事項　平成○年○月○日次のとおり変更

　　　　　　　　　発行済株式の総数　○株

　　　　　　　　　（発行済各種の株式の数　普通株式　○株

　　　　　　　　　　　　　　　　　　　　優先株式　○株)」

などとし，添付書面を上記②のとおりとするほかは，これと同様である。

■10　株式の分割

(1)　手　　　続

　株式の分割とは，基準日におけるある種類の株主に分割割合に応じて当該種類の新たな株式が交付される制度であり，株式無償割当てと異なり，必ず同一種類の株式の数が増加し，自己株式についても分割の効果が生ずる（法184条1項）。

　株式の分割は，取締役会を置かない会社では株主総会の普通決議により，取締役会設置会社では取締役会の決議により，それぞれ行う（法183条2項）。

　株式の分割には，基準日を設ける必要があり（法183条2項1号），定款にその定めがないときは，基準日の2週間前までに，当該基準日及び基準日株主が行使することができる権利の内容を公告しなければならない（法124条3項）。

　また，株式の分割が種類株主に損害を及ぼすおそれがある場合（優先株式の分割により普通株主への剰余金の配当額が減少する場合，普通株式の分割により優先株主の株主総会における議決権割合が低下する場合等）には，原則として種類株主総会の特別決議が必要である（法322条1項2号）が，種類

株主総会の決議を要しない旨を定款で定めたときは，これに代えて，効力発生日の20日前までにする株主に対する通知又は公告及び反対株主による株式買取請求の手続が必要である（法322条2項，116条1項3号イ）。

なお，株式の分割と同時にする発行可能株式総数の増加（現に1種類の株式のみを発行している場合に限る。法184条2項）又は単元株式数の設定・増加（法191条）については，株主総会の決議によらないで定款を変更することができる旨の特則がある（前記■1及び■4参照）。

（注）　基準日公告の時期等

　　　株式分割の基準日公告は，取締役会の決議より前に，これを条件としてすることができると解されている（早貸淳子「株式の分割と登記」・菊池洋一編著『商業登記制度をめぐる諸問題』471頁（テイハン，1994））。

　　　なお，基準日公告の事実を証する書面は，登記申請の添付書面とされておらず，登記官が知り得るのは，株式分割の決議日から基準日までの期間が2週間に満たないということであるが，そのような場合でも，登記申請は受理される（新株発行に関する昭39・4・7民事甲1500号回答，登記研究197号61頁，604号151頁）。

⑵　登記手続

①　登記すべき事項

登記すべき事項は，発行済株式総数（種類株式発行会社にあっては，発行済みの株式の種類及び数を含む。）及び変更年月日である。

登記記録上「発行済株式の総数並びに種類及び数」は1つの単位であるため，1つの種類株式の分割をした場合でも，登記事項としては，発行済株式の総数のほか，全ての種類株式に係る発行済みの数を記載することとなる。

なお，新株予約権を発行している会社が株式の分割をした場合には，通常，当該新株予約権の内容とされている調整条項に基づき，新株予約権の変更の登記も必要となる（後記2－4の■3参照）。

②　添付書面

　添付書面は，株主総会の議事録及び株主リスト（取締役会設置会社にあっては，取締役会の議事録）であり，種類株主総会の決議を要する場合にあっては，種類株主総会の議事録及び株主リストも含まれる（商登46条2項，商登規61条3項）。

③　登録免許税額

　申請1件につき3万円である（登税別表第一第24号㈠ツ）。

④　登記申請書の例

　前記■1の(2)④の発行可能株式総数の変更の登記申請書の例中

　「登記の事由　　　　株式の分割

　　登記すべき事項　　平成○年○月○日次のとおり変更

　　　　　　　　　　　発行済株式の総数　　○株

　　　　　　　　　　　（発行済各種の株式の数　普通株式　　○株

　　　　　　　　　　　　　　　　　　　　　　優先株式　　○株）」

などとし，添付書面を上記②のとおりとするほかは，これと同様である。

■11　株式無償割当て

(1)　手　　続

　株式無償割当てとは，株主に対して新たに払込みをさせないで当該会社の株式の割当てをする制度であり，株式の分割と異なり，ある種類株式につき異なる種類株式を割り当てることもできるが，自己株式については効果は生じない（法185条，186条2項）。

　株式無償割当ては，定款に別段の定めがない限り，取締役会を置かない会

社では株主総会の普通決議により，取締役会設置会社では取締役会の決議により，それぞれ行う（法186条3項）。

株式無償割当てにつき基準日を設ける場合において，定款にその定めがないときは，基準日の2週間前までに，当該基準日及び基準日株主が行使することができる権利の内容を公告しなければならない（法124条3項）。

また，株式無償割当てが種類株主に損害を及ぼすおそれがある場合には，原則として種類株主総会の特別決議が必要である（法322条1項3号）が，種類株主総会の決議を要しない旨を定款で定めたときは，これに代えて，効力発生日の20日前までにする株主に対する通知又は公告及び反対株主による株式買取請求の手続が必要である（法322条2項，116条1項3号ロ）。

(2) 登記手続

① 登記すべき事項

株式無償割当てにより新たに株式を発行した場合の登記すべき事項は，発行済株式総数（種類株式発行会社にあっては，発行済みの株式の種類及び数を含む。）及び変更年月日である。

株式無償割当てにより自己株式のみを交付した場合には，登記事項に変更は生じない。

登記記録上「発行済株式の総数並びに種類及び数」は1つの単位であるため，1つの種類株式につき変更が生じた場合でも，登記事項としては，発行済株式の総数のほか，全ての種類株式に係る発行済みの数を記載することとなる。

なお，新株予約権を発行している会社が株式無償割当てをした場合には，通常，当該新株予約権の内容とされている調整条項に基づき，新株予約権の変更の登記も必要となる（後記2−4の■3参照）。

■11　株式無償割当て　　313

②　添付書面

　添付書面は，株主総会の議事録及び株主リスト（取締役会設置会社にあっ
ては，取締役会の議事録）であり，種類株主総会の決議を要する場合にあっ
ては，種類株主総会の議事録及び株主リストも含まれる（商登46条2項，商
登規61条3項）。

③　登録免許税額

　申請1件につき3万円である（登税別表第一第24号㈠ツ）。

④　登記申請書の例

　前記■1の⑵④の発行可能株式総数の変更の登記申請書の例中

　「登記の事由　　　　株式無償割当て

　　登記すべき事項　　平成〇年〇月〇日次のとおり変更

　　　　　　　　　　　発行済株式の総数　〇株

　　　　　　　　　　　（発行済各種の株式の数　普通株式　〇株

　　　　　　　　　　　　　　　　　　　　　優先株式　〇株）」

などとし，添付書面を上記②のとおりとするほかは，これと同様である。

2-4 新株予約権に関する登記

■ 1 募集新株予約権の発行

(1) 新株予約権の発行形態

　新株予約権は、旧商法の下では、取締役会等の募集決議により発行するものであったが、会社法では、このほかに、募集決議によらずに発行するもの（取得請求権付株式等の取得対価として発行するもの等）がある（その一覧につき、計55条2項参照）。

　募集決議によるものについては■1で、それ以外については後記■2以下で説明する。

　新株予約権の内容は、原則として、定款記載事項ではなく、募集事項の決定の都度定められる（発行される新株予約権につき時系列に沿って順次「第〇回新株予約権」と名称が付されることが多い。）ため、募集によって新たに発行される新株予約権は、既発行のものと別個の種類と評価される（種類株式の内容が定款記載事項となり、当該種類株式を追加発行した場合に発行済各種株式の数が増加するのと異なり、新株予約権を新たに発行した場合には、新たな種類の新株予約権を発行したものと評価される。）。

　ただし、取得請求権付株式又は取得条項付株式（取得対価が新株予約権であるもの）の発行を予定する会社は、定款に当該株式の内容を記載する必要があり、その取得対価である新株予約権の内容も定款に記載される（法107

条2項2号ハ・3号ホ）ところ，この新株予約権について，株主の取得請求又は会社による一部取得の都度に新たな種類が発行されると構成することは，一定の内容の新株予約権を取得対価とした会社の意思に反すると思われるため，登記実務上は，取得請求又は取得条項に基づき新たに発行される新株予約権は，取得対価である新株予約権の追加発行であると評価して，既存の新株予約権の登記における新株予約権の数の増加の登記を認めているところである（平18・3・31民商782号通達。後記■2参照）。

このように，新株予約権といっても，募集によるものとそれ以外とでは，その発行や種類概念につき基本的な差異がある。

⑵　手　　　続

①　募集事項

会社が新株予約権の引受人の募集をするには，その都度，募集事項を定めなければならない（法238条1項）。

募集事項は，新株予約権の内容とその他の募集事項とに分かれるが，これらの内容及び登記事項との対応関係は，次頁の**図表2−8**のとおりであり，以下，主要なものにつき順次留意点を述べる（法911条3項12号）。

⒜　新株予約権の目的である株式の数（種類株式にあっては，その種類及び数）又は算定方法（法238条1項1号，236条1項1号）

⒤　各新株予約権に関する規律か否か

会社法236条1項1号が各新株予約権に関する規律であるか，又は当該決議に基づき発行する新株予約権に関する規律であるか，旧商法280条ノ20第2項各号のようなこれを区別する文言を使用していないため，一義的には明らかでない。文言上は前者の規律のようにみえるところ，仮に，その解釈に従った上，これを会社法911条3項12号ロの登記事項とみると，後者の規律によっている既存の新株予約権の登記について，特段の経過措置がないために全て前者の規律に適合させるための変更登記の申請が必要となってしまう

316　　　2-4　新株予約権に関する登記

図表2−8　新株予約権の募集事項と登記事項との対応関係

	決定すべき募集事項の内容	登記
新株予約権の内容・法236条	次のうち，①②④は必須事項である。 ①　新株予約権の目的である株式の数（種類株式にあっては，その種類及び数）又は算定方法	○
	②　行使に際して出資される財産の価額又は算定方法	○
	③　行使に際して現物出資がされるときは，その旨並びに現物出資財産の内容及び価額	○
	④　行使期間	○
	（その他行使の条件）	○
	⑤　一部を資本金としないときは，増加する資本金及び資本準備金に関する事項	×
	⑥　譲渡制限新株予約権とするときは，その旨	×
	⑦　取得条項付新株予約権とするときは，その旨，取得事由，一部取得の方法並びに取得対価の内容及び数又は算定方法等	○
	⑧　合併等の組織再編に際して存続会社等が新株予約権を交付することとするときは，その旨及び条件	×
	⑨　新株予約権の行使により交付する株式の端数を切り捨てるものとするときは，その旨	×
	⑩　新株予約権証券を発行することとするときは，その旨	×
	⑪　記名式・無記名式証券の転換を禁ずるときは，その旨	×
他の募集事項	次のうち，①④及び「②③の一方」は必須事項である。 ①　募集新株予約権の数	（注）
	②　発行に際して金銭の払込みを要しないときは，その旨	○
	③　②以外の場合には，発行時の払込金額	○
	④　募集新株予約権の割当日	×
	⑤　発行時の払込期日を定めるときは，その期日	×
	⑥　新株予約権付社債の募集にあっては，社債の募集事項	×
	⑦　新株予約権付社債の新株予約権買取請求の方法につき社債部分の買取請求をしない旨等の別段の定めをするときは，その定め （相澤・論点解説238頁）	×

（注） 募集された新株予約権の数ではなく，割当日に現実に発行された数が登記事項となる（法245条，911条3項12号）。

が，このような変更は，意図されたものではないし，また，現実的でもない。

解釈の困難な箇所であるが，募集決議に関しては，いずれの趣旨かを明確にして定めれば足りると思われる（葉玉匡美氏のブログ「会社法であそぼ。」2006年9月21日部分参照。http://kaishahou.cocolog-nifty.com/blog/2006/09/index.html）ものの，登記事項に関しては，登記実務上，前記の事情から，旧商法280条ノ32第2項2号と同様に，当該決議に基づき現実に発行した新株予約権について，その目的である株式の総数又はその算定方法を登記するものとして取り扱われている。

(ii) 株式の数

通常は，10個の新株予約権が20株を目的とするなど，1個の新株予約権の行使により交付する株式に1株に満たない端数が生じないように募集事項を定める例が多いようである。

もっとも，例えば，10個の新株予約権が11株（10で割り切れない数）を目的としたり，3株（10より小さい数）を目的とすることも，論理的には可能である。これらの場合には，10個の新株予約権をまとめて行使すれば，そもそも交付する株式に1株に満たない端数が生ずることはないし，また，仮に新株予約権の行使により端数が生じてしまうときは，端数の切捨て又は金銭の交付による処理が可能であるからである（法236条1項9号，283条）。ただし，株主に新株予約権の割当てを受ける権利を与える場合において，中小株主の新株予約権の行使を妨げるために，ことさら大量の端数を生ずるような方法で募集事項を定めたときは，問題が生ずる余地がないとはいえないと思われる（新版注釈会社法(7)179頁）。

なお，1個の新株予約権の行使によって，A種株式1株及びB種株式2株を交付する旨の定めも可能である（相澤・論点解説227頁）。

(iii) 株式の数の算定方法

転換社債型新株予約権付社債においては，新株予約権の目的である株式の数の算定方法として，実務上，社債の額面金額又は発行価額の総額を転換価額（新株予約権の行使に際して払い込むべき1株当たりの額）で除して得た

数とする方法をとることが多い。

かつての転換社債の登記では，転換社債の総額が登記事項であったため，登記簿上も，これと一定の算式によって得られる転換価額により新株予約権の目的である株式の数を算出することができたが，会社法の新株予約権付社債の登記では，社債の総額が登記事項ではないため，募集決議の該当箇所を引用して抽象的に「社債の額面金額（又は発行価額）の総額」との文言で登記をしたのでは，登記記録上，新株予約権の目的である株式の数を算出することができない。

したがって，後記(3)④の登記申請書の例の**(注２)**のように，社債の額面金額（又は発行価額）の総額が具体的に分かるような形式をとり，登記記録上も新株予約権の目的である株式の数を算出することができるよう，登記をする必要がある（中川晃「平成14年４月・５月施行商法等改正に伴う商業・法人登記事務の取扱いについて（上）」登記研究657号163頁）。

(iv) 発行可能株式総数との関係

当該決議に基づき発行する新株予約権の目的である株式の数については，当該新株予約権の行使期間中，その行使に応じて株式を交付することができるよう，授権枠を留保しておく必要がある（法113条４項）。

(b) 行使に際して出資される財産の価額又は算定方法（法238条１項１号，236条１項２号・３号）

新株予約権の行使に際して金銭を出資する場合も，現物出資（転換社債型新株予約権付社債における社債の出資等）をする場合も，常に価額を記載することを要し，かつ，これを０円と定めることはできないとされている（相澤・論点解説236頁）。したがって，現物出資の場合には，会社法236条１項２号と３号の双方の記載を要するので注意を要する（後記(3)④の登記申請書の例の**(注２)**参照）。

行使価額を外国通貨をもって表示することも，当該新株予約権の行使の際に資本金として計上しない額（資本準備金として計上する額）が邦貨をもって確定されるよう，適切に定められていれば可能であり，その旨の登記も受

理されている（なお，資本金等増加限度額については，計17条１項２号イ参照。中川晃「平成14年４月・５月施行商法等改正に伴う商業・法人登記事務の取扱いについて（上）」登記研究657号153頁）。また，発行後の事情により行使価額を調整した結果，１円未満の端数が生じた場合において，募集事項で円未満の行使価額を予定しているときは，「○○円○○銭」などと登記することもできる（通貨の単位及び貨幣の発行等に関する法律２条２項参照）。

なお，行使に際して出資される財産の価額につき，確定額によらず，例えば一定の日の株式の時価に一定比率を乗ずる等，客観的要因により確定する算定方法を定めることも可能であるが，これに代えて，株式に関する会社法201条２項のように払込金額の決定方法を定めること（ブック・ビルディング方式等）はできないとされている（上記中川論文・登記研究657号154頁，相澤・論点解説236頁）。

(c) 行使期間その他行使の条件（法238条１項１号，236条１項４号）

行使期間としては，ストック・オプション目的の新株予約権につき，給与所得課税の特例措置との関係で，「新株予約権に係る付与決議の日後２年を経過した日から当該付与決議の日後10年を経過する日までの間に行使しなければならない」旨が定められることが多い（租税特別措置法29条の２第１項。通常，同項の関係で，併せて譲渡制限新株予約権である旨も定められる。）。また，行使期間の末日を定めず，無期限とすることも可能であるとされる（清水毅・小松岳志「新株予約権の発行」登記情報550号35頁）。

「その他行使の条件」につき，募集事項に関する旧商法280条ノ20第２項６号には明文の規定があったのに，会社法236条１項各号に規定がない理由は，明らかでないが，その他の行使の条件も新株予約権の内容とすることができると整理されている（相澤・論点解説226頁。なお，「株式の内容」は，法107条２項各号，108条２項各号及び322条２項の事由に限られ，その他の事由を含むと解することはできない。）。

行使の条件としては，例えば，ストック・オプション目的の新株予約権については，会社の利益や株価が一定額を上回る場合にのみ行使可能とするも

のや，付与対象者が役員等の地位を喪失し又は死亡した場合の取扱いを定めるものなどがある（後記(3)④の登記申請書の例参照。なお，行使期間及び行使条件については，その適法性や，登記事項かどうかにつき微妙なものも多く，登記実務上厳格に過ぎる取扱いはされていないようであるが，吉野太人・産田実代「商業・法人登記実務の諸問題(1)」登記研究739号37頁や，尾方宏行「新株予約権の登記事項」登記情報590号12頁も，併せて参照されたい。）。

(d) 取得条項付新株予約権とするときは，その旨，取得事由，一部取得の方法並びに取得対価の内容及び数又は算定方法等（法238条１項１号，236条１項７号）

(i) 取得条項付株式との差異

取得条項付株式は，その内容の一部（取得対価の額等）につき，定款でその要綱を定め，これを初めて発行する時までに取締役会等において詳細を決定することが可能である（法108条３項）のに対し，取得条項付新株予約権の内容は，定款記載事項ではないので，募集決議においてその詳細な内容まで定める必要がある。

(ii) 取得条項の具体例と行使の条件との関係

取得条項付新株予約権の取得条項としては，旧商法における消却事由の定めに相当するものとして，例えば，ストック・オプション目的の新株予約権につき，次のようなものがある。

「① 当社は，当社が消滅会社となる合併契約書の承認議案が当社の株主総会で承認された場合，又は当社が完全子会社となる株式交換契約書若しくは株式移転計画書の承認議案が当社の株主総会で承認された場合には，新株予約権を無償で取得することができる。

② 当社は，新株予約権者が「新株予約権の行使の条件」により権利を行使する条件に該当しなくなった場合には，その新株予約権を無償で取得することができる。」

上記条項①につき，合併消滅会社の新株予約権が合併の効力発生日に消滅することは当然であり（法750条４項，754条４項），また，株式交換又は株式

移転の完全子会社の新株予約権も，その新株予約権者に完全親会社の新株予約権が交付されるときは，その効力発生日に消滅することになる（法769条4項，774条4項）が，発行会社において，例えば，効力発生日前にこれを取得し，対価を与えないこととする点を主目的とする場合には，法律の定めとは異なる独自の約定の意味を持ち得るものであるといえる（矢部博志「会社法施行後における商業登記実務の諸問題」登記情報536号7頁）。

また，上記条項②については，新株予約権者がその新株予約権を行使することができなくなったときは，当該新株予約権が消滅するとの会社法287条との関係で，消滅すべき新株予約権を会社が取得するというのは矛盾ではないかとの疑問が呈されることがある。しかし，同条は「どの者との関係においてもおよそ新株予約権として行使されることができなくなった場合にのみ適用される」と解されている（相澤・論点解説258頁）ところ，発行会社において，例えば，役員等に付与した新株予約権は，一旦その者が退任しても，その後，再び役員等の職に付いた場合には行使することができるという趣旨のものであれば，退任後再就任前の状況において，新株予約権は消滅していないが会社がこれを取得することができることになるので，独自の約定の意味を持ち得るものであるといえる（逆に，一旦その者が退任した場合には，再就任の余地を問わず，一切新株予約権の行使を認めない趣旨であれば，上記条項②は，法287条と同一内容をいうにすぎず，これを定める意味はない。上記矢部論文・登記情報536号7頁）。

登記所としては，上記のような可能性に配慮し，これらの登記を受理しているところであるが，会社における新株予約権の募集に当たっては，各条項の意義につき十分認識しておく必要がある。

(e) 発行時の払込金額（発行に際して金銭の払込みを要しないときは，その旨。法238条1項2号・3号）

発行時の払込金額を外国通貨をもって表示することは可能であり，その旨の登記も受理されている。

新株予約権の行使価額は0円と定めることはできない（前記(b)参照）が，

発行時の払込金額（発行価額）については，これを０円（払込みを要しない
もの）とすることができる。なお，新株予約権については，有償で発行する
場合でも，必ずしも払込期日を定める必要はなく，その定めがないときは，
新株予約権の行使期間の初日の前日までに払込金額の払込みがされれば足り
る（法246条１項）。

　ストック・オプション目的の新株予約権にあっては，次のような発行方法
があり，新株予約権の公正価額の算定が困難な場合（未上場会社において付
与する場合，報酬というよりインセンティブ目的・福利厚生目的で付与する場合
等）には，払込価額を無償とすることが便宜であるとされている（細川充・
郡谷大輔「ストック・オプション議案等において会社法が求めるもの」T&Amas-
ter161号７頁）が，登記実務上も，旧商法の取扱いを受けて，発行時の払込
金額を無償とする例が多いようである。

　・払込価額を無償とする方法
　・払込価額を新株予約権の公正価額とし，払込みに代えて会社に対する債
　　権（報酬債権等）と相殺する方法

　また，転換社債型新株予約権付社債にあっても，払込価額は，実務上無償
とする例が多いようである（有利発行との関係については，後記②(a)を参照さ
れたい。）。

(f)　募集事項の均等取扱いの意義

　株式の募集の場合と同様に，新株予約権の募集事項も，募集ごとに均等に
定めなければならない（法238条５項）。

　ただし，定款によってその内容が定まる株式と異なり，ある決議で条件の
異なる新株予約権の募集を決定した場合でも，それを数種類の募集の決議と
見れば足りるので，会社法238条５項の適用場面は想定しにくいといえる（座
談会「新株予約権・種類株式をめぐる実務対応（上）」旬刊商事法務1628号20頁）。

②　募集事項の決定から新株予約権の引受人の決定に至るまで

　新株予約権に関するこれらの事項は，会社法238条から244条までの規定に

■1　募集新株予約権の発行　　*323*

よるが，基本的に，募集株式の発行についてと同様である（前記2－3の■6参照）。

　実務上は，ストック・オプション目的であれ，新株予約権付社債であれ，株主に新株予約権の割当てを受ける権利を与えない場合が多いようなので，これについて説明を行い，株主割当ての場合についての説明は，前記2－3の■6の(1)に委ねることとする。

(a)　募集事項の決定

　募集事項の決定機関は，次のとおりである。なお，決議に参加する取締役の特別利害関係については，困難な問題であるが，前記2－1の■3の(2)②を参照されたい。

・公開会社にあっては，原則として，取締役会の決議であるが，払込みを要しないこと又は払込金額が引受人に特に有利な条件であるときは，株主総会の特別決議である（法240条1項，238条2項）。

・非公開会社にあっては，株主総会の特別決議である（法238条2項）。

・種類株式発行会社（公開会社と非公開会社とを問わない。）において，募集新株予約権の目的が譲渡制限株式である場合には，当該譲渡制限株式の種類株主総会の決議を要しない旨の定款の定めがない限り，当該種類株主総会の特別決議を要する（法238条4項）。

（注1）　「特に有利な条件」の解釈

　　　　特に有利な条件とは，確立した評価モデルに従って計算される新株予約権の発行時における公正価額よりも，特に低額となるような条件をいう（中川晃「平成14年4月・5月施行商法等改正に伴う商業・法人登記事務の取扱いについて（上）」登記研究657号157頁，185頁参照）。

　　　　もとより，行使価額と付与時の株式の時価を比較したり，行使期間中に予測される株価の単純な平均値と比較したりするというものではなく，二項モデル，ブラック・ショールズ・モデル等の理論的なモデルで算定した価値を使わなければならないとされている（座談会「新株予約権・種類株式をめぐる実務対応（上）」旬刊商事法務1628号9頁の前田雅弘発言，藤田友敬「オプションの発行と会社法（上）」旬刊商事法務1622号21頁，江頭・株式会社法780頁）。

　　　　例えば，上記のブラック・ショールズ・モデルでは，新株予約権の価

額を，現在の株価，リスクフリーレート，権利行使価格，行使期間及びボラティリティー（株価の価格変動性）という5つのパラメータの関数により算出している。

（注2）　株価につき市場価格のない会社の新株予約権と有利発行

　　会社法上の公開会社であっても，株価につき市場価格がない場合には，株式の時価が不明な上，新株予約権の理論的価値を算出するのに必要なパラメータであるボラティリティー（株価の価格変動性）も不明であるため，株主割当てでないのに特別決議を経ないで新株予約権を発行することは，危険といわざるを得ないとされている（上記**（注1）**の座談会10頁の江頭憲治郎発言。なお，会社法コンメ8・181頁以下も詳しい。）。

（注3）　ストック・オプション目的の新株予約権と有利発行

　　会社法上の公開会社が引受人に特に有利な条件で新株予約権を発行する場合には，株主総会の特別決議を要するが，ストック・オプションの付与において，発行時の払込金額を無償と定めた場合でも，その付与により新株予約権の価値に見合うだけの便益を会社が受けていると評価することができるときは，必ずしも有利発行に当たらないとして，取締役会の決議によることができるとされている（細川充・郡谷大輔「ストック・オプション議案等において会社法が求めるもの」T＆Amaster161号8頁，相澤・論点解説314頁，316頁，江頭・株式会社法452頁）。

　　ただし，会社法上の公開会社がその子会社役員等にストック・オプションを付与する場合には，基本的には，新株予約権の価値に見合うだけの直接的な便益を当該公開会社（親会社）が受けているとみることは困難であり，有利発行に当たるものとして，株主総会の特別決議を要するとの見解が有力であるので，注意が必要である（江頭憲治郎「子会社の役員等へのストック・オプションの付与」旬刊商事法務1863号4頁）。

（注4）　新株予約権付社債と有利発行

　　新株予約権付社債に付された新株予約権については，行使の条件，社債の利率等の条件のいかんによっては，これを総合的に勘案し，新株予約権部分の発行価額を無償としても，有利発行に当たらない場合がないとはいえないとの考え方も示されている（上記**（注1）**の座談会21頁の原田晃治発言，オートバックスセブン社に係る東京地決平19・11・12，金融・商事判例1281号52頁。なお，江頭・株式会社法787頁も参照）。

⒝　株主総会が取締役会等に募集事項の決定を委任した場合

　上記⒜により株主総会が募集事項を決定する場合（公開会社における有利発行及び非公開会社における発行の場合）には，株主総会では，委任に基づ

き発行する募集新株予約権の数の上限及び払込金額の下限を定めた上で，株主総会の決議の日から１年以内に割当日を設定する募集新株予約権の発行決議について，これを取締役の過半数の一致（取締役会設置会社にあっては，取締役会）に委任することができる（法239条１項から３項まで）。

ただし，このような株主総会から取締役会等への権限の委任は，譲渡制限株式を目的とする新株予約権の発行権限に関するものである場合には，法238条４項の定款の定め（譲渡制限株式を目的とする新株予約権の募集を行う場合でも当該譲渡制限株式の種類株主総会の決議を要しない旨の定め）がない限り，当該種類株主総会の特別決議を要する（法239条４項）。

したがって，これらの手続による委任がある場合には，上記(a)で株主総会の決議を要するとされるときであっても，各別の募集事項の決定は，取締役の過半数の一致（取締役会設置会社にあっては，取締役会）により行うことができる。

なお，これらの手続による委任をする場合でも，募集新株予約権の内容自体は確定的に定める必要があり，会社法236条１項各号の事由（行使に際して出資される財産の価額，行使期間等）の決定まで委任することはできないので，注意を要する（法239条１項，前記**図表２－８**，最判平24・４・24民集66巻６号2908頁の寺田逸郎判事補足意見，清水毅・小松岳志「新株予約権の発行」登記情報550号35頁のＱ４及びＱ５参照）。

(c) 株主に対する通知又は公告等

公開会社は，上記(a)により取締役会の決議で募集事項を定めた場合（有利発行につき株主総会から委任を受けた場合を除く。）には，割当日の２週間前までに，株主に対して募集事項の通知又は公告をし，募集新株予約権の発行をやめることの請求（新株予約権発行差止請求）の機会を与えなければならない（法240条２項・３項，247条）。

ただし，会社が割当日の２週間前までに金商法４条１項又は２項の有価証券の募集の届出等をしている場合等には，株主に対する通知又は公告を要しない（法240条４項，施53条）。

この通知及び公告を欠く場合又は期間短縮の場合の取扱いについては，募集株式の発行に関する前記２－３の■６の(2)①(b)(iv)を参照されたい。

(d) 新株予約権の申込み

申込みをしようとする者は，会社から申込事項の通知を受け，募集新株予約権の引受けの申込みをする（法242条）。

(e) 新株予約権の割当て

新株予約権の割当先等の決定機関は，次のとおりである。

・公開会社において，「譲渡制限新株予約権又は譲渡制限株式を目的とする新株予約権」以外の新株予約権を割り当てる場合には，適宜の業務執行機関の決定（代表者による割当自由の原則）

・公開会社において，譲渡制限新株予約権又は譲渡制限株式を目的とする新株予約権を割り当てる場合には，取締役会の決議（法243条２項）。ただし，定款に別段の定めがある場合は，その定めに従う。

・非公開会社においては，株主総会の特別決議（取締役会設置会社にあっては，取締役会の決議）。ただし，定款に別段の定めがある場合は，その定めに従う。

株主に新株予約権の割当てを受ける権利を与えないでする募集事項の決定機関及び割当先等の決定機関は，**図表２－９**のとおりである。

(f) 総数引受契約を締結する場合

総数引受契約を締結する場合には，上記(d)(e)の申込み及び割当ての行為が不要になる（法244条１項による法242条及び243条の適用除外）。

この点，平成26年の会社法の改正においては，募集株式が譲渡制限株式である場合に株主総会等による総数引受契約の承認が必要になったこと（法205条２項，前記２－３の■６の(2)①(c)(i)参照）に伴い，総数引受契約により譲渡制限新株予約権又は譲渡制限株式を目的とする新株予約権を発行する場合には，定款に別段の定めがあるときを除き，株主総会の特別決議（取締役会設置会社にあっては，取締役会の決議）により総数引受契約の承認を受けなければならないとされた（法244条３項，309条２項６号）。

■1 募集新株予約権の発行　　*327*

| 図表2－9 | 募集事項及び割当先等の決定機関 | |

	募集事項の決定	割当先等の決定
公開会社		
中段以外の新株予約権の発行	取締役会の決議^(※)（有利発行にあっては，株主総会の特別決議）	代表者の決定
譲渡制限新株予約権（又は譲渡制限株式を目的とする新株予約権）の発行	取締役会の決議^(※)（有利発行にあっては，株主総会の特別決議）譲渡制限株式を目的とする新株予約権の発行にあっては，当該譲渡制限株式の種類株主総会の特別決議（定款による排除可能）	取締役会の決議（定款による別段の定め可能）
非公開会社	株主総会の特別決議　当該新株予約権の目的である譲渡制限株式の種類株主総会の特別決議（定款による排除可能）	株主総会の特別決議（取締役会設置会社にあっては，取締役会の決議。なお，定款による別段の定め可能）

（注1）　上記の表中（※）印の取締役会の決議については，定款の定めにより，これを株主総会の権限とすることも可能である（法295条2項。相澤・論点解説197頁の図表）。

（注2）　株主総会は，募集事項の決定につき，取締役会等に委任することができる（前記(b)参照）が，上記の表では割愛している。

(g)　公開会社における支配株主の異動を伴う新株予約権の割当て等

　公開会社では，**図表2－9**のとおり，有利発行でない限り，取締役会の決議により募集事項の決定等をすることができるが，これにより支配株主の異動が生ずる場合には，会社の経営の在り方に重大な影響を及ぼすことがあり得る。そこで，平成26年の会社法の改正においては，募集新株予約権の割当てを受けた申込者又は総数引受契約を締結した引受人（特定引受人）が，当該特定引受人が株主となったとした場合における最も多い総株主の議決権の

過半数を有することとなる場合には，①有価証券届出書を提出しているとき等を除き，割当日の2週間前までに，株主に対して当該特定引受人に関する情報の通知又は公告をするとともに，②総株主の議決権の10分の1以上の議決権を有する株主から反対の通知があったときは，割当日の前日までに，その割当て又は総数引受契約につき，会社法341条と同様の株主総会の特別な普通決議による承認を受けなければならないとされた（法244条の2）。

　なお，特定引受人が当該公開会社の親会社等である場合は，上記規律の適用はなく（法244条の2第1項ただし書），また，当該公開会社の財産の状況が著しく悪化している場合において，その事業の継続のため緊急の必要があるときは，上記②の規律の適用はない（同条5項ただし書）。

③　新株予約権の発行

　募集新株予約権の割当てを受けた申込者又は総数引受契約を締結した引受人は，募集事項において定められた割当日に，新株予約権者となる（法245条）。

　この場合，会社は，常に新たな新株予約権を発行するのであり，自己新株予約権の処分をもってこれに代えることはできない。会社が同一内容の新株予約権を自己新株予約権として既に保有していた場合でも，これと新たに募集する新株予約権とは別の種類と構成されるからである（前記(1)参照）。

④　新株予約権に係る払込み

　新株予約権に係る払込みを要する場合には，その払込みは，新株予約権の行使期間の初日の前日（払込期日を定めた場合にあっては，その日）までにされれば足りるため，引受人は，払込みなしに，新株予約権者となることができる。

　ただし，その後，行使期間の初日が到来したとき（払込期日を定めた場合にあっては，その日を徒過したとき）は，新株予約権者は新株予約権を行使することができなくなり（法246条3項），新株予約権は消滅するに至る（法287条）。この場合には，会社法において新株予約権の消滅のみを規定し，等

価的な反対給付である払込義務の消長につき規定を置いていないため，当該
払込義務は存続すると解されるが，旧商法において引受人が払込期日までに
払込みをしないときはその権利を失うとされていたこととの均衡から，取引
上，新株予約権を喪失した者の払込義務を消滅させることを望むときは，そ
の旨の特約を設けるべきであるとされているので，注意が必要である（相
澤・論点解説235頁の図表3－1）。

　なお，新株予約権の割当日より前に払込期日を設けた場合において，払込
期日までに払込みがなかったときの法的構成につき，一旦割当日に新株予約
権者になると同時に払込期日の徒過により当該新株予約権が消滅するのか，
又は原始的に新株予約権者にならないのか，疑問もあるが，商登法65条2号
は，前者のような迂遠な見解ではなく，後者の見解に立ち，払込みがあった
部分に限り新株予約権の登記を要求するようにみえる。

⑤　払込みに代えてする現物給付等

　新株予約権者は，会社の承諾があるときは，新株予約権に係る払込みに代
えて，金銭以外の財産を給付し，又は会社に対する債権をもって相殺するこ
とができる（法246条2項）。

　この現物給付は，株式を発行する局面でされるものではないため，裁判所
の選任した検査役による調査の制度はない。

(3)　登記手続

①　登記すべき事項

　登記すべき事項は，前記**図表2－8**に示した事項及び発行年月日である。
旧商法と異なり，新株予約権の登記は，独立の登記ではなく変更の登記と構
成されたため，変更の日（発行年月日）の記載をも要する（前記2－1の冒
頭の記述参照）。

　登記事項のうち，新株予約権の目的たる株式の数は，登記実務上，旧商法

280条ノ32第2項2号と同様に，当該決議に基づき現実に発行した新株予約権について，その目的である株式の総数を意味していることに注意する必要がある（前記(2)①(a)(i)参照）。

なお，新株予約権を発行した場合には，新株予約権の登記だけで足り，資本金の額は変動しない。

② 添付書面

添付書面は，次のとおりである（株主に募集新株予約権の割当てを受ける権利を与えない場合だけではなく，これを与える場合も合わせて記載している。）。

基本的に，募集株式の発行による変更の登記の添付書面と同様の留意点があるので，前記2－3の■6を参照されたい。

(a) **募集事項等の決定機関に応じ，株主総会（種類株主総会）の議事録及び株主リスト，取締役会の議事録又は取締役の過半数の一致を証する書面（商登46条2項・1項，商登規61条3項）**

新株予約権の第三者割当ての場合において，株主総会の委任に基づき取締役会等が募集事項を決定したときは，委任に係る株主総会の議事録及び株主リストも添付する必要がある（商登46条2項，商登規61条3項。辻雄介・大西勇「株主リストに関する一考察」登記研究832号8頁参照）。

なお，第三者に対する有利発行のために株主総会の特別決議を要する場合（法238条3項）の株主総会の議事録は，募集株式の発行の場合と同様に商登法46条2項には該当せず，添付を要しないと解されている（昭30・6・25民事甲1333号通達。中川晃「平成14年4月・5月施行商法等改正に伴う商業・法人登記事務の取扱いについて（上）」登記研究657号165頁）。

また，非公開会社が株主に募集新株予約権の割当てを受ける権利を与えてこれを発行する場合において，定款の定めに従い取締役会の決議（取締役の過半数の一致）により募集事項及び株主に新株予約権の割当てを受ける権利を与える旨を定めたときは，定款も添付する必要がある（法241条3項1号・

■ 1　募集新株予約権の発行　　*331*

2号，商登規61条1項）。

(b)　**新株予約権の第三者割当ての場合において，募集新株予約権が譲渡制限新株予約権であるとき又はその目的が譲渡制限株式であるときは，割当ての決定機関又は総数引受契約の承認機関に応じ，株主総会の議事録及び株主リスト又は取締役会の議事録（商登46条2項，商登規61条3項）**

第三者割当ての場合（募集新株予約権が譲渡制限新株予約権であるとき又はその目的が譲渡制限株式であるときに限る。）には，株主に募集新株予約権の割当てを受ける権利を与える場合と異なり，この書面が添付書面となるので，注意を要する。なお，割当ての決定機関又は総数引受契約の承認機関につき定款で別段の定めを設けたときは，定款の添付も要する（商登規61条1項）。

(c)　**募集新株予約権の引受けの申込み又は総数引受契約を証する書面（商登65条1号）**

申込みを証する書面には，新株予約権申込証，新株予約権の募集受託会社の証明書，会社の代表者が作成した証明書（平14・8・28民商2037号通知，登記研究664号146頁）等が当たる。詳細については，前記2－3の■6の(1)②(c)(ii)を参照されたい。

総数引受契約を証する書面については，前記2－3の■6の(2)①(c)を参照されたい。

(d)　**募集新株予約権に係る払込みを要する場合において，払込期日（割当日より前の日に限る。）を定めたときは，払込み，金銭以外の財産の給付又は相殺があったことを証する書面（割当日と同日又は同日より後に払込期日が定められたときは，この書面は不要である。商登65条2号）**

(i)　**金銭払込みの場合**

払込みは払込取扱機関でされる（法246条1項）ため，これを証する書面は，発起設立の場合における払込みがあったことを証する書面と同様のものとなる（預金通帳の形式等につき，前記1－4の■2の(4)①参照）。

なお，旧商登法では，新株予約権付社債に付された社債部分についての払込みを証する書面の添付を要するものと解されていた（旧商341条ノ7，旧商

登89条2号，書式精義第3版609頁）が，会社法では，社債は，払込み前であっても，申込者に対する割当てにより成立する（法680条。相澤・論点解説631頁）ため，商登法65条2号も，社債の払込みについては触れていない。したがって，新株予約権付社債を発行する場合において，社債についての払込みが定められたときでも，新株予約権について払込みを要しないとされたときは，この書面の添付を要しない。

(ii) 金銭払込み以外の場合

金銭以外の財産の給付があったことを証する書面は，会社の代表者が作成した財産引継書（払込金額に相当する価額の財産を引き継いだ旨の記載のあるもの）でも差し支えないと思われる（合資会社の有限責任社員が出資につき履行した部分を証する書面に関する書式精義第5版下884頁等）。

また，相殺があったことを証する書面は，通常は，相殺契約書か，又は新株予約権の引受人が会社に対してした相殺の意思表示の記載された書面となろう。

なお，金銭の払込みに代えて現物給付等をするには，会社の承諾を得る必要がある（法246条2項）が，会社が登記申請人であるため，明示的にこの承諾の事実を証する書面を添付する必要はないと思われる。

(e) 株主に対し新株予約権の割当てを受ける権利を与える場合において，失権予告付催告の期間を短縮するときは，総株主の同意書及び株主リスト（商登46条1項，商登規61条2項）

会社は，株主に対し新株予約権の割当てを受ける権利を与えて募集新株予約権を発行する場合には，申込期日の2週間前までに，募集事項等に関する事項を各株主に通知しなければならない（法241条4項）。

上記(a)から(d)までの添付書面から上記の期間が足りないことが判明するとき（募集事項を決定した議事録等から，募集事項の決定の日と申込期日との間に2週間の期間がないことが判明するとき）は，総株主の同意書及び株主リストを添付する必要がある。

■1　募集新株予約権の発行　　*333*

(f)　支配株主の異動を伴う場合において，総株主の議決権の10分の１以上
　　の議決権を有する株主から反対の通知があったときは，割当て又は総数
　　引受契約の承認に係る株主総会の議事録及び株主リスト（商登46条２項，
　　商登規61条３項）

　なお，支配株主の異動を伴う募集新株予約権の発行につき，総株主の議決
権の10分の１以上の議決権を有する株主から反対の通知があった場合におい
て，会社法244条の２第５項ただし書により例外的に当該承認を受けるべき
場合に該当しないときは，当該場合に該当しないことを証する書面（代表者
の作成に係る証明書等）を添付する必要がある（商登65条３号）。

③　登録免許税額

申請１件につき，９万円である（登税別表第一第24号㈠ヌ）。

④　登記申請書の例

株式会社変更登記申請書

1　商号　○○株式会社（会社法人等番号・・・）

1　本店　○県○市○町○丁目○番○号

1　登記の事由　新株予約権（新株予約権付社債）の発行

1　登記すべき事項　別紙のとおりの内容をオンラインにより提出済み

1　登録免許税　金９万円

1　添付書類	株主総会議事録	1通
	株主リスト	1通
	募集新株予約権の引受けの申込みを証する書面（又は総数引受契約書）	1通
	委任状	1通

上記のとおり登記の申請をする。

平成○年○月○日

○県○市○町○丁目○番○号

申請人　○○株式会社

○県○市○町○丁目○番○号

代表取締役　何某

○県○市○町○丁目○番○号

上記代理人　何某　印

（電話番号　・・・）

○○法務局御中

※別紙の例－オンラインによる登記事項の提出の詳細は，前記１－４の■１の(1)
を参照されたい。

（注１）　役員等に与えるストック・オプションの場合の例

「新株予約権の名称」第○回新株予約権

「新株予約権の数」123個

「新株予約権の目的たる株式の種類及び数又はその算定方法」

普通株式1230株

なお，新株予約権１個の目的となる株式の数（以下「付与株式数」という。）は、10株とする。ただし、当社が普通株式の分割又は併合を行う場合には、付与株式数を次の算式により調整し、調整の結果生ずる１株未満の端数は、これを切り捨てるものとする。

調整後付与株式数＝調整前付与株式数×分割・併合の比率

また、当社が合併又は会社分割を行う場合等、付与株式数の調整を必要とするやむを得ない事由が生じたときは、合併又は会社分割の条件等を勘案の上、合理的な範囲で付与株式数を調整する。

「募集新株予約権の払込金額若しくはその算定方法又は払込を要しないとする旨」

無償

「新株予約権の行使に際して出資される財産の価額又はその算定方法」

各新株予約権の行使に際して払込みをすべき金額は、各新株予約権の行使により発行し又は移転する株式１株当たりの払込金額（以下「行使価額」という。）に付与株式数を乗じた金額とする。

行使価額は、金3万2000円とする。

　なお、発行日以後、当社が普通株式の分割又は併合を行う場合には、次の算式により行使価額を調整し、調整により生ずる1円未満の端数は切り上げるものとする。

$$調整後行使価額＝調整前行使価額×\frac{1}{分割・併合の比率}$$

　また、発行日以後、当社が時価を下回る価額で普通株式につき募集株式の発行又は自己株式の処分を行う場合には、次の算式により行使価額を調整し、調整により生ずる1円未満の端数は切り上げるものとする。

$$調整後行使価額＝調整前行使価額×\frac{既発行株式数＋\dfrac{新規発行株式数×1株当たり払込金額}{新規発行前の株価}}{既発行株式数＋新規発行株式数}$$

　上記の算式において、「既発行株式数」とは当社の発行済株式総数から当社が保有する自己株式数を控除した数とし、自己株式の処分を行う場合には、「新規発行株式数」とあるのを「処分する自己株式数」に読み替えるものとする。

　さらに、発行日以後、当社が合併又は会社分割を行う場合等、行使価額の調整を必要とするやむを得ない事由が生じたときは、合併又は会社分割の条件等を勘案の上、合理的な範囲で行使価額を調整する。

「新株予約権を行使することができる期間」

　平成○年○月○日から平成○年○月○日まで

「新株予約権の行使の条件」

① 　新株予約権者は、その権利行使時においても、当社又は当社の子会社の取締役、監査役又は社員の地位にあることを要するものとする。ただし、新株予約権者が、定年により退職し、任期満了により退任し、又は会社の都合によりこれらの地位を失った場合は、この限りでない。

② 　新株予約権者が死亡した場合には、相続人は、相続発生日から6か月以内に会社が定めた手続を完了した場合に限り、その権利を行使することができる。

③ 　新株予約権の譲渡、質入れその他の一切の処分は、認めないものとする。

「会社が新株予約権を取得することができる事由及び取得の条件」

① 　当社は、当社が消滅会社となる合併契約書の承認議案が当社の株主総会で承認された場合、又は当社が完全子会社となる株式交換契約書

若しくは株式移転計画書の承認議案が当社の株主総会で承認された場合には、新株予約権を無償で取得することができる。

② 当社は、新株予約権者が上記「新株予約権の行使の条件」の①により権利を行使する条件に該当しなくなった場合には、その新株予約権を無償で取得することができる。

「原因年月日」

平成〇年〇月〇日発行

（注２） 新株予約権付社債の場合の例

「新株予約権の名称」

第〇回転換社債型新株予約権付社債に付された新株予約権

「新株予約権の数」1000個

「新株予約権の目的たる株式の種類及び数又はその算定方法」

① 新株予約権の目的たる株式の種類は、当社の普通株式とする。

② 新株予約権の目的たる株式の数は、本社債の額面金額の総額（10億円）を次の③及び④に定める転換価額（転換価額を調整した場合にあっては、調整後の転換価額）で除して得た数とする。この場合において、1株未満の端数を生じたときは、これを切り捨て、現金による調整は行わないものとする。

③ 転換価額は、当初、金〇〇円とする。

④ 転換価額は、本新株予約権付社債の発行後、当社が時価を下回る価額で当社普通株式を発行し、又は自己株式を処分する場合には、次の算式により調整される。なお、次の算式において「既発行株式数」は、当社の発行済普通株式（当社が保有するものを除く。）の総数をいうものとする。

$$\frac{調整後}{転換価額}=\frac{調整前}{転換価額}\times\frac{既発行株式数+\dfrac{交付株式数\times1株当たり払込金額}{時価}}{既発行株式数+交付株式数}$$

また、転換価額は、当社普通株式の分割（無償割当てを含む。）又は併合、当社普通株式の時価を下回る価額をもって当社普通株式の交付を請求できる新株予約権（新株予約権付社債に付されるものを含む。）の発行が行われる場合その他一定の事由が生じた場合にも、適宜調整される。

なお、転換価額調整式の計算については、円位未満小数第2位まで算出し、小数第2位を四捨五入する。

転換価額調整式で使用する時価は、調整後の転換価額の適用日に先

立つ45取引日目に始まる30取引日の株式会社東京証券取引所における
当社普通株式の普通取引の毎日の終値の平均値とする。この場合におい
て、平均値の計算は、円位未満小数第2位まで算出し、小数第2位
を四捨五入する。
「募集新株予約権の払込金額若しくはその算定方法又は払込を要しないと
する旨」
無償
「新株予約権の行使に際して出資される財産の価額又はその算定方法」
　新株予約権1個の行使に際して出資される財産の価額は、各社債の額
面金額（100万円）と同額とする。
「金銭以外の財産を各新株予約権の行使に際して出資する旨並びに内容及
び価額」
　新株予約権1個の行使に際し、当該新株予約権に係る社債の全部を出
資するものとし、当該社債の価額は、その額面金額（100万円）と同額と
する。
「新株予約権を行使することができる期間」
　平成〇年〇月〇日から平成〇年〇月〇日まで。
　ただし、平成〇年〇月〇日以前に本社債が繰上げ償還される場合には、
当該償還期日の前営業日までとし、また、当社が本社債につき期限の利
益を喪失した場合には、期限の利益を喪失した時（期限の利益の喪失日
を含まない。）までとする。
「新株予約権の行使の条件」
　各新株予約権の一部行使は、することができない。
「原因年月日」
　平成〇年〇月〇日発行

■2　取得請求権付株式等の取得と引換えにする新株予約権の発行

(1)　取得請求権付株式の取得と引換えにする新株予約権の発行

①　手　　続

取得請求権付株式（取得対価が新株予約権であるもの）の株主は，会社に

対し当該取得請求権付株式の取得を請求することができ，その請求の日に，これと引換えに，新株予約権者となる（法166条，167条2項）。

この場合には，資本金の額は増加しない（計15条参照）。

なお，当該新株予約権の帳簿価額が当該請求の日における分配可能額を超えているときは，株主は，取得請求権付株式の取得を請求することができない（法166条1項ただし書）。

② 登記手続

(a) 登記期間

会社が取得対価として新株予約権を発行した場合には，新株予約権の発行の効力が生じた日（取得請求の日）から2週間以内に，変更の登記をしなければならない（法915条1項）。

ただし，株主から順次取得請求があった場合に各別に変更の登記申請を要するとしては，煩雑にすぎるため，毎月末日現在までの変更分を一括して登記申請しても差し支えなく，その場合の登記期間は，当該末日から2週間以内とされている（法915条3項2号）。

(b) 登記すべき事項

登記すべき事項は，次のとおりである。

(i) 取得の請求によって初めてする新株予約権の登記

会社法911条3項12号に掲げる事項及び発行年月日（募集新株予約権の発行の場合と同様である。前記■1の(3)①，同(2)①の図表2－8参照）

(ii) 同一の種類の取得請求権付株式についての2回目以後の新株予約権の発行の登記

新株予約権の数及び当該新株予約権の目的である株式の数（種類株式発行会社にあっては，その種類及び種類ごとの数）並びに変更年月日

(c) 添付書面

添付書面は，次のとおりである。

・取得請求権付株式の取得の請求があったことを証する書面（商登66条）

■2　取得請求権付株式等の取得と引換えにする新株予約権の発行　　339

　　具体的には，取得請求書，株主名簿管理人が取得請求を受けた場合に
はその証明書等が，これに当たる（書式精義第5版上520頁）。
・前記①の要件を満たす分配可能額が存在することを証する書面（商登規
　61条10項）
　　具体的には，代表者の作成に係る証明書（当該新株予約権の帳簿価額及
　び法461条2項各号の額又はその概算額を示す等の方法により，前記①の要件
　を満たす分配可能額が存在することを確認することができるもの）等が，こ
　れに該当する（平18・3・31民商782号通達）。
・取得の請求によって初めてする新株予約権の登記にあっては，当該新株
　予約権の内容の記載がある定款（定款において当該取得請求権付株式の
　内容の要綱が定められ，その取得と引換えに株主に対して交付する新株
　予約権の具体的な内容の記載がない場合には，定款のほか，当該内容の
　決定機関に応じ，株主総会（取締役会設置会社にあっては株主総会又は取
　締役会，清算人会設置会社にあっては株主総会又は清算人会）の議事録）
　　前記2-3の■2の(2)④のとおり，取得請求権付株式（取得対価が新
　株予約権であるもの）の内容の登記として，新株予約権の内容を全て記
　録するのではなく，その名称を記録すれば足りるとしているため，取得
　の請求によって初めて新株予約権の登記をするに当たり，当該取得請求
　権付株式の内容（取得対価となる新株予約権の詳細な内容）を明らかに
　する必要があるためである。なお，この場合に，上記のとおり株主総会
　の議事録が添付書面となるときでも，株主リストの添付を要しないこと
　については，辻雄介・大西勇「株主リストに関する一考察」登記研究
　832号16頁を参照されたい。

(d)　登録免許税額

申請1件につき9万円（同一の種類の取得請求権付株式についての2回目以
後の新株予約権の発行による登記にあっては，3万円。登税別表第一第24号㈠ヌ，
ツ）である。

(e)　登記申請書の例

取得の請求によって初めてする新株予約権の登記については，登記の事由を「取得請求権付株式の取得と引換えにする新株予約権の発行」とし，添付書面を上記(c)のとおりとするほかは，前記■１の新株予約権の発行の登記と同様である。

また，同一の種類の取得請求権付株式についての２回目以後の新株予約権の発行による登記については，前記■１の(3)④の新株予約権の発行の登記申請書の例中

「登記の事由　　　　取得請求権付株式の取得と引換えにする新株予約権の
　　　　　　　　　　発行
　登記すべき事項　　平成○年○月○日次のとおり変更
　　　　　　　　　　第○種新株予約権の数　　○個
　　　　　　　　　　前記新株予約権の目的たる株式の種類及び数
　　　　　　　　　　　（普通株式）　　○株」

などとし，添付書面及び登録免許税額を上記(c)及び(d)のとおりとするほかは，これと同様である。

⑵　取得条項付株式の取得と引換えにする新株予約権の発行

①　手　　続

(a)　取得する日の決定

定款に，取得条項付株式を取得すべき一定の事由を定めた場合（法107条２項３号イ）には，後日，その取得日を別に定める必要はない。

これに対し，定款に，会社が別に定める日の到来をもって取得事由とする旨の定めがある場合（法107条２項３号ロ）には，会社は，定款に別段の定めがある場合を除き，その日を株主総会の普通決議（取締役会設置会社にあっては，取締役会の決議）により定め，当該日の２週間前までに，取得条項付株式の株主等に対する通知又は公告をしなければならない（法168条）。

(b)　取得する株式の決定

定款に，取得条項付株式の一部を取得する旨の定めがある場合（法107条2項3号ハ）には，会社は，定款に別段の定めがある場合を除き，株主総会の普通決議（取締役会設置会社にあっては，取締役会の決議）によって当該一部の株式を決定し，直ちに，その株式の株主等に対する通知又は公告をしなければならない（法169条）。

なお，取得する一部の株式の決定に際しては，株主平等原則の適用があり，持株数に比例して取得する方法や，抽選により決定する方法等が考えられるとされる（会社法コンメ4・72頁）。

(c) 株券提供公告

株券発行会社は，効力発生日の1か月前までに，取得条項付株式の株主及び登録株式質権者に対する株券提供公告及び通知の手続を行わなければならない（ただし，取得条項付株式の全部につき株券を発行していない場合は，この手続は不要である。法219条1項4号）。

(d) 効力の発生

会社は，一定の事由が生じた日（取得条項付株式の一部を取得する旨の定めがある場合には，当該日又は上記(b)の通知若しくは公告の日から2週間を経過した日のいずれか遅い日）に，取得条項付株式を取得する（法170条1項）。

取得条項付株式（取得対価が新株予約権であるもの）の株主は，その日に，新株予約権を取得する（法170条2項）。

この場合には，資本金の額は増加しない（計15条参照）。

なお，当該新株予約権の帳簿価額が当該一定の事由が生じた日における分配可能額を超えているときは，会社は，取得条項付株式を取得することができない（法170条5項）。

② 登記手続

(a) 登記期間

会社が取得対価として新株予約権を新たに発行した場合には，株式の発行の効力が生じた日（前記①(d)の日）から2週間以内に，変更の登記をしなけ

ればならない（法915条１項）。

　なお，取得条項付株式の一部を取得した場合において，取得する株式の通知又は公告の日から２週間を経過した日を登記義務の起算点とするときは，添付書面からその日が明らかとならないが，やむを得ない。

(b)　登記すべき事項

　登記すべき事項は，次のとおりである。

(i)　取得によって初めてする新株予約権の登記

　会社法911条３項12号に掲げる事項及び発行年月日（募集新株予約権の発行の場合と同様である。前記■１の⑶①，同⑵①の**図表２－８**参照）

(ii)　同一の種類の取得条項付株式についての２回目以後の新株予約権の発行の登記

　新株予約権の数及び当該新株予約権の目的である株式の数（種類株式発行会社にあっては，その種類及び種類ごとの数）並びに変更年月日

(c)　添付書面

　添付書面は，次のとおりである。

　　(i)　一定の取得事由の発生を証する書面（会社が別に定める日の到来をもって取得事由とする旨の定款の定めがある場合には，株主総会の議事録及び株主リスト又は取締役会の議事録。商登67条１項，46条２項，商登規61条３項）

　なお，一定の取得事由の発生を証する書面につき，これを直接的に証明する書面がないときは，代表者が当該取得事由が生じたことを証する旨を記載した上，登記所への届出印を押印した書面で差し支えないと取り扱われている（書式精義第５版上521頁，旧商法の強制転換条項付株式に関する書式精義第３版500頁）。

　　(ii)　取得条項付株式の一部を取得した場合には，当該一部の株式の決定に係る株主総会の議事録及び株主リスト又は取締役会の議事録（商登46条２項，商登規61条３項）

　　(iii)　株券発行会社にあっては，株券提供公告をしたことを証する書面（当該株式の全部につき株券不所持申出がされているか，又は非公開会社に

■2　取得請求権付株式等の取得と引換えにする新株予約権の発行　　*343*

おける法215条4項の特例により株券が発行されていない場合には，これを証する書面（株主名簿）。商登67条1項）

　株券提供公告に関する諸問題については，譲渡制限株式の定めの設定の株券提供公告に関する記述（前記2－3の■2の(1)①(c)(ii)）を参照されたい。

　　(iv)　前記①(d)の要件を満たす分配可能額が存在することを証する書面（商登規61条10項）

　具体的には，代表者の作成に係る証明書（当該新株予約権の帳簿価額及び法461条2項各号の額又はその概算額を示す等の方法により，前記①(d)の要件を満たす分配可能額が存在することを確認することができるもの）等が，これに該当する（平18・3・31民商782号通達）。

　　(v)　取得によって初めてする新株予約権の登記にあっては，当該新株予約権の内容の記載がある定款（定款において当該取得条項付株式の内容の要綱が定められ，その取得と引換えに株主に対して交付する新株予約権の具体的な内容の記載がない場合には，定款のほか，当該内容の決定機関に応じ，株主総会（取締役会設置会社にあっては株主総会又は取締役会，清算人会設置会社にあっては株主総会又は清算人会）の議事録）

　前記(1)②(c)と同様に，取得によって初めて新株予約権の登記をするに当たり，当該取得条項付株式の内容（取得対価となる新株予約権の詳細な内容）を明らかにする必要があるためである。なお，この場合に，上記のとおり株主総会の議事録が添付書面となるときでも，株主リストの添付を要しないことについては，辻雄介・大西勇「株主リストに関する一考察」登記研究832号16頁を参照されたい。

(d)　登録免許税額

　申請1件につき9万円（取得条項付株式の一部を取得する場合における2回目以後の新株予約権の発行による登記にあっては，3万円。登税別表第一第24号㈠ヌ，ツ）である。

(e)　登記申請書の例

取得によって初めてする新株予約権の登記については，登記の事由を「取得条項付株式の取得と引換えにする新株予約権の発行」とし，添付書面を上記(c)のとおりとするほかは，前記■１の新株予約権の発行の登記と同様である。

また，取得条項付株式の一部を取得する場合における２回目以後の新株予約権の発行による登記については，前記■１の(3)④の新株予約権の発行の登記申請書の例中

　「登記の事由　　　取得条項付株式の取得と引換えにする新株予約権の発行

　　登記すべき事項　平成○年○月○日次のとおり変更

　　　　　　　　　　第○種新株予約権の数　○個

　　　　　　　　　　前記新株予約権の目的たる株式の種類及び数

　　　　　　　　　　　（普通株式）　　○株」

などとし，添付書面及び登録免許税額を上記(c)及び(d)のとおりとするほかは，これと同様である。

(3)　全部取得条項付種類株式の取得と引換えにする新株予約権の発行

①　手　　続

(a)　取得に関する決定

　全部取得条項付種類株式の発行会社は，株主総会の特別決議によって，取得対価及び取得日を定め，全部取得条項付種類株式の全部を取得することができる（法171条）。

(b)　株券提供公告

　株券発行会社は，効力発生日の１か月前までに，全部取得条項付種類株式の株主及び登録株式質権者に対する株券提供公告及び通知の手続を行わなければならない（ただし，全部取得条項付種類株式の全部につき株券を発行していない場合は，この手続は不要である。法219条１項３号）。

■2 取得請求権付株式等の取得と引換えにする新株予約権の発行 *345*

(c) 効力の発生

会社は，上記(a)の取得日に，全部取得条項付種類株式の全部を取得する（法173条1項）。

全部取得条項付種類株式の株主（上記(a)において新株予約権を取得対価とされたもの）は，その日に，新株予約権を取得する（法173条2項）。

この場合には，会社が当該新株予約権を新たに発行するか，自己新株予約権を処分するかにかかわらず，資本金の額は増加しない（計15条参照）。

なお，当該新株予約権の帳簿価額の総額が取得日における分配可能額を超えているときは，会社は，全部取得条項付種類株式を取得することができない（法461条1項4号）。

② 登記手続

(a) 登記すべき事項

取得対価として新株予約権を新たに発行した場合の登記すべき事項は，会社法911条3項12号に掲げる事項及び発行年月日（募集新株予約権の発行の場合と同様である。前記■1の(3)①，同(2)①の**図表2−8**参照）である。

なお，取得対価として自己新株予約権のみを交付した場合には，登記すべき事項に変更は生じない。また，会社が株主から取得した全部取得条項付種類株式は，自己株式となるものであり，これに関する登記事項にも変更はない。

(b) 添付書面

添付書面は，次のとおりである。

・株主総会の議事録及び株主リスト（商登46条2項，商登規61条3項）
・株券発行会社にあっては，株券提供公告をしたことを証する書面（当該株式の全部につき株券不所持申出がされているか，又は非公開会社における法215条4項の特例により株券が発行されていない場合には，これを証する書面（株主名簿）。商登68条）

なお，株券提供公告に関する諸問題については，譲渡制限株式の定めの設定の株券提供公告に関する記述（前記2−3の■2の(1)①(c)(ii)）を参

照されたい。

・前記①(c)の要件を満たす分配可能額が存在することを証する書面（商登規61条10項）

　　具体的には，代表者の作成に係る証明書（当該新株予約権の帳簿価額及び法461条2項各号の額又はその概算額を示す等の方法により，前記①(c)の要件を満たす分配可能額が存在することを確認することができるもの）等が，これに該当する（平18・3・31民商782号通達）。

(c)　登録免許税額

申請1件につき，9万円である（登税別表第一第24号(一)ヌ）。

(d)　登記申請書の例

取得対価として新株予約権を新たに発行した場合の登記申請書の例は，登記の事由を「全部取得条項付種類株式の取得と引換えにする新株予約権の発行」とし，添付書面を上記(b)のとおりとするほかは，募集新株予約権の発行の場合（前記■1参照）と同様である。

(4)　取得条項付新株予約権の取得と引換えにする新株予約権の発行

①　手　　続

(a)　取得する日及び取得する新株予約権の決定

会社が取得条項付新株予約権を取得する場合における取得する日及び取得する一部の新株予約権の決定については，取得条項付株式の取得の場合と同様である（法273条，274条。前記(2)①(a)(b)参照）。

(b)　新株予約権証券提供公告

新株予約権証券を発行している会社は，効力発生日の1か月前までに，取得条項付新株予約権の新株予約権者及びその登録新株予約権質権者に対する新株予約権証券提供公告及び通知の手続を行わなければならない（法293条1項1号）。

■2 取得請求権付株式等の取得と引換えにする新株予約権の発行 347

(c) 効力の発生

会社は，一定の事由が生じた日（取得条項付新株予約権の一部を取得する旨の定めがある場合には，当該日又は取得する新株予約権の決定に係る通知若しくは公告の日から2週間を経過した日のいずれか遅い日）に，取得条項付新株予約権を取得する（法275条1項）。

取得条項付新株予約権（取得対価が他の新株予約権であるもの）の新株予約権者は，その日に，当該他の新株予約権を取得する（法275条3項）。

この場合には，資本金の額は，増加しない。

② 登記手続

(a) 登記すべき事項

登記すべき事項は，次のとおりである。なお，会社が株主から取得した取得条項付新株予約権は，自己新株予約権となるものであり，これに関する登記事項に変更はない。

(i) 取得によって初めてする新株予約権の登記

会社法911条3項12号に掲げる事項及び発行年月日（募集新株予約権の発行の場合と同様である。前記■1の(3)①，同(2)①の**図表2-8**参照）

(ii) 同一の種類の取得条項付新株予約権についての2回目以後の新株予約権の発行の登記

新株予約権の数及び当該新株予約権の目的である株式の数（種類株式発行会社にあっては，その種類及び種類ごとの数）並びに変更年月日

(b) 添付書面

添付書面は，次のとおりである。

・一定の取得事由の発生を証する書面（会社が別に定める日の到来をもって取得事由とする旨の定款の定めがある場合には，株主総会の議事録及び株主リスト又は取締役会の議事録。商登67条2項，46条2項，商登規61条3項）

・取得条項付新株予約権の一部を取得した場合には，当該一部の新株予約権の決定に係る株主総会の議事録及び株主リスト又は取締役会の議事録

（商登46条2項，商登規61条3項）

・新株予約権証券提供公告をしたことを証する書面（当該取得条項付新株予約権について新株予約権証券を発行していない場合には，これを証する書面（新株予約権原簿）。商登67条2項）

・取得によって初めてする新株予約権の登記にあっては，当該新株予約権の内容の記載がある当該取得条項付新株予約権の募集事項の決定に係る議事録（取得対価となる新株予約権の内容を明らかにするもの。前記(1)②(c)参照）

(c) 登録免許税額

申請1件につき9万円（取得条項付新株予約権の一部を取得する場合における2回目以後の新株予約権の発行による登記にあっては，3万円。登税別表第一第24号㈠ヌ，ツ）である。

(d) 登記申請書の例

取得によって初めてする新株予約権の登記については，登記の事由を「取得条項付新株予約権の取得と引換えにする新株予約権の発行」とし，添付書面を上記(b)のとおりとするほかは，前記■1の新株予約権の発行の登記と同様である。

また，取得条項付新株予約権の一部を取得する場合における2回目以後の新株予約権の発行による登記については，前記■1の(3)④の新株予約権の発行の登記申請書の例中

「登記の事由　　　　取得条項付新株予約権の取得と引換えにする新株予約権の発行

　登記すべき事項　　平成○年○月○日次のとおり変更

　　　　　　　　　　第○種新株予約権の数　　○個

　　　　　　　　　　前記新株予約権の目的たる株式の種類及び数

　　　　　　　　　　（普通株式）　　○株」

などとし，添付書面及び登録免許税額を上記(b)及び(c)のとおりとするほかは，これと同様である。

■3 株式の分割・併合等に伴う新株予約権の登記の変更

(1) 総　論

　前記■1の(3)④の登記申請書の例のとおり，通常の新株予約権については，株式の分割，併合，株式無償割当て，時価を下回る価額による募集株式の発行又は自己株式の処分，合併，会社分割等があった場合でも新株予約権の経済的価値を維持するため，新株予約権の内容として，新株予約権の行使により発行する株式の数を調整する定め（株式の分割により1株が2株になるときは，新株予約権の行使により発行する株式の数も2倍にする等）が置かれている。

　登記事項との関係では，具体的には，次の項目について，その数値が調整されることが多い。

①　ストック・オプション目的の新株予約権の場合

(a)　新株予約権の目的たる株式の数

　登記事項である「新株予約権の目的たる株式の数」は，現実に発行したある種類の新株予約権につき，その目的である株式の総数を意味する（前記■1の(3)①参照）ところ，この株式の数は，一定の数で登記されている。株式の分割・併合等があった場合には，調整式に従い，その比率に比例して，当初の数から増加し又は減少することとなる。

(b)　新株予約権の行使に際して出資される財産の価額

　1個の新株予約権の行使に際して出資される財産の価額は，株式の分割・併合等があっても，変動しない（仮に，これを変更するのであれば，新株予約権者に有利又は不利となり，後記■4の新株予約権の内容の変更の問題となる。）。

ただし，通常の発行決議では，各新株予約権の行使により発行する株式1株当たりの払込金額を「行使価額」又は「払込価額」と称した上，新株予約権の行使に際して出資される財産の価額は，行使価額又は払込価額に1個の新株予約権当たりの付与株式数を乗じて得た額とする旨が定められ，その登記がされている。この行使価額又は払込価額は，一定の額で登記されているが，株式の分割・併合等があった場合には，調整式に従い，その比率に反比例して，当初の額から減少し又は増加することとなる。逆に，付与株式数については，株式の分割・併合等があった場合には，調整式に従い，その比率に比例して，当初の数から増加し又は減少することとなる（前記■1の(3)④の(注1)参照）。

② 転換社債型新株予約権付社債の場合

⒜ 新株予約権の目的たる株式の数

通常，この株式の数は，一定の数を直截に示すのではなく，社債の額面金額の総額を転換価額で除して得た数とする旨が登記されている（社債の額面金額の総額は，前記■1の(2)①⒜(iii)のとおり一定の額により登記すべきであり，また，次のように転換価額も一定の額で登記されるため，本来，新株予約権の目的たる株式の数も，上記①⒜と同様に，一定の数を直截に登記することができるはずであるが，実際にはそうでない例が多い。）。

転換価額とは，上記①⒝の行使価額又は払込価額と同様に，各新株予約権の行使により発行する株式1株当たりの払込金額をいう。この転換価額は一定の額で登記されているが，株式の分割・併合等があった場合には，調整式に従い，その比率に反比例して，当初の額から減少し又は増加することとなる。

⒝ 新株予約権の行使に際して出資される財産の価額

転換社債型新株予約権付社債では，新株予約権1個の行使に際して出資される財産の価額を各社債の額面金額と同額とする旨（社債の現物出資の旨）が定められており，これは，上記①⒝と同様に，株式の分割・併合等があっ

■3　株式の分割・併合等に伴う新株予約権の登記の変更　　*351*

ても，変動しない。

　ただし，歴史的経緯から，転換価額及びその調整式が，上記(a)の新株予約権の目的たる株式の数の登記中にではなく，新株予約権の行使に際して出資される財産の価額の登記中にされていることもある。

③　登記義務

　上記①及び②のように，株式の分割・併合等があった場合には，論理的には，新株予約権の目的たる株式の数が変動するところ，登記の在り方によっては，更に，上記①における行使価額又は払込金額及び付与株式数や，上記②における社債の額面総額及び転換価額についても，登記された一定の数額に変動が生ずるので，これらの変更の登記をしなければならない（実務相談5・62頁，神尾衛「転換社債における転換条件の変更と登記の要否」旬刊商事法務1107号42頁，相澤・論点解説191頁）。

⑵　登記手続

①　登記すべき事項

　登記すべき事項は，変更に係る新株予約権の登記事項及び変更年月日である。

　新株予約権に関する登記は，長文にわたることが多いが，「新株予約権の目的たる株式の種類及び数又はその算定方法」も，「新株予約権の行使に際して出資される財産の価額又はその算定方法」も，それぞれが登記の単位となっているため，確定数・確定額の部分の変更のみであっても，各登記の単位ごとに変更登記をする必要がある。

②　添付書面

　調整式を適用する原因となった株式の分割・併合等に係る添付書面があれば足り，他の添付書面を要しない。

③ 登録免許税額

申請1件につき3万円である（登税別表第一第24号㈠ツ）。

4 新株予約権の内容の変更

(1) 手 続

　既に発行したある種類の新株予約権の全部につき，その内容（行使期間の延長等）を変更することも，禁止されておらず，次の方法により可能であると考えられている。

① 新株予約権（新株予約権付社債に付されたものを除く。）の内容の変更

　次の(a)から(c)までの要件を満たす場合には，当該新株予約権の内容を変更することができると解されている（堀恩惠「分離型新株引受権付社債における社債の全部償還後の新株引受権の行使期間の変更登記の可否」旬刊商事法務1534号106頁，鳥本喜章「新株引受権附社債における行使期間等の変更の可否」登記研究554号41頁，江頭・株式会社法783頁）。

(a) 新株予約権の発行決議をした機関において，当該新株予約権の内容を変更する旨の決議をすること（明示的に判示されてはいないが，最判平24・4・24民集66巻6号2908頁も同様の理念に基づくものと考えられる。）。

(b) 取締役会（又は取締役の過半数の一致）により内容変更の決議をした場合において，株主以外の者に対し特に有利な条件となるときは，更に，株主総会の特別決議を得ること（平8・7・25民四1350号通知，登記研究590号156頁）。

(c) 原則として，新株予約権者全員の同意があること。

　新株予約権の内容の変更は，新株予約権者の利害に重大な関係を持ち，か

つ，新株予約権の付与が契約関係であることを考慮すると，原則として，新株予約権者全員の同意が必要である。

しかし，民法の契約法理からは若干困難な点もあるが，登記実務上は，新株予約権の行使期間の延長のように新株予約権者の不利益にならない場合には，（黙示の同意があるとみて，明示的な）同意を要しないとされている（上記堀論文参照。なお，山田紘「新株引受権の行使期間の変更登記の可否」旬刊商事法務1161号48頁は，旧商法の分離型新株引受権付社債の行使期間の始期の繰上げにつき，全ての新株引受権者の同意を必要とするが，添付書面として同意書を要するか否かについては明らかでなく，また，登記実務の取扱いは，上記堀論文により改められたものと考えられる。）。

②　新株予約権付社債に付された新株予約権の内容の変更

次の(a)から(c)までの要件を満たす場合には，当該新株予約権の内容を変更することができると解されている（平8・7・25民四1350号通知，登記研究590号156頁，実務相談5・56頁，西潟英策「転換社債と登記」・菊池洋一編著『商業登記制度をめぐる諸問題』527頁（テイハン，1994））。

転換比率の変更に関しては，旧商法の転換社債につき，発行後に転換比率を引き上げて既存の株主に不利益な変更をすることは許されないし，逆に，転換比率の引下げについても，社債権者集会によってすることはできず，転換社債権者の個別の同意が必要であるとする見解もある（実務相談5・3頁）が，現在の登記実務は，既存の株主の不利益については後記(b)によりある程度担保することができ，逆に，社債権者の不利益については，社債の一部免除と同様に，後記(c)によりある程度担保することができるとして，転換比率の引上げ及び引下げを共に許容しているようである（登記研究590号160頁）。

なお，社債の償還後にする新株予約権（法292条2項）の内容の変更については，前記①と同様となる。

(a)　新株予約権付社債の発行決議をした機関において，当該新株予約権付社債の内容を変更する旨の決議をすること。

(b) 取締役会（又は取締役の過半数の一致）により内容変更の決議をした場合において，株主以外の者に対し特に有利な条件となるときは，更に，株主総会の特別決議を得ること。

(c) 社債権者集会の決議及び裁判所の認可を得ること（法716条，734条1項）。

なお，会社と新株予約権付社債権者全員との合意をもって，(c)に代えることも可能である（平8・7・25民四1350号通知，登記研究590号156頁）し，新株予約権付社債権者の不利益にならない場合には，明示的な同意を要しないとの取扱いも許容されるものと解される。

参考先例等2－5

旧商法の転換社債につき，転換権行使期間の延長を株主総会，取締役会及び社債権者集会で決議し，裁判所の認可を受けた場合には，その変更登記を受理して差し支えないとの先例がある（昭42・10・23民事甲2923号回答，登記研究241号56頁，鴻・先例百選144頁。なお，当時は，転換社債の発行決議は原則として株主総会の決議によっていたため，株主総会の決議を要するとされたもののようである。前記①の山田論文参照）。

(2) 登記手続

① 登記すべき事項

登記すべき事項は，変更に係る新株予約権の登記事項及び変更年月日である。

② 添付書面

(a) 新株予約権（新株予約権付社債に付されたものを除く。）の内容の変更の場合

添付書面は，次のとおりである。

・内容変更の決議機関に応じて，株主総会（種類株主総会）の議事録及び

株主リスト，取締役会の議事録又は取締役の過半数の一致を証する書面
（商登46条2項・1項，商登規61条3項）

・原則として，新株予約権者全員の同意書

⒝　新株予約権付社債に付された新株予約権の内容の変更の場合

添付書面は，次のとおりである。

・内容変更の決議機関に応じて，株主総会（種類株主総会）の議事録及び
株主リスト，取締役会の議事録又は取締役の過半数の一致を証する書面
（商登46条2項・1項，商登規61条3項）

・社債権者集会の議事録及び裁判所の認可書（なお，前記⑴②⒞のとおり，
会社と社債権者全員との間の変更契約書及び社債権者全員の同意書をもって
これに代えることもでき，変更契約書の記載から社債権者全員の同意がある
ことが明らかであれば，当該同意書は変更契約書をもって援用することもで
きるとされている。社債権者に不利益な転換価額の変更に関する平8・7・
25民四1350号通知，登記研究590号156頁）

③　登録免許税額

申請1件につき3万円である（登税別表第一第24号㈠ツ）。

④　登記申請書の例

前記■1の⑶④の新株予約権の発行の登記申請書の例中

「登記の事由　　　新株予約権を行使することができる期間の変更

　登記すべき事項　平成○年○月○日次のとおり変更

　　　　　　　　　新株予約権を行使することができる期間

　　　　　　　　　　平成○年○月○日から平成○年○月○日まで」

などとし，添付書面及び登録免許税額を上記②及び③のとおりとするほかは，
これと同様である。

■ 5　新株予約権無償割当て

(1)　手　　続

　新株予約権無償割当てとは，株主に対して新たに払込みをさせないで当該会社の新株予約権の割当てをする制度である（法277条）。株式無償割当ては，新株を発行しても，自己株式を交付しても，両者を混在させても，差し支えないが，新株予約権無償割当ては，新たに新株予約権を発行するか，既発行の自己新株予約権を交付するかのいずれかであり，両者を混在させることはできないと解される（両者は，前記■1の(1)のとおり，基本的に別の種類と整理せざるを得ないからである。）。

　新株予約権無償割当ては，定款に別段の定めがない限り，取締役会を置かない会社では株主総会の普通決議により，取締役会設置会社では取締役会の決議により，それぞれ行う（法278条3項）。

　新株予約権無償割当てにつき基準日を設ける場合において，定款にその定めがないときは，基準日の2週間前までに，当該基準日及び基準日株主が行使することができる権利の内容を公告しなければならない（法124条3項）。

　また，新株予約権無償割当てが種類株主に損害を及ぼすおそれがある場合には，原則として種類株主総会の特別決議が必要である（法322条1項6号）が，種類株主総会の決議を要しない旨を定款で定めたときは，これに代えて，効力発生日の20日前までにする株主に対する通知又は公告及び反対株主による株式買取請求の手続が必要である（法322条2項，116条1項3号ヘ）。

　（注1）　新株予約権の分割
　　　　株式の分割と異なり，新株予約権については，その分割という制度は存在しない。既発行の新株予約権につき，同一内容の新株予約権の数を増加させる場合には，新たにこれを発行すれば足りる（法律上は，別種類となる。）。

■5　新株予約権無償割当て　　*357*

（注2）　株主に対する新株予約権無償割当てと株主平等原則

　　　新株予約権無償割当てについても，株主平等原則の趣旨は及ぶ（法278条2項参照）。

　　　ただし，差別的な行使条件及び取得条項が定められた新株予約権の無償割当て（特定の株主に限り，他の株主と異なり，当該新株予約権を行使することができないとされ，また，株式ではなく金銭を取得対価とする取得条項が付された内容のもの）がされた事案（いわゆるブルドックソース事件）について，最高裁は，①特定の株主による経営支配権の取得に伴い，会社の存立，発展が阻害されるおそれが生ずるなど，会社の企業価値がき損され，会社の利益ひいては株主の共同の利益が害されることになるような場合には，②その防止のために当該株主を差別的に取り扱ったとしても，当該取扱いが衡平の理念に反し，相当性を欠くものでない限り，これを直ちに株主平等原則の趣旨に反するということはできない旨判示した（最決平19・8・7民集61巻5号2215頁，旬刊商事法務1809号16頁，金融・商事判例1279号19頁）。

　　　また，同決定では，上記①の要件について，株主総会の手続が適正を欠くものであったとか，判断の前提とされた事実が実際には存在しなかったり，虚偽であったなど，判断の正当性を失わせるような重大な瑕疵が存在しない限り，会社の利益の帰属主体である株主自身の判断が尊重されるべきであるとされた。

（注3）　平成26年改正の内容

　　　従前は，新株予約権無償割当てをするには，新株予約権の<u>行使期間の初日の2週間前までに</u>，株主及び登録株式質権者に対し，割当てを受けた新株予約権の内容及び数を通知しなければならないとされていた（改正前の法279条2項）。

　　　平成26年の会社法の改正においては，新株予約権無償割当てを用いた資金調達（ライツ・オファリング）を普及させる観点から，手続に必要な期間を短縮すべく，上記の通知は，新株予約権の<u>行使期間の末日の2週間前までに</u>されれば足りるとの前提の下に，①当該通知は効力発生日後遅滞なくすべきとされるとともに，②行使期間の末日が当該通知の日から2週間を経過する日前に到来するときは，行使期間が延長されたものとみなされるとされた（法279条2項・3項）。なお，このような行使期間の延長の効果は，特定の株主との関係に限られるため，これにより行使期間の変更登記をする必要はないとされている（平27・2・6民商13号通達，坂本・一問一答154頁）。

　　　ただし，行使期間が延長されたものとみなされた新株予約権が行使された場合に，新株予約権の行使による変更登記をするときは，商登法57

条1号の書面の一部として，行使期間が延長され，当該延長された行使期間に新株予約権の行使があったことを証する書面（代表者の作成に係る証明書等）の添付を要する（上記通達）。

(2) 登記手続

① 登記すべき事項

新株予約権無償割当てにより新たに新株予約権を発行した場合の登記すべき事項は，募集新株予約権の発行の場合（前記■1の(3)①，同(2)①の**図表2－8**参照）と同様である。

新株予約権無償割当てにより自己新株予約権のみを交付した場合には，登記事項に変更は生じない。

② 添付書面

添付書面は，株主総会の議事録及び株主リスト（取締役会設置会社にあっては，取締役会の議事録）であり，種類株主総会の決議を要する場合にあっては，種類株主総会の議事録及び株主リストも含まれる（商登46条2項，商登規61条3項）。

③ 登録免許税額

申請1件につき9万円である（登税別表第一第24号㈠ヌ）。

④ 登記申請書の例

前記■1の(3)④の新株予約権の発行の登記申請書の例中，登記の事由を「新株予約権無償割当て」とし，添付書面を上記②のとおりとするほかは，これと同様である。

■6　新株予約権の行使

(1)　手　　　続

新株予約権の行使の手続は，次のとおりである。

なお，会社は，自己新株予約権を行使することはできない（法280条6項）。

① 　行使請求書等（行使に係る新株予約権の内容及び数と行使年月日を明らかにするもの）の提出（法280条1項）

② 　証券（新株予約権証券又は新株予約権付社債券）が発行されているときは，証券の提出（法280条2項から5項まで）

③ 　行使日における出資の履行

ⓐ　金銭出資

金銭出資をすべき新株予約権者は，行使日に，払込取扱機関において行使価額の全額を払い込まなければならない（法281条1項）。

新株予約権者は，行使日に，株主となる（法282条1項）。

なお，新株予約権者の側から，払込債務と会社に対する債権とを相殺することはできない（法281条3項，募集株式の発行に関する前記2−3の■6の(1)①ⓒ(i)の(**注**)参照）。

ⓑ　現物出資

募集事項として行使時の現物出資事項が定められた場合には，新株予約権者は，行使日に，募集事項で定められた財産（当該財産の価額が行使価額に足りないときは，差額に相当する金銭を含む。）を出資しなければならない（法281条2項）。

新株予約権者は，行使日に，株主となる（法282条1項）。

現物出資の給付があった場合には，会社は，遅滞なく，次の5つの場合におけるそれぞれの括弧内の財産を除き，当該現物出資財産の価額を調査させるため，裁判所に対し，検査役の選任の申立てをしなければならない（法284条1項・9項）。

・行使された新株予約権の新株予約権者が交付を受ける株式の総数が，直前の発行済株式総数の10分の1以下である場合（当該新株予約権者が給付する現物出資財産）

　新株予約権は，1個ずつ行使することも可能であり，この要件も，行使された新株予約権1個ごとに判定すると整理せざるを得ない（相澤哲・豊田祐子「新株予約権」旬刊商事法務1742号23頁）。募集株式の発行における検査役の調査の要否について，1回の募集に係る全ての現物出資者に割り当てる株式の合計数で要件を判断する（法207条9項1号）のと異なり，現実問題として，この会社法284条9項1号の要件は，ほとんど全ての新株予約権の行使の場合に検査役の調査を不要とする結果となろう。

・現物出資財産につき募集事項の決定の際に定められた価額の総額が，500万円以下である場合（当該現物出資財産）

・市場価格のある有価証券につき募集事項の決定の際に定められた価額が，①新株予約権の行使日における最終市場価額（行使日に取引がない場合等にあっては，その後最初にされた売買取引の成立価格）又は②公開買付け等に係る契約における価格のうちいずれか高い額（施59条）以下である場合（当該有価証券）

・現物出資財産につき募集事項の決定の際に定められた価額が相当であることについて，弁護士，公認会計士，税理士等の証明（不動産にあっては，更に不動産鑑定士の鑑定評価）を受けた場合（証明を受けた現物出資財産）

・会社に対する弁済期到来済みの金銭債権につき募集事項の決定の際に定められた価額が，会社における負債の帳簿価額以下である場合（当該金

銭債権）

新株予約権付社債に付された新株予約権の行使の場合には，その行使に際して社債を現物出資するものと構成されるが，負債の帳簿価額と同額又はそれ以下の財産として現物出資されるのであれば，会社法284条9項5号の要件にも該当する（通常は，同項1号にも該当する）こととなる。

④ 資本金の計上の在り方

新株予約権の行使があった場合には，資本金として，おおむね，行使時における当該新株予約権の帳簿価額と行使に際して会社に出資された財産の価額とを合算した額のうち，交付する株式の全体数に占める新規発行株式数の割合に相当する部分を資本金等増加限度額として，その2分の1以上を計上しなければならない（自己株式のみを交付し，新規発行株式数が零であれば，資本金の額は増加しない。法445条1項・2項，計17条1項）。

なお，計算規則17条1項4号の資本金等増加限度額から減ずることができる株式の交付費用は，当分の間，零とするとされている（計附則11条）。

(2) 登記手続

① 登記期間

新株予約権の行使により会社が新たに株式を発行した場合には，行使日から2週間以内に，変更の登記をしなければならない（法915条1項）。

ただし，新株予約権者から順次権利の行使があった場合に各別に変更の登記申請を要するとしては，煩雑にすぎるため，毎月末日現在までの変更分を一括して登記申請しても差し支えなく，その場合の登記期間は，当該末日から2週間以内とされている（法915条3項1号）。

② 登記すべき事項

新株予約権の行使により新たに株式を発行した場合の登記すべき事項は，

次のとおりである。

- ・発行済株式総数（種類株式発行会社にあっては，発行済みの株式の種類及び数を含む。）
- ・資本金の額
- ・新株予約権の数
- ・新株予約権の目的たる株式の種類及び数
- ・変更年月日

　登記記録上「発行済株式の総数並びに種類及び数」は１つの単位であるため，１つの種類株式につき変更が生じた場合でも，登記事項としては，発行済株式の総数のほか，全ての種類株式に係る発行済みの数を記載することとなる。

　新株予約権の行使に際して会社が自己株式のみを交付した場合には，発行済株式総数（種類株式発行会社にあっては，発行済みの株式の種類及び数を含む。）及び資本金の額に，変更は生じない。

　なお，新株予約権付社債の場合には，新株予約権の目的たる株式の数の算定方法として，社債の額面金額又は発行価額の総額を具体的に引用して登記すべき場合がある（前記■１の⑵①⒜⒤⒤⒤参照）が，転換社債型であるときは，新株予約権の行使により社債の総額が減少するから，その変更の登記が必要となる（中川晃「平成14年４月・５月施行商法等改正に伴う商業・法人登記事務の取扱いについて（上）」登記研究657号170頁参照）。

③　添付書面

　添付書面は，次のとおりである。

⒜　新株予約権の行使があったことを証する書面（商登57条１号）

　新株予約権者から提出された新株予約権行使請求書，株主名簿管理人等が作成した証明書，払込取扱機関が新株予約権行使請求の事務を取り扱う場合には当該払込取扱機関が発行する行使請求取扱証明書（平14・8・13民商1921号通知，登記研究664号145頁の書式参照）などが，これに当たる（書式精義

第3版511頁)。

(b) 金銭を行使に際してする出資の目的とするときは，払込みがあったことを証する書面（商登57条2号）

発起設立の場合における払込みがあったことを証する書面（預金通帳の形式等につき，前記1－4の■2の(4)①参照）と同様である。

(c) 行使に際して現物出資がされるときは，次の書面

検査役による調査が不要となる場合のうち，圧倒的に多くの場合は，会社法284条9項1号の要件（1個の新株予約権の行使に際して交付される株式の総数が発行済株式総数の10分の1を超えないこと）に該当するが，この要件は，申請書類と登記簿の比較から判明するため，特段の添付書面を要しない。

また，同項2号の要件（現物出資財産につき募集事項の決定の際に定められた価額の総額が500万円以下であること）も，申請書類から判明するため，特段の添付書面を要しない。

なお，次の書面に関する留意事項は，募集株式の発行に関する前記2－3の■6の(1)②(c)(iv)を参照されたい。

・検査役が選任されたときは，検査役の調査報告書及びその附属書類（商登57条3号イ）

・現物出資財産のうち，市場価格のある有価証券について募集事項の決定の際に定められた価額が市場価格以下であるときは，当該市場価格を証する書面（商登57条3号ロ）

・現物出資財産について募集事項の決定の際に定められた価額が相当であることについて，弁護士等の証明（現物出資財産等が不動産である場合には，当該証明及び不動産鑑定士の鑑定評価）を受けたときは，その証明書及び附属書類（商登57条3号ハ）

・会社に対する弁済期到来済みの金銭債権につき募集事項の決定の際に定められた価額が会社における負債の帳簿価額以下である場合には，当該金銭債権について記載された会計帳簿（商登57条3号ニ）

・募集事項で定められた現物出資財産の価額が行使価額に足りず，その差

額に相当する金銭を払込取扱機関に払い込んだ場合には，払込みがあったことを証する書面（商登57条3号ホ）

・検査役の報告に関する裁判があったときは，その謄本（商登57条4号）

⒟　募集事項の決定に際し資本金として計上しない額を定めた場合（法236条1項5号）には，その決定機関に応じ，株主総会（種類株主総会，取締役会）の議事録又は取締役の過半数の一致を証する書面（募集事項の決定機関につき定款の定めがあることを要する場合にあっては，定款を含む。商登46条2項・1項，商登規61条1項）

募集事項の決定に係る株主総会（種類株主総会）の議事録の添付を要する場合であっても，株主リストの添付は要しないと解されている（辻雄介・大西勇「株主リストに関する一考察」登記研究832号17頁）。

⒠　資本金の額が会社法及び計算規則の規定に従って計上されたことを証する書面（商登規61条9項）

④　登録免許税額

申請1件につき，増加した資本金の額（課税標準金額）の1000分の7（これによって計算した税額が3万円に満たないときは，3万円）である（登税別表第一第24号㈠ニ）。

新株予約権の行使により，資本金の額の変更登記のほか，新株予約権の変更登記も申請することとなるが，前者に係る登録免許税を納付する限り，後者に係る登録免許税を別途納付する必要はないと解されている（清水・登税法詳解158頁）。なお，新株予約権の行使に際して自己株式のみを交付し，資本金の額の増加の登記がされない場合には，新株予約権の数の減少分等として3万円となる（登税別表第一第24号㈠ツ）。

⑤　登記申請書の例

前記■1の⑶④の新株予約権の発行の登記申請書の例中

「登記の事由　　　新株予約権の行使

登記すべき事項　平成〇年〇月〇日次のとおり変更
　　　　　　　　　　発行済株式の総数　〇株
　　　　　　　　　（発行済各種の株式の数　普通株式　〇株
　　　　　　　　　　　　　　　　　　　優先株式　〇株）
　　　　　　　　　　資本金の額　金〇円
　　　　　　　　　　第〇回新株予約権の数　〇個
　　　　　　　　　　前記新株予約権の目的たる株式の種類及び数
　　　　　　　　　　　（普通株式）　　〇株
　　課税標準金額　　金〇円」

などとし，添付書面及び登録免許税額を上記③及び④のとおりとするほかは，これと同様である。

■7　新株予約権の消却，行使不能又は放棄

(1)　新株予約権の消却

①　手　　続

　自己新株予約権の消却は，取締役会の決議（取締役の過半数の一致による決定）をした（法276条。取締役会を置かない会社につき，その決議機関は明示されていないが，その解釈については，株式の消却に関する前記2－1の■4の(1)②参照）上，新株予約権の失効の手続（新株予約権証券の破棄，新株予約権原簿からの抹消等）をすることによって行う（株式の消却に関する新版注釈会社法(3)293頁）。

②　登記手続
(a)　登記すべき事項

　登記すべき事項は，一部消却の場合には，新株予約権の数，新株予約権の

目的たる株式の種類及び数並びに変更年月日であり，全部消却の場合には，その旨及び変更年月日である。

なお，新株予約権の消却の効力発生日についても，議論があり得るが，前記２－３の■８の株式の消却と同様に，失効の手続を終えた日と取り扱っても差し支えないであろう（添付書面からは，この日は判明しない。）。

(b) 添付書面

添付書面は，取締役会の議事録（取締役の一致を証する書面）である（商登46条２項・１項）。

(c) 登録免許税額

申請１件につき３万円である（登税別表第一第24号㈠ツ）。

(d) 登記申請書の例

前記■１の(3)④の新株予約権の発行の登記申請書の例中，一部消却の場合にあっては，

　「登記の事由　　　新株予約権の消却

　　登記すべき事項　平成○年○月○日次のとおり変更

　　　　　　　　　　第○回新株予約権の数　　○個

　　　　　　　　　　前記新株予約権の目的たる株式の種類及び数

　　　　　　　　　　　（普通株式）　　○株」

とし，また，全部消却の場合にあっては，

　「登記の事由　　　新株予約権の消却

　　登記すべき事項　平成○年○月○日第○回新株予約権全部消却」

などとし，添付書面及び登録免許税額を上記(b)及び(c)のとおりとするほかは，これと同様である。

(2) 新株予約権の行使不能

① 手続等

新株予約権者がその有する新株予約権を行使することができなくなったと

きは，当該新株予約権は，消滅する（法287条）。

この規律は，どの者との関係においてもおよそ新株予約権として行使されることができなくなった場合にのみ適用されると解されており（相澤・論点解説258頁），例えば，ストック・オプション目的の新株予約権につき，行使の条件として「これを付与した役員が一旦退任した場合には，再度就任するか否かを問わず，一切新株予約権の行使を認めない」趣旨の条項を設けた場合において，当該役員が退任したときは，その新株予約権は消滅することとなる。

② 登記手続

(a) 登記期間

新株予約権の消滅の日から2週間以内に，新株予約権の変更の登記をしなければならない。

ストック・オプション目的の新株予約権につき，従業員の退職等の事由が異なる日に生じた場合でも，会社法915条2項又は3項に相当する規定がないので，各原因年月日ごとの変更登記が必要と解さざるを得ない。

(b) 登記すべき事項

登記すべき事項は，一部消滅の場合には，新株予約権の数，新株予約権の目的たる株式の種類及び数並びに変更年月日であり，全ての新株予約権が消滅した場合には，その旨及び変更年月日である。

(c) 添付書面

委任状以外の添付書面を要しない。

会社法の下では，新株予約権を行使する余地がなくなったときは新株予約権が消滅するという規律（法287条）が設けられたが，これについては，現行の商登法において添付書面を求める規定がないためである。

(d) 登録免許税額

申請1件につき3万円である（登税別表第一第24号㈠ツ）。

(e)　登記申請書の例

前記■1の(3)④の新株予約権の発行の登記申請書の例中，一部消滅の場合にあっては，

「登記の事由　　　新株予約権の消滅

　登記すべき事項　平成〇年〇月〇日次のとおり変更

　　　　　　　　　第〇回新株予約権の数　　〇個

　　　　　　　　　前記新株予約権の目的たる株式の種類及び数

　　　　　　　　　　　（普通株式）　　〇株」

とし，また，全部消滅の場合にあっては，

「登記の事由　　　新株予約権の消滅

　登記すべき事項　平成〇年〇月〇日第〇回新株予約権全部消滅」

などとし，添付書面及び登録免許税額を上記(c)及び(d)のとおりとするほかは，これと同様である。

(3)　新株予約権の放棄

①　手　　　続

新株予約権も財産権であるから，従来から，新株予約権者は，会社に対する権利の放棄の意思表示によって新株予約権を放棄することができ，これにより，新株予約権は消滅すると解されている。

なお，本書では，新株予約権の放棄による消滅を会社法287条（前記(2)参照）とは別に論ずるが，同条の適用場面の1つと見る考え方もあり得るであろう。

②　登記手続

(a)　登記すべき事項

登記すべき事項は，一部放棄の場合には，新株予約権の数，新株予約権の目的たる株式の種類及び数並びに変更年月日であり，全ての新株予約権が放

■7　新株予約権の消却，行使不能又は放棄　　369

棄された場合には，その旨及び変更年月日である。

(b)　添付書面

委任状以外の添付書面を要しない。

なお，旧商法の下では，旧商法に規定のない放棄という法形式により登記事項に変更が生じた場合には，商登法に規定がなくても，登記実務上，新株予約権者の放棄の意思表示を証する書面（放棄書）の添付を要求していた。

しかし，会社法の下では，新株予約権を行使する余地がなくなったときは新株予約権が消滅するという規律（法287条）が設けられ，これについては，商登法において添付書面を求める規定がなく，委任状以外の添付書面を要しないと解されている（前記(2)参照）ところ，これと同様に新株予約権が消滅する権利放棄の場合に放棄書の添付を求めることは，均衡を失する嫌いがある。そこで，登記実務は，上記のように取り扱っているところである。

(c)　登録免許税額

申請1件につき3万円である（登税別表第一第24号㈠ツ）。

(d)　登記申請書の例

前記■1の(3)④の新株予約権の発行の登記申請書の例中，一部放棄の場合にあっては，

　「登記の事由　　　新株予約権の放棄

　　登記すべき事項　平成〇年〇月〇日次のとおり変更

　　　　　　　　　　第〇回新株予約権の数　〇個

　　　　　　　　　　前記新株予約権の目的たる株式の種類及び数

　　　　　　　　　　（普通株式）　〇株」

とし，また，全部放棄の場合にあっては，

　「登記の事由　　　新株予約権の放棄

　　登記すべき事項　平成〇年〇月〇日第〇回新株予約権全部放棄」

などとし，添付書面及び登録免許税額を上記(b)及び(c)のとおりとするほかは，これと同様である。

■8　新株予約権の行使期間の満了

⑴　手　続　等
　募集事項として行使期間の終期を定めた場合（法236条１項４号）において，当該行使期間が満了したときは，新株予約権は，消滅する。
　例えば，平成27年５月１日までと定められた場合には，同月２日（の到来時）に，新株予約権の消滅の効力が生ずる。

⑵　登記手続
①　登記すべき事項
　登記すべき事項は，新株予約権の行使期間が満了した旨及びその年月日である。

②　添付書面
　委任状以外の添付書面を要しない。
　新株予約権の行使期間は，登記事項であり，登記官において，その満了の事実が明らかだからである。

③　登録免許税額
　申請１件につき３万円である（登税別表第一第24号㈠ツ）。

④　登記申請書の例
　前記■１の⑶④の新株予約権の発行の登記申請書の例中
　「登記の事由　　　新株予約権の行使期間満了
　　登記すべき事項　平成○年○月○日新株予約権の行使期間満了」
とし，添付書面及び登録免許税額を上記②及び③のとおりとするほかは，これと同様である。

2-5 機関・役員等に関する登記

1 会社に設置する機関

(1) 総　　論

　会社に必ず設置される機関は，株主総会及び取締役である（法326条1項）。
　このほか，会社は，定款の定めにより，取締役会，会計参与，監査役，監査役会，会計監査人，監査等委員会又は指名委員会等を置くことができる（法326条2項）。したがって，公開会社や大会社において一定の機関の設置義務がある場合も，その機関につき，明示的に定款に定めを設けることを要する（相澤・論点解説269頁，270頁）。
　上記の機関設計の変更は，株主総会の特別決議により，定款を変更することによって行うが，機関設計は，公開会社又は大会社に該当するか否かの区分に応じ，次のいずれかに限られる（なお，下記①(d)を除き，いずれにあっても会計参与を置くことができる。法327条，328条）ので，注意を要する。

①　公開会社でない大会社以外の会社
(a)　取締役
(b)　取締役＋監査役（定款の定めにより，監査の範囲を会計に関するものに限定することもできる。）
(c)　取締役＋監査役＋会計監査人

(d)　取締役会＋会計参与

(e)　取締役会＋監査役（定款の定めにより，監査の範囲を会計に関するものに限定することもできる。）

(f)　取締役会＋監査役＋監査役会

(g)　取締役会＋監査役＋会計監査人

(h)　取締役会＋監査役＋監査役会＋会計監査人

(i)　取締役会＋監査等委員会＋会計監査人

(j)　取締役会＋指名委員会等＋会計監査人

②　公開会社である大会社以外の会社

(a)　取締役会＋監査役

(b)　取締役会＋監査役＋監査役会

(c)　取締役会＋監査役＋会計監査人

(d)　取締役会＋監査役＋監査役会＋会計監査人

(e)　取締役会＋監査等委員会＋会計監査人

(f)　取締役会＋指名委員会等＋会計監査人

③　公開会社でない大会社

(a)　取締役＋監査役＋会計監査人

(b)　取締役会＋監査役＋会計監査人

(c)　取締役会＋監査役＋監査役会＋会計監査人

(d)　取締役会＋監査等委員会＋会計監査人

(e)　取締役会＋指名委員会等＋会計監査人

④　公開会社である大会社

(a)　取締役会＋監査役＋監査役会＋会計監査人

(b)　取締役会＋監査等委員会＋会計監査人

(c)　取締役会＋指名委員会等＋会計監査人

■ 1　会社に設置する機関　　*373*

　したがって，とりわけ定時株主総会では，大会社となるか否か，株式譲渡制限の定めを廃止することとしていないか等を踏まえ，許容されない機関設計とならないよう，配意する必要がある。ある機関を廃止することが当該会社の状態（大会社・公開会社）に照らして許容されない場合や，株式譲渡制限規定の廃止により従来の機関設計が許容されなくなる場合（前記２−３の■２の(1)②(a)の(注)参照）等においては，その登記申請は，商登法24条９号（ある機関を廃止する旨の申請書と公開会社等に係る登記簿との不合致）又は10号（機関設計の法令違反による定款変更決議の無効）により却下される。

　なお，機関設計を変更する場合には，それに伴い，役員の任期が満了することがあること（法332条７項，334条，336条４項，338条３項，402条８項）や，変更前の機関を引用する定款中の他の文言（登記事項との関係では，株式譲渡制限規定中の承認機関の文言，役員等の責任免除規定中の免除機関の文言等）も遺漏なく変更すべきことに留意し，登記すべき事項に変更が生じたときは，その登記もしなければならない。

（注１）　他の登記の同時申請義務

　①　機関設計の変更と役員区の登記

　　　例えば，新たに監査役設置会社となる定款の変更を行い，その登記申請をしながら，監査役を選任していないとして監査役の登記を申請しない場合には，会社法911条３項17号の登記事項の一部（監査役の氏名）が欠けているため，申請は却下される。その却下条項としては，現在のところ，商登法24条６号（申請書に登記事項が完全に記載されていないこと。商登法逐条解説77頁）又は９号（監査役を置く旨の申請書と監査役が零名の登記簿との不合致）が想定されており，同条12号（法令に規定された同時申請義務違反）によるものではない。

　　　また，新たに取締役会設置会社となる定款の変更を行い，その登記申請をしながら，取締役を３名以上とする登記を申請しない場合も，同様に，商登法24条６号（厳密には，１つの登記事項の一部が欠けているわけではないが，法令上当然にすべき申請が欠けた場合もこれに準ずべきものと解される。）又は９号（取締役会を置く旨の申請書と取締役が２人以下の登記簿との不合致）が想定されている（昭36・８・25民事甲2069号指示，登記研究170号83頁参照）。

　　　これらは，新たな機関の設置の際に，当然に必要となる役員等の登記

をしない場合の取扱いであり，もとより，機関設置後に役員が欠けた場合の取扱い（取締役会設置会社でも，現に，死亡等の理由により取締役が３名を下回ることがあり，なお権利義務を有する取締役（法346条１項）を除き，員数が３名を下回ることとなる取締役の退任の登記も受理されること）は，従前と同様である。

② 機関設計の変更と役員区以外の登記

本文のとおり，機関設計を変更した場合には，変更前の機関を引用する定款中の他の文言も遺漏なく変更すべきであるが，これを看過した場合，例えば，取締役会を廃止する定款の変更を行い，その登記申請をしながら，株式譲渡制限規定中の「取締役会の承認を要する」との文言の変更を看過した場合に，登記申請を却下すべきか否かは，微妙な問題である。上記①と同様に，登記記録の整合性を重視する考え方もあり得るが，現在の登記実務上は，取締役会を廃止する定款変更の効力自体は生じていること，株式譲渡制限規定は役員区の登記ほど機関設計と密接な登記事項ではないこと等に鑑み，却下はしないものとして取り扱われている（同時申請義務の違反により商登法24条６号に該当するかどうか微妙な例として，登記研究413号89頁参照）。

（注２） 機関設計に関する定款の定め方

定款に「当会社は会計参与を置くことができる」との定めを設けることは，確定的に機関を設置する旨の定めではなく，機関設計を他の機関による決定に委任することとなり，無効であると解されているので，注意を要する（相澤・論点解説271頁）。

⑵ 登記手続

① 登記すべき事項

登記すべき事項は，取締役会設置会社，会計参与設置会社，監査役設置会社（監査役の監査の範囲を会計に関するものに限定したときは，その旨），監査役会設置会社，会計監査人設置会社，監査等委員会設置会社又は指名委員会等設置会社の定めを設定（廃止）した旨及び変更年月日である。

ただし，上記⑴で述べたとおり，機関設計の変更の登記に伴い，役員の変更の登記が必要になることが多い（後記④の登記申請書の例を参照）。

なお，登記事項としての「監査役設置会社」という用語は，監査役の監査

の範囲が会計に関するものに限られているか否かを問わない趣旨で用いられている（法2条9号，911条3項17号参照）ところ，平成26年の会社法の改正により，監査役の監査の範囲を会計に関するものに限定する旨の定款の定めがあるときは，その旨も登記事項とされ，この事項は，株式会社登記簿の会社状態区ではなく，役員区に記録されるものとされた（商登規別表第5）。そのため，監査役設置会社の定めの廃止の登記を申請する場合には，同時に，監査役の監査の範囲を会計に関するものに限定する旨の定めの廃止の登記も申請することとなるので，注意が必要である（http://houmukyoku.moj.go.jp/homu/COMMERCE_11-1.html#1-19）。

② 添付書面

機関設計（取締役会設置会社等）に係る定款の定めの設定又は廃止による変更の登記の添付書面は，株主総会議事録及び株主リストである（商登46条2項，商登規61条3項）。

③ 登録免許税額

取締役会設置会社，監査役会設置会社，監査等委員会設置会社又は指名委員会等設置会社の定めの設定又は廃止については，申請1件につき3万円である（登税別表第一第24号㈠ワ）。

これとは別に，会計参与設置会社，監査役設置会社又は会計監査人設置会社の定めの設定又は廃止については，申請1件につき3万円である（登税別表第一第24号㈠ツ）。

また，監査役の監査の範囲を会計に関するものに限定する旨の定めの設定又は廃止については，申請1件につき3万円である（資本金の額が1億円以下の会社については，1万円。登税別表第一第24号㈠カ）。

なお，同時に役員等の就任又は退任の登記をすべき場合があるが，これについては，更に，申請1件につき3万円（資本金の額が1億円以下の会社については，1万円。登税別表第一第24号㈠カ）を加算する（上記の会計監査限定の定めに関する登記申請と同時にするときは，加算しない。）。

376 2-5 機関・役員等に関する登記

④ 登記申請書の例

(a) 例1（取締役及び監査役各1名の会社が，公開会社になる（役員の任期満了）と同時に，取締役を2名追加して取締役会を置いた場合）

株式会社変更登記申請書

1 商号　〇〇株式会社（会社法人等番号・・・）

1 本店　〇県〇市〇町〇丁目〇番〇号

1 登記の事由　株式の譲渡制限に関する規定の廃止

　　　　　　　　取締役会設置会社の定め設定

　　　　　　　　取締役、代表取締役及び監査役の変更

1 登記すべき事項　平成〇年〇月〇日株式の譲渡制限に関する規定廃
　　　　　　　　　止

　　　　　　　　　同日取締役会設置会社の定め設定

　　　　　　　　　同日取締役何某は、重任

　　　　　　　　　同日取締役何某及び何某は、就任

　　　　　　　　　同日次の者は、代表取締役に重任

　　　　　　　　　　　〇県〇市〇町〇丁目〇番〇号　何某

　　　　　　　　　同日監査役何某は、（任期満了により）退任

　　　　　　　　　同日監査役何某は、就任

1 登録免許税　金9万円（資本金1億円以下の場合は、7万円）

　　　　　　　　内訳　登記事項変更分　　　　3万円

　　　　　　　　　　　取締役会設置会社分　　3万円

　　　　　　　　　　　役員変更分　　　　　　3万円（1万円）

1 添付書類　　株主総会議事録　　1通

　　　　　　　　株主リスト　　　　1通

　　　　　　　　取締役会議事録　　1通

　　　　　　　　就任承諾書　　　　〇通

本人確認証明書　○通

（印鑑証明書　　○通）

委任状　　　　　１通

上記のとおり登記の申請をする。

　　平成○年○月○日

　　　　　　　　　　　　　○県○市○町○丁目○番○号

　　　　　　　　　　　　　　申請人　○○株式会社

　　　　　　　　　　　　　○県○市○町○丁目○番○号

　　　　　　　　　　　　　　代表取締役　何某

　　　　　　　　　　　　　○県○市○町○丁目○番○号

　　　　　　　　　　　　　　上記代理人　何某　印

　　　　　　　　　　　　　（電話番号　・・・）

○○法務局御中

(b)　例２（取締役会設置会社が取締役会及び監査役を廃止すると同時に非公開会社となり，代表取締役を除く取締役が辞任した場合）

株式会社変更登記申請書

1　商号　○○株式会社（会社法人等番号・・・）

1　本店　○県○市○町○丁目○番○号

1　登記の事由　取締役会設置会社の定め廃止

　　　　　　　　監査役設置会社の定め廃止

　　　　　　　　取締役及び監査役の変更

　　　　　　　　株式の譲渡制限に関する規定の設定

1　登記すべき事項　平成○年○月○日取締役会設置会社の定め廃止

　　　　　　　　　同日取締役何某及び何某は、辞任

同日監査役設置会社の定め廃止

同日監査役何某は、（任期満了により）退任

同日設定

　　株式の譲渡制限に関する規定

　　　　当会社の株式を譲渡により取得するには、

　　　　当会社の承認を要する。

1　登録免許税　金９万円（資本金１億円以下の場合は、７万円）

　　　　　　　内訳　取締役会設置会社分　　３万円

　　　　　　　　　　登記事項変更分　　　　３万円

　　　　　　　　　　役員変更分　　　　　　３万円（１万円）

1　添付書類　　株主総会議事録　　１通

　　　　　　　株主リスト　　　　　１通

　　　　　　　辞任届　　　　　　　２通

　　　　　　　株券提供公告をしたことを証する書面　１通

　　　　　　　委任状　　　　　　　１通

上記のとおり登記の申請をする。

　　平成〇年〇月〇日

　　　　　　　　　　　　　　〇県〇市〇町〇丁目〇番〇号

　　　　　　　　　　　　　　　申請人　〇〇株式会社

　　　　　　　　　　　　　　〇県〇市〇町〇丁目〇番〇号

　　　　　　　　　　　　　　　代表取締役　何某

　　　　　　　　　　　　　　〇県〇市〇町〇丁目〇番〇号

　　　　　　　　　　　　　　　上記代理人　何某　印

　　　　　　　　　　　　　　　（電話番号　・・・）

〇〇法務局御中

■2 取締役及び代表取締役

(1) 取締役及び代表取締役の就任

① 取締役の選任手続
(a) 資 格

　取締役の欠格事由は，法人，成年被後見人，被保佐人，会社法その他の規定に違反して刑に処せられ，その執行を終えた日から2年を経過しない者等である（法331条1項）。

　未成年者であっても，意思能力の認められる程度の年齢であれば，法定代理人の同意を得て，取締役に就任することはでき，この場合には，取締役就任に対する法定代理人の同意をもって，民法6条の未成年者に対する営業許可とみて，以後，取締役としての個別の行為に法定代理人の同意を要しないと解されている（実務相談3・3頁，546頁，839頁）。これに対し，意思能力を認め難い年齢の未成年者については，取締役が個人の能力に着目して会社から選任され，受任者として継続して業務執行の意思決定を行う地位であることに照らすと，常時法定代理人に代理されることにより業務を遂行することは予定されていないというべきであり，取締役になることはできないと解される（実務相談3・544頁。意思無能力者が法定代理人に代理されることにより株式会社の発起人になることができるのとは異なる。前記1－2の■19の(5)参照）。なお，未成年者が代表取締役となることについては，後記②(a)(i)の(注1)を参照されたい。

　もとより，定款で禁止していない限り，外国人が取締役になることも差し支えない（実務相談3・837頁）。この場合，例えば，未成年の外国人など，外国人の行為能力の問題については，原則として，その本国法によって定まる（法の適用に関する通則法4条1項）が，仮にその本国法によれば制限行為能力者となる場合でも，行為地法（日本法）によれば行為能力者となるとき

は，行為能力者とみなすとされている（同条2項）。

(b) 選　任

取締役の選任は，株主総会の特別な普通決議によって行う（法329条1項，341条）。この決議は，一般の普通決議（法309条1項）と異なり，定款によっても，その定足数を，議決権を行使することができる株主の議決権の3分の1未満にすることができない。

この取締役の選任については，定款に別段の定めがあるときを除き，累積投票制度が認められている（法342条）。これは，株主総会における2人以上の取締役の選任決議の際，各株主に，株式1株につき選任すべき取締役の数と同数の議決権を付与した上，候補者の1人に集中して又は複数に分散して投票することを許容し，投票の最多数を得た者から順次取締役に選任されたものとする制度であって，少数株主においても一定数の取締役の選任を可能とするものである。

これに対し，取締役選任権付株式（法108条1項9号）を発行する非公開会社においては，定款で，全ての取締役に関し各種類の種類株主において何名ずつ選任するかが定められており（前記2－1の■1の(1)③参照），取締役の選任は，上記のような株主総会ではなく，種類株主総会の特別な普通決議によって行う（法347条1項，341条）。これは，持株比率と異なる数の取締役を選任することを望む場合や，任期中に退任した取締役の後任等として1人の取締役を選任する場合（累積投票を行う余地がない場合）にも，少数株主に一定数の取締役の選任を可能とする制度である（始関正光編著『Q＆A平成14年改正商法』186頁（商事法務，2003）参照）。

(c) 予　選

株主総会において，在任取締役の任期満了後の後任者を予選することについては，一般には，前任者の任期満了までの期間が比較的短く，予選につき合理的理由があり，かつ，その期間中に新株発行等により株主の権利に著しい変化がないような場合には，有効であるとされ，例えば，就任日の1か月程度前に予選決議をすることは差し支えないとされている（実務相談3・27

頁，昭41・1・20民事甲271号回答，味村・商業登記上640頁。予選の期間については，その必要性に応じ個別事案ごとに考慮せざるを得ないが，登記研究221号46頁の解説では，株主総会の決議について，期間が6か月以上にもわたる等の相当長期の予選は許されないとの見解を示している。）。この点は，会社法の下でも，同様と解される（監査役に関する後記■4の(1)②(e)(i)，後記**図表2－11**の**(注4)**参照）。

なお，会社法では，補欠役員の予選（役員の任期中の退任に備えてする後任者の予選）に係る決議は，次期定時株主総会の開始時（定款により期間を伸長することもできる。）まで効力を有するとされた（法329条3項，施96条3項）。予選された補欠取締役の任期は，下記(d)のとおりであるが，補欠監査役と異なり，定款の定めがなくても，選任に係る株主総会において，これを短縮して前任者の残存任期とすることができる（後記■4の(1)②(e)参照）。

(d) 任　　期

取締役の任期は，選任後2年以内に終了する事業年度のうち最終のものに関する定時株主総会の終結の時までであるが，監査役の任期と異なり，定款又は株主総会の決議によって，その任期を短縮することも可能である（法332条1項）。

非公開会社（監査等委員会設置会社及び指名委員会等設置会社を除く。）では，定款によって，その任期を，選任後10年以内に終了する事業年度のうち最終のものに関する定時株主総会の終結の時までとすることもできる（法332条2項）。

監査等委員会設置会社及び指名委員会等設置会社における取締役の任期等については，後記■8及び■9を参照されたい。

(注1)　任期の起算点

　　　任期の起算点である選任時とは，事実行為としての株主総会の選任決議時を意味し，選任決議の効力発生時期を遅らせても，それに左右されるものではないと整理されており（相澤・論点解説286頁），登記実務上も，そのように取り扱われているが，これについては，後記■4の(1)②(d)の**(注)**を参照されたい。

なお，最初の取締役の任期については，旧商法においても議論があった（鴻・先例百選94頁）が，設立前に事業年度という概念がないこと等から，現在の登記実務では，従来と同様に，会社の成立時を起算点として取り扱われている。

（注２）　補欠・増員取締役の任期

実務上，定款に「補欠又は増員により選任された取締役の任期は，他の取締役の任期の残存期間と同一とする。」と規定されている場合が多い。これは，会社法332条１項ただし書の規定により，定款によって任期を短縮する例である（前記１－２の■12の(3)②参照）が，取締役の員数を増やして取締役会設置会社になる場合等につき，その任期に注意する必要がある。

（注３）　取締役ごとの異なる任期

定款や選任決議により，取締役の中の特定の者や一定の範疇に属する者の任期を別に定めることも，禁止されていないとされている（登記研究366号88頁，相澤・論点解説285頁）。

(e)　事情変更による在任取締役の任期への影響

(i)　任期の伸長

定款を変更して取締役の任期を伸長した場合には，在任取締役の任期も，反対の意思表示があるなど特段の事情がない限り，伸長される（昭30・9・12民事甲1886号回答，相澤・論点解説282頁）。

したがって，任期満了を迎えるはずの定時株主総会において，任期を伸長する定款の変更を行った場合には，定時株主総会の終結前（任期満了前）に定款変更の効力が生ずる結果，在任取締役は，伸長後の任期満了時まで，なお退任しないこととなる。

定時株主総会において任期を伸長する定款の変更を行った場合において，改選後の取締役から新たな任期を適用することを望むときは，正確には，定款変更の効力発生時期を定時株主総会の終結後（前任者の任期満了後）とするのが相当であるが，仮に，議事録中にこのような条件付決議であることが明示されていなくても，「何某の後任として何某を選任した」旨の記載があれば，前任者の任期を伸長する趣旨でないことが窺われ，前任者の任期満了

による退任の登記を受理して差し支えないであろう。

(ii) 任期の短縮

定款を変更して取締役の任期を短縮した場合には，在任取締役の任期も短縮される（平18・3・31民商782号通達）。

定款の変更の時点で，在任取締役の選任時から起算した短縮後の任期が既に満了している場合には，在任取締役は，定款変更時に退任するのであり，さかのぼって過去の時点で退任していたとみるのではない。なお，この場合は，事実上解任と同様の結果をもたらすが，任期満了による退任と解して差し支えないとされている（実務相談3・104頁）。

（注） 補欠・増員規定の設定

定款を変更して「補欠又は増員により選任された取締役の任期は，他の取締役の任期の残存期間とする」旨の規定を設けた場合には，定款変更前に補欠又は増員により選任された取締役にも，効力を及ぼすこととなる（昭37・10・15民四215号回答，味村・商業登記上657頁）。

(iii) 決算期の変更

事業年度を変更した場合等において，在任取締役の任期の基準となる「選任後2年以内に終了する事業年度のうち最終のもの」の決算期が繰り上がることとなったときは，上記(ii)と同様に，その任期も短縮される（昭35・8・16民四146号回答，実務相談3・55頁，相澤・論点解説281頁参照）。

なお，事業年度は，1年を超えてはならず，事業年度の末日を変更する場合における変更後の最初の事業年度に限り，1年6か月以内とすることが許容されている（計59条2項）。

(f) 就任承諾

株主総会等における取締役の選任決議のほか，代表者からの就任の申込み及び被選任者の就任承諾があることにより，被選任者は，取締役の地位に就く（新版注釈会社法(6)12頁，13頁）。

なお，予選された補欠取締役の就任承諾の時期については，制約はなく，予選された際でも，補欠の対象となる取締役が欠けた後でもよいとされてい

る（相澤・論点解説303頁）。

②　代表取締役の選任手続

⒜　取締役会を置かない会社における代表取締役の選任手続

⒤　総　　論

取締役の中から代表取締役を定めない場合には，取締役は各自会社を代表するため，上記①の手続により取締役に就任すると，同時に代表取締役にも就任することとなる（法349条1項本文・2項，47条1項）。

取締役の中から代表取締役を定める場合には，会社は，次の方法によることができ（法349条3項），この場合には，当該方法により定められた者以外の者は，会社を代表しなくなる（同条1項ただし書）。

・定款に直接代表取締役の氏名を記載する方法

・株主総会の決議によって選任する方法

・定款に，取締役の互選により代表取締役を定める旨を記載した上で，取締役の互選によって選任する方法

なお，定款に「代表取締役は取締役の互選により定める」と規定した場合には，互選によることを義務付けた趣旨とみられるため，定款を変更しない限り，株主総会の決議によって代表取締役を選任することはできないと解される（登記研究210号56頁，244号70頁）。

（注1）　代表取締役の年齢

　　意思能力のある未成年者が，法定代理人の同意を得て取締役及び代表取締役に就任することは，理論的には差し支えないが，対外的な代表権を有する代表取締役については，一般的に，14歳の者がなることは困難であると考えられている（実務相談3・544頁）。

（注2）　代表取締役の住所

　　これまで，内国会社の代表者（又は外国会社の日本における代表者）のうち，少なくとも1名は，日本に住所を有しなければならないとされてきた（昭59・9・26民四4974号回答，昭60・3・11民四1480号回答，平18・3・31民商782号通達）。

　　そして，昭和59年及び60年回答は，いかなる場合にも妥当するわけで

はなく，登記実務上，例えば，代表取締役の死亡又は解任の場合におい
て残存代表取締役が日本に住所を有していないときや，代表者の外国へ
の住所移転の場合については，これらの登記を受理して差し支えないと
されてきた（座談会「内国会社および外国会社の代表者の住所について」
旬刊商事法務1023号12頁の竹田盛之輔発言。なお，辞任の登記は受理さ
れないことにつき，実務相談1・620頁参照）。

　この点，平27・3・16民商29号通知により取扱いが改められ，内国株
式会社の代表取締役の全員が日本に住所を有しない場合でも，その設立
の登記及び代表取締役の就任の登記を受理して差し支えないとされた
（なお，外国会社の日本における代表者のうち1人以上は，日本に住所を
有しなければならない。法817条1項。登記研究808号142頁）。

(ii)　定款又は株主総会の決議による代表取締役の選任

　この方法により選任される代表取締役については，旧有限会社法27条と会
社法349条の規定振りの類似性から，旧有限会社法に関する解釈と同様に，
代表取締役の地位と取締役の地位とが一体（未分化）であり，いわば会社の
一方的な意思表示により会社を代表すべき取締役として決定される（言い換
えれば，他の取締役は，代表権が剥奪された取締役として選任されるが，代
表取締役は，取締役会を置かない会社の本来的な形態である「代表権のある
取締役」として選任される）ものと解して差し支えないものと考えられる
（味村・商業登記下45頁，商業登記の栞⑧・登記研究646号119頁）。

　したがって，この方法によるときは，登記実務上，取締役としての就任を
承諾した以上，別途代表取締役としての就任の承諾を要しないとして取り扱
われている。なお，この方法により選任された代表取締役が代表者としての
地位のみを辞任する場合に，定款の変更又は株主総会の承認決議を要すると
いう特殊性があることについては，後記(2)①(a)(ii)(イ)を参照されたい。

(iii)　定款の定めに基づく取締役の互選による代表取締役の選任

　この方法により選任される代表取締役についても，旧有限会社法に関する
解釈と同様に，代表取締役の地位と取締役の地位とが一応分離しており，定
款上代表権のない取締役として選任された後，取締役の互選によって会社を

386　　2-5　機関・役員等に関する登記

代表すべき取締役が選任される（取締役会設置会社と同様）と解して差し支えないものと考えられる（味村・商業登記下45頁，登記研究646号119頁）。

　したがって，この方法によるときは，登記実務上，取締役としての就任承諾のほかに，別途，代表取締役としての就任承諾をも要し，これによって代表取締役に就任するとして取り扱われている。

（注）　代表取締役の予選

　　取締役の互選による代表取締役の予選も，株主総会における取締役の予選（前記①(c)参照）と同様に，合理的な範囲（就任日の1か月程度前など）であれば差し支えないとされている（昭41・1・20民事甲271号回答，登記研究221号46頁）。

　　しかし，株主総会において取締役を予選した上，改選前の取締役が新代表取締役を予選することについては，株主総会において取締役が全員再選されて取締役に変動を生じない場合には，登記実務上許容されているが，取締役に変動を生ずる場合には，認められていない（登記研究221号48頁，鳥丸忠彦「取締役就任前の者を代表取締役に予選することの可否」旬刊商事法務1296号42頁，実務相談3・42頁，553頁，鴻・先例百選110頁，商業登記の栞⑰・登記研究701号207頁）。

(iv)　取締役会を置かない会社において取締役の中から代表取締役を定めた後に，当該代表取締役が欠けた場合における代表権の帰趨

　この場合については，選定方法（上記(ii)，(iii)）の如何を問わず，登記実務上は代表権剥奪消滅説がとられており，取締役の中から代表取締役を定めることにより，他の取締役の代表権は剥奪され，当該代表取締役が死亡等により退任した場合にも，他の残存取締役の代表権は，当然には回復しないと解されている（昭37・6・28民事甲1650号変更指示，味村・商業登記下45頁，登記研究646号119頁，江頭・株式会社法406頁）。この場合には，会社法349条1項本文の射程は及ばない（相澤・論点解説309頁）。

　ただし，定款に「当会社に取締役2名以内を置き，取締役の互選により代表取締役1名を置く。」などと定めた場合において，代表取締役が死亡により退任したときは，当該定款の定めは，「取締役が2名の場合には代表取締役を互選により定めるが，取締役が1名の場合にはその者が当然に代表取締

役になる」旨の趣旨と解されるので，上記のとおり代表権が法律上当然に回復するわけではないが，当該定款の定めに従って，残存する他の取締役が代表取締役となり，自ら変更登記を申請することができると解されている（登記研究646号118頁）。したがって，この場合には，残存する他の取締役は，代表取締役としての選定行為及び就任承諾なくして，代表取締役になることとなり，その登記原因の記載も，下記(v)(ア)に準じて考えることができよう。

このように，残存取締役が代表取締役となるか否かは，定款の規定振りによるところが大きいので，留意すべきである。

(v) 代表取締役の選定方法の変更に伴う代表権の帰趨（代表権付与）

(ア) 取締役の中から代表取締役を定めないこととした場合

取締役の中から代表取締役を定めていた会社がこれを定めないこととした場合（定款又は定款に基づく取締役の互選による選定方法をとっていた会社にあっては，定款の当該規定を削除した場合を指し，株主総会の決議による選定方法をとっていた会社にあっては，株主総会において他の取締役の代表権を剥奪しないこととする旨を決議した場合を指す。）には，会社法349条1項本文及び2項により，従前代表権を有しなかった他の取締役は，その在任中に，法律上の当然の効果として，各自代表権を有するに至る。したがって，この場合には，当該他の取締役は，その在任中に，代表取締役としての選任行為及び就任承諾なくして，代表取締役となるものであり，登記実務上，登記原因として「代表権付与」という文言が用いられている（平18・4・26民商1110号登記記録例通知参照）。

なお，役員の改選と併せて代表取締役の選定方法を廃止した場合には，新取締役は，取締役会を置かない会社の本来的な形態である「代表権のある取締役」として選任され，就任を承諾しているため，代表権付与という登記原因ではなく，取締役及び代表取締役に就任という登記原因を用いることとなる。

(イ) 取締役の中から代表取締役を定めることとした場合

取締役の中から代表取締役を定めていなかった会社がこれを定めた場合に

は，他の取締役は，会社を代表しなくなる（法349条１項ただし書）。

この場合には，代表取締役は，従前から引き続き代表権を有し，登記事項に変更を生じないが，他の取締役は，代表取締役としての地位を失うものであり，登記実務上，登記原因として「代表取締役の退任」という文言が用いられている（平18・４・26民商1110号登記記録例通知参照。その登記手続については，後記(2)①(a)(iv)・②(b)(iv)参照）。

（注）　引き続き代表取締役となる者の登記

　　　　変更後の選定方法で選定された代表取締役については，選任行為がある以上，変更（重任）登記を要するとの考え方もあり得るところであるが，通常は代表取締役につき任期を観念せず，一度代表権を失って再度代表者になったというより，従前から引き続き代表者であることを確認的に決議しているとみる方が会社の合理的意思に沿うものと推測されること等から，登記実務上，重任登記を要しないとして取り扱われている。

　(ウ)　取締役の中から代表取締役を定める方法を変更した場合

この場合の取扱いについては，旧有限会社法においても明示的な議論が見受けられず，解釈の困難な問題である。

現在の登記実務上，従前の代表取締役が変更後の選定方法で再任されず，他の取締役を代表取締役に定めた場合には，新たな代表取締役が就任するのと引換えに，従前の代表取締役が退任するものとして取り扱われている。この点，従前の代表取締役の地位に変更はなく，退任しないとの考え方も十分に成り立つところであるが，選定方法を変更する株主総会の決議があった以上，特段の事情がない限り，従前の代表取締役が退任し，変更後の選定方法により代表取締役の選任関係を規律するのが会社の合理的意思に沿うものと推測されることから，上記の取扱いとなっている。

他方，従前の代表取締役が変更後の選定方法でも再任された場合には，現在の登記実務上，当該代表取締役には登記事項に変更を生じないとして取り扱われている（上記(イ)の**(注)**参照）。この点，従前の代表取締役の地位を一旦退任し，変更後の選定方法で再任されたとして，重任の登記を要するとの考え方も十分に成り立つところであるが，従前の代表取締役の地位が継続する

ことを変更後の選定方法により確認的に決議する場合には、特段の事情があるものとして従前の代表取締役は退任しないと構成することも、会社の合理的意思に沿うものと推測されることから、上記の取扱いとなっている。

ただし、上記の取扱いは、会社の合理的意思の推測や、確認的決議というあいまいな概念を利用する危うさを伴うものである。確立した司法判断が出るまでの間は、会社としては、代表取締役の選定方法を変更する場合には、従来の代表取締役については辞任手続（株主総会の承認決議が必要な場合もある。後記(2)①(a)(ii)(イ)参照）を行った上、変更後の選定方法により全ての代表取締役を選定する等、法律関係を明確にすることが望まれる。

(b) 取締役会設置会社における代表取締役の選任手続

取締役会設置会社では、取締役会は、取締役の中から代表取締役を選定しなければならない（法362条3項）。

なお、会社法の下では、定款に「代表取締役は株主総会の決議によって定めることができる」旨の定めを置いたときは、取締役会又は株主総会の決議によって、代表取締役を選定することができるとされている（法295条2項、最決平29・2・21判例タイムズ1436号102頁、相澤・論点解説40頁の図表1－4、昭26・10・12民事甲1983号通達の消極説以後の学説の対立につき鴻・先例百選112頁、前記1－2の■19の(3)②(a)の(注)、前記2－1の■1の(2)参照）。ただし、会社法362条3項の文言に照らし、取締役会の選定権限を奪うことはできないと解されている（相澤・論点解説262頁）。

選定された取締役は、その就任を承諾することにより、代表取締役に就任する。

（注1） 取締役が3名を下回る場合の代表取締役の選定

取締役の定数が3名の会社において、代表取締役が死亡し、2名の取締役が取締役会を開き後任の代表取締役を選任した場合には、その代表取締役からする代表取締役の変更登記申請は、受理して差し支えないとされている（昭40・7・13民事甲1747号回答、登記研究213号62頁、相澤・論点解説307頁、308頁、前記2－1の■3の(2)①(b)、実務相談3・

647頁参照）。

（注２）　代表取締役の予選

　　　　株主総会において取締役を予選した上，改選前の取締役が構成する取締役会で新代表取締役を予選することについての留意点については，取締役会を置かない会社に関する前記(a)(iii)の**（注）**を参照されたい。

（注３）　取締役会を設置し又は廃止した場合の代表権の帰趨等

　　　　取締役会を設置した場合の代表権の帰趨については，従前各自代表であったときは前記(a)(v)(イ)を，従前も取締役の中から代表取締役を定めていたときは前記(a)(v)(ウ)を参照されたい。

　　　　また，取締役会を廃止した場合の代表権の帰趨については，各自代表となるときは前記(a)(v)(ア)を，以後も取締役の中から代表取締役を定めるときは前記(a)(v)(ウ)を参照されたい。

　　　　さらに，取締役会を設置し又は廃止した場合には，変更前の機関を引用する定款中の他の文言（株式譲渡制限規定中の承認機関の文言，役員等の責任免除規定中の免除機関の文言等）も変更する必要があることについては，前記■1の(1)を参照されたい。

③　登記手続

(a)　登記すべき事項

　登記すべき事項は，取締役の氏名及び就任年月日，代表取締役の氏名・住所及び就任年月日であり（法915条１項，911条３項13号・14号），登記原因としては，「就任」，「重任」（任期満了後に直ちに就任すること）又は「代表権付与」を用いる。会社法では，各自代表の場合を含め，会社を代表する取締役を代表取締役というので，常に代表取締役の登記が必要である。

　取締役会設置会社にあっては，取締役会設置会社である旨の登記もする必要がある（法911条３項15号）。

　なお，社外取締役の登記をすべき場合（特別取締役による議決の定めがある場合又は監査等委員会設置会社若しくは指名委員会等設置会社である場合。法911条３項21号から23号まで）において，新たに社外取締役として就任（重任）する場合には，「平成○年○月○日取締役（社外取締役）何某就任（重任)」の振り合いによる（平14・4・25民商1067号通達）ので，注意を要する。

■2　取締役及び代表取締役　　*391*

（注1）　**同姓同名の役員**

　　　取締役が同姓同名であるため，その取締役の就任及び事後の変更登記申請書に氏名のほか生年月日を記載して登記の申請があった場合には，申請を受理し，その登記の記載は，役員の氏名の下に生年月日を括弧書きで記載する取扱いによるのが相当であるとされている（昭56・11・9民四6427号回答）。

（注2）　**重任の意味**

　　　「重任」という文言は，任期満了後時間を置かずに就任することを意味しており，従来社外取締役の登記のない取締役につき，再選に際して新たに社外取締役の登記を付加する場合であっても，この文言を用いて差し支えない。

　　　なお，定時株主総会の終結と同時に辞任する取締役が当該定時株主総会において再選され，直ちに就任を承諾した場合は，その登記原因は，重任ではなく，辞任及び就任である（登記研究333号73頁）。

（注3）　**婚姻前の氏の登記**

　　　平成27年法務省令第5号による商業登記規則の改正により，設立の登記，役員（取締役，監査役，執行役，会計参与又は会計監査人）の就任の登記，役員の氏の変更の登記等の申請をする者は，婚姻により氏を改めた役員等につき，婚姻前の氏をも登記するよう申し出ることができるとされた（商登規81条の2）。

⒝　添付書面

⒤　総　　論

　取締役及び代表取締役の就任による変更の登記の添付書面は，次のとおりである。一般に，株主総会の議事録（下記㋐から㋒まで参照）には，会社法上取締役等の押印を求める規定はない（法318条，施72条3項）が，会社の代表者を定める決議をする場合に限り，商業登記規則上，下記㋓に掲げる者による記名押印（市区町村長に提出した印鑑によるもの）があることが必要となる（商登規61条6項。なお，議事録に記名押印しない者がある場合の取扱いについては，前記2－1の■1の⑸⑤の株主総会の議事録に関する**参考先例等2－1**を参照されたい。）。

(ア) 取締役の選任に係る株主総会（取締役選任権付株式を発行した非公開会社にあっては，種類株主総会）の議事録及び株主リスト（商登46条2項，商登規61条3項）

(イ) 取締役会を置かない会社において，取締役の中から代表取締役を定めたときは，次の書面のいずれか

・定款によって代表取締役を定めたときは，定款の変更に係る株主総会の議事録及び株主リスト（商登46条2項，商登規61条3項）

・株主総会の決議によって代表取締役を定めたときは，株主総会の議事録及び株主リスト（商登46条2項，商登規61条3項）

・定款の定めに基づく取締役の互選によって代表取締役を定めたときは，定款及びその互選を証する書面（商登規61条1項，商登46条1項）

(ウ) 取締役会設置会社においては，代表取締役の選定に係る取締役会の議事録（商登46条2項。なお，定款の定めに基づき株主総会の決議によって代表取締役を定めたときは，定款，株主総会の議事録及び株主リスト。商登規61条1項・3項，商登46条2項）

(エ) 代表取締役の選任を証する書面に係る次の印鑑についての市区町村長の発行した印鑑証明書（商登規61条6項）。ただし，当該書面に，変更前の代表取締役が登記所に提出した印鑑が押印されているときは，会社法の原則どおりの記名押印があれば足り，全ての者について印鑑証明書は不要である。

・取締役会を置かない会社において，取締役の中から代表取締役を定めなかったとき（各自代表）は，議長及び出席した取締役が上記(ア)の株主総会（種類株主総会）の議事録に押印した印鑑

・取締役会を置かない会社において，定款又は株主総会の決議によって取締役の中から代表取締役を定めたときは，議長及び出席した取締役が上記(イ)の株主総会の議事録に押印した印鑑

・取締役会を置かない会社において，定款の定めに基づく取締役の互選によって取締役の中から代表取締役を定めたときは，各取締役が上記(イ)の互選を証する書面に押印した印鑑

■2　取締役及び代表取締役　　393

・取締役会設置会社において，取締役会の決議によって代表取締役を選定
　したときは，出席した取締役及び監査役（監査役の監査の範囲が会計に関
　するものに限定されている場合を含む。法369条３項）が上記㈢の取締役会
　の議事録に押印した印鑑
・取締役会設置会社において，定款の定めに基づく株主総会の決議によっ
　て代表取締役を選定したときは，議長及び出席した取締役が上記㈢の株
　主総会の議事録に押印した印鑑

参考先例等２－６

1　押印の主体

　ア　辞任した取締役兼代表取締役甲が使用していた届出済みの印鑑を後任代
　　　表取締役乙が引き継いで使用し，議事録に記名押印している場合（甲は参
　　　加していない。）は，変更前の代表取締役甲が押印していないため，商登規
　　　61条６項ただし書には該当しない（登記研究241号68頁）。

　イ　重任した代表取締役のほか，代表取締役の増員の登記をする場合におけ
　　　る従来から引き続き代表取締役の地位にある者も，商登規61条６項ただし
　　　書の「変更前の代表取締役」に該当する（味村・商業登記下53頁）。

　ウ　代表取締役であった者が監査役に選任され，監査役として新代表取締役
　　　を選任する取締役会に出席し，前に代表取締役として登記所に提出してい
　　　る印鑑を議事録に押印したときは，当該議事録の印鑑につき市区町村長が
　　　作成した証明書の添付を要しない（登記研究370号75頁）。なお，旧商法で
　　　は，取締役会に出席権を有する監査役に限り，上記の取扱いをしていたが，
　　　会社法では，監査役の監査の範囲が会計に関するものに限定された会社の
　　　監査役について，取締役会への出席義務はないものの，出席した以上は議
　　　事録への記名押印義務があると整理されており，商登規61条６項３号の規
　　　定も，出席義務の有無を問わず，現に出席した取締役及び監査役について
　　　適用される点に，注意する必要がある。

2　商登規61条６項ただし書の印鑑の意義

　ア　商登規61条６項ただし書の登記所に提出している印鑑とは，当該登記の申
　　　請時において提出されている印鑑であり，議事録の作成時に登記所に提出し
　　　ている印鑑ではない（平10・２・10民四270号通知，登記研究609号166頁）。

　イ　従前の代表取締役の印鑑が押印された取締役会議事録を添付して代表取
　　　締役の変更登記の申請があった場合には，それと同時に，当該印鑑を紛失
　　　したとして改印届がされたときでも，商登規61条６項ただし書の適用があ

る（登記研究470号99頁）。

ウ　商登規61条6項ただし書の規定は，代表取締役がその退任後に取締役としてのみ選任され，取締役会議事録に前代表取締役としての届出印鑑を押印した場合にも適用がある（登記研究273号74頁）。

エ　代表取締役の改印届と同時に，当該代表取締役の重任による変更の登記の申請があった場合（登記の申請書には，改印後の印鑑を使用している。）において，それに添付された取締役会議事録の印鑑が改印後の印鑑と同一であるときは，印鑑証明書の添付を要しない（登記研究270号72頁，347号77頁）。これは，代表取締役の重任の場合であるから「変更前の代表取締役」が押印した場合といえ，かつ，上記アの「登記の申請時において提出されている印鑑」には，上記イ及びウのような印鑑のほか，登記申請と同時に提出した印鑑も含まれるとみて，商登規61条6項ただし書に該当するとしたものであろう（千葉和信「代表取締役の変更の登記の申請書への印鑑証明書の添付の省略の可否」旬刊商事法務1516号28頁参照）。

3　外国人の署名がある場合の取扱い

代表取締役の選任を証する書面（議事録等）に外国人が署名しているとき（外国人の署名捺印及び無資力証明に関する法律1条）は，当該署名が本人のものであることについての本国官憲（当該国の領事及び日本における権限がある官憲を含む。）の作成した証明書（署名証明書）の添付で足りる（昭48・1・29民四821号通達，平28・6・28民商100号通達）。これらが外国語で作成された場合には，日本語の訳文を併せて添付する（鴻・先例百選117頁）。

本国官憲の署名証明は，議事録に奥書証明（直接証明）をする方法のほか，議事録の署名と当該署名証明の対象である署名との間の同一性を登記官において確認することができる限り，別に証明書として作成されたものでも差し支えないものと解される（平15・6・30民商1870号回答，登記研究669号198頁参照）。

なお，日本における領事等が署名証明書を発行していない場合の取扱いについては，前記**参考先例等1－14の6**を参照されたい（平28・6・28民商100号通達，平29・2・10民商15号通達・16号通知，大西勇「登記の申請書に押印すべき者が外国人であり，その者の印鑑につき市町村長の作成した証明書を添付することができない場合等の取扱いについて」登記情報660号24頁）。

また，これに類する問題として，在外邦人の署名又は印鑑がある場合には，市区町村長の作成した印鑑証明書に代えて，在外公館の署名証明又は印鑑証明があれば足りるとされている（実務相談1・794頁）。

4　外国官憲発行の各種証明書に係る翻訳の範囲

登記の申請書に外国語で作成された書面を添付する場合には，原則としてその全てにつき日本語の訳文を併せて添付する必要があるが，外国官憲発行の各種証明書については，登記の内容や証明の対象と関係のない部分の翻訳

■2　取締役及び代表取締役　　*395*

を省略し得るとされている(http://www.moj.go.jp/MINJI/minji06_00102.html)。

　㈠　**取締役及び代表取締役が就任を承諾したことを証する書面**(商登54条１項)

　取締役が就任する場合には，その就任承諾が必要である（未成年者の就任承諾の場合にあっては，法定代理人の同意書を含む。登記研究386号100頁。ただし，添付書面から未成年者であることが判明しない場合には，法定代理人の同意書を添付しないでした役員就任登記の申請も，登記官の形式的審査権の関係上，受理されることとなる。）。

　代表取締役の就任承諾は，各自代表の場合，取締役会を置かない会社において定款又は株主総会の決議によって選定された場合，法律上当然に代表者となる場合等においては必要がないと解される（前記②(a)(ii)，(iv)及び(v)㈠参照）が，定款に基づく取締役の互選によって選定された場合や取締役会設置会社の場合においては必要があると解される（前記②(a)(iii)及び(b)参照）ので，留意すべきである。

　株主総会の席上で被選任者が就任を承諾した場合には，登記申請書において「就任承諾書は，株主総会議事録の記載を援用する。」と記載すれば足りる（議事録中の出席役員の記載については，前記２－１の■１の(5)③の**図表２－3**参照）。この取扱いは，代表取締役以外の取締役の就任の登記において，その就任承諾の事実が，議事録作成者である取締役の記名しかない株主総会議事録に記載された場合も，同様である（株主総会議事録の真実性は，過料の制裁をもって担保されており，また，自らの記名押印のない書面を就任承諾書として援用することができるのは，旧商法において株主総会議事録をもって監査役の就任承諾書として援用する場合と同様だからである。）。

　なお，被選任者が株主総会に出席せず，議長から被選任者の就任承諾についての内諾を得ていた旨の報告があっただけでは，本人の意思表示が伝聞形式で議事録に記載されるにすぎないため，株主総会議事録をもって就任承諾を証する書面とすることはできない（堀恩恵「就任を承諾したことを証する書面としての株主総会議事録の記載」旬刊商事法務1225号48頁）。

396   2-5 機関・役員等に関する登記

　上記のように，添付書面となる就任承諾書について議事録の記載を援用する場合において，下記㈭の氏名及び住所についての本人確認証明書（これに代わる印鑑証明書を含む。）が添付書面となるときは，当該議事録においても取締役の住所の記載をする必要があり，登記官においてその住所の真実性を審査することとなる。当該議事録に取締役の住所の記載がない場合には，別途，当該取締役の就任承諾書（当該取締役がその住所を記載し，記名押印したもの）が添付されない限り，登記申請は受理されない（平27・2・20民商18号通達）。

　　㈹　次の者の就任承諾書に押された印鑑についての市区町村長の発行した印鑑証明書（商登規61条4項・5項）。ただし，その者が再任である場合は，不要である。

　・取締役会を置かない会社においては，就任する各取締役（なお，取締役の中から代表取締役を定めた場合における当該代表取締役の就任承諾書の印鑑については，印鑑証明書の添付を要しない。）

　・取締役会設置会社においては，就任する代表取締役

　（注）　外国人が就任承諾書に署名しているときは，当該署名が本人のものであることについての本国官憲（当該国の領事及び日本における権限がある官憲を含む。）の作成した証明書（署名証明書）の添付で足りる（前記**参考先例等2−6の3**参照）。

　　㈭　取締役の就任承諾書に記載された氏名及び住所についての**本人確認証明書**（住民票，運転免許証の両面のコピーで本人が原本と相違ない旨を記載して記名押印したもの等。商登規61条7項）。ただし，その者が再任である場合及びその者の印鑑証明書が添付書面となる場合は，不要である。

　　㈸　取締役会を設置し，又は廃止した場合には，定款の変更に係る株主総会の議事録（商登46条2項）

　　㈺　印鑑届書

　登記申請の添付書面ではないが，代表取締役が変更した場合には，登記の申請書に押印すべき新代表取締役は，登記申請と同時又はそれ以前に，印鑑

届書及び市区町村長作成の印鑑証明書を提出する方法により，その印鑑を登記所に提出しなければならない（商登20条，商登規9条1項4号・5項1号）。

（注1）　代表取締役の就任による変更登記の申請書に添付される就任承諾書や取締役会議事録等には，市区町村長の作成した印鑑証明書が添付される場合があるが，印鑑届書を同時に提出するときは，印鑑届書に添付すべき印鑑証明書の貼付欄に「印鑑証明書は，就任承諾書（又は取締役会議事録）に添付のものを援用する。」と記載して，添付を省略することができる（書式精義第5版上22頁）。

（注2）　商業登記規則9条5項の規定により同条1項の書面（印鑑届書）に添付された印鑑証明書については，同規則49条の規定を類推適用し，原本の還付をして差し支えない（平11・2・24民四379号通知）。

上記(ｱ)から(ｶ)までを表にすると，次の**図表2−10**のとおりである。

| 図表2−10 | 取締役・代表取締役の就任の登記の添付書面 |

	取締役会を置かない会社				取締役会設置会社	
	各自代表	定款代表	総会代表	互選代表	取締役会での代取選定	株主総会での代取選定
取締役A～Cを選任した株主総会議事録	必要	必要	必要	必要	必要	必要
上記株主総会議事録に押印した議長及び出席取締役の印鑑証明書	必要	−	−	−	−	−
代表取締役Aの選定に関する書面	✕	株主総会議事録	株主総会議事録	定款取締役の互選書	取締役会議事録	定款株主総会議事録
代表取締役Aの選定に関する書面に押印した者の印鑑証明書	✕	議長及び出席取締役の印鑑証明書	議長及び出席取締役の印鑑証明書	互選した取締役の印鑑証明書	出席取締役・監査役の印鑑証明書	議長及び出席取締役の印鑑証明書

A～Cの取締役の就任承諾書	必要	必要	必要	必要	必要	必要
A～Cの取締役の就任承諾書に係る印鑑証明書	必要	必要	必要	必要	－	－
Aの代表取締役の就任承諾書	✕	－	－	必要	必要	必要
Aの代表取締役の就任承諾書に係る印鑑証明書	✕	－	－	－	必要	必要

（注）　上記の表は，定時株主総会で取締役A・B・Cを選任した場合（各自代表以外にあっては，更に，それぞれの選定方法でAを代表取締役と定めた場合）を意図している（取締役会設置会社において，株主総会の決議により代表取締役を選定することができる旨の定款の定めに従いこれを選定した場合の取扱いについては，吉野太人「会社法施行後における商業登記実務の諸問題(7)」登記情報557号40頁参照）。

　　このほか，A～Cの取締役の就任承諾書に係る印鑑証明書が添付書面とならない場合には，就任承諾書に記載された氏名及び住所についての本人確認証明書（住民票等）が必要となる。

　　なお，設立の登記については，上記の整理と異なること（代表者の選定に関する書面に係る印鑑証明書は商登規61条6項において必要とされておらず，また，合併及び組織変更による設立の場合には，就任承諾書に係る印鑑証明書は同条4項及び5項において必要とされていないこと）に注意する必要がある。また，特例有限会社の商号変更の場合については，後記第3章の■2を参照されたい。

(ii)　**各　　論**

㋐　決議を省略した株主総会により代表取締役を選定した場合

　株主総会の決議の省略の方法（法319条）により代表取締役を定めた場合には，書面等による株主の同意の意思表示はあるが，会議を開催せず，各取締役が議事を見聞した上で議事録を作成するという意思もないため，商業登記規則61条6項1号のように，全取締役の印鑑証明書を添付させることは相当でない。そこで，この場合には，登記実務上，議長に相当するものが議事録作成者であるとの観点から，同号の規定を類推し，その議事録に変更前の代表取締役が届出印を押印していない限り，株主総会議事録の作成に係る職

務を行った取締役が議事録に押印しなければならず，代表取締役の変更の登記申請書には，当該取締役に係る市区町村長作成の印鑑証明書を添付すべきものとして取り扱われている（前記２−１の■１の(6)②(b)参照）。

(イ)　決議を省略した取締役会により代表取締役を選定した場合

取締役会の決議の省略の方法（法370条）により代表取締役を選定した場合には，登記実務上，商業登記規則61条６項３号を類推し，取締役会議事録に変更前の代表取締役が届出印を押印していない限り，同意の意思表示をした取締役の全員が議事録に記名押印し（監査役には積極的な意思表示がないため，記名押印の必要はない。），代表取締役の変更の登記申請書には，取締役の全員に係る市区町村長作成の印鑑証明書を添付しなければならないとして取り扱われている。なお，当該登記の申請においては，このような取締役の全員が記名押印した取締役会議事録及び印鑑証明書に代えて，これと実質的に等価値のものとして，議事録作成者の記名のある取締役会議事録，会社法370条の取締役の同意書（各取締役の記名押印のあるもの）及び印鑑証明書を併せて添付しても差し支えないとして取り扱われている（前記２−１の■３の(4)②(b)参照）。

(ウ)　取締役会を廃止して，取締役の中から代表取締役を定めないこととした場合（各自代表となった場合）

取締役の任期中に取締役会を廃止した場合には，従前代表権を有しなかった他の取締役は，法律上の当然の効果として代表権を有するに至り，代表権付与の登記を申請することとなる（前記②(b)の(注３)，②(a)(v)(ア)参照）が，代表取締役の選任行為や就任承諾がないため，代表取締役の選定についての議事録に係る印鑑の証明書，代表取締役としての就任承諾書及び当該書面に係る印鑑の証明書（就任承諾行為の真正を担保するもの）は，添付書面とならない。

これに対し，取締役の改選に併せて取締役会を廃止した場合には，新取締役は，各自代表の取締役として選任され，就任を承諾しているため，従前代表権を有しなかった他の取締役が重任するときは，取締役の重任及び代表取

締役の就任の登記を申請することとなり，前記**図表２－10**の各自代表の欄の
とおり，取締役の選定についての議事録に係る印鑑の証明書（変更前の代表
取締役が届出印を押印した場合を除く。）及び取締役の就任承諾書も添付書
面となる。ただし，取締役が重任する場合には，取締役の就任承諾書に係る
印鑑の証明書は，添付書面とならない（商登規61条４項後段）。なお，取締役
会廃止議案と役員選任議案の先後関係にかかわらない，同一の機会に決議を
している以上，株主総会及び被選任者の意思は上記のとおりであり，結論に
相違はないものと解される。

（注）　代表取締役の辞任等により，定款の定めに従い，残存する他の取締役が
　　　代表取締役となる場合
　　　　例えば，定款に「当会社に取締役２名以内を置き，（取締役が２名ある
　　　ときは）取締役の互選により代表取締役１名を置く。」などと定めた会社（取
　　　締役Ａ及びＢ，代表取締役Ａ）において，任期中にＡが取締役を辞任した
　　　ときは，残存するＢは，定款の定めに従って代表取締役となり，取締役Ａ
　　　の辞任，代表取締役Ａの退任及びＢの代表権付与の登記をすることとなる
　　　（前記②(a)(iv)参照）。
　　　　この場合も，本文の事例と同様に，代表取締役Ｂの選任行為や就任承諾
　　　がないため，代表取締役の選定についての議事録に係る印鑑の証明書，代
　　　表取締役としての就任承諾書及び当該書面に係る印鑑の証明書は，添付書
　　　面とならないが，定款の定めに基づき代表権が付与されるため，上記の定
　　　めのある定款の添付を要することとなる（商登規61条１項。会社法の原則
　　　では，Ｂの代表権は法律上当然には回復しないため。）。

　　㈒　取締役会を廃止して，定款の定めに基づく取締役の互選により代表取締
　　　役を別の者と定めた場合
　　取締役の任期中に取締役会を廃止した場合には，現在の登記実務上，前代
表取締役の退任及び新代表取締役の就任の登記を申請することとなる（前記
②(b)の**(注３)**，②(a)(v)(ウ)参照）が，新代表取締役は，取締役会を置かない会社
の代表者であるため，前記**図表２－10**の互選代表の欄のとおり，その代表取
締役としての就任承諾書に係る印鑑の証明書は添付書面とはならない。
　　これに対し，取締役の改選に併せて取締役会を廃止した場合には，新代表

■2　取締役及び代表取締役　　*401*

取締役について，取締役の重任及び代表取締役の就任の登記を申請すること
となるが，取締役として重任する限り，取締役の就任承諾書に係る印鑑の証
明書は添付書面とはならない（商登規61条4項後段）。

（注）　取締役会を廃止して，従前の代表取締役を取締役の互選により選任した
場合には，当該代表取締役には登記事項に変更を生じないとして取り扱わ
れており（前記②(b)の（注3），②(a)(v)(ウ)参照），取締役会設置会社の定めの
廃止の登記をすれば足りる。この場合には，登記実務上，定款変更に係る
株主総会議事録を添付すれば足り，登記の事由と直接的な関係のない互選
による被選任者の就任承諾書の添付は要しないと解されている。

　(オ)　各自代表の会社が取締役の中から代表取締役を定めることとした場合
　　　（取締役の員数が増加しないもの）

この場合には，従前代表権を有していた全取締役のうち代表取締役となら
なかった者につき，代表取締役の退任の登記をすることとなるが，これにつ
いては，後記(2)①(a)(iv)及び②(b)(iv)を参照されたい。

　(カ)　各自代表の会社が取締役の中から代表取締役を定めることとした場合
　　　（取締役の員数が増加するもの）

各自代表（取締役A・B）の会社において，新たに取締役Cを選任すると
ともに，取締役の中から代表取締役を定めることとし，従前と同様にA及び
Bを代表取締役とした場合には，Cの取締役の就任の登記のみを申請するこ
ととなるが，この場合には，現在の登記実務上，株主総会議事録及びCの就
任承諾書（取締役会を置かない会社にあっては，就任承諾書に係る印鑑証明
書を含む。）を添付すれば足り，登記の事由と直接的な関係のない互選書や
A及びBの就任承諾書の添付は要しないと解されている。

なお，上記の事例で，Aのみを代表取締役とした場合には，Bの代表取締
役の退任の登記を申請することとなるが，これについては，上記(オ)と同様で
あると考えられる。

　(キ)　補欠取締役の就任の登記

任期が前任者の残任期間となる補欠取締役の就任の登記については，任期

402　　2-5　機関・役員等に関する登記

は登記事項ではないから，一般的な取締役の就任の登記と同様に取り扱えば足りると考えられる（補欠監査役の就任の登記についても同様であることにつき，後記■4の(1)③(b)参照）。

　㋗　予選された取締役の就任の登記

　前任者の任期満了後に就任する取締役の就任登記について，その選任に係る株主総会の開催日からみて相当長期の予選となる場合には，当該登記申請を受理することはできない（前記①(c)参照）。

　これに対し，広義の補欠取締役（任期満了前に退任した取締役の後任として選任される者をいい，その任期が前任者の残任期間となるか否かを問わない。）の予選は認められている（法329条2項）ため，前任者が任期満了以外の事由で退任した後に就任する取締役の就任登記については，その選任に係る株主総会の開催日後，次の定時株主総会までの間に就任する限り，当該登記申請を受理して差し支えない（施96条3項）。なお，当該取締役の就任日が当該次の定時株主総会以後である場合には，施行規則96条3項の定款の定めが必要となるため，予選の有効期間を伸長する旨の記載のある定款も，添付しなければならない（商登規61条1項）。

　詳細については，補欠監査役及び監査役の予選に関する後記■4の(1)②(e)及び③(b)を参照されたい。

　(c)　登録免許税額

　取締役，代表取締役及び社外取締役である旨の登記については，申請1件につき3万円（資本金の額が1億円以下の会社については，1万円。登税別表第一第24号㈠カ）である。

　なお，取締役会設置会社である旨の登記もするときは，別途，3万円を要する（登税別表第一第24号㈠ワ）。

　(d)　登記申請書の例

　前記■1の(2)④(a)の登記申請書の例中，

　「登記の事由　　　　取締役及び代表取締役の変更

　　登記すべき事項　　取締役何某は、平成○年○月○日就任（重任）

取締役（社外取締役）何某は、平成○年○月○日就任
（重任）
次の者は、平成○年○月○日代表取締役に就任（重
任）
　　○県○市○町○丁目○番○号　何某」
「登記の事由　　取締役会設置会社の定め廃止
　　　　　　　　代表取締役の変更
　登記すべき事項　平成○年○月○日取締役会設置会社の定め廃止
　　　　　　　　次の者は、平成○年○月○日代表権付与
　　　　　　　　　○県○市○町○丁目○番○号　何某
　　　　　　　　　○県○市○町○丁目○番○号　何某」
などとし，添付書面及び登録免許税額を上記(b)及び(c)のとおりとするほかは，
これと同様である。

(2)　取締役の退任

①　手　　続
(a)　退任事由
　取締役の退任事由は，死亡，辞任，解任，任期満了，資格喪失（欠格事由
に該当する場合）等である。
　ただし，法令又は定款で定めた取締役の員数が欠けた場合には，任期満了
又は辞任により退任した取締役は，新たに選任された者が就任するまで，な
お取締役としての権利義務を有する（法346条1項）ため，退任はするものの，
直ちに退任の登記をすることができないとされており，これに関連して，後
記(b)のような取扱いがされている。
　なお，監査等委員会設置会社及び指名委員会等設置会社においては，取締
役の解任の決議要件や任期等が異なるため，後記■8及び■9を参照された
い。

(ⅰ) 死　亡

死亡の日に，取締役（代表取締役）は，退任する。

(ⅱ) 辞　任

(ア) 取締役の地位の辞任

取締役は，辞任の意思表示が会社に到達した日（昭54・12・8民四6104号回答，実務相談3・48頁，50頁，鴻・先例百選104頁）に，退任する。

なお，取締役の地位を失うと，これを前提とする代表取締役の地位についても，資格喪失により退任する（ただし，代表取締役の員数が欠けることとなる場合において，なお取締役の権利義務を有するときは，代表取締役についても，その権利義務を有することとなる。）。

(イ) 代表取締役の地位のみの辞任

取締役会設置会社における代表取締役又は定款の定めに基づく互選により定められた代表取締役は，辞任の意思表示が会社に到達した日に，代表取締役の地位のみを辞任することができる。

これに対し，取締役会を置かない会社において，定款又は株主総会の決議により定められた代表取締役は，取締役たる地位と代表取締役たる地位が一体となって定款又は株主総会の決議により定められるため，登記実務上，代表取締役の地位のみを辞任するには，定款の変更又は株主総会の承認決議を要し，辞任の意思表示によっては辞任することができないと解されている（登記研究432号130頁，597号126頁，646号120頁）。

取締役の中から代表取締役を定めない場合（各自代表の場合）には，代表取締役の地位のみを辞任することはできない。

なお，代表取締役の地位のみの辞任により代表取締役の員数が欠けることとなる場合には，代表取締役としての権利義務を有することとなる。

(ⅲ) 解　任

(ア) 取締役の解任

取締役の解任は，原則として，株主総会の特別な普通決議によって行う（法339条1項，341条）が，累積投票によって選任された取締役の解任は，株

■2　取締役及び代表取締役　　*405*

主総会の特別決議によって行う（法342条6項，309条2項7号）。

　取締役選任権付株式を発行した非公開会社における取締役の解任は，原則として，当該取締役を選任した種類株主総会の特別な普通決議によって行う（法347条1項）。ただし，定款に別段の定めがある場合や，当該取締役の任期満了前にこれを選任した種類株主総会において議決権を行使することができる株主が存在しなくなった場合には，種類株主総会ではなく，株主総会の特別な普通決議によって行う（法347条1項中の読替部分）。

　なお，取締役の地位を失うと，これを前提とする代表取締役の地位についても，資格喪失により退任する。

（注）　役員全員の解任を内容とする登記申請があった場合の取扱い

　　役員全員の解任及び新役員の就任を内容とする登記の申請については，会社と無関係の者が当該会社を乗っ取るために議事録等を偽造してこれを行う事件がみられたことから，登記実務上，このような登記の申請があった場合には，当該法人に適宜の方法で連絡し，万が一虚偽の申請であれば真実の代表者において民事保全法の仮処分による救済手続を求める機会を設けることとしている（平15・5・6民商1405号通知，登記研究668号47頁。ただし，この登記研究の解説中に紹介された仮処分命令の主文中，申立外の者と仮処分債権者との間の法律関係を仮に定める部分については，当事者でない者の法律関係を定めている点で，疑問がある。）。

　　この場合，登記申請から相応の短期間内に，解任されたとされる代表者から仮処分命令の申立てをした旨の上申書（仮処分命令申立書の写しを添付したもの）が提出されたときは，当該申立てに係る決定等が行われるまでの間，登記を留保すべきとされている（平19・8・29民商1753号通知，登記研究716号116頁）。

　　なお，会計参与に変更はないものの，他の役員全員の解任を内容とする変更登記の申請があった場合も，同様に取り扱われている（上記平19年通知参照）。

　　㈠　代表取締役の解職

　代表取締役の解職は，特定の者を代表取締役とする定款の定めの削除，株主総会の決議（従来の代表取締役に代えて，他の者を代表取締役とする旨のもの），取締役の過半数の一致又は取締役会の決議によって行う（法349条3

項，362条２項３号）。

取締役の中から代表取締役を定めない場合（各自代表の場合）には，代表取締役の地位のみを解職することはできない（ただし，後記(iv)のとおり，新たに取締役の中から代表取締役を定めることとすれば，事実上，各自代表の取締役のうち一部の者の代表権を失わせることとなる。法349条１項ただし書）。

　(ウ)　解任の効力発生日

解任の場合における退任の日については，学説上の通説は，被解任者に対する解任の告知の日（意思表示の到達の日）としているが，実務上は，解任決議のあった日とみるべきであろう（最判昭41・12・20民集20巻10号2160頁，鴻・先例百選104頁，江頭・株式会社法395頁）。

　(エ)　裁判による解任

上記(ア)及び(イ)のほか，総株主の議決権の100分の３以上の議決権を有する株主等（公開会社にあっては，６か月前から引き続きこれを有する株主等）は，役員の職務執行に関し不正の行為等があったにもかかわらず，当該役員を解任する旨の議案が株主総会において否決された場合等においては，役員の解任の訴えを提起することができ，当該判決の確定により，当該役員は解任される（法854条）。

　(iv)　各自代表の取締役の代表権喪失

各自代表の会社が取締役の中から代表取締役を定めることとし，その者が代表取締役に就任した場合には，従前代表権を有していた全取締役のうち代表取締役とならなかった者は，その代表取締役の地位を退任する（法349条１項ただし書。前記(1)②(a)(v)(イ)参照）。

会社法の下では，旧有限会社法と異なり，各自代表の取締役についても代表取締役の登記をする（法911条３項14号）ため，この場合には，代表取締役の退任の登記をすることとなる。

（注）　代表取締役の選定方法を変更した場合における従前の代表取締役の代表権喪失

　　　　従前の代表取締役が変更後の選定方法で再任されず，他の取締役を代表

■2　取締役及び代表取締役　　*407*

取締役に定めた場合には，現在の登記実務上，新たな代表取締役が就任するのと引換えに，従前の代表取締役が退任するものとして取り扱っていることは，既に述べたとおりである（前記(1)②(a)(v)(ウ)参照）。

(v)　任期満了

(ア)　取締役の任期満了

取締役は，その任期が満了した日に，退任する。

取締役の任期は，原則として，選任後2年（公開会社でない会社において10年以内の範囲で定款で任期を伸長した場合には，その年数）以内に終了する事業年度のうち最終のものに関する定時株主総会の終結の時までとなるが，定款又は株主総会の決議によってその任期を短縮することもでき，定款に基づく補欠者の場合を除き短縮することができないとする監査役の任期とは，大いに異なる（前記(1)①(d)参照）。

また，上記の定時株主総会が定款所定の時期に開催されなかったときは，その時期の経過とともに，任期が満了すると解されている（昭33・12・23民事甲2655号回答，昭38・5・18民事甲1356号回答，鴻・先例百選96頁）。

このほか，取締役の任期は，次の定款変更をした場合にも，満了する（法332条7項）。

・監査等委員会又は指名委員会等を置く旨の定款の変更
・監査等委員会又は指名委員会等を置く旨の定款の定めを廃止する定款の変更
・非公開会社が公開会社となる定款の変更

旧商法においては，非公開会社が取締役選任権付株式を発行した場合の取締役につき，取締役選任権付株式に係る定款の定めを廃止した場合に任期満了により退任するという取扱いがされていた（旧商257条ノ6）が，この取扱いは，廃止されている。

なお，取締役の地位を失うと，これを前提とする代表取締役の地位についても，資格喪失により退任する（ただし，代表取締役の員数が欠けることと

なる場合において，なお取締役の権利義務を有するときは，代表取締役についても，その権利義務を有することとなる。）。

(イ) 代表取締役の任期満了

代表取締役も，その任期が満了した日に，退任する。

通常は，代表取締役の地位に任期は観念されないが，定款又は選任決議において任期を定める余地もある（新版注釈会社法(6)141頁）。

(vi) 資格喪失

取締役は，会社法331条1項の欠格事由（前記(1)①(a)参照）に該当した場合には，その該当した日に，資格喪失により退任する。

代表取締役は，その前提となる取締役の地位を失うと，資格喪失により退任する（上記(ii)(ア)，(iii)(ア)，(v)(ア)，下記(vii)参照）。

(vii) 取締役の破産手続開始の決定

取締役は，自ら破産手続開始の決定を受けたときは，委任契約の終了により退任する（民653条2号，相澤・論点解説280頁）。従前は欠格事由とされていたが，会社法では欠格事由ではなく（登記原因は「資格喪失」ではなく，「退任」となる。），復権していない者についても，再度取締役として選任することができる（法331条1項参照）。

なお，取締役の地位を失うと，これを前提とする代表取締役の地位についても，資格喪失により退任する。

（注1）　会社につき破産手続開始の決定があった場合の法律関係

　　　従前は，会社につき破産手続開始の決定があった場合には，その当時の取締役は当然に退任し，破産手続開始決定の登記後は，その当時の代表取締役に関する代表者事項証明書又は印鑑証明書を交付することはできないとされていた（昭44・10・23民事甲2227号通達等）。

　　　しかし，平23・4・1民商816号通知により，取扱いが変更され，上記の代表取締役はその地位を当然には失わないとして，破産手続開始の登記がある旨を付記した上，当該代表取締役に係る代表者事項証明書又は印鑑証明書を交付して差し支えないとされた。

　　　これは，最判平16・6・10民集58巻5号1178頁において，「有限会社の破産宣告当時に取締役の地位にあった者は，破産宣告によっては取締役

の地位を当然には失わず，社員総会の招集等の会社組織に係る行為等について，取締役としての権限を行使し得ると解される（最判昭43・3・15民集22巻3号625頁は，株式会社が破産宣告とともに同時破産廃止の決定を受けた場合において，従前の取締役が当然に清算人となるものではないことを判示したもので，本件とは事案を異にする。）」旨判示されたこと（吉田健司・最高裁判所判例解説民事篇平成16年度（上）373頁参照。なお，最判平21・4・17集民230号395頁も同旨）を踏まえたものである。

　これらによれば，取締役は，会社の破産後も組織法的行為等を行う限度でその地位を維持するが，会社財産の管理処分権を失い，清算手続が必要なときでも当然に清算人となるものではないというのが，現在の判例の立場のようである（青山善充ほか編『倒産判例百選（第4版）』32頁（有斐閣，2006））。

（注2）　破産手続中の会社の代表機関

　破産手続中の会社の代表機関は，破産財団の管理処分権を有する破産管財人と，組織法的行為等を行う代表取締役が主なものであるが，更に，破産財団から放棄された財産の管理処分権については，清算人に帰属するとされている（最判平16・10・1，判例時報1877号70頁，青山善充ほか編『倒産判例百選（第4版）』112頁（有斐閣，2006））。

　例えば，破産手続開始決定後における本店移転の登記の申請は，破産管財人ではなく，代表取締役の申請によってすることとなる（昭56・6・22民四4194号回答，登記研究405号73頁，406号88頁。後記**第5章**の**■4**の(2)参照）。

　なお，会社法475条1号では，破産手続の終了前における清算手続を予定していないようにみえるが，上記の判決の時期（会社法の立案作業の終盤）や旧法の取扱いの明確化という立法趣旨（相澤哲・郡谷大輔「定款の変更，事業の譲渡等，解散・清算」旬刊商事法務1747号10頁）に照らし，これを否定する趣旨ではなく，破産財団から放棄された財産の清算手続については会社法の規定を類推して差し支えないであろう。

（注3）　当時の取締役等の登記の職権抹消の可否

　上記のとおり，破産手続中の会社についても取締役という機関が存在し，また，商業登記規則に職権抹消規定がないことから，取締役及び代表取締役の登記は抹消されず，後任の代表取締役等を選任した会社の申請により退任の登記をすることとなる。

　破産債権者の同意による破産手続廃止の決定（破産法218条，219条，257条7項）により会社が解散前の状態に復する場合に，破産手続開始決定当時の代表取締役の地位がどうなるかについては，①破産手続中と同

様に組織法的行為等に限り権限を有するとの見解や，②会社法上，一部の権限のみを有するという事態は予定しておらず，代表取締役はその地位を喪失するという見解が成り立ち得るとされる（登記研究763号139頁）が，少なくとも，当該代表取締役において会社財産の管理処分権が復活することはなく，現在の登記実務上，その代表者事項証明書は交付しないものとして取り扱われている。上記の場合は，破産手続廃止の決定の登記嘱託がされ，その登記時に，登記官は破産管財人の登記を職権で抹消する（商登規117条２項３号）ところ，前段落のとおり，取締役及び代表取締役の登記に抹消する記号が記録されていない状態のままであることもあるので，上記の代表者事項証明書の取扱いについては，留意する必要がある。

(ⅷ)　会社の解散

　清算株式会社について取締役及び代表取締役という機関は存在せず，清算人及び代表清算人が業務執行機関となる（法477条７項，482条）ため，会社の解散により，取締役及び代表取締役は退任する（他に清算人となる者がないときは，取締役が清算人となり，代表取締役が代表清算人となる。法478条１項１号，483条４項）。

　もっとも，この場合には，上記(ⅰ)から(ⅶ)までと異なり，解散の登記をした登記官が，職権で，取締役会設置会社である旨の登記並びに取締役，代表取締役及び社外取締役に関する登記を抹消する（商登規72条１項１号）ため，会社が取締役及び代表取締役の退任の登記を申請する必要はない。

(b)　取締役又は代表取締役としての権利義務を有する場合

(ⅰ)　総　　論

(ア)　取締役の権利義務承継者

　法令又は定款で定めた取締役の員数が欠けた場合には，任期満了又は辞任により退任した取締役は，新たに選任された者が就任するまで，なお取締役としての権利義務を有する（法346条１項）。

　したがって，登記申請人としては，法令又は定款で定めた取締役の員数が

欠けることとなる任期満了又は辞任による退任の登記は，申請すべきではない。登記所においては，通常，定款で定めた員数は判明しないが，少なくとも，取締役会を置かない会社にあっては取締役が零名となる場合，取締役会設置会社にあっては取締役が2名以下となる場合には，後任者の就任の登記と同時でなければ，任期満了又は辞任による退任の登記を受理することはできない（最判昭43・12・24民集22巻13号3334頁，鴻・先例百選102頁）。

> **(注)** 取締役の辞任又は任期満了による退任の登記を受理することができるか否かは，定款で定めた員数に左右されるようにもみえるが，定数内の減員である可能性も十分に考えられることから，登記手続上は，員数の確認のための定款の添付は要しない（商登規61条1項により定款の添付を要するのは，会社法に定める手続と異なる手続により登記事項が生じた場合であり，本件は，これには該当しない。鴻・先例百選107頁）。

(イ) 代表取締役の権利義務承継者

代表取締役である取締役の任期満了若しくは辞任により，又は代表取締役の任期満了若しくはその地位のみの辞任により，定款で定めた代表取締役の員数が欠けた場合には，上記(ア)と同様に，退任した代表取締役は，新たに選任された者が就任するまで，なお代表取締役としての権利義務を有する（法351条1項）。

> **(注1) 取締役の地位を失った場合**
> 例えば，取締役会設置会社において，3名の取締役（A〜C）及び1名の代表取締役Aがある場合において，Aが取締役を辞任したときは，Aは，なお取締役及び代表取締役の権利義務を有するが，新たに取締役Dが就任したときは，Aは取締役の権利義務承継者の地位を失い，その結果，後任代表取締役の就任前でも，取締役の地位を前提とする代表取締役の権利義務承継者の地位を当然に失うものであり，この場合には，会社法351条1項の適用はないとされている（登記研究503号190頁，味村・商業登記上673頁）。

> **(注2) 権利義務承継者ではない場合**
> 任期満了又は辞任により代表取締役の員数を欠く場合でも，常にその権利義務を有するわけではない。例えば，4名の取締役（A〜D）及び1名の代表取締役Aがある会社において，Aが取締役を辞任したときは，Aは，取締役の権利義務を有する者にもならない（確定的に退任する）

ため，上記（**注1**）の理由から，代表取締役の員数を欠くものの，代表取締役の権利義務を有する者にはならない（新版注釈会社法(6)150頁，会社法コンメ8・27頁）。

また，取締役の員数を欠く場合でも，代表取締役の員数を欠かないときは，代表取締役の権利義務を有する者にはならない。例えば，取締役会設置会社において，4名の取締役（A～D）及び2名の代表取締役（A，B）がある場合において，B～Dが任期満了により同時に退任したときは，B～Dは，なお取締役の権利義務を有するが，最低員数の代表取締役1名（A）があるため，Bは代表取締役を退任することとなる（昭30・4・26民事甲673号回答に関する登記研究503号192頁参照，味村・商業登記上673頁，新版注釈会社法(6)150頁）。

さらに，取締役の権利義務を有する者についても，これを代表取締役に選定することはできる（後記(ii)(エ)参照）が，この場合に，その者が「代表取締役の権利義務承継者」と異なることは，当然である。当該代表取締役が，その後，①取締役の権利義務承継者の地位を失った場合には，取締役としては任期満了の日を（後記(ii)(ウ)参照），代表取締役としては取締役の権利義務承継者の地位を失った日をそれぞれ退任の日とし，また，②死亡した場合には，取締役としては任期満了の日を，代表取締役としては死亡の日をそれぞれ退任の日とすることとなる（昭39・10・3民事甲3197号回答，登記研究204号46頁）。

(ii) **各　　論**

(ア) 数名の取締役の退任

同時に数名の取締役が退任したことにより取締役の員数を欠くとき（例えば，取締役会設置会社において，5名の取締役のうち4名の取締役の任期が同時に満了したとき）は，退任した者の間に順位等の区別を付けることはできないから，退任した全ての取締役がなおその権利義務を有する（上記(i)(ア)の判例，昭37・8・18民事甲2350号回答，登記研究178号54頁参照）。

(イ) 欠員数に足りない後任者の就任

同時に任期満了により退任し，なお取締役の権利義務を有する者が3名ある場合において，その後1名の取締役が就任したときは，定員に満たなくとも，就任の登記は受理すべきであるとされている（昭34・9・23民事甲2136号

回答，登記研究144号33頁）。

　　㈦　権利義務承継者の退任年月日

　取締役の権利義務を有する者について退任の登記をするときは，その退任年月日は，過去における任期満了又は辞任の日となる。後任者の就任に伴い退任の登記をする場合（昭31・4・6民事甲746号回答，登記研究102号31頁）でも，取締役の権利義務を有する者の死亡により退任の登記をする場合（昭39・10・3民事甲3197号回答，登記研究204号46頁，325号73頁，登記先例解説集217号153頁。なお，この場合には，死亡を証する書面の添付をも要する。）でも，取扱いは同様である。

　代表取締役の権利義務を有する者についても，同様であるが，前記(i)㈦の（注２）のように権利義務承継者ではない場合には，退任年月日が異なることとなるので，注意を要する。

　　㈢　権利義務承継者の権限

　取締役（代表取締役）の権利義務を有する者の権限は，通常の取締役（代表取締役）と同様である（新版注釈会社法(6)87頁）。

　したがって，取締役の権利義務を有する者を代表取締役に選定することもできる（昭30・4・26民事甲673号回答）し，代表取締役の権利義務を有する者が解散の登記申請をすることも差し支えない（昭30・10・17民事甲2300号通達）。

　　㈣　権利義務承継者の辞任及び解任

　取締役の権利義務を有する者は，その地位が法律の規定により与えられたものであるため，辞任することができず，また，株主総会の決議により解任することもできない（昭35・10・20民四197号回答，昭39・10・3民事甲3197号回答。役員権利義務者の解任請求ができないことについては，最判平20・2・26民集62巻2号638頁参照。なお，解任の必要があれば，後任の取締役又は仮取締役を選任すれば足りる。）。

　代表取締役の権利義務を有する者についても，同様である（平元・9・5民四3520号回答，登記研究503号189頁）。

②　登記手続

⒜　登記すべき事項

登記すべき事項は，退任の旨（退任事由）及び退任年月日である。

退任事由の具体的な記載については，後記⒟を参照されたい。

⒝　添付書面

添付書面は，退任を証する書面（商登54条４項）であるが，退任事由に応じて，具体的には，次のとおりである。また，株主総会による辞任又は解任・解職の場合には，その決議に係る株主リストも添付書面となる（商登規61条３項。辻雄介・大西勇「株主リストに関する一考察」登記研究832号７頁）。

⒤　死亡の場合

戸籍謄抄本，死亡診断書，住民票，遺族等からの会社に対する死亡届出等が，退任を証する書面に該当する（商登法逐条解説323頁。なお，議事録や新聞がこれに当たらないとするものに，登記研究303号72頁，397号86頁がある。）。

⒥　辞任の場合

取締役の辞任については，辞任届が，退任を証する書面に該当する。

代表取締役の辞任については，次のとおりである（前記①⒜⒥⒤参照）。

・取締役会を置かない会社において，定款又は株主総会の決議により定められた代表取締役にあっては，定款の変更又は株主総会の承認決議に係る株主総会の議事録

・取締役会を置かない会社において，定款の定めに基づく互選により定められた代表取締役にあっては，定款（互選代表制の会社であることを確認するため。味村・商業登記下56頁）及び辞任届

・取締役会設置会社における代表取締役にあっては，辞任届

このほか，登記所に印鑑を提出した代表取締役等の辞任については，平成27年法務省令第５号による商業登記規則の改正により，辞任届に押された印鑑（実印）についての市区町村長の発行した印鑑証明書も，添付書面になるとされた（商登規61条８項）。ただし，当該辞任届に，当該代表取締役等が登記所に提出した印鑑が押印されているときは，印鑑証明書は不要である。

なお，市区町村長の発行した印鑑証明書の添付が著しく困難な場合，例え
ば，代表取締役の辞任届は受領したものの，上記印鑑証明書を受領する前に
当該代表取締役が死亡した場合などには，その旨の上申書及び当該代表取締
役の戸籍謄抄本等の添付をもって，上記印鑑証明書に代えることができる。
また，外国人である代表取締役の辞任届にその署名がされている場合には，
当該署名が当該代表取締役本人のものであることについての本国官憲（当該
国の領事及び日本における権限がある官憲を含む。）の作成した証明書を添
付すれば，登記申請は受理される取扱いである（平27・2・20民商18号通達，
平28・6・28民商100号通達。証明書が外国語で作成されたときは，日本語の訳文
が必要となる。前記**参考先例等2－6の3**参照）。

（注1）　**任期を伸長した会社における辞任**
　　　　任期を法定任期より伸長した非公開会社（法332条2項）において，法
　　　定任期の満了時以後に辞任する場合であっても，任期伸長規定の記載の
　　　ある定款の添付は要しないものと解される。
　　　　旧商法においても，就任後2年という法定任期以後，定款によって伸
　　　長した任期の満了時（定時株主総会の終結時）より前に辞任する場合に，
　　　定款を添付する必要はないとされており，また，この場合は，申請書及
　　　び添付書面上，辞任によって登記事項が生じたのであって，商業登記規
　　　則61条1項において定款の添付を求める趣旨（会社法に定める手続と異
　　　なる手続により，登記事項が生じた場合を指す。前記①(b)(i)(ア)の(**注**)，
　　　鴻・先例百選107頁）を勘案しても，退任を証する書面（商登54条4項）
　　　として定款の添付を求める必要はないと考えられるからである。
（注2）　**辞任届の日付**
　　　　辞任の効力は，厳密には，辞任の意思表示が会社に到達した日に生ず
　　　るが，登記申請書に記載された登記原因年月日としての退任の日と辞任
　　　届に記載された辞任の日とが一致している場合には，辞任届がその日に
　　　会社に到達したものとして，当該登記申請は受理される取扱いである
　　　（実務相談3・49頁参照）。
（注3）　**株主総会で議長から辞任の報告がされた場合の取扱い**
　　　　取締役が株主総会に出席せず，議長から当該取締役が辞任した旨の報
　　　告があっただけでは，本人の意思表示が伝聞形式で議事録に記載される
　　　にすぎないため，株主総会議事録をもって辞任を証する書面とすること
　　　はできないものと解される（堀恩恵「就任を承諾したことを証する書面

としての株主総会議事録の記載」旬刊商事法務1225号48頁参照）。

（注４）　登記簿・辞任届・印鑑証明書の各住所が合致しない場合の取扱い

　　登記簿の住所と辞任届の住所が合致しない場合には，住所移転の事実があるから，代表取締役の住所の変更の登記をした上で，その退任の登記をすべきである。

　　登記簿の住所と辞任届の住所が合致しても，これらと印鑑証明書の住所が合致しない場合には，仮に，印鑑証明書が辞任届より前に作成されているならば，上記と同様に，代表取締役の住所の変更の登記をした上で，その退任の登記をすべきである。しかし，仮に，印鑑証明書が辞任届より後に作成されているならば，辞任後に住所移転の事実があったために代表取締役の住所の変更の登記を要しないこともあり得ることから，登記所においては，住所以外の点，例えば，登記所に対する印鑑届書に記載された出生年月日と印鑑証明書に記載された出生年月日とが合致することを確認して，代表取締役の退任の登記を受理することができるとされている（佐藤真紀子「平成27年改正商業登記規則等に基づく商業・法人登記事務の取扱いについて」民事月報70巻４号57頁）。

ⅲ　解任の場合

⑦　取締役の解任

　原則として，株主総会の議事録が，退任を証する書面に該当する。

　当該取締役が累積投票によって選任された者か否かにより，解任の決議要件が異なる（前記①(a)ⅲ⑦参照）が，累積投票によっていない可能性も十分に考えられる（法342条２項参照）し，登記簿上はいずれであるか判明しないから，登記官としては，株主総会の特別な普通決議により解任した旨の株主総会議事録の添付がある場合には，添付書面から累積投票によって選任された者であることが判明しない限り，解任の登記を受理して差し支えないものと解される。

（注）　取締役選任権付株式の発行会社の場合

　　取締役選任権付株式を発行した会社にあっては，解任に係る種類株主総会の議事録及びその株主リストが添付書面となるほか，登記簿上一部の取締役についてしか解任権限を有しないことが明らかであるから，当該種類株主が申請に係る取締役の解任権限を有しているか（当該取締役がどの種類株主によって選任された者か）を確認するために，選任に係る種類株主

■2　取締役及び代表取締役　*417*

総会の議事録も添付しなければならない（平14・12・27民商3239号通達，書式精義第5版上296頁。なお，この選任に係る種類株主総会に関する株主リストの添付を要しないことは，辻雄介・大西勇「株主リストに関する一考察」登記研究832号15頁参照）。

　また，このような会社において，定款に株主総会において解任する旨の定めがある場合（法347条1項の読替部分）に，株主総会の特別な普通決議により解任したときは，株主総会の議事録，その株主リスト及び定款（定款に，一部の取締役についてのみ株主総会において解任する旨を定めたときは，当該取締役がどの種類株主によって選任された者かを確認するため，選任に係る種類株主総会の議事録を含む。）が添付書面となる（書式精義第5版上327頁）。

　さらに，このような会社において，当該取締役の任期満了前にこれを選任した種類株主総会において議決権を行使することができる株主が存在しなくなった場合（法347条1項の読替部分）に，株主総会の特別な普通決議により解任したときは，株主総会の議事録及びその株主リスト，当該取締役の選任に係る種類株主総会の議事録並びに議決権を行使することができる種類株主が存しないことを証する書面（当該種類株式に係る発行済種類株式総数が零の場合には，登記簿から判明するために不要であるが，当該種類株式の全てを会社が自己株式として保有する場合には，株主名簿等によりこれを証することとなろう。）が添付書面となる（書式精義第5版上327頁。なお，法112条1項に該当する場合には，取締役選任権付株式の定めの廃止の登記の申請も，併せてしなければならない。前記2−3の■2の(2)⑦の**(注)**参照）。

　㈠　代表取締役の解職

　代表取締役の解職の方法（前記①(a)(ⅲ)(イ)参照）に従い，次の書面が退任を証する書面（商登54条4項）に該当する。

・取締役会を置かない会社において，特定の者を代表取締役とする定款の定めの削除又は株主総会の決議（従来の代表取締役に代えて，他の者を代表取締役とする旨のもの）により解職したときは，株主総会の議事録

・取締役会を置かない会社において，取締役の過半数の一致により解職したときは，定款（互選代表制の会社であることを確認するため。味村・商業登記下56頁）及び取締役の過半数の一致を証する書面

・取締役会設置会社において取締役会の決議により解職したときは，取締
役会の議事録

(ウ) 裁判による解任

取締役の解任を命ずる確定判決が，退任を証する書面に該当する。

(ⅳ) 各自代表の取締役の代表権喪失の場合

取締役会を置かない会社において，定款の変更又は株主総会の決議によっ
て新たに代表取締役を定めた場合には，当該株主総会の議事録が，退任（代
表権喪失）を証する書面に該当する。

他方，新たに定款に互選代表制の定め又は取締役会設置会社の定めを設け
た上，定款に基づく取締役の互選又は取締役会の決議によって代表取締役を
定めた場合には，当該定款の変更に係る株主総会の議事録を添付するほか，
被選任者の就任承諾によりその者は代表取締役となる（その時点で他の取締
役の代表権が失われる）から，退任（代表権喪失）の年月日を明らかにする
ため，代表取締役の選任に関する書面及び就任承諾書の添付も要するものと
解される。代表取締役の退任の登記の申請に当たり，他の代表取締役の選任
及び就任承諾に関する書面の添付を要するのは奇異な感もあるが，実体法と
しては，旧有限会社法と同様に，他の代表取締役の就任により自己の代表権
が失われるものであり，添付書面としても，旧制度において代表取締役の就
任の登記をする場合と同程度の書面（印鑑証明書は不要であろう。）を要求
することも，不合理ではないと思われる。

(ⅴ) 任期満了の場合

(ア) 取締役の任期満了

改選の際の株主総会（取締役選任権付株式にあっては，種類株主総会）の
議事録に，任期満了により退任した旨の記載がある場合には，これで足りる
（昭53・9・18民四5003号回答，登記研究474号137頁）。定款又は株主総会の決
議により任期を法定期間より短縮した場合や，非公開会社において定款で任
期を法定期間より伸長した場合も，同様である。

これに対し，議事録に，任期満了により退任した旨の記載がない場合には，

定時株主総会の議事録及び定款（選任時の株主総会の決議により任期を短縮した場合には，当該株主総会の議事録を含む。）の添付を要するものと解される。定時株主総会の議事録は，退任日を明らかにするために必要であり，また，定款は，定時株主総会が開催されるべきであった時期を明らかにする（昭33・12・23民事甲2655号回答，鴻・先例百選96頁，124頁）とともに，定款により任期を法定期間より短縮し又は伸長した場合にはその任期を明らかにするために必要だからである（登記研究474号138頁参照）。なお，厳密には，任期の起算点である選任時を明らかにするための株主総会議事録も必要かに思われるが，通常，選任時から就任時までの時間が近接していることから，登記実務上，原則として，選任に係る議事録の添付を要しないものとして取り扱われている。

　このほか，定時株主総会が定款所定の時期に開催されないことにより任期が満了したときは，定款が添付書面となり，また，会社法332条7項各号の定款変更（非公開会社が公開会社となる定款変更等）により任期が満了したときは，当該定款変更に係る株主総会議事録が添付書面となる。

（注）　いわゆる補欠・増員規定

　　　会社の定款には「補欠又は増員により選任された取締役の任期は，前任者又はその選任時に在任する取締役の任期の満了すべき時までとする。」との規定があることが多い。

　　　この定款の定めに基づき退任する取締役については，改選の際の議事録に任期満了により退任した旨の記載があればこれで足りるが，その記載がないときは，登記官において定款の定めを確認することとなるので，注意を要する。

　㈡　代表取締役の任期満了

　通常は想定されない（前記①(a)(v)㈠参照）が，定款又は選任決議において代表取締役の任期を定めた場合において，代表取締役の地位のみの任期満了による退任の登記をするには，上記㈠と同様に，改選の際の議事録に任期満了により退任した旨の記載があればこれで足りるが，その記載がないときは，その任期を明らかにするために，定款又は選任決議に係る議事録等が添付書

420　　2-5　機関・役員等に関する登記

面となる。

(vi)　資格喪失の場合

取締役の資格喪失については，その事由を証する書面が添付書面となる。

代表取締役の資格喪失については，取締役の地位を失うこと（取締役の退任の登記）から明らかであるため，特に添付書面を要しない。

(vii)　取締役の破産手続開始の決定の場合

破産手続開始の決定書の謄本が，退任を証する書面に該当する。

(c)　登録免許税額

申請1件につき3万円（資本金の額が1億円以下の会社については，1万円。登税別表第一第24号㈠カ）である。

(d)　登記申請書の例

前記■1の(2)④(a)の登記申請書の例中，登記の事由を「取締役（及び代表取締役）の変更」とし，登記すべき事項を

「登記すべき事項　取締役何某は、平成〇年〇月〇日死亡」

「登記すべき事項　代表取締役である取締役何某は、平成〇年〇月〇日死亡」

「登記すべき事項　取締役何某は、平成〇年〇月〇日辞任

　　　　　　　　　（代表取締役何某は、資格喪失により同日退任)」

「登記すべき事項　取締役何某は、平成〇年〇月〇日代表取締役を辞任」

「登記すべき事項　取締役何某を平成〇年〇月〇日解任

　　　　　　　　　（代表取締役何某は、資格喪失により同日退任)」

「登記すべき事項　取締役何某につき、平成〇年〇月〇日代表取締役たることを解任」

「登記すべき事項　取締役何某は、（代表権喪失により）平成〇年〇月〇日代表取締役を退任」

「登記すべき事項　取締役何某は、（任期満了により）平成〇年〇月〇日退任

　　　　　　　　　（代表取締役何某は、資格喪失により同日退任)」

「登記すべき事項　取締役何某は、平成〇年〇月〇日資格喪失

　　　　　　　　（代表取締役何某は、資格喪失により同日退任)」

「登記すべき事項　取締役何某は、（破産手続開始の決定により）平成〇

　　　　　　　　年〇月〇日退任

　　　　　　　　（代表取締役何某は、資格喪失により同日退任)」

などとし，添付書面及び登録免許税額を上記(b)及び(c)のとおりとするほかは，これと同様である。

　なお，社外取締役の登記もあるときは，「取締役何某」とあるのを「取締役（社外取締役）何某」とする（平14・4・25民商1067号通達）。

　このように，登記実務上は，登記簿における取締役の退任原因としては，死亡，辞任，解任，資格喪失及びその他の事由による退任の区分が公示されるが，代表取締役の退任原因としては，死亡，辞任，解任及びその他の事由による退任の区分が公示されるに止まる。

(3)　取締役の氏名（代表取締役の氏名・住所）の変更

①　手　　続

　会社は，取締役の氏名（代表取締役の氏名・住所）に変更があった場合には，その変更の登記をしなければならない。

　氏又は名の変更は，婚姻，離婚，養子縁組，離縁等によって生ずる。

　住所の変更は，次のような事情によって生ずる。なお，行政区画の変更の場合（地番の変更を伴わないもの）については，法律上変更登記が擬制されており（商登26条），会社に変更登記申請の義務はない（前記2-2の■6参照）。

・住所移転（転居）

・行政区画の変更

・住居表示の実施・変更，行政区画の変更に伴う地番の変更又は土地改良
　事業・土地区画整理事業等の施行のための地番の変更

（注）　重任登記と同時にする氏名住所の変更

　　　従来から，氏名の変更については，役員の一部が改選される場合には，重任登記とは別に，氏名の変更又は更正の登記をする必要がある（登記研究390号94頁）が，取締役及び監査役の全員が改選され，役員欄の用紙と同一の用紙に記載して登記の申請をする場合には，変更後の氏名をもって重任の登記をすることができるとされてきた（登記研究409号86頁。なお，この場合には，戸籍謄抄本又は住民票の添付を要する。稲葉威雄「でんわ相談室」旬刊商事法務839号35頁）。

　　　また，住所の変更については，代表取締役が重任する場合には，その住所が登記簿の記載と相違していても，その更正登記をする必要はないし，変更を証する書面の添付なくして，重任の登記申請を受理して差し支えないとされてきた（登記研究329号67頁，375号82頁）。

　　　現在，登記簿は電子情報処理組織によって調製されているが，登記実務上は，便宜，役員の一部が改選される場合であっても，中間省略的に，変更後の氏名又は住所をもって重任の登記をすることができるとして取り扱われているようである（添付書面については，従来の考え方がなお妥当するものと思われる。）。

②　登記手続

⒜　登記すべき事項

登記すべき事項は，変更後の氏名（又は住所）及び変更年月日である。

⒝　添付書面

委任状以外の添付書面を要しない（実務相談3・40頁）。

ただし，氏の変更の登記申請と同時に，婚姻前の氏をも登記するよう申出をするには，これらを証する書面が添付書面となる（商登規81条の2，平27・2・20民商18号通達）。

⒞　登録免許税額

申請1件につき3万円（資本金の額が1億円以下の会社については，1万円。登税別表第一第24号㈠カ）である。

ただし，代表取締役の住所につき，住居表示の実施・変更，行政区画の変更に伴う地番の変更又は土地改良事業・土地区画整理事業等の施行のための

地番の変更があった場合において，市町村長の証明書，土地改良事業等の施行者の証明書又は住居表示の実施等に係る住居番号決定通知書を添付したときは，その登記につき登録免許税は課されない（登税5条4号・5号，登税規1条，昭37・9・11民事甲2609号通達）。

(d) 登記申請書の例

前記■1の(2)④(a)の登記申請書の例中，

「登記の事由　　　取締役の氏名変更

　登記すべき事項　平成○年○月○日取締役乙原花子の氏変更

　　　　　　　　　　氏名　甲野花子（乙原花子）」

「登記の事由　　　代表取締役の住所変更

　登記すべき事項　平成○年○月○日代表取締役何某の住所移転

　　　　　　　　　　住所　○県○市○町○丁目○番○号」

「登記の事由　　　代表取締役の住所変更

　登記すべき事項　平成○年○月○日住居表示実施により代表取締役何某

　　　　　　　　　の住所変更

　　　　　　　　　　住所　○県○市○町○丁目○番○号」

などとし，添付書面及び登録免許税額を上記(b)及び(c)のとおりとするほかは，これと同様である。

■3　会計参与

(1)　会計参与の就任

①　総　　論

会計参与は，職業的専門家（公認会計士，税理士等）として，取締役と共同して計算書類を作成する機関である。

会計参与は，非公開会社が取締役会を置くにもかかわらず監査役を置かな

い場合には，これを置かなければならない（法327条2項）が，そのほかは，全ての機関設計において任意に置くことができる。

　会計参与を置く場合には，定款に，会計参与設置会社である旨の定めを設ける必要がある（法326条2項）。

②　選任手続

(a)　資　　格

　会計参与は，次のいずれかに該当する者でなければならない（法333条1項）。

- ・公認会計士（公認会計士試験に合格し，日本公認会計士協会に備える公認会計士名簿に登録を受けた者。公認会計士法3条，17条），公認会計士法の外国公認会計士又は監査法人
- ・税理士（税理士となる資格を有する者のうち，日本税理士会連合会に備える税理士名簿に登録を受けた者。税理士法3条，18条）又は税理士法人

　欠格事由として，会社又はその子会社の取締役，監査役，執行役又は支配人その他の使用人である者，業務の停止の処分を受け，その停止の期間を経過しない者等が掲げられている（法333条3項）。

(b)　選　　任

　会計参与の選任は，株主総会の特別な普通決議によって行う（法329条1項，341条）。この決議は，一般の普通決議（法309条1項）と異なり，定款によっても，その定足数を，議決権を行使することができる株主の議決権の3分の1未満にすることができない。

　会計参与の選任につき，取締役の選任のような累積投票の制度は存在しない（法342条参照）。

　なお，予選については，取締役と同様である（前記■2の(1)①(c)参照）。

(c)　任　　期

　会計参与の任期は，取締役と同様に，選任後2年以内に終了する事業年度のうち最終のものに関する定時株主総会の終結の時までであるが，定款又は株主総会の決議によって，その任期を短縮することも可能である（法334条

1項，332条1項）。

非公開会社（監査等委員会設置会社及び指名委員会等設置会社を除く。）では，定款によって，その任期を，選任後10年以内に終了する事業年度のうち最終のものに関する定時株主総会の終結の時までとすることもできる（法334条1項，332条2項）。

なお，会計参与の任期中に，定款の変更によって任期が伸長され又は短縮された場合の取扱いや，決算期が変更になった場合の取扱いについては，取締役に関する前記■2の(1)①(e)と同様である。

(d)　就任承諾

株主総会における会計参与の選任決議のほか，代表者からの就任の申込み及び被選任者の就任承諾があることにより，被選任者は，会計参与の地位に就く（新版注釈会社法(6)12頁，13頁）。

(e)　計算書類等の備置き場所

会計参与は，その事務所の場所の中から，計算書類や会計参与報告等を備え置く場所を定め（施103条2項），株主や債権者からその閲覧，謄抄本の交付等の請求を受けた場合には，これに応じなければならない（法378条）。

③　登記手続

(a)　登記すべき事項

登記すべき事項は，会計参与の氏名又は名称，計算書類等の備置き場所及び就任年月日である。

初めて会計参与の登記をするに当たっては，会計参与設置会社である旨の定款の定めを設け，会計参与設置会社である旨の登記もする必要がある（法915条1項，911条3項16号）。

(b)　添付書面

添付書面は，次のとおりである。

・会計参与の選任（初めて選任する場合にあっては，会計参与設置会社である旨の定款の定めの設定を含む。）に係る株主総会の議事録及び株主

リスト（商登46条 2 項，商登規61条 3 項）

・就任承諾書（商登54条 2 項 1 号）

・会計参与が監査法人又は税理士法人であるときは，当該法人の登記事項
証明書（商登54条 2 項 2 号）

この登記事項証明書は，法人の存在（名称・主たる事務所）及び就任
承諾をした者の代表権限を確認するものであるため，代表者事項証明書
であっても差し支えない（商登規30条 1 項）。

なお，申請先の登記所の管轄区域内に当該監査法人又は税理士法人の
主たる事務所がある場合には，登記事項証明書の添付を要しない（商登
54条 2 項 2 号ただし書）。これ以外の場合も，申請書への会社法人等番号
の記載により添付省略の余地があることは，前記 2 － 1 の■ 6 を参照さ
れたい。

・会計参与が法人でないときは，公認会計士，外国公認会計士又は税理士
であることを証する書面（商登54条 2 項 3 号。平18・ 3 ・31民商782号通達
別紙 3 － 1 の日本公認会計士協会事務総長名義の証明書，同別紙 4 の日本税
理士会連合会会長名義の証明書）

なお，計算書類等の備置き場所については，これを確認するための添付書
面を要しないが，会計参与が法人である場合において，添付書面として当該
法人の全部事項証明書が提出されたときは，登記所においては，当該法人の
事務所の中から計算書類等の備置き場所が定められているかどうかを審査す
ることとなる。

また，上記の添付書面からは，申請に係る会計参与における欠格事由の有
無は判明しないが，もとより欠格事由のある者の就任の登記を申請してはな
らないことは，当然である（刑法157条 1 項）。

(c) 登録免許税額

申請 1 件につき 3 万円（資本金の額が 1 億円以下の会社については， 1 万円。
登税別表第一第24号㈠カ）である。

なお，会計参与設置会社である旨の登記もするときは，別途， 3 万円を要

する（登税別表第一第24号㈠ツ）。

(d) 登記申請書の例

前記■1の(2)④(a)の登記申請書の例中，

「登記の事由 　　（会計参与設置会社の定め設定）

　　　　　　　　会計参与の変更

　登記すべき事項（平成○年○月○日会計参与設置会社の定め設定）

　　　　　　　　　次の者は同日会計参与に就任

　　　　　　　　　　○○税理士法人

　　　　　　　　　書類等備置場所

　　　　　　　　　　○県○市○町○丁目○番○号」

などとし，添付書面及び登録免許税額を上記(b)及び(c)のとおりとするほかは，これと同様である。

(2) 会計参与の退任

① 手　　続

会計参与の退任事由は，死亡，辞任，解任，任期満了，資格喪失（欠格事由に該当する場合）等である。

ただし，法令又は定款で定めた会計参与の員数が欠けた場合には，任期満了又は辞任により退任した会計参与は，新たに選任された者が就任するまで，なお会計参与としての権利義務を有する（法346条1項）ため，退任はするものの，直ちに退任の登記をすることはできない（取締役に関する前記■2の(2)①(b)参照）。

(a) 死亡及び辞任

死亡にあっては死亡の日に，辞任にあっては辞任の意思表示が会社に到達した日に（昭54・12・8民四6104号回答，実務相談3・48頁，50頁，鴻・先例百選104頁），会計参与は退任する。

(b) 解　　任

会計参与の解任は，株主総会の特別な普通決議によって行う（法339条1項，341条）。

解任の場合における退任の日については，被解任者に対する解任の告知の日（意思表示の到達の日）とする見解もあり得るが，実務上は，解任決議のあった日とみるべきであろう（最判昭41・12・20民集20巻10号2160頁，鴻・先例百選104頁）。

なお，少数株主による会計参与の解任の訴えの請求認容判決の確定によっても，会計参与は解任される（法854条）。

(c) 任期満了

会計参与は，その任期が満了した日に，退任する。

会計参与の任期は，原則として，選任後2年（公開会社でない会社において10年以内の範囲で定款で任期を伸長した場合には，その年数）以内に終了する事業年度のうち最終のものに関する定時株主総会の終結の時までとなるが，定款又は株主総会の決議によってその任期を短縮することもできる。

また，上記の定時株主総会が定款所定の時期に開催されなかったときは，その時期の経過とともに，任期が満了すると解される（昭33・12・23民事甲2655号回答，昭38・5・18民事甲1356号回答，鴻・先例百選96頁）。

このほか，会計参与の任期は，次の定款変更をした場合にも，満了する（法334条1項・2項，332条7項）。

- ・監査等委員会又は指名委員会等を置く旨の定款の変更
- ・監査等委員会又は指名委員会等を置く旨の定款の定めを廃止する定款の変更
- ・非公開会社が公開会社となる定款の変更
- ・会計参与を置く旨の定款の定めを廃止する定款の変更

(d) 資格喪失

会計参与は，会社法333条3項の欠格事由（前記(1)②(a)参照）に該当した場合には，その該当した日に，資格喪失により退任する。

会計参与となるための資格（法333条1項）である公認会計士，税理士等の登録を抹消された場合も，同様である。

(e)　会計参与の破産手続開始の決定又は後見開始の審判

これらの事由は，会計参与の欠格事由ではない（取締役に関する法331条1項2号参照）が，受任者である会計参与が破産手続開始の決定又は後見開始の審判を受けた場合には，委任契約が終了する（民653条2号・3号，相澤・論点解説280頁参照）ので，会計参与は，その日に退任する。

（注）　会社の破産手続開始の決定

　　会社につき破産手続開始の決定があった場合の役員の地位については，歴史的に困難な解釈問題があり，現在の登記実務上，その当時の取締役は会社財産の管理処分権を失うものの当然には退任せず，また，監査役は退任しないとして取り扱われている（平23・4・1民商816号通知，実務相談3・68頁）。

　　会計参与については，会社財産の管理処分権と直接の関係がないとして，監査役と同様に退任しないとの考え方もあり得るが，会計参与の職務である貸借対照表の作成が破産管財人によって行われ，破産管財人の申出により破産財団に関する帳簿が閉鎖されることもあること（破産法153条，155条2項），破産財団から放棄された財産については清算手続が行われ，会計参与が取締役と共同して計算書類を作成する余地もないこと等に照らすと，私見ではあるが，退任するものとして取り扱うのが相当ではなかろうか。

(f)　会計参与の解散（合併又は前記(e)の破産手続開始の決定による解散を除く。）

監査法人又は税理士法人が解散した場合には，当該法人は清算の目的の範囲内においてのみ存続するものとみなされ（公認会計士法34条の22第2項，税理士法48条の21第2項，法645条），取締役と共同して計算書類等を作成することができないため，会計参与は，解散の日に退任すると解される（会計監査人に関する新版注釈会社法(6)547頁参照）。

なお，監査法人又は税理士法人が合併により消滅する場合に，会計参与の地位を退任しないと解されることについては，後記(3)を参照されたい。

(g) 会社の解散

清算株式会社について会計参与という機関は存在しない（法477条7項）ため，会社の解散により，会計参与は退任する。

もっとも，この場合には，上記(a)から(f)までと異なり，解散の登記をした登記官が，職権で，会計参与設置会社である旨の登記及び会計参与に関する登記を抹消する（商登規72条1項3号）ため，会社が会計参与の退任の登記を申請する必要はない。

② 登記手続

(a) 登記すべき事項

登記すべき事項は，退任の旨（退任事由）及び退任年月日である。

退任事由の具体的な記載については，後記(d)を参照されたい。

(b) 添付書面

添付書面は，退任を証する書面（商登54条4項）であるが，退任事由に応じて，具体的には，次のようなものなどがある。また，解任の場合には，株主リストも添付書面となる（商登規61条3項）。なお，詳細については，取締役に関する前記■2の(2)②(b)も参照されたい。

- ・死亡にあっては，戸籍謄抄本，死亡診断書，住民票，遺族等からの会社に対する死亡届出等（商登法逐条解説323頁）
- ・辞任にあっては，辞任届
- ・解任にあっては，株主総会の議事録（裁判による解任にあっては，確定判決）
- ・任期満了にあっては，改選の際の株主総会の議事録に任期満了により退任した旨の記載がある場合には，これで足りる（昭53・9・18民四5003号回答，登記研究474号137頁）。
- ・資格喪失にあっては，その事由を証する書面
- ・破産手続開始の決定にあっては，当該決定書の謄本（法人にあっては，その登記事項証明書でも差し支えない。登記事項証明書の添付省略の余

地は，前記２－１の■６参照）

・後見開始の審判にあっては，当該審判書の謄本や後見登記に係る登記事
項証明書

・会計参与の解散にあっては，その登記事項証明書（添付省略の余地は，
前記２－１の■６参照）

(c) 登録免許税額

申請１件につき３万円（資本金の額が１億円以下の会社については，１万円。
登税別表第一第24号㈠カ）である。

なお，会計参与設置会社の定めの廃止の登記もするときは，別途，３万円
を要する（登税別表第一第24号㈠ツ）。

(d) 登記申請書の例

前記■１の(2)④(a)の登記申請書の例中，

「登記の事由　　　（会計参与設置会社の定め廃止）

会計参与の変更

登記すべき事項（平成○年○月○日会計参与設置会社の定め廃止）

会計参与何某は、平成○年○月○日死亡

会計参与何某は、平成○年○月○日辞任

会計参与何某を平成○年○月○日解任

会計参与何某は、（任期満了により）平成○年○月○
日退任

会計参与何某は、平成○年○月○日資格喪失

会計参与何某は、（破産手続開始の決定、後見開始の
審判又は解散により）平成○年○月○日退任」

などとし，添付書面及び登録免許税額を上記(b)及び(c)のとおりとするほかは，
これと同様である。

⑶ 会計参与の合併

　会計参与である監査法人又は税理士法人が合併により消滅する場合には，私見ではあるが，合併後の存続法人が会計参与の地位を承継すると解するのが相当と考える（会計監査人に関する新版注釈会社法⑹537頁，実務相談４・893頁参照）。会計参与は，会計監査人と比べ，会社内部の役員として一身専属性の度合いが若干強いようにも思われるが，職業的専門家として取締役と共同して計算書類等を作成する立場にあり，会計監査人と同列に論ずべきだからである。

　この場合には，会社は，会計参与の合併による退任及び就任の登記をしなければならない（詳細については，会計監査人の合併に関する後記■6の⑷参照）。

⑷ 会計参与の氏名・名称の変更

　会社は，会計参与の氏名又は名称に変更があったときは，その変更の登記をしなければならない。これについては，会計監査人の氏名・名称の変更の登記と同様であるので，後記■6の⑸を参照されたい。

⑸ 計算書類等の備置き場所の変更

① 手　　続
　会計参与は，自己の意思で，計算書類等の備置き場所を変更することができる。この場合には，会社は，その変更の登記をしなければならない（法915条1項，911条3項16号）。

② 登記手続
⒜ 登記すべき事項
登記すべき事項は，変更後の計算書類等の備置き場所及び変更年月日であ

■4 監 査 役 433

る。

(b) 添付書面

委任状以外の添付書面を要しない。

(c) 登録免許税額

申請1件につき3万円（資本金の額が1億円以下の会社については，1万円。登税別表第一第24号㈠カ）である。

(d) 登記申請書の例

前記■1の(2)④(a)の登記申請書の例中，

「登記の事由　　　会計参与の変更

　登記すべき事項　平成〇年〇月〇日会計参与何某の書類等備置場所の変更

　　　　　　　　　　〇県〇市〇町〇丁目〇番〇号」

などとし，添付書面及び登録免許税額を上記(b)及び(c)のとおりとするほかは，これと同様である。

■4　監　査　役

(1)　監査役の就任

①　総　　論

(a)　監査役を置く機関構成

取締役会設置会社は，公開会社でない会計参与設置会社を除き，監査役を置かなければならない（法327条2項）。

また，会計監査人設置会社は，監査役を置かなければならない（法327条3項）。

これら以外の会社も，監査等委員会設置会社及び指名委員会等設置会社以外であれば，任意に監査役を置くことができる（監査等委員会設置会社及び指

名委員会等設置会社では，監査役を置くことができない。法327条4項）。

監査役を置く場合には，定款に，監査役設置会社である旨の定めを設ける必要がある（法326条2項）。なお，公開会社でない会社（監査役会設置会社及び会計監査人設置会社を除く。）は，定款に，監査役の監査の範囲を会計に関するものに限定する旨を定めることができる（法389条1項）。

(b) 通常の監査役と会計監査のみを行う監査役

これらの監査役は，いずれも各自単独で監査役の職務権限を有し，義務を負う（独任制）が，その職務の内容は，大きく異なる。

通常の監査役は，取締役会への出席義務及び意見陳述義務を負い，自ら取締役会を招集する権限，子会社に対して事業報告を求める権限，取締役の違法行為の差止請求権等を有する（法381条，383条，385条。なお，特別取締役による議決の定めを設けた場合には，監査役の互選により，取締役会への出席義務を負う監査役を限定することができる。）。

これに対し，会計監査のみを行う監査役は，取締役会への出席義務を負わない（ただし，任意に出席したときは，議事録に記名押印する義務を負う。法369条3項）ほか，取締役会の招集権限，子会社に対する会計以外の報告徴収権，取締役の違法行為の差止請求権等を有しない（法389条7項）。

このような基本的な差異はあるが，監査役の資格，選任方法，退任事由等については，これらの監査役はおおむね同様の規律に服しており（法335条，336条，341条，343条等），その就任及び退任の登記の手続に関しては，以下に述べるとおり，大きな差異はない。

② 選任手続
(a) 資　格

監査役の欠格事由は，取締役のそれと同様であり，法人，成年被後見人，被保佐人，会社法その他の規定に違反して刑に処せられ，その執行を終えた日から2年を経過しない者等が掲げられている（法335条1項，331条1項）。

未成年者が法定代理人の同意を得て監査役に就任することができるかどう

か（実務相談3・3頁，839頁参照）や，外国人が監査役になる場合の留意点については，取締役の資格に関する前記■2の(1)①(a)を参照されたい。

(b) 兼任禁止

監査役は，次の地位を兼ねることはできない（法335条2項）。

・当該会社の取締役又は支配人その他の使用人

・その子会社の取締役，会計参与（会計参与が法人であるときは，その職務を行うべき社員），執行役又は支配人その他の使用人

監査役が当該会社の会計参与を兼ねることにつき会社法335条2項は触れていないが，会計参与の欠格事由とされている（法333条3項1号）から，監査役を辞任しない限り，会計参与になることはできない。

監査役が当該会社の会計監査人を兼ねることは，会社法上は禁じられていないようであるが，公認会計士法24条1項1号において，公認会計士は，自己が役員である会社の貸借対照表等の監査を禁じられている（実務相談4・950頁）。

これに対し，監査役が親会社の取締役を兼ねることや，親会社又は子会社の監査役を兼ねることは，禁じられていない。

使用人の範囲については，議論がある（新版注釈会社法(6)477頁）が，顧問弁護士，顧問税理士等については，原則として兼任禁止の対象となる使用人に該当しないとする見解が有力である（吉戒修一「平成五年商法改正法の解説(4)」旬刊商事法務1328号13頁，吉戒修一・大谷晃大「社外監査役制度の趣旨およびその運用」旬刊商事法務1332号13頁。なお，それ以前の見解として，実務相談4・3頁は反対）。そのほか，「顧問」，「相談役」，「嘱託」等については，会社と雇用契約を締結し，会社の業務執行に対して利害関係を有するか否か（監査役の独立性を害しないか）という見地から，個別の実態をみて判断せざるを得ないとされている（実務相談4・24頁，26頁）。

なお，監査役が会社法335条2項の兼任禁止規定に違反し，同項の地位に就任することを承諾したときは，従前の監査役の地位を辞任する意思を表示したものと解されている（新版注釈会社法(6)480頁，実務相談4・11頁）。ただ

し，これにより監査役の員数が欠け，なお監査役としての権利義務を有することとなる場合（法346条1項）には，この状態が解消されない限り，兼任禁止規定に違反する新たな役職に就くことはできないと解されているので，注意を要する（実務相談4・50頁）。

(c) 選　　任

監査役の選任は，株主総会の特別な普通決議によって行う（法329条1項，341条）。この決議は，一般の普通決議（法309条1項）と異なり，定款によっても，その定足数を，議決権を行使することができる株主の議決権の3分の1未満にすることができない。なお，会社法の下では，監査役がある場合において，取締役が監査役の選任議案を株主総会に提出するには，監査役（複数ある場合には，その過半数）の同意（監査役会設置会社にあっては，その過半数による決議をもってする同意）を得なければならないとされている（法343条，393条1項）。

これに対し，監査役選任権付株式（法108条1項9号）を発行する非公開会社においては，定款で，全ての監査役に関し各種類の種類株主において何名ずつ選任するかが定められており（前記2−1の■1の(1)③参照），監査役の選任は，株主総会ではなく，種類株主総会の特別な普通決議によって行う（法347条2項，341条）。

なお，監査役の選任につき，取締役の選任のような累積投票の制度は存在しない（法342条参照）。

(d) 任　　期

監査役の任期は，後記(e)の補欠監査役を除き，選任後4年以内に終了する事業年度のうち最終のものに関する定時株主総会の終結の時までであり，非公開会社では，定款によって，その任期を，選任後10年以内に終了する事業年度のうち最終のものに関する定時株主総会の終結の時までとすることもできる（法336条1項・2項）。ただし，監査役の任期は，取締役の任期と異なり，補欠監査役を除き，定款の定めや監査役を選任する株主総会の決議によって，法定の期間より短縮することはできない（法332条1項ただし書参照）。

なお，監査役の任期中に，定款の変更によって任期が伸長され又は短縮された場合の取扱いや，決算期が変更になった場合の取扱いについては，取締役に関する前記■2の(1)①(e)と同様である。

（注）　任期の起算点である「選任」時

　　任期の起算点である選任時とは，事実行為としての株主総会の選任決議時を意味し，選任決議の効力発生時期を遅らせても，それに左右されるものではないと整理されており（相澤・論点解説286頁），登記実務上も，そのように取り扱われている。

　　これは，予選された補欠役員（欠員状態の発生を条件として選任された役員）の任期につき，その起算点を補欠としての予選時とする解釈（相澤・論点解説304頁）と整合的ではあるが，役員の任期の起算点を就任時ではなく選任時とした立法趣旨（就任承諾の時期は被選任者の意向に委ねられ，任期の終期が株主総会の意思に反する事態が生じかねないため，任期の起算点を株主総会のコントロールが及ぶ選任時としたもの。相澤・論点解説285頁）からすると，いささか硬直的に過ぎる感も拭えない。特に，3月末決算の会社が3月中旬に吸収合併に関する株主総会の決議（効力発生日は4月1日）を行い，4月1日に新役員が就任する場合など，新役員の任期（特に会計監査人の任期）が真に会社の意思に沿うものかどうか，疑問も残る。

　　上記の解釈は，補欠役員の任期に係る整理に引きずられた感があるが，むしろ，①選任という文言を法律行為とみて，これに条件や期限を付すこともできるとするのが，一般的な法律用語の使用例であること，②任期の起算点につき，会社の個別的な意思を問わず，事実行為としての選任時とするのは，上記の立法趣旨からすると疑問な点もあること等に照らし，任期の起算点である「選任」時につき，法律行為としての選任の時（条件や期限を付すことも可能とする。）と解釈することは，できないであろうか。そして，予選された補欠役員の任期についても，予選の趣旨を合理的に解釈すると，欠員状態の発生を会社が了知した時（又はその事実を当該補欠役員に告知した時）を任期の起算点とみることもでき，このような考え方によっても，予選の効力が原則として次期定時株主総会までであること（施96条3項）や，補欠役員の任期の終期は前任者の残存任期であること（法336条3項）から，法律関係が不明確であったり，任期の終期が遅きに失するような不当な結論にはならないものと思われるが，どうであろうか。今後の議論が待たれるところである（江頭・株式会社法388頁も，選任の効力発生時点を「就任時」等と定めることを有効とする。）。

(e) 補欠監査役

会社は，法律又は定款で定めた監査役の員数を欠く場合に備えて，補欠の監査役を選任することができる（法329条3項）。

定款に，補欠監査役の任期を，退任した監査役の残存任期の満了時までとする旨の定めを置いた場合には，上記(d)の任期の原則（監査役の任期を法定の期間より短縮することができないこと）の例外として，当該補欠監査役の任期を4年に満たないものとすることもできる（法336条3項）。

(i) 補欠監査役の予選に関する議論の経緯

伝統的に，条件付・期限付の決議は，それが合理的なものと認められる範囲で許容されており，監査役の予選についても，就任日の1か月程度前に選任決議をすることは差し支えないとされてきた（実務相談3・27頁，昭41・1・20民事甲271号回答，登記研究221号46頁）。

他方，補欠監査役については，旧商法273条3項の文脈として，主として，前任監査役が現に死亡等の理由により欠けた後，株主総会を招集して後任監査役を選任する場合において，定款に補欠監査役の定めがあれば，他の監査役と任期満了日が同一となるよう，後任監査役の任期を前任監査役の残存任期の満了時までとすることができるとして運用され（実務相談3・878頁），補欠監査役の「予選」については，必ずしもこれを肯定する実務になっていなかったように見受けられる。

この点については，その後，平15・4・9民商1078号回答（登記研究664号161頁）により，社外監査役の補欠者の予選が明示的に許容された。これは，平成13年法律第149号による旧商法特例法の一部改正により，大会社の監査役のうち半数以上が社外監査役でなければならないとされ，任期中の辞任等に備えて補欠監査役の予選を可能とすべきであるとの要請に応えたものであるが，定款に，①補欠監査役の任期を退任監査役の任期満了時までとすること，②定款で定める監査役の員数を欠くに至った場合に備え，定時株主総会において補欠監査役をあらかじめ選任することができ，この予選は，次期定時株主総会が開催されるまで効力を有すること，という定めを設けることを

要件としていた。

会社法の下でも，定款に上記①の定めがある場合に限り，任期を前任者の残存任期とする補欠監査役を認める点（法336条3項）は，改正前と同様であるが，補欠に関連して何点かの改正が行われた。「補欠」の意義があいまいで混乱しやすいが，**図表2－11**に沿って，任期中に退任した者の後任監査役を選任する場合とこれを予選する場合とに分けて，説明することとする（記載内容の実質は，本書第2版と同様である。）。

| 図表2－11 | 補欠監査役に関する枠組み |

任期満了後の後任監査役の選任	任期満了後の後任監査役の予選[注4]
任期中に退任した者の後任監査役（広義の補欠[注2]）の選任	任期中に退任した者の後任監査役（広義の補欠）の予選（法329条3項）
狭義の補欠に該当せず，通常の任期となる場合[注3]	[注6]
狭義の補欠に該当し，前任者の残存任期となる場合（法336条3項。定款の定めが必要）[注3]	狭義の補欠に該当し，前任者の残存任期となる場合（法329条3項，336条3項。所定の監査役の員数を欠く場合であって，かつ，定款の定めが必要）[注5]

（注1） 上記**図表2－11**において，「選任」とは前任者の退任後に選任することをいい，「予選」とは前任者の退任前にあらかじめ選任することをいう。

（注2） 広義の補欠は，任期満了前に退任した監査役の後任として選任されるという意味であり，その任期が，通常の期間（法律又は定款で定めた任期）であると，前任者の残存任期であるとを問わない概念である（法336条3項。浅野克男「補欠選任された株式会社の監査役の任期と登記」・菊池洋一編著『商業登記制度をめぐる諸問題』377頁（テイハン，1994））。

（注3） 狭義の補欠は，会社法336条3項の定款の定めを前提として，その任期を前任者の残存任期として選任される者という意味である。これについては，後記(ii)(イ)及び(iii)(ウ)のとおり，会社法施行後，狭義の補欠に該当する場合を広く認める解釈が採られている。

（注4） 前任者の任期満了後の後任者は，広義の補欠にも該当せず，その予選は，会社法329条3項の規律するところではないため，従前の実務のとおりであると解される（昭41・1・20民事甲271号回答，上記(i)の本文参照）。

（注５） 狭義の補欠監査役の予選は，従来は，平15・４・９民商1078号回答の要件の下でのみ認められていたが，会社法施行後は，①上記（**注３**）に記載した狭義の補欠に該当する場合の拡大，②定款における予選根拠規定等の不要化（後記⑽(ウ)参照），③予選の有効期間の柔軟化（後記⑽(オ)参照）という改正が行われている。

（注６） 従来は，任期中に退任した者の後任監査役として通常の任期（法律又は定款で定めた任期）となる者を予選することは，認められていなかったものと思われる（平15・４・９民商1078号回答参照）。

　　しかし，改正後は，補欠監査役の予選につき，会社法329条３項の規定が設けられており，予選の際，①定款の定めに基づき後任者の任期を前任者の残存任期とするときは，狭義の補欠監査役の予選（上記（**注５**）参照）となるが，②このような定款の定めを設けないときは，後任者の任期は，予選時を起算点とした通常の任期（法律又は定款で定めた任期）となるとされている（相澤哲・松本真「補欠役員の予選」登記情報539号21頁）。したがって，上記**図表２－11**のうち（**注６**）の部分として，新たに上記②の方法によることが可能になったものと評価することができる。

⑾　任期中に退任した者の後任監査役を「選任」する場合

(ア)　総　　　論

　監査役が任期中に退任した後にその後任監査役（広義の補欠監査役）を選任する場合において，定款の定めを前提として，その任期を前任者の残存任期として選任決議をしたときは，任期を法定の期間より短縮することができる（法336条３項。狭義の補欠監査役）。

　広義の補欠監査役は，前任者の後任として選任される必要がある。したがって，例えば，２名以上の監査役を置くという定款の定めのある会社において，２名いた監査役のうち１名が死亡し，減少数より多い２名を補充するという事例では，補充に係る２名を共に補欠監査役とみることはできず，少なくとも，いずれか一方は増員監査役として，任期を法定の期間より短縮することはできない（実務相談３・893頁，897頁）。

　また，定款に会社法336条３項の定めがあるとしても，任期が短縮される狭義の補欠監査役を選任するには，具体的な株主総会の選任決議の際に，被選任者が補欠であること（その任期を前任者の残存任期とすること）を明示

する必要がある（実務相談3・879頁）。したがって，例えば，上記の事例において，選任決議の際にいずれが補欠であるかを明らかにしないときは，いずれの者も狭義の補欠監査役には該当せず，その任期は，通常の期間（法律又は定款で定めた任期）となる（昭49・8・14民四4637号回答，実務相談3・893頁）。

　　(イ)　会社法施行後の取扱いの変更

　会社法制定前は，狭義の補欠概念は，複数の監査役の任期満了時を揃えるためのものと考えられ，例えば，監査役が1名のみの会社において当該監査役が任期中に退任した場合や，複数の監査役の全員が任期中に退任した場合には，後任者を選任する株主総会において，その任期を前任者の残存任期とすることはできず，その任期は法定の期間になると解されていた（昭36・8・14民事甲2016号回答，登記研究321号73頁，399号82頁，実務相談3・878頁，889頁）。

　しかし，会社法施行後は，このような場合も，上記(ア)を満たす限り，登記実務上，狭義の補欠概念に該当するものとして取り扱われている（平18・9・6民総2051号通知，登記研究700号200頁）。これは，選任決議の際に被選任者が補欠であることを明示する必要があり，取扱いを変更しても法律関係は明確であること等を踏まえ，実務のニーズに応えることとしたものである（矢部博志「会社法施行後における商業登記実務の諸問題」登記情報536号5頁）。

　　(iii)　**任期中に退任した者の後任監査役を「予選」する場合**

　　(ア)　総　　論

　監査役が任期中に退任することに備えてその後任監査役（広義の補欠監査役）を予選することは，法律又は定款で定めた監査役の員数を欠くことに備える場合には許容され（法329条3項），この場合において，定款の定めを前提として，その任期を前任者の残存任期として予選決議をしたときは，任期を法定の期間より短縮することができる（法336条3項。狭義の補欠監査役。水田耕一「改正商法施行に伴う実務上の諸問題」旬刊商事法務682号7頁，金子登志雄「実務家による商業・法人登記Q＆A(1)」登記情報566号8頁参照）。

⑴　会社法329条３項との関係

　会社法329条３項に関連して，法律又は定款で定めた監査役の員数を欠く
に至らない場合（例えば，５名以内の監査役を置くという定款の定めのある
監査役会設置会社において，５名いた監査役のうち１名が死亡し，１名を補
充する場合等）には，従前の解釈と同様に，被選任者は，予選の結果に基づ
き監査役に就任することはできない（相澤・論点解説305頁）。

　なお，員数の解釈において，監査役の属性（社外監査役，常勤監査役）を
含めて考慮すべきか否かは，相当に微妙である。

　社外監査役についてみると，監査役会設置会社にあっては，監査役は３名
以上で，そのうち半数以上は社外監査役でなければならない（法335条３項）
ところ，法定数の社外監査役を欠くときは，法定の監査役の員数を欠き，そ
の監査が瑕疵を帯びると解されている（前田・会社法入門（第12版）491頁）
ことからすると，例えば，５名以内の監査役を置くという定款の定めのある
監査役会設置会社において，４名いた監査役（うち２名が社外監査役）のう
ち社外監査役１名が死亡し，社外監査役１名を補充するときは，監査役全体
の員数は最低員数３名を満たしているものの，予選の結果に基づき補欠の社
外監査役として就任することができると考えられる（上記前田・491頁も，こ
の場合につき，仮監査役（仮社外監査役）の選任の余地を認めており，法346条１
項と法329条２項の表現が同一であることに照らすと，補欠についても，上記の結
論になるものと思われる。相澤哲・松本真「補欠役員の予選」登記情報539号18頁，
江頭・株式会社法517頁）。

　これに対し，常勤監査役については，監査役会設置会社にあっては監査役
の互選でこれを定めなければならない（法390条３項）が，常勤監査役を欠い
ても，直ちに法定の監査役の員数を欠くとは評価されず，監査の効力にも影
響がないと解されていること（上記前田・492頁），常勤監査役はいつでも監
査役の互選でこれを変更することができることなどの点で，社外監査役とは
その性質が相当に異なるものと考えられる（上記相澤・松本論文19頁，会社法
コンメ８・475頁。なお，この点に関する議論については，西村ときわ法律事務所

編『新会社法実務相談』196頁（商事法務，2006）参照）。

　　(ウ)　会社法336条３項との関係

　狭義の補欠監査役の予選における会社法336条３項の適用に関して留意すべき事項は，前記(ii)と同様である。

　したがって，定款に会社法336条３項の定めがあれば，任期を前任者の残存任期とする補欠監査役の予選が認められるのであり，平15・４・９民商1078号回答と異なり，定款に「定款で定める監査役の員数を欠くに至った場合に備え，定時株主総会において補欠監査役をあらかじめ選任することができ，この予選は，次期定時株主総会が開催されるまでの間，効力を有する」旨の定めを設ける必要はない（相澤哲・石井裕介「株主総会以外の機関（上）」旬刊商事法務1744号96頁）。

　　(エ)　株主総会における決定事項

　補欠監査役を予選する場合には，次の事項も併せて決定しなければならない（施96条２項）。具体的な定め方の例については，相澤・論点解説301頁や，相澤哲・石井裕介「株主総会以外の機関」旬刊商事法務1761号12頁を参照されたい。

・当該候補者が補欠監査役である旨
・当該候補者を補欠の社外監査役として選任するときは，その旨
・当該候補者を１人又は２人以上の特定の監査役の補欠として選任するときは，当該特定の監査役の氏名
・同一の監査役につき２人以上の補欠監査役を選任するときは，当該補欠監査役相互間の優先順位
・補欠監査役につき，就任前にその選任の取消しを行う場合があるときは，その旨及び取消しを行うための手続

　なお，平15・４・９民商1078号回答では，補欠監査役の予選は，定時株主総会におけるものに限り言及されていたが，会社法では，そのような制限は存在しない。

(オ) 予選の有効期間

　予選が効力を有する期間については，原則として，平15・4・9民商1078号回答と同様に，次期定時株主総会の開始時までであるが，さらに，株主総会の決議によってこれを短縮したり，定款の定めによってこれを伸長したりすることができるとされた（施96条3項）。

　ただし，定款の定めによって，予選の有効期間を伸長する場合でも，その性質上，次の制限に服すると解されている（相澤・論点解説302頁）。

・特定の役員の補欠として選任した場合には，当該被補欠者の任期が満了したときは，もはや補欠役員が就任することができず，予選の効力も失われること。

・補欠役員の任期の起算点は，下記(カ)のとおり，補欠としての予選時であり，その後，補欠役員の任期に相当する期間が経過した場合には，もはや補欠役員が就任することはできず，予選の効力も失われること（したがって，選任後4年以内に終了する事業年度のうち最終のものに関する定時株主総会の終結の時までが任期とされる監査役について，予選の有効期間をこれより長い期間とする意味はない。）。

(カ) 予選された補欠監査役の任期

　予選された補欠監査役の任期の起算点は，補欠としての予選時と解されており（相澤・論点解説304頁），登記実務上も，そのように取り扱われている（なお，その疑問点については，前記(d)の(注)参照）。

　任期を前任者の残存任期として予選された補欠監査役の任期の終期は，当然，退任した監査役の任期の満了する時までである（法336条3項）。ただし，上記のように任期の起算点を考えると，その起算点（補欠としての予選時）から4年（公開会社でない会社において定款で任期を伸長した場合には，その年数）以内に終了する事業年度のうち最終のものに関する定時株主総会の終結の時を超えることはできないこととなる（同条1項）。

　具体的には，**図表2－12**を参照されたい。

図表２－12　予選された補欠監査役の任期

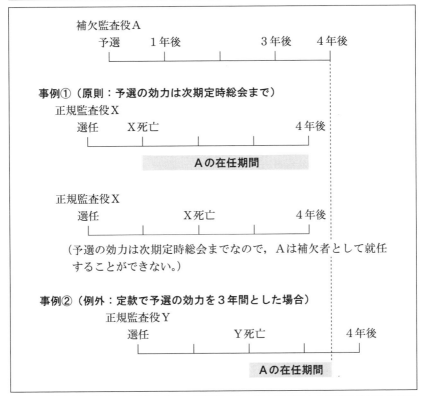

（注）　前記(d)の（注）の私見をとると，**事例②**でも，補欠監査役Ａの任期は退任したＹの残存任期となる（旧商法の実務に近い考え方）。

(f)　就任承諾

株主総会等における監査役の選任決議のほか，代表者からの就任の申込み及び被選任者の就任承諾があることにより，被選任者は，監査役の地位に就く（新版注釈会社法(6)12頁）。

なお，予選された補欠監査役の就任承諾の時期については，制約はなく，予選された際でも，補欠の対象となる監査役が欠けた後でもよいとされている（相澤・論点解説303頁）。

③ 登記手続

(a) 登記すべき事項

登記すべき事項は，監査役の氏名及び就任年月日である。

初めて監査役の登記をするに当たっては，監査役を置く旨の定款の定めを設け，監査役設置会社である旨（監査役の監査の範囲を会計に関するものに限定したときは，その旨）の登記もする必要がある（法915条1項，911条3項17号）。

なお，登記事項としての「監査役設置会社」という用語は，監査役の監査の範囲が会計に関するものに限られているか否かを問わない趣旨で用いられている（法2条9号，911条3項17号参照）。

(b) 添付書面

監査役の就任による変更の登記の添付書面は，次のとおりである。

・監査役の選任に係る株主総会（監査役選任権付株式を発行した非公開会社にあっては，種類株主総会）の議事録及び株主リスト（商登46条2項，商登規61条3項）

・初めて監査役を選任する場合には，監査役を置く旨（監査役の監査の範囲を会計に関するものに限定したときは，その旨）の定款の定めの設定に係る株主総会の議事録及び株主リスト（商登46条2項，商登規61条3項）

・就任承諾書（商登54条2項1号）

　株主総会の席上で被選任者が就任を承諾した場合には，登記申請書において，「就任承諾書は，株主総会議事録の記載を援用する。」と記載すれば足りる。ただし，就任承諾書について議事録の記載を援用する場合において，下記の氏名及び住所についての本人確認証明書（これに代わる印鑑証明書を含む。）が添付書面となるときは，当該議事録においても監査役の住所の記載をする必要があり，登記官においてその住所の真実性を審査することとなる。当該議事録に監査役の住所の記載がない場合には，別途，当該監査役の就任承諾書（当該監査役がその住所を記載し，記名押印したもの）が添付されない限り，登記申請は受理されない

（平27・2・20民商18号通達）。

・就任承諾書に記載された氏名及び住所についての本人確認証明書（住民票，運転免許証の両面のコピーで本人が原本と相違ない旨を記載して記名押印したもの等。商登規61条7項）。ただし，その者が再任である場合及びその者の印鑑証明書が添付書面となる場合は，不要である。

狭義の補欠監査役の「選任」の場合（前任者が任期中に退任した後に，前任者の残存任期を任期とする補欠者を選任した場合）も，任期は登記事項ではないから，会社法336条3項の定めのある定款を添付する必要はなく，同様の取扱いとされている（実務相談1・641頁，浅野克男「補欠選任された株式会社の監査役の任期と登記」・菊池洋一編著『商業登記制度をめぐる諸問題』381頁（テイハン，1994））。

ただし，任期中に退任する者の後任監査役の「予選」については，仮に，監査役の就任年月日がその予選に係る株主総会の決議日後最初に開催する定時株主総会より遅いことが明らかな場合（通常は，予選決議日から1年経過時より遅い日に就任する場合）には，施行規則96条3項の定款の定めが必要となるため，予選の効力を有する期間を伸長する旨の記載のある定款も，添付しなければならない（商登規61条1項。この点は，狭義の補欠監査役（前任者の残存任期を任期とする者）か否かを問わない。）。

さらに，狭義の補欠監査役の予選にあっては，平15・4・9民商1078号回答では，定時株主総会議事録及び就任承諾書のほか，補欠監査役の予選を可能とする要件の記載された定款を添付しなければならないとされていたが，これは，同回答において初めて狭義の補欠監査役の予選が許容されたことから，定款の定めがなければ選任行為が無効と解されたことによるものであろう。これに対し，会社法では，広義の補欠監査役の予選は，予選の効力が次期定時株主総会までである限り，定款の定めなくして可能となったものであり（法329条3項），会社法336条3項の定款の定め（任期を前任者の残存任期とする旨の定め）は，上記浅野論文・381頁のとおり添付書面とならないから，私見ではあるが，同回答とは異なり，次期定時株主総会前に就任する限

り，定款の添付を要しないものと考える（次期定時株主総会後に就任する場合には，前段落のとおり，施96条３項の定款が添付書面となる。）。

(c) 登録免許税額

申請１件につき３万円（資本金の額が１億円以下の会社については，１万円。登税別表第一第24号㊀カ）である。監査役の就任の登記と同時に，監査役の監査の範囲を会計に関するものに限定する旨の定めの設定又は廃止の登記をするときも，別途，その登録免許税額を加算する必要はない（いずれも，商登規別表第５の役員に関する事項の登記となる。）。

なお，監査役設置会社である旨の登記もするときは，別途，３万円を要する（登税別表第一第24号㊀ツ）。

(d) 登記申請書の例

前記■１の(2)④(a)の登記申請書の例中，

「登記の事由　　　（監査役設置会社の定め設定）

　　　　　　　　　　　監査役の変更

登記すべき事項（平成〇年〇月〇日監査役設置会社の定め設定）

　　　　　　　　　次の者は同日監査役に就任（重任）

　　　　　　　　　　何某、何某」

などとし，添付書面及び登録免許税額を上記(b)及び(c)のとおりとするほかは，これと同様である。

なお，「重任」という文言は，任期満了後時間を置かずに就任することを意味しており，その前後において監査役の監査の範囲が異なる場合であっても差し支えない。

(2) 監査役の退任

① 手　　続

監査役の退任事由は，死亡，辞任，解任，任期満了，資格喪失（欠格事由に該当する場合）等である。

ただし，法令又は定款で定めた監査役の員数が欠けた場合には，任期満了又は辞任により退任した監査役は，新たに選任された者が就任するまで，なお監査役としての権利義務を有する（法346条1項）ため，退任はするものの，直ちに退任の登記をすることはできない（取締役に関する前記■2の(2)①(b)参照）。

(a) 死亡及び辞任

死亡にあっては死亡の日に，辞任にあっては辞任の意思表示が会社に到達した日に（昭54・12・8民四6104号回答，実務相談3・48頁，50頁，鴻・先例百選104頁），監査役は退任する。

(b) 解　　任

監査役の解任は，株主総会の特別決議によって行う（法339条1項，309条2項7号，343条4項）。取締役（累積投票によって選任された者及び監査等委員である者を除く。）の解任と異なり，特別な普通決議（法341条参照）によってすることはできない。

監査役選任権付株式を発行した非公開会社における監査役の解任は，原則として，当該監査役を選任した種類株主総会の特別決議によって行う（法347条2項，324条2項5号）。ただし，定款に別段の定めがある場合や，当該監査役の任期満了前にこれを選任した種類株主総会において議決権を行使することができる株主が存在しなくなった場合には，種類株主総会ではなく，株主総会の特別決議によって行う（法347条2項中の読替部分）。

監査役の退任の効力発生日については，学説上の通説は，監査役に対する解任の告知の日（意思表示の到達の日）としているが，実務上は，解任決議のあった日とみるべきであろう（最判昭41・12・20民集20巻10号2160頁，鴻・先例百選104頁）。

なお，少数株主による監査役の解任の訴えの請求認容判決の確定によっても，監査役は解任される（法854条）。

(c) 任期満了

監査役は，その任期が満了した日に，退任する。

監査役の任期が，原則として，選任後4年（公開会社でない会社において

10年以内の範囲で定款で任期を伸長した場合には，その年数）以内に終了する事業年度のうち最終のものに関する定時株主総会の終結の時までとなり，定款に基づく補欠監査役の場合を除き，短縮することができないことについては，前記(1)②(d)のとおりである。

　また，上記の定時株主総会が定款所定の時期に開催されなかったときは，その時期の経過とともに，任期が満了すると解されている（昭33・12・23民事甲2655号回答，昭38・5・18民事甲1356号回答，鴻・先例百選96頁）。

　このほか，監査役の任期は，次の定款変更をした場合にも，満了する（法336条4項）。

　(i)　監査役を置く旨の定款の定めを廃止する定款の変更

　(ii)　監査等委員会又は指名委員会等を置く旨の定款の変更

　(iii)　監査役の監査の範囲を会計に関するものに限定する旨の定款の定めを廃止する定款の変更

　　　非公開会社が監査役会又は会計監査人を置いたり，大会社（会計監査人の設置強制）になったりした場合には，監査役の監査の範囲を限定することができない（法389条1項）ため，上記(iii)の定款の変更を併せて行わなければならない。

　　　なお，上記(iii)の定款の変更を行わなかったとしても，当該定款の定めはその効力を失い，在任中の監査役の任期は満了するとされている（相澤哲・石井裕介「株式会社以外の機関（下）」旬刊商事法務1745号17頁）が，この場合に，例えば，監査役会を置く旨の定款変更が効力を生じないのか，又は監査役の監査の範囲を限定する旨の従来の定款の定めが効力を失うのか，疑義が生じ得ることから，正しく定款を変更するよう，常に留意すべきである。

　(iv)　非公開会社が公開会社となる定款の変更

　　　非公開会社が公開会社となる場合において，従前，監査役の監査の範囲を限定する定款の定めを設けていたときは，これを廃止する定款の変更（上記(iii)）を併せて行わなければならない（法389条1項）。

■4 監査役　　*451*

　また，非公開会社が公開会社となる場合には，従前，監査役の監査の範囲を限定していなくても，在任中の監査役の任期は満了する。

　なお，旧商法においては，非公開会社が監査役選任権付株式を発行した場合の監査役につき，監査役選任権付株式に係る定款の定めを廃止した場合に任期満了により退任するという取扱いがされていた（旧商280条1項，257条ノ6）が，この取扱いは，廃止されている。

(d)　資格喪失

　監査役は，会社法335条1項において準用する同法331条1項の欠格事由（前記(1)②(a)参照）に該当した場合には，その該当した日に，資格喪失により退任する。

　なお，監査役が会社法335条2項の兼任禁止規定に違反し，同項の地位に就任することを承諾したときは，従前の監査役の地位を辞任する意思を表示したものと解されている（新版注釈会社法(6)480頁，実務相談4・11頁，前記(1)②(b)参照）ため，この場合には，資格喪失ではなく，辞任による退任となる。また，A会社の監査役甲（B会社の取締役を兼ねるものとする。）が就任した時点では兼任禁止規定に違反しなかったが，その後，A会社がB会社の親会社となりこれに違反することとなった場合には，いずれの地位を辞任する意思かを推認することはできないが，甲は，いずれか一方の地位を辞任しなければならず，辞任による退任の登記が必要となる（実務相談4・62頁，江頭・株式会社法515頁）。

(e)　監査役の破産手続開始の決定

　監査役は，自ら破産手続開始の決定を受けたときは，委任契約の終了により退任する（民653条2号，相澤・論点解説280頁）。従前は，欠格事由とされていたが，会社法では，欠格事由ではない（法335条1項，331条1項参照）。

（注1）　会社の破産手続開始と退任事由

　　　　会社につき破産手続開始の決定があった場合には，登記実務上，監査役は，当然には退任しないものとして取り扱われてきた（昭30・5・6民事甲553号回答，実務相談3・68頁，大森淳「会社が破産した場合における取締役および監査役の地位」旬刊商事法務1092号36頁）。

この点，最判平21・4・17集民230号395頁においても，会社と監査役との委任関係は終了しないとの見解が採られている。

（注2）　会社の解散と退任事由

清算株式会社についても監査役という機関は存在する（法477条2項）ため，会社が解散しても，監査役は，退任しない。

②　登記手続

(a)　登記すべき事項

登記すべき事項は，退任の旨（退任事由）及び退任年月日である。

退任事由の具体的な記載については，後記(d)を参照されたい。

(b)　添付書面

添付書面は，退任を証する書面（商登54条4項）であるが，退任事由に応じて，具体的には，次のようなものなどがある。また，解任の場合には，その決議に係る株主リストも添付書面となる（商登規61条3項）。なお，詳細については，取締役に関する前記■2の(2)②(b)も参照されたい。

(i)　死亡の場合

戸籍謄抄本，死亡診断書，住民票，遺族等からの会社に対する死亡届出等が，退任を証する書面に該当する（商登法逐条解説323頁）。

(ii)　辞任の場合

辞任届が，退任を証する書面に該当する。

任期を法定任期より伸長した非公開会社（法336条2項）において，法定任期の満了時以後に辞任する場合であっても，任期伸長規定の記載のある定款の添付は要しないものと解される（取締役に関する前記■2の(2)②(b)(ii)の**（注1）**参照）。

(iii)　解任の場合

原則として，株主総会の議事録が，退任を証する書面に該当する。

ただし，監査役選任権付株式を発行した会社にあっては，解任に係る種類株主総会の議事録及びその株主リストが添付書面となるほか，当該監査役がどの種類株主によって選任された者かを確認するために，選任に係る種類株

主総会の議事録も添付しなければならない（平14・12・27民商3239号通達，書式精義第5版上296頁。なお，この選任に係る種類株主総会に関する株主リストの添付を要しないことは，辻雄介・大西勇「株主リストに関する一考察」登記研究832号15頁参照）。

また，このような会社において，定款に株主総会において解任する旨の定めがある場合（法347条2項の読替部分）に，株主総会の特別決議により解任したときは，株主総会の議事録，その株主リスト及び定款（定款に，一部の監査役についてのみ株主総会において解任する旨を定めたときは，当該監査役がどの種類株主によって選任された者かを確認するため，選任に係る種類株主総会の議事録を含む。）が添付書面となる（書式精義第5版上327頁）。

さらに，このような会社において，当該監査役の任期満了前にこれを選任した種類株主総会において議決権を行使することができる株主が存在しなくなった場合（法347条2項の読替部分）に，株主総会の特別決議により解任したときは，株主総会の議事録及びその株主リスト，当該監査役の選任に係る種類株主総会の議事録並びに議決権を行使することができる種類株主が存しないことを証する書面（当該種類株式に係る発行済種類株式総数が零の場合には，登記簿から判明するために不要であるが，当該種類株式の全てを会社が自己株式として保有する場合には，株主名簿等によりこれを証することとなろう。）が添付書面となる（書式精義第5版上327頁。法112条1項に該当する場合には，監査役選任権付株式の定めの廃止の登記の申請も，併せてしなければならない。前記2－3の■2の(2)⑦の(注)参照）。

なお，監査役の解任の訴えの請求認容判決の確定によって解任される場合（法854条）には，その確定判決が添付書面となる。

(iv)　任期満了の場合

改選の際の株主総会（監査役選任権付株式にあっては，種類株主総会）の議事録に，任期満了により退任した旨の記載がある場合には，これで足りる（昭53・9・18民四5003号回答，登記研究474号137頁）。非公開会社において定款で任期を法定期間より伸長した場合も，同様である。

これに対し，議事録に，任期満了により退任した旨の記載がない場合には，定時株主総会の議事録及び定款の添付を要するものと解される。定時株主総会の議事録は，退任日を明らかにするために必要であり，また，定款は，定時株主総会が開催されるべきであった時期を明らかにする（昭49・8・14民四4637号回答，鴻・先例百選124頁）とともに，任期を法定期間より伸長した場合にはその任期を明らかにするために必要だからである。なお，厳密には，任期の起算点である選任時を明らかにするための株主総会議事録も必要かに思われるが，通常，選任時から就任時までの時間が近接していることから，登記実務上，原則として，選任に係る議事録の添付を要しないものとして取り扱われている。

このほか，定時株主総会が定款所定の時期に開催されないことにより任期が満了したときは，定款が添付書面となり，また，前記①(c)(i)から(iv)までの定款変更（非公開会社が公開会社となる定款変更等）により任期が満了したときは，当該定款変更に係る株主総会議事録が添付書面となる。

（注）　前任者の残存任期の満了による補欠監査役の退任

　　狭義の補欠監査役（前任者の退任後に選任された者か，予選された者かを問わない。前記(1)②(e)の**図表２−11**参照）が前任者の残存任期の満了により退任する場合の登記については，登記簿上の就任年月日から申請に係る退任年月日までの期間が４年より相当程度短くなることがある。

　　この登記の申請には，定時株主総会の議事録のほか，会社法336条３項の定め及び定時株主総会が開催されるべきであった時期を明らかにするための定款の添付を要するが，この場合も，本文に述べたとおり，改選の際の定時株主総会の議事録に，任期満了により退任した旨の記載がある場合には，議事録のみで足りると解されている（実務相談１・638頁，書式精義第５版上335頁，浅野克男「補欠選任された株式会社の監査役の任期と登記」・菊池洋一編著『商業登記制度をめぐる諸問題』382頁（テイハン，1994），鴻・先例百選125頁）。

　　なお，この議事録には，「監査役何某は，前任監査役の補欠として選任されたので，定款何条の規定に基づき本定時総会の終結の時をもって任期満了により退任する。」などと具体的に記述するのが望ましいとされている（上記浅野論文383頁）。

(v) **資格喪失の場合**

資格喪失の事由を証する書面が添付書面となる。

(vi) **監査役の破産手続開始の決定の場合**

破産手続開始の決定書の謄本が添付書面となる。

(c) **登録免許税額**

申請1件につき3万円（資本金の額が1億円以下の会社については，1万円。登税別表第一第24号㈠カ）である。監査役の退任の登記と同時に，監査役の監査の範囲を会計に関するものに限定する旨の定めの設定又は廃止の登記をするときも，別途，その登録免許税額を加算する必要はない（いずれも，商登規別表第5の役員に関する事項の登記となる。）。

なお，監査役設置会社の定めの廃止の登記もするときは，別途，3万円を要する（登税別表第一第24号㈠ツ）。

(d) **登記申請書の例**

前記■1の(2)④(a)の登記申請書の例中，

「登記の事由 　　　（監査役設置会社の定め廃止）

　　　　　　　　　　監査役の変更

　登記すべき事項（平成〇年〇月〇日監査役設置会社の定め廃止）

　　　　　　　　　　監査役何某は、平成〇年〇月〇日死亡

　　　　　　　　　　監査役何某は、平成〇年〇月〇日辞任

　　　　　　　　　　監査役何某を平成〇年〇月〇日解任

　　　　　　　　　　監査役何某は、（任期満了により）平成〇年〇月〇日退任

　　　　　　　　　　監査役何某は、平成〇年〇月〇日資格喪失

　　　　　　　　　　監査役何某は、（破産手続開始の決定により）平成〇年〇月〇日退任」

などとし，添付書面及び登録免許税額を上記(b)及び(c)のとおりとするほかは，これと同様である。

なお，社外監査役の登記もあるときは，「監査役何某」とあるのを「監査

役（社外監査役）何某」とする（平14・4・25民商1067号通達）。

⑶ 監査役の氏名の変更

① 手　　続

会社は，監査役の氏名に変更があったときは，その変更の登記をしなければならない。

氏又は名の変更は，婚姻，離婚，養子縁組，離縁等によって生ずる。

② 登記手続

⒜ 登記すべき事項

登記すべき事項は，変更後の氏名及び変更年月日である。

⒝ 添付書面

委任状以外の添付書面を要しない（実務相談3・40頁）。

ただし，氏の変更の登記申請と同時に，婚姻前の氏をも登記するよう申出をするには，これらを証する書面が添付書面となる（商登規81条の2，平27・2・20民商18号通達）。

⒞ 登録免許税額

申請1件につき3万円（資本金の額が1億円以下の会社については，1万円。登税別表第一第24号㈠カ）である。

⒟ 登記申請書の例

前記■1の⑵④⒜の登記申請書の例中，

「登記の事由　　　監査役の氏名変更

　登記すべき事項　平成〇年〇月〇日監査役何某の氏変更

　　　　　　　　　　　氏名　何某」

などとし，添付書面及び登録免許税額を上記⒝及び⒞のとおりとするほかは，これと同様である。

■ 5　監査役会

(1)　総　　論

　大会社（公開会社でないもの，監査等委員会設置会社及び指名委員会等設置会社を除く。）は，監査役会を置かなければならない（法328条1項）。

　これ以外の会社も，取締役会設置会社（監査等委員会設置会社及び指名委員会等設置会社を除く。）であれば，任意に監査役会を置くことができる（前記■1の(1)参照）。

　監査役会を置く場合には，定款に，監査役会設置会社である旨の定めを設ける必要があるほか，監査役は3人以上で，そのうち半数以上は，社外監査役でなければならない（法326条2項，335条3項）。

(2)　登記手続

①　監査役会設置会社の定めの設定の登記

(a)　登記すべき事項

　登記すべき事項は，監査役会設置会社の定めを設定した旨及び変更年月日である。

　また，このほか，社外監査役については，社外監査役である旨も登記しなければならない（法911条3項18号）。この点については，最低限，法定数の社外監査役が登記されていれば足りるとの見解（相澤・論点解説298頁参照）もあるが，条文解釈として難があることは否めず，登記申請人においては，会社法の規定どおり「社外監査役であるもの」につきその旨の登記申請を行い，同号の規定振りと乖離しない状態にしておくことが望ましいものと思われる。

　具体的な申請書の記載例は，後記(d)のとおりであるが，監査役の就任の登記と同時に社外である旨の登記をする場合と，既登記の監査役について社外

である旨の登記を追加する場合とで，申請書の記載の振り合いが異なること等につき，留意する必要がある（平14・4・25民商1067号通達）。

(b) 添付書面

添付書面は，監査役会設置会社の定めを設定した定款変更に係る株主総会の議事録及び株主リストである（商登46条2項，商登規61条3項）。

監査役の社外性については，添付書面を要しない。

監査役会設置会社の定めの設定と同時に監査役が就任するときは，その添付書面を要する（前記■4の(1)③(b)参照）。

(c) 登録免許税額

申請1件につき3万円である（登税別表第一第24号㈠ワ）。

なお，社外監査役である旨の登記をするときは，別途，3万円（資本金の額が1億円以下の会社については，1万円。同号㈠カ）を要する。

(d) 登記申請書の例

前記■1の(2)④(a)の登記申請書の例中，

　「登記の事由　　　　監査役会設置会社の定め設定
　　　　　　　　　　　監査役の変更
　　　登記すべき事項　平成〇年〇月〇日監査役会設置会社の定め設定
　　　　　　　　　　　監査役（社外監査役）Aは、同日就任
　　　　　　　　　　　監査役Bは、社外監査役である。」

などとし，添付書面及び登録免許税額を上記(b)及び(c)のとおりとするほかは，これと同様である（上記のうち，Aは，新たに就任する監査役につき社外監査役である旨の登記をする例であり，Bは，既登記の任期中の監査役につき社外監査役である旨の登記をする例である。）。

(e) 登記の在り方

既登記の任期中の監査役について社外監査役である旨の登記を追加する場合には，登記官は，変更原因及び変更年月日の記録を要せず，「平成〇年〇月〇日社外監査役の登記」と記録することとなる（平18・4・26民商1110号登記記録例通知参照）。

■5 監査役会　　459

②　監査役会設置会社の定めの廃止の登記

(a)　登記すべき事項

登記すべき事項は，監査役会設置会社の定めを廃止した旨及び変更年月日である。

また，この場合には，あわせて社外監査役である旨の抹消登記をしなければならない（法915条1項，911条3項18号）。

(b)　添付書面

添付書面は，株主総会の議事録及び株主リストである（商登46条2項，商登規61条3項）。

(c)　登録免許税額

申請1件につき3万円である（登税別表第一第24号㈠ワ）。

また，社外監査役である旨の抹消の登記については，別途，3万円（資本金の額が1億円以下の会社については，1万円。同号㈠カ）を要する。

(d)　登記申請書の例

前記■1の(2)④(a)の登記申請書の例中，

　「登記の事由　　　　監査役会設置会社の定め廃止

　　　　　　　　　　　監査役の変更

　　登記すべき事項　　平成○年○月○日監査役会設置会社の定め廃止

　　　　　　　　　　　同日監査役（社外監査役）何某は，辞任

　　　　　　　　　　　同日監査役（社外監査役）Aにつき監査役会設置会社

　　　　　　　　　　　の定め廃止により変更

　　　　　　　　　　　　監査役　A

　　　　　　　　　　　同日監査役Bは，重任」

などとし，添付書面及び登録免許税額を上記(b)及び(c)のとおりとするほかは，これと同様である（平18・4・26民商1110号登記記録例通知参照。上記のうち，Aは，任期中の監査役につき社外監査役である旨の登記を抹消する例であり，Bは，重任と同時に社外監査役である旨の登記を抹消する例である。）。

■6 会計監査人

⑴ 会計監査人の就任（重任を除く。）

① 会計監査人を置く機関構成

大会社は，会計監査人を置かなければならない（法328条）。大会社でなくても，監査等委員会設置会社及び指名委員会等設置会社については，同様である（法327条5項）。

これら以外の会社も，監査役を置く場合には，任意に会計監査人を置くことができる（前記■1の⑴参照）。

会計監査人を置く場合には，定款に，会計監査人設置会社である旨の定めを設ける必要がある（法326条2項）。

② 選任手続

⒜ 資　格

会計監査人は，公認会計士（公認会計士試験に合格し，日本公認会計士協会に備える公認会計士名簿に登録を受けた者。公認会計士法17条），公認会計士法の外国公認会計士又は監査法人でなければならない（法337条1項，33条10項3号）。

欠格事由として，公認会計士法の規定により会社法の計算書類の監査をすることができない者，その子会社等から公認会計士の業務以外の業務により継続的な報酬を受けている者等が掲げられている（法337条3項）。改正前と異なり，業務停止処分を受け，その停止の期間を経過しない者については，当該処分が会社法の計算書類の監査と関係のない業務に関するものである限り，欠格事由とならない（旧商特4条2項3号）。

⒝ 選　任

会計監査人の選任は，株主総会の普通決議によって行う（法329条1項，

309条1項）。役員（取締役，会計参与，監査役）の選任（法341条）と異なり，定款によって，選任決議の定足数を，議決権を行使することができる株主の議決権の3分の1未満にすることも，差し支えない。なお，平成26年の会社法の改正により，監査役設置会社（会計監査人設置会社では，監査役の監査の範囲を会計に関するものに限定することはできない。法389条1項）においては，株主総会に提出する会計監査人の選解任及び不再任に関する議案の内容は，取締役会が定めるのではなく，監査役（複数ある場合には，その過半数）の決定（監査役会設置会社にあっては，その過半数による決議）によることとされた（法344条，393条1項）。

会計監査人は，役員ではなく，その補欠者（任期が前任者の任期満了時までとされ，法338条1項の法定期間より短くなる者）の選任規定はない（法329条2項，336条3項参照。相澤哲・松本真「補欠役員の予選」登記情報539号19頁）。

会計監査人の任期は，選任後1年以内に終了する事業年度のうち最終のものに関する定時株主総会の終結の時までであり，定款の定めやこれを選任する株主総会の決議により，任期を短縮したり，伸長したりすることはできない（法338条1項，新版注釈会社法(6)543頁，前田・会社法入門（第12版）521頁）。

なお，一時会計監査人の職務を行うべき者（仮会計監査人）の選任については，後記(6)を参照されたい。

(c) 就任承諾

会計監査人の選任手続後，会社の代表者が監査契約の申込みを行い，当該公認会計士，外国公認会計士又は監査法人がこれを承諾すると，その者は，会計監査人に就任する。なお，平成19年の公認会計士法改正法においては，公認会計士の資格を有しない者も，日本公認会計士協会の登録を受けて監査法人の社員になることができるが，財務書類の監査証明業務については，公認会計士又は外国公認会計士である社員のみが監査法人の代表権を有するとされている（改正後の公認会計士法34条の10の3第1項）ので，会計監査人への就任承諾の意思は，これらの社員によってされる必要がある。

会計監査人の選任手続前に，あらかじめ監査契約を締結しておくこともで

きるが，その場合には，適法に選任手続が行われることを条件とする。

③ 登記手続

(a) 登記すべき事項

登記すべき事項は，会計監査人の氏名又は名称及び就任年月日である。

初めて会計監査人の登記をするに当たっては，会計監査人設置会社である旨の定款の定めを設け，会計監査人設置会社である旨の登記もする必要がある（法915条１項，911条３項19号）。

(b) 添付書面

添付書面は，次のとおりである。

・会計監査人の選任（初めて選任する場合にあっては，会計監査人設置会社である旨の定款の定めの設定を含む。）に係る株主総会の議事録及び株主リスト（商登46条２項，商登規61条３項）

　選任議案の内容についての監査役又は監査役会の決定に係る書面は，添付書面とはされていない。

・就任承諾書（商登54条２項１号）

　なお，会計監査人の記名押印のある監査契約書も，就任承諾書とみることができるとして取り扱われている。

・会計監査人が監査法人であるときは，当該法人の登記事項証明書（商登54条２項２号）

　この登記事項証明書は，監査法人の存在（名称・主たる事務所）及び就任承諾をした者の代表権限を確認するものであるため，代表者事項証明書であっても差し支えない（商登規30条１項。添付可能な登記事項証明書の種別の詳細については，土手敏行「会計監査人変更登記申請書の添付書面についての留意点Ｑ＆Ａ」登記情報547号43頁参照）。

　なお，申請先の登記所の管轄区域内に当該監査法人の主たる事務所がある場合には，登記事項証明書の添付を要しない（商登54条２項２号ただし書）。これ以外の場合も，申請書への会社法人等番号の記載により

添付省略の余地があることは，前記２－１の■６を参照されたい。

・会計監査人が監査法人でないときは，公認会計士又は外国公認会計士であることを証する書面（商登54条２項３号。平18・３・31民商782号通達別紙３－２の日本公認会計士協会事務総長名義の証明書）

なお，これらの添付書面からは，申請に係る公認会計士，外国公認会計士又は監査法人における欠格事由の有無は判明しないが，もとより欠格事由のある者の就任の登記を申請してはならないことは，当然である（刑法157条１項）。

(c) 登録免許税額

申請１件につき３万円（資本金の額が１億円以下の会社については，１万円。登税別表第一第24号㈠カ）である。

なお，会計監査人設置会社である旨の登記もするときは，別途，３万円を要する（登税別表第一第24号㈠ツ）。

(d) 登記申請書の例

前記■１の(2)④(a)の登記申請書の例中，

「登記の事由　　　（会計監査人設置会社の定め設定）

　　　　　　　　　会計監査人の変更

登記すべき事項　（平成○年○月○日会計監査人設置会社の定め設定）

　　　　　　　　　次の者は同日会計監査人に就任

　　　　　　　　　　○○監査法人」

などとし，添付書面及び登録免許税額を上記(b)及び(c)のとおりとするほかは，これと同様である。

(2) 会計監査人の重任

① 手　　続

会計監査人は，任期満了時の定時株主総会において別段の決議がされなかったときは，当該定時株主総会において再任されたもの（自動再任）とみなされており，積極的な選任決議を要せずに，原則として，重任することと

なる（法338条2項）。

　なお，上記の「別段の決議」としては，直接，現任の会計監査人について再任しない旨の決議（法344条1項参照）のほか，例えば，甲会計監査人の「後任として」乙会計監査人を選任する旨の決議も含まれると解されている（新版注釈会社法(6)544頁）が，現任の会計監査人を再任しない旨の意思が表示されていると評価できるものである必要がある。

②　登記手続

(a)　登記すべき事項，登録免許税額及び登記申請書の例

　登記すべき事項は，会計監査人の氏名又は名称及び重任の年月日である。

　登録免許税額及び登記申請書の例についても，「就任」とあるのを「重任」とするほかは，前記(1)と同様である。

(b)　添付書面

　添付書面は，次のとおりである。

・定時株主総会の議事録

　　会計監査人の選任の決議はされないが，退任（重任）の年月日を明らかにするため，その退任（重任）を証する書面（商登54条4項）として，定時株主総会の議事録が必要となる。なお，選任の決議がされないため，株主リストの添付は要しない（辻雄介・大西勇「株主リストに関する諸問題」登記情報667号7頁）。

・会計監査人が監査法人であるときは，当該法人の登記事項証明書（商登54条2項2号。添付省略の余地は，前記2－1の■6参照）

・会計監査人が監査法人でないときは，公認会計士又は外国公認会計士であることを証する書面（商登54条2項3号。平18・3・31民商782号通達別紙3－2の日本公認会計士協会事務総長名義の証明書）

　なお，会計監査人の就任承諾書（又は監査契約書）の添付は要しない（平18・3・31民商782号通達）。論理的には，会社法338条2項は再選決議を擬制するだけであり，委任契約の効力（更新）は当該契約の内容により定まると

■6　会計監査人　　465

される（相澤・論点解説417頁）が，会計監査人の地位の安定という同項の趣旨を踏まえ，登記実務上は，通常，会計監査人の就任承諾があるものとみて，積極的な添付書面を要しないとされたものである。

⑶　会計監査人の退任

①　手　　続

会計監査人の退任事由は，死亡，辞任，解任，任期満了（再任しない旨の決議の場合等），資格喪失（欠格事由に該当する場合）等である。

なお，会計監査人については権利義務承継規定（法346条1項）がないため，法令又は定款に定める員数を欠くこととなる登記申請も，受理することができる。

⒜　死亡及び辞任

死亡にあっては死亡の日に，辞任にあっては辞任の意思表示が会社に到達した日に（昭54・12・8民四6104号回答，実務相談3・48頁，50頁），会計監査人は退任する。

⒝　解　　任

⒤　株主総会による解任

会計監査人の解任は，株主総会の普通決議によってすることができる（法339条1項，309条1項）。役員の解任（法341条，309条2項）と異なり，定款によって，解任決議の定足数を，議決権を行使することができる株主の議決権の3分の1未満にすることも差し支えないし，監査役及び累積投票によって選任された取締役等の解任（法309条2項）と異なり，特別決議を要するものでもない。

なお，平成26年の会社法の改正により，監査役設置会社においては，株主総会に提出する会計監査人の選解任及び不再任に関する議案の内容は，取締役会が定めるのではなく，監査役（複数ある場合には，その過半数）の決定（監査役会設置会社にあっては，その過半数による決議）によることとされ

た（法344条，393条1項）。

(ii) 監査役等による解任

会計監査人が職務上の義務に違反し又は職務を怠った場合等においては，監査役（監査役会設置会社にあっては監査役会，監査等委員会設置会社にあっては監査等委員会，指名委員会等設置会社にあっては監査委員会）は，会計監査人を解任することができる。

この解任は，監査役（監査等委員会設置会社にあっては監査等委員，指名委員会等設置会社にあっては監査委員会の委員）の全員の同意によって行い，その後，当該監査役は，その旨及び解任の理由を最初に招集される株主総会に報告しなければならない（法340条）。

(iii) 退 任 日

会計監査人の退任日（監査契約の効力が失われる日）について，これを適法な解任手続を行った日とする見解（新版注釈会社法(6)547頁）と，民法の一般理論に照らし，会社の代表者による解約の意思表示が会計監査人に到達した日とする見解（稲葉威雄『改正会社法』383頁（金融財政事情研究会，1982））とがある。

会計監査人は，会社法では会社の機関と位置付けられている（法326条の見出し参照）が，その実質的な第三者性は改正前と同様である（江頭・株式会社法307頁参照）ことに照らすと，取締役や監査役のような解任決議日説（前記■2の(2)①(a)(iii)(ウ)参照）を採用してよいかどうか，なお疑問も残る。困難な解釈問題であるが，登記所の審査の在り方については，後記②(b)を参照されたい。

(c) 任期満了

会計監査人については，任期満了時の定時株主総会において別段の決議がない限り，自動再任されることとなる（法338条1項・2項）が，この別段の決議（その内容については，前記(2)①参照）があった場合には，会計監査人は，その満了日に，任期満了により退任する。

また，会計監査人設置会社の定めを廃止する定款変更をした場合にも，会計監査人は，定款変更の効力発生日に，任期満了により退任する（法338条3項）。

■6　会計監査人　　*467*

（注）　**定時株主総会が定款所定の時期に開催されなかった場合**
　　　　　この場合には，取締役，会計参与及び監査役については，定款所定の時期の経過とともに，その任期が満了すると解されている（昭33・12・23民事甲2655号回答，昭38・5・18民事甲1356号回答，鴻・先例百選96頁）。
　　　　　会計監査人については，その地位の継続性（自動再任制）や権利義務承継規定の不存在という特殊性に照らし，①取締役等と同様に任期が満了し，その後遅滞なく仮会計監査人の選任を求めるべきか，又は②定款所定の時期には退任せず，計算書類の監査の継続性を確保すべきか，その解釈が困難であるが，最近では，上記①によっているようである（玉井由紀江「相談事例」登記インターネット106号116頁）。

　⒟　**資格喪失**

　会計監査人は，会社法337条3項の欠格事由（前記⑴②⒜参照）に該当した場合には，その該当した日に，資格喪失により退任する。例えば，平成27年5月1日に「同年7月1日から8月31日までの間，会社法の計算書類の監査をしてはならない」との業務一部停止処分を受けた場合には，会計監査人は，同年7月1日に退任する。

　会計監査人となるための資格（法337条1項）である公認会計士の登録を抹消された場合も，同様である。

　なお，一旦資格喪失により退任した会計監査人は，その後，業務停止処分の期間が経過しても会計監査人の地位に復活するものではなく，会計監査人となるためには，別途，株主総会において改めて選任される必要がある。

　⒠　**会計監査人の破産手続開始の決定又は後見開始の審判**

　これらの事由は，会計監査人の欠格事由ではないが，受任者である会計監査人が破産手続開始の決定又は後見開始の審判を受けた場合には，監査契約が終了する（民653条2号・3号）ので，会計監査人は，その日に退任する。

　⒡　**会社の破産手続開始の決定**

　会社につき破産手続開始の決定があった場合の役員の地位については，歴史的に困難な解釈問題があり，現在の登記実務上，その当時の取締役は会社財産の管理処分権を失うものの当然には退任せず，また，監査役は退任しな

いとして取り扱われている（平23・4・1民商816号通知，実務相談3・68頁）。

会計監査人については，文献上明らかではないものの，清算手続中において会計監査人が置かれないこと（法477条7項）との均衡や，会社の機関とはいえ，その実質的な第三者性は改正前と同様であり，通常の契約と別異に整理する理由がないこと等を踏まえると，私見ではあるが，民法653条2号により退任するものとして取り扱うのが相当ではなかろうか。

(g) **会計監査人の解散（合併又は前記(e)の破産手続開始の決定による解散を除く。）**

監査法人が解散した場合には，当該監査法人は清算の目的の範囲内においてのみ存続するものとみなされ（公認会計士法34条の22第2項，法645条），会社法の計算書類の監査をすることができないため，会計監査人は，解散の日に退任する（新版注釈会社法(6)547頁）。

なお，監査法人が合併により消滅する場合に，会計監査人の地位を退任しないことについては，後記(4)①を参照されたい。

(h) **会社の解散**

清算株式会社について会計監査人という機関は存在しない（法477条7項）ため，会社の解散により，会計監査人は退任する。

もっとも，この場合には，上記(a)から(g)までと異なり，解散の登記をした登記官が，職権で，会計監査人設置会社である旨の登記及び会計監査人に関する登記を抹消する（商登規72条1項4号）ため，会社が会計監査人の退任の登記を申請する必要はない。

② **登記手続**

(a) **登記すべき事項**

登記すべき事項は，退任の旨（退任事由）及び退任年月日である。

退任事由の具体的な記載については，後記(d)を参照されたい。

(b) **添付書面**

添付書面は，退任を証する書面（商登54条4項）であるが，退任事由に応

じて，具体的には，次のようなものなどがある。また，株主総会による解任の場合には，株主リストも添付書面となる（商登規61条3項）。

・死亡にあっては，戸籍謄抄本や死亡診断書
・辞任にあっては，辞任届

　　なお，登記申請書に記載された登記原因年月日としての退任の日と辞任届に記載された辞任の日とが一致している場合には，辞任届がその日に会社に到達したものとして，当該登記申請は受理される取扱いである（実務相談3・49頁参照）。

・解任にあっては，株主総会による解任の場合にはその議事録，監査役（監査役会，監査等委員会又は監査委員会）による解任の場合には監査役（監査等委員又は監査委員）の全員の同意書

　　なお，解任の効力発生日に関する議論につき，解任決議日説をとった場合には上記議事録等によりその日が判明するが，仮に，意思表示到達日説をとった場合でも，上記の辞任届に関する取扱いと同様に，登記申請書に記載された解任の日と株主総会議事録又は監査役等の同意書に記載された解任の日とが一致しているときは，解任の意思表示がその日に会計監査人に到達したものとして，当該登記申請を受理して差し支えないであろう。

・任期満了にあっては，株主総会の議事録（再任しない旨の決議をしたもの，会計監査人設置会社の定めを廃止したもの等。この場合に株主リストが添付書面とならないことにつき，辻雄介・大西勇「株主リストに関する一考察」登記研究832号12頁）

・資格喪失にあっては，その事由を証する書面

　　業務一部停止処分により欠格事由に該当した場合には，その行政処分が掲載された官報がこれに当たる。

・破産手続開始の決定にあっては，当該決定書の謄本（監査法人にあっては，その登記事項証明書でも差し支えない。登記事項証明書の添付省略の余地は，前記2−1の■6参照）

470　2-5　機関・役員等に関する登記

- ・後見開始の審判にあっては，当該審判書の謄本や後見登記に係る登記事項証明書
- ・監査法人の解散にあっては，その登記事項証明書（添付省略の余地は，前記2－1の■6参照）

(c)　登録免許税額

申請1件につき3万円（資本金の額が1億円以下の会社については，1万円。登税別表第一第24号㈠カ）である。

なお，会計監査人設置会社の定めの廃止の登記もするときは，別途，3万円を要する（登税別表第一第24号㈠ツ）。

(d)　登記申請書の例

前記■1の(2)④(a)の登記申請書の例中，

「登記の事由　　　（会計監査人設置会社の定め廃止）

　　　　　　　　　会計監査人の変更

　登記すべき事項（平成〇年〇月〇日会計監査人設置会社の定め廃止）

　　　　　　　　　会計監査人何某は，平成〇年〇月〇日死亡

　　　　　　　　　会計監査人何某は，平成〇年〇月〇日辞任

　　　　　　　　　会計監査人何某を平成〇年〇月〇日解任

　　　　　　　　　会計監査人何某は，（任期満了により）平成〇年〇月〇日退任

　　　　　　　　　会計監査人何某は，平成〇年〇月〇日資格喪失

　　　　　　　　　会計監査人何某は，（破産手続開始の決定，後見開始の審判又は解散により）平成〇年〇月〇日退任」

などとし，添付書面及び登録免許税額を上記(b)及び(c)のとおりとするほかは，これと同様である。

⑷　会計監査人の合併

①　手　　続

■6　会計監査人　　*471*

　会計監査人である監査法人が合併により消滅する場合には，合併後の存続
監査法人が会計監査人の地位を承継すると解されており（新版注釈会社法(6)
537頁，実務相談4・893頁），この場合には，会社は，会計監査人の合併によ
る退任の登記及び就任の登記をしなければならない。

　なお，この場合に，合併による退任の登記及び就任の登記をするのではな
く，会計監査人の名称の変更の登記をするとの考え方もあり得るが，ある会
社の会計監査人である2つの監査法人が合併する場合との均衡（この場合に
は，一方の会計監査人の合併による退任の登記をすれば足りる。）を考慮し
て，登記実務上は，退任及び就任の登記をすることとされている。

②　登記手続

　会計監査人である監査法人Aが他の監査法人Bと合併をして，存続監査法
人Bが会計監査人の地位を承継した場合についての登記手続は，次のとおり
である。

　なお，共にある会社の会計監査人である監査法人A及びCが合併をしてA
が消滅する場合についての登記手続は，次の記述のうち会計監査人Aの退任
に関する部分のみである（既に登記されている会計監査人Cについては，変
更の登記を要しない。）ので，留意されたい。

(a)　登記すべき事項

　登記すべき事項は，Aの合併による退任の旨及び退任年月日並びに新たな
会計監査人Bの名称及び就任年月日である。

(b)　添付書面

　添付書面は，次のとおりであるが，事実上，両者は1通の登記事項証明書
で兼ねることができる。なお，登記事項証明書の添付省略の余地は，前記2
－1の■6を参照されたい。

　・Aの合併を証する書面（商登54条4項）

　　　具体的には，監査法人Bの登記事項証明書（Aを消滅法人として合併
　　した旨の記載のあるもの）がこれに当たる。なお，監査法人Aの閉鎖事

項証明書（合併により解散した旨の記載のあるもの）でも差し支えない。

・Bの登記事項証明書（商登54条2項2号）

なお，合併後の存続監査法人Bは，法律上当然に会計監査人となり，前記(1)の通常の就任の場合と異なり，会社における株主総会の決議や監査法人による就任承諾を要しないため，これらに関する添付書面は必要がない。

(c) 登録免許税額

申請1件につき3万円（資本金の額が1億円以下の会社については，1万円。登税別表第一第24号㈠カ）である。

(d) 登記申請書の例

前記■1の(2)④(a)の登記申請書の例中，

「登記の事由 会計監査人の変更

登記すべき事項 会計監査人何某は、平成〇年〇月〇日合併

会計監査人何某は、（合併により）平成〇年〇月〇日就任」

などとし，添付書面及び登録免許税額を上記(b)及び(c)のとおりとするほかは，これと同様である。

(5) 会計監査人の氏名・名称の変更

① 手　　続

会社は，会計監査人の氏名又は名称に変更があったときは，その変更の登記をしなければならない。

氏又は名の変更は，婚姻，離婚，養子縁組，離縁等によって生ずる。

監査法人の名称の変更は，当該監査法人における定款の変更によって生ずる（合併により存続監査法人に包括承継された場合については，上記(4)参照）。

■6　会計監査人　　*473*

②　登記手続

(a)　登記すべき事項

登記すべき事項は，変更後の氏名又は名称及び変更年月日である。

(b)　添付書面

個人である会計監査人の氏又は名に変更があった場合には，委任状以外の添付書面を要しない。ただし，氏の変更の登記申請と同時に，婚姻前の氏をも登記するよう申出をするには，これらを証する書面が添付書面となる（商登規81条の2）。

監査法人である会計監査人の名称に変更があった場合には，その名称の正確性を確認するため，当該監査法人の登記事項証明書を添付しなければならない（商登54条3項。添付省略の余地は，前記2－1の■6参照）。

(c)　登録免許税額

申請1件につき3万円（資本金の額が1億円以下の会社については，1万円。登税別表第一第24号㈠カ）である。

(d)　登記申請書の例

前記■1の(2)④(a)の登記申請書の例中，

　「登記の事由　　　会計監査人の氏（名，名称）変更

　　登記すべき事項　平成○年○月○日会計監査人何某の氏変更

　　　　　　　　　　氏名　　何某」

などとし，添付書面及び登録免許税額を上記(b)及び(c)のとおりとするほかは，これと同様である。

(6)　一時会計監査人の職務を行うべき者の就任

①　手　　　続

会計監査人設置会社において，会計監査人の退任により，会計監査人が欠け，又は定款で定めた員数に足りなくなる場合には，期中監査業務に空白期間が生ずる（役員と異なり，任期満了又は辞任により退任した者も，後任者が就

任するまで従前と同様の権利義務を有するわけではない。法346条1項参照)。

このような事態が生じた場合において、遅滞なく臨時株主総会等が招集されず会計監査人の選任がされないときは、監査役(監査役会、監査等委員会又は監査委員会)は、一時会計監査人の職務を行うべき者(仮会計監査人)を選任しなければならず、これを置いたときは、2週間以内にその登記をしなければならない(法346条4項・6項から8項まで,915条1項,911条3項20号)。

なお、監査役が選任権限を有する場合には、独任制の機関である各監査役は、それぞれ仮会計監査人を選任することができる。

(注1) 仮会計監査人の選任時期

仮会計監査人は、現に会計監査人に欠員が生じた後でなければ、選任することはできないと解されている(相澤哲「会計監査人の欠格事由と一時会計監査人」登記情報538号26頁)。

一般に、条件付決議は、それが合理的なものと認められる範囲で許容されているところ、上記の解釈は若干厳格に過ぎる嫌いもある(例えば、1か月後から業務停止とする旨の行政処分が官報に掲載され、間もなく欠員が生ずることが確実である場合等)が、監査役による機動的な仮会計監査人の選任が容易なことから、現会計監査人に対する業務停止期間の初日の到来を期限とする事前の選任決議を否定したものであろう。

(注2) 仮会計監査人の退任時期

仮会計監査人は、定時又は臨時の株主総会において正規の会計監査人が選任されれば、その時点でその地位を失い、正規の会計監査人の就任の登記をした登記官は、職権で、仮会計監査人の登記を抹消することとされている(商登規68条1項)。

② 登記手続

(a) 登記すべき事項,登録免許税額及び登記申請書の例

登記すべき事項は、仮会計監査人の氏名又は名称及び就任年月日である。

登録免許税額及び登記申請書の例についても、「会計監査人」とあるのを「仮会計監査人」とするほかは、前記(1)と同様である。

(b) 添付書面

添付書面は、次のとおりである。

・仮会計監査人の選任に係る監査役の選任書(又は監査役会、監査等委員会

若しくは監査委員会の議事録。商登55条１項１号）

・就任承諾書（商登55条１項２号）

・仮会計監査人が監査法人であるときは，当該法人の登記事項証明書（商登55条１項３号。添付省略の余地は，前記２－１の■６参照）

・仮会計監査人が監査法人でないときは，公認会計士又は外国公認会計士であることを証する書面（商登55条１項４号。平18・３・31民商782号通達別紙３－２の日本公認会計士協会事務総長名義の証明書）

■ 7　特別取締役

(1)　総　　論

　特別取締役の制度（法373条）は，取締役の員数が６人以上の取締役会設置会社（指名委員会等設置会社を除く。）において，社外取締役が１人以上あるときに，重要な財産の処分及び譲受け並びに多額の借財を決定する取締役会につき，あらかじめ選定した３人以上の取締役の過半数が出席すれば足りるとする制度であり，取締役会の定足数（全取締役の過半数の出席。法369条１項）についての特則となるものである。

　監査等委員会設置会社も，この制度を利用することができるが，例外的に，①取締役の過半数が社外取締役である場合，又は②取締役会の決議により重要な業務執行の決定を取締役に委任することができる旨の定款の定めがある場合には，指名委員会等設置会社と同様に，業務執行者に対する業務執行の決定の委任が大幅に認められ（法399条の13第５項・６項。後記■８の(1)②参照），この制度を認める必要性が乏しいことから，指名委員会等設置会社と同様に，この制度の利用は許されないとされている。

　特別取締役による議決の定めの設定及び特別取締役の選定は，取締役会の決議によって行う（法373条１項）。社外取締役が特別取締役になる必要はない。

なお，監査役設置会社において特別取締役による議決の定めがあるときは，監査役の互選により，監査役の中から，特に取締役会への出席義務を負う監査役を定めることができる（法383条1項）が，特別取締役の全員の同意があっても，取締役会の決議を省略することはできない（法373条4項，370条）。

（注） 特別取締役による議決の定めについては，定款に規定してこれを設定することもできるし，また，定款にその設定を株主総会の権限とする旨を規定した（法295条2項）上で，株主総会により設定することもできる（前記2－1の■1の(2)，■3の(1)①参照，相澤・論点解説373頁）。

⑵　登記手続

①　特別取締役の就任の登記

⒜　登記すべき事項

登記すべき事項は，特別取締役の氏名及び就任年月日である。

初めて特別取締役の登記をするに当たっては，特別取締役による議決の定めがある旨の登記もする必要がある。

また，このほか，社外取締役については，社外取締役である旨も登記しなければならない（法915条1項，911条3項21号ハ）。この点については，最低限，法定数の社外取締役が登記されていれば足りるとの見解（相澤・論点解説298頁参照）もあるが，条文解釈として難があることは否めず，登記申請人においては，会社法の規定どおり「社外取締役であるもの」につきその旨の登記申請を行い，同号の規定振りと乖離しない状態にしておくことが望ましいものと思われる。

具体的な申請書の記載例は，後記⒟のとおりであるが，取締役の就任の登記と同時に社外である旨の登記をする場合と，既登記の取締役について社外である旨の登記を追加する場合とで，申請書の記載の振り合いが異なること等につき，留意する必要がある（平14・4・25民商1067号通達）。

⒝　添付書面

添付書面は，次のとおりである。

■7 特別取締役 *477*

・特別取締役の選定（初めて選定する場合にあっては，特別取締役による議決の定めの設定を含む。）に係る取締役会の議事録（商登46条2項）
・就任承諾書（商登54条1項）
社外取締役の社外性については，添付書面を要しない。

(c) 登録免許税額

申請1件につき3万円（資本金の額が1億円以下の会社については，1万円。登税別表第一第24号㈠カ）である。

なお，特別取締役による議決の定めがある旨の登記もするときは，別途，3万円を要する（登税別表第一第24号㈠ツ）。

(d) 登記申請書の例

前記■1の(2)④(a)の登記申請書の例中，

「登記の事由　　　（特別取締役による議決の定め設定）

　　　　　　　　　特別取締役（及び取締役）の変更

登記すべき事項（平成〇年〇月〇日特別取締役による議決の定め設定）

　　　　　　　　　特別取締役何某は，同日就任

　　　　　　　　　（取締役（社外取締役）Aは，同日就任）

　　　　　　　　　（取締役Bは，社外取締役である。）」

などとし，添付書面及び登録免許税額を上記(b)及び(c)のとおりとするほかは，これと同様である（上記のうち，Aは，新たに就任する取締役につき社外取締役である旨の登記をする例であり，Bは，既登記の任期中の取締役につき社外取締役である旨の登記をする例である。）。

(e) 登記の在り方

既登記の任期中の取締役について社外取締役である旨の登記を追加する場合には，登記官は，変更原因及び変更年月日の記録を要せず，「平成〇年〇月〇日社外取締役の登記」と記録することとなる（平18・4・26民商1110号登記記録例通知参照）。

② 特別取締役の退任の登記

(a) 登記すべき事項

登記すべき事項は，退任の旨（退任事由）及び退任年月日である。

特別取締役による議決の定めを廃止した場合には，当該定めの廃止による変更の登記もする必要があるが，この場合には，社外取締役である旨の登記を残すべき場合（法911条3項22号ロ・23号イ）でない限り，社外取締役である旨の抹消登記をしなければならない。

なお，退任事由の具体的な記載については，後記(d)を参照されたい。

（注） 社外取締役が存しないこととなり，又は取締役の数が5人以下となった場合には，特別取締役による議決の定めは当然に効力を失うものと解される（重要財産委員会に関する平14・12・27民商3239号通達）が，直ちにその後任者が就任したときは，特別取締役による議決の定めの廃止の登記をすることは要しないとされている（中川晃「商法等の一部を改正する法律等の施行に伴う商業登記事務の取扱い」登記研究671号107頁）。

(b) 添付書面

特別取締役の退任の添付書面は，次のとおりである（商登54条4項）。取締役でなくなったことにより特別取締役を退任する場合には，取締役の退任による変更の登記の添付書面のほか，他の添付書面を要しない。

・特別取締役の辞任にあっては，辞任届

・特別取締役の解任にあっては，解任に係る取締役会の議事録

また，特別取締役による議決の定めの廃止の添付書面は，次のとおりである（平14・12・27民商3239号通達）。

・取締役会の決議により廃止した場合にあっては，取締役会議事録（商登46条2項）

・社外取締役が存しないこととなり，又は取締役の数が5人以下となることにより廃止した場合にあっては，これらの登記の添付書面のほか，他の添付書面を要しない。

なお，監査等委員会設置会社において，重要な業務執行の決定を取締役に

委任することができる旨の定款の定めを設けた場合には，当然に，これと両立し得ない特別取締役による議決の定めは廃止され（法373条１項），この場合には，特別取締役による議決の定めの廃止に係る取締役会議事録を添付することを要しないとされている（南野雅司「「会社法の一部を改正する法律等の施行に伴う商業・法人登記事務の取扱いについて（平成27年２月６日付け法務省民商第13号民事局長通達）」の解説」登記研究804号29頁）。

(c)　登録免許税額

申請１件につき３万円（資本金の額が１億円以下の会社については，１万円。登税別表第一第24号㈠カ）である。

なお，特別取締役による議決の定めの廃止の登記もするときは，別途，３万円を要する（登税別表第一第24号㈠ツ）。

(d)　登記申請書の例

前記■１の(2)④(a)の登記申請書の例中，

「登記の事由　　　（特別取締役による議決の定めの廃止）

　　　　　　　　　特別取締役（及び取締役）の変更

　登記すべき事項（平成○年○月○日特別取締役による議決の定め廃止）

　　　　　　　　　特別取締役何某は、平成○年○月○日辞任

　　　　　　　　　特別取締役何某を平成○年○月○日解任

　　　　　　　　　特別取締役何某は、（資格喪失、特別取締役による議決の定め廃止等により）平成○年○月○日退任

　　　　　　　　　取締役（社外取締役）何某は、平成○年○月○日退任

　　　　　　　　　取締役（社外取締役）Ａにつき平成○年○月○日特別取締役による議決の定め廃止により変更

　　　　　　　　　　取締役　Ａ

　　　　　　　　　同日取締役Ｂは、重任」

などとし，添付書面及び登録免許税額を上記(b)及び(c)のとおりとするほかは，これと同様である（上記のうち，Ａは，任期中の取締役につき社外取締役である旨の登記を抹消する例であり，Ｂは，重任と同時に社外取締役である旨

480　　2-5　機関・役員等に関する登記

の登記を抹消する例である。）。

■8　監査等委員会

(1)　総　　論

①　監査等委員会設置会社の機関構成

平成26年の会社法の改正により，取締役会設置会社は，監査役を置く代わりに，監査等委員会を置く機関構成を採ることができる。この場合には，会計監査人を置かなければならない（法327条）。

監査等委員会設置会社は，定款に，取締役会設置会社，監査等委員会設置会社及び会計監査人設置会社である旨の定め（任意に会計参与を置くときは，その定めを含む。）を設ける必要がある（法326条2項）。

（注）　監査等委員会設置会社制度の創設の背景

改正前における主な会社類型には，監査役設置会社と委員会設置会社とがあるが，監査役は，代表取締役の選解任を始めとして取締役会の議決権を有しておらず，監査機能の強化には限界があるとの指摘がされていた。

そして，業務執行者に対する監督については，特に上場会社において社外取締役の機能を活用すべきであるとの要請が強いところ，①公開会社である大会社において，監査役会を構成する社外監査役に加えて社外取締役を選任することには重複感・負担感があり，②委員会設置会社において，社外取締役が過半数を占める指名委員会及び報酬委員会に指名及び報酬の決定を委ねることにはなお抵抗感があるとの指摘がされていた。

このような背景から，業務執行者に対する監督機能を強化することを目的として，監査をする者が取締役会の議決権を有することとするとともに，重複感・負担感をできる限り避けつつ社外取締役の機能を活用しやすくするために，監査等委員会設置会社制度が創設されたとされる（坂本・一問一答18頁）。

②　監査等委員会設置会社における取締役会

監査等委員会設置会社では，取締役会は，経営の基本方針の決定その他の

業務執行の決定，取締役の職務の執行の監督，並びに代表取締役の選定及び解職を行うものであり，基本的には，一般の取締役会設置会社と同様に，重要な財産の処分及び譲受け等の重要な業務執行の決定を取締役に委任することはできない（法399条の13第1項・4項）。

　もっとも，監査等委員会設置会社制度を創設する趣旨は，業務執行者に対する監督機能の強化にあり，その実効性を高めるには，取締役会で決定すべき業務執行の範囲をできるだけ狭くすることが可能なようにすることが望ましい（モニタリング・モデル）。

　そこで，取締役の過半数が社外取締役である場合には，一定の特に重要な業務を除き，業務執行の決定を監査等委員以外の取締役に委任することができるとされた（法399条の13第5項，331条3項）。この場合に，取締役に委任することができない業務は，指名委員会等設置会社における執行役への委任と同様に，譲渡制限株式の取得の承認，株主総会の招集事項の決定，株主総会に提出する議案の内容の決定，利益相反取引の承認，定款の定めに基づく役員等の責任免除，計算書類等の承認，組織再編行為の内容の決定等である。もとより，代表取締役の選定及び解職を取締役に委任することができないことは，当然である（法362条2項3号と同様。坂本・一問一答56頁，60頁）。

　また，定款で，取締役会の決議により重要な業務執行の決定（特に重要な上記の業務を除く。）を取締役に委任することができる旨を定めたときは，取締役の過半数が社外取締役でなくても，取締役会の決議によって，当該業務執行の決定を監査等委員以外の取締役に委任することができる（法399条の13第6項，331条3項）。

（注）　取締役会の決議により一部の業務執行の決定のみを取締役に委任することができる旨の定款の定め

　　上記定款の定めを設けた会社において，取締役の過半数が社外取締役となるに至った場合に，①当該定款の定めの枠外として，法399条の13第5項の許容する範囲で業務執行の決定を取締役に委任することができるようになるのか，又は②当該定款の定めが優先し，委任の範囲は当該定款で定めた当該一部に限られるのかについては，定款の定めの趣旨によると考えら

れるところ，疑義を避けるために，当該定款の定めにおいて，取締役の過半数が社外取締役である場合との優先関係を明示することが実務上無難であるとされる（清水毅「監査等委員会の運営等と移行手続」ビジネス法務2014年10月号60頁）。

③ 監査等委員会

監査等委員会は3人以上の監査等委員である取締役の全員で組織され，その過半数は社外取締役である（法331条6項，399条の2第1項）。常勤の監査等委員を置くかどうかは，指名委員会等設置会社における監査委員と同様に，会社の任意である（坂本・一問一答37頁）。

監査等委員会は，取締役及び会計参与の職務の執行の監査を行うほか，株主総会に提出する会計監査人の選解任等に関する議案の内容の決定や，監査等委員以外の取締役の選解任・辞任・報酬について株主総会で述べるべき監査等委員会の意見の決定を行う（法399条の2第2項）。

このように，監査等委員会設置会社は，社外取締役を中心とする監査等委員会が取締役の職務の執行を監査し，業務執行者の指名及び報酬につき株主総会における意見陳述権を有することを特徴とする会社類型である。

④ 監査等委員である取締役とそれ以外の取締役の選解任，任期等
(a) 監査等委員以外の取締役
(i) 選 解 任

監査等委員以外の取締役は，株主総会の特別な普通決議によって，監査等委員である取締役と区別して選任される（法329条，341条）。なお，監査等委員会が選定する監査等委員は，株主総会において，監査等委員以外の取締役の選解任・辞任・報酬について，監査等委員会の意見を述べることができる（法342条の2第4項，361条6項）。

株主総会において2人以上の監査等委員以外の取締役を選任する場合には，定款に別段の定めがあるときを除き，累積投票制度が認められている（法342条）。

監査等委員以外の取締役の解任は，原則として，株主総会の特別な普通決議によって行う（法339条1項，341条）が，累積投票によって選任された者の解任は，株主総会の特別決議によって行う（法342条6項，309条2項7号）。

(ii) 任　　期

監査等委員以外の取締役の任期は，選任後1年以内に終了する事業年度のうち最終のものに関する定時株主総会の終結の時までであるが，監査等委員である取締役の任期と異なり，定款又は株主総会の決議によって，その任期を短縮することも可能である（法332条3項）。

監査等委員会設置会社では，非公開会社においても，定款によって取締役の任期を伸長することはできない（同条2項）。

なお，監査等委員会設置会社の定めを廃止する定款の変更をした場合には，取締役の任期は，その効力発生時に満了する（同条7項）。

(b) 監査等委員である取締役

(i) 選　解　任

監査等委員である取締役は，3人以上で組織され，その過半数は社外取締役でなければならない（法331条6項）ところ，株主総会の特別な普通決議によって，監査等委員以外の取締役と区別して選任される（法329条，341条）。なお，取締役が監査等委員である取締役の選任議案を株主総会に提出するには，監査等委員会の同意を得なければならないとされている（法344条の2第1項）。

株主総会において2人以上の監査等委員である取締役を選任する場合には，定款に別段の定めがあるときを除き，累積投票制度が認められている（法342条）。

監査等委員である取締役の解任は，株主総会の特別決議によって行う（法344条の2第3項，309条2項7号）。

なお，監査等委員である取締役は，次の地位を兼ねることができない（法331条3項）。

・当該会社の業務執行取締役又は支配人その他の使用人

484   2-5 機関・役員等に関する登記

・その子会社の業務執行取締役，会計参与（会計参与が法人であるときは，その職務を行うべき社員）若しくは執行役又は支配人その他の使用人

(ii) 任　期

　監査等委員である取締役の任期は，その身分保障の観点から，選任後2年以内に終了する事業年度のうち最終のものに関する定時株主総会の終結の時までとされており，一般の取締役と異なり，定款又は株主総会の決議によって，その任期を短縮することはできない（法332条4項）。ただし，定款の定めを前提として，その任期を前任者の残存任期として選任決議をしたときは，補欠の監査等委員として任期を法定の期間より短縮することができる（同条5項）。

　監査等委員会設置会社では，非公開会社においても，定款によって取締役の任期を伸長することはできない（同条2項）。

　なお，監査等委員会設置会社の定めを廃止する定款の変更をした場合には，取締役の任期は，その効力発生時に満了する（同条7項）。

(2)　登記手続

①　監査等委員である取締役の就任の登記

(a)　登記すべき事項

　登記すべき事項は，監査等委員である取締役の氏名及び就任年月日である。

　初めて監査等委員会設置会社の登記をするに当たっては，監査等委員会設置会社である旨の登記もする必要がある。

　また，このほか，次の事項についても登記しなければならない（法915条1項，911条3項22号）。

・社外取締役については，社外取締役である旨

・会社法399条の13第6項の規定による重要な業務執行の決定の取締役への委任についての定款の定めがあるときは，その旨（登記事項は，定款の定めがある旨であって，定款の定め自体ではない。したがって，取締

役への委任の範囲は，登記簿上明らかとはならない。）

具体的な申請書の記載例は，後記(d)のとおりである。

なお，監査等委員以外の取締役及び代表取締役の就任の登記手続について
は，前記■2の(1)の取締役会設置会社に関する記述を参照されたい。

(b) 添付書面

添付書面は，次のとおりである。

・監査等委員である取締役の選任に係る株主総会の議事録及び株主リスト
　（商登46条2項，商登規61条3項）

・就任承諾書（商登54条1項）

・就任承諾書に記載された氏名及び住所についての本人確認証明書（住民
　票，運転免許証の両面のコピーで本人が原本と相違ない旨を記載して記名押
　印したもの等。商登規61条7項）。ただし，その者が再任である場合及び
　その者の印鑑証明書が添付書面となる場合は，不要である。

　（注） 監査等委員会設置会社への移行に際し，従前の取締役が監査等委員で
　ある取締役に就任したときは，「再任」に当たり，本人確認証明書の添付
　を要しないとされている（登記研究808号148頁）。

・初めて監査等委員会設置会社の登記をする場合には，監査等委員会設置
　会社の定めの設定に係る定款変更をした株主総会の議事録及び株主リス
　ト（商登46条2項，商登規61条3項）

・重要な業務執行の決定の取締役への委任についての定款の定めがある旨
　の登記をする場合には，その定めの設定に係る定款変更をした株主総会
　の議事録及び株主リスト（商登46条2項，商登規61条3項）

社外取締役の社外性については，添付書面を要しない。

なお，監査等委員以外の取締役及び代表取締役の就任の登記等の添付書面
も必要となる。

(c) 登録免許税額

申請1件につき3万円（資本金の額が1億円以下の会社については，1万円。
登税別表第一第24号㈠カ）である。

なお，監査等委員会設置会社である旨の登記をするときは，３万円を要する（登税別表第一第24号㈠ワ）ほか，重要な業務執行の決定の委任についての定款の定めがある旨の登記をし，又は監査役設置会社の定めの廃止の登記をするときは，別に３万円を要する（同号㈠ツ。平27・２・６民商13号通達）。

(d) **登記申請書の例**

前記■１の⑵④(a)の登記申請書の例中，

「登記の事由　　　　監査役設置会社の定め廃止

　　　　　　　　　　監査役会設置会社の定め廃止

　　　　　　　　　　監査等委員会設置会社の定め設定

　　　　　　　　　　役員等の変更

　　　　　　　　　　重要な業務執行の決定の取締役への委任についての定め設定

　　登記すべき事項　平成○年○月○日監査役設置会社の定め廃止

　　　　　　　　　　同日監査役会設置会社の定め廃止

　　　　　　　　　　同日監査等委員会設置会社の定め設定

　　　　　　　　　　監査役何某は、同日退任

　　　　　　　　　　監査役（社外監査役）何某及び何某は、同日退任

　　　　　　　　　　次の者は、同日取締役に重任

　　　　　　　　　　　　何某、何某、何某、何某

　　　　　　　　　　次の者は、同日監査等委員である取締役に就任

　　　　　　　　　　　　何某

　　　　　　　　　　次の者は、同日監査等委員である取締役（社外取締役）に就任

　　　　　　　　　　　　何某、何某

　　　　　　　　　　次の者は、同日代表取締役に重任

　　　　　　　　　　　　○県○市○町○丁目○番○号　　何某

　　　　　　　　　　次の者は、同日会計監査人に重任

　　　　　　　　　　　　○○監査法人

同日次のとおり設定

重要な業務執行の決定の取締役への委任に関する規定

重要な業務執行の決定の取締役への委任についての定款の定めがある。」

「登記の事由　　監査等委員である取締役の変更

登記すべき事項　平成〇年〇月〇日次のとおり取締役、監査等委員である取締役、代表取締役就任（重任）

取締役　何某

監査等委員である取締役　何某

監査等委員である取締役（社外取締役）　何某

〇県〇市〇町〇丁目〇番〇号

代表取締役　何某」

などとし，添付書面及び登録免許税額を上記(b)及び(c)のとおりとするほかは，これと同様である。

②　監査等委員である取締役の退任の登記

(a)　登記すべき事項

登記すべき事項は，退任の旨及び退任年月日である。監査等委員である取締役は，株主総会でそのような一体の地位につき選任されており，取締役の地位を保持しつつ監査等委員の地位だけを辞任することはできない（坂本・一問一答35頁）。

監査等委員会設置会社の定めを廃止した場合には，当該定めの廃止による変更の登記もする必要がある。この場合には，社外取締役である旨の登記を残すべき場合（法911条3項21号ハ・23号イ）でない限り，社外取締役である旨の抹消登記をしなければならない。

具体的な申請書の記載例は，後記(d)のとおりである。

なお，監査等委員以外の取締役及び代表取締役の退任の登記手続については，前記■2の(2)の取締役会設置会社に関する記述を参照されたい。

(注)　監査等委員会設置会社の定めを廃止した場合の従来の役員の地位等

　　　　この場合には，取締役及び会計参与の任期が満了し（法332条7項2号，334条1項），これらの変更の登記をする必要があるほか，取締役会設置会社である以上，公開会社でない会社（大会社を除く。）において会計参与を置く場合や，指名委員会等設置会社に移行する場合を除き，代表取締役及び監査役の就任の登記並びに監査役設置会社の登記もしなければならないので，注意を要する。

(b)　添付書面

　監査等委員である取締役の退任の登記については，取締役の退任による変更の登記の添付書面のほか，他の添付書面を要しない。なお，監査等委員を辞任する旨のみが記載され，取締役を辞任する旨が記載されていない書面が添付された場合には，補正等により取締役を辞任した旨を確認し得るときを除き，登記申請は受理されない扱いである（南野雅司「「会社法の一部を改正する法律等の施行に伴う商業・法人登記事務の取扱いについて（平成27年2月6日付け法務省民商第13号民事局長通達）」の解説」登記研究804号27頁）。

　監査等委員会設置会社の定めを廃止した場合には，定款変更に係る株主総会の議事録等の添付を要するほか，原則として，取締役，代表取締役及び監査役の就任による変更の登記の添付書面も必要となる（上記(a)の**(注)**参照）。

(c)　登録免許税額

　申請1件につき3万円（資本金の額が1億円以下の会社については，1万円。登税別表第一第24号㈠カ）である。

　なお，監査等委員会設置会社の定めの廃止の登記をするときは，3万円を要する（登税別表第一第24号㈠ワ）ほか，重要な業務執行の決定の委任についての定めの廃止の登記をし，又は監査役設置会社の定めの設定の登記をするときは，別に3万円を要する（同号㈠ツ。平27・2・6民商13号通達）。

(d)　登記申請書の例

　前記■1の(2)④(a)の登記申請書の例中，

　「登記の事由　　　　監査等委員会設置会社の定め廃止

　　　　　　　　　　　重要な業務執行の決定の取締役への委任についての定

■8　監査等委員会　　*489*

　　　　　　　　　　め廃止
　　　　　　　　　　監査役設置会社の定め設定
　　　　　　　　　　役員の変更
　　　登記すべき事項　平成○年○月○日監査等委員会設置会社の定め廃止
　　　　　　　　　　同日重要な業務執行の決定の取締役への委任について
　　　　　　　　　　の定め廃止
　　　　　　　　　　同日監査役設置会社の定め設定
　　　　　　　　　　同日取締役何某、何某、何某は退任
　　　　　　　　　　同日監査等委員である取締役何某は退任
　　　　　　　　　　同日監査等委員である取締役（社外取締役）何某、何
　　　　　　　　　　某は退任
　　　　　　　　　　同日代表取締役何某は退任
　　　　　　　　　　同日取締役何某、何某、何某は就任
　　　　　　　　　　次の者は、同日代表取締役に就任
　　　　　　　　　　　　○県○市○町○丁目○番○号　　何某
　　　　　　　　　　次の者は、同日監査役に就任
　　　　　　　　　　　　何某、何某」
　　「登記の事由　　　監査等委員である取締役の変更
　　　登記すべき事項　監査等委員である取締役何某は、平成○年○月○日辞
　　　　　　　　　　任」
などとし，添付書面及び登録免許税額を上記(b)及び(c)のとおりとするほかは，
これと同様である（なお，監査等委員以外の取締役が退任と同時に取締役に就任
した場合の登記原因は，重任である。平27・2・6民商13号通達）。

9 指名委員会等及び執行役

(1) 総　論

①　指名委員会等設置会社の機関構成

　取締役会設置会社は，監査役を置く代わりに，指名委員会等（指名委員会，監査委員会，報酬委員会）を置く機関構成を採ることができる。この場合には，会計監査人を置かなければならない（法327条）。

　指名委員会等設置会社は，定款に，取締役会設置会社，指名委員会等設置会社及び会計監査人設置会社である旨の定め（任意に会計参与を置くときは，その定めを含む。）を設ける必要がある（法326条2項）。

②　指名委員会等設置会社における取締役会

　指名委員会等設置会社では，取締役会は，経営の基本方針の決定その他の業務執行の決定及び執行役等の職務の執行の監督を行うが，一定の特に重要な業務を除き，業務執行の決定を執行役に委任することができ，実際には，その執行役等の職務の執行を監督することが取締役会の主要な職務となる（法416条）。

　執行役に委任することができない業務は，譲渡制限株式の取得の承認，株主総会の招集事項の決定，株主総会に提出する議案の内容の決定，利益相反取引の承認，委員・執行役・代表執行役の選解任，定款の定めに基づく役員等の責任免除，計算書類等の承認，組織再編行為の内容の決定等である。

　なお，指名委員会等設置会社の取締役は，当該会社の支配人その他の使用人を兼ねることができず，基本的に，会社の業務を執行することができない（法331条4項，415条）。

③ 執行役及び代表執行役

(a) 権　限

執行役は，指名委員会等設置会社の業務の執行を行うほか，上記②により取締役会から委任を受けた事項につき，業務執行の決定を行う（法418条）。

代表執行役は，執行役の中から選定され，会社の代表権（業務に関する一切の裁判上又は裁判外の行為をする権限）を有する（法420条3項，349条4項）。

執行役は，取締役を兼ねることができる（法402条6項）。

(b) 選解任，任期等

執行役及び代表執行役は，取締役会の決議により選任され，又は解任される（法402条2項，403条1項，420条1項・2項）。

執行役の欠格事由は，取締役と同様である（法402条4項）。

執行役の任期は，選任後1年以内に終了する事業年度のうち最終のものに関する定時株主総会の終結後最初に招集される取締役会の終結の時までであるが，定款によって，その任期を短縮することもできる。なお，指名委員会等設置会社の定めを廃止する定款の変更をした場合には，執行役の任期は，その効力発生時に満了する（法402条7項・8項）。

定款で定めた執行役又は代表執行役の員数が欠けた場合には，任期満了又は辞任により退任した者は，新たに選任された者が就任するまで，なお執行役又は代表執行役としての権利義務を有する（法403条3項，420条3項，401条2項）。

④ 委　員　会

(a) 権　限　等

指名委員会は，株主総会に提出する取締役及び会計参与の選任及び解任に関する議案の内容を決定する（法404条1項）。

監査委員会は，執行役，取締役及び会計参与の職務の執行の監査を行うほか，株主総会に提出する会計監査人の選任及び解任等に関する議案の内容の決定を行う（法404条2項）。

報酬委員会は，執行役，取締役及び会計参与の個人別の報酬の内容を決定する（法404条3項）。

(b) 選解任等

各委員会は，委員3人以上で組織され，委員は，取締役の中から取締役会の決議によって選任される。各委員会の委員の過半数が，社外取締役でなければならない（法400条1項から3項まで）。1人の社外取締役が指名委員，監査委員及び報酬委員を兼ねることもできるし，また，いずれの委員にもならない取締役がいても差し支えない。

委員は，取締役会の決議によって解職される（法401条1項）。

委員の員数が欠けた場合には，任期満了又は辞任により退任した委員は，新たに選任された委員が就任するまで，なお委員としての権利義務を有する（法401条2項）。

なお，指名委員会等設置会社の取締役は当該会社の支配人その他の使用人を兼ねることができない（法331条3項）が，更に，監査委員は，次の地位を兼ねることができない（法400条4項）。

・当該会社の執行役又は業務執行取締役

・その子会社の執行役，業務執行取締役，会計参与（会計参与が法人であるときは，その職務を行うべき社員）又は支配人その他の使用人

(c) 委員会の運営

委員会の決議は，議決に加わることができるその委員の過半数が出席し，その過半数をもって行い，その議事録については，出席した委員が署名又は記名押印をする義務を負う（法412条）。

委員会の決議については，取締役会の決議省略の制度（法370条）と異なり，委員全員の同意があっても，これを省略することはできない。

⑵ 登記手続

① 委員，執行役等の就任の登記

⒜ 登記すべき事項

登記すべき事項は，各委員会の委員及び執行役の氏名，代表執行役の氏名及び住所並びに就任年月日である。

初めて指名委員会等設置会社の登記をするに当たっては，指名委員会等設置会社である旨の登記もする必要がある。

また，このほか，社外取締役については，社外取締役である旨も登記しなければならない（法915条1項，911条3項23号イ）。この点については，最低限，法定数の社外取締役が登記されていれば足りるとの見解（相澤・論点解説298頁参照）もあるが，条文解釈として難があることは否めず，登記申請人においては，会社法の規定どおり「社外取締役であるもの」につきその旨の登記申請を行い，同号の規定振りと乖離しない状態にしておくことが望ましいものと思われる。

具体的な申請書の記載例は，後記⒟のとおりである。

（注）　指名委員会等設置会社となる場合の従来の役員の地位等
　　　指名委員会等を置く旨の定款の変更をした場合には，取締役（代表取締役），会計参与及び監査役の任期が満了し（法332条7項1号，334条1項，336条4項2号），その退任又は重任の登記及び監査役設置会社（監査役会設置会社）の定めの廃止の登記をする必要があるので，注意を要する。

⒝ 添付書面

添付書面は，次のとおりである。

・委員，執行役及び代表執行役の選任に係る取締役会の議事録（商登46条2項）

・代表執行役の選定に係る取締役会の議事録に押された出席取締役の印鑑についての市区町村長の発行した印鑑証明書（商登規61条6項）。ただし，当該書面に変更前の代表取締役又は代表執行役（取締役を兼ねる者に限

る。）が登記所に提出した印鑑が押印されている場合は，不要である。

・就任承諾書（商登54条1項）

・代表執行役の就任承諾書に押された印鑑についての市区町村長の発行した印鑑証明書（商登規61条5項）。ただし，その者が再任である場合は，不要である（最初の代表執行役については，再任という概念がないので，常に必要となる。平14・12・27民商3239号通達の第2の2⑶ウ(ウ)g及びオ(ア)a⒟参照）。

・執行役の就任承諾書に記載された氏名及び住所についての本人確認証明書（住民票，運転免許証の両面のコピーで本人が原本と相違ない旨を記載して記名押印したもの等。商登規61条7項）。ただし，その者が再任である場合及びその者の印鑑証明書が添付書面となる場合は，不要である。

・初めて指名委員会等設置会社の登記をする場合には，指名委員会等設置会社の定めの設定等に係る定款変更をした株主総会の議事録及び株主リスト（商登46条2項，商登規61条3項）

社外取締役の社外性については，添付書面を要しない。

(c) 登録免許税額

申請1件につき3万円（資本金の額が1億円以下の会社については，1万円。登税別表第一第24号㈠カ）である。

なお，指名委員会等設置会社である旨の登記をするときは，3万円を要する（登税別表第一第24号㈠ワ）ほか，監査役設置会社の定めの廃止を伴うときは，別に3万円を要する（同号㈠ツ）。

(d) 登記申請書の例

前記■1の⑵④(a)の登記申請書の例中，

「登記の事由　　　監査役設置会社の定め廃止

　　　　　　　　　指名委員会等設置会社の定め設定

　　　　　　　　　会計監査人設置会社の定め設定

　　　　　　　　　役員等の変更

　登記すべき事項　平成〇年〇月〇日監査役設置会社の定め廃止

■9 指名委員会等及び執行役 495

　　　　　同日指名委員会等設置会社の定め設定
　　　　　同日会計監査人設置会社の定め設定
　　　　　次の者は、同日取締役に重任
　　　　　　　何某、何某、何某、何某
　　　　　次の者は、同日取締役（社外取締役）に重任
　　　　　　　何某、何某
　　　　　代表取締役何某は、同日退任
　　　　　監査役何某及び何某は、同日退任
　　　　　同日次のとおり委員、執行役、代表執行役及び会計監
　　　　　査人就任
　　　　　　　指名委員　何某、何某、何某
　　　　　　　監査委員　何某、何某、何某
　　　　　　　報酬委員　何某、何某、何某
　　　　　　　執行役　　　何某、何某
　　　　　　　〇県〇市〇町〇丁目〇番〇号
　　　　　　　　代表執行役　何某
　　　　　　　会計監査人　〇〇監査法人」
「登記の事由　　　取締役、委員、執行役、代表執行役の変更
　登記すべき事項　平成〇年〇月〇日次のとおり取締役、委員、執行役、
　　　　　　　　代表執行役就任（重任）
　　　　　　　　取締役（社外取締役）　何某
　　　　　　　　指名委員　何某
　　　　　　　　監査委員　何某
　　　　　　　　報酬委員　何某
　　　　　　　　執行役　　　何某
　　　　　　　　〇県〇市〇町〇丁目〇番〇号
　　　　　　　　　代表執行役　何某」
などとし，添付書面及び登録免許税額を上記(b)及び(c)のとおりとするほかは，

これと同様である。

②　委員，執行役等の退任の登記

(a)　登記すべき事項

登記すべき事項は，退任の旨（退任事由）及び退任年月日である。

指名委員会等設置会社の定めを廃止した場合には，当該定めの廃止による変更の登記もする必要がある。この場合には，社外取締役である旨の登記を残すべき場合（法911条3項21号ハ・22号ロ）でない限り，社外取締役である旨の抹消登記をしなければならない。

なお，退任事由の具体的な記載については，後記(d)を参照されたい。

（注）　指名委員会等設置会社の定めを廃止した場合の従来の役員の地位等
　　　この場合には，取締役，会計参与及び執行役（代表執行役）の任期が満了し（法332条7項2号，334条1項，402条8項），その退任又は重任の登記をする必要があるほか，取締役会設置会社である以上，公開会社でない会社（大会社を除く。）において会計参与を置く場合や，監査等委員会設置会社に移行する場合を除き，代表取締役及び監査役の就任の登記並びに監査役設置会社の登記もしなければならないので，注意を要する。

(b)　添付書面

添付書面は，次のとおりである（商登54条4項）。取締役でなくなったことによる委員の退任の登記については，取締役の退任による変更の登記の添付書面のほか，他の添付書面を要しない。

・委員，執行役又は代表執行役の辞任にあっては，辞任届

　　このほか，登記所に印鑑を提出した代表執行役の辞任については，辞任届に押された印鑑（実印）についての市区町村長の発行した印鑑証明書も添付書面となる（商登規61条8項）。ただし，当該辞任届に，当該代表執行役が登記所に提出した印鑑が押印されているときは，印鑑証明書は不要である。

・委員，執行役又は代表執行役の解任にあっては，解任に係る取締役会の

議事録

指名委員会等設置会社の定めを廃止した場合には，定款変更に係る株主総会の議事録等の添付を要するほか，原則として，代表取締役及び監査役の就任による変更の登記の添付書面も必要となる（上記(a)の**(注)**参照）。

(c) 登録免許税額

申請1件につき3万円（資本金の額が1億円以下の会社については，1万円。登税別表第一第24号㈠カ）である。

なお，指名委員会等設置会社の定めの廃止の登記をするときは，3万円を要する（登税別表第一第24号㈠ワ）ほか，監査役設置会社の定めの設定を伴うときは，別に3万円を要する（同号㈠ツ）。

(d) 登記申請書の例

前記■1の(2)④(a)の登記申請書の例中，

「登記の事由 　　指名委員会等設置会社の定め廃止

　　　　　　　　監査役設置会社の定め設定

　　　　　　　　役員等の変更

　登記すべき事項　平成〇年〇月〇日指名委員会等設置会社の定め廃止

　　　　　　　　同日監査役設置会社の定め設定

　　　　　　　　次の者は、同日退任

　　　　　　　　　　指名委員　　何某、何某、何某

　　　　　　　　　　監査委員　　何某、何某、何某

　　　　　　　　　　報酬委員　　何某、何某、何某

　　　　　　　　　　執行役　　　何某、何某

　　　　　　　　　　代表執行役　何某

　　　　　　　　次の者は、同日取締役に重任

　　　　　　　　　　何某、何某、何某、何某、何某、何某

　　　　　　　　取締役（社外取締役）何某は、同日退任

　　　　　　　　同日次のとおり代表取締役及び監査役就任

　　　　　　　　　　〇県〇市〇町〇丁目〇番〇号

498 2-5 機関・役員等に関する登記

代表取締役 何某
監査役 何某」

「登記の事由 取締役、委員、執行役、代表執行役の変更

登記すべき事項 取締役（社外取締役）何某は、平成〇年〇月〇日辞任

指名委員何某は、（資格喪失により）同日退任

監査委員何某は、平成〇年〇月〇日辞任

監査委員何某を平成〇年〇月〇日解任

報酬委員である取締役（社外取締役）何某は、平成〇年〇月〇日死亡

執行役何某は、（任期満了により）同日退任

代表執行役何某は、（資格喪失により）同日退任」

などとし，添付書面及び登録免許税額を上記(b)及び(c)のとおりとするほかは，これと同様である。

■10 役員等の責任免除の定めの設定，変更又は廃止

(1) 手　続

取締役，会計参与，監査役，執行役又は会計監査人（以下この項目において「役員等」という。）の会社に対する任務懈怠責任（法423条1項）は，原則として，総株主の同意がなければ免除することができない（法424条）が，当該役員等が職務を行うにつき善意無重過失である場合における責任の一部の免除については，次の特則があり，下記②及び③の定款の定めは，登記すべき事項とされている（法911条3項24号・25号，前記1－2の■15参照）。

下記①から③までの一部免除は，法定の最低責任限度額（法425条1項参照）を超える部分の賠償責任についてのみ，することができる。

なお，平成26年の会社法の改正により，多重代表訴訟の制度（完全親会社

の株主による完全子会社の取締役等に対する代表訴訟の制度。法847条の３）が導入されたことに伴い，その追及の対象となる特定責任（一定の重要な完全子会社の取締役等の責任）につき，当該完全子会社の株主総会の決議のみによって責任の一部免除が可能であるとすると多重代表訴訟の制度の意義が減殺されるため，その一部免除には最終完全親会社等の株主総会の決議をも要するとされるなど，下記①から③までの場合について最終完全親会社等の株主の一定の関与が予定されている。

① 事後的な株主総会の特別決議による一部免除（法425条）

監査役設置会社，監査等委員会設置会社又は指名委員会等設置会社において，取締役（監査等委員及び監査委員を除く。）又は執行役の責任の免除議案を株主総会に提出するには，各監査役，各監査等委員又は各監査委員の同意（特定責任の免除にあっては，最終完全親会社の各監査役，各監査等委員又は各監査委員の同意を含む。）を得なければならない。

② 事後的な取締役の過半数の同意（又は取締役会の決議）による一部免除（法426条）

(a) 定款の定め

定款に定めがある場合に限り，この方法による一部免除が可能であって，この取締役等による役員等の責任免除に係る定款の定めは，監査役設置会社（取締役が２人以上ある場合に限る。），監査等委員会設置会社又は指名委員会等設置会社に限り，設けることができる。

役員等の責任免除規定の設定，変更又は廃止は，株主総会の特別決議により，定款を変更することによって行う。

なお，役員等の責任免除規定の設定議案（取締役（監査等委員及び監査委員を除く。）又は執行役の責任に係るもの）を株主総会に提出するには，各監査役，各監査等委員又は各監査委員の同意を得なければならない。ただし，当該定款の定めを設定する時点では，実際に一部免除の対象となる責任が特

定責任の要件を満たすかどうかは明らかでなく，その設定に係る定款の変更について最終完全親会社等の株主総会の決議をも得ることは予定されていない（坂本・一問一答179頁）。

（注）　損害発生後に一部免除を行う場合の手続

損害発生後に，取締役（監査等委員及び監査委員を除く。）又は執行役の責任の一部免除についての取締役の過半数の同意を得る場合又はその議案を取締役会に提出する場合にも，各監査役，各監査等委員又は各監査委員の同意を得なければならない。

なお，任務懈怠責任を負う取締役は，責任の一部免除につき特別利害関係を有するため，取締役の過半数の同意を得る場合の母数には含まれない（法426条1項）し，取締役会の決議をする場合の定足数の計算にも含まれない（法369条1項）。

取締役の同意又は取締役会の決議があった後，遅滞なく，責任免除につき異議があれば述べるべき旨を公告し，又は株主に通知しなければならず，総株主の議決権の100分の3以上の議決権を有する株主が異議を述べたとき（特定責任の一部免除にあっては，最終完全親会社等の総株主の議決権の100分の3以上の議決権を有する株主が異議を述べたときを含む。）は，会社は，責任を免除してはならない（法426条3項・5項から7項まで）。

⒝　機関設計との関係

（ⅰ）　役員等の責任免除規定の設定

役員等の責任免除規定の設定の登記は，監査役設置会社，監査等委員会設置会社又は指名委員会等設置会社の登記がなければ，受理することができない（法426条1項，商登24条6号（商登法逐条解説77頁）・9号）。

会社法426条1項の文言が2人以上の取締役の存在を前提としているほか，役員等の責任免除規定の設定も，取締役の選任も，同一の株主総会の機会にすることができることから，少なくとも，役員等の責任免除規定の設定の登記をする際には，2人以上の取締役の登記がなければ，これを受理しない取扱いである。また，監査役の監査の範囲を会計に関するものに限定する旨の登記がある場合も，会社法2条9号の監査役設置会社に該当しないから，役員等の責任免除規定の設定の登記を受理することはできない。

(ii) 機関設計の変更等に伴う役員等の責任免除規定の変更

監査役設置会社の定めを廃止する場合には，役員等の責任免除に係る定款の定めをも併せて廃止すべきであり，その定款変更をしたときは，当該変更の登記をしなければならない。

また，取締役会設置会社の定めを設定し又は廃止する場合において，役員等の責任免除に係る定款の規定中に責任免除の決定機関として「取締役の過半数の同意」又は「取締役会の決議」という文言があるときは，この文言をも併せて変更すべきであり，その定款変更をしたときは，当該変更の登記をしなければならない。定款の規定中に免除の対象として「取締役，監査役又は会計監査人の負う責任」等の文言がある場合に，会計監査人設置会社の定めを廃止するときなども，同様に，定款の文言の変更及び変更の登記が必要となる（これらの登記申請がされない場合の取扱いについては，前記■1の(1)の(注1)の②参照）。

さらに，役員等の責任免除規定の設定時には2人以上いた取締役が，その後の事情により1人となった場合であっても，旧商法と同様に，直ちに役員等の責任免除規定の廃止の登記義務が生ずるわけではなく，適宜取締役を補充すれば足りるとして取り扱われている。

③ 事前の責任限定契約の締結（法427条）

定款に定めがある場合には，会社は，取締役（業務執行取締役等を除く。），会計参与，監査役又は会計監査人との間で責任限定契約を締結することができる。この非業務執行取締役等の責任限定契約に係る定款の定めは，上記②と異なり，会社の機関設計を問わず（監査役設置会社でなくても），設けることができる（前記1－2の■15参照）。

詳細については，後記■11を参照されたい。

⑵　登記手続

①　登記すべき事項

　登記すべき事項は，設定・変更後の役員等の責任免除の定め（廃止の場合は，その旨）及び変更年月日である。

②　添付書面

　添付書面は，株主総会の議事録及び株主リストである（商登46条 2 項，商登規61条 3 項）。

③　登録免許税額

申請 1 件につき 3 万円である（登税別表第一第24号㈠ツ）。

④　登記申請書の例

前記■ 1 の⑵④(a)の登記申請書の例中，

　「登記の事由　　　　役員等の会社に対する責任の免除に関する規定の設定
　　　　　　　　　　　（変更）

　　登記すべき事項　平成〇年〇月〇日次のとおり設定（変更）

　　　　　　　　　　役員等の会社に対する責任の免除に関する規定

　　　　　　　　　　　当会社は、会社法426条 1 項の規定により、取締役
　　　　　　　　　　　会の決議によって、取締役、監査役又は会計監査人
　　　　　　　　　　　の負う同法423条 1 項の責任を法令の限度において
　　　　　　　　　　　免除することができる。」

　「登記の事由　　　　役員等の会社に対する責任の免除に関する規定の廃止

　　登記すべき事項　平成〇年〇月〇日役員等の会社に対する責任の免除に
　　　　　　　　　　関する規定の廃止」

などとし，添付書面及び登録免許税額を上記②及び③のとおりとするほかは，これと同様である。

■11　非業務執行取締役等の責任制限の定めの設定，変更又は廃止

(1)　手　　続

　取締役（業務執行取締役等を除く。），会計参与，監査役又は会計監査人の責任制限の定めの設定，変更又は廃止は，株主総会の特別決議により，定款を変更することによって行う（法427条1項）。

　監査役設置会社，監査等委員会設置会社又は指名委員会等設置会社において，業務執行取締役等でない取締役（監査等委員又は監査委員を除く。）の責任制限規定の設定議案を株主総会に提出するには，各監査役，各監査等委員又は各監査委員の同意を得なければならない（法427条3項）。ただし，当該定款の定めを設定する時点では，実際に責任限定契約により限定される責任が特定責任の要件を満たすかどうかは明らかでなく，その設定に係る定款の変更について最終完全親会社等の株主総会の決議をも得ることは予定されていない（坂本・一問一答180頁）。

　定款の規定に基づき，非業務執行取締役等との間で責任限定契約を締結した場合には，契約の効果として，「定款で定めた額の範囲内であらかじめ会社が定めた額と最低責任限度額とのいずれか高い額」を超える損害賠償責任について当然に免責されるのであり，損害発生後に別途責任免除の決議をすることを要しない。

　なお，定款の記載振りについては，前記1－2の■15を参照されたい。

> **（注）　取締役会を置かない会社における業務執行取締役**
> 　取締役会を置かない会社では，原則として，各取締役が会社の業務執行権限を有する（法348条1項）が，実際に会社の業務を執行した者でない限り，業務執行取締役の要件（法2条15号イ）には該当せず，非業務執行取締役等となる余地はある（相澤哲・石井裕介「株主総会以外の機関（上）」旬刊商事法務1744号91頁）。

⑵　登記手続

①　非業務執行取締役等の責任制限の定めの設定（変更）の登記

⒜　登記すべき事項

登記すべき事項は，設定・変更後の非業務執行取締役等の責任制限の定め及び変更年月日である。登記すべき事項は，定款の定めそれ自体であって，定款で定めた額の範囲内で会社が具体的に定めた額を登記するのではない（法911条3項25号）。

この点，従前は，会社法427条の責任限定契約は，社外取締役等との間で締結することができ，その旨の定款の定めの登記のほか，社外取締役又は社外監査役の登記を要するとされていた。しかし，平成26年の会社法の改正により，社外取締役及び社外監査役の要件が厳格化される（取締役等の近親者，親会社等の関係者，兄弟会社の業務執行者等は社外性を有しないとされた。）反面で，責任限定契約を締結することができる相手方については，社外性の有無という基準ではなく，自ら業務執行を行わず経営に対する監督・監査を行うことが期待されているかどうかという基準によることに改められ，これに伴い，上記の定款の定めに関して社外取締役又は社外監査役である旨が登記事項から削除された。

⒝　添付書面

添付書面は，株主総会の議事録及び株主リストである（商登46条2項，商登規61条3項）。

⒞　登録免許税額

申請1件につき3万円である（登税別表第一第24号㈠ツ）。

⒟　登記申請書の例

前記■1の⑵④⒜の登記申請書の例中，

「登記の事由　　　　　非業務執行取締役等の会社に対する責任の制限に関する規定の設定

　登記すべき事項　平成〇年〇月〇日次のとおり設定

■11 非業務執行取締役等の責任制限の定めの設定，変更又は廃止 *505*

　　　　　　　　非業務執行取締役等の会社に対する責任の制限に関す
　　　　　　　る規定
　　　　　　　　　当会社は、会社法427条1項の規定により、非業務
　　　　　　　執行取締役等との間に、同法423条1項の責任を限
　　　　　　　定する契約を締結することができる。ただし、当該
　　　　　　　契約に基づく責任の限度額は、〇〇万円以上であら
　　　　　　　かじめ定めた金額又は法令が規定する額のいずれか
　　　　　　　高い額とする。」
などとし，添付書面及び登録免許税額を上記(b)及び(c)のとおりとするほかは，
これと同様である。

②　非業務執行取締役等の責任制限の定めの廃止の登記

(a)　登記すべき事項

　登記すべき事項は，非業務執行取締役等の責任制限の定めを廃止した旨及
び変更年月日である。

(b)　添付書面

　添付書面は，株主総会の議事録及び株主リストである（商登46条2項，商
登規61条3項）。

(c)　登録免許税額

　申請1件につき3万円である（登税別表第一第24号㈠ツ）。

(d)　登記申請書の例

　前記■1の(2)④(a)の登記申請書の例中，
　　「登記の事由　　　非業務執行取締役等の会社に対する責任の制限に関す
　　　　　　　　　　る規定の廃止
　　　登記すべき事項　平成〇年〇月〇日非業務執行取締役等の会社に対する
　　　　　　　　　　責任の制限に関する規定廃止」
などとし，添付書面及び登録免許税額を上記(b)及び(c)のとおりとするほかは，
これと同様である（平18・4・26民商1110号登記記録例通知参照）。

12 社外性の喪失による社外取締役等の登記の抹消

(1) 総 論

① 社外取締役の社外性の喪失

社外取締役は，会社又は子会社の業務執行取締役若しくは執行役又は支配人その他の使用人となった場合，親会社の取締役若しくは執行役又は支配人その他の使用人となった場合，会社の取締役若しくは執行役又は重要な使用人の配偶者又は二親等内の親族となった場合等には，社外取締役の要件（法2条15号）に該当しなくなる（平成26年の会社法の改正により，その要件が厳格化された。）。

この場合には，会社は，2週間以内に社外取締役である旨の抹消登記を申請しなければならない（法915条1項，911条3項21号ハ・22号ロ・23号イ）。

② 社外監査役の社外性の喪失

社外監査役は，親会社の取締役，監査役若しくは執行役又は支配人その他の使用人となった場合，会社の取締役又は重要な使用人の配偶者又は二親等内の親族となった場合等には，社外監査役の要件（法2条16号）に該当しなくなる（平成26年の会社法の改正により，その要件が厳格化された。）。

この場合には，監査役会設置会社は，2週間以内に社外監査役である旨の抹消登記を申請しなければならない（法915条1項，911条3項18号）。

（注） 社外監査役の退任の登記が必要となる場合

社外監査役が会社又は子会社の取締役又は支配人その他の使用人となったり，子会社の会計参与又は執行役となったりすることは，会社法335条2項の兼任禁止規定に違反し，これらの地位に就任することを承諾したときは，従前の監査役の地位を辞任する意思を表示したものと解されている（新版注釈会社法(6)480頁）。したがって，この場合には，監査役の辞任による変更の登記が申請され，社外監査役である旨の登記の抹消のみが申請さ

■12　社外性の喪失による社外取締役等の登記の抹消　　*507*

れるわけではない。

⑵　登記手続

①　登記すべき事項

登記すべき事項は，社外取締役何某社外性喪失の旨，社外監査役何某社外性喪失の旨及び変更年月日である（任期中の取締役が社外取締役の要件を満たさないこととなった場合の登記原因は，一律に「社外性喪失」とされた。平27・2・6民商14号通知）。

②　添付書面

委任状以外の添付書面を要しない。

③　登録免許税額

申請1件につき3万円（資本金の額が1億円以下の会社については，1万円。登税別表第一第24号㈠カ）である。

④　登記申請書の例

前記■1の⑵④(a)の登記申請書の例中，

　「登記の事由　　　　社外取締役何某社外性喪失

　　　　　　　　　　　社外監査役何某社外性喪失

　　登記すべき事項　　平成○年○月○日社外取締役何某社外性喪失

　　　　　　　　　　　平成○年○月○日社外監査役何某社外性喪失」

などとし，添付書面及び登録免許税額を上記②及び③のとおりとするほかは，これと同様である（平14・4・25民商1067号通達）。

> （注）　**平成26年の会社法の改正により社外取締役の要件を満たさなくなった場合**
> 　　　この場合の社外性喪失に係る登記原因日付は，改正法の施行後最初に終了する事業年度に関する定時株主総会の終結の日である（改正法附則4条，平27・2・6民商14号通知）。

2-6 解散・清算等に関する登記

1 解散及び清算人

(1) 解散及び最初の清算人の登記

① 総　　論
(a) 解散事由

会社は，次の事由により，解散する（法471条）。

　(i)　定款で定めた存続期間の満了

　(ii)　定款で定めた解散の事由の発生

　(iii)　株主総会の特別決議（法309条2項11号）

　　　将来の一定の時期に解散する旨の期限付き解散決議については，存続期間が登記事項とされ，公示の対象となっていることとの関連で，その許容性につき議論があるが，主務官庁の許認可等を要する業種の会社につきその手続に要する合理的期間だけ先立って解散決議をするような場合はともかく，通常の場合は，数か月も先の一定日時に解散する旨の期限付き解散決議は，当該決議が公示の対象とならず，債権者に不測の損害を及ぼすおそれがあることから，これを避けるべきもの（存続期間の設定の方法によるべきもの）と解されている（昭34・10・29民事甲2371号回答，登記研究145号27頁，実務相談1・818頁参照）。

　(iv)　合併（合併により会社が消滅する場合に限る。）

(v) 破産手続開始の決定

　破産手続中の会社の留意点については，前記２－５の■２の(2)①(a)(vii)の**(注)**及び後記**第５章**の■４を参照されたい。

(vi) 裁判所の解散命令（法824条１項）又は解散判決（法833条）

(vii) 休眠会社（最後の登記の日から12年を経過した会社）につき法務大臣の官報公告がされた後２か月の期間の満了

(viii) 一定の営業に係る免許等の取消し（銀行法40条，保険業法152条３項２号等）

　上記(i)から(iii)までについては，会社（代表清算人）は，解散の登記を申請しなければならない。

　上記(iv)については，吸収合併存続会社又は新設合併設立会社は，合併による変更又は設立の登記と同時に，消滅会社につき合併による解散の登記を申請しなければならない（後記２－７参照）。

　上記(v)及び(vi)については，裁判所書記官から登記の嘱託がされる（破産法257条１項，法937条１項１号リ・３号ロ）。

　上記(vii)については，登記官が，職権で，解散の登記をする（商登72条）。

　上記(viii)については，その根拠法に，主務大臣の嘱託による旨の規定がない限り，会社（代表清算人）は，解散の登記を申請しなければならない（書式精義第５版上674頁）。

(b) **清算株式会社の機関設計**

　合併又は破産手続開始の決定による解散の場合を除き，株式会社は，清算人により，清算をしなければならない（法475条１号）。なお，破産手続中の会社における清算人の選任の可否については，条文上明らかでないが，旧商法と同様に，破産財団から放棄された財産等の管理処分権を有する清算人の余地を認めるべきである（前記２－５の■２の(2)①(a)(vii)の**(注)**参照）。

　清算株式会社に必ず設置される機関は，株主総会及び清算人であり，清算株式会社は，定款の定めにより，次の機関設計を採ることができる（法477条）。会計参与，会計監査人，監査等委員会又は指名委員会等を置くことは

できない。

　(i)　清算人

　(ii)　清算人＋清算人会

　(iii)　清算人＋監査役

　(iv)　清算人＋清算人会＋監査役

　(v)　清算人＋清算人会＋監査役＋監査役会

　なお，清算の開始時に公開会社又は大会社であった清算株式会社は，上記(iii)から(v)までの機関設計のいずれかを採らなければならない（法477条4項）。

（注）　株式譲渡制限の定款の定め

　　登記簿上「取締役会の承認を要する」と登記している会社が解散した場合には，譲渡制限株式の定めに関する定款の変更も併せて行い，その登記をするよう，注意を要する。

　　旧商法の実務では，清算手続中には譲渡制限規定の効力が停止すると解されていたため，解散後に登記簿上「取締役会の承認」という文言を存置しても，これが無効であることが明らかであり，特段変更登記の義務はないとされていたが，会社法では，この点につき，清算手続中も譲渡制限規定の効力を認めることに改めたとのことであり（相澤哲・郡谷大輔「定款の変更，事業の譲渡等，解散・清算」旬刊商事法務1747号17頁），清算株式会社の譲渡承認機関を株主総会とするのか，清算人会等とするのか，定款の定めを見直さなければならない（なお，登記の受理については，前記2－5の■1の(1)の(注1)の②参照）。

(c)　清算人，代表清算人及び監査役

(i)　最初の清算人となる者

最初の清算人には，次に掲げる者がなる（法478条）。

・定款で定める者

・株主総会の普通決議によって選任された者

・これらの者がないときは，清算開始時の取締役（監査等委員会設置会社であった清算株式会社にあっては監査等委員以外の取締役，指名委員会等設置会社であった清算株式会社にあっては監査委員以外の取締役。法346条1項の規定によりなお取締役としての権利義務を有する者を含む。昭49・11・15

民四5938号通知参照）

・これらにより清算人となる者がないときは，裁判所が選任した者（ただし，解散命令又は解散判決によって解散した場合には，常にこの方法による。）

清算人の欠格事由は，取締役と同様である（法478条8項）。

なお，清算人に任期の上限はない。

（注） 破産手続の終了後の清算人

破産手続の終結又は費用不足による同時廃止若しくは異時廃止の決定（破産法216条，217条，220条，257条7項）後に，残余財産があるとして清算人が必要となる場合も，会社法478条1項1号により，破産手続開始決定時の取締役がそのまま法定清算人となるものではない（最判昭43・3・15民集22巻3号625頁）。

(ii) 代表清算人

(ア) 清算人会を置かない会社の場合

清算人の中から代表清算人を定めない場合には，清算人は各自会社を代表するため，上記(i)により清算人に就任すると，同時に代表清算人にも就任することとなる（法483条1項本文・2項）。

ただし，最初の清算人が定款又は株主総会の決議によって定められず，取締役が清算人（いわゆる法定清算人）となるときは，従前の代表取締役がそのまま代表清算人となり（法483条4項），また，清算株式会社は，次の方法により清算人の中から代表清算人を定めることができる（同条3項。就任承諾の要否については，代表取締役に関する前記2−5の■2の(1)②(a)(ii)(iii)を参照）。これらの場合には，代表清算人以外の者は，会社を代表しなくなる（同条1項ただし書）。

・定款に直接代表清算人の氏名を記載する方法

・株主総会の普通決議によって選任する方法

・定款に，清算人の互選により代表清算人を定める旨を記載した上で，清算人の互選によって選任する方法

なお，裁判所が清算人を選任した場合には，清算人の中から代表清算人を定める権限は，裁判所に属する（法483条5項・3項）。

　　(イ)　清算人会設置会社の場合

　最初の清算人が定款又は株主総会の決議によって定められず，取締役が法定清算人となるときは，従前の代表取締役がそのまま代表清算人となる（法483条4項。指名委員会等設置会社について，同項の適用はない。）。

　上記以外の場合には，清算人会は，清算人の中から代表清算人を選定しなければならない（法489条3項）。

　なお，裁判所が清算人を選任した場合には，清算人の中から代表清算人を定める権限は，裁判所に属する（法483条5項，489条5項）。

　　(iii)　監　査　役

　解散前に監査役設置会社であった場合には，従前の監査役が清算手続中も監査役となる。ただし，監査役の任期の上限に関する規律は，清算手続中は適用されない（法480条2項）。

　解散前に監査等委員会設置会社又は指名委員会等設置会社であった場合（解散時に公開会社又は大会社であるものに限る。）には，従前の監査等委員又は監査委員が監査役となる（法477条5項・6項）。

②　登記手続

(a)　登記すべき事項

　登記すべき事項は，次のとおりである。

- ・解散の旨並びにその事由及び年月日（法926条，商登71条）
- ・清算人の氏名及び代表清算人の氏名・住所（法928条1項1号・2号。監査等委員会設置会社又は指名委員会等設置会社であった会社については，上記①(c)(iii)のとおり，監査役の氏名をも登記すべき場合がある。）
- ・清算人会設置会社であるときは，その旨（法928条1項3号）

　最初の清算人に関する登記は，独立の登記であり，その就任の登記及び清算人会設置会社の定めの設定の登記において，就任年月日や設定年月日は公

示されない（昭41・8・24民事甲2441号回答，前記2-1の冒頭の記述参照）。

なお，裁判所が清算人を選任した場合も，清算人の登記は，裁判所からの嘱託ではなく，会社（代表清算人）の申請によって行う。

（注）　会社法施行前の清算人の登記がある場合の取扱い

会社法施行前に清算人の登記をした場合には，その後清算人の全員につき改選があるときでも，清算結了に至るまで，清算人・代表清算人の登記事項は，旧商法と同様に，清算人の氏名及び住所（会社を代表しない清算人があるときは，代表清算人の氏名を含む。）である（整備法108条）。

(b)　添付書面

添付書面は，次のとおりである。

(i)　解散の登記の添付書面

(ア)　解散の事由に応じて，次の書面

・定款で定めた解散の事由の発生により解散した場合には，当該事由の発生を証する書面（商登71条2項）

・株主総会の特別決議により解散した場合には，その議事録及び株主リスト（商登46条2項，商登規61条3項）

なお，定款で定めた存続期間の満了により解散した場合には，登記簿上その事実が明らかなので，添付書面を要しない。

(イ)　代表清算人の資格を証する書面（商登71条3項）

申請人である代表清算人が，会社法478条1項1号及び483条4項の規定により従前の代表取締役からそのまま代表清算人となったものであるときは，この書面の添付は要しない。

また，通常，清算人の登記を同時に申請することとなるが，その添付書面をもって，上記(イ)の書面とみることができる。

(ii)　最初の清算人の登記の添付書面

(ア)　定款（商登73条1項）

登記所において，清算人会設置会社の定めの有無を確認するとともに，定款で定める者が清算人となる場合にはその定めを確認し，また，取締役が法

定清算人となる場合には定款に特段の定めがないことを確認するため，定款が添付書面とされている。

　もっとも，裁判所が清算人を選任した場合において，既に会社の活動の実態がないようなときは，実際に，申請人である清算人において，会社関係者の協力を得て定款を入手することができないことも少なくない。このような場合には，登記実務上，代表清算人の上申書（上記事情により定款を入手することができないこと，及び会社法施行後に清算人会設置会社である旨の定めを設定する定款変更を行った事実がないことを内容とするもの）の添付があれば，定款の添付がなくても，登記申請は受理されているようである。

　　(イ)　清算人に関する次の書面

・取締役が法定清算人となる場合には，上記(ア)の定款に特段の定めがないことを確認すれば足り，他に清算人の資格を証する書面は要しない。

・定款で定める者が清算人となる場合には，上記(ア)の定款のほか，清算人の就任承諾書（商登73条2項）

・株主総会の普通決議によって選任された者が清算人となる場合には，株主総会の議事録，株主リスト及び清算人の就任承諾書（商登46条2項，73条2項，商登規61条3項）

・裁判所が選任した者が清算人となる場合には，その選任決定書（商登73条3項。裁判所において，就任承諾の意思を確認しているため，別途，就任承諾書の添付を要しない。）

　　(ウ)　代表清算人に関する次の書面

・代表取締役が法定代表清算人となる場合には，代表清算人の資格を証する書面は要しない。

・清算人会を置かない会社において，清算人の中から代表清算人を定めた場合は，次の書面のいずれか

　　定款によって代表清算人を定めたときにあっては，上記(ア)の定款により代表清算人を確認すれば足りる。

　　株主総会の決議によって代表清算人を定めたときにあっては，株主総

会の議事録及び株主リスト（商登46条2項，商登規61条3項）

　定款の定めに基づく清算人の互選によって代表清算人を定めたときにあっては，上記(ｱ)の定款のほか，その互選を証する書面及び就任承諾書（商登46条1項，73条2項）

・清算人会設置会社において，清算人会が代表清算人を選定した場合には，清算人会の議事録及び就任承諾書（商登46条2項，73条2項）

・裁判所が選任した者が代表清算人となる場合には，その選任に係る代表清算人に関する登記事項を証する書面（商登73条3項）

　(ｴ)　印鑑届書

登記申請の添付書面ではないが，印鑑提出者の資格が変更になるため，代表清算人は，その印鑑を登記所に提出しなければならない（商登20条，商登規9条の2）。

(c)　登録免許税額

解散の登記については，申請1件につき3万円であり，最初の清算人の登記については，申請1件につき9000円である（登税別表第一第24号(一)レ，(四)イ）。

清算人会設置会社である旨の登記については，最初の清算人の登記の登記事項に含まれるものと解されている（法928条1項，商登73条1項，平18・3・31民商782号通達）。

なお，清算株式会社が同時にその他の登記事項の変更もする場合（支店廃止，本店移転，監査役の変更等）には，別途，それぞれの登記の登録免許税額を加算する必要がある（登税別表第一第24号(一)ツ，ヲ，カ等。同号(四)ニは清算人に関する登記事項の変更についてのみ適用があることにつき，登記研究364号82頁参照）。

516 　　2-6　解散・清算等に関する登記

(d)　登記申請書の例

株式会社解散及び清算人就任登記申請書

1　商号　○○株式会社（会社法人等番号・・・）

1　本店　○県○市○町○丁目○番○号

1　登記の事由　解散

　　　　　　　　株式の譲渡制限に関する規定の変更

　　　　　　　　平成○年○月○日清算人及び代表清算人の選任

1　登記すべき事項　平成○年○月○日株主総会の決議（存続期間の満

　　　　　　　　　了、定款で定めた解散事由の発生等）により解散

　　　　　　　　　同日変更

　　　　　　　　　　株式の譲渡制限に関する規定

　　　　　　　　　　　当会社の株式を譲渡により取得するには、清

　　　　　　　　　　　算人会の承認を要する。

　　　　　　　　　当会社は、清算人会設置会社である。

　　　　　　　　　清算人　何某、何某、何某

　　　　　　　　　○県○市○町○丁目○番○号

　　　　　　　　　　代表清算人　何某

1　登録免許税　金6万9000円

　　　　　　　　内訳　解散分　　　　　　3万円

　　　　　　　　　　　登記事項変更分　　3万円

　　　　　　　　　　　清算人分　　　　　9000円

1　添付書類　　株主総会議事録　　1通

　　　　　　　　株主リスト　　　　1通

　　　　　　　　定款　　　　　　　1通

　　　　　　　　清算人会議事録　　1通

　　　　　　　　就任承諾書は、株主総会議事録及び清算人会議事録の

　　　　　　　　記載を援用する。

```
          委任状        1通

   上記のとおり登記の申請をする。
      平成○年○月○日
                      ○県○市○町○丁目○番○号
                        申請人　　○○株式会社
                      ○県○市○町○丁目○番○号
                        代表清算人　何某
                      ○県○市○町○丁目○番○号
                        上記代理人　何某　印
                      （電話番号　・・・）

   ○○法務局御中
```

⑵　清算人，代表清算人及び監査役の変更の登記

①　手 続 等

⒜　清算人及び代表清算人の就任・退任

⒤　清算人の就任

清算手続中において，清算人は，次の方法により選任され，その就任承諾により清算人となる（法478条1項2号・3号・2項）。

- ・株主総会の特別決議による定款の変更により，定款に直接清算人の氏名を記載する方法
- ・株主総会の普通決議によって選任する方法（定款に定めがなくても，補欠清算人の選任は可能である。登記研究760号138頁）
- ・裁判所が選任する方法

⒥　代表清算人の就任

清算手続中において，代表清算人は，次の方法により定まる。

（ア）　清算人会を置かない会社の場合

　清算人の中から代表清算人を定めない場合には，清算人は，各自会社を代表する（法483条1項）。

　清算人の中から代表清算人を定める場合には，次の方法による（法483条3項・5項。代表清算人の就任承諾の要否については，代表取締役に関する前記2－5の■2の(1)②(a)(ii)(iii)参照）。

・株主総会の特別決議による定款の変更により，定款に直接代表清算人の氏名を記載する方法
・株主総会の普通決議によって選任する方法
・定款に清算人の互選により代表清算人を定める旨を記載した上で，清算人の互選によって選任する方法
・裁判所が清算人を選任した場合には，裁判所によって代表清算人を定める方法

（イ）　清算人会設置会社の場合

　代表清算人は，清算人会の決議により選定され，その就任承諾により代表清算人となる（法489条3項）。定款に「代表清算人は株主総会の決議によって定めることができる」旨の定めを置いたときは，清算人会又は株主総会の決議によって，代表清算人を選定することができる（法295条2項，相澤・論点解説40頁の図表1－4参照）。

　なお，裁判所が清算人を選任した場合には，裁判所によって代表清算人を定める方法による（法483条5項）。

（ウ）　その他

　代表清算人が欠けた場合の取扱いやその選定方法を変更した場合の取扱い等については，代表取締役に関する前記2－5の■2の(1)②(a)(iv)(v)及び(b)を参照されたい。

(iii)　**清算人及び代表清算人の退任**

　清算人及び代表清算人の退任事由は，清算人に法律上の任期の上限がないこと，裁判所による解任・選任決定の取消し等を除き，基本的には，取締役

及び代表取締役の退任事由と同様である（前記２－５の■２の⑵参照）。清算人及び代表清算人についても，法令又は定款で定めた員数が欠けた場合には，任期満了又は辞任により退任した者は，新たに選任された者が就任するまで，なおその権利義務を有する（法479条４項，483条６項）。

　㈠　死　　亡

　㈡　辞　　任

　清算人が辞任すると，代表清算人の地位も，資格喪失により退任する。

　清算人会設置会社における代表清算人又は定款の定めに基づく互選により定められた代表清算人は，辞任の意思表示によって，代表清算人の地位のみを辞任することもできる。

　㈢　解　　任

　清算人（裁判所が選任した者を除く。）は，いつでも，株主総会の普通決議によって解任することができる（法479条１項）。また，全ての清算人は，重要な事由があるときは，少数株主の申立てにより，裁判所の決定によって解任される（同条２項）。清算人として解任されると，代表清算人の地位も，資格喪失により退任する。

　代表清算人は，その選定方法に応じ，次の方法により解職することができる。

　・清算人会を置かない会社において，定款で定めた代表清算人を解職するには，特定の者を代表清算人とする定款の定めの削除（法483条３項）

　・清算人会を置かない会社において，株主総会の決議により定めた代表清算人を解職するには，株主総会の普通決議（従来の代表清算人に代えて，他の者を代表清算人とする旨のもの。法483条３項)

　・清算人会を置かない会社において，定款に基づく清算人の互選により定めた代表清算人を解職するには，清算人の過半数の一致（法483条３項）

　・清算人会設置会社においては，清算人会の決議（法489条４項）

　・裁判所が定めた代表清算人については，裁判所の決定（法483条５項）

⒂　清算人の選任決定の取消し

裁判所が選任した清算人は，その選任決定の取消し（非訟事件手続法59条）によっても，その地位を失う。

実務上，破産手続終了後の会社につき残余財産（不動産等）が発見された場合に，清算人を選任して当該財産を処分した後，当該清算人の選任決定が取り消される事案がみられるところである。

㈣　各自代表の清算人の代表権喪失

各自代表の会社が清算人の中から代表清算人を定めることとし，その者が代表清算人に就任した場合には，従前代表権を有していた全清算人のうち代表清算人とならなかった者は，その代表清算人の地位を退任する（法483条1項ただし書）。

㈤　任期満了

通常は，清算人の地位に任期はないが，定款又は選任決議において任期を定める余地もある。この場合には，清算人は，その任期が満了した日に退任し，代表清算人の地位も，資格喪失により退任する。

㈥　資格喪失

清算人は，取締役と同様の欠格事由（法478条6項）に該当した場合には，その該当した日に，資格喪失により退任する。

代表清算人は，その前提となる清算人の地位を失うと，資格喪失により退任する。

㈦　清算人の破産手続開始の決定

清算人は，自ら破産手続開始の決定を受けたときは，委任契約の終了により退任する（民653条2号）。

なお，清算手続中の会社につき破産手続開始の決定があった場合に，当時の清算人が当然に退任するかどうかについては，事案も多くなく，現在の登記実務の取扱いも明らかではないが，取締役と同様の議論があり得るところである（前記2－5の■2の⑵①⒜⒱の（注）参照）。

■1　解散及び清算人　　*521*

⒝　監査役の就任・退任

清算手続中の監査役に関する規律は，基本的に，解散前の会社と同様である（前記2−5の■4の⑴①，⑵①参照）。

ただし，監査役の任期に関する会社法336条の規定の適用はなく，監査役は，次の事由により退任する（法480条）。

・死亡及び辞任

・解任

・任期満了

　　清算手続中の監査役については，法律上の任期の上限はないが，通常の会社は定款で任期を定めているため，当該定款の定めに従い，監査役は退任する（監査役の任期に係る定款の定めが解散により当然に無効となるとみることは，条文上困難に思われ，会社の定款自治に属する事項として，会社の意思により監査役の任期を無期限とすることができるものと解するのが穏当ではなかろうか。実務相談5・426頁参照）。

・法定退任事由

　　清算株式会社が監査役を置く旨の定款の定めを廃止する定款の変更をし，又は監査役の監査の範囲を会計に関するものに限定する旨の定款の定めを廃止する定款の変更をした場合には，監査役は退任する（解散前の会社については任期満了事由とされているが，清算株式会社については単に退任するとの効果のみが規定されている。法480条1項）。

　　なお，非公開会社が公開会社となる定款の変更をしても，監査役は退任しない。

・資格喪失

・監査役の破産手続開始の決定

②　登記手続

⒜　登記すべき事項

登記すべき事項は，清算人の氏名，代表清算人の氏名・住所及び監査役の

氏名並びに就任年月日（退任の場合にあっては，退任の旨及び退任年月日）である。

具体的な記載振りについては，清算人及び代表清算人の変更にあっては取締役及び代表取締役の登記申請書の例を，監査役の変更にあっては解散前のそれを，それぞれ参照されたい。

なお，清算人の退任の登記のうち，裁判所による解任又は清算人の選任決定の取消しにあっては，裁判所により登記の嘱託がされる（法937条１項２号ニ・ホ。後記**第５章**の■３参照）。

(b)　**添付書面**

清算人及び代表清算人の就任の登記の添付書面は，最初の清算人の登記に関する前記(1)②(b)(ii)(イ)(ウ)と同様である。

清算人及び代表清算人の退任の登記の添付書面は，おおむね取締役及び代表取締役の退任の登記に関する前記２－５の■２の(2)②(b)と同様である。ただし，代表清算人の辞任の登記について，辞任届に押された印鑑についての印鑑証明書は，添付書面とならない（商登規61条８項）。

監査役の就任・退任の登記の添付書面は，おおむね解散前の会社に関する前記２－５の■４の(1)③及び(2)②と同様である。

(c)　**登録免許税額**

清算手続中の清算人又は代表清算人の変更の登記の登録免許税額は，申請１件につき6000円である（登税別表第一第24号(四)ニ）。

清算手続中の監査役の変更の登記の登録免許税額は，申請１件につき３万円（資本金の額が１億円以下の会社については，１万円）である（登税別表第一第24号(一)カ。登記研究364号82頁）。

■２　その他の登記事項の変更

清算株式会社は，清算の目的の範囲内において，清算が結了するまではな

お存続するものとみなされる（法476条）が，解散前と比べ，どのような変更の登記ができなくなるのかは，必ずしも明らかでない。

疑義が生じ得るものは，次のとおりである。なお，これらの登記の登録免許税額は，申請1件につき6000円（登税別表第一第24号㈣ニ）ではなく，解散前のものと同額である（登記研究364号82頁）。

⑴ 商号の変更

清算株式会社の商号については，商号権が失われ，その変更の登記をすることができないとする見解（登記先例解説集258号97頁）もあるが，清算株式会社につき，商号に関する諸規定の適用を一般的に排除することは疑問視されており（新版注釈会社法⑴466頁），登記実務上も，清算株式会社の商号の変更の登記は，受理されている。

⑵ 募集株式又は募集新株予約権の発行

清算株式会社は，清算の目的の範囲内において，募集株式又は募集新株予約権を発行することができるため，これによる変更の登記の申請は，受理されることとなる（法487条2項，相澤哲・郡谷大輔「定款の変更，事業の譲渡等，解散・清算」旬刊商事法務1747号17頁）。

⑶ 支配人の選任・支店の設置

清算株式会社は，清算の目的の範囲内において，支配人を選任し，又は支店を設置することができるため，これによる登記の申請は，受理されることとなる（法489条6項3号・4号，上記⑵の相澤・郡谷論文17頁）。

したがって，会社が解散したときは，解散時の支配人は一旦退任する（その理由については，前記2－2の■7の⑶①の**(注)**参照）が，必要に応じて，再

度，その登記をすることができる。

⑷ 一定の組織再編行為

清算株式会社は，次の組織再編行為をすることができず，これによる登記はすることができない。

・清算株式会社が存続会社となる合併（法474条1号）
・清算株式会社が承継会社となる吸収分割（法474条2号）
・株式交換及び株式移転（法509条1項3号）

⑸ そ の 他

一般に，清算の目的に反しない限り定款の変更は可能である（新版注釈会社法⒀264頁）とされ，本店移転その他定款の変更による変更登記については，解散前の会社と同様に，可能であるものと解される。

■ 3 会社の継続

⑴ 手　　続

定款で定めた存続期間の満了，定款で定めた解散の事由の発生又は株主総会の決議により解散した清算株式会社は，株主総会の特別決議により，会社を継続する（解散前の状態に復する）ことができる（法473条）。

解散したものとみなされた休眠会社も，その後3年以内に限っては，同様である。

> **（注）　破産手続における継続**
> 　　上記の場合のほか，破産手続中の会社は，破産債権者の同意による破産

■3　会社の継続　　525

手続廃止の申立てをする場合にも，あらかじめ法人を継続する手続をすることとなる（破産法219条1項）。

⑵　登記手続

⒜　登記すべき事項

登記すべき事項は，継続の旨及びその年月日である。

また，定款で定めた存続期間又は解散事由を変更し，又は廃止した場合には，その変更の登記もしなければならない。

会社を継続する場合には，継続後の会社の機関設計に応じ，一定の機関を置く旨の定款の定めを設けるとともに，役員等を選任し，これらの登記もしなければならない（昭25・1・30民事甲72号通達）。

- **（注1）**　解散後，解散登記未了の間に会社を継続した場合には，解散及び清算人の登記をした上で，会社の継続及び取締役等に関する登記をしなければならない（昭39・1・29民事甲206号通達）。
- **（注2）**　継続の登記をしたときは，登記官は，職権で，解散の登記，清算人会設置会社である旨の登記並びに清算人及び代表清算人に関する登記を抹消する記号を記録しなければならない（商登規73条）。

⒝　添付書面

継続の登記の添付書面は，株主総会の議事録及び株主リストである（商登46条2項，商登規61条3項）。

そのほか，存続期間又は解散事由の変更，会社に設置する機関の変更，役員等の就任等の登記の添付書面は，前記2−2の■10及び前記2−5に記載したとおりである。

⒞　登録免許税額

継続の登記の登録免許税額は，申請1件につき3万円である（登税別表第一第24号㈠ソ）。

2-6　解散・清算等に関する登記

　そのほか，存続期間又は解散事由の変更，会社に設置する機関の変更，役員等の就任等の登記についても，それぞれの登記の登録免許税額を加算する必要がある（清水・登税法詳解179頁）。

(d)　登記申請書の例

　前記■1の(1)②(d)の登記申請書の例中，

「登記の事由　　　　　会社継続

　　　　　　　　　　取締役会設置会社の定め設定

　　　　　　　　　　監査役設置会社の定め設定

　　　　　　　　　　取締役、代表取締役及び監査役の変更

　　　　　　　　　　株式の譲渡制限に関する規定の変更

　登記すべき事項　　平成〇年〇月〇日会社を継続

　　　　　　　　　　同日取締役会設置会社の定め設定

　　　　　　　　　　同日監査役設置会社の定め設定

　　　　　　　　　　同日次のとおり就任

　　　　　　　　　　　取締役何某、何某、何某

　　　　　　　　　　　〇県〇市〇町〇丁目〇番〇号

　　　　　　　　　　　　代表取締役　　何某

　　　　　　　　　　　監査役　　何某

　　　　　　　　　　同日変更

　　　　　　　　　　　株式の譲渡制限に関する規定

　　　　　　　　　　　　当会社の株式を譲渡により取得するには、取締役

　　　　　　　　　　　　会の承認を要する。

　登録免許税額　　　金12万円（資本金１億円以下の場合は、10万円）

　　　　　　　　　　内訳　継続分　　　　　　　３万円

　　　　　　　　　　　　　取締役会設置会社分　３万円

　　　　　　　　　　　　　登記事項変更分　　　３万円

　　　　　　　　　　　　　役員変更分　　　　　３万円（１万円）

　添付書類　　　　　株主総会議事録　１通

株主リスト　　　　１通

　取締役会議事録　　１通

　就任承諾書　　　　○通

　印鑑証明書　　　　○通

　本人確認証明書　　○通

　委任状　　　　　　１通」

などとするほかは，これと同様である。

■4　清算結了

(1)　手　　続

　清算手続の流れは，次のとおりである。

・清算人の就任後遅滞なく行う財産目録及び貸借対照表の作成並びに株主
　総会における承認（法492条）

・債権者に対してする一定の期間（２か月以上）内に債権を申し出るべき
　旨の官報公告及び知れている債権者への各別の催告（法499条）

・官報公告後一定の期間経過後の債務の弁済（法500条）

・清算人（清算人会）による残余財産の分配の決定（法504条）

・決算報告の作成及び株主総会における承認（法507条）

　清算株式会社は，株主総会における決算報告の承認の日から，本店の所在
地においては２週間以内に，支店の所在地においては３週間以内に，清算結
了の登記をしなければならない（法929条，932条）。

（注）　清算結了の登記後に残余財産があった場合の取扱い

　　　清算結了の登記をしたときは，登記官は，登記記録を閉鎖する（商登規
　80条１項５号・２項）。

　　　しかし，残余財産がある限り，会社の法人格は消滅しておらず，清算人
　を選任した上，残余財産の分配その他の上記清算手続を履践する必要があ

る。このような場合には，清算人は，清算結了の登記の抹消及び清算人の就任の登記を申請し，登記官は，登記記録を復活して，これらの登記を行うこととなる（商登規45条，昭45・7・17民事甲3017号回答参照）。

⑵　登記手続

⒜　登記すべき事項

登記すべき事項は，清算結了の旨及びその年月日（株主総会における決算報告書の承認の日）である。

⒝　添付書面

添付書面は，決算報告の承認があったことを証する書面（商登75条）であり，通常は，株主総会の議事録及びこれに附属する決算報告書である（併せて株主リストの添付も要する。商登規61条3項）。株主総会における決算報告の承認は，収入の額及び費用の額を明示してされなければならない（施150条1項，登記研究773号190頁）。

債権者保護手続に関する書面は，添付書面ではないが，清算人の就任日から債権者保護手続に要する2か月の期間が経過した日以後でなければ，清算結了の登記を受理することはできない（昭33・3・18民事甲572号通達）。

なお，決算報告書において債務超過の事実が判明する場合には，たとえ株主総会の承認を得たときであっても，清算人は破産手続開始の申立てをする義務を負う（法484条1項，976条27）から，清算結了の登記を受理することはできない（商登24条8号）。また，決算報告書において，超過債務部分を第三者が負担する旨が記載されていても，当該超過債務につき免責的債務引受けがされ，会社に債務がない状態で承認された決算報告書の添付がない限り，当該登記の申請は受理できないとされている（昭43・5・2民事甲1265号回答，登記研究247号71頁。決算報告書に加え，同報告書に記載された負債に係る債権放棄証書が添付された場合には，当該登記の申請を受理できることにつき，吉野太人「会社法施行後における商業登記実務の諸問題⑺」登記情報557号42頁）。

ただし，例えば，会社に残る負債が，株主総会の終結時まで継続して負担すべき光熱費の支払債務であり，その終結後直ちに支払を予定していることが株主総会の議事録により判明するようなときは，当該登記申請を受理して差し支えないものと解される。

（注）　**株主総会を招集することができない場合**

株主の所在不明等の理由により，決算報告の承認に係る株主総会を開催することができない場合には，監査役又は一時監査役の職務を行うべき者が作成した証明書（株主総会を招集することができない事情を記載したもの）を添付すれば，清算結了の登記を受理して差し支えないとされている（実務相談1・784頁）。

(c)　登録免許税額

申請1件につき2000円である（登税別表第一第24号㈣ハ）。

(d)　登記申請書の例

前記■1の(1)②(d)の登記申請書の例中，

　「登記の事由　　　清算結了

　　登記すべき事項　平成〇年〇月〇日清算結了」

などとし，添付書面及び登録免許税額を上記(b)及び(c)のとおりとするほかは，これと同様である。

2-7 組織再編に関する登記

■ 1 吸収合併，吸収分割及び株式交換

(1) 手　続

① 当事者

吸収合併は，あらゆる種類の会社があらゆる種類の会社との間で，することができる（持分会社も，存続会社となることができる。法748条）。

吸収分割は，株式会社又は合同会社が分割会社となり，あらゆる種類の会社を承継会社として，することができる（法757条）。

株式交換は，株式会社が完全子会社となり，株式会社又は合同会社を完全親会社として，することができる（法767条）。

以下，本書においては，実務上の例が多い株式会社同士の吸収型組織再編の在り方について，説明をすることとする。

② 株式会社同士の吸収型組織再編の手続の概要

株式会社同士の吸収型組織再編（吸収合併，吸収分割及び株式交換をいう。）の手続の概要は，次の**図表２-13**のとおりである（相澤・論点解説665頁より引用）。

まず，組織再編に係る契約の締結（内容の確定）をする必要があるが，その後の手続（株主総会等の承認手続，株式買取請求手続，新株予約権買取請

■1 吸収合併，吸収分割及び株式交換 531

図表2-13 吸収型組織再編の流れ

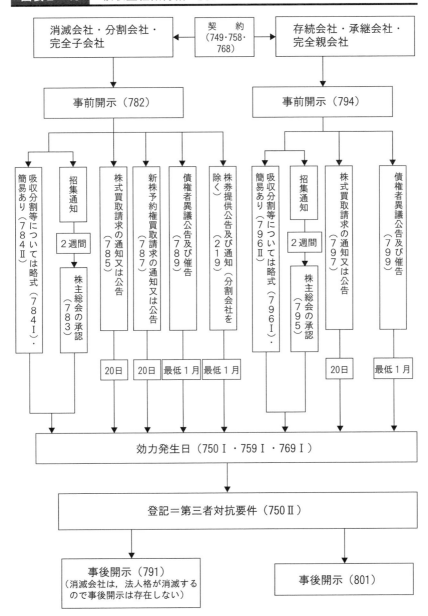

求手続，債権者保護手続，株券提供公告手続，新株予約権証券提供公告手続）につき，その順序は問われていない（ただし，効力発生日を株主総会の当日にすることはできず，その翌日以後とする必要がある。法795条1項，相澤・論点解説664頁，686頁）。

③ 契約書の記載事項

(a) 合併契約書

吸収合併契約においては，会社法749条1項各号の事項を定めなければならないが，特に留意すべき点は，次のとおりである。

(i) 消滅会社の商号（法749条1項1号）

会社法では，債務超過の状態にある会社（簿価債務超過の場合も，合併直前の資産がその債務を完済するのに足りない場合も含まれる。）が消滅会社となる合併も許容されると解されている（法795条2項1号，相澤・論点解説672頁，相澤哲・細川充「組織再編行為（上）」旬刊商事法務1752号9頁）。ただし，実質債務超過の会社を消滅会社とする合併は，取締役の善管注意義務違反を問われるおそれがあることから，実務上は，子会社の救済合併の場合等に限定して利用されると予想されているようである（西村ときわ法律事務所編『新会社法実務相談』309頁（商事法務，2006），会社法大系4・67頁参照）。

債務超過の状態にある株式会社を解散会社とする吸収合併の登記は，資本充実の原則に反するので受理できないとする昭56・9・26民四5707号回答については，従来から，現実には，登記所の審査において債務超過の状態にあるか否かが添付書面上明らかでなかったところであるが，会社法の下では，上記回答の取扱いはされないこととなる。

(ii) 消滅会社の株主に対する金銭等の割当て及び存続会社の資本金の額に関する事項（法749条1項3号・2号イ）

合併に際してする金銭等の割当ては，消滅会社の株主に対してされるが，存続会社（存続会社が消滅会社の親会社である場合等）はその対象に含まれないし，消滅会社（消滅会社が自己株式を保有する場合）もその対象に含ま

■1 吸収合併，吸収分割及び株式交換　　533

れない（法749条1項3号参照）。したがって，親会社が存続会社となって子会社を合併する場合に，親会社の保有する子会社株式につき合併新株を割り当てても差し支えないとする従来の取扱い（昭38・8・21民四208号回答，実務相談5・349頁，鴻・先例百選162頁）は，することができない。

　存続会社の資本金の額は，計算規則35条及び36条の規律に従う。基本的に，吸収合併が支配取得に該当する場合にはパーチェス法（時価処理）により，共通支配下の取引や逆取得の場合等には合併により承継される財産の簿価処理により，株主資本等変動額が定められ（計35条1項各号），これを前提として，存続会社の資本金の額は，存続会社が株式を交付したときに限り，株主資本等変動額の範囲内で存続会社が吸収合併契約の定めに従い定めた額だけ増加する（同条2項。募集株式の発行の場合と異なり，資本金等増加限度額の2分の1以上を資本金に計上すべき旨の制約はない。）。従来は，消滅会社の資本金の額を存続会社が引き継ぐという持分プーリング法が認められてきたが，企業結合会計基準の改正により，限定的な場合につきその処理が許容される（計36条）ほかは，持分プーリング法が廃止されたことに留意する必要がある（詳細については，大野晃宏ほか「会社法施行規則，会社計算規則等の一部を改正する省令の解説」旬刊商事法務1862号4頁以下参照）。

　これらによれば，完全親会社が存続会社となって完全子会社を合併する場合には，合併対価の割当てはなく（計2条3項36号イの吸収型再編対価は存在せず），存続会社である完全親会社の資本金の額を増加させることはできない。

（注1）　完全子会社同士（兄弟会社）の吸収合併

　　　会社Aの完全子会社であるB及びCが，Bを存続会社として合併する場合には，存続会社Bは，消滅会社Cの株主Aに対して合併対価を交付してもよいが，既にAはBの完全親会社であるため，合併対価を交付しなくても差し支えないと解される（平16・1・15民商84号通知，登記研究675号119頁）。

　　　なお，存続会社BがAに対し株式を交付する場合には，Bの資本金の額は，計算規則35条1項2号・2項又は36条1項により増加することがあるが，Aに対し合併対価を交付しない場合には，Bの資本金の額は増

534 2-7 組織再編に関する登記

加しない。

（注２）　親会社と孫会社の吸収合併

　　　会社Ａが，その完全子会社Ｂの完全子会社Ｃとの間で，Ａを存続会社として合併する場合には，存続会社Ａは，消滅会社Ｃの株主Ｂに対して合併対価を交付することが適当である（これを交付しないと，Ｂの財産が減少し，その債権者を害することとなる。登記研究675号120頁）が，仮に，Ｃの株主総会において合併契約を承認し，又はＣの略式合併手続においてこれをやめることを請求しなかったその株主Ｂの経営判断（Ｂの取締役の判断）につき，善管注意義務違反に問われないような状況（Ｂの債権者の了解等）があるのであれば，合併対価を交付しないこともあり得るものと解される。

　　　なお，存続会社ＡがＢに対し株式を交付する場合には，Ａの資本金の額は，計算規則35条１項２号・２項により増加することがあるが，Ｂに対し合併対価を交付しない場合には，Ａの資本金の額は増加しない。

（注３）　合併対価を交付しない吸収合併

　　　会社法では，完全親子会社関係の場合だけでなく，債務超過会社を消滅会社とする場合等において，合併対価を交付しない吸収合併をすることができると解されている（法749条１項２号，相澤・論点解説676頁）が，対価が不均衡である場合には，合併手続に瑕疵が生ずることもあり得るので，全部取得条項付種類株式の取得の議論（前記２－３の■７の(3)①(d)参照）と同様に，十分な注意が必要であろう。

（注４）　消滅会社が存続会社の株式を有する場合の取扱い

　　　合併対価として存続会社が交付する株式は，存続会社の自己株式又は新たに発行する株式であることが通常であろうが，消滅会社が存続会社の株式を有する場合には，消滅会社の地位を承継した存続会社がこれを消滅会社の株主に交付することも許されると解されている（新版注釈会社法(13)129頁）。

(ⅲ)　消滅会社の新株予約権者に対して交付する存続会社の新株予約権等に関する事項（法749条１項４号）

　消滅会社の新株予約権者に対して存続会社の新株予約権を交付する場合には，合併契約書にこの事項を必ず記載しなければならない。

　新株予約権の内容として，合併に際して存続会社の新株予約権を交付する旨の定めがある場合（法236条１項８号）であっても，当該定めにより当然に

■1 吸収合併，吸収分割及び株式交換 535

存続会社の新株予約権が交付されるわけではなく，合併契約の内容に従うこととなる。会社法236条1項8号の定めは，合併契約において同一の条件による存続会社の新株予約権の交付に係る条項が設けられた場合に，新株予約権買取請求権を与えないこととする意義を有するに止まるものである（法787条1項1号）。

（注） 新株予約権の対価を交付しない吸収合併

合併により消滅する新株予約権に関する事項の条文（法749条1項4号・5号）は，消滅会社の株主に対する合併対価に関する同項2号の規定振りと異なり，「金銭等を交付するときは」という文言を用いていないが，常に新株予約権の対価を交付しなければならないという趣旨ではなく，交付する新株予約権の対価を零と定めることも可能であると解されている（郡谷・計算詳解385頁）。

(iv) 効力発生日（法749条1項6号）

効力発生日は，確定日をもって定めることが予定されており（相澤・論点解説703頁），登記実務上も，そのように運用されている。

合併契約における効力発生日までに債権者保護手続等が終了しない場合には，当事会社の代表者の合意（各会社の内部手続として，業務執行の意思決定機関である取締役会の決議や，取締役会の委任に基づく代表取締役の決定等が必要である。）により効力発生日を変更した上，変更前の効力発生日の前日までに変更後の効力発生日を公告する必要がある（法790条。相澤・論点解説705頁）。この手続を行わずに，債権者保護手続等が終了しないまま効力発生日を迎えた場合には，吸収合併の効力を生ずることはないとされている（郡谷・計算詳解408頁）。

もっとも，債権者の異議が一定程度予想される場合等には，上記の取扱いをすると，全ての手続の終了時を予測した上，念のために効力発生日を更に遅らせる運用とならざるを得ない。登記が吸収合併の第三者対抗要件である以上，当事者間において効力発生日を合意により柔軟に定めること（例えば，旧商法における登記義務の起算点を参考にしつつ，効力発生日として，「平

成〇年〇月〇日（法789条又は799条の手続終了の日がこれより遅い場合に
あっては，その日）」と定めること）を認めても，弊害は少ないと考えられ
ることから，迅速な組織再編の実現のために，常に確定日を定める必要はな
いようにも思われるが，いかがであろうか。

（注）　効力発生日と許認可との関係
　　　　主務官庁の認可が合併の効力要件となる場合には，合併の効力の発生は
　　　認可書の到達日に左右されるが，当該認可の制度は会社法により直接規律
　　　されるものではないこと等から，登記実務上，合併契約における効力発生
　　　日後に認可書が到達する場合であっても，効力発生日の変更の手続をとる
　　　必要はなく，合併の効力は，合併契約における効力発生日又は認可書の到
　　　達日のいずれか遅い日に生ずるとして取り扱われている（同種の考え方を
　　　採るものとして，商品取引所法148条1項参照）。
　　　　このように，確定日を定める原則に対する例外として構成する考え方も
　　　あり得るが，本文に記載した私見によれば，直截に，合併契約における効
　　　力発生日を「平成〇年〇月〇日（認可書の到達日がこれより遅い場合に
　　　あっては，その日）」と定めれば足りる。

⒱　そ の 他

　旧商法では，吸収合併契約書に，存続会社の定款変更に関する事項及び合
併に際して就職する取締役等に関する事項を記載するものとされていた（旧
商409条1号・8号）が，会社法では，これらの事項は，吸収合併契約を承認
する株主総会の決議とは別に（別議案として），決議をする必要があると解
されている（参考書類に関する旧商法施行規則13条8項，施86条参照。相澤・論
点解説680頁，681頁，郡谷・計算詳解385頁）。

　登記申請書の添付書面となる株主総会の議事録において，合併承認議案の
中で，定款の変更又は役員の選任等も併せて決議をしている場合には，登記
所において，書面投票の採否，必要な参考書類の送付の有無等が判明しない
ため，合併手続に瑕疵があるものとして直ちに却下する取扱いはされていな
いが，その決議の在り方については，上記の見解に留意すべきである。

(b) 分割契約書

吸収分割契約においては，会社法758条各号の事項を定めなければならないが，特に留意すべき点は，次のとおりである。

(i) 承継会社が承継する権利義務に関する事項（法758条2号）

承継会社が承継する権利義務は，必ずしも，組織的有機的一体として機能する「営業」（事業）単位でなくてもよいとされている（法757条，相澤・論点解説668頁）。

もっとも，会社分割制度は，平成12年商法改正による制度導入時においては，部分的包括承継という説明の下に，各種事業に係る主務官庁の許認可の承継等についても一定の配慮がされているところ，会社分割により事業の単位と無関係に各別の権利義務を組み合わせて承継させる場合には，実質的には各別の財産の現物出資と異ならないため，主務官庁における許認可の取扱いにつき，十分に注意する必要がある（前田・会社法入門（第12版）722頁も，会社分割が現物出資手続等の脱法等の手段として利用されないようにする必要がある旨言及する。）。

なお，分割により，分割会社の新株予約権に係る義務そのものを承継会社に承継させることはできない（法758条2号。分割会社の新株予約権の消滅と引換えに，同条5号の定めにより承継会社の新株予約権を交付することとなる。）。

(ii) 承継会社が分割会社に対して交付する分割対価及び承継会社の資本金の額に関する事項（法758条4号イ）

会社分割に際してする金銭等の割当ては，分割会社に対してのみ行われる（旧商法における物的分割）。会社法では，旧商法の人的分割に相当するものは，会社分割と別の制度とを同時に行うものとして構成されている（分割型吸収分割。後記(iii)参照）。

承継会社の資本金の額は，計算規則37条及び38条の規律に従う。基本的に，吸収分割が支配取得に該当する場合や事業に該当しない財産を承継させる場合にはパーチェス法（時価処理）により，共通支配下の取引や逆取得の場合等には吸収分割により承継される財産の簿価処理により，株主資本等変動額

が定められ（計37条１項各号），これを前提として，承継会社の資本金の額は，承継会社が株式を交付したときに限り，株主資本等変動額の範囲内で承継会社が吸収分割契約の定めに従い定めた額だけ増加する（同条２項）。ただし，共通支配下の取引のうち分割型吸収分割の場合（分割対価の全部が承継会社の株式である場合に限る。）において，分割当事会社が望むときは，分割会社の資本金の額のうち適当な額を所要の手続をとって減少し（前記２−２の■11の(3)参照），これを承継会社の資本金の額に計上することもできる（計38条１項・３項。詳細については，大野晃宏ほか「会社法施行規則，会社計算規則等の一部を改正する省令の解説」旬刊商事法務1862号４頁以下参照）。

（注１） **完全親子会社間の吸収分割**

会社Ａが，会社分割によりその事業を完全子会社Ｂに承継させる場合には，承継会社Ｂは，分割会社Ａに対して分割対価を交付してもよいが，既にＡはＢの完全親会社であるため，分割対価を交付しなくても差し支えないと解される（法749条１項３号と異なり，これを禁止する規定はない。）。

なお，承継会社ＢがＡに対し株式を交付する場合には，Ｂの資本金の額は，計算規則37条１項４号・２項により増加することがあるが，Ａに対し分割対価を交付しない場合には，Ｂの資本金の額は増加しない。

このほか，上記事例とは逆に，子会社Ｃが会社分割によりその事業を親会社Ｄに承継させる場合については，承継会社Ｄは，子会社Ｃに株式を交付しても差し支えなく，更に，分割型吸収分割として，分割会社Ｃがその株主Ｄに対し分割対価であるＤ社株式を配当してもよいとされている（江頭・株式会社法273頁，263頁）。

（注２） **完全子会社同士（兄弟会社）の吸収分割**

会社Ａの完全子会社であるＢ及びＣが，Ｂを分割会社として吸収分割契約を締結する場合には，私見によれば，承継会社Ｃは，原則として，分割会社Ｂに対して分割対価を交付することとなる（会社法は，物的分割における等価的な分割対価の交付を前提として，分割後も分割会社に対して履行の請求ができる債権者に対しては，債権者保護手続を要しないと整理したようにみえる。法789条１項２号）が，承継される権利義務の価値が全体としてプラスにならないものと評価される場合には，分割対価を交付しないこともあり得る。この点，旧商法では，完全子会社同士の吸収分割を人的分割の方法によってする場合には，承継会社が株式を交付しなくても差し支えないとされていたが，会社法では，分割対価

■1 吸収合併，吸収分割及び株式交換 **539**

を交付しない場合を分割型吸収分割（法758条8号）とみることは困難であろうし，物的分割である以上，原則として分割対価を交付せざるを得ない（全体としてプラスの権利義務を承継したにもかかわらず，分割対価が交付されない場合には，会社分割の登記自体は受理されるとしても，分割会社の債権者から分割会社の財産を流出させたことについての責任が追及されるおそれもある）と思われる（無対価合併に関する前記**(a)(ii)**の**(注3)**，西村ときわ法律事務所編『新会社法実務相談』288頁（商事法務，2006）参照）。

なお，承継会社Cが分割会社Bに対し株式を交付する場合には，Cの資本金の額は，計算規則37条1項3号・2項（分割型吸収分割にあっては，更に，計38条1項によることもできる。）により増加することがあるが，Bに対し分割対価を交付しない場合には，Cの資本金の額は増加しない。

(iii) 分割型吸収分割に関する事項（法758条8号イ・ロ）

会社法では，旧商法の人的分割に相当するものについては，会社分割（物的分割）と同時に，分割会社が次のいずれかの行為をするものと構成しており，これを行う場合には，その旨を分割契約に定めなければならない。

・分割会社の既発行の全部取得条項付種類株式について，その株主総会の特別決議により，分割会社がこれを取得し，これと引換えに，分割会社の株主に対して，会社分割により分割会社が承継会社から交付を受けた承継会社の株式（施178条の金銭等を含む。）を交付すること。

・分割会社が，会社分割により承継会社から交付を受けた承継会社の株式（施178条の金銭等を含む。）を配当財産として，剰余金の配当を行うこと。

(iv) そ の 他

上記のほか，分割会社の新株予約権者に対して交付する承継会社の新株予約権等に関する事項（法758条5号・6号），効力発生日（同条7号）及び会社分割に際して定款変更又は役員の選任を行う場合の株主総会決議の在り方については，合併についてと同様である（前記**(a)(iii)**から**(v)**まで参照）。

(c) 株式交換契約書

株式交換契約においては，会社法768条1項各号の事項を定めなければならないが，特に留意すべき点は，次のとおりである。

(i) 完全親会社が完全子会社の株主に対して交付する株式交換対価及び完全親会社の資本金の額に関する事項（法768条1項2号イ・3号）

株式交換に際してする金銭等の割当ては，完全子会社の株主に対してされるが，完全親会社自身（完全親会社となる会社が完全子会社となる会社の株式を保有する場合）はその対象に含まれない（法768条1項3号参照）。

完全親会社の資本金の額は，計算規則39条の規律に従う。基本的に，株式交換が支配取得に該当する場合にはパーチェス法（時価処理）により，共通支配下の取引や逆取得の場合等には完全子会社の財産の簿価処理により，株主資本等変動額が定められ（同条1項各号），これを前提として，完全親会社の資本金の額は，完全親会社が株式を交付したときに限り，株主資本等変動額の範囲内で完全親会社が株式交換契約の定めに従い定めた額だけ増加する（同条2項。なお，同項ただし書により，一定の場合に資本金又は資本準備金として計上すべきことが義務付けられることにつき，大野晃宏ほか「会社法施行規則，会社計算規則等の一部を改正する省令の解説」旬刊商事法務1862号10頁参照）。

(ii) その他

上記のほか，完全子会社の新株予約権者に対して交付する完全親会社の新株予約権等に関する事項（法768条1項4号・5号），効力発生日（同項6号）及び株式交換に際して定款変更又は役員の選任を行う場合の株主総会決議の在り方については，基本的に，合併についてと同様である（前記(a)(iii)から(v)まで参照）。

④ 契約の承認決議

(a) 合併契約の承認

(i) 存続会社における承認決議

(ア) 株主総会の特別決議

存続会社は，効力発生日の前日までに，株主総会の特別決議によって，合併契約の承認を受けなければならない（法795条1項，309条2項12号）。

(イ) 種類株主総会の特別決議

合併対価として存続会社の譲渡制限株式（法199条4項の定めがないものに限る。）を交付する場合には，吸収合併は，存続会社における当該譲渡制限株式の種類株主総会の特別決議がなければ，その効力を生じない（法795条4項，324条2項6号）。

また，合併によりある種類の株式の種類株主に損害を及ぼすおそれがある場合も，定款で特段の定めがあるときを除き，種類株主総会の特別決議がなければ，その効力を生じない（法322条1項7号・2項，324条2項4号）。

(ウ) 略式合併（株主総会の決議を要しない場合・その1）

消滅会社が存続会社の特別支配会社である場合（存続会社の総株主の議決権の10分の9以上を消滅会社及びその完全子会社等が有している場合。いわゆる逆さ合併の場合）には，存続会社（被支配会社）において，株主総会の決議を要しない（法796条1項本文）。

ただし，合併対価として存続会社の譲渡制限株式を交付する場合であって，存続会社が公開会社でないときは，株主総会の決議を省略することはできない（法796条1項ただし書）。

(エ) 簡易合併（株主総会の決議を要しない場合・その2）

合併対価として交付する株式等の価額の合計額が存続会社の純資産額として施行規則196条の規定により定まる額の5分の1を超えない場合には，存続会社における株主総会の決議を要しない（法796条2項本文）。

ただし，次の場合には，株主総会の決議を省略することはできない（法796条2項ただし書・3項）。

542   2-7　組織再編に関する登記

・存続会社の承継債務額が承継資産額を超える場合（消滅会社が債務超過であり，合併差損が生ずる場合）

・合併対価の帳簿価額が承継資産額から承継債務額を控除して得た額を超える場合（消滅会社の価値を上回る合併対価を交付し，合併差損が生ずる場合）

・合併対価として存続会社の譲渡制限株式を交付する場合であって，存続会社が公開会社でないとき

・施行規則197条の規定により定まる数の株式を有する株主が合併に反対する旨を存続会社に対して通知した場合

（注1）　略式合併・簡易合併に該当する場合の株主総会による承認

　　　　略式合併又は簡易合併の要件に該当する場合には，業務執行の意思決定機関（取締役会の決議又は取締役の過半数の一致）により合併契約を承認することができるが，この場合であっても，登記実務上，旧商法と同様に，上記(ア)の原則どおり，株主総会によって合併契約を承認して差し支えないものとして取り扱われている（法796条の見出し，前記1－2の■21の(2)参照）。

（注2）　完全親子会社間の吸収合併

　　　　完全親会社が存続会社となって完全子会社を合併する場合には，完全親会社については，前記③(a)(ii)のとおり合併対価を交付せず，原則として上記(エ)の簡易合併の要件に該当し，また，完全子会社については，後記(ii)(ア)のとおり完全親会社が特別支配会社となり，原則として略式合併の要件に該当するため，結局，いずれの当事会社においても，株主総会を要しない場合がある。

（注3）　略式合併等と同時にすべき役員等の変更

　　　　略式合併又は簡易合併として取締役会の決議により合併契約を承認し，株主総会を招集しない場合には，当然，これと同時に，取締役，監査役等の選任をすることはできない。

(ii)　消滅会社における承認決議

(ア)　株主総会の特別決議

　消滅会社は，効力発生日の前日までに，株主総会の特別決議によって，合併契約の承認を受けなければならない（法783条1項，309条2項12号）。

■ 1　吸収合併，吸収分割及び株式交換　　*543*

　(イ)　総株主又は種類株主の全員の同意

　合併対価が持分会社の持分その他権利の移転又は行使に債務者その他第三者の承諾を要するもの（譲渡制限株式を除く。）である場合には，消滅会社の総株主（種類株式発行会社にあっては，その割当てを受ける種類株主の全員）の同意を得なければならない（法783条2項・4項，施185条）。

　(ウ)　株主総会又は種類株主総会の特殊決議

　消滅会社が種類株式発行会社以外の公開会社である場合において，合併対価が譲渡制限株式等であるときは，消滅会社における株主総会の特殊決議を得なければならない（法309条3項2号）。

　また，消滅会社が種類株式発行会社である場合において，合併対価が譲渡制限株式等であるときは，吸収合併は，当該譲渡制限株式等の割当てを受ける種類の株式（譲渡制限株式を除く。）の種類株主総会の特殊決議がなければ，その効力を生じない（法783条3項，324条3項2号，施186条）。

　(エ)　種類株主総会の特別決議

　合併によりある種類の株式の種類株主に損害を及ぼすおそれがある場合には，定款で特段の定めがあるときを除き，消滅会社における種類株主総会の特別決議がなければ，その効力を生じない（法322条1項7号，324条2項4号）。

　(オ)　略式合併（株主総会の決議を要しない場合）

　存続会社が消滅会社の特別支配会社である場合（消滅会社の総株主の議決権の10分の9以上を存続会社及びその完全子会社等が有している場合）には，消滅会社（被支配会社）において，株主総会の決議を要しない（法784条1項本文）。

　ただし，消滅会社が種類株式発行会社以外の公開会社である場合において，合併対価が譲渡制限株式等であるときは，株主総会の決議を省略することはできない（法784条1項ただし書）。

(b) 分割契約の承認

(i) 承継会社における承認決議

吸収合併の存続会社における承認決議の在り方（前記(a)(i)(ア)から(エ)まで参照）と基本的に同様である。

(ii) 分割会社における承認決議

吸収合併の消滅会社における承認決議の在り方のうち，前記(a)(ii)(ア)，(エ)及び(オ)についてと基本的に同様である。

吸収分割においては，分割対価が分割会社に対して交付され，分割会社の株主に直接の利害関係がないことから，前記(a)(ii)(イ)及び(ウ)に相当する方法はなく，また，略式分割をすることができない場合として，分割対価が譲渡制限株式等である場合は掲げられていない（法784条1項ただし書）。

上記のほか，吸収分割に関しては，吸収合併と異なり，承継会社だけではなく分割会社についても簡易分割の制度があり，吸収分割により承継会社に承継させる資産の帳簿価額の合計額が分割会社の総資産額として施行規則187条の規定により定まる額の5分の1を超えない場合には，分割会社における株主総会の決議を要しない（法784条2項。複数の会社が分割会社となる場合には，簡易分割の要件は，各分割会社ごとに判断すれば足りる。登記研究641号172頁）。なお，分割会社がする簡易分割については，承継会社がするものと異なり，一定数の株主が分割に反対する旨を会社に通知した場合等に株主総会の決議を要する旨の規律は存在しない（比較的少額の財産の承継である上，会社分割により分割会社の株主の持株比率は変動しないため，当該株主に株式買取請求権は認められていない。法785条1項2号）。

(c) 株式交換契約の承認

(i) 完全親会社における承認決議

吸収合併の存続会社における承認決議の在り方（前記(a)(i)(ア)から(エ)まで参照）と基本的に同様である。

ただし，簡易株式交換をすることができない場合として，合併差損が生ず

　　　　　　　　　　　　　　　　　　　■1　吸収合併，吸収分割及び株式交換　　*545*

る場合に代えて，株式交換対価として交付する金銭等（完全親会社の株式等
を除く。）の帳簿価額が完全親会社が承継する完全子会社の株式の額を超え
る場合（法796条2項ただし書，795条2項3号）が掲げられている。

(ii)　完全子会社における承認決議

　吸収合併の消滅会社における承認決議の在り方（前記(a)(ii)(ア)から(オ)まで参
照）と基本的に同様である。

⑤　株式買取請求手続

(a)　存続会社・承継会社・完全親会社における手続

　これらの会社の株主は，その組織再編に反対する場合には，株式買取請求
権を有する（法797条1項。なお，平成26年の会社法の改正により，簡易組織再
編の場合には，会社組織の基礎に本質的変更を及ぼさないとして，基本的に株式
買取請求権が認められないこととされた。）。

　これらの会社は，効力発生日の20日前までに，株主に対して一定の事項を
通知し又は公告しなければならず，株式買取請求権が行使されたときは，会
社法798条の手続を要する。

(b)　消滅会社・分割会社・完全子会社における手続

　これらの会社の株主は，その組織再編に反対する場合（分割会社の簡易分
割の場合及び前記④(a)(ii)(イ)により総株主の同意で合併契約・株式交換契約を承認
した場合を除く。）には，株式買取請求権を有する（法785条1項）。

　これらの会社は，効力発生日の20日前までに，株主に対して一定の事項を
通知し又は公告しなければならず，株式買取請求権が行使されたときは，会
社法786条の手続を要する。

⑥　消滅会社等における新株予約権買取請求手続

　消滅会社・分割会社・完全子会社の新株予約権者のうち，当該新株予約権
の内容（法236条1項8号）に反して，異なる条件の存続会社・承継会社・完
全親会社の新株予約権が交付され又は交付されないこととなるものは，新株

予約権買取請求権を有する（法787条）。

　これらの会社は，効力発生日の20日前までに，新株予約権買取請求権を有する新株予約権者に対して一定の事項を通知し又は公告しなければならず，新株予約権買取請求権が行使されたときは，会社法788条の手続を要する。

⑦　債権者保護手続

(a)　吸収合併の債権者保護手続

(i)　存続会社における手続

　存続会社は，次に掲げる事項を官報に公告し，かつ，知れている債権者には各別に催告しなければならず，債権者が異議を述べなかった場合には，当該組織再編につき承認をしたものとみなされるが，異議を述べた場合には，当該組織再編をしても当該債権者を害するおそれがないときを除き，当該債権者に対し弁済し若しくは相当の担保を提供し又は当該債権者に弁済を受けさせることを目的として信託会社等に相当の財産を信託しなければならない（法799条）。

- ・吸収合併をする旨
- ・消滅会社の商号及び住所
- ・当事会社の計算書類に関する事項（最終事業年度に係る貸借対照表等が公告されている場合における官報の日付及び頁等。施199条）
- ・債権者が一定の期間（１か月を下ることができない。）内に異議を述べることができる旨

　ただし，存続会社がこの公告を，官報のほか，定款の定めに従い時事に関する事項を掲載する日刊新聞紙又は電子公告によりするときは，各別の催告は要しない（法799条３項）。

（注１）　特例有限会社から移行した株式会社の吸収合併

　特例有限会社から移行した直後の株式会社が吸収合併をする場合に公告すべき計算書類に関する事項は，公告対象会社が通常の株式会社である以上，施行規則199条４号（特例有限会社として計算書類の公告義務がない旨）ではなく，同条７号（貸借対照表の要旨の内容）であると解さ

■1 吸収合併，吸収分割及び株式交換　　*547*

れている。

（注2）　特例有限会社の通常の株式会社への移行を条件とした吸収合併

　　　特例有限会社が商号の変更により通常の株式会社に移行することを停止条件として，自ら存続会社となる合併については，会社法整備法37条に抵触しないものとして，現在の登記実務上は許容されている（後記**第3章の■1の(6)①**参照）。

　　　この場合に当該存続会社が公告すべき計算書類に関する事項は，微妙であるが，施行規則199条4号（特例有限会社として計算書類の公告義務がない旨）ではなく，同条7号（貸借対照表の要旨の内容）によることが穏当であると解される。

（注3）　決算公告を怠っている会社

　　　決算公告を怠っている会社が合併をする場合に公告すべき計算書類に関する事項は，施行規則199条7号（貸借対照表の要旨の内容）であるとされている（相澤・論点解説688頁）。

　　(ii)　**消滅会社における手続**

　存続会社における手続（上記(i)参照）と基本的に同様である（法789条）。

　(b)　**吸収分割の債権者保護手続**

　　(i)　**承継会社における手続**

　吸収合併の存続会社における手続（上記(a)(i)参照）と基本的に同様である（法799条）。

　　(ii)　**分割会社における手続**

　分割会社は，分割後に分割会社に対してその履行を請求することができない債権者との関係で，債権者保護手続をとる必要がある。その手続は，承継会社における手続と基本的に同様であり，分割会社が，公告を，官報のほか定款の定めに従い時事に関する事項を掲載する日刊新聞紙又は電子公告によりするときは，一般の債権者に対する各別の催告は要しないが，不法行為によって生じた債務の債権者に対しては，各別の催告を省略することはできない（法789条3項）。

なお，分割型吸収分割の場合（法758条8号）には，分割会社は，全ての債権者との関係で，債権者保護手続をとる必要がある（法789条1項2号）。

（注1）　債権者保護手続を一切要しない場合

　　　物的分割の場合であって，かつ，分割会社の全ての債権者が分割後も分割会社に対してその履行を請求することができる場合（分割会社が承継会社に承継させた債務の全部につき，承継会社との間で重畳的債務引受契約を締結した場合等）には，分割会社において，公告及び催告という債権者保護手続は一切要しない（法789条1項2号。平13・4・19民商1091号通知，登記研究646号158頁）。

（注2）　連帯保証の場合

　　　分割会社が，承継会社に承継させた債務につき，その債権者との間で連帯保証契約を締結した場合には，当該債権者との関係では債権者保護手続をする必要はないが，不法行為債権者その他の知れていない債権者との間では，事実上，連帯保証契約を締結することができないため，不法行為に係る債務をも承継させる場合において，一切の債権者保護手続を省略することは，会社分割手続の瑕疵となりかねないことに注意する必要がある。

（注3）　平成26年改正の内容

　　　改正前は，異議を述べることができる分割会社の債権者（各別の催告を要するものに限る。）が各別の催告を受けなかった場合には，当該債権者は，効力発生日における分割会社の財産又は承継会社が承継した財産の価額を限度として，分割会社及び承継会社の双方に債務の履行請求をすることができるとされていたが，平成26年の会社法の改正により，異議を述べることができる分割会社の債権者のうち各別の催告を要しないもの（分割会社に知れていない債権者。公告を，官報のほか定款の定めに従い時事に関する事項を掲載する日刊新聞紙又は電子公告によりする場合には，不法行為債務の債権者に限る。）についても，各別の催告を受けなかった以上，同様の効果が認められることとされた（法759条2項・3項）。

　　　また，分割会社による詐害的な会社分割に対しては，民法上の詐害行為取消権を行使する余地がある（最判平24・10・12民集66巻10号3311頁）が，さらに，分割会社の残存債権者が，承継会社が承継した財産の価額を限度として，承継会社に債務の履行請求をすることができる制度が創設された（法759条4項から7項まで）。

(c) 株式交換の債権者保護手続

(i) 完全親会社における手続

原則として，債権者保護手続を要しないが，次の場合には，完全親会社は債権者保護手続をとる必要があり，その手続は，吸収合併の存続会社における手続（前記(a)(i)参照）と基本的に同様である（法799条）。

・株式交換対価として完全親会社の株式（少額の金銭等を含む。施198条）以外の財産を交付する場合

・完全親会社が，完全子会社の新株予約権付社債権者に対して当該新株予約権に代わる新株予約権を交付し，完全子会社の社債を承継する場合（法768条1項4号ハ）

(ii) 完全子会社における手続

原則として，債権者保護手続を要しないが，完全子会社の新株予約権付社債権者に対して完全親会社の新株予約権が交付され，完全子会社の社債が完全親会社に承継される場合には，完全子会社は，当該新株予約権付社債権者との関係で，債権者保護手続をとる必要があり，その手続は，完全親会社における手続と基本的に同様である（法789条）。

⑧ 株券及び新株予約権証券の提供公告手続

消滅会社又は完全子会社は，株券発行会社である場合には，株式の全部について株券を発行していないときを除き，効力発生日までに株券を提出しなければならない旨を当該日の1か月前までに公告し，かつ，株主及び登録株式質権者に各別に通知しなければならない（法219条1項6号・7号。会社分割については，このような手続はない。）。

また，消滅会社・分割会社・完全子会社が新株予約権証券を発行している会社である場合（分割会社・完全子会社にあっては，その新株予約権者に対し承継会社・完全親会社の新株予約権を交付する場合に限る。）には，効力発生日までに新株予約権証券を提出しなければならない旨を当該日の1か月前までに公告し，かつ，新株予約権者及び登録新株予約権質権者に各別に通

知しなければならない（法293条1項3号・4号・6号）。

⑨　主務官庁の認可，独占禁止法の待機期間

合併又は会社分割については，銀行業その他の一定の業種において，主務大臣の認可がなければその効力を生じないとされているものがある（銀行法30条等）。

また，会社が合併をする場合において，一方の会社の国内売上高合計額が200億円を超え，他の会社の国内売上高合計額が50億円を超えるときは，同一の企業結合集団に属するときを除き，当該合併に関する計画を公正取引委員会に届け出る必要があり，届出受理の日から30日（公正取引委員会が期間を短縮したときは，その期間）を経過するまでは，合併をすることができない（独占禁止法15条2項・3項，10条8項）。なお，吸収分割についても，同様の規律がある（同法15条の2第3項・4項，10条8項）。

⑩　効力発生日

吸収型組織再編は，契約で定めた効力発生日に，その効力を生ずる（法750条，759条，769条）。

なお，効力発生日の定め方及びその変更の手続については，前記③(a)(iv)を参照されたい。

⑪　組織再編の差止請求

従前は，略式組織再編に限って明文で差止請求の制度が認められていたが，平成26年の会社法の改正により，一般的な組織再編（簡易組織再編を除く。）についても，それが法令又は定款に違反する場合で，株主が不利益を受けるおそれがあるときは，当事会社の株主は，組織再編をやめることを請求することができることとされた（法784条の2，796条の2）。

■ 1 吸収合併，吸収分割及び株式交換 *551*

⑵ 登記手続

① 吸収合併の登記

吸収合併の場合には，存続会社の本店の所在地を管轄する登記所に対し，存続会社についての変更の登記申請書と消滅会社についての解散の登記申請書を，同時に提出する必要がある（商登82条）。

⒜ 存続会社についての変更の登記申請書

⒤ 登記すべき事項

登記すべき事項は，次のとおりである。

・変更後の資本金の額，発行済株式総数（種類株式発行会社にあっては，発行済みの株式の種類及び数を含む。）及び変更年月日

・消滅会社の新株予約権者に新株予約権を発行した場合には，新株予約権に関する登記事項及び変更年月日

・合併の年月日，合併をした旨並びに消滅会社の商号及び本店（商登79条）

なお，合併を承認する株主総会において，定款の変更，合併後の役員の選任等を決議したことにより登記事項に変更が生じた場合には，それぞれを登記すべき事項として掲げることとなる（前記⑴③⒜⒱参照）。

ⅱ 添付書面

添付書面は，次のとおりである。

㋐ 吸収合併契約書（商登80条1号）

効力発生日の変更があった場合には，存続会社において取締役の過半数の一致があったことを証する書面又は取締役会の議事録（商登46条）及び効力発生日の変更に係る当事会社の契約書（商登24条9号参照）も添付しなければならない（平18・3・31民商782号通達）。

㋑ 存続会社の手続に関する次に掲げる書面

・合併契約の承認に関する書面（商登46条，商登規61条3項）

合併契約の承認機関（前記⑴④⒜⒤参照）に応じ，株主総会・種類株

主総会の議事録及び株主リスト，取締役会の議事録又は取締役の過半数の一致があったことを証する書面を添付しなければならない。

・略式合併又は簡易合併の場合には，その要件を満たすことを証する書面（簡易合併に反対する旨を通知した株主がある場合にあっては，その有する株式の数が施197条の規定により定まる数に達しないことを証する書面を含む。商登80条2号）

略式合併の要件を満たすことを証する書面としては，具体的には，存続会社の株主名簿がこれに該当する。

簡易合併の要件を満たすことを証する書面としては，具体的には，代表者の作成に係る証明書（法796条2項各号（施196条各号を含む。）の額又はその概算額を示す等の方法により，その要件を満たしていることを確認することができるもの）等がこれに該当する。

簡易合併に反対する旨を通知した株主がない場合には，申請書にその旨を記載すれば足り（商登法逐条解説495頁，書式精義第5版下1287頁，1298頁），また，そのような株主がある場合には，代表者の作成に係る証明書（施197条各号による算定経緯及び数を示す等の方法により，反対株主の有する株式の数がこれに達しないことを確認することができるもの）を添付することとなる。

・債権者保護手続のための公告及び催告（公告を官報のほか時事に関する事項を掲載する日刊新聞紙又は電子公告によってした場合にあっては，これらの方法による公告）をしたこと並びに異議を述べた債権者があるときは，当該債権者に対し弁済し若しくは相当の担保を提供し若しくは当該債権者に弁済を受けさせることを目的として相当の財産を信託したこと又は当該債権者を害するおそれがないことを証する書面（以下「債権者保護手続関係書面」という。商登80条3号）

公告をしたことを証する書面としては，公告を掲載した官報又は日刊新聞紙や電子公告調査機関の調査報告書（法946条4項）が該当する。催告をしたことを証する書面としては，例えば，催告書の控え1通に催告

対象債権者の名簿を合わせとじ，代表者が名簿記載の債権者に対し各別
に催告した旨を証明した書面が該当する（書式精義第5版下1308頁）。

また，異議を述べた債権者がある場合には，債権者の異議申立書と，債
権者作成の弁済金受領書，担保契約書又は信託証書等（債権者を害する
おそれがないときにあっては，十分な被担保債権額を有する抵当権の設
定に係る不動産の登記事項証明書や，異議を述べた債権者の債権額，弁
済期，担保の有無，合併当事会社の資産状況・営業実績等を具体的に摘
示し，債権者を害するおそれがないことを代表者が証明した書面）を添
付することとなる（平9・9・19民四1709号通達，書式精義第5版下1309頁）。

異議を述べた債権者がない場合には，申請書にその旨を記載するか，
代表者がその旨を証明した上申書を添付すれば足りる（商登法逐条解説
493頁，書式精義第5版下1288頁）。

・資本金の額が会社法の規定に従って計上されたことを証する書面（商登
80条4号）

具体的には，代表者の作成に係る証明書がこれに該当する（書式につ
いては，法務省ホームページ中，http://www.moj.go.jp/ONLINE/
COMMERCE/11-1.html参照）。

なお，合併により存続会社の資本金の額が増加しない場合（前記(1)③
(a)(ii)参照）には，この書面の添付を要しない。

(ウ) 消滅会社の手続に関する次に掲げる書面

・消滅会社の登記事項証明書（商登80条5号。ただし，当該登記所の管轄区域
内に消滅会社の本店がある場合を除く。これ以外の場合も，申請書への会社法
人等番号の記載により添付省略の余地があることは，前記2-1の■6参照）

・合併契約の承認機関（前記(1)④(a)(ii)参照）に応じ，株主総会若しくは種
類株主総会の議事録又は総株主若しくは種類株主の全員の同意があった
ことを証する書面及び株主リスト（存続会社の代表者が作成したもの。辻
雄介・大西勇「株主リストに関する諸問題」登記情報667号7頁。なお，略式
合併の場合にあっては，その要件を満たすことを証する書面（前記(イ)参照）

及び取締役の過半数の一致があったことを証する書面又は取締役会の議事録。商登80条6号，商登規61条3項）

・債権者保護手続関係書面（前記(イ)参照。商登80条8号）

・消滅会社が株券発行会社であるときは，株券提供公告をしたことを証する書面（株式の全部につき株券不所持申出がされているか，又は非公開会社における法215条4項の特例により株券が発行されていない場合には，これを証する書面（株主名簿）。商登80条9号）

　株券発行会社以外の会社は，登記簿上その旨が判明し，株券提供公告を要しないことが登記官に明らかであるため，この手続に関する添付書面を要しない。

　株券提供公告の要否につき，「公開会社である株券発行会社が違法に株券を発行していない場合には，株券提供公告の義務はない（法219条1項ただし書）」とする見解もある（相澤・論点解説222頁）が，違法に株券を発行しない会社の取締役には過料の制裁が課されること（法976条14号），現実に株券を発行していないことの立証手段が困難なこと（違法な状態の株主名簿にどれほどの真実性を期待することができるか）等から，登記実務上，そのような登記申請に係る取扱いはされていないようである（旧商法における取扱いについては，実務相談2・112頁参照）。

　なお，旧商法における株券提供公告に関する先例については，株式譲渡制限規定の設定に関する前記2－3の■2の(1)①(c)(ii)を参照されたい。

・消滅会社が新株予約権を発行しているときは，新株予約権証券提供公告をしたことを証する書面（新株予約権証券を発行していないときは，これを証する書面（新株予約権原簿）。商登80条10号）

(エ)　合併につき主務官庁の認可が効力要件となる場合には，主務官庁の認可書又はその認証がある謄本（商登19条）

なお，定款の目的にそのような事業（合併につき主務官庁の認可が効力要件となるような事業）を掲げながら，当該事業の開始に係る許認可を受けていない等の事情により法律上の「事業者」に該当しない者については，前記

■ 1　吸収合併，吸収分割及び株式交換　　555

２－１の■５の(3)のとおり，基本的に，合併について認可を要しない旨の主務官庁の証明書等を添付する必要がある。

　　(オ)　登税規則12条５項の規定に関する証明書

　合併対価の柔軟化に伴い，平成19年５月１日以後，下記(ⅲ)による登録免許税額の算定根拠を明らかにするため，平19・４・25民商971号通達の別紙３の様式による代表者の証明書を添付しなければならない（登税規12条５項）。

　　(ⅲ)　**登録免許税額**

　申請１件につき，増加した資本金の額（課税標準金額）の1000分の1.5（消滅会社の合併直前における資本金の額として財務省令で定めるものを超える資本金の額に対応する部分については，1000分の７。これによって計算した税額が３万円に満たないときは，３万円）である（登税別表第一第24号(一)ヘ）。

　税率が1000分の1.5となる部分（消滅会社の合併直前における資本金の額として財務省令で定めるもの）の算定方法は複雑であるが，おおむね，①合併対価が全て存続会社の新株である場合には，合併対価の柔軟化に係る改正前と同様に，消滅会社の合併直前における資本金の額そのものを指し，②合併対価に新株以外の財産が含まれる場合には，消滅会社の合併直前における資本金の額に一定割合（存続会社が消滅会社から承継する純資産額全体に占める「当該純資産額－消滅会社の株主に交付した新株以外の合併対価の価額」の割合）を乗じたものを指している（登税規12条２項，平19・４・25民商971号通達）。

　登記申請書における課税標準金額の記載に当たっては，存続会社が増加した資本金の額のうち，上記の算定方法により税率が1000分の７となる部分がある場合には，「ただし，内金〇〇円は，消滅会社の合併直前の資本金の額として財務省令で定めるものを超過する部分である。」などと追記する。

　なお，同時にされた定款の変更による登記（商号変更，目的変更，発行可能株式総数の変更の登記等）や役員の就任の登記については，それぞれの登録免許税額を加算するものとされている（昭34・１・８民四２号回答，清水・登税法詳解174頁，書式精義第５版下1291頁）。

(iv) 登記申請書の例

株式会社合併による変更登記申請書

1 商号　〇〇株式会社（変更前のもの）（会社法人等番号・・・）

1 本店　〇県〇市〇町〇丁目〇番〇号

1 登記の事由　　　吸収合併による変更

　　　　　　　　　商号変更

　　　　　　　　　発行可能株式総数の変更

　　　　　　　　　取締役、代表取締役及び監査役の変更

1 〇〇大臣の認可書の到達年月日　平成〇年〇月〇日

1 登記すべき事項　平成〇年〇月〇日〇県〇市〇町〇丁目〇番〇号

　　　　　　　　　株式会社□□を合併

　　　　　　　　　同日次のとおり変更

　　　　　　　　　　　発行済株式の総数　〇株

　　　　　　　　　　　発行済各種の株式の数　普通株式　〇株

　　　　　　　　　　　　　　　　　　　　　　優先株式　〇株

　　　　　　　　　　　資本金の額　金〇円

　　　　　　　　　　（消滅会社の新株予約権者に対して新株予約権

　　　　　　　　　　を発行したときは、これに関する登記事項（前

　　　　　　　　　　記2－4の■1の(3)(4)参照））

　　　　　　　　　同日商号の変更

　　　　　　　　　　商号　△△株式会社

　　　　　　　　　同日発行可能株式総数の変更

　　　　　　　　　　発行可能株式総数　〇万株

　　　　　　　　　同日取締役何某は、辞任

　　　　　　　　　同日取締役何某は、就任

　　　　　　　　　同日代表取締役何某は、資格喪失により退任

　　　　　　　　　同日次の者は、代表取締役に就任

　　　　　　　　　　　○県○市○町○丁目○番○号　　何某
　　　　　　　　　　　同日監査役何某は、辞任
　　　　　　　　　　　同日監査役何某は、就任
1　課税標準金額　　　金３億円。ただし、内金１億円は、消滅会社の合
　　　　　　　　　　　併直前の資本金の額として財務省令で定めるもの
　　　　　　　　　　　を超過する部分である。
1　登録免許税　　　　金106万円
　　　　　　　　　　　内訳　合併による資本金の額の増加　100万円
　　　　　　　　　　　　　　登記事項変更分　　３万円
　　　　　　　　　　　　　　役員変更分　　　　３万円
1　添付書類　　　　　合併契約書　　　　１通
　　　　　　　　　　　株主総会議事録　　２通
　　　　　　　　　　　株主リスト　　　　２通
　　　　　　　　　　　公告及び催告をしたことを証する書面　何通
　　　　　　　　　　　異議を述べた債権者に対し弁済し若しくは相当の
　　　　　　　　　　　担保を提供し若しくは相当の財産を信託したこと
　　　　　　　　　　　又は当該債権者を害するおそれがないことを証す
　　　　　　　　　　　る書面　　　　　　○通
　　　　　　　　　　　資本金の額が会社法の規定に従って計上されたこ
　　　　　　　　　　　とを証する書面　　１通
　　　　　　　　　　　消滅会社の登記事項証明書　　１通
　　　　　　　　　　　（添付省略の余地は，前記２−１の■６参照）
　　　　　　　　　　　株券提供公告をしたことを証する書面　　１通
　　　　　　　　　　　（新株予約権証券提供公告をしたことを証する書
　　　　　　　　　　　面　　１通）
　　　　　　　　　　　辞任届　　　　　　２通
　　　　　　　　　　　取締役会議事録　　１通
　　　　　　　　　　　就任承諾書　　　　○通
　　　　　　　　　　　本人確認証明書　　○通

```
         印鑑証明書        ○通
         ○○大臣の認可書    1通
         登税規則12条5項の規定に関する証明書    1通
         委任状          1通


  上記のとおり登記の申請をする。
    平成○年○月○日

                  ○県○市○町○丁目○番○号
                    申請人   △△株式会社
                  ○県○市○町○丁目○番○号
                    代表取締役   何某
                  ○県○市○町○丁目○番○号
                    上記代理人   何某   印
                  （電話番号    ・・・）
  ○○法務局御中
```

(v)　登記の在り方（存続会社の管轄登記所）

　存続会社の本店の所在地を管轄する登記所は，吸収合併による変更の登記をしたときは，遅滞なく，その登記の日を消滅会社の解散の登記申請書に記載し，これを消滅会社の本店の所在地を管轄する登記所に送付しなければならない（商登83条2項。なお，登記日の申請書への記載は，効力発生日に効力を生ずる吸収合併については，論理的に必要ではないが，各種法人法制をみると，登記の日に吸収合併の効力が生ずるものも多いため，取扱いの統一のため，旧商法と同様の上記の取扱いをしているものである。）。

　なお，その後，消滅会社の本店の所在地を管轄する登記所から，後記(b)(v)により消滅会社に係る動産・債権譲渡登記の登記事項概要ファイルの記録が移送された場合には，これを存続会社に係る登記事項概要ファイルに記録しなければならない（動産・債権譲渡登記規則6条3項）。

(b) 消滅会社についての解散の登記申請書

(i) 登記すべき事項

登記すべき事項は，解散の旨並びにその事由及び年月日である（商登71条1項）。

(ii) 添付書面

添付書面は，委任状を含め，一切要しない（商登82条4項）。

(iii) 登録免許税額

申請1件につき，3万円である（登税別表第一第24号㈠レ）。

(iv) 登記申請書の例

株式会社合併による解散登記申請書

1 商号　株式会社□□（会社法人等番号・・・）

1 本店　○県○市○町○丁目○番○号

1 登記の事由　　　吸収合併による解散

1 ○○大臣の認可書の到達年月日　平成○年○月○日

1 登記すべき事項　平成○年○月○日○県○市○町○丁目○番○号
　　　　　　　　　　　○○株式会社に合併し，解散

1 登録免許税　　　金3万円

上記のとおり登記の申請をする。

　　平成○年○月○日

　　　　　　　　　　　　　　　○県○市○町○丁目○番○号

　　　　　　　　　　　　　　　　申請人　株式会社□□

　　　　　　　　　　　　　　　○県○市○町○丁目○番○号

　　　　　　　　　　　　　　　　存続会社　○○株式会社

　　　　　　　　　　　　　　　（変更後の商号　△△株式会社）

　　　　　　　　　　　　　　　○県○市○町○丁目○番○号

　　　　　　　　　　　　　　　　代表取締役　何某

○県○市○町○丁目○番○号

上記代理人　何某　印

（電話番号　・・・）

○○法務局御中

(v) 登記の在り方（消滅会社の管轄登記所）

　消滅会社の本店の所在地を管轄する登記所は，吸収合併による解散の登記をした場合において，消滅会社に係る動産・債権譲渡登記の登記事項概要ファイルの記録があるときは，これを存続会社の本店の所在地を管轄する登記所に移送しなければならない（動産・債権譲渡登記規則6条3項，平17・9・30民商2289号通達）。

② 吸収分割の登記

　吸収分割の場合には，承継会社の本店の所在地を管轄する登記所に対し，承継会社についての変更の登記申請書と分割会社についての変更の登記申請書を，同時に提出する必要がある（商登87条）。

(a) 承継会社についての変更の登記申請書

(i) 登記すべき事項

登記すべき事項は，次のとおりである。

・変更後の資本金の額，発行済株式総数（種類株式発行会社にあっては，発行済みの株式の種類及び数を含む。）及び変更年月日

・分割会社の新株予約権者に新株予約権を発行した場合には，新株予約権に関する登記事項及び変更年月日

・分割の年月日，分割をした旨並びに分割会社の商号及び本店（商登84条1項）

なお，吸収分割を承認する株主総会において，定款の変更，分割後の役員

■ 1　吸収合併，吸収分割及び株式交換　　*561*

の選任等を決議したことにより登記事項に変更が生じた場合には，それぞれを登記すべき事項として掲げることとなる（前記(1)③(a)(v)参照）。

(ii)　**添付書面**

添付書面は，次のとおりである。

㋐　吸収分割契約書（商登85条 1 号）

効力発生日の変更については，承継会社において取締役の過半数の一致があったことを証する書面又は取締役会の議事録（商登46条）及び効力発生日の変更に係る当事会社の契約書（商登24条 9 号参照）も添付しなければならない（平18・3・31民商782号通達）。

㋑　承継会社の手続に関する次に掲げる書面

・分割契約の承認に関する書面（商登46条）

・略式分割又は簡易分割の場合には，その要件を満たすことを証する書面（簡易分割に反対する旨を通知した株主がある場合にあっては，その有する株式の数が施197条の規定により定まる数に達しないことを証する書面を含む。商登85条 2 号）

・債権者保護手続関係書面（商登85条 3 号）

・資本金の額が会社法の規定に従って計上されたことを証する書面（商登85条 4 号）

これらの書面の具体的な内容については，吸収合併の添付書面（前記①(a)(ii)㋑）を参照されたい。

㋒　分割会社の手続に関する次に掲げる書面

・分割会社の登記事項証明書（商登85条 5 号。ただし，当該登記所の管轄区域内に分割会社の本店がある場合を除く。これ以外の場合も，申請書への会社法人等番号の記載により添付省略の余地があることは，前記 2 － 1 の■ 6 参照）

・分割契約の承認機関に応じ，株主総会又は種類株主総会の議事録及び株主リスト（分割会社の代表者が作成したもの。辻雄介・大西勇「株主リストに関する諸問題」登記情報667号 7 頁。なお，略式分割又は簡易分割の場合にあっては，その要件を満たすことを証する書面及び取締役の過半数の一致が

あったことを証する書面又は取締役会の議事録。商登85条6号，商登規61条3項）

・債権者保護手続が必要な場合（前記⑴⑦(b)(ii)参照）には，債権者保護手続関係書面（不法行為によって生じた分割会社の債務を承継させるときは，その債権者に対する各別の催告をしたことを証する書面を省略することはできない。商登85条8号）

　なお，吸収分割契約書（分割型吸収分割の場合を除く。）において，分割会社が承継会社に承継させた債務の全部に係る重畳的債務引受けの記載がある場合には，前記⑴⑦(b)(ii)の（注1）のとおり，債権者保護手続を一切要しないため，この書面の添付は要しない（平13・4・19民商1091号通知，登記研究646号158頁）。他方，分割会社が承継会社に承継させた債務の債権者との間で連帯保証契約を締結した場合には，実体法上，当該債権者に対する債権者保護手続（各別の催告）を要しないが，この場合には，登記官において，吸収分割契約に記載された承継会社に承継される債務の債権者に対する各別の催告を証する書面の添付がない理由を確認するため，連帯保証契約書の添付を要するものと考えられる（商登24条9号参照）。

・分割会社が新株予約権を発行している場合において，その新株予約権者に対して当該新株予約権に代わる承継会社の新株予約権を交付するときは，新株予約権証券提供公告をしたことを証する書面（新株予約権証券を発行していないときは，これを証する書面（新株予約権原簿）。商登85条9号）
これらの書面の具体的な内容については，吸収合併の添付書面（前記①(a)(ii)(ウ)）を参照されたい。

　　㈥　会社分割につき主務官庁の認可が効力要件となる場合には，主務官庁の認可書又はその認証がある謄本（商登19条。目的上事業者については，前記①(a)(ii)(エ)参照）

　㈢　登録免許税額
申請1件につき，増加した資本金の額（課税標準金額）の1000分の7（こ

れによって計算した税額が３万円に満たないときは，３万円）である（登税別表第一第24号㈠チ）。

なお，同時にされた定款の変更による登記（商号変更，目的変更，発行可能株式総数の変更の登記等）や役員の就任の登記については，それぞれの登録免許税額を加算するものとされている（書式精義第５版下1421頁）。

⒤　承継会社の登記申請書の例

前記①⒜⒤の吸収合併の存続会社の登記申請書の例中，

「登記の事由　　　吸収分割による変更

登記すべき事項　平成○年○月○日○県○市○町○丁目○番○号株式会社○○から分割

同日次のとおり変更

発行済株式の総数　○株

発行済各種の株式の数　普通株式　○株

優先株式　○株

資本金の額　金○円

（分割会社の新株予約権者に対して新株予約権を発行したときは，これに関する登記事項（前記２－４の■１の⑶④参照））」

などとし，添付書面及び登録免許税額を上記⒤及び⒤のとおりとするほかは，これと同様である。

⒱　登記の在り方（承継会社の管轄登記所）

承継会社の本店の所在地を管轄する登記所は，吸収分割による変更の登記をしたときは，遅滞なく，その登記の日を分割会社の変更の登記申請書に記載し，これを分割会社の本店の所在地を管轄する登記所に送付しなければならない（商登88条２項）。

なお，会社分割については，分割会社に係る動産・債権譲渡登記の登記事項概要ファイルの記録が職権で移送されることはない。

(b) 分割会社についての変更の登記申請書

(i) 登記すべき事項

登記すべき事項は，次のとおりである。

- ・分割の年月日，分割をした旨並びに承継会社の商号及び本店（商登84条 2項）
- ・分割会社の新株予約権者に対して承継会社の新株予約権が交付された場合には，分割会社の当該新株予約権（吸収分割契約新株予約権）が消滅した旨及び変更年月日（法759条9項，911条3項12号）

なお，吸収分割を承認する株主総会において資本金の額の減少を決議し，所要の手続を経た場合において，分割会社の分割による変更の登記の申請書を分割会社の本店の所在地を管轄する登記所に提出するとき（経由申請でないとき）は，分割による変更の登記と資本金の額の減少による変更の登記を同時に申請することができ（登記研究707号193頁），この場合には，別途，資本金の額の減少及び変更年月日を登記すべき事項として掲げることとなる（前記2-2の■11の(3)参照）。

(ii) 添付書面

分割による変更の登記については，代表者の印鑑証明書（経由申請の場合のみ）及び委任状以外の添付書面を要しない（商登87条3項）。

分割会社と承継会社の各本店所在地が同一の登記所の管轄区域内にあり，分割会社の分割による変更の登記と同時に，資本金の額の減少の登記を申請する場合には，分割会社についての申請書に，資本金の額の減少に関する添付書面を添付しなければならない。

(iii) 登録免許税額

申請1件につき，3万円である（登税別表第一第24号㈠ツ）。

■1　吸収合併，吸収分割及び株式交換　　565

(ⅳ)　**分割会社の登記申請書の例**

(ア)　分割会社と承継会社の各本店所在地が同一の登記所の管轄区域内にある
場合

吸収分割による株式会社変更登記申請書

1　商号　株式会社○○（会社法人等番号・・・）

1　本店　○県○市○町○丁目○番○号

1　登記の事由　　吸収分割による変更
　　　　　　　　　資本金の額の減少

1　○○大臣の認可書の到達年月日　平成○年○月○日

1　登記すべき事項　平成○年○月○日○県○市○町○丁目○番○号
　　　　　　　　　□□株式会社に分割
　　　　　　　　　同日吸収分割契約新株予約権消滅
　　　　　　　　　同日次のとおり変更
　　　　　　　　　　資本金の額　金○円

1　登録免許税　　金３万円

1　添付書面　　　株主総会議事録　　１通
　　　　　　　　　株主リスト　　　　１通
　　　　　　　　　公告及び催告をしたことを証する書面　○通
　　　　　　　　　異議を述べた債権者に対し弁済し若しくは相当の
　　　　　　　　　担保を提供し若しくは相当の財産を信託したこと
　　　　　　　　　又は当該債権者を害するおそれがないことを証す
　　　　　　　　　る書面　　　　　　○通
　　　　　　　　　委任状　　　　　　１通

上記のとおり登記の申請をする。

　　平成○年○月○日

　　　　　　　　　　　　　○県○市○町○丁目○番○号

```
                          申請人  株式会社○○
                    ○県○市○町○丁目○番○号
                          代表取締役  何某
                    ○県○市○町○丁目○番○号
                          上記代理人  何某  印
                    （電話番号  ・・・）
  ○○法務局御中
```

　(イ)　分割会社と承継会社の各本店所在地が異なる登記所の管轄区域内にある
　　場合

　上記(ア)の登記申請書の例中,

　「登記の事由　　　吸収分割による変更

　　登記すべき事項　平成○年○月○日○県○市○町○丁目○番○号□□株
　　　　　　　　　　式会社に分割

　　　　　　　　　　同日吸収分割契約新株予約権消滅

　　登録免許税　　　金3万円

　　添付書面　　　　印鑑証明書　1通

　　　　　　　　　　委任状　　　1通」

などとし, これを承継会社の本店の所在地を管轄する登記所に提出する（資
本金の額の減少の登記は, 別途, 分割会社の本店の所在地を管轄する登記所
に対し直接申請する）ほかは, これと同様である。

③　株式交換の登記

　株式交換の場合には, 通常, 完全親会社についてのみ発行済株式の総数等
の変更登記義務が生じ, 完全子会社については, 株主構成が変わるだけで
あって, 登記事項に変更を生じない。

　ただし, 完全子会社の新株予約権者（新株予約権付社債権者を含む。）に
対して完全親会社の新株予約権を交付した場合（法768条1項4号）には, 完

■1 吸収合併，吸収分割及び株式交換　　*567*

全子会社の登記事項にも変更を生じ，両会社の登記手続を一体として処理するのが相当であることから，完全親会社の本店の所在地を管轄する登記所に対し，完全親会社についての変更の登記申請書と完全子会社についての変更の登記申請書を，同時に提出する必要がある（商登91条）。

(a)　完全親会社についての変更の登記申請書

(i)　登記すべき事項

登記すべき事項は，次のとおりである（会社履歴区に株式交換をした旨の登記はしない。商登規別表第5）。

- 変更後の資本金の額，発行済株式総数（種類株式発行会社にあっては，発行済みの株式の種類及び数を含む。）及び変更年月日
- 完全子会社の新株予約権者に新株予約権を発行した場合には，新株予約権に関する登記事項及び変更年月日

なお，株式交換を承認する株主総会において，定款の変更，株式交換後の役員の選任等を決議したことにより登記事項に変更が生じた場合には，それぞれを登記すべき事項として掲げることとなる（前記(1)③(a)(v)参照）。

(ii)　添付書面

添付書面は，次のとおりである。

（ア）　株式交換契約書（商登89条1号）

効力発生日の変更については，完全親会社において取締役の過半数の一致があったことを証する書面又は取締役会の議事録（商登46条）及び効力発生日の変更に係る当事会社の契約書（商登24条9号参照）も添付しなければならない（平18・3・31民商782号通達）。

（イ）　完全親会社の手続に関する次に掲げる書面

- 株式交換契約の承認に関する書面（商登46条）
- 略式株式交換又は簡易株式交換の場合には，その要件を満たすことを証する書面（簡易株式交換に反対する旨を通知した株主がある場合にあっては，その有する株式の数が施197条の規定により定まる数に達しないことを証する書面を含む。商登89条2号）

568 2-7 組織再編に関する登記

・債権者保護手続が必要な場合には，債権者保護手続関係書面（商登89条
3号）

　完全親会社については，原則として，債権者保護手続を要しないが，
①株式交換対価としてその株式（少額の金銭等を含む。）以外の財産を
交付する場合，又は②完全親会社が完全子会社の新株予約権付社債権者
に対して新株予約権を交付し，完全子会社の社債を承継する場合には，
債権者保護手続をとる必要がある（法799条1項3号，施198条）。

・資本金の額が会社法の規定に従って計上されたことを証する書面（商登
89条4号）

　これらの書面の具体的な内容については，吸収合併の添付書面（前記①(a)
(ii)(イ)）を参照されたい。

　(ウ)　完全子会社の手続に関する次に掲げる書面

・完全子会社の登記事項証明書（商登89条5号。ただし，当該登記所の管轄
区域内に完全子会社の本店がある場合を除く。これ以外の場合も，申請書へ
の会社法人等番号の記載により添付省略の余地があることは，前記2－1の
■6参照）

・株式交換契約の承認機関に応じ，株主総会若しくは種類株主総会の議事
録又は総株主若しくは種類株主の全員の同意があったことを証する書面
及び株主リスト(完全子会社の代表者が作成したもの。辻雄介・大西勇「株主
リストに関する諸問題」登記情報667号7頁。なお，略式株式交換の場合にあっ
ては，その要件を満たすことを証する書面及び取締役の過半数の一致があった
ことを証する書面又は取締役会の議事録。商登89条6号，商登規61条3項)

・債権者保護手続が必要な場合には，債権者保護手続関係書面(商登89条7号)

　完全子会社についても，原則として，債権者保護手続を要しないが，
完全親会社が完全子会社の新株予約権付社債権者に対して新株予約権を
交付し，完全子会社の社債が完全親会社に承継される場合には，債権者
保護手続をとる必要がある（法789条1項3号）。

・完全子会社が株券発行会社であるときは，株券提供公告をしたことを証

■ 1　吸収合併，吸収分割及び株式交換　　569

する書面（株式の全部につき株券不所持申出がされているか，又は非公開会
社における法215条４項の特例により株券が発行されていない場合には，これ
を証する書面（株主名簿）。商登89条８号）

・完全子会社が新株予約権を発行している場合において，その新株予約権
者に対して当該新株予約権に代わる完全親会社の新株予約権を交付する
ときは，新株予約権証券提供公告をしたことを証する書面（新株予約権
証券を発行していないときは，これを証する書面（新株予約権原簿）。商登89
条９号。なお，この場合には，後記(b)の完全子会社の変更の登記申請と同時
に申請する必要がある。）

　これらの書面の具体的な内容については，吸収合併の添付書面（前記①(a)
(ii)(ウ)）を参照されたい。

　(iii)　登録免許税額

　申請１件につき，増加した資本金の額（課税標準金額）の1000分の７（こ
れによって計算した税額が３万円に満たないときは，３万円）である（登税
別表第一第24号(一)ニ）。

　なお，同時にされた定款の変更による登記（商号変更，発行可能株式総数
の変更の登記等）や役員の就任の登記については，それぞれの登録免許税額
を加算するものとされている（書式精義第５版下1480頁，1482頁）。

　(iv)　登記申請書の例

　前記①(a)(iv)の吸収合併の存続会社の登記申請書の例中，

「登記の事由　　　株式交換

　登記すべき事項　平成○年○月○日次のとおり変更

　　　　　　　　　発行済株式の総数　　○株

　　　　　　　　　発行済各種の株式の数　普通株式　　○株

　　　　　　　　　　　　　　　　　　　　優先株式　　○株

　　　　　　　　　資本金の額　金○円

　　　　　　　　　（完全子会社の新株予約権者に対して新株予約権を発行

　　　　　　　　　したときは，これに関する登記事項（前記２－４の■

570　　2-7　組織再編に関する登記

1の(3)④参照))」

などとし，添付書面及び登録免許税額を上記(ii)及び(iii)のとおりとするほかは，これと同様である。

(v)　登記の在り方（完全親会社の管轄登記所）

完全親会社の本店の所在地を管轄する登記所は，完全親会社についての変更の登記申請書と完全子会社についての変更の登記申請書の提出を受けた場合において，前者の登記をしたときは，遅滞なく，その登記の日を完全子会社の変更の登記申請書に記載し，これを完全子会社の本店の所在地を管轄する登記所に送付しなければならない（商登92条2項）。

なお，株式交換については，完全子会社に係る動産・債権譲渡登記の登記事項概要ファイルの記録が移送されることはない。

(b)　完全子会社についての変更の登記申請書

(i)　登記すべき事項

完全子会社の新株予約権者に対して完全親会社の新株予約権が交付された場合における完全子会社の登記すべき事項は，完全子会社の当該新株予約権（株式交換契約新株予約権）が消滅した旨及び変更年月日（法769条4項，911条3項12号）である。

(ii)　添付書面

完全子会社の変更の登記については，代表者の印鑑証明書（経由申請の場合のみ）及び委任状以外の添付書面を要しない（商登91条3項）。

(iii)　登録免許税額

申請1件につき，3万円である（登税別表第一第24号㈠ツ）。

(iv)　登記申請書の例

前記①(b)(iv)の吸収合併の消滅会社の登記申請書の例中，

「登記の事由　　　　株式交換

　登記すべき事項　　平成○年○月○日株式交換契約新株予約権消滅」

などとし，添付書面を上記(ii)のとおりとするほかは，これと同様である。

■2　新設合併，新設分割及び株式移転

(1)　手　　続

①　当 事 者

新設合併は，あらゆる種類の会社があらゆる種類の会社との間で，あらゆる種類の会社を設立会社として，することができる（法748条）。

新設分割は，株式会社又は合同会社が分割会社となり，あらゆる種類の会社を設立会社として，することができる（法762条）。

株式移転は，株式会社が完全子会社となり，株式会社を完全親会社とする場合に限り，することができる（法772条。株式交換と異なり，合同会社を完全親会社とすることは認められていない。）。

以下，本書においては，実務上の例が多い株式会社同士の新設型組織再編（設立会社が株式会社であるものに限る。）の在り方について，説明をすることとする。

②　株式会社同士の新設型組織再編の手続の概要

株式会社同士の新設型組織再編（新設合併，新設分割及び株式移転をいう。）の手続も，組織再編に係る契約・計画の作成（内容の確定）をした上，所要の手続（株主総会等の承認手続，株式買取請求手続，新株予約権買取請求手続，債権者保護手続，株券提供公告手続，新株予約権証券提供公告手続）を行う点で，基本的に吸収型組織再編と同様であるが，さらに，設立会社の機関の確立その他の設立に向けた手続が必要となる。

新設型組織再編の効力は，登記の日に生ずる。

③　契約書・計画書の記載事項

新設合併契約書（法753条1項各号），新設分割計画書（法763条1項各号）

又は株式移転計画書（法773条1項各号）には，それぞれ法定の事項を定めなければならないが，特に留意すべき点は，吸収型組織再編について述べたもののほか，次のとおりである。

(a) 設立会社の設立時取締役等の氏名

新設型組織再編の場合には，設立時取締役，設立時会計参与，設立時監査役又は設立時会計監査人の氏名等を定めなければならない（設立時代表取締役の選定は，通常の設立の手続に従い，取締役会設置会社にあっては，設立時取締役の過半数をもって決定する。法814条1項，47条，相澤・論点解説711頁）。

（注） 設立に際して定めるべき他の事項

設立会社の本店や支店の具体的な所在場所の決定，支配人の選任，株主名簿管理人の決定等（通常の設立の場合には，発起人の権限に属すべき事項）については，合併契約・新設分割計画・株式移転計画にその定めがない場合には，新設合併消滅会社・新設分割会社・株式移転完全子会社の業務執行の決定機関がこれを定める（更に，新設合併，共同新設分割又は共同株式移転にあっては，当事会社がその内容を合意する）ものと整理されている（法814条2項参照）。

この場合には，新設合併，新設分割又は株式移転による設立登記の申請書には，登記実務上，各当事会社における取締役会の議事録又は取締役の過半数の一致があったことを証する書面を添付するものとして取り扱われている。

(b) 効力発生日

新設型組織再編には，会社法上の効力発生日という概念はない（これを記載しても，手続終了予定日又は登記申請予定日という意味にすぎない。）。

④ 契約・計画の承認決議

(a) 新設合併契約の承認

承認決議の在り方は，吸収合併の消滅会社におけるものと基本的に同様である（法804条1項から3項まで，前記■1の(1)④(a)(ii)参照）。

ただし，合併当事会社の双方が消滅するため，略式合併の制度は認められ

ていない。

(b) 新設分割計画の承認

承認決議の在り方は，吸収分割の分割会社におけるものと基本的に同様である（法804条1項，322条，805条（簡易分割）。前記■1の(1)④(b)(ii)参照）。

ただし，略式分割の制度はない。

(c) 株式移転計画の承認

承認決議の在り方は，株式交換の完全子会社におけるものと基本的に同様である（法804条1項・3項，前記■1の(1)④(c)(ii)参照）。

ただし，略式株式移転の制度はない。

⑤ 設立時代表取締役の選定等

前記③(a)のとおり，設立時代表取締役の選定等は，通常の設立の手続に従う。通常の設立の手続において発起人が定めるべき事項は，会社の業務執行の決定機関が定め，当事会社が複数あるときは，これにつき合意をすることとなる。

⑥ その他

上記のほか，株式買取請求手続（法806条），新株予約権買取請求手続（法808条），債権者保護手続（法810条），株券及び新株予約権証券の提供公告手続（法219条1項，293条1項），主務官庁の認可，大規模な新設合併，共同新設分割又は共同株式移転の場合における独占禁止法の待機期間，組織再編の差止請求（法805条の2）等については，吸収型組織再編と同様である。

新設型組織再編の効力は，登記の日に生ずる（法814条，49条）。

(2) 登記手続

① 新設合併の登記

新設合併の場合には，設立会社の本店の所在地を管轄する登記所に対し，合併による設立の登記申請書と各消滅会社についての解散の登記申請書を，

同時に提出する必要がある（商登82条）。

(a)　合併による設立の登記申請書

(i)　登記すべき事項

登記すべき事項は，次のとおりである。

・通常の設立の登記事項と同一の事項

・消滅会社の新株予約権者に設立会社の新株予約権を発行した場合には，新株予約権に関する登記事項

・合併をした旨並びに各消滅会社の商号及び本店（商登79条）

(ii)　添付書面

添付書面は，次のとおりである。

(ア)　新設合併契約書（商登81条1号）

本店の具体的な所在場所が合併契約書に記載されない場合等については，前記(1)③(a)の**(注)**を参照されたい。

(イ)　設立会社に関する次に掲げる書面

・定款（商登81条2号）

・株主名簿管理人を置いたときは，その者との契約を証する書面（商登81条3号。なお，株主名簿管理人の選定につき，前記(1)③(a)の**(注)**のとおり，合併契約書又は各当事会社における取締役会の議事録等も必要となる。）

・設立時取締役が設立時代表取締役を選定したときは，これに関する書面（商登81条3号）

　　取締役会を置かない会社の設立時代表取締役の選定方法につき困難な議論があることは，前記1－2の■19の(3)を参照されたい。

・新設合併設立株式会社が指名委員会等設置会社であるときは，設立時執行役の選任並びに設立時委員及び設立時代表執行役の選定に関する書面（商登81条3号）

・設立時取締役，設立時監査役及び設立時代表取締役（監査等委員会設置会社にあっては，設立時監査等委員である設立時取締役及びそれ以外の設立時取締役並びに設立時代表取締役，指名委員会等設置会社にあって

は，設立時取締役，設立時委員，設立時執行役及び設立時代表執行役）が就任を承諾したことを証する書面（商登81条3号）

・設立時取締役，設立時監査役又は設立時執行役の就任承諾書に記載された氏名及び住所についての本人確認証明書（住民票，運転免許証の両面のコピーで本人が原本と相違ない旨を記載して記名押印したもの等。商登規61条7項）。ただし，その者の印鑑証明書が添付書面となる場合は，不要である。

・設立時会計参与又は設立時会計監査人を選任したときは，次に掲げる書面（商登81条3号）

　　就任を承諾したことを証する書面

　　これらの者が法人であるときは，当該法人の登記事項証明書

　　これらの者が法人でないときは，資格者であることを証する書面

・特別取締役による議決の定めがあるときは，特別取締役の選定及びその選定された者が就任を承諾したことを証する書面（商登81条3号）

・資本金の額が会社法の規定に従って計上されたことを証する書面（商登81条4号）

　(ウ)　消滅会社の手続に関する次に掲げる書面

・消滅会社の登記事項証明書（商登81条5号。ただし，当該登記所の管轄区域内に消滅会社の本店がある場合を除く。これ以外の場合も，申請書への会社法人等番号の記載により添付省略の余地があることは，前記2－1の■6参照）

・合併契約の承認機関に応じ，株主総会又は種類株主総会の議事録及び株主リスト（設立会社の代表者が作成したもの。辻雄介・大西勇「株主リストに関する諸問題」登記情報667号7頁。商登81条6号，商登規61条3項）

・債権者保護手続関係書面（商登81条8号）

・消滅会社が株券発行会社であるときは，株券提供公告をしたことを証する書面（株式の全部につき株券不所持申出がされているか，又は非公開会社における法215条4項の特例により株券が発行されていない場合には，これを

証する書面（株主名簿）。商登81条9号）

・消滅会社が新株予約権を発行しているときは，新株予約権証券提供公告をしたことを証する書面（新株予約権証券を発行していないときは，これを証する書面（新株予約権原簿）。商登81条10号）

　これらの書面のうち，電子公告を公告方法とする会社における公告をしたことを証する書面については，効力発生日まで公告をしなければならない旨の規律（法940条1項，219条1項，293条1項）があるものの，論理的に，効力発生日の午後12時まで電子公告をしたことを証する書面をその日に登記申請の添付書面として提出することができない（新設合併等の効力は登記により発生する）ため，登記実務上は，効力発生日の前日まで公告をしたことが証明されれば足りるとして取り扱われている（松本真「電子公告の公告期間」登記情報544号4頁）。

　なお，これらの書面の具体的な内容については，吸収合併の添付書面（前記■1の(2)①(a)(ii)(ウ)）を参照されたい。

　　　(エ)　合併につき主務官庁の認可が効力要件となる場合には，主務官庁の認可書又はその認証がある謄本（商登19条。目的上事業者については，前記■1の(2)①(a)(ii)(エ)参照）

　　　(オ)　登税規則12条3項の規定に関する証明書（平19・4・25民商971号通達の別紙1参照）

　　(iii)　**登録免許税額**

　申請1件につき，設立会社の資本金の額（課税標準金額）の1000分の1.5（消滅会社の合併直前における資本金の額として財務省令で定めるものを超える資本金の額に対応する部分については，1000分の7。これによって計算した税額が3万円に満たないときは，3万円）である（登税別表第一第24号㈠ホ）。

　税率が1000分の1.5となる部分（消滅会社の合併直前における資本金の額として財務省令で定めるもの）の算定方法は複雑であるが，おおむね，①合併対価が全て設立会社の株式である場合には，合併対価の柔軟化に係る改正

■2　新設合併，新設分割及び株式移転　　577

前と同様に，消滅会社の合併直前における資本金の額そのものを指し，②合併対価に設立会社の株式以外の財産が含まれる場合には，消滅会社の合併直前における資本金の額に一定割合（設立会社が消滅会社から承継する純資産額全体に占める「当該純資産額－消滅会社の株主に交付した設立会社の株式以外の合併対価の価額」の割合）を乗じたものを指している（登税規12条１項，平19・４・25民商971号通達）。

　登記申請書における課税標準金額の記載に当たっては，設立会社の資本金の額のうち，上記の算定方法により税率が1000分の７となる部分がある場合には，「ただし，内金〇〇円は，消滅会社の合併直前の資本金の額<u>として財務省令で定めるもの</u>を超過する部分である。」などと追記する。

　(iv)　登記申請書の例

　前記■１の(2)①(a)(iv)の吸収合併の存続会社の登記申請書の例中，

　「登記の事由　　　　平成〇年〇月〇日新設合併の手続終了

　　登記すべき事項　　〇県〇市〇町〇丁目〇番〇号株式会社〇〇と〇県〇市

　　　　　　　　　　　〇町〇丁目〇番〇号株式会社△△の合併により設立

　　　　　　　　　　（通常の設立の登記事項）

　　　　　　　　　　（消滅会社の新株予約権者に対して新株予約権を発行し

　　　　　　　　　　　たときは，これに関する登記事項（前記２－４の■１

　　　　　　　　　　　の(3)④参照））」

などとし，添付書面及び登録免許税額を上記(ii)及び(iii)のとおりとするほかは，これと同様である。

　(b)　消滅会社についての解散の登記申請書

　登記すべき事項を「〇県〇市〇町〇丁目〇番〇号株式会社〇〇と合併して〇県〇市〇町〇丁目〇番〇号株式会社□□を設立し解散」とするほかは，基本的に，吸収合併の消滅会社についてと同様である（前記■１の(2)①(b)参照）。

②　新設分割の登記

　新設分割の場合には，設立会社の本店の所在地を管轄する登記所に対し，

分割による設立の登記申請書と分割会社についての変更の登記申請書を，同時に提出する必要がある（商登87条）。

(a) 分割による設立の登記申請書

(i) 登記すべき事項

登記すべき事項は，次のとおりである。

・通常の設立の登記事項と同一の事項

・分割会社の新株予約権者に設立会社の新株予約権を発行した場合には，新株予約権に関する登記事項

・分割をした旨並びに分割会社の商号及び本店（商登84条1項）

(ii) 添付書面

添付書面は，次のとおりである。

(ア) 新設分割計画書（商登86条1号）

本店の具体的な所在場所が新設分割計画書に記載されない場合等については，前記(1)③(a)の**(注)**を参照されたい。

(イ) 設立会社に関する書面は，基本的に，新設合併についてと同様である（商登86条2号から4号まで，商登規61条7項。前記①(a)(ii)(イ)参照）。ただし，設立時取締役（取締役会設置会社にあっては，設立時代表取締役又は設立時代表執行役）の就任承諾書に押された印鑑についての市区町村長の発行した印鑑証明書も，添付書面となる（商登規61条4項前段・5項，平20・1・25民商307号通知）。

(ウ) 分割会社の手続に関する次に掲げる書面

・分割会社の登記事項証明書（商登86条5号。ただし，当該登記所の管轄区域内に分割会社の本店がある場合を除く。これ以外の場合も，申請書への会社法人等番号の記載により添付省略の余地があることは，前記2-1の■6参照）

・分割計画の承認機関に応じ，株主総会又は種類株主総会の議事録及び株主リスト（分割会社の代表者が作成したもの。辻雄介・大西勇「株主リストに関する諸問題」登記情報667号7頁。なお，簡易分割の場合に

あっては，その要件を満たすことを証する書面及び取締役の過半数の一致があったことを証する書面又は取締役会の議事録。商登86条 6 号，商登規61条 3 項）

・債権者保護手続が必要な場合（前記■ 1 の(1)⑦(b)(ii)参照）には，債権者保護手続関係書面（不法行為によって生じた分割会社の債務を承継させるときは，その債権者に対する各別の催告をしたことを証する書面を省略することはできない。商登86条 8 号）

　　分割会社が重畳的債務引受け又は連帯保証をした場合については，前記■ 1 の(2)②(a)(ii)(ウ)を参照されたい。

・分割会社が新株予約権を発行している場合において，その新株予約権者に対して当該新株予約権に代わる設立会社の新株予約権を交付するときは，新株予約権証券提供公告をしたことを証する書面（新株予約権証券を発行していないときは，これを証する書面（新株予約権原簿）。商登86条 9 号）

(エ)　会社分割につき主務官庁の認可が効力要件となる場合には，主務官庁の認可書又はその認証がある謄本（商登19条。目的上事業者については，前記■ 1 の(2)①(a)(ii)(エ)参照）

(iii)　**登録免許税額**

申請 1 件につき，資本金の額（課税標準金額）の1000分の 7 （これによって計算した税額が 3 万円に満たないときは， 3 万円）である（登税別表第一第24号(一)ト）。

(iv)　**登記申請書の例**

前記■ 1 の(2)①(a)(iv)の吸収合併の存続会社の登記申請書の例中，

「登記の事由　　　平成〇年〇月〇日新設分割の手続終了

　登記すべき事項　〇県〇市〇町〇丁目〇番〇号株式会社〇〇から分割により設立

　　　　　　　　　（通常の設立の登記事項）

　　　　　　　　　（分割会社の新株予約権者に対して新株予約権を発行し

たときは，これに関する登記事項（前記2－4の■1の(3)④参照））」

などとし，添付書面及び登録免許税額を上記(ii)及び(iii)のとおりとするほかは，これと同様である。

(b) 分割会社についての変更の登記申請書

基本的に，吸収分割の分割会社についてと同様である（前記■1の(2)②(b)参照）。

③ 株式移転の登記

株式移転の場合には，通常，株式移転による設立の登記のみを要し，完全子会社については，株主構成が変わるだけであって，登記事項に変更を生じない。

ただし，完全子会社の新株予約権者（新株予約権付社債権者を含む。）に対して設立会社の新株予約権を交付した場合（法773条1項9号）には，完全子会社の登記事項にも変更を生じ，両会社の登記手続を一体として処理するのが相当であることから，設立会社の本店の所在地を管轄する登記所に対し，株式移転による設立の登記申請書と完全子会社についての変更の登記申請書を，同時に提出する必要がある（商登91条）。

(a) 株式移転による設立の登記申請書

(i) 登記すべき事項

登記すべき事項は，次のとおりである。

- ・通常の設立の登記事項と同一の事項
- ・完全子会社の新株予約権者に設立会社の新株予約権を発行した場合には，新株予約権に関する登記事項

(ii) 添付書面

添付書面は，次のとおりである。

(ア) 株式移転計画書（商登90条1号）

(イ) 設立会社に関する書面は，基本的に，新設合併についてと同様であ

■2　新設合併，新設分割及び株式移転　　*581*

る（商登90条２号から４号まで，商登規61条７項。前記①(a)(ii)(イ)参照）。
ただし，設立時取締役（取締役会設置会社にあっては，設立時代表取
締役又は設立時代表執行役）の就任承諾書に押された印鑑についての
市区町村長の発行した印鑑証明書も，添付書面となる（商登規61条４
項前段・５項，平20・１・25民商307号通知）。

(ウ)　完全子会社の手続に関する次に掲げる書面

・完全子会社の登記事項証明書（商登90条５号。ただし，当該登記所の
管轄区域内に完全子会社の本店がある場合を除く。これ以外の場合も，
申請書への会社法人等番号の記載により添付省略の余地があることは，
前記２－１の■６参照）

・株式移転計画の承認機関に応じ，株主総会又は種類株主総会の議事
録及び株主リスト（完全子会社の代表者が作成したもの。辻雄介・大
西勇「株主リストに関する諸問題」登記情報667号７頁。商登90条６号，
商登規61条３項）

・債権者保護手続が必要な場合には，債権者保護手続関係書面（商登
90条７号）

　　完全子会社については，原則として，債権者保護手続を要しない
が，設立会社が完全子会社の新株予約権付社債権者に対して新株予
約権を交付し，完全子会社の社債が設立会社に承継される場合には，
債権者保護手続をとる必要がある（法810条１項３号）。

・完全子会社が株券発行会社であるときは，株券提供公告をしたこと
を証する書面（株式の全部につき株券不所持申出がされているか，又は
非公開会社における法215条４項の特例により株券が発行されていない場
合には，これを証する書面（株主名簿）。商登90条８号）

・完全子会社が新株予約権を発行している場合において，その新株予
約権者に対して当該新株予約権に代わる設立会社の新株予約権を交
付するときは，新株予約権証券提供公告をしたことを証する書面
（新株予約権証券を発行していないときは，これを証する書面（新株予約

権原簿）。商登90条９号。なお，この場合には，後記(b)の完全子会社の変更の登記申請と同時に申請する必要がある。）

　これらの書面の具体的な内容については，吸収合併の添付書面（前記■１の(2)①(a)(ii)）を参照されたい。

　　(iii)　登録免許税額

　申請１件につき，資本金の額（課税標準金額）の1000分の７（これによって計算した税額が15万円に満たないときは，15万円）である（登税別表第一第24号㈠イ）。

　　(iv)　登記申請書の例

　前記■１の(2)①(a)(iv)の吸収合併の存続会社の登記申請書の例中，

　「登記の事由　　　　平成○年○月○日株式移転の手続終了

　　登記すべき事項（通常の設立の登記事項）

　　　　　　　　　　　（完全子会社の新株予約権者に対して新株予約権を発行

　　　　　　　　　　　したときは，これに関する登記事項（前記２－４の■

　　　　　　　　　　　１の(3)④参照））」

などとし，添付書面及び登録免許税額を上記(ii)及び(iii)のとおりとするほかは，これと同様である。

　　(b)　完全子会社についての変更の登記申請書

　基本的に，株式交換の完全子会社についてと同様である（前記■１の(2)③(b)参照）。

第**3**章

特例有限会社の登記

■ 1　株式会社の特例

特例有限会社についても，基本的には，**第2章の株式会社の変更の登記**の記述が該当するが，次の点において，その特例があることに留意する必要がある。

(1)　商　　　号

特例有限会社は，商号の変更をすることは何ら差し支えないが，その場合も，変更後の商号中に有限会社という文字を用いなければならない（整備法3条1項）。

なお，通常の株式会社に移行するための商号変更（整備法45条）については，後記■2を参照されたい。

(2)　株式の譲渡制限の定め

特例有限会社の定款には，その発行する全部の株式の内容として，次に掲げる定めがあるものとみなされ，これと異なる内容の定めを設ける定款の変更をすることができない（整備法9条）。

・株式を譲渡により取得することについて会社の承認を要する旨
・当該会社の株主が株式を譲渡により取得する場合（株主間の譲渡の場合）には，当該会社が承認をしたものとみなす旨

譲渡承認機関については，特段の規律はなく，株主総会以外の機関とする定款の定めを設けること（法139条1項ただし書）も可能であると解されている（松本真「会社法の施行前後における法律関係をめぐる諸問題（上）」旬刊商事法務1755号24頁）。

また，特例有限会社が種類株式発行会社となり，新たな種類の株式を発行

■ 1 株式会社の特例　585

する場合も，会社法整備法9条の規定の適用があり，当該株式は譲渡制限株式となる（上記松本論文24頁）。

(3) 機関及び役員

① 株主総会の特別決議の決議要件

特例有限会社の株主総会の特別決議につき，通常の株式会社よりも決議要件が加重され，総株主（頭数）の半数以上（これを上回る割合を定款で定めた場合にあっては，その割合以上）であって，当該株主の議決権の4分の3以上に当たる多数が必要である（整備法14条3項）。

② 株主総会以外の機関

特例有限会社は，1人以上の取締役を置かなければならないほか，定款の定めにより，監査役を置くことができる。

しかし，取締役会，会計参与，監査役会，会計監査人，監査等委員会又は指名委員会等を置くことはできない（整備法17条。大会社であっても，会計監査人を置く必要はない。）。

したがって，特例有限会社は，取締役会設置会社，会計参与設置会社，監査役会設置会社，会計監査人設置会社，監査等委員会設置会社又は指名委員会等設置会社である旨の登記並びに会計参与，会計監査人及び委員・執行役の登記をする余地はない。

③ 取締役，代表取締役及び監査役

特例有限会社の取締役，代表取締役及び監査役の登記すべき事項は，次に掲げる旧有限会社と同様の事項であり，監査役設置会社である旨の登記は要しない（整備法43条1項）。

・取締役の氏名及び住所（会社を代表しない取締役があるときは，代表取締役の氏名を含む。）

・監査役の氏名及び住所

　特例有限会社の取締役及び監査役の任期につき，その上限はない（整備法18条による法332条及び336条の適用除外）。

　特例有限会社の取締役の業務執行の決定権につき，通常の株式会社における他の取締役への委任禁止規定の適用が除外されている（整備法21条，法348条3項）が，その立法趣旨は「有限会社法にはこれらに相当する規定は存在しない」というにすぎない（山本憲光「有限会社法の廃止に伴う経過措置」旬刊商事法務1738号18頁）。この点，有限会社法の解釈として，「業務執行の意思決定といっても，重要な事項からさして重要でない事項までいろいろあるが，その全てについて取締役の過半数による決定が必要であるとするのは適当でない。さして重要でない事項については，個々の取締役が決定することができると解される。」とされていること（新版注釈会社法(14)193頁）に照らすと，私見ではあるが，会社法348条3項各号に掲げるような重要な事項については，基本的に，取締役の過半数によって各取締役に委任することは困難であるものと解される（もとより，法348条2項の定款の定めにより，各取締役に委任することは可能である。前記2－1の■4の(1)③の(注)参照）。

　監査役を置く旨の定款の定めのある特例有限会社の定款には，監査役の監査の範囲を会計に関するものに限定する旨の定めがあるものとみなされている（整備法24条）。この点，特例有限会社が当該定款の定めを廃止して監査役の権限を拡大することも可能であり，その場合も，監査役の任期は満了しないとの見解がある（石井裕介「会社法の施行に伴う役員等の任期・責任の取扱い」旬刊商事法務1754号111頁）が，会社法整備法24条の見出しが「○○に関する経過措置」ではなく「○○に関する特則」となっていること，通常の株式会社と比べ，監査役の権限が拡大した場合に監査役が退任しないことの合理的な理由を見出しにくいこと等から，監査役の監査の範囲に係る定款の定めを廃止することができるかどうか，疑義が残るようにも思われる（江頭・株式会社法523頁も同旨）。なお，会社法の一部を改正する法律の施行に伴う関係法律の整備等に関する法律（平成26年法律第91号）14条による改正後の

会社法整備法43条1項では，特例有限会社の登記事項について，監査役の監査の範囲を会計に関するものに限定する旨が掲げられておらず，上記の私見に沿うものとも考えられる。

(4) 計算書類の公告義務

特例有限会社は，貸借対照表の公告を要しない（整備法28条）。

したがって，特例有限会社は，貸借対照表の電磁的開示のためのURLの登記（法911条3項26号）をする余地はない。

(5) 解散及び清算

① 休眠会社のみなし解散

特例有限会社については，休眠会社のみなし解散に関する規定（法472条）は適用されない（整備法32条）。

② 清算中の特例有限会社の機関及び役員

清算中の特例有限会社は，株主総会以外の機関として，清算人を置かなければならないほか，定款の定めにより監査役を置くことができる。しかし，清算人会又は監査役会を置くことはできない（整備法33条1項）。

特例有限会社の清算人及び代表清算人の登記すべき事項は，旧有限会社と同様に，清算人の氏名及び住所（会社を代表しない清算人があるときは，代表清算人の氏名を含む。）である（整備法43条2項）。

（注）　最初の清算人の登記の添付書面

　　　特例有限会社には，清算人会という機関はないため，その最初の清算人の登記には，当該清算人が株主総会又は裁判所により選任された者である限り，定款の添付を要しないと解されている（登記研究707号194頁。定款の添付を要する趣旨については，前記2－6の■1の(1)②(b)(ii)(ア)参照）。

③　特別清算

特例有限会社については，特別清算に関する規定は適用されない（整備法35条）。

⑹　組織再編

①　合併及び会社分割

特例有限会社は，有限会社を設立することとなる新設合併又は新設分割をすることはできない（整備法4条参照）。

また，特例有限会社は，吸収合併消滅会社又は吸収分割会社になることは差し支えないが，吸収合併存続会社又は吸収分割承継会社となることはできない（整備法37条）。

（注）　通常の株式会社への移行を停止条件とする合併

解釈論にわたる部分であるが，特例有限会社が商号の変更により通常の株式会社に移行することを停止条件として，自らが吸収合併存続会社又は吸収分割承継会社となる合併又は会社分割については，会社法整備法37条に抵触しないものとして，現在の登記実務上は許容されている。

この場合には，吸収合併契約（法749条1項1号）に特例有限会社の商号のほか，商号変更後の商号を記載し，当該合併が通常の株式会社となることを停止条件とする旨をも記載した上，債権者保護手続に係る公告（法799条2項）においても，これらの事項を記載し，かつ，最終事業年度に係る貸借対照表の要旨の内容（同項3号，施199条7号）を示す等の方法によることが考えられる（渡部吉俊「会社法施行後における商業登記実務の諸問題⑷」登記情報546号30頁）。

②　株式交換及び株式移転

特例有限会社については，株式交換及び株式移転に関する規定は適用されない（整備法38条）。

■2　通常の株式会社への移行

(1)　手　　続

①　通常の株式会社への移行

　特例有限会社の通常の株式会社への移行は，商号中に株式会社という文字を用いる定款の変更に係る株主総会の特別決議（決議要件については，前記■1の(3)①参照）を行った後，本店の所在地において移行の登記をすることにより，その効力を生ずる（整備法45条）。

　特例有限会社が上記株主総会の決議をしたときは，本店の所在地においては２週間以内に，支店の所在地においては３週間以内に，当該特例有限会社については解散の登記をし，商号の変更後の株式会社については設立の登記をしなければならない（整備法46条）。

②　移行と同時にする他の登記事項の変更

(a)　総　　論

　通常の株式会社への移行の効力発生日（移行の登記の申請日）に，役員，発行可能株式総数，監査役設置会社である旨その他の登記事項の変更が生じた場合（停止条件付株主総会決議をした場合等）には，上記①の商号の変更後の株式会社についてする設立の登記申請書において，変更後の登記事項（変更後の役員の氏名等）を直接記載することができる（平18・3・31民商782号通達。設立の登記であるため，申請書に，重任等の変更原因を記載することもない。）。この場合には，特例有限会社の登記記録は閉鎖されるため，従前登記された事項（移行時に辞任する従前の役員等）につき，変更により抹消する記号は記録されず（辞任の登記等はされず），その変更の経緯は，閉鎖された特例有限会社の登記記録と新たに起こされた株式会社の登記記録とを対照することによってのみ把握することができる。

590　　第3章　特例有限会社の登記

　基本的に，効力発生日が同一の日である限り，あらゆる登記事項の変更に
つき，変更後の事項を株式会社の設立の登記申請書に直接記載することがで
きるが，次の変更については直接記載することが予定されていない（別申請
としなければならない）ので，留意する必要がある（商業登記の栞⑰・登記
研究701号205頁）。

- ・本店移転の登記（移行後の株式会社の登記記録には，特例有限会社の商
　号は登記されるが，本店は登記されない（整備法136条19項）ところ，株
　式会社の登記記録に移転後の本店が直接記録されると，当該登記記録か
　ら，商号変更前の特例有限会社の登記記録を探索することができなくな
　るため。）
- ・ある登記所において初めてする支店設置（移転）の登記（当該支店の所
　在地の登記所においては，特例有限会社の既存の登記がなく，その解散
　の登記をすることができないことから，整備法136条21項に反するた
　め。）
- ・ある登記所において営業所が存しないこととなる支店廃止（移転）の登
　記（当該支店の所在地の登記所においては，特例有限会社の登記記録を
　閉鎖することとなり，株式会社の設立の登記をすることができないこと
　から，整備法136条21項に反するため。）

（注）　郵送申請の場合の注意点
　　　　通常の株式会社への移行の登記の申請書を登記所に郵送する場合には，
　　　その到着日が前後することにより，株式会社の設立の登記の年月日とその
　　　他の登記事項の変更の年月日とが異なる事態が生じ，本文に記載した取扱
　　　いをすることができない（登記の事由及び登記すべき事項を各別に記載し，
　　　それぞれの登録免許税の納付を要する）こともあり得るので，注意が必要
　　　である。

⒝　各　　論

　⒤　特例有限会社の取締役又は監査役の地位の帰趨

特例有限会社の取締役及び監査役の任期の上限はない（整備法18条）が，

■2　通常の株式会社への移行　　*591*

通常の株式会社に移行すると，会社法332条又は336条の規律に服するため，既にこれらの規律を超える在任期間の取締役又は監査役は，通常の株式会社への移行と同時に，任期満了により退任する。移行と同時又はそれ以前に，定款にいわゆる補欠・増員規定（補欠又は増員により選任された取締役の任期は，他の取締役の任期の残存期間と同一とする旨の定め）を設けた場合には，移行による一部の取締役の退任に伴い，他の取締役も，任期満了により退任すると解される。

このような場合には，移行を決議する株主総会において，移行後の取締役又は監査役を予選しなければならない（移行後の取締役又は監査役を選任しない場合は，任期満了により退任した取締役又は監査役は，なおこれらの権利義務を有することとなり，これを前提とした移行による設立の登記も受理されているが，選任懈怠の過料の対象となる。）。

(ii)　**移行と同時に取締役会設置会社となる場合の留意点**

この場合には，新たな機関構成の下における代表取締役を選定する必要がある（前記2－5の■2の(1)②(b)の(注3)，(1)②(a)(v)(ウ)参照）ところ，移行前の特例有限会社には，取締役会という機関は存在しないため，移行前に，取締役会により代表取締役を選定することはできない（移行の登記の申請書に，取締役会議事録を添付することはできない。）。

したがって，移行と同時に取締役会設置会社となる場合には，最初の代表取締役の選定は，移行後の株式会社の定款の附則にその氏名を記載するか，又は移行を決議する株主総会において，定款に代表取締役を株主総会により選定する旨の定めを設けた上，これを予選することとなる。

(iii)　**取締役会を置かない会社において，移行時に就任する代表取締役を予選する場合の留意点**

特例有限会社は，取締役会を置かない株式会社そのものであり，移行時に就任する代表取締役の予選は，取締役会を置かない会社の予選の問題に他ならない。

したがって，前記2－5の■2の(1)②(a)(iii)の(注)のとおり，定款の定めに

基づく取締役の互選による代表取締役の予選は，合理的な範囲であれば差し支えなく，移行を決議する株主総会において移行後の取締役を予選した上，移行前の現在の取締役が移行後の代表取締役を予選することも，株主総会において取締役が全員再選されて取締役に全く変動を生じない場合には，登記実務上，許容されている（登記研究221号48頁，鳥丸忠彦「取締役就任前の者を代表取締役に予選することの可否」旬刊商事法務1296号42頁）。

これに対し，株主総会において全取締役が再選された場合以外の場合（取締役に変動を生ずる場合）には，移行前の現在の取締役が移行後の代表取締役を予選することはできないため，上記(ii)と同様に，移行後の株式会社の定款の附則に最初の代表取締役の氏名を記載することとなる。なお，前記2－5の■2の(1)②(a)(i)のとおり，定款に「代表取締役は，取締役の互選により定める」旨の定めがある場合には，定款を変更しない限り，株主総会により代表取締役を選任することはできないと解されている（登記研究244号70頁）ため，このような定款の定めを有する特例有限会社では，移行後の最初の代表取締役を株主総会で選定するのではなく，上記のとおり，定款に直接その氏名を記載すべきであると考えられる。

(2) 登記手続

この場合には，特例有限会社についての解散の登記申請書と商号の変更後の株式会社についての設立の登記申請書を，同時に提出する必要がある（整備法136条21項）。

① 商号の変更後の株式会社についての設立登記の申請書

(a) 登記すべき事項

登記すべき事項は，次のとおりである。

・通常の設立の登記事項と同一の事項（法911条3項）

前記(1)②のとおり，移行と同時に，役員，発行可能株式総数，監査役

設置会社である旨その他の登記事項の変更が生じた場合には，変更後の登記事項（変更後の役員の氏名等）を記載して差し支えないとされている。

・特例有限会社の設立後に登記されて現に効力を有する独立の登記事項（職務執行停止の仮処分，支配人，解散，清算人等）

・会社成立の年月日（整備法136条19項）

・特例有限会社の商号（整備法136条19項）

・商号を変更した旨及びその年月日（整備法136条19項）

なお，取締役及び監査役の就任年月日については，後記(f)のとおり，登記官が職権で登記する。

(b) 添付書面

商号の変更による移行の登記の添付書面は，株主総会の議事録（商登46条2項），株主リスト（商登規61条3項）及び商号の変更後の株式会社の定款（整備法136条20項）である。

さらに，移行と同時に役員の変更その他の登記事項の変更が生じた場合において，変更後の登記事項を株式会社の設立の登記申請書に直接記載するときは，例えば，下記(i)及び(ii)のように，登記記録上直接は現れない役員の退任等の事実を含め，当該変更に係る添付書面を全て添付しなければならない（平18・3・31民商782号通達）。

(i) **特例有限会社が取締役会を置かないまま通常の株式会社に移行する場合において，取締役が任期満了により退任して全員重任し，かつ，定款に基づく取締役の互選により予選した代表取締役が就任するとき**

この場合には，更に，次の添付書面が必要となる。

・取締役の退任を証する書面（商登54条4項。任期満了により退任した旨の記載のある株主総会の議事録等）

・取締役を選任した株主総会の議事録及び株主リスト（商登46条2項，商登規61条3項）

・取締役の就任承諾書（商登54条1項。再任の場合には，商登規61条4項後

段の就任承諾書に係る印鑑の証明書の添付は要しない。）

・互選の定めのある定款（商登規61条1項）

・代表取締役を予選した取締役の互選書（商登46条1項）

・互選書に係る印鑑の証明書（商登規61条6項2号。ただし，互選書に従前の代表取締役が届出印を押印した場合には，印鑑証明書の添付を要しない。）

・代表取締役の就任承諾書（商登54条1項）

(ii) **特例有限会社が取締役会設置会社に移行する場合において，取締役の全員が任期満了により退任し，退任者より多い数の取締役が就任し，かつ，定款の附則に最初の代表取締役の氏名を併せて定めたとき**

この場合には，更に，次の添付書面が必要となる。

・取締役の退任を証する書面（商登54条4項。任期満了により退任した旨の記載のある株主総会の議事録等。なお，登記所に印鑑を提出した代表取締役の辞任の場合には，辞任届にその印鑑を押印するか，又は実印を押印した上で市区町村長の発行した印鑑証明書を添付する必要がある。商登規61条8項）

・取締役を選任した株主総会の議事録及び株主リスト（商登46条2項，商登規61条3項）

・取締役の就任承諾書（商登54条1項）

・当該就任承諾書に記載された氏名及び住所についての本人確認証明書（住民票，運転免許証の両面のコピーで本人が原本と相違ない旨を記載して記名押印したもの等。商登規61条7項）。ただし，その者が再任である場合及びその者の印鑑証明書が添付書面となる場合は，不要である。

・定款の変更により代表取締役の氏名を定めた株主総会の議事録及び株主リスト（商登46条2項，商登規61条3項）

・株主総会の議事録に係る印鑑の証明書（商登規61条6項1号。ただし，従前の代表取締役（各自代表の場合を含む。）が届出印を押印した場合には，印鑑証明書の添付を要しない。）

・代表取締役の就任承諾書（商登54条1項）

・当該就任承諾書に係る印鑑の証明書（商登規61条5項・4項後段。ただし，

特例有限会社の代表取締役（各自代表の場合を含む。）が移行後の株式会社の代表取締役となるときは，代表取締役の再任に当たり，印鑑証明書の添付を要しない。）

(c)　登録免許税額

申請１件につき，資本金の額（課税標準金額）の1000分の1.5（商号変更の直前における資本金の額を超える資本金の額に対応する部分については，1000分の7。これによって計算した税額が３万円に満たないときは，３万円）である（登税17条の３，別表第一第24号(一)ホ）。

商号変更による通常の株式会社への移行及び資本金の額の増加以外の変更登記を含む場合であっても，組織変更による設立の登記と同様に，当該変更登記に係る登録免許税額を加算する必要はない。

なお，登記申請書における課税標準金額の記載に当たっては，商号変更の直前における資本金の額を超過する場合には，「ただし，内金〇〇円は，商号変更の直前における資本金の額を超過する部分である。」旨を追記する。

(d)　印鑑届出

登記申請の添付書面ではないが，新たに登記記録を起こす場合には，登記の申請書に押印すべき新代表取締役は，登記申請と同時又はそれ以前に，印鑑届書及び市区町村長作成の印鑑証明書を提出する方法により，その印鑑を登記所に提出しなければならない（商登20条，商登規９条１項４号・５項１号）。

（注１）　商号変更による設立の登記申請書に添付される株主総会議事録，取締役の互選書，就任承諾書等には，市区町村長の作成した印鑑証明書が添付される場合があるが，その場合には，印鑑届書に添付する印鑑証明書の貼付欄に「印鑑証明書は，就任承諾書に添付のものを援用する。」などと記載して，添付を省略することができる（書式精義第５版上22頁）。

（注２）　商業登記規則９条５項の規定により同条１項の書面（印鑑届書）に添付された印鑑証明書については，同規則49条の規定を類推適用し，原本の還付をして差し支えない（平11・２・24民四379号通知）。

596 第3章 特例有限会社の登記

(e) 登記申請書の例（取締役会を置かない会社において，移行と同時に役員全員が重任し，かつ，定款に基づく取締役の互選により予選した代表取締役が就任する場合）

特例有限会社の商号変更による株式会社設立登記申請書

1 商号　○○株式会社

1 本店　○県○市○町○丁目○番○号

1 登記の事由　　平成○年○月○日（決議日）商号変更による設立

1 登記すべき事項　別紙のとおりの内容をオンラインにより提出済み

1 課税標準金額　　金300万円

1 登録免許税　　金３万円

1 添付書類　　　定款　　　　　　１通

　　　　　　　　株主総会議事録　１通

　　　　　　　　株主リスト　　　１通

　　　　　　　　取締役及び監査役の就任承諾書は，株主総会議事録の記載を援用する。

　　　　　　　　取締役の互選書　１通

　　　　　　　　代表取締役の就任承諾書　１通

　　　　　　　　（印鑑証明書　　　○通）

　　　　　　　　委任状　　　　　１通

　　　　　　（同時に提出した印鑑届書の印鑑を委任状に押印する。）

上記のとおり登記の申請をする。

　　平成○年○月○日

　　　　　　　　　　　　○県○市○町○丁目○番○号

　　　　　　　　　　　　　申請人　　○○株式会社

　　　　　　　　　　　　○県○市○町○丁目○番○号

　　　　　　　　　　　　　代表取締役　何某

　　　　　　　　　　　　　○県○市○町○丁目○番○号

　　　　　　　　　　　　　　上記代理人　何某　印

　　　　　　　　　　　　　　（電話番号　・・・）

　○○法務局御中

（注）　具体的な登記申請書及び添付書面の例としては，初瀬智彦ほか「特例有限会社の商号変更による株式会社設立」登記情報640号77頁も参考になる。

【別紙の例】

　オンラインによる登記事項の提出の詳細は，前記1－4の■1の(1)を参照されたい。

「商号」○○株式会社

「本店」○県○市○町○丁目○番○号

「公告をする方法」官報に掲載してする。

「会社成立の年月日」平成○年○月○日

「目的」

　1　…………

　2　…………

「発行可能株式総数」120株

「発行済株式の総数」60株

「資本金の額」金300万円

「株式の譲渡制限に関する規定」

当会社の株式を譲渡により取得するには、当会社の承認を要する。当会社の株主が当会社の株式を譲渡により取得する場合には、当会社が承認したものとみなす。

「役員に関する事項」

「資格」取締役

「氏名」甲野太郎

「役員に関する事項」

「資格」取締役

「氏名」乙野次郎

「役員に関する事項」

「資格」代表取締役

「住所」○県○市○町○丁目○番○号

「氏名」甲野太郎

「役員に関する事項」

「資格」監査役

「氏名」甲野花子

「監査役設置会社に関する事項」

監査役設置会社

「登記記録に関する事項」

平成○年○月○日（登記申請日）有限会社○○を商号変更し、移行したことにより設立

(f) 職権による登記

(i) 役員の就任年月日

　移行による設立の登記においては，登記官は，職権で，取締役，代表取締役及び監査役につき，次のとおり，その就任年月日を記録する（平18・3・31民商782号通達）。

(ア) 取締役及び監査役の就任年月日

　移行による設立の登記における取締役又は監査役が，商号の変更の時に就任（重任を含む。）したものである場合には，その就任年月日として，商号の変更の登記年月日を記録する。

　移行による設立の登記における取締役又は監査役が，特例有限会社の取締役又は監査役（商号の変更の時に退任しないものに限る。）である場合には，その就任年月日として，特例有限会社の登記記録における就任年月日（会社成立時から在任する取締役又は監査役にあっては，会社成立の年月日）を移記する。

(イ) 代表取締役の就任年月日

特例有限会社が取締役会設置会社に移行する場合には，代表取締役の就任年月日として，商号の変更の登記年月日を記録する。

特例有限会社が取締役会を置かないまま通常の株式会社に移行する場合には，代表取締役の就任年月日の記録は，次の**図表３－１**のとおりである。

| 図表３－１ | 職権でする代表取締役の就任年月日の記載 |

移行前＼移行後	各自代表制度	定款，互選又は株主総会による代表制度
各自代表制度	記載しない（空欄）。	商号の変更の登記年月日を記録する。
定款，互選又は株主総会による代表制度	新たに代表権を付与される者については，記載しない（空欄）。 従前からの代表取締役のうち，商号変更時に重任した者については，記載しない（空欄）。	新たな代表取締役については，商号の変更の登記年月日を記録する。 従前からの代表取締役のうち，商号変更時に重任した者については，商号の変更の登記年月日を記録する。
	従前からの代表取締役のうち，商号変更時に退任しない者については，特例有限会社の登記記録における就任年月日（会社成立時から在任する代表取締役にあっては，会社成立の年月日）を移記する。	

(ii) **動産・債権譲渡登記**

特例有限会社につき動産・債権譲渡登記の登記事項概要ファイルがある場合には，登記官は，職権で，これを商号変更後の株式会社の登記事項概要ファイルに移さなければならない（動産・債権譲渡登記規則６条４項）。

② **特例有限会社についての解散登記の申請書**

(a) **登記すべき事項**

登記すべき事項は，解散の旨並びにその事由及び年月日である（商登71条

1項)。

(b) 添付書面

添付書面は要しない（整備法136条22項）。

(c) 登録免許税額

申請1件につき3万円である（登税別表第一第24号㈠レ）。

(d) 登記申請書の例

特例有限会社の商号変更による解散登記申請書

1　商号　○○有限会社（会社法人等番号・・・）

1　本店　○県○市○町○丁目○番○号

1　登記の事由　　商号変更による解散

1　登記すべき事項　平成○年○月○日（登記申請日）○県○市○町○
　　　　　　　　　丁目○番○号○○株式会社に商号変更し、移行し
　　　　　　　　　たことにより解散

1　登録免許税　　金3万円

上記のとおり登記の申請をする。

　　　平成○年○月○日

　　　　　　　　　　　　○県○市○町○丁目○番○号
　　　　　　　　　　　　　申請人　○○株式会社
　　　　　　　　　　　　○県○市○町○丁目○番○号
　　　　　　　　　　　　　代表取締役　何某
　　　　　　　　　　　　○県○市○町○丁目○番○号
　　　　　　　　　　　　　上記代理人　何某　印
　　　　　　　　　　　　　（電話番号　・・・）

○○法務局御中

第4章

持分会社の登記

4-1 設立の登記

1 設立の手続の概要

　持分会社とは，次の３類型の会社の総称であり（法575条，576条），株式会社と異なり，出資者たる社員間の人的信頼関係を基礎とする会社である。
・合名会社（社員全員が無限責任社員）
・合資会社（無限責任社員と有限責任社員の双方が存在）
・合同会社（社員全員が有限責任社員）
　株式会社の設立手続では，①発起人による定款の作成，②公証人による定款の認証，③社員の確定，④財産的基礎の確立，⑤機関の具備，⑥設立時取締役等による設立手続の調査，⑦設立登記申請という手続が必要となる（前記１－１参照）が，これに対し，持分会社の設立手続では，社員は定款に記載された人的信頼関係で結ばれる者に限られ，利害関係人は多くなく，原則として各社員が業務執行権を有することから，上記手続のうち②③⑤⑥を必要としない。
　また，上記④についても，合同会社の社員は設立登記より前に出資全部を給付すべき義務を負う（法578条）が，合名会社及び合資会社にあっては，無限責任社員も有限責任社員もそのような義務を負わず，会社設立時において必ずしも財産的基礎が確立しているわけではない。
　このように，持分会社の設立の手続は，おおむね，定款の作成→財産的基礎の確立（合同会社）→設立登記申請から成っており，株式会社と比べ，大

幅に簡略化されている。

■2　定款の記載例と留意点

　合同会社の定款の記載例は，次のとおりである。

　記載例のうち，第1条から第3条まで及び第5条は，定款の絶対的記載事項である（法576条1項各号）。

　留意点として，株式会社の定款と異なる箇所につき説明を行うほか，その中で，合名会社・合資会社の定款との違いについても触れることとする。

第1章　総則

　（商号）

第1条　当会社は，X合同会社と称する。

　（目的）

第2条　当会社は，次の事業を営むことを目的とする。

　　一　・・・・・・

　　二　・・・・・・

　　三　前各号に附帯関連する一切の事業

　（本店の所在地）

第3条　当会社は，本店を大阪市に置く。

　（公告方法）

第4条　当会社の公告は，官報に掲載してする。〔法939条1項〕

第2章　社員及び出資

　（社員の氏名・住所，出資及び責任）

第5条　社員の氏名又は名称及び住所並びに出資の目的及びその価額又

は評価の標準は，次のとおりである。

　一　金○○万円　　○県○市○町○丁目○番○号
　　　　　　　　　　何某

　二　宅地（○県○市○町○丁目○番所在，○○平方メートル）
　　　この価額金○○万円

　　　　　　　　　　○県○市○町○丁目○番○号
　　　　　　　　　　株式会社P

　三　金○○万円　　○県○市○町○丁目○番○号
　　　　　　　　　　合同会社Q

　四　○○USドル

　　　【この価額金○○万円（後記(1)③の（注1）参照）】
　　　　　　　　　　アメリカ合衆国○○州○○市・・・
　　　　　　　　　　（日本における営業所　○県○市・・・）
　　　　　　　　　　ロバートコーポレーション

2　当会社の社員は，全て有限責任社員とする。

（持分の譲渡）

第6条　社員は，他の社員の全員の承諾がなければ，その持分の全部又は一部を他人に譲渡することができない。

2　会社法第585条第2項及び第3項は，適用しない。〔法585条4項〕

（社員の相続及び合併）

第7条　社員が死亡し又は合併により消滅した場合には，その相続人その他の一般承継人は，他の社員の承諾を得て，持分を承継して社員となることができる。〔法608条1項〕

第3章　業務の執行及び会社の代表

（業務執行社員）

第8条　当会社の業務執行社員は，株式会社P及び合同会社Qとする。
〔法590条1項〕

■2 定款の記載例と留意点　　605

（代表社員）

第9条　当会社の代表社員は1名とし，業務執行社員が2名以上あるときは，業務執行社員の中から互選をもって定める。〔法599条3項〕

（報酬）

第10条　業務執行社員の報酬は，社員の過半数の決議をもって定める。〔法593条5項・4項，民648条〕

（支配人の選任及び解任）

第11条　当会社の支配人の選任及び解任は，業務執行社員の過半数をもって決定する。〔法591条2項ただし書〕

第4章　計算

（事業年度）

第12条　当会社の事業年度は，毎年4月1日から翌年3月31日までの1年とする。

（計算書類の承認）

第13条　業務執行社員は，各事業年度終了日から3か月以内に計算書類を作成し，総社員の承認を求めなければならない。

　　以上のとおり，X合同会社を設立するため，本定款を作成し，社員が次に記名押印（署名）する。

　　平成〇年〇月〇日

　　　　　　　　　　　有限責任社員　何某　印

　　　　　　　　　　　有限責任社員　株式会社P

　　　　　　　　　　　　　　代表取締役　何某　印

　　　　　　　　　　　有限責任社員　合同会社Q

　　　　　　　　　　　　　　代表社員　　a株式会社

　　　　　　　　　　　　　　職務執行者　何某　印

　　　　　　　　　　　有限責任社員　ロバートコーポレーション

日本における代表者　何某　印

⑴　社員の氏名・住所，出資及び責任（第5条関係）

①　社　　員

　社員の員数は，合名会社及び合同会社にあっては最低1名でも足りるが，合資会社にあっては，無限責任社員及び有限責任社員の両者から成るため，各1名以上（合計2名以上）を要する。

　社員の資格は，自然人と法人とを問わず，地方公共団体（地方自治法2条1項）や，外国会社（持分会社設立のための出資はするが，日本において自ら主体となって取引を継続して行っておらず，日本において外国会社の登記をしていないものを含む。）であっても差し支えない。ただし，特定目的会社，銀行，信用金庫，労働金庫，信用協同組合，保険会社，商工組合中央金庫等は，無限責任社員又は業務執行社員になることができないとの制約があるので，注意が必要である（銀行法12条の3等，平18・3・31民商782号通達）。

　成年被後見人も，法定代理人により社員の権利を行使し，義務を負担することができる（新版注釈会社法⑴93頁，600頁，味村・商業登記下128頁）。

　法人格のない組合は，株式会社の発起人になり得ないのと同様に，持分会社の社員になることもできない（相澤・論点解説561頁，前記1－2の■19の⑸参照）。

（注1）　**意思無能力者の取扱い**
　　　　意思無能力者が無限責任社員になることの可否については，否定説（昭4・1・31法曹会委員会第一科決議）と肯定説（昭11・11・25法曹会委員会第一科決議）があるようであるが，社員の死亡時に相続人が持分を承継する旨の定款の定めがある場合の相続人となる幼児の例などを考えると，肯定説によるべきであろう。

（注2）　**デラウェア州法上のLLPの取扱い**
　　　　アメリカ合衆国デラウェア州法に基づき設立されたリミテッド・ライアビリティー・パートナーシップ（LLP）は，会社（corporation）ではないものの，パートナーシップ契約書に別段の定めがある場合等を除き，

その出資者（partner）とは別の権利義務の主体であると規定されている（デラウェア改訂統一パートナーシップ法第15-201(a)条）ため，筆者の見聞する範囲で，登記実務上，持分会社の社員になることができるとした例がある。

　そのほか，イギリスのLLPなど，諸外国の各種団体については，会社法コンメ1・25頁を参照されたい。

②　社員の記名押印（定款末尾）

　自然人である社員は，自ら出資をして社員になる旨の意思決定をし，自ら定款に記名押印する。

　株式会社である社員（定款記載例では株式会社Ｐ）は，その業務決定機関において出資をして社員になる旨の意思決定をし，代表取締役又は代表執行役が定款に記名押印する。

　持分会社である社員（定款記載例では合同会社Ｑ）は，その業務執行社員において出資をして社員になる旨の意思決定をし，代表社員（代表社員が法人であるときは，合同会社Ｑの代表社員たる当該法人の職務を行うべき自然人。法598条1項）が定款に記名押印する。

　外国会社である社員は，その設立準拠法における業務決定機関の規定振りによるが，一般的には，その本国の業務決定機関（重要でない業務決定に該当する場合には，日本における代表者）において出資をして社員になる旨の意思決定をし，本国の代表者（又は日本における代表者）が定款に署名又は記名押印することになると考えられる。

　このほか，定款は，代理人によって作成することもできる（前記1－2の■22の(2)参照）。

③　出　資

　各社員は設立に際して出資義務を負い，定款によっても，出資をしない社員を定めることはできない（新版注釈会社法(1)189頁，203頁）。

　無限責任社員の出資の目的は，財産に限らず，広く信用や労務であっても

よく，社員全員が信用及び労務のみを出資する合名会社の設立登記申請も，受理される取扱いである（登記研究77号38頁）。定款において出資の目的を「信用」と記載し，価額の評価の標準を「信用の出資は，財産出資の最低額に準ずる。」とする定め方等が紹介されている（新版注釈会社法(1)202頁，書式精義第5版下729頁，味村・商業登記下130頁）。

これに対し，有限責任社員の出資の目的は，金銭その他の財産（価額の評価が可能なもの）でなければならない（法576条1項6号，151条1項）。その意味で，一般に信用や労務と呼ばれるもののうち，評価可能な営業権や報酬債権を出資の目的とすることはできるとされる（相澤・論点解説564頁）。

これらの各社員の出資の価額は，利益の配当，損失の分配及び残余財産の分配の基準となる（法622条，666条）。

（注1）　外貨建ての表示の可否

合名会社及び合同会社の出資の価額は，内部的な損益分配の基準となるにとどまるため，外貨建ての表示でも差し支えない。

他方，合資会社の出資の価額は，各有限責任社員が債権者に対して負う責任の範囲を画するものであるため，筆者の見聞する範囲で，登記実務上，外貨建てで表示すべきでないとした例がある。

（注2）　定款における出資の目的の記載方法

昭和13年商法改正において定款記載事項が「出資ノ種類」から「出資ノ目的」と改められ，以後，出資の対象を具体的に記載すべき（一筆の不動産を表示した上，ほか土地何筆及び建物何棟と表示する方法は許されない）とされた。

ただし，動産の出資については，特定できる限り必ずしも個々に列挙する必要はないとされている（奥野健一ほか著『有限會社法釋義』153頁（巖松堂書店，1941））。

④　責任の在り方

⒜　総　　論

各社員は，当該持分会社の財産をもって債務を完済することができない場合，又は当該持分会社の財産に対する強制執行が奏功しなかった場合には，債権者に対し，連帯して直接の責任を負う（法580条1項）。

■2　定款の記載例と留意点　　*609*

　この場合，無限責任社員は，債務全額の責任を負う。

　他方，有限責任社員は，出資の価額（既履行部分を除く。）を限度として責任を負うにとどまる（法580条2項）。したがって，合同会社では，その成立前に社員が出資全部を履行済みである（法578条，640条1項）以上，株式会社の株主と同様に，通常，社員が債権者に対し直接の責任を負うことはない（法640条2項は例外）。また，合資会社では，有限責任社員の出資の履行期は定款又は通常の業務決定方法により定まり，その出資義務は会社からの請求その他の履行期の到来により具体化する（最判昭62・1・22，判例時報1223号136頁，新版注釈会社法(1)617頁）が，やはり，既履行部分に係る出資の価額につき，有限責任社員が債権者に対し直接の責任を負うことはない（既履行部分に係る出資の価額は，登記事項として公示の対象となる。法913条7号）。

（注）　出資義務の具体化前に社員が退社した場合の取扱い

　　　上記昭62最判は，会社からの請求等により具体化する前の出資義務は，社員の地位と終始すべきものであり，社員が退社して社員の地位を喪失するときは出資義務も消滅するに至るから，退社員の合資会社に対する持分払戻請求権は成立しない旨判示した。

(b)　責任の範囲が変更された場合

　社員の責任が加重される場合（有限責任社員が無限責任社員となる場合，社員が加入する場合）には，当該社員は，それ以前に生じた会社の債務についても，加重された責任に従って弁済する責任を負う（法583条1項，605条）。有限責任社員の出資の価額の増加の場合も，明文の規定はないが，同様である（相澤・論点解説587頁）。

　逆に，社員の責任が軽減される場合（①無限責任社員が有限責任社員となる場合，②合資会社の有限責任社員が出資の価額を減少する場合，③社員が持分の全部を譲渡する場合，④社員が退社する場合）には，当該社員は，その旨の登記をする前に生じた会社の債務については，従前の責任に従って弁済する責任を負う（登記後2年以内に請求予告等をした債権者に対する責任に限る。法583条2項～4項，586条，612条）。ただし，上記②～④の規律は，社員が債権者に対し直接の責任を負わない合同会社には及ばないと解されている

（各社員の出資の価額は，合同会社の登記事項でもない。法583条2項括弧書き，相澤・論点解説572頁，590頁）。

⑵　持分の譲渡（第6条関係）

　社員間の人的信頼関係を踏まえて，社員の持分の譲渡は，原則として，他の社員の全員の承諾が必要である（法585条1項）。

　ただし，例外的に，業務を執行しない有限責任社員の持分については，業務執行社員の全員の同意により，定款を変更して，これを譲渡することができる（法585条2項・3項）。この点，持分の全部譲渡（退社事由）の場合や社員以外への持分の譲渡（加入事由）の場合には定款変更が必要であり，他方，社員間の持分の一部譲渡の場合には定款変更を要しないとする文献もある（新版注釈会社法⑴633頁）が，通常は，持分を譲渡する以上，損益分配の基準となる出資の価額を増減させるための定款変更が必要である（平18・4・26民商1110号登記記録例通知，相澤・論点解説572頁）。

　持分の譲渡に関する規律は，会社の内部関係であり，定款で別段の定めをすることは自由である（法585条4項）。

⑶　社員の相続及び合併（第7条関係）

　社員間の人的信頼関係を踏まえて，社員が死亡し又は合併により消滅した場合には，原則として，当該社員は退社し，その一般承継人が持分の払戻しを受ける（法607条1項3号・4号，611条1項）。

　ただし，会社は，定款により，一般承継人が持分を承継する旨を定めることもできる（法608条1項）。会社法制定前は，定款に別段の定めがない限り，無限責任社員が死亡した場合には相続人は社員とならない反面，合資会社の有限責任社員が死亡した場合には相続人が当然に社員となるとされていた（旧商85条3号，161条）が，この規律につき，無限責任社員と有限責任社員

とを統一的に取り扱うよう，改められたものである。

　社員に関する規律も会社の内部関係であるため，定款で広く別段の定めを設けることができ，会社法608条1項のように，当然に一般承継人が持分を承継すると定めることのほか，定款記載例のように，他の社員の承諾を条件とした上，一般承継人の意思に基づき持分を承継できると定めることも，可能である（新版注釈会社法(1)313頁，書式精義第5版下734頁。なお，この場合の相続人の加入の日については，他の社員の承諾の日ではなく，被相続人の死亡の日とする登記実務上の取扱いがある（法務通信740号25頁））。

　実務上は，特に社員が少人数の合資会社について，このような定款の定めを設けると，無限責任社員又は有限責任社員が欠けたとしても合同会社又は合名会社への種類変更が擬制される事態（法639条）を回避でき，相続人による円滑な合資会社の事業承継に資する上，数度の種類変更の登記に係る登録免許税の負担を免れる点でも有益であるといわれる（後記4−5の■2の**(注2)**参照）。

⑷　業務執行社員及び代表社員（第8条・第9条関係）

　持分会社では，株式会社の取締役制度と異なり，基本的に所有と経営が一致するため，社員は，定款に別段の定めがない限り，各自業務執行社員となる（法590条1項）。この定款の定めとしては，直接業務執行社員の氏名・名称を記載する方法のほか，総社員の同意によりこれを定める旨を記載する方法等がある（書式精義第5版下729頁，732頁）。

　また，業務執行社員は，原則として，各自持分会社を代表するが，定款又は定款の定めに基づく社員の互選によって，業務執行社員の中から代表社員を定めることもできる（法599条1項〜3項）。

　業務執行社員でない者を代表社員とすることはできない（法599条3項，新版注釈会社法(1)261頁）。

（注１）　代表社員の住所

　　　これまで，内国会社の代表者のうち，少なくとも１名は，日本に住所を有しなければならず（昭59・9・26民四4974号回答，前記２－５の■２の(1)②(a)(i)の**（注２）**参照），内国持分会社については，代表社員又は代表社員の職務執行者のうち，少なくとも１名が日本に住所を有している必要があると解されてきた（相澤・論点解説583頁，585頁）。

　　　この点，平27・3・16民商29号通知によれば，持分会社の代表社員及びその職務執行者の全員が日本に住所を有しなくてもよいように取扱いが改められたものと解される（登記研究808号146頁）。

（注２）　定款の定めに基づく互選の形態

　　　互選の主体については，①社員全員なのか（法599条３項の規定振り），②業務執行社員なのか（書式精義第５版下742頁，1031頁の表，1032頁，小川秀樹・相澤哲『通達準拠　会社法と商業登記』287頁（金融財政事情研究会，2008)），解釈が困難である。

　　　この点を理由に登記申請を却下した例は聞かないが，一般に，互選という言葉は，選任母体と被選任資格とが一致する状況を意味しており，業務執行社員の中から代表社員を定めるという局面では，私見ではあるが，会社法599条３項を上記②の趣旨として運用するのが穏当であるように思われる。

⑸　その他の留意点

①　定款記載事項の例

　持分会社では，社員間の人的信頼関係に基づき定款自治が広範に及ぶが，以下に定款記載事項の例を掲げるので，設立を企図するに当たり特段の定めを置くべきか否か，参考にされたい（具体的な定款記載例は，書式精義第５版下1032頁や，江頭憲治郎編『合同会社のモデル定款』（商事法務，2016）に詳しい。）。

(a)　代表社員の指名又は互選に関する定め（法599条３項）

(b)　業務の決定方法に関する定め

　　・社員又は業務執行社員が２人以上ある場合における業務の決定方法の定め（法590条２項，591条１項）

■2 定款の記載例と留意点 *613*

- ・定款の変更を，総社員の同意という要件以外の要件で決定する旨の定め（法637条）
- ・支配人の選解任を，社員の過半数という要件以外の要件で決定する旨の定め（法591条2項）

(c) 業務執行社員に関する定め

- ・業務執行社員の指名又は選任方法に関する定め（法590条1項）
- ・定款で定めた業務執行社員の辞任又は解任の要件に関する定め（法591条6項）
- ・業務執行社員の報酬請求権に関する定め（法593条4項）
- ・業務執行社員の報告義務に関する定め（法593条5項・3項）
- ・業務執行社員が職務上受領した物の引渡義務，自ら消費した場合の取扱い，費用前払請求権・償還請求権に関する定め（法593条5項・4項）
- ・業務執行社員の競業行為・利益相反行為に関する定め（法594条1項，595条1項）

(d) 社員の地位の得喪に関する定め

- ・持分の譲渡の要件に関する定め（法585条4項）
- ・社員の予告退社権に関する定め（法606条2項）
- ・社員の法定退社事由に関する定め（法607条1項1号）
- ・相続又は合併の場合における一般承継人の持分承継に関する定め（法608条1項）

(e) 各社員の権利義務に関する定め

- ・会社の業務及び財産状況の調査権に関する定め（法592条2項）
- ・計算書類の閲覧謄写権に関する定め（法618条2項）
- ・利益の配当請求方法等に関する定め（法621条2項）
- ・各社員の出資の価額に比例しない損益分配の割合に関する定め（法622条1項）
- ・出資の払戻請求方法等に関する定め（法624条2項）

(f) 解散及び清算に関する定め

・会社の存続期間又は解散事由に関する定め（法641条1号・2号）

・清算人の指名又は互選に関する定め（法647条1項2号，655条3項）

・清算人の解任の要件に関する定め（法648条2項）

・清算人が2人以上ある場合における業務の決定方法の定め（法650条2項）

・残余財産の分配割合に関する定め（法666条）

・合名会社又は合資会社が任意清算をする場合における会社財産の処分方法に関する定め（法668条1項）

・清算人以外の者を帳簿資料の保存者とする旨の定め（法672条2項）

② 合同会社の定款作成上の留意点

合同会社の定款を作成するに際しては，従来の合名会社・合資会社の定款記載例を参考にすることも多いと思われるが，合同会社の特殊性から，次の点に留意すべきである。

(a) 出資の時期

任意的記載事項として出資の時期を定める場合には，合名会社及び合資会社と異なり，会社成立後に給付する旨を定めることはできず，設立登記時までに出資全部を給付する旨を定めなければならない（法578条）。

(b) 利益額を超える配当に関する社員の責任

合資会社の有限責任社員は，原則として出資の価額（既履行部分を除く。）を限度として，会社の債務を弁済する責任を負うが，仮に，会社が利益額を超えて配当を行った場合には，配当を受けた有限責任社員は，次の責任を負うことになる（法623条）。

・会社に対する配当金相当額の支払義務

・会社債権者に対する弁済責任（法580条2項の責任限度額に，超過配当額を加えた合計額を限度額とするもの）

これに対し，合同会社では，無限責任社員が存在しないため，利益額を超

えて配当を行うことは禁止されており，これに違反した場合には，次の責任が生ずることになる（法628条，629条1項，630条）。

- ・業務執行社員及び配当を受けた有限責任社員の会社に対する配当金相当額の支払義務
- ・配当を受けた有限責任社員の会社債権者に対する配当金相当額の支払義務（合資会社の有限責任社員の弁済責任のような，強制執行不奏功等の場合における補充的な責任ではない。）

このように，利益額を超える配当に関する責任については，合資会社と合同会社の規律が異なるため，この事項を任意に定款に記載する場合には，注意が必要である。

(c) 出資の減少後の社員の責任

前記(1)④(b)のとおり，合同会社の有限責任社員が出資の価額を減少する場合等においては，合資会社と異なり，登記をする前に生じた会社の債務につき従前の責任の範囲内で弁済責任を負う旨の規律が及ばないため，この規律を定款に記載することはできない（法583条2項）。

(d) 清算方法

合同会社の清算方法は，合名会社及び合資会社と異なり，任意清算（清算人を選任せず，定款又は総社員の同意により会社財産の処分方法を定めるもの）は許されず，法定清算（清算人により清算手続を行うもの）による必要があるため，任意清算に関する事項を定款に記載することはできない（法668条1項）。

(6) 印 紙 税

株式会社の定款と同様に，定款を書面で作成した場合には，定款1通につき，4万円の印紙税を納める義務がある（印紙税法別表第一第6号）。

電子定款の場合には，印紙税は課されない。

なお，持分会社の定款については，公証人の認証を受ける必要はない。

616 4-1 設立の登記

■3 定款作成以後の手続

(1) 社員の過半数の一致等を要する手続

持分会社の設立に際し，社員や業務執行社員は，定款に別段の定めがない限り，その過半数をもって，次の事項（定款に定めがある事項を除く。）を定めることとなる。

① 業務執行社員の過半数の一致を要する事項

設立手続においては，自然人である業務執行社員はその自然人により，法人である業務執行社員はその代表者を通じて意思表示を行うが，次の事項については，業務執行社員の過半数の一致が必要である（前記■2の定款記載例では，株式会社Ｐの代表取締役何某と，合同会社Ｑの代表社員であるａ株式会社の職務執行者何某とが，意思表示を行う。）。

(a) 代表社員の選定（定款に，業務執行社員の中から互選により代表社員を定める旨の規定を置いた場合。前記■2の(4)の（**注２**）参照）

(b) 本店の具体的な所在場所の決定

(c) 支店を置く場合には，その具体的な所在場所の決定

(d) 資本金の額の決定

持分会社の資本金の額は，原則として，出資により払込み又は給付がされた財産の額の範囲内で自由に定めることができ，株式会社のように，出資された財産の額の２分の１以上を資本金の額とすべき旨の制約はない。資本金に計上しなかった残余の額は，全て資本剰余金となる（計44条）。

なお，出資の履行時における財産の評価方法等によっては，出資により払込み又は給付がされた財産の額は，定款で定められた出資の価額と一致しないこともあり得る（郡谷大輔・細川充「持分会社の計算（下）」旬刊商事法務1772号25頁）。

② 社員の過半数の一致を要する事項

・支配人を置く場合には，その選任（法591条2項）

③ 代表社員の適宜の決定によっても差し支えない事項

・電子公告を公告方法とする場合には，ウェブページのURLの決定

（注）　設立手続における社員となる法人の職務執行者の権限

　　　上記のとおり，設立に際して社員となる法人が意思表示をすべき場合には，この意思表示は，後記(3)の手続により選任される職務執行者ではなく，当該法人の代表者が行う（前記①参照）。

　　　会社成立前は，登記申請行為に関するものを除き，業務執行社員となる法人につき選任される職務執行者には，何ら権限がないためである（会社成立後の整理がこれと異なることは，後記4－2の■1の末尾の**（注）**に記載したとおりであり，この点，特に注意する必要がある。）。

⑵　合同会社における出資の履行

　合同会社では，各社員は，定款の作成後，設立の登記をする時までに，出資の全部を履行しなければならない（法578条）。

　出資は，設立中の会社を代表する者（代表社員となる自然人又は法人）に対してされるべきである。ただし，代表社員となる法人の代表者から出資の受領に係る権限が授与された場合には，登記実務上，当該法人の職務執行者に対して出資がされても差し支えないと解されている。

⑶　業務執行社員である法人における職務執行者の選任

　法人が業務執行社員になる場合には，当該法人は，その職務を行うべき者（職務執行者）を1名以上選任し（複数でもよい。），その者の氏名及び住所を他の社員に通知しなければならない（法598条1項）。

　職務執行者の選任は，当該法人の業務執行の決定機関において決定する必

要があるところ，職務執行者が支配人に準ずる包括的な権限を有すること等から，具体的には，次のように解されている（平18・3・31民商782号通達，前記２−１の■３の(1)②(f)参照）。

・取締役会設置会社が業務執行社員になる場合には，取締役会の決議（法362条４項３号）
・持分会社が業務執行社員になる場合には，原則として，社員の過半数の一致（法591条２項）

　　前記■２の定款記載例では，Ｘ合同会社の設立に当たり合同会社Ｑが業務執行社員になっているが，その職務執行者の選任に関するＱ内部の意思決定方法としては，例えば，Ｑの社員が①代表社員のａ株式会社，②業務執行社員のｂ合同会社，③業務執行社員でないｃ合同会社の３名から成るときは，ａ株式会社の代表取締役と，ｂ合同会社及びｃ合同会社の各代表社員（代表社員が法人であるときは，その職務執行者）とが意思表示を行った上，その過半数で決することとなる。

　　ただし，仮に，合同会社Ｑの定款において，支配人の選解任を業務執行社員の過半数の一致による旨の定め（法591条２項ただし書）がある場合には，職務執行者はこれに準じて選任されるべきであり，後記４−２の■１の末尾の(注)の理由から，Ｑの業務執行社員であるａ株式会社及びｂ合同会社の各職務執行者が意思表示を行った上，その過半数で決するものと解される。

　職務執行者は，業務執行社員となる法人の役員や従業員の中から選任してもよいし，コンサルタントその他の第三者でも差し支えなく，当該法人と職務執行者との間の法律関係は，委任契約・雇用契約等の形態が考えられるとされる（相澤・論点解説580頁）。

　また，業務執行社員となる法人の代表者の地位にあっても，当然に業務執行社員の職務執行者の権限を行使できるわけではなく，別途，職務執行者として選任し，その者が就任承諾をするという手続（法598条１項）が必要であるとして，登記実務上取り扱われている。

■4 設立登記申請の手続 *619*

■4 設立登記申請の手続

(1) 登記申請人

持分会社の登記申請書には，商号及び本店と，その代表社員の氏名・名称及び住所を記載しなければならない（商登17条2項1号）。

代表社員が法人である場合には，上記■3の(3)により選任された職務執行者が登記申請行為を行うため，当該職務執行者の氏名及び住所も記載しなければならない（同号括弧書き）。

(2) 登記すべき事項

① 合名会社の登記事項

登記すべき事項は，次のとおりである（法912条各号）。

(a) 目的

(b) 商号

(c) 本店及び支店の所在場所

(d) 会社の存続期間又は解散の事由についての定款の定めがあるときは，その定め

(e) 社員の氏名・名称及び住所

各社員が無限責任社員であることは，定款の絶対的記載事項であるが，登記事項ではなく（合資会社に関する後記②(a)とは異なる。），登記申請書の登記すべき事項においては，無限責任社員の資格は，単に「社員」と記載する（平18・3・31民商782号通達）。

なお，平成27年法務省令第5号による商業登記規則の改正により，設立の登記等の申請をする者は，婚姻により氏を改めた社員等につき，婚姻前の氏をも記録するよう申し出ることができるとされた（商登規88条の2）。

(f) 代表社員の氏名・名称（会社を代表しない社員がある場合に限る。）

業務執行社員でない者を代表社員とすることはできない（法599条3項，新版注釈会社法(1)261頁）。

(g) 代表社員が法人であるときは，その職務執行者の氏名及び住所

職務執行者は，法人が業務執行社員となる場合に選任される（法598条1項）が，登記事項となるのは，代表社員の職務執行者だけである。

なお，職務執行者の登記は，社員が各自代表社員となる場合には，社員の名称及び住所の登記に付随する形でされるが，社員の中から代表社員を定めた場合には，社員の登記ではなく，代表社員の名称の登記に付随する形でされる（後記(5)の(注1)(注2)の各登記申請書例，書式精義第5版下748頁参照）。

また，1名の代表社員につき複数の職務執行者を定めた場合の登記の記録の在り方は，代表者事項証明書を編集する際の登記情報システムの都合上，「代表社員甲，職務執行者A」「代表社員甲，職務執行者B」のように，1名の代表社員が重複して登記される形態をとらざるを得ない（平18・4・26民商1110号登記記録例通知，書式精義第5版下802頁）。

(h) 公告方法

② 合資会社の登記事項

登記すべき事項は，合名会社の登記事項のほか，次のとおりである（法913条）。

(a) 社員が無限責任社員又は有限責任社員のいずれであるかの別

(b) 有限責任社員の出資の目的及びその価額並びに既に履行した出資の価額

③ 合同会社の登記事項

登記すべき事項は，前記①の(a)〜(d)及び(h)に関する合名会社の登記事項のほか，次のとおりである（法914条）。

社員や代表社員に関する部分については，合名会社と比較すると，一般の

社員の氏名及び住所が登記事項でないこと，業務執行社員の氏名は登記事項であるが，その住所は登記事項でないこと，各社員が全員代表社員となる場合でも，別に代表社員の登記が必要になることという違いがある。

(a) 資本金の額

(b) 業務執行社員の氏名・名称

(c) 代表社員の氏名・名称及び住所

(d) 代表社員が法人であるときは，その職務執行者の氏名及び住所

職務執行者の登記は，常に，代表社員の登記に付随する形でされる。

(3) 添付書面

本店の所在地における設立の登記の申請書には，持分会社の種別に応じ，次の書面を添付しなければならない。

① 合名会社の添付書面

(a) 定款（商登94条1号）

持分会社の定款には，公証人の認証を要しない。

定款に記名押印した各社員の真意については，持分会社の人的信頼関係をもって一定程度担保されているというべく，別途，社員となる自然人の住民票・印鑑証明書や，社員となる法人の代表者の印鑑証明書は，添付書面とならない（旧商法における，社員となる自然人及び合資会社の有限責任社員となる法人の取扱いと同様である。）。

もとより，社員となる法人の代表者が定款に記名押印するに先立ち，当該法人の業務決定機関において持分会社への出資をする旨の意思決定をしているはずであるが，登記申請人において手続の適法性を確認されることは別として，登記手続上は，当該意思決定を証する書面は，添付書面ではない（前記■2の(1)②参照）。

さらに，これと同様に，代理人が定款を作成した場合の委任状や，委任者

の印鑑証明書等についても，添付書面とはされていない。

なお，電子定款については，登記の申請書又は申請書情報に，電子定款に係る電磁的記録及び所定の電子証明書を添付すべきであって，当該電磁的記録の内容を印刷した書面に社員等が「本書面は，電子定款に係る電磁的記録に記録された情報と同一である」旨の奥書証明をしたとしても，これを適法な添付書面とみることはできない（商登19条の2，商登規102条2項・5項）。

(b)　業務執行社員の一致に関する書面

本店及び支店の具体的な所在場所については，定款に別段の定めがない限り，業務執行社員の過半数の一致を証する書面が添付書面となる（商登93条，前記■3の(1)①参照）。

法人である業務執行社員は，その代表者を通じて意思表示を行う（前記■2の定款記載例では，株式会社Pの代表取締役何某と，合同会社Qの代表社員であるa株式会社の職務執行者何某とが，意思表示を行う。）。

(c)　代表社員に関する書面

社員が各自代表権を有する場合や，定款で代表社員を定めた場合には，前記(a)の定款により代表社員が誰かを判断することができ，各社員が定款に記名押印している以上，別途，代表社員の就任承諾書は要しない（定款又は総社員の同意により代表社員を定めていた旧商法の合名会社についての取扱いと同様である。味村・商業登記下136頁）。

これに対し，定款に，業務執行社員の中から互選により代表社員を定める旨の規定を置いた場合には，前記(a)の定款のほか，その互選を証する書面及び代表社員の就任承諾書が添付書面となる（商登93条，平18・3・31民商782号通達）。法人である業務執行社員において，上記互選に係る意思表示や代表社員への就任承諾の意思表示は，前記(b)と同様に，当該法人の代表者（代表者が法人であるときは，その職務執行者）が行う（前記■3の(1)末尾の(注)参照。会社成立後の互選の場合と異なることにつき，後記4−3の■4の(1)①(a)参照）。

■4　設立登記申請の手続　　*623*

⒟　法人である社員に関する書面

　社員が法人である場合には，その登記事項証明書が添付書面となる（商登94条2号イ・3号。添付省略の余地は，前記2－1の■6参照）。

　さらに，代表社員が法人である場合には，その職務執行者に関する書面として，次の書面も添付書面となる（同条2号ロ・ハ。各種法人ごとの業務決定機関及び意思表示の主体については，前記■3の⑶及び平18・3・31民商782号通達参照）。

・当該法人の業務決定機関において職務執行者を選任したことを証する書面（取締役会議事録，取締役や社員の一致を証する書面等。なお，取締役全員の同意により，法370条に基づき取締役会の決議を省略した場合には，職務執行者の選任を証する書面として，その議事録のほか，定款も必要である。土手敏行「商業登記実務Q＆A⑶」登記情報549号53頁）

・職務執行者の就任承諾書（代表社員となる法人を意思表示の相手方とするもの。なお，就任承諾書に押す印鑑は，市区町村長に提出した印鑑でなくても差し支えない。）

（注1）　登記事項証明書の種類
　　　　登記所では，添付書面である登記事項証明書をもって，代表社員以外の法人については，登記簿に記録すべき当該法人の存在（正確な名称・主たる事務所）のほか，可能な範囲で，定款や社員の一致を証する書面に記名押印した者の代表権限を確認することとなるが，その趣旨に照らすと，代表者事項証明書でも足りるものと考えられる。
　　　　他方，代表社員となる法人については，職務執行者の登記をする関係から，上記事項に加え，可能な範囲で，職務執行者を選任する業務決定機関の所在（取締役会設置会社か否か等）や，当該法人内部における業務決定の適法性（何名の取締役・社員の同意があるか等）まで確認するため，役員区・社員区や会社状態区の記載のある登記事項証明書であることを要する。

（注2）　外国法人が社員となる場合
　　　　外国法人のうち，我が国において外国会社の登記をしているものについては，その登記事項証明書を添付すればよいが，それ以外の外国法人については，我が国の登記事項証明書に相当する当該外国法人の本国官憲の証明書及びその訳文を添付することとなろう（登記実務上は，本国

法において公証人が証明権限を有する事例もみられるようである。)。

また，職務執行者の選任を証する書面及び就任承諾書については，その原本（署名につき本国の管轄官庁又は日本における領事その他権限がある官憲の認証を受けたもの。商登130条1項参照）及び訳文を添付することとなろう。

なお，登記実務上は，外国会社の登記手続にならい，上記の外国文書の原本に代えて，宣誓供述証明書（原則として外国会社の代表者又は日本における代表者（若しくは登記申請行為を行う職務執行者）が日本における領事等の面前で宣誓の上供述した内容を，当該領事等が証明した書面。書式精義第5版下1639頁，平18・4・5民商873号通知，登記研究715号168頁参照）を添付する例が多いようである。

宣誓供述証明書の作成手順等については，草薙智和「渉外商業登記入門」登記情報640号51頁も参考になる。

② 合資会社の添付書面

ⓐ 合名会社についてと同じ添付書面（商登111条，93条，94条）

ⓑ 有限責任社員が既に履行した出資の価額を証する書面（商登110条）

具体的には，株式会社の設立登記の添付書面となる「金銭の払込みがあったことを証する書面」に準じた書面（前記1－4の■2の(4)①参照）で足りるし，このほか，代表社員の作成に係る出資金額収書や財産の引継書でも差し支えない（書式精義第5版下884頁）。

なお，出資に係る金銭の払込みについては，株式会社の設立と異なり，銀行等の払込取扱機関でしなければならないとの制約はない（法34条2項，63条1項参照）。また，出資に係る現物の給付について，検査役の調査は要しない（法33条参照）。

（注）　代表社員の作成に係る証明書

法人が代表社員となる場合に，上記(b)の証明書の作成主体が当該法人の代表者なのか，又は前記■3の(3)により選任された職務執行者（登記申請行為を行う者）なのか，迷うところであるが，会社成立前は，登記申請行為に関するものを除き，職務執行者には何ら権限がなく，実体法上，有限責任社員から出資の履行を受けるのは，代表社員となる法人の代表者である（前記■3の(1)末尾の(注)参照）。

そうすると，出資の履行時に作成された出資金額収書のように，登記手

■4 設立登記申請の手続 *625*

続と直接の関係なく作成された証明書については，代表社員となる法人の代表者が作成主体となろうし，他方，預金通帳の写しと合てつする証明書のように，登記手続のために特別に作成する証明書については，登記申請行為を行う職務執行者が作成主体となろう（なお，預金通帳の名義人は，出資金の受領権限が職務執行者等に委任されていない限り，原則として，代表社員となる法人自体である。前記■3の(2)参照）。

登記所においては，上記の合理的な可能性を広く考慮して審査がされるものと考えられる。

③ 合同会社の添付書面

(a) 合名会社についてと同じ添付書面（商登118条，93条，94条）

ただし，前記①(d)に関し，業務執行社員以外の社員である法人については，登記事項証明書を添付する必要はない（商登94条3号は，商登118条において業務執行社員につき準用される。書式精義第5版下1042頁）。

これは，登記事項証明書を添付する趣旨が，主として，登記簿に記録すべき法人の存在を確認する点にあり，登記簿に記録しない社員についてまで登記事項証明書の添付を求める必要性が相対的には高くないためである。

(b) 出資に係る払込み及び給付があったことを証する書面（商登117条）

具体的には，合資会社の「有限責任社員が既に履行した出資の価額を証する書面」に準じた書面で差し支えない（前記②(b)参照）。

(c) 資本金の額の決定に係る業務執行社員の一致に関する書面（商登118条，93条）

資本金の額については，本店の具体的な所在場所の決定と同様に，定款に別段の定めがない限り，業務執行社員の過半数の一致を証する書面が添付書面となる（前記■3の(1)①参照）。

(d) 資本金の額が会社法及び計算規則の規定に従って計上されたことを証する書面（商登規92条，61条9項）

この書面は，代表社員（代表社員が法人である場合には，前記■3の(3)により選任された職務執行者）が作成したものであり，具体的内容は，株式会社の設立登記の添付書面と同様である（前記1−4の■2の(9)参照）。

4-1 設立の登記

なお，出資に係る財産が金銭のみである場合の設立登記に際して，登記実務上，(d)の書面の添付を要しないとされている点も，株式会社についてと同様である（平19・1・17民商91号通達）。

⑷　登録免許税額

　合名会社及び合資会社については，申請1件につき，本店所在地においては6万円，支店所在地においては9000円である（登税別表第一第24号㈠ロ，㈡イ）。

　合同会社については，申請1件につき，本店所在地においては資本金の額（課税標準金額）の1000分の7（これによって計算した税額が6万円に満たないときは，6万円），支店所在地においては9000円である（同号㈠ハ，㈡イ）。

⑸　登記申請書の例

　本店所在地における登記申請書の例は，次のとおりである。

合同会社設立登記申請書

1　商号　X合同会社

1　本店　大阪市〇区〇町〇丁目〇番〇号

1　登記の事由　　設立の手続終了

1　登記すべき事項　別紙のとおりの内容をオンラインにより提出済み

1　課税標準金額　　金300万円（資本金の額）

1　登録免許税　　　金6万円

1　添付書類　定款　　　　　　　　　　1通

　　　　　　　業務執行社員の一致を証する書面　1通

■4　設立登記申請の手続　　*627*

　　（本店・支店の所在場所の決定，代表社員の互選，資本
　　金の額の決定に関するもの）
　代表社員の就任承諾書　　　１通
　登記事項証明書　　　　　　２通
　（添付省略の余地は，前記２－１の■６参照）
　取締役会議事録　　　　　　１通
　（職務執行者の選任に関するもの）
　職務執行者の就任承諾書　　１通
　払込み及び給付があったことを証する書面　　１通
　資本金の額の計上に関する証明書　　１通
　委任状　　　　　　　　　　１通
　（委任状には，同時に提出した印鑑届書の印鑑を押印す
　る。）

上記のとおり登記の申請をする。
　平成○年○月○日
　　　　　　　　　　　大阪市○区○町○丁目○番○号
　　　　　　　　　　　　申請人　　　Ｘ合同会社
　　　　　　　　　　　○県○市○町○丁目○番○号
　　　　　　　　　　　　代表社員　　株式会社Ｐ
　　　　　　　　　　　　職務執行者　何某
　　　　　　　　　　　○県○市○町○丁目○番○号
　　　　　　　　　　　　上記代理人　何某　印
　　　　　　　　　　　　（電話番号　・・・）

大阪法務局御中

628　4-1　設立の登記

【別紙の例】

「商号」X合同会社

「本店」大阪市〇区〇町〇丁目〇番〇号

「公告をする方法」官報に掲載してする。

「目的」

　1　・・・・

　2　・・・・

　3　前各号に附帯関連する一切の事業

「資本金の額」金300万円

「社員に関する事項」

「資格」業務執行社員

「氏名」株式会社P

「社員に関する事項」

「資格」業務執行社員

「氏名」合同会社Q

「社員に関する事項」

「資格」代表社員

「住所」〇県〇市〇町〇丁目〇番〇号

「氏名」株式会社P

「職務執行者」

「住所」〇県〇市〇町〇丁目〇番〇号

「氏名」職務執行者　何某

「登記記録に関する事項」設立

（注1）　合名会社の設立登記における別紙の例（各自代表制をとる場合）

　　　　「商号」〇〇合名会社

　　　　「本店」〇県〇市〇町〇丁目〇番〇号

　　　　「公告をする方法」官報に掲載してする。

　　　　「目的」

■4 設立登記申請の手続 *629*

　　　1　・・・・
　　　2　・・・・
　　　3　前各号に附帯関連する一切の事業
　　「社員に関する事項」
　　「資格」社員
　　「住所」○県○市○町○丁目○番○号
　　「氏名」何某
　　「社員に関する事項」
　　「資格」社員
　　「住所」○県○市○町○丁目○番○号
　　「氏名」合同会社○○
　　「職務執行者」
　　「住所」○県○市○町○丁目○番○号
　　「氏名」職務執行者　何某
　　「支店番号」1
　　「支店の所在地」○県○市○町○丁目○番○号
　　「存続期間」会社成立の日から満○年
　　「登記記録に関する事項」設立

（注2）　合資会社の設立登記における別紙の例（各自代表制をとらない場合）
　　「商号」○○合資会社
　　「本店」○県○市○町○丁目○番○号
　　「公告をする方法」官報に掲載してする。
　　「目的」
　　　1　・・・・
　　　2　・・・・
　　　3　前各号に附帯関連する一切の事業
　　「社員に関する事項」
　　「資格」無限責任社員
　　「住所」○県○市○町○丁目○番○号
　　「氏名」株式会社○○
　　「社員に関する事項」
　　「資格」有限責任社員
　　「住所」○県○市○町○丁目○番○号
　　「氏名」何某
　　「社員に関するその他の事項」金○○万円　全部履行
　　「社員に関する事項」

「資格」代表社員
「氏名」株式会社〇〇
「職務執行者」
「住所」〇県〇市〇町〇丁目〇番〇号
「氏名」職務執行者　何某
「登記記録に関する事項」設立

(6)　印鑑届書

　代表社員（代表社員が法人である場合には，前記■3の(3)により選任された職務執行者）は，登記の申請書に押印するとともに，その印鑑を本店の所在地を管轄する登記所に提出しなければならない（商登17条2項，20条1項）。

　印鑑届書の様式は，前記**図表1－4**のとおりである。代表社員が法人である場合には，職務執行者は，印鑑提出者の資格欄の括弧書き中に「職務執行者」と記入し，印鑑提出者の氏名欄に「〇県〇市〇町〇丁目〇番〇号（会社の住所）株式会社〇〇　何某（自らの氏名）」などと記入した上，届出人の住所氏名欄に自らの住所氏名を記入する（代理人によらない場合）。

　印鑑届書には，次の**図表4－1**のとおり，一定の書面を添付しなければならない（商登規9条5項1号・4号・5号）。

■4 設立登記申請の手続 *631*

図表4－1　印鑑届書の添付書面

印鑑提出者の区分	添　付　書　面
日本人である代表社員	当該日本人の印鑑証明書
外国人である代表社員	本国官憲又は日本における領事の証明書（印鑑届書にされた署名が本人のものである旨）
日本法人である代表社員の職務執行者	
職務執行者が当該法人の代表者を兼ねる場合	当該法人の代表者事項証明書 当該法人代表者印の印鑑証明書
職務執行者が当該法人の代表者でない場合	当該法人の代表者の保証書（職務執行者の印鑑に相違ない旨） 保証書に押された当該法人代表者印の印鑑証明書
外国法人である代表社員の職務執行者	①当該法人の代表者の保証書（職務執行者の印鑑に相違ない旨） ②保証書にされた署名が本人のものである旨の本国官憲等の証明書（サイン証明） ※我が国において外国会社の登記がある場合には，私見であるが，上記①に代えて，日本における代表者の保証書でもよく，また，上記②に代えて，保証書に押された当該代表者印の印鑑証明書でもよいものと考えられる。

（注） 外国人が代表社員又は職務執行者となる場合には，登記所に対する印鑑提出の義務はない。ただし，任意に印鑑を提出するときは，外国法制の多様さに留意する必要はあるものの，基本的に，右欄の添付書面を要することとなる（昭48・1・29民四821号通達，前記**参考先例等**1－14の4参照）。

4-2 商号，目的，本支店，支配人，公告方法，解散事由等の変更による登記

1 手 続

(1) 定款の変更を要する手続

次の事項は，定款に別段の定めがない限り，総社員の同意により，定款の変更をすることによって行う（法637条，576条，641条1号・2号，912条8号等）。

- ・商号，目的又は公告方法の変更
- ・本店の移転（最小行政区画外への移転）
- ・存続期間又は解散事由の設定，変更又は廃止

例えば，定款の別段の定めとして，定款変更の決議要件を社員の過半数とすることなどが許される（新版注釈会社法(1)236頁，相澤・論点解説606頁参照）。

(2) 業務執行社員の過半数の決定を要する手続等

次の事項は，定款に別段の定めがない限り，業務執行社員の過半数の決定によって行う（法591条1項）。

- ・本店の移転（①同一の最小行政区画内における移転，及び②最小行政区画外への移転の場合における具体的な移転先所在場所の決定）
- ・支店の設置，移転又は廃止

他方，支配人の選任及び解任は，定款に別段の定めがない限り，業務執行社員ではなく，社員の過半数の決定によって行う（法591条2項）。

電子公告を公告方法とする会社における具体的なウェブページのURLの決定は，代表社員による業務の決定として行うことができる（ただし，持分会社には，株式会社と異なり貸借対照表の公告義務がなく，一般的な公告のためのURLのほかに貸借対照表の公告のためのURLを任意に定めたとしても，これを登記することはできない。施220条2項）。

（注） 法人が社員である場合の意思表示の主体

　　この場合に，会社成立後の定款の変更や業務執行社員の過半数の決定に係る各社員の意思表示の主体が，当該法人の代表者なのか，又は職務執行者なのか，迷うところであるが，職務執行者という概念は，所有と経営のうち経営面に着目した業務執行社員に限り認められたものである（法598条。なお，設立手続における整理については，前記4－1の■3の(1)末尾の**（注）**参照）。

　　そこで，業務執行社員の一致を要する事項については，法人である業務執行社員の職務執行者が意思表示をするが，他方，業務執行社員という資格と関係なく，社員の一致を要する事項については，法人である社員の代表者（前記4－1の■2の定款記載例では，株式会社Pの代表取締役何某，合同会社Qの代表社員であるa株式会社の職務執行者何某）が意思表示をするものと解されている（書式精義第5版下1031頁の表）。

　　例えば，社員が1の法人だけから成る持分会社において，定款を変更して最小行政区画外に本店移転をするには，新所在地の最小行政区画を定める定款変更のために，当該社員である法人の代表者が意思表示をした上，具体的な本店所在場所の決定のために，当該社員である法人の職務執行者が意思表示をすることとなる。

■2 登記手続

(1) 登記の事由，登記すべき事項及び登録免許税額

前記■1に伴う登記手続は，基本的に，株式会社におけるものと同様であり，前記2－2を参考にされたい。

(2) 添付書面

① 総社員の同意

定款の変更が必要な手続については，原則として，総社員の同意を証する書面の添付を要する（商登93条，111条，118条）。

ただし，例えば，定款変更の決議要件を社員の過半数とする旨の定款の定めに基づき，その決議要件に則って定款を変更した場合には，当該定めのある定款及び社員の過半数の一致があったことを証する書面の添付を要する（商登規82条，90条，92条）。

（注）　合同会社における総社員の同意を証する書面

合同会社では，社員の氏名が登記事項でなく，同意書のみでは社員全員が同意しているかどうか必ずしも明らかとならないが，私見としては，株式会社の登記手続における全株主の同意書に関する実務（株主名簿の添付を求めていないこと）に照らし，社員全員の氏名を明らかにするための書面（定款等）の添付は要しないものと解される。

② 業務執行社員の過半数の決定

業務執行社員の過半数の決定を要する手続については，業務執行社員の過半数の一致を証する書面の添付を要する（商登93条，111条，118条）。

なお，電子公告のURLの決定手続については，添付書面を要しない。

■2　登記手続　　635

（注）　業務執行社員の一致を証する書面

　　合名会社及び合資会社が社員の中から定款により業務執行社員を指名した場合（法590条1項）において，その業務執行社員の過半数の決定により登記事項が生じたときは，登記手続上，業務執行社員の同意書のほか，定款の添付を要する（商登規82条，90条，味村・商業登記下126頁，211頁）。

　　また，例えば，定款に，総社員の同意により業務執行社員を定める旨の規定を置き，これに従い業務執行社員を選任した場合において，その業務執行社員の過半数の決定により登記事項が生じたときは，業務執行社員の同意書のほか，定款及び総社員の同意書の添付を要する（書式精義第5版下732頁参照）。

　　これらに対し，合同会社における業務執行社員は，登記簿上明らかである。

4-3 社員に関する登記

　社員に関する登記は，持分の全部又は一部の譲渡と社員の加入・退社とが絡み合い，更に，有限責任社員の出資の価額の増減や，資本金の額の増減を伴うこともあり，相当に複雑である。
　この点につき，まず全体像を示した上で，各別の説明に入ることとする。

図表４－２　持分譲渡等と加入・退社との関係

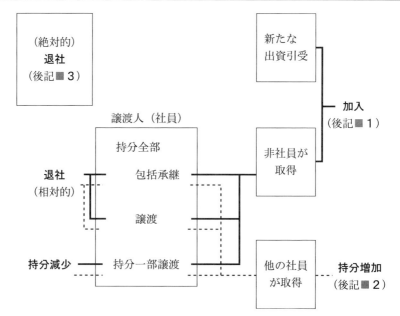

（注）　持分の増加又は減少は，合資会社の有限責任社員に限り，登記事項となる。

■ 1　社員の加入

(1)　手　　続

①　新たな出資による加入

　この加入手続は，定款に別段の定めがない限り総社員の同意により，新たに加入する社員に係る定款の変更をすることによって行う（法637条，604条2項）。

　ただし，合同会社では，加入前の出資全部履行義務があり，上記定款変更の時に出資の履行を完了していない場合には，その完了の時に，社員の加入の効果が生ずる（法604条3項）。

　新たな出資による加入の場合には，資本金の額は，原則として，出資により払込み又は給付がされた財産の額の範囲内で業務執行社員の過半数の一致により定めた額だけ増加し，資本金に計上しなかった残余の額は，全て資本剰余金となる（計30条1項1号，31条1項1号）。

　なお，法人が社員である場合の意思表示の主体については，前記4－2の■1の末尾の**(注)**を参照されたい。

> **(注)　定款の別段の定め**
> 　　登記実務上は，例えば，社員の加入には代表社員の同意があれば足りる旨の定款の定めも有効であり，この場合には，登記申請の添付書面として，定款の変更に係る総社員の同意書に代えて，定款及び代表社員の同意書が必要になるとされている（商登96条1項，登記研究175号64頁，相澤・論点解説606頁。他の定めの例として，業務執行社員の過半数や特定の業務執行社員への委任を掲げるものに，会社法大系1・350頁。これに対し，定款の定めにも一定の限界があるとするものとして，鴻・先例百選181頁参照）。

②　持分の譲受けによる加入

　この加入手続は，持分の譲渡契約の締結のほか，総社員の同意により，持分譲渡の当事者に係る定款の変更をすることによって行う（法585条1項，

638　　4-3　社員に関する登記

637条，604条2項）。

　業務を執行しない有限責任社員の持分の譲受けによる加入は，総社員の同意に代えて，業務執行社員の全員の同意により，上記の定款の変更をすることによって行うこともできる（法585条2項・3項）。

　上記については，定款による別段の定めも可能である（法585条4項。具体的には，会社法大系1・366頁参照）。

　持分の譲受けによる加入の場合には，会社に対する新たな出資はなく，資本金の額は変動しない。

　なお，法人が社員である場合の意思表示の主体については，前記4－2の■1の末尾の(**注**)を参照されたい。

（注1）　業務執行社員等の地位について

　　社員の中から業務執行社員や代表社員を特に定めている場合には，その地位は特定の社員の能力・信用を基礎として委託されたものであるため，一般に，社員の持分が譲渡され，又は相続人に包括承継されたときでも，業務執行社員や代表社員の地位が承継されるものではない（新版注釈会社法(1)244頁，314頁）。

（注2）　持分の質入れについて

　　持分の質入れ後，質権の実行により持分を取得する場合にも，本文の手続による定款の変更が必要であると解される（譲渡制限株式の質入れ及びその実行に関する新版注釈会社法(3)189頁参照）。

③　相続又は合併に伴う持分の承継による加入（定款変更の擬制）

　社員の死亡又は合併の場合に一般承継人が当然に持分を承継する旨の定款の定めがある場合には，死亡又は合併の時に，その一般承継人は当該社員の持分を承継し，社員として加入することとなる（定款変更の擬制。法608条1項～3項）。

　この場合は，会社に対する新たな出資はなく，資本金の額は変動しない。

（注1）　相続人が数名ある場合の法律関係

　　共同相続人の遺産分割協議により，相続人の1人が無限責任社員の地位を承継することとなった場合でも，登記実務上，当該相続人のみの加

入の登記をすることはできず，一旦，共同相続人全員の加入の登記をした上で，相続人間における持分譲渡の登記をすべきとされている（昭34・1・14民事甲2723号回答。合資会社の有限責任社員の死亡については，昭38・5・14民事甲1357号回答。なお，共同相続人が誰かを判断するために，登記申請書には，加入の事実を証する書面として，死亡した社員の出生から死亡に至るまでの除籍謄本や改製原戸籍一式の添付を要する取扱いのようである。）。

これは，社員の地位は権利義務を包括したものであり，一旦共同相続人間で持分の共有関係が生じているところ，相続開始時から遺産分割時までに他の共同相続人が会社を代表してした行為に係る責任が遡及的に消滅することは相当でないことや，持分譲渡の登記をする前に生じた会社の債務につき従前の責任に従って弁済責任を負うとの会社法586条（旧商93条3項）の関係で，本件では遺産分割協議の効力は遡及しないと解釈したものであろう（登記研究135号40頁，味村・商業登記下143頁，217頁，鴻・先例百選184頁）。

上記の先例は，会社法の下でも，合名会社及び合資会社についてはなお妥当するであろう（特定の相続人に持分全部を相続させる旨の遺言がされた場合は，登記研究767号130頁参照）が，基本的に社員が会社債権者に対する直接の責任を負わず，会社法586条の規律も及ばない合同会社（前記4－1の■2の(1)④参照）については，私見ではあるが，妥当しないようにも思われる。

なお，あらかじめ，定款で「社員が死亡した場合には，その相続人は，他の社員の承諾を得て，死亡した社員の持分を承継する」旨を定めていた場合には，上記の先例と異なり，共同相続人全員の加入の登記をする必要はないと解されている（櫻庭倫「平成26年商業・法人登記実務における諸問題」民事月報70巻5号49頁）。

（注2）　兄弟姉妹が共同相続人となる場合

上記（**注1**）のように，登記申請書に共同相続人が誰かを判断するための書面を添付する場合において，死亡した社員の兄弟姉妹が相続人となるとき（民889条1項2号）は，①死亡した社員の出生から死亡に至るまでの除籍謄本や改製原戸籍一式（民887条による相続人の不存在を示すもの）のほか，②死亡した社員の両親それぞれについて，その出生から死亡に至るまでの除籍謄本や改製原戸籍一式（直系尊属の不存在を示すとともに，全ての兄弟姉妹を明らかにするもの）の添付を要する。

（注3）　社員となることを望まない相続人の対応

本文のように，相続人が当然に持分を承継する旨の定款の定めがある場合でも，無限責任社員の相続人は，相続放棄又は限定承認により社員

とならないことができ（限定承認は，性質上無限責任と相容れないとされている。味村・商業登記下143頁），有限責任社員の相続人は，相続放棄により社員とならないことができる（味村・商業登記下216頁）。

なお，相続人が持分を承継することができる旨の定款の定めも有効である（前記4－1の■2の⑶参照）が，この場合には，相続人が入社の意思を表示しない限り，社員とはならない（商登法逐条解説225頁参照）。

（注4）　清算持分会社における社員の加入

清算持分会社では，社員関係の終結に向けた清算という目的上，本文①及び②の規律は適用されない（法674条1号。持分譲渡の禁止につき明文の規定はないが，滝澤孝臣・最高裁判所判例解説民事篇平成4年度16頁，登記研究361号84頁，新版注釈会社法⑴468頁参照）。

清算持分会社では，退社に伴う持分の払戻しを回避すべく，社員の死亡又は合併の場合には，定款の定めの有無を問わず，当然に一般承継人が持分を承継する（法675条）が，これは，清算持分会社において社員の加入を許容する例外である。

なお，清算持分会社において，社員の死亡による退社及び相続による加入の事実を公示する実益はなく，これらを登記する必要はないとの先例（昭29・4・12民事甲770号通達，登記研究78号40頁）があり，その登記申請があっても商登法24条2号により却下すべきとの見解がある（商登法逐条解説271頁）が，当事者が実体関係に沿う登記を望む場合にまでこれを却下すべきかどうかには，躊躇を覚えるところである。

⑵　登記手続

①　登記すべき事項

合名会社及び合資会社において社員が加入し，又は合同会社において業務執行社員が加入した場合には，その加入の登記をしなければならない。

登記すべき事項は，次のとおりである。

⒜　合名会社

・社員の氏名・名称及び住所

・変更年月日

■ 1 社員の加入　*641*

⒝　**合資会社**

・社員の氏名・名称及び住所

・無限責任社員又は有限責任社員の別

・有限責任社員が加入する場合又は有限責任社員の持分に変動がある場合には，有限責任社員の出資の目的及びその価額並びに既に履行した出資の価額

・変更年月日

⒞　**合同会社**

・業務執行社員の氏名・名称

・資本金の額が増加する場合には，変更後の資本金の額

・変更年月日

なお，合名会社及び合資会社では，社員が各自代表社員となる場合において，法人である社員があるときは，職務執行者の氏名及び住所の登記も，社員の名称及び住所の登記に付随する形でされる（社員の中から代表社員を定めた場合には，社員の登記ではなく，代表社員の名称の登記に付随する形でされる。前記4－1の■4の⑸の（注1）（注2），書式精義第5版下748頁参照）。

また，加入した社員が代表社員となる場合や，その者が代表社員とならずに他の社員が代表社員となる場合（各自代表制の廃止）には，代表社員の登記が必要となることがある（後記■4参照）。

このほか，持分の全部譲渡又は包括承継により社員（合同会社にあっては，業務執行社員）が退社する場合には，その退社の登記が必要となるし，代表社員が社員の地位を失うときは，代表社員の退任の登記が必要となることもある（前記**図表4－2**参照）。

②　添付書面

添付書面は，次のとおりである。

なお，加入する社員が法人である場合には，登記事項証明書（当該法人が代表社員となるときは，職務執行者の選任に関する書面及び就任承諾書を含

む。登記事項証明書の添付省略の余地は，前記２－１の■６参照。以下これ
らを「法人社員関係書面」という。）も，添付書面となる（商登96条１項，
111条，118条。前記４－１の■４の(3)①(d)参照）。

(a) 合名会社

添付書面は，加入の事実を証する書面及び法人社員関係書面である（商登
96条１項）。

加入の事実を証する書面とは，具体的には，次のとおりである。

・新たな出資による加入の場合には，原則として，定款の変更に係る総社
員の同意を証する書面

・持分の譲受けによる加入の場合には，原則として，持分の譲渡契約書及
び定款の変更に係る総社員の同意を証する書面（平18・３・31民商782号
通達）

　なお，持分の譲渡契約書については，総社員の同意書の記載から加入
の事実が明白であり，かつ，加入する社員の記名押印もある場合には，
登記実務上，添付を省略することができるとされている（書式精義第５
版下791頁）。

・相続又は合併に伴う加入の場合には，会社法608条１項の定めのある定
款のほか，戸籍謄抄本等（共同相続人が誰かを判断するために，死亡した
社員の出生から死亡に至るまでの除籍謄本や改製原戸籍一式の添付を要する
取扱いであることにつき，前記(1)③の(注１)参照）又は登記事項証明書
（合併の事実を証するものであれば足り，加入する法人社員に係る法人社員関
係書面と兼ねることもできる。）

　なお，清算持分会社において，相続又は合併による加入の登記を許容
する見解（前記(1)③の(注４)参照）による場合でも，会社法608条１項の
定めのある定款の添付は要しないこととなろう。

上記のうち，総社員の同意を証する書面については，前記４－２の■２の
(2)①も参照されたい。

■ 1　社員の加入　　*643*

(b)　合資会社

添付書面は，次のとおりである。

  (i)　加入の事実を証する書面及び法人社員関係書面(商登111条, 96条 1 項)

  (ii)　有限責任社員が新たに出資を履行して加入した場合には，その履行があったことを証する書面（商登112条。具体的には，前記 4 － 1 の■ 4 の(3)②(b)の本文参照）

加入の事実を証する書面とは，具体的には，次のとおりである。

・新たな出資による加入の場合には，原則として，定款の変更に係る総社員の同意を証する書面

・持分の譲受けによる加入の場合には，原則として，持分の譲渡契約書及び定款の変更に係る総社員の同意を証する書面（持分の譲渡契約書の省略の余地については，前記(a)参照）

　　ただし，業務を執行しない有限責任社員の持分の譲受けにより加入するときは，①持分の譲渡契約書，②譲渡された持分が業務を執行しない社員に係るものであることを証する書面（変更前の定款等）及び③業務執行社員の全員の同意があったことを証する書面で足りる（平18・3・31民商782号通達）。

・相続又は合併に伴う加入の場合には，会社法608条 1 項の定めのある定款のほか，戸籍謄抄本等（共同相続人が誰かを判断するために，死亡した社員の出生から死亡に至るまでの除籍謄本や改製原戸籍一式の添付を要する取扱いであることにつき，前記(1)③の(**注 1**)参照）又は登記事項証明書（合併の事実を証するものであれば足り，加入する法人社員に係る法人社員関係書面と兼ねることもできる。）

　　なお，清算持分会社において，相続又は合併による加入の登記を許容する見解（前記(1)③の(**注 4**)参照）による場合でも，会社法608条 1 項の定めのある定款の添付は要しないこととなろう。

　上記のうち，総社員又は業務執行社員の同意を証する書面については，前記 4 － 2 の■ 2 の(2)①②も参照されたい。

(c) 合同会社

添付書面は，次のとおりである。

(i) 業務執行社員の加入の事実を証する書面及び法人社員関係書面（商登118条，96条1項）

(ii) 新たな出資により加入した場合には，出資に係る払込み又は給付があったことを証する書面（商登119条，前記4－1の■4の(3)③(b)参照）

(iii) 新たな出資により加入した場合において，資本金の額を増加したときは，次の書面

　・資本金の額の決定に係る業務執行社員の過半数の一致を証する書面（商登118条，93条）

　・資本金の額が会社法及び計算規則の規定に従って計上されたことを証する書面（商登規92条，61条9項）

上記(i)の加入の事実を証する書面は，基本的に，合資会社に関する前記(b)と同様であるが，単に社員として加入したことだけでなく，その者が業務執行社員であることをも証する必要がある（前記(1)②の**(注1)**参照）から，社員の中から業務執行社員を定めている場合（法590条1項）には，加入した社員を業務執行社員とする旨の定款変更に係る総社員の同意を証する書面等も添付書面となると解される。また，相続に伴う加入の場合に必要となる書面については，私見ではあるが，遺産分割協議書等で足りるようにも思われる（前記(1)③の**(注1)**参照）。

上記(iii)の各書面は，合同会社の設立登記に関する前記4－1の■4の(3)③(c)(d)と同様であり，出資に係る財産が金銭のみである場合には，登記実務上，資本金の額の計上に関する証明書の添付は要しないとされている（平19・1・17民商91号通達）。

上記のうち，総社員又は業務執行社員の同意を証する書面については，前記4－2の■2の(2)①②も参照されたい。

■1 社員の加入　　645

③　登録免許税額

申請1件につき1万円（資本金の額が1億円を超える合同会社については3万円）である（登税別表第一第24号㈠カ，昭42・7・22民事甲2121号通達）。

なお，合同会社において，出資の履行により資本金の額が増加した場合には，更に，増加した資本金の額の1000分の7（これによって計算した税額が3万円に満たないときは，3万円）を加算した額となる（登税別表第一第24号㈠ニ，平18・3・31民商782号通達）。

④　登記申請書の例

⒜　合名会社

合名会社（各自代表制をとる場合）において，新たな出資による加入の場合の登記申請書の例は，次のとおりである。

なお，各自代表制をとらず，社員の中から代表社員を定めた場合には，職務執行者の登記は，代表社員の名称の登記に付随する形でされる。

合名会社変更登記申請書

1　商号　　〇〇合名会社
1　本店　　〇県〇市〇町〇丁目〇番〇号
1　登記の事由　　　社員の加入
1　登記すべき事項　平成〇年〇月〇日次の者加入
　　　　　　　　　　〇県〇市〇町〇丁目〇番〇号
　　　　　　　　　　社員　株式会社〇〇
　　　　　　　　　　〇県〇市〇町〇丁目〇番〇号
　　　　　　　　　　職務執行者　何某
1　登録免許税　　　金1万円
1　添付書類　　　　総社員の同意を証する書面　　1通
　　　　　　　　　　登記事項証明書　　　　　　　1通

646　　　4-3　社員に関する登記

> （添付省略の余地は，前記2－1の■6参照）
>
> 取締役会議事録　　　　　　1通
>
> 職務執行者の就任承諾書　　1通
>
> 委任状　　　　　　　　　　1通
>
> （以下略）

（注1）　持分の譲受けによる加入の場合

　　　　持分の一部の譲受けによる加入の場合は，上記登記申請書の例と同様である。他方，持分の全部の譲受けによる加入の場合には，退社の登記も必要となるため，上記登記申請書の例中，

　　　「登記の事由　　　　社員の退社及び加入

　　　　登記すべき事項　　平成〇年〇月〇日　社員　何某　退社

　　　　　　　　　　　　　同日次の者加入

　　　　　　　　　　　　　　　　〇県〇市〇町〇丁目〇番〇号

　　　　　　　　　　　　　　　　社員　何某」

　　　などとし，添付書面を前記②(a)のとおりとする。

（注2）　相続又は合併に伴う加入の場合

　　　　この場合には，上記登記申請書の例中，

　　　「登記の事由　　　　相続（合併）による社員の変更

　　　　登記すべき事項　　平成〇年〇月〇日　社員　何某　死亡

　　　　　　　　　　　　　　　　　　　（合同会社〇〇　合併）

　　　　　　　　　　　　　同日次の者加入

　　　　　　　　　　　　　　　　〇県〇市〇町〇丁目〇番〇号

　　　　　　　　　　　　　　　　社員　何某

　　　　　　　　　　　　　（〇県〇市〇町〇丁目〇番〇号

　　　　　　　　　　　　　　　　社員　株式会社〇〇

　　　　　　　　　　　　　　　　〇県〇市〇町〇丁目〇番〇号

　　　　　　　　　　　　　　　　職務執行者　何某）」

　　　などとし，添付書面を前記②(a)のとおりとする。

(b)　合資会社

　合資会社（各自代表制をとる場合）において，新たな出資による加入の場合の登記申請書の例は，次のとおりである。

　なお，各自代表制をとらず，社員の中から代表社員を定めた場合には，職務執行者の登記は，代表社員の名称の登記に付随する形でされる。

■1　社員の加入　　*647*

合資会社変更登記申請書

1　商号　　○○合資会社

1　本店　　○県○市○町○丁目○番○号

1　登記の事由　　　無限責任社員及び有限責任社員の加入

1　登記すべき事項　平成○年○月○日次の者加入

　　　　　　　　　　　○県○市○町○丁目○番○号

　　　　　　　　　　　　無限責任社員　何某

　　　　　　　　　　　○県○市○町○丁目○番○号

　　　　　　　　　　　　金○○万円　内金○○万円履行

　　　　　　　　　　　　有限責任社員　株式会社○○

　　　　　　　　　　　　　○県○市○町○丁目○番○号

　　　　　　　　　　　　職務執行者　何某

1　登録免許税　　金1万円

1　添付書類　　　総社員の同意を証する書面　　1通

　　　　　　　　　登記事項証明書　　　　　　　1通

　　　　　　　　　（添付省略の余地は，前記2－1の■6参照）

　　　　　　　　　取締役会議事録　　　　　　　1通

　　　　　　　　　職務執行者の就任承諾書　　　1通

　　　　　　　　　出資の履行があったことを証する書面　1通

　　　　　　　　　委任状　　　　　　　　　　　1通

（以下略）

（注1）　**持分の譲受けによる加入の場合**

　　　　有限責任社員の持分の一部の譲受けによる加入の場合には，譲渡人である有限責任社員の出資の価額等の変更の登記も必要となるため，上記登記申請書の例中，

　　　　　「登記の事由　　　有限責任社員の持分の一部譲渡及び加入

　　　　　　登記すべき事項　平成○年○月○日持分の一部譲渡により次のとおり変更

〇県〇市〇町〇丁目〇番〇号
金〇〇万円　全部履行
有限責任社員　何某（譲渡人）
同日次の者加入
〇県〇市〇町〇丁目〇番〇号
金〇〇万円　内金〇〇万円履行
有限責任社員　何某（譲受人）」

などとし，添付書面を前記②(b)のとおりとする（なお，持分の贈与による加入の場合についても，登記実務上は，法585条１項の文言に従い，「譲渡」という登記原因名を用いている。）。

また，持分の全部の譲受けによる加入の場合には，退社の登記も必要となるため，上記登記申請書の例中，

「登記の事由　　　有限責任社員の退社及び加入
登記すべき事項　平成〇年〇月〇日　有限責任社員　何某　退社
同日次の者加入
〇県〇市〇町〇丁目〇番〇号
金〇〇万円　全部履行
有限責任社員　何某」

などとし，添付書面を前記②(b)のとおりとする。

（注２）　相続又は合併に伴う加入の場合

この場合には，上記登記申請書の例中，

「登記の事由　　　相続（合併）による有限責任社員の変更
登記すべき事項　平成〇年〇月〇日　有限責任社員　何某　死亡
（合同会社〇〇　合併）
同日次の者加入
〇県〇市〇町〇丁目〇番〇号
金〇〇万円　全部履行
有限責任社員　何某
（〇県〇市〇町〇丁目〇番〇号
金〇〇万円　全部履行
有限責任社員　株式会社〇〇
〇県〇市〇町〇丁目〇番〇号
職務執行者　何某）」

などとし，添付書面を前記②(b)のとおりとする。

■1　社員の加入　　*649*

（**注3**）　上記(**注1**)の持分の一部譲渡人の登記につき，書式精義第5版下951頁
　　　　では，登記すべき事項として，有限責任社員の出資の目的等の変更部分
　　　　のみを掲げ，社員の住所等を掲げていないが，登記情報システム上，こ
　　　　れらの事項は1つの登記事項の単位となっているため，全体について変
　　　　更の登記をすることとなる。

(c)　**合同会社**

　合同会社において，法人が新たな出資により業務執行社員として加入した
場合の登記申請書の例は，次のとおりである。

合同会社変更登記申請書

1　商号　　〇〇合同会社

1　本店　　〇県〇市〇町〇丁目〇番〇号

1　登記の事由　　　業務執行社員の加入及び資本金の額の増加

1　登記すべき事項　平成〇年〇月〇日加入

　　　　　　　　　　業務執行社員　〇〇株式会社

　　　　　　　　　同日次のとおり変更

　　　　　　　　　　資本金の額　金400万円

1　課税標準金額　　金100万円（増加した資本金の額）

1　登録免許税　　　金4万円

1　添付書類　　総社員の同意を証する書面　　　　1通

　　　　　　　　登記事項証明書　　　　　　　　　1通

　　　　　　　　（添付省略の余地は，前記2－1の■6参照）

　　　　　　　　払込み又は給付があったことを証する書面　　1通

　　　　　　　　業務執行社員の一致を証する書面　1通

　　　　　　　　（資本金の額の計上に関する証明書　1通）

　　　　　　　　委任状　　　　　　　　　　　　　1通

（以下略）

（注１）　持分の譲受けによる加入の場合

　　　　持分の譲受けによる業務執行社員の加入の場合には，上記登記申請書の例中，

　　　　　「登記の事由　　　　業務執行社員の加入
　　　　　　登記すべき事項　　平成○年○月○日加入
　　　　　　　　　　　　　　　　　　業務執行社員　　○○株式会社
　　　　　　登録免許税　　　　金１万円」

　　　　などとし，添付書面を前記②(c)のとおりとする。

　　　　ただし，業務執行社員の持分の全部の譲受けにより，新たに業務執行社員が加入した場合には，退社の登記も必要となるため，上記登記申請書の例中，

　　　　　「登記の事由　　　　業務執行社員の退社及び加入
　　　　　　登記すべき事項　　平成○年○月○日
　　　　　　　　　　　　　　　　　　業務執行社員　　合同会社○○　　退社
　　　　　　　　　　　　　　　同日　業務執行社員　　○○株式会社　　加入
　　　　　　登録免許税　　　　金１万円」

　　　　などとする。

（注２）　相続又は合併に伴う加入の場合

　　　　この場合には，上記登記申請書の例中，

　　　　　「登記の事由　　　　相続（合併）による業務執行社員の変更
　　　　　　登記すべき事項　　平成○年○月○日
　　　　　　　　　　　　　　　　　　業務執行社員　　何某　　死亡
　　　　　　　　　　　　　　　　　　　（合同会社○○　　合併）
　　　　　　　　　　　　　　　同日　業務執行社員　　何某　　加入
　　　　　　　　　　　　　　　　　　　（○○株式会社　　加入）
　　　　　　登録免許税　　　　金１万円」

　　　　などとし，添付書面を前記②(c)のとおりとする。

■2　社員間の持分の移転

(1)　手　　　続

①　持分移転の手続

社員間の持分の移転は，持分の譲渡や，相続又は合併に伴う持分の承継に

よって行われる。

その具体的な手続は，基本的に，社員の加入に関する前記■1の(1)②③と同様である。

（注）　合資会社における社員間の持分譲渡

有限責任社員がその持分を無限責任社員に譲渡する場合には，定款上，当該有限責任社員に係る定めを削り（一部譲渡にあっては，出資の価額を減少させる旨の変更をし），当該無限責任社員の出資の価額を増加させる旨の変更をする（新版注釈会社法(1)632頁，652頁，味村・商業登記下216頁）。

これに対し，無限責任社員がその持分を有限責任社員に譲渡する場合には，定款上，当該無限責任社員に係る定めを削る（一部譲渡にあっては，出資の価額を減少させる旨の変更をする）ことになるが，当該有限責任社員については，①出資の価額を増加させれば足りるか，又は②当然にこれを無限責任社員とする旨の責任変更をもすべきか，争いがある。この点，登記実務上は，上記②の見解によっているようである（味村・商業登記下222頁。なお，新版注釈会社法(1)603頁は反対）。

②　登記事項の変更が生ずる場合

社員（合同会社にあっては，業務執行社員）が他の社員に持分の全部を移転した場合には，退社の登記が必要となる。

他の社員に持分の一部を移転した場合には，原則として，登記事項に変更は生じない。

ただし，これらのうち，合資会社の有限責任社員が一方当事者となるときは，有限責任社員の出資の目的及びその価額並びに既に履行した出資の価額の変更の登記が必要となる。なお，無限責任社員の持分を有限責任社員が取得するときは，社員の責任変更の登記が必要となるが，これについては，後記■6の(1)を参照されたい。

⑵　登記手続

①　持分の全部移転による退社の登記

⒜　登記すべき事項

登記すべき事項は，退社の旨及び退社年月日である。

なお，合資会社において，有限責任社員が持分の取得者となる場合には，その出資の目的及びその価額並びに既に履行した出資の価額の増加の登記も必要となる。

(b) 添付書面

添付書面は，退社の事実を証する書面（商登96条１項，111条，118条）であり，具体的には，次のとおりである。

・持分の全部譲渡による退社の場合には，原則として，持分の譲渡契約書及び定款の変更に係る総社員の同意を証する書面（持分の譲渡契約書の省略の余地については，前記■１の(2)②(a)参照）

　ただし，業務を執行しない有限責任社員が持分の全部を他の社員に譲渡した場合には，①持分の譲渡契約書，②譲渡された持分が業務を執行しない社員に係るものであることを証する書面（変更前の定款等）及び③業務執行社員の全員の同意があったことを証する書面で足りると考えられる（持分の譲受けによる加入に関する平18・３・31民商782号通達参照）。

　これらの書面が添付されれば，当然に持分承継の事実が証明されるため，合資会社において，持分の取得者となる社員につき出資の価額の変更の登記等をすべき場合（上記(1)②のただし書参照）においても，別に添付書面は要しない。

・相続又は合併による退社の場合には，戸籍謄抄本等又は登記事項証明書（合併の事実を証するもの。添付省略の余地は，前記２－１の■６参照）

　ただし，合資会社において，持分の取得者となる社員につき出資の価額の変更の登記等をすべき場合（上記(1)②のただし書参照）には，更に持分承継の事実を証明するため，清算持分会社を除き，会社法608条１項の定めのある定款も添付しなければならないと解される（商登規90条，82条。土手敏行「商業登記実務Ｑ＆Ａ(2)」登記情報545号44頁）。

上記のうち，総社員又は業務執行社員の同意を証する書面については，前記４－２の■２の(2)①②も参照されたい。

(c) 登録免許税額

申請1件につき1万円（資本金の額が1億円を超える合同会社については3万円）である（登税別表第一第24号㈠カ，昭42・7・22民事甲2121号通達）。

(d) 登記申請書の例

合名会社については，前記■1の(2)④(a)の登記申請書の例中，

「登記の事由　　　社員の退社

　登記すべき事項　平成○年○月○日　社員　何某　退社」

「登記の事由　　　社員死亡（合併）による退社

　登記すべき事項　平成○年○月○日　社員　何某　死亡

　　　　　　　　　　　　　　　　　　　（合同会社○○　合併）」

などとし，添付書面を前記(b)のとおりとするほかは，これと同様である。

　合資会社については，合名会社の上記記載例中，社員の資格を「無限（有限）責任社員」とするが，更に有限責任社員が持分の取得者となる場合には，次のように記載する。

「登記の事由　　　有限責任社員の退社及び出資増加

　登記すべき事項　平成○年○月○日　有限責任社員　何某　退社

　　　　　　　　　同日次のとおり出資増加

　　　　　　　　　○県○市○町○丁目○番○号

　　　　　　　　　金○○万円（変更後の額）　全部履行

　　　　　　　　　有限責任社員　何某（譲受人）」

　合同会社については，合名会社の上記記載例中，社員の資格を「業務執行社員」とする。

② 合資会社における持分の一部譲渡による有限責任社員の出資の目的等の変更の登記

(a) 登記すべき事項

登記すべき事項は，次のとおり，持分一部譲渡の旨と当該社員に係る通常の合資会社の登記事項である。

・社員の氏名・名称及び住所

・社員が無限責任社員又は有限責任社員のいずれであるかの別

・持分譲渡後における有限責任社員の出資の目的及びその価額並びに既に履行した出資の価額

・持分一部譲渡の旨及び変更年月日

（注） 書式精義第5版下947頁では，登記すべき事項として，有限責任社員の出資の目的等の変更部分のみを掲げ，社員の住所等を掲げていないが，登記情報システム上，これらの事項は1つの登記事項の単位となっているため，全体について変更の登記をすることとなる。

(b) 添付書面

添付書面は，原則として，定款記載事項である出資の目的等の変更に係る総社員の同意を証する書面である（商登111条，93条）。

ただし，業務を執行しない有限責任社員が持分の一部を他の社員に譲渡した場合には，業務執行社員の全員の同意があったことを証する書面があれば足りる（商登111条，93条。書式精義第5版下948頁）。この点，持分の全部譲渡による退任の登記に関する前記①(b)と比べると不均衡であるが，本件には「退社の事実を証する書面」のような規範的要素を伴う添付書面の規定がないため，やむを得ないであろうか。

上記のうち，総社員又は業務執行社員の同意を証する書面については，前記4−2の■2の(2)①②も参照されたい。

(c) 登録免許税額

申請1件につき1万円である（登税別表第一第24号㈠カ，昭42・7・22民事甲2121号通達）。

(d) 登記申請書の例

前記■1の(2)④(b)の合資会社の登記申請書の例中，

「登記の事由　　　　有限責任社員の持分一部譲渡

　登記すべき事項　　平成○年○月○日持分一部譲渡により次のとおり変更

　　　　　　　　　　○県○市○町○丁目○番○号

　　　　　　金〇〇万円　内金〇〇万円履行

　　　　　　有限責任社員　何某（譲渡人）

　　　　　　〇県〇市〇町〇丁目〇番〇号

　　　　　　金〇〇万円　全部履行

　　　　　　有限責任社員　何某（譲受人）」

などとし，添付書面を前記(b)のとおりとするほかは，これと同様である（な
お，持分の贈与の場合についても，法585条1項の文言に従い，「譲渡」及び「譲
受」という登記原因名を用いている。）。

3　社員の退社

(1)　手　　続

①　退社事由

　商法学上，退社とは，人的会社において，会社の存続中に特定の社員たる
資格が絶対的に消滅することをいう（新版注釈会社法(1)303頁）。

　社員の退社事由は，次の(a)～(e)のとおりである。社員が退社した場合には，
その退社時に，当該社員に係る定款の定めを廃止する定款の変更があったも
のとみなされる（法610条）。

　なお，持分の全部譲渡や社員の死亡・合併（一般承継人が持分を承継する
もの）の場合は，社員の資格が相対的に消滅するにとどまるが，登記実務上
は，退社の登記をするものとされている（社員以外の者に移転する場合には前
記■1を，他の社員に移転する場合には前記■2を参照）。

（注1）　退社制度の意義

　　退社制度は，人的会社において，①社員をその意思に反して会社に拘
　束すべきでないこと，②場合により特定の社員を会社から排除する必要
　があること等から認められているが，伝統的には，会社債権者に対する
　担保が会社財産だけである株式会社にあっては，持分の払戻しを伴う退

社の制度は性質上相容れない（株式の譲渡により投下資本を回収すべき）と説明されてきた（新版注釈会社法(1)303頁）。

会社法では，社員が有限責任しか負わない人的会社の類型（合同会社）を創設するに当たり，上記①②の要請から退社制度を用意するとともに，債権者保護手続により持分の払戻しに係る弊害の除去を図ったものである。

（注2）　清算持分会社における社員の退社

清算持分会社では，会社の継続に際して退社する場合（下記(d)(e)参照）を除き，持分の払戻しを伴うことになる退社の余地は，認められていない（法674条2号）。

(a)　任意退社

定款に別段の定めがない限り，各社員は，会社の存続期間が一定期間と定められている場合等を除き，事業年度終了時の6か月前までに退社の予告をした上で，その終了時に退社することができる（法606条1項・2項）。この場合，事業年度終了時に，重ねて退社の意思表示をする必要はないとされている（新版注釈会社法(1)306頁）。

また，やむを得ない事由があるときは，各社員は，いつでも退社することができる（同条3項）。

（注）　予告退社を制約する定款の定め

学説上は，予告退社は社員の退社の自由を尊重する趣旨であり，定款によっても，会社法606条1項の内容を社員に不利益に変更することはできないとの見解が通説となっていたようである（新版注釈会社法(1)309頁）が，最近では，会社の存続期間を定めた場合との均衡から，定款自治を重視する古くの通説に立ち返り，予告退社を一定期間禁止する定めを有効とする見解も示されている（相澤哲・郡谷大輔「持分会社」旬刊商事法務1748号19頁。なお，会社法大系1・354頁も参照）。

(b)　法定退社（法607条）

下記のうち，(v)〜(vii)の法定退社事由については，定款により，退社事由としないこともできる。

(i) 定款で定めた事由の発生

定款により，社員となり得る資格や期間（定年制等）を定めた場合には，当該資格の喪失や期間の満了により，当該社員は退社する。

ただし，社員は他の社員の過半数の決議により退社する（社員の地位を剥奪される）旨の定款の定めについては，会社法859条の除名の手続を潜脱して無効とする裁判例（登記処分取消訴訟に関する東京地判平9・10・13，判例時報1654号137頁）があるため，注意を要する。

(ii) 総社員の同意

数人が同時に退社の申出をした場合に，①当該数人を除いた残存する社員の同意があれば足りるか，又は②各退社申出者ごとにその者を除く他の全ての社員の同意を要するか（同時に退社する者が誰かに関する各社員の利害関係を重視するもの），争いがあり，学説上の多数説は上記①の見解といわれているが，実務上は，上記②の見解によるべきであろう（最判昭40・11・11民集19巻8号1953頁）。

なお，法人が社員である場合の意思表示の主体については，前記4－2の■1の末尾の(注)を参照されたい。

(iii) 死　亡

(iv) 合併による解散

(v) 破産手続開始の決定

清算持分会社では，社員につき破産手続開始の決定があっても，当該社員は退社せず，以後破産管財人が残余財産分配請求等の社員の権利を行使することとなる（法674条2号）。なお，社員が会社と同時に破産手続開始の決定を受けた場合も，これと同様であると解されている（最判昭40・3・12，判例時報412号72頁）。

(vi) 上記(iv)(v)以外の事由による解散

(vii) 後見開始の審判を受けたこと

(viii) 除名

社員が出資の義務を履行しない場合や，その他重要な義務を尽くさない場

合等には，当該社員以外の社員の過半数の決議に基づき，会社は，当該社員の除名の訴えを提起することができる（法859条）。当該社員は，除名判決の確定により退社し（形成判決），この場合には，裁判所書記官から登記の嘱託がされる（法937条1項1号ル）。

数人を同時に除名する場合については，前記(ii)と同様に，被除名者ごとにその者を除く他の全ての社員の過半数の同意を要するか否か，争いがあるが，少数派が多数派を除名するような不都合を回避すべく，実務上は，これを肯定すべきである（大判昭4・5・13大審院民事判例集8巻7号470頁，安倍正三・最高裁判所判例解説民事篇昭和40年度419頁）。

なお，社員の意思に反して他の社員の一致により除名することは許されておらず（昭和13年改正前商法70条の削除，奥野健一ほか著『有限會社法釋義』178頁（巖松堂書店，1941)），その旨の定款の定めの効力にも，疑問がある（前記(i)参照）。

(c) 持分の差押債権者による退社

持分の差押債権者は，事業年度終了時の6か月前までに会社及び当該社員に予告をした上で，その終了時に，当該社員を退社させることができる（法609条1項）。

なお，少なくとも，一定の存続期間を定めた会社では，定款の定めにより社員の予告退社を一定期間禁止することは可能と解される（法606条2項。前記(a)の(注)参照）が，その場合でも，差押債権者は，退社の禁止期間中に，社員を退社させることができる（書式精義第5版下972頁）。

(d) 会社の継続への不同意による退社

解散後の会社が社員の全部又は一部の同意により継続する場合において，継続につき同意しなかった社員は，会社の継続の日に退社する（法642条2項）。

(e) 設立の無効又は取消しの原因がある社員の退社擬制

設立の無効又は取消しの判決が確定した場合（解散事由ではないが，清算を開始する必要がある。法644条）であっても，その無効又は取消しの原因が一

部の社員のみにあるときは，他の社員の全員の同意により会社を継続することができるが，この場合には，当該原因がある社員は，退社したものとみなされる（法845条）。

なお，株式会社では，設立無効の訴えは可能であるが，特定の社員の行為能力や意思表示の瑕疵等に起因する設立取消しの訴えという制度はない（法828条，832条）。事案により，株式引受けに係る意思表示の瑕疵が問題とはなるが，瑕疵の主張は大幅に制限されており（法51条，102条3項・4項），発起人が1株以上を引き受け，かつ，定款記載の設立時の最低出資額を満たす限り，通常，設立行為の瑕疵には至らない。また，設立無効の判決が確定した場合には，もはや株式会社を継続する余地はない（法473条）。

② 退社に伴う持分の払戻し

(a) 総　論

退社した社員は，相続人その他の一般承継人が社員となる場合を除き，持分の払戻しを受けることができ，その払戻しは，当該社員がした出資の種類を問わず，金銭によることができる（法611条1項・3項）。

なお，清算持分会社では，定款の定めの有無を問わずに一般承継人が持分を承継するため，持分の払戻しがされる局面はなく，社員が投下資本を回収するには，会社債務の弁済後の残余財産分配の方法によることとなる（法674条2号，675条）。

(b) 計算の在り方

退社に伴う持分の払戻しをした場合には，次のように，社員資本の計数が変動する。

まず，資本金・資本剰余金については，当該社員の出資につき資本金・資本剰余金の額に計上されていた額が，それぞれ減少する（計30条2項1号，31条2項1号）。

利益剰余金については，おおむね，当該社員の出資につき計上されていた額（資本金＋資本剰余金）を超える額の払戻しをする場合には，その帳簿価

額上の差額だけ減少する（逆に，出資額を下回る払戻しの場合には，利益剰余金が増加する。計32条２項２号・１項２号）。

なお，無限責任社員の存しない合同会社において資本金の額を減少するには，下記(c)の手続をとる必要がある（この手続をとらない場合の会計処理については，郡谷大輔・細川充「持分会社の計算（下）」旬刊商事法務1772号30頁参照）。

上記の規律により，合同会社は持分の払戻しのために資本金の額を減少することができるが，その減少額は，当該社員の出資につき計上されていた資本金の額を超えてはならない（法626条３項，計164条３号ロ。これらの規定振りは難解であるが，計算すると上記のようになる。）。

(c)　合同会社における資本金の額の減少手続

合同会社では，①退社する社員に対する持分の払戻し，②社員に対する出資の払戻し，③損失の塡補のいずれかの場合に限り，資本金の額を減少することができる（法626条１項，計30条２項）。

この場合には，次の事項を官報に公告し，かつ，知れている債権者に各別に催告する等の債権者保護手続を行わなければならないが，この公告を官報のほか定款の定めに従って二重に行う場合には，各別の催告を要しない（法627条２項・３項）。

・資本金の額の減少の内容
・債権者が一定の期間（１か月を下ることができない。）内に異議を述べることができる旨

この公告・催告につき債権者が異議を述べなかった場合には，当該資本金の額の減少につき承認をしたものとみなされるが，異議を述べた場合には，当該資本金の額の減少をしても当該債権者を害するおそれがないときを除き，当該債権者に対し弁済し若しくは相当の担保を提供し又は当該債権者に弁済を受けさせることを目的として信託会社等に相当の財産を信託しなければならない（法627条４項・５項）。

(d)　合同会社における剰余金額を超える払戻しの手続

　合同会社において，払戻しに係る財産の帳簿価額（持分払戻額）が剰余金額（資本剰余金＋利益剰余金。計164条３号ホ）を超える場合には，その内容等を公告する上記(c)と同様の債権者保護手続を行わなければならない（法635条）。

　この両者の債権者保護手続における公告及び各別の催告は，兼ねることもできる（相澤・論点解説598頁）。

　ただし，払戻しに係る財産の帳簿価額が簿価純資産額（資本金＋資本剰余金＋利益剰余金等。計166条）を超える場合には，清算手続時に準じて，①異議申述期間を２か月以上とすること，②公告を官報のほか定款の定めに従って二重に行っても，各別の催告を省略することができないこと，③異議を述べた債権者に対しては，常に弁済等の担保措置をとる必要があることという慎重な手続をとる必要がある（法635条２項・３項・５項）。

③　合資会社の社員の退社に伴う種類の変更

　合資会社において，有限責任社員の全員が退社すると，当該合資会社は合名会社となる定款変更をしたものとみなされ，逆に，無限責任社員の全員が退社すると，当該合資会社は合同会社となる定款変更をしたものとみなされる（法639条，後記４－５参照）。

(2)　登記手続

①　登記すべき事項

　合名会社及び合資会社において社員が退社し，又は合同会社において業務執行社員が退社した場合には，その退社の登記をしなければならない。

　登記すべき事項は，退社の旨及び退社年月日である。

　合同会社においては，通常，資本金の額の減少の登記も必要である。

　また，合資会社において，社員の退社により無限責任社員又は有限責任社

員の一方を欠く場合には，上記に代えて，持分会社の種類変更による解散及び設立の登記をすることとなる（法919条。後記4－5参照）。

（注1）　清算持分会社における退社の登記
　　　　清算持分会社では，会社の継続の場合を除くと，相続又は合併に伴う退社の登記（一般承継人が持分を承継するもの）は別として，その他の退社の登記を受理することはできない（法674条2号。持分譲渡の禁止につき明文の規定はないが，滝澤孝臣・最高裁判所判例解説民事篇平成4年度16頁，登記研究361号84頁，新版注釈会社法(1)468頁）。
（注2）　代表社員の抹消による変更の登記
　　　　合名会社及び合資会社において，代表権を有しない社員の退社等により各自代表制に復する場合には，既存の代表社員の登記を抹消する変更の登記を申請しなければならない（法912条6号，913条8号，後記■4の(2)参照）。

②　添付書面

添付書面は，退社の事実を証する書面（商登96条1項，111条，118条）である。

また，合同会社において，資本金の額を減少した場合には，次の書面も添付しなければならない。

・資本金の額の減少につき業務執行社員の過半数の一致があったことを証する書面（商登118条，93条）
・債権者保護手続のための公告及び催告（公告を官報のほか時事に関する事項を掲載する日刊新聞紙又は電子公告によってした場合にあっては，これらの方法による公告）をしたこと並びに異議を述べた債権者があるときは，当該債権者に対し弁済し若しくは相当の担保を提供し若しくは当該債権者に弁済を受けさせることを目的として相当の財産を信託したこと又は当該債権者を害するおそれがないことを証する書面（以下「債権者保護手続関係書面」という。商登120条）
・資本金の額が会社法及び計算規則の規定に従って計上されたことを証する書面（商登規92条，61条9項，前記(1)②(b)参照）。

具体的には，代表社員の作成に係る証明書（退社する社員の出資につき資本金の額に計上されていた額を示す等の方法により，資本金の額が計30条2項1号の規定に従って計上されたことを確認することができるもの）がこれに該当する。

（注）　債権者保護手続関係書面と登記所における審査

合同会社において，資本金の額を減少して剰余金額を超える持分の払戻しを行う場合には，前記(1)②(c)(d)のとおり，会社法627条及び635条の双方の債権者保護手続を要し，更に，持分払戻額が簿価純資産額を超える場合には，異議申述期間を2か月以上とする等の特則があるが，登記所における審査としては，添付書面から同法635条の手続を行っていること（又は払戻しに係る財産の帳簿価額，剰余金額及び簿価純資産額）が明らかとなる場合を除き，同法627条の規律を遵守しているかの確認にとどまらざるを得ない（商登120条，書式精義第5版下1102頁参照）。

債権者保護手続関係書面の内容としては，株式会社の合併に関する前記2－7の■1の(2)①(a)(ii)(イ)を参照されたい。

退社の事実を証する書面の具体的内容は，退社事由に応じて，次のとおりである（会社の継続に伴う退社の場合は，後記4－6の■3参照）。

(a)　任意退社の場合

会社宛ての退社予告書（事業年度終了時の6か月前までに予告をした事実が判明するもの）等が，退社の事実を証する書面に該当する。

また，やむを得ない事由による退社の場合には，その事情を記載した退社届等が，これに該当する（書式精義第5版下811頁）。

(b)　定款で定めた事由の発生による退社の場合

定款及び当該事由の発生を証する書面（適切な書面がない場合には，代表社員の証明書で足りると考えられる。）が，退社の事実を証する書面に該当する。

(c)　総社員の同意による退社の場合

総社員の同意書が，退社の事実を証する書面に該当する。

退社員を除く全社員の同意書と退社員の退社届とが添付された場合も，登記申請は受理される取扱いである（登記研究349号87頁，味村・商業登記下154

頁）。

上記のうち，総社員の同意書については，前記4－2の■2の(2)①も参照されたい。なお，法人が社員である場合には，上記同意書に係る意思表示は，その職務執行者ではなく，当該法人の代表者（前記4－1の■2の定款記載例では，株式会社Pの代表取締役何某，合同会社Qの代表社員であるa株式会社の職務執行者何某）によってされる必要がある（書式精義第5版下1031頁）。

(d) 死亡による退社の場合

戸籍謄抄本，死亡診断書，住民票，遺族等からの会社に対する死亡届出等が，退社の事実を証する書面に該当する（商登法逐条解説323頁参照）。

(e) 合併による退社の場合

合併の事実を証する登記事項証明書が，退社の事実を証する書面に該当する（添付省略の余地は，前記2－1の■6参照。下記(f)及び(g)において同じ。）。

(f) 破産手続開始の決定による退社の場合

当該決定書の謄本（法人にあっては，登記事項証明書でも差し支えない。）が，退社の事実を証する書面に該当する。

(g) 法人の解散による退社の場合

登記事項証明書が退社の事実を証する書面に該当する。

(h) 後見開始の審判による退社の場合

当該審判書の謄本や後見登記に係る登記事項証明書が，退社の事実を証する書面に該当する。

(i) 除名による退社の場合

社員の除名は，除名判決の確定により効力を生じ，裁判所書記官から，嘱託書に裁判書の謄本を添付して，その登記の嘱託がされる（法937条1項1号ル，会社非訟事件等手続規則42条1項）。

(j) 持分の差押債権者による退社の場合

持分差押命令書及び会社宛ての退社予告書（事業年度終了時の6か月前までに予告をした事実が判明するもの）等が，退社の事実を証する書面に該当する（書式精義第5版下814頁）。

■3 社員の退社

③ 登録免許税額

申請1件につき1万円（資本金の額が1億円を超える合同会社については3万円）である（登税別表第一第24号(一)カ，昭42・7・22民事甲2121号通達）。

なお，合同会社において，資本金の額を減少した場合には，更に，3万円を加算した額となる（登税別表第一第24号(一)ツ，平18・3・31民商782号通達）。

④ 登記申請書の例

合名会社については，前記■1の(2)④(a)の登記申請書の例中，

「登記の事由　　　社員の退社
　登記すべき事項　平成〇年〇月〇日　社員　何某　退社」

「登記の事由　　　社員死亡（合併，破産手続開始決定，解散，後見開始，除名）による退社
　登記すべき事項　平成〇年〇月〇日次のとおり変更
　　　　　　　　　　　　社員　何某　死亡
　　　　　　　　　　　　社員　合同会社〇〇　合併
　　　　　　　　　　　　社員　何某　破産手続開始決定
　　　　　　　　　　　　社員　株式会社△△　解散
　　　　　　　　　　　　社員　何某　後見開始
　　　　　　　　　　　　社員　何某　〇〇地方裁判所の除名の判決確定」

などとし，添付書面を前記②のとおりとするほかは，これと同様である。

合資会社については，社員の資格を「無限（有限）責任社員」とする。

合同会社については，

「登記の事由　　　業務執行社員の退社及び資本金の額の減少
　登記すべき事項　平成〇年〇月〇日　業務執行社員　何某　退社
　　　　　　　　　同日資本金の額の変更
　　　　　　　　　　　資本金の額　金〇〇万円」

などとし，添付書面及び登録免許税額を前記②及び③のとおりとするほかは，これと同様である。

■ 4 代表社員の変更

(1) 代表社員の就任

① 手　　続

(a) 代表社員の選任手続

社員は，定款に別段の定めがない限り，各自業務執行社員となる（法590条1項）。この定款の定めとしては，直接業務執行社員の氏名・名称を記載する方法のほか，総社員の同意によりこれを定める旨を記載する方法等がある（書式精義第5版下729頁，732頁）。

業務執行社員は，原則として各自代表社員となるが，定款又は定款の定めに基づく互選によって，業務執行社員の中から代表社員を定めることもできる（法599条1項〜3項，前記4－1の■2の(4)の(注2)参照）。

法人が社員である場合の意思表示の主体については，前記4－2の■1の末尾の(注)のとおりであるが，定款変更への同意は，法人である社員の代表者が行うのに対し，業務執行社員による互選は，法人である業務執行社員の職務執行者が行うことに，注意する必要がある。

なお，定款の定めに基づく互選により代表社員を定めた場合には，就任承諾により，その者は代表社員に就任する（その他の場合には，定款変更への同意をもって就任承諾をしたものと評価される。）。業務執行社員である法人が互選により代表社員に就任する場合には，この就任承諾の意思表示は，当該業務執行社員の職務執行者が行う（小川秀樹・相澤哲『通達準拠　会社法と商業登記』286頁（金融財政事情研究会，2008））。

(b) 法人が代表社員となる場合の職務執行者の選任

法人が業務執行社員になる場合には，当該法人は，その職務執行者を選任し，その者の氏名及び住所を他の社員に通知しなければならない（法598条1項）。

選任手続の詳細については，前記４－１の■３の(3)を参照されたい。

（注）　業務執行社員の中から代表社員を定めた会社において当該代表社員が欠けた場合における代表権の帰趨

　　旧商法の解釈であるが，総社員の同意により業務執行社員の中から１名を代表社員と定めた合名会社では，当該代表社員が死亡した場合に，他の業務執行社員が当然に代表権を有するに至るのではなく，改めて後任の代表社員を選任すべきとされている（代表権剥奪消滅説，登記研究364号83頁，前記２－５の■２の(1)②(a)(iv)参照）。

　　会社法では，代表社員の選定方法は，定款又は定款の定めに基づく互選と変更されたが，同様の解釈が妥当するものと解される。

②　登記手続

(a)　登記すべき事項

登記すべき事項は，次のとおりである。

(i)　合名会社及び合資会社

- 代表社員の氏名・名称
- 代表社員が法人であるときは，その職務執行者の氏名及び住所

　　ただし，社員が各自代表社員となる場合には，代表社員の登記はせず（法912条６号，913条８号），職務執行者の登記は，社員の名称及び住所の登記に付随する形で行う。

- 就任年月日

(ii)　合同会社

- 代表社員の氏名・名称及び住所
- 代表社員が法人であるときは，その職務執行者の氏名及び住所

　　なお，社員又は業務執行社員が各自代表社員となる場合にも，これらの登記を要する。

- 就任年月日

(b)　添付書面

添付書面は，例えば，次のとおりである。

- 定款で社員の中から業務執行社員を定め，業務執行社員が各自代表社員

となる場合には，原則として，定款の変更に係る総社員の同意を証する
書面（商登93条，111条，118条）

・定款で業務執行社員の中から代表社員を定めた場合には，原則として，
定款の変更に係る総社員の同意を証する書面（商登93条，111条，118条）

・定款の定めに基づく互選により，業務執行社員の中から代表社員を定め
た場合には，定款，その互選を証する書面及び就任承諾書（平18・3・
31民商782号通達）

上記のうち，総社員又は業務執行社員の同意を証する書面については，前
記4−2の■2の(2)①②も参照されたい。

なお，合同会社において，業務執行社員が各自代表社員となる場合には，
業務執行社員の加入の登記等の添付書面があれば足り，他の添付書面を要し
ない。

このほか，法人が代表社員となる場合に，職務執行者に関する書面として
次の書面も添付すべきことは，前記■1の(2)②のとおりである（商登96条1
項。各種法人ごとの業務決定機関及び意思表示の主体については，前記4−1の
■3の(3)及び平18・3・31民商782号通達参照）。

・登記事項証明書（添付省略の余地は，前記2−1の■6参照）

・当該法人の業務決定機関において職務執行者を選任したことを証する書
面（取締役会議事録，取締役や社員の一致を証する書面等）

・職務執行者の就任承諾書（代表社員となる法人を意思表示の相手方とす
るもの）

(c)　登録免許税額

申請1件につき1万円（資本金の額が1億円を超える合同会社については
3万円）である（登税別表第一第24号㈠カ，昭42・7・22民事甲2121号通達）。

(d)　登記申請書の例

合名会社及び合資会社については，前記■1の(2)④(a)の登記申請書の例中，

「登記の事由　　　代表社員の変更

登記すべき事項　平成○年○月○日次の者就任

　　　　　　代表社員　　何某

　　　　　　代表社員　　株式会社○○

　　　　　　　　　　　○県○市○町○丁目○番○号

　　　　　　　　　　　職務執行者　何某」

などとし，添付書面を前記(b)のとおりとするほかは，これと同様である。

　合同会社については，代表社員の住所をも記載する。

(2)　代表社員の退任等

①　退任事由

　代表社員の退任事由は，死亡，辞任，解任，資格喪失，代表権消滅の判決確定（法860条）等である。

　代表社員につき特に任期を定めた場合には，当該代表社員は，任期満了によっても退任する（登記研究104号44頁）。

（注１）　代表社員である法人の合併等の場合

　　　代表社員である法人が合併により解散した場合については，議論の蓄積もなく解釈が困難であるが，当然には社員の地位すら承継されないこと（法608条１項）に照らし，私見としては，代表社員の地位は承継されない（退任事由となる）と解される。

　　　また，代表社員である法人が解散し，又は破産手続開始の決定を受けた場合も，退任事由となると解される（法476条，645条，民653条２号等）。

（注２）　代表社員の抹消による変更の登記

　　　代表社員の退任事由ではないが，代表権を有しない社員の退社や，代表社員に関する定款の定めの廃止等により，合名会社又は合資会社において各自代表制に復する場合（会社を代表しない社員が存在しなくなる場合や，合名会社の社員が１人となる場合）には，既存の代表社員の登記の抹消登記を申請する必要がある（法912条６号，913条８号。書式精義第５版下801頁，登記研究170号83頁）。

②　登記手続

(a)　登記すべき事項

登記すべき事項は，退任の旨（退任事由）及び退任年月日である。

具体的な記載については，後記(d)を参照されたい。

(b)　添付書面

添付書面は，退任事由に応じて，次のとおりと解される。

・死亡の場合には，社員の退社の登記の添付書面（戸籍謄抄本等）があれば足り，他の添付書面を要しない。

・定款で定められた代表社員の辞任の場合には，辞任についての総社員の同意書（商登93条，111条，118条。味村・商業登記下166頁，書式精義第5版下936頁）

　なお，定款で定められた代表社員につき，総社員の同意により当該代表社員に係る定款の定めを廃止した場合も，実質的には，代表社員の辞任と評価して差し支えないと解される。

・定款に基づき互選された代表社員の辞任又は解任の場合には，定款のほか，辞任届又は解任につき過半数の一致を証する書面（代表社員の互選に関する前記4−1の■2の(4)の(**注2**)，代表取締役の解職に関する前記2−5の■2の(2)②(b)(ii)及び(iii)(イ)参照）

・資格喪失のうち，社員（合同会社にあっては，業務執行社員）の退社に伴う代表社員の退任の場合には，その退社の登記の添付書面があれば足り，他の添付書面を要しない。

・資格喪失のうち，業務執行社員の業務執行権の喪失に伴う代表社員の退任の場合には，合同会社にあっては業務執行社員の業務執行権喪失の登記の添付書面があれば足り，他の添付書面を要しない（合名会社及び合資会社においても，同様の添付書面を要求することとなろう。後記■5の(1)②(b)参照）。

・代表権消滅の判決確定の場合には，裁判所書記官から，嘱託書に裁判書の謄本を添付して，その登記の嘱託がされる（法937条1項1号ヲ，会社

■4　代表社員の変更　　*671*

非訟事件等手続規則42条1項)。

　なお，合名会社及び合資会社において，代表社員の抹消による変更の登記の添付書面は，次のとおりである。

　・代表権を有しない社員の退社に伴う場合には，その添付書面があれば足り，他の添付書面を要しない。

　・代表社員に関する定款の定めの廃止による場合には，原則として，当該定款の変更に係る総社員の同意を証する書面（商登93条，111条）

　上記のうち，総社員又は業務執行社員の同意を証する書面については，前記4－2の■2の(2)①②も参照されたい。

(c)　登録免許税額

　申請1件につき1万円（資本金の額が1億円を超える合同会社については3万円）である（登税別表第一第24号㈠カ，昭42・7・22民事甲2121号通達）。

(d)　登記申請書の例

　前記■1の(2)④(a)の登記申請書の例中，

　「登記の事由　　　　代表社員の変更

　　登記すべき事項　　平成〇年〇月〇日次のとおり変更

　　　　　　　　　　　代表社員　何某　死亡

　　　　　　　　　　　代表社員　何某　資格喪失により退任

　　　　　　　　　　　代表社員　株式会社〇〇　辞任

　　　　　　　　　　　代表社員　何某　解任

　　　　　　　　　　　代表社員　何某　〇〇地方裁判所の代表権消滅の判決確定

　　　　　　　　　　　代表社員　何某　会社を代表しない社員の不存在により抹消（合名会社・合資会社）

　　　　　　　　　　　代表社員　何某　社員が1名となったため抹消（合名会社)」

などとし，添付書面を前記(b)のとおりとするほかは，これと同様である。

⑶ 職務執行者の就任・退任

① 手続

法人が業務執行社員である場合の職務執行者（自然人）は，当該法人の業務執行の決定機関において選任され，その就任承諾により就任する（前記4－1の■3の⑶参照）。

職務執行者は，死亡，辞任，解任等により退任する（民651条，653条等）。

職務執行者は，1名でも，2名以上でも差し支えない。

② 登記手続

⒜ 登記すべき事項

登記すべき事項は，次のとおりである。

- ・就任の登記にあっては，代表社員の登記のほか，職務執行者の氏名・住所及び就任年月日
- ・退任の登記にあっては，退任の旨（退任事由）及び退任年月日

具体的な記載については，後記⒟を参照されたい。

（注）　代表社員の地位に変更がなく，職務執行者のみが交替した場合又は増員・減員になった場合でも，登記情報システム上，代表社員と職務執行者とは1つの登記事項の単位となっているため，全体について変更の登記をすることとなる。

⒝ 添付書面

職務執行者の就任の登記の添付書面は，次のとおりである（商登97条1項。各種法人ごとの業務決定機関及び意思表示の主体については，前記4－1の■3の⑶及び平18・3・31民商782号通達参照）。

- ・登記事項証明書（添付省略の余地は，前記2－1の■6参照）
- ・当該法人の業務決定機関において職務執行者を選任したことを証する書面（取締役会議事録，取締役や社員の一致を証する書面等）
- ・職務執行者の就任承諾書（代表社員となる法人を意思表示の相手方とす

るもの）

職務執行者の退任の登記の添付書面は，退任を証する書面である（商登97条2項）。

(c) 登録免許税額

申請1件につき1万円（資本金の額が1億円を超える合同会社については3万円）である（登税別表第一第24号㈠カ，昭42・7・22民事甲2121号通達）。

(d) 登記申請書の例

合名会社及び合資会社（各自代表制をとらない場合）については，前記■1の(2)④(a)の登記申請書の例中，

「登記の事由　　　職務執行者の変更

　　登記すべき事項　平成〇年〇月〇日次のとおり変更

　　　　　　　　　　代表社員　株式会社〇〇

　　　　　　　　　　〇県〇市〇町〇丁目〇番〇号

　　　　　　　　　　職務執行者　何某」（職務執行者の交替の場合）

「登記の事由　　　職務執行者の変更

　　登記すべき事項　平成〇年〇月〇日職務執行者就任

　　　　　　　　　　代表社員　株式会社〇〇

　　　　　　　　　　〇県〇市〇町〇丁目〇番〇号

　　　　　　　　　　職務執行者　何某」（職務執行者の増員の場合）

「登記の事由　　　職務執行者の変更

　　登記すべき事項　平成〇年〇月〇日

　　　　　　　　　　職務執行者　何某　死亡（辞任，解任等）」

　　　　　　　　　　　　　　　　　（職務執行者の減員の場合）

などとし，添付書面を前記(b)のとおりとするほかは，これと同様である。

合名会社及び合資会社において各自代表制をとる場合には，職務執行者の登記は，社員の名称及び住所の登記に付随する形でされる。

なお，合同会社については，職務執行者の登記は，常に，代表社員の名称及び住所の登記に付随する形でされる。

674   4-3　社員に関する登記

　このほか，代表社員の商号変更等と同時に職務執行者を変更した場合については，平18・4・26民商1110号登記記録例通知及び書式精義第5版下801頁以下を参照されたい。

■ 5　業務執行権に関する変更

⑴　合同会社における業務執行権の付与及び喪失

①　手　　続

⒜　業務執行権の付与

　社員は，原則として，各自業務執行社員となるが，定款に直接業務執行社員の氏名・名称を記載する方法や，総社員の同意によりこれを定める旨の定款の定めに従い選任する方法等により，社員の中から業務執行社員を定めることもできる（法590条1項，書式精義第5版下729頁，732頁）。

　したがって，特定の社員に業務執行権を付与するには，①定款に別段の定めがない限り総社員の同意により，業務執行社員の氏名・名称に係る定款の変更を行ったり，②業務執行社員の選任方法に関する定款の定めに従って，新たにこれを選任したりすることとなる。

⒝　業務執行権の喪失

　定款で指名された業務執行社員は，定款に別段の定めがない限り総社員の同意により，当該業務執行社員の氏名・名称に係る定款の定めを廃止することによって，業務執行社員でなくなる（法637条）。

　業務執行社員の選任方法に関する定款の定めに従って選任された業務執行社員は，選任機関と解任機関は一致すると解すべきであるから，当該選任方法と同様の方法により解任することができる。

　このほか，定款に別段の定めがない限り，業務執行社員は正当な事由があれば辞任することができるし，更に，正当な事由があれば他の社員の一致に

■5　業務執行権に関する変更　　675

よってこれを解任することができる（法591条4項〜6項）。

　上記(a)及び(b)の業務執行権の得喪は，合同会社に限り，登記すべき事項である。

　なお，法人が社員である場合の意思表示の主体については，前記4－2の■1の末尾の**(注)**を参照されたい。

（注1）　定款で定めた業務執行社員の辞任

　　会社法591条4項は，旧商法68条において準用する民法672条の規律を表現したものであるが，①当該業務執行社員は正当な事由があれば単独の意思表示により辞任できるのか，又は②定款で定めた代表社員の辞任（味村・商業登記下166頁）との均衡や，会社法610条のような定款のみなし変更の規定の不存在等から，総社員の同意がなければ辞任できないのか，解釈が困難である。

　　この点，味村・商業登記下162頁及び166頁は，上記②の見解に立つかのようであるが，私見としては，民法672条に関する我妻榮ほか著『我妻・有泉コンメンタール民法』1165頁（日本評論社，2005）に照らし，上記①の見解が素直なように思われる。

（注2）　任期のある業務執行社員の任期満了時の取扱い

　　定款に業務執行社員に係る任期の規定がある合同会社において，任期満了後，直ちにその者が業務執行社員に再度指定された場合には，業務執行社員に係る変更の登記をする必要はないとされている（平20・11・21民商3036号回答，登記研究732号125頁）。

②　登記手続

(a)　登記すべき事項

登記すべき事項は，次のとおりである。

・業務執行社員以外の社員が業務執行社員となった場合には，業務執行社員の氏名・名称及び変更年月日

・業務執行社員が業務執行社員以外の社員となった場合には，業務執行権喪失の旨及び変更年月日（平18・4・26民商1110号登記記録例通知）

　なお，社員でない者が業務執行社員として加入し，又は業務執行社員が退社した場合については，社員の加入又は退社に係る記述（前記■1〜■3）を参照されたい。

(b) 添付書面

業務執行権付与の登記の添付書面は，次のとおりである。

・業務執行社員の氏名・名称に係る定款変更の場合には，原則として，定款変更に係る総社員の同意を証する書面（商登118条，93条）

・業務執行社員の選任方法に関する定款の定めに従った場合には，定款及び社員の一致を証する書面等（商登規92条，82条，商登118条，93条）

また，業務執行権喪失の登記の添付書面は，次のとおりと解される。

・業務執行社員の氏名・名称に係る定款変更の場合には，原則として，総社員の同意を証する書面（商登118条，93条）

・業務執行社員の選解任方法に関する定款の定めに従った場合には，定款及び社員の一致を証する書面等（商登規92条，82条，商登118条，93条）

・辞任の場合については，前記①(b)の(注)のとおり解釈が困難であるが，登記実務上は，辞任届を添付すべきであろうか。

・解任の場合には，他の社員の一致を証する書面（商登118条，93条）

上記のうち，総社員等の一致を証する書面については，前記4－2の■2の(2)①②も参照されたい。

(c) 登録免許税額

申請1件につき1万円（資本金の額が1億円を超える合同会社については3万円）である（登税別表第一第24号㈠カ）。

(d) 登記申請書の例

前記■1の(2)④(c)の登記申請書の例中，

「登記の事由　　業務執行社員の変更

　登記すべき事項　平成〇年〇月〇日業務執行権付与

　　　　　　　　　　業務執行社員　何某」

「登記の事由　　業務執行社員の変更

　登記すべき事項　平成〇年〇月〇日

　　　　　　　　　業務執行社員　何某　業務執行権喪失」

などとし，添付書面を前記(b)のとおりとするほかは，これと同様である。

(2) 業務執行権消滅の判決確定

持分会社の業務執行社員につき，社員の除名の訴えの提起事由がある場合又は業務執行に著しく不適任である場合には，対象業務執行社員以外の社員の過半数の決議に基づき，会社は，当該業務執行社員の業務執行権消滅の訴えを提起することができる（法860条）。

業務執行権の消滅は，判決の確定により効力を生じ，裁判所書記官から，嘱託書に裁判書の謄本を添付して，その登記の嘱託がされる（法937条1項1号ヲ，会社非訟事件等手続規則42条1項）。

この業務執行権の消滅は，合同会社に限らず，合名会社及び合資会社においても，登記すべき事項である。

なお，登録免許税額は，1万円（資本金の額が1億円を超える合同会社については3万円）である（登税別表第一第24号㈠カ，昭42・7・22民事甲2121号通達）。

■6　合資会社の社員の責任変更，出資目的の変更等

(1) 無限責任社員及び有限責任社員の責任の変更

①　手　　続

社員の責任の変更は，定款に別段の定めがない限り総社員の同意により，当該社員の責任の別に係る定款の変更をすることによって行う（法637条，576条1項5号，638条参照。法人が社員である場合の意思表示の主体については，前記4－2の■1の末尾の**(注)**参照）。

このほか，争いはあるが，有限責任社員が無限責任社員の持分を譲り受け又は包括承継した場合には，当該有限責任社員は，当然に無限責任社員となるものと解される（前記■2の(1)①の**(注)**参照）。

合資会社において，有限責任社員が無限責任社員となる場合には，当該社員は，従前の会社債務についても無限責任社員としての責任を負い，逆に，無限責任社員が有限責任社員となる場合には，当該社員は，その旨の登記をする前に生じた会社債務については，登記後2年以内に請求予告等をした債権者に対し，なお無限責任社員としての責任を負う（法583条，前記4－1の■2の(1)④参照）。

責任の変更により会社類型（合名会社・合資会社・合同会社）が変更になる場合については，後記4－5を参照されたい。

② 登記手続

(a) 登記すべき事項

登記すべき事項は，次のとおり，責任変更の旨と当該社員に係る通常の合資会社の登記事項である。

- ・社員の氏名・名称及び住所
- ・社員が無限責任社員又は有限責任社員のいずれであるかの別
- ・有限責任社員になった場合には，その出資の目的及びその価額並びに既に履行した出資の価額
- ・責任変更の旨及び変更年月日

（注）　書式精義第5版下945頁では，登記すべき事項として，社員の責任に関する部分のみを掲げ，社員の住所等を掲げていないが，登記情報システム上，これらの事項は1つの登記事項の単位となっているため，全体について変更の登記をすることとなる。

(b) 添付書面

添付書面は，原則として，定款の変更に係る総社員の同意を証する書面である（商登111条，93条，前記4－2の■2の(2)①も参照）。

このほか，無限責任社員が有限責任社員となった場合には，当該社員の出資の履行があったことを証する書面も，添付書面となる（商登112条。具体的には，前記4－1の■4の(3)②(b)，書式精義第5版下945頁参照）。

■6 合資会社の社員の責任変更，出資目的の変更等 *679*

なお，有限責任社員が無限責任社員の持分を譲り受け又は包括承継したことによる責任変更については，前記■2の(2)①(b)又は②(b)の添付書面があれば足りる。

(c) 登録免許税額

申請1件につき1万円である（登税別表第一第24号㈠カ，昭42・7・22民事甲2121号通達）。

(d) 登記申請書の例

前記■1の(2)④(b)の登記申請書の例中，

「登記の事由　　　社員の責任変更

　登記すべき事項　平成○年○月○日無限責任社員株式会社○○の責任変更

　　　　　　　　　　　　　○県○市○町○丁目○番○号

　　　　　　　　　　　　　金○○万円　内金○○万円履行

　　　　　　　　　　　　　有限責任社員　株式会社○○

　　　　　　　　　　　　　○県○市○町○丁目○番○号

　　　　　　　　　　　　　職務執行者　何某」（各自代表制をとる場合）

「登記の事由　　　社員の責任変更

　登記すべき事項　平成○年○月○日有限責任社員□□株式会社の責任変更

　　　　　　　　　　　　　○県○市○町○丁目○番○号

　　　　　　　　　　　　　無限責任社員　□□株式会社」

　　　　　　　　　　　　　　　　　（各自代表制をとらない場合）

などとし，添付書面を前記(b)のとおりとするほかは，これと同様である。

(2) 有限責任社員の出資の目的又はその価額の変更

① 手　　続

合資会社において，有限責任社員の出資の目的又はその価額の変更は，定

款に別段の定めがない限り総社員の同意により，これに係る定款の変更をすることによって行う（法637条，576条1項6号。法人が社員である場合の意思表示の主体については，前記4－2の■1の末尾の(注)参照）。

このほか，持分の譲渡又は承継によっても，当事者の出資の価額は変動するが，これについては，持分の移転に係る記述（前記■1及び■2）を参照されたい。

② 登記手続

(a) 登記の事由及び登録免許税額

登記すべき事項は，出資の目的又はその価額の変更の旨と，当該社員に係る通常の合資会社の登記事項である。

登録免許税額は，申請1件につき1万円である（登税別表第一第24号㈠カ，昭42・7・22民事甲2121号通達）。

(b) 添付書面

添付書面は，原則として，定款の変更に係る総社員の同意を証する書面である（商登111条，93条。前記4－2の■2の(2)①も参照）。

なお，出資の目的又はその価額の変更に伴い，当該有限責任社員が出資を履行した場合には，出資の履行があったことを証する書面も，添付書面となる（商登112条。具体的には，前記4－1の■4の(3)②(b)，書式精義第5版下941頁参照）。

(c) 登記申請書の例

前記■1の(2)④(b)の登記申請書の例中，

「登記の事由　　　有限責任社員の出資増加（減少）

　登記すべき事項　平成○年○月○日次のとおり出資増加（減少）

　　　　　　　　　　　　　○県○市○町○丁目○番○号

　　　　　　　　　　　　　金○○万円（変更後の額）　内金○○万円履行

　　　　　　　　　　　　　有限責任社員　株式会社○○

　　　　　　　　　　　　　○県○市○町○丁目○番○号

職務執行者　何某」（各自代表制をとる場合）

「登記の事由　　　有限責任社員の出資変更

　登記すべき事項　平成〇年〇月〇日次のとおり出資変更

　　　　　　　　　〇県〇市〇町〇丁目〇番〇号

　　　　　　　　　金〇〇万円（変更後の目的）　全部履行

　　　　　　　　　有限責任社員　株式会社〇〇」

　　　　　　　　　　　　　（各自代表制をとらない場合）

などとし，添付書面を前記(b)のとおりとするほかは，これと同様である。

⑶　有限責任社員が既に履行した出資の価額の変更

①　手　　　続

　有限責任社員が出資を履行した場合には，既に履行した出資の価額の変更の登記をしなければならない（法915条，913条7号）。

　なお，出資の目的又はその価額の変更に伴い，当該有限責任社員が出資を履行した場合については，前記⑵を参照されたい。

②　登記手続

(a)　登記の事由及び登録免許税額

　登記すべき事項は，有限責任社員の出資の履行の旨と，当該社員に係る通常の合資会社の登記事項である。

　登録免許税額は，申請1件につき1万円である（登税別表第一第24号㈠カ，昭42・7・22民事甲2121号通達）。

(b)　添付書面

　添付書面は，出資の履行があったことを証する書面である（商登112条，前記4－1の■4の⑶②(b)参照）。

(c)　登記申請書の例

　前記■1の⑵④(b)の登記申請書の例中，

「登記の事由　　　有限責任社員の履行した出資の価額の変更

　登記すべき事項　平成○年○月○日次のとおり変更

　　　　　　　　　　　○県○市○町○丁目○番○号

　　　　　　　　　　　金○○万円　内金○○万円履行（履行後の額）

　　　　　　　　　　　有限責任社員　株式会社○○

　　　　　　　　　　　○県○市○町○丁目○番○号

　　　　　　　　　　　職務執行者　何某」（各自代表制をとる場合）

■7　社員等の氏名・名称及び住所の変更

(1)　手　　続

　会社は，登記された社員，業務執行社員，代表社員又は職務執行者の氏名・名称又は住所に変更があった場合には，その変更の登記をしなければならない。

　自然人の氏又は名の変更は，婚姻，離婚，養子縁組，離縁等により生じ，その住所の変更は，転居，行政区画の変更等により生ずる（取締役に関する前記2－5の■2の(3)参照）。

　法人の名称又は住所の変更は，定款の変更，本店移転，行政区画の変更等により生ずる。

　ただし，行政区画の変更の場合（地番の変更を伴わないもの）には，法律上変更登記が擬制されており（商登26条），会社に変更登記申請の義務はない（職権による修正手続につき，前記2－2の■6参照）。

⑵　登記手続

①　登記すべき事項

　登記すべき事項は，変更後の氏名・名称（又は住所）及び変更年月日である。なお，登記申請書の例については，取締役に関する前記2－5の■2の⑶のほか，職務執行者に関するものは書式精義第5版下802頁以下を参照されたい。

②　添付書面

　自然人の氏名又は住所の変更については，委任状以外の添付書面を要しない。ただし，氏の変更の登記申請と同時に，婚姻前の氏をも登記するよう申出をするには，これらを証する書面が添付書面となる（商登規88条の2）。

　法人の名称又は住所の変更については，その登記事項証明書を添付する必要がある（商登96条2項。添付省略の余地は，前記2－1の■6参照）。

③　登録免許税額

　申請1件につき1万円（資本金の額が1億円を超える合同会社については3万円）である（登税別表第一第24号㈠カ，昭42・7・22民事甲2121号通達）。

　ただし，住居表示の実施・変更，行政区画の変更に伴う地番の変更又は土地改良事業・土地区画整理事業等の施行のための地番の変更があった場合において，市町村長の証明書，土地改良事業等の施行者の証明書又は住居表示の実施等に係る住居番号決定通知書を添付して変更登記の申請がされたときは，その登記につき登録免許税は課されない（登税5条4号・5号，登税規1条，昭37・9・11民事甲2609号通達）。

 4-4 合同会社の資本金に関する登記

1 資本金の額の増加

合同会社の資本金の額が増加する事由は，計算規則30条1項各号に列挙されており，次のとおりである。

(1) 社員の加入に伴う資本金の額の増加

① 手　　続

社員の新たな出資による加入に伴い，資本金の額を増加する手続は，前記4－3の■1の(1)①のとおりである（計30条1項1号）。

このうち，加入した社員が業務執行社員である場合には，合同会社は，資本金の額の増加の登記のほか，業務執行社員の加入の登記をしなければならず，その登記手続については，前記4－3の■1の(2)を参照されたい。

他方，加入した社員が業務執行社員でない場合には，会社は，下記②のとおり，資本金の額の増加の登記をすれば足りる。

② 登記手続
(a) 登記すべき事項

登記すべき事項は，変更後の資本金の額及び変更年月日である。

■1 資本金の額の増加 685

(b) **添付書面**

添付書面は，次のとおりである（平18・3・31民商782号通達）。

・加入の事実を証する書面（商登118条，96条1項）

　　具体的には，原則として定款の変更に係る総社員の同意を証する書面が，これに該当する（法637条）。

・出資に係る払込み又は給付があったことを証する書面（商登119条，前記4－1の■4の(3)③(b)参照）

・増加すべき資本金の額につき業務執行社員の過半数の一致があったことを証する書面（商登118条，93条）

・資本金の額が会社法及び計算規則の規定に従って計上されたことを証する書面（商登規92条，61条9項）

　　なお，出資に係る財産が金銭のみである場合には，登記実務上，この書面の添付は要しないとされている（平19・1・17民商91号通達）。株式会社の募集株式の発行に伴う資本金の額の増加にあっては，株式発行割合を証明するため，出資に係る財産が金銭のみであっても，この書面の添付を省略することはできないが，合同会社における社員の加入では，このような審査の必要がないためである。

　上記のうち，総社員の同意を証する書面については，前記4－2の■2の(2)①も参照されたい。

(c) **登録免許税額**

　申請1件につき，増加した資本金の額の1000分の7（これによって計算した税額が3万円に満たないときは，3万円）である（登税別表第一第24号(一)ニ)。

(d) **登記申請書の例**

合同会社変更登記申請書

1　商号　〇〇合同会社

```
1  本店  ○県○市○町○丁目○番○号

1  登記の事由    資本金の額の増加

1  登記すべき事項  平成○年○月○日次のとおり変更
                資本金の額  金400万円

1  課税標準金額    金100万円（増加した資本金の額）

1  登録免許税     金３万円

1  添付書類  総社員の同意を証する書面      1通

           払込み又は給付があったことを証する書面   1通

           業務執行社員の一致を証する書面   1通

           （資本金の額の計上に関する証明書  1通）

           委任状               1通

（以下略）
```

(2) 社員の出資の価額の増加に伴う資本金の額の増加

① 手　続

この手続は，次のようにして行う。

・定款に別段の定めがない限り総社員の同意により，出資の価額の増加に
係る定款の変更をする（法637条）。

・当該社員は，当該増加した出資に係る払込み又は給付を完了する。

　なお，上記定款変更の効力は，出資の履行の完了時に生ずると解され
ている（法604条３項参照，相澤・論点解説587頁）。

・業務執行社員の過半数の一致により，当該払込み又は給付がされた財産
の額の範囲内で，資本金として計上すべき額を決定する（計30条１項１
号）。

　なお，法人が社員である場合の意思表示の主体については，前記４－２の
■１の末尾の(注)を参照されたい。

② 登記手続

(a) 登記すべき事項，登録免許税額及び登記申請書の例

基本的に，前記(1)と同様である。

(b) 添付書面

添付書面は，前記(1)②(b)中，加入の事実を証する書面に代えて，原則として，出資の価額を増加した定款の変更に係る総社員の同意を証する書面を添付すべきほかは，これと同様である（総社員の同意を証する書面については，前記4－2の■2の(2)①も参照）。

(3) 出資履行請求権の資産計上又は資本剰余金の資本組入れに伴う資本金の額の増加

① 手　続

(a) 出資履行請求権の資産計上

合同会社の社員は，加入前の出資全部履行義務があり，原則として，会社成立後に，会社が社員に対し出資履行請求権を有することはない。

ただし，合資会社の無限責任社員の退社により合同会社への種類変更が擬制された場合において，社員が出資を履行していないときは，例外的に，社員に対する出資履行請求権を観念する余地がある（法640条2項）。

この場合には，社員の出資の価額中未履行部分につき，出資履行請求権を資産計上することにより，社員資本を増加させることができ，業務執行社員の過半数の一致により，当該出資履行請求権の価額の範囲内で，資本金として計上すべき額を決定することとなる（計30条1項2号）。

なお，資産計上に係る出資履行請求権の価額は，定款で定めた価額が基準になるとされている（郡谷大輔・細川充「持分会社の計算（下）」旬刊商事法務1772号28頁参照）。

(b) 資本剰余金の資本組入れ

持分会社では，業務執行社員の過半数の一致により，いつでも資本剰余金

を資本金に組み入れることができる（計30条1項3号）。

② 登記手続
(a) 登記すべき事項，登録免許税額及び登記申請書の例
基本的に，前記(1)と同様である。
(b) 添付書面
添付書面は，次のとおりである。
・増加すべき資本金の額につき業務執行社員の過半数の一致があったことを証する書面（商登118条，93条）
・資本金の額が会社法及び計算規則の規定に従って計上されたことを証する書面（商登規92条，61条9項）

　この書面により，会社の社員に対する出資履行請求権の存在や資本剰余金の存在及びそれらの額を登記官において確認することになるため，金銭出資の履行による資本金の額の増加（前記(1)及び(2)参照）の場合と異なり，この書面の添付を省略する余地はない（平19・1・17民商91号通達）。

■2　資本金の額の減少

　合同会社の資本金の額が減少する事由は，計算規則30条2項1号・2号・5号に列挙されており，次のとおりである。

(1)　退社に伴う持分払戻しによる資本金の額の減少

①　手　　続
　合同会社の社員が退社する場合には，持分の払戻しをするため，通常，債権者保護手続をとって，当該社員の出資につき資本金に計上されていた額を

減少することになろうが，その手続は，前記4－3の▨3の(1)②のとおりである（法611条，626条，627条，635条，計30条2項1号）。

このうち，退社した社員が業務執行社員である場合には，合同会社は，資本金の額の減少の登記のほか，業務執行社員の退社の登記をしなければならず，その登記手続については，前記4－3の▨の(2)を参照されたい。

他方，退社した社員が業務執行社員でない場合には，会社は，下記②のとおり，資本金の額の減少の登記をすれば足りる。

②　登記手続

(a)　登記すべき事項

登記すべき事項は，変更後の資本金の額及び変更年月日である。

(b)　添付書面

添付書面は，次のとおりである（平18・3・31民商782号通達）。

・退社の事実を証する書面（商登118条，96条1項。具体的には，前記4－3の▨3の(2)②(a)～(j)参照）

・資本金の額の減少につき業務執行社員の過半数の一致があったことを証する書面（商登118条，93条）

・債権者保護手続関係書面（商登120条。具体的には，株式会社の合併に関する前記2－7の▨1の(2)①(a)(ii)(イ)参照）

・資本金の額が会社法及び計算規則の規定に従って計上されたことを証する書面（商登規92条，61条9項）

(c)　登録免許税額

申請1件につき3万円である（登税別表第一第24号(一)ツ）。

(d)　登記申請書の例

前記▨1の(1)②(d)の登記申請書の例中，

「登記の事由　　　資本金の額の減少

　登記すべき事項　平成〇年〇月〇日資本金の額の変更

　　　　　　　　　　資本金の額　金〇〇万円」

690   4-4　合同会社の資本金に関する登記

などとし，添付書面及び登録免許税額を前記**(b)**及び**(c)**のとおりとするほかは，これと同様である。

⑵　出資の払戻しによる資本金の額の減少

①　手　　続
(a)　総　　論
　合同会社においては，定款に別段の定めがない限り総社員の同意により，社員の出資の価額を減少させる定款の変更ができ，この場合には，下記**(b)**の範囲内で，社員は，会社に対し，出資の払戻し（既に当該社員が出資として払込み又は給付をした金銭等の払戻し）を請求することができる（法632条1項，637条。法人が社員である場合の上記同意に係る意思表示の主体については，前記4－2の■1の末尾の**(注)**参照）。

　出資の払戻しは，当該社員が金銭以外の財産を出資した場合でも，金銭によることができる（法624条1項）。

　なお，清算持分会社では，社員が投下資本を回収するには残余財産分配の方法によるべく，出資の払戻しは認められていない（法674条3号）。

(b)　計算の在り方
　出資の払戻しをする場合には，原則として，当該社員の出資につき計上されていた資本剰余金の額から優先して減少させるが，当該資本剰余金の額を超えて出資の払戻しをするときは，債権者保護手続をとって，当該社員の出資につき計上されていた資本金の額を減少することができる（法626条1項・2項，627条，計30条2項2号，31条2項2号，郡谷大輔・細川充「持分会社の計算（下）」旬刊商事法務1772号26頁，相澤・論点解説598頁参照）。そのため，資本金の額の減少額は，払戻しに係る財産の帳簿価額（出資払戻額）から当該社員の出資につき計上されていた資本剰余金を控除した残額を，超えてはならないこととなる（法626条2項，計164条3号イ）。

　なお，払戻しに係る財産の帳簿価額（出資払戻額）は，①利益剰余金＋資

本剰余金の額，②当該社員の出資につき資本剰余金に計上されている額，及び③減少に係る出資の価額（資本金の額を減少する場合には，①及び②の資本剰余金の額は，減少に係る資本金の額を加えたもの）につき，いずれもこれらの範囲内でなければならず，これらのうち最も少ない額を超える場合には，そもそも出資の払戻しをすることはできない（法632条2項，626条4項，計164条3号ハ，相澤・論点解説597頁，600頁）。

② 登記手続

(a) 登記すべき事項，登録免許税額及び登記申請書の例

基本的に，前記(1)と同様である。

(b) 添付書面

添付書面は，次のとおりである。

・原則として，社員の出資の価額を減少させる旨の定款変更に係る総社員の同意を証する書面（商登118条，93条。前記4－2の■2の(2)①も参照）

　この書面は，平18・3・31民商782号通達には掲げられていないが，会社法632条1項の事実を確認するため，添付しなければならない（小川秀樹・相澤哲『通達準拠　会社法と商業登記』318頁（金融財政事情研究会，2008））。

・資本金の額の減少につき業務執行社員の過半数の一致があったことを証する書面（商登118条，93条）

・債権者保護手続関係書面（商登120条。具体的には，株式会社の合併に関する前記2－7の■1の(2)①(a)(ii)(イ)参照）

・資本金の額が会社法及び計算規則の規定に従って計上されたことを証する書面（商登規92条，61条9項）

　具体的には，代表社員の作成に係る証明書がこれに該当する。

　その内容としては，計算規則30条2項2号の額を示すものである必要があろう（上記小川・相澤318頁）が，前記①(b)の会社法626条2項及び632条2項の規律により，出資払戻額及び減少可能な資本金の額が定ま

ることを踏まえると，私見としては，出資払戻額，当該社員の出資につき計上されていた資本剰余金の額や，前記①(b)の記述中の①〜③の額を示す等の方法により，出資の払戻しが適法であることを確認することができるものが無難であると考えられる。

(3) 損失の塡補による資本金の額の変更

① 手　　続

持分会社は，損失の塡補のために，定款に別段の定めがない限り業務執行社員の過半数の決定により，債権者保護手続をとって，損失の額の範囲内で資本金の額を減少することができる（法620条，627条，計162条，30条2項5号）。

この場合には，減少に係る資本金の額に相当する額だけ，資本剰余金の額が増加する（計31条1項4号）ので，別途，資本剰余金を減少して利益剰余金を増加させることにより，表示上の損失処理を行うことができる（計31条2項6号，32条1項3号。相澤・論点解説593頁，郡谷大輔・細川充「持分会社の計算（上）」旬刊商事法務1771号22頁参照）。

② 登記手続

(a) 登記すべき事項，登録免許税額及び登記申請書の例

基本的に，前記(1)と同様である。

(b) 添付書面

添付書面は，次のとおりである。

・資本金の額の減少につき業務執行社員の過半数の一致があったことを証する書面（商登118条，93条）

・債権者保護手続関係書面（商登120条。具体的には，株式会社の合併に関する前記2－7の■1の(2)①(a)(ii)(イ)参照）

・資本金の額が会社法及び計算規則の規定に従って計上されたことを証す

る書面（商登規92条，61条9項）

　具体的には，代表社員の作成に係る証明書（計162条各号による損失の額を示す等の方法により，資本金の額が法620条2項及び計30条2項5号の規定に従って計上されたことを確認することができるもの）がこれに該当する。

4-5 持分会社の種類の変更の登記

1 手　　続

(1) 定款変更による持分会社の種類の変更

　持分会社は，定款に別段の定めがない限り総社員の同意により，次に掲げる定款変更をすることによって，それぞれに定める他の種類の持分会社になることができる（法638条，637条）。

- ・合資会社又は合同会社の有限責任社員につき，これを無限責任社員とする定款の変更　合名会社
- ・合名会社に有限責任社員を加入させ若しくはその社員の責任を変更し，又は合同会社に無限責任社員を加入させ若しくはその社員の責任を変更する定款の変更　合資会社
- ・合名会社又は合資会社の無限責任社員につき，これを有限責任社員とする定款の変更　合同会社

　ただし，種類の変更により合同会社になる場合には，加入前の出資全部履行義務があり，上記定款変更の時に出資の履行を完了していないときは，その完了の時に，種類の変更の効果が生ずる（法640条1項）。この場合，出資の履行に伴い，業務執行社員の過半数の一致により，当該払込み又は給付がされた財産の額の範囲内で，資本金として計上すべき額が決定される（計30条1項1号）。

■1　手　続　　695

なお，法人が社員である場合の意思表示の主体については，前記4－2の
■1の末尾の(**注**)を参照されたい。

⑵　法律上当然の持分会社の種類の変更

合資会社においては，有限責任社員の全員が退社すると，当該合資会社が
合名会社となる定款変更をしたものとみなされ，逆に，無限責任社員の全員
が退社すると，当該合資会社が合同会社となる定款変更をしたものとみなさ
れる（法639条）。

これにより合同会社になる場合には，定款変更が擬制された日から1か月
以内に，出資の履行を完了しなければならない（同期間内に，合名会社又は合
資会社となる定款の変更をした場合を除く。法640条2項）。

（**注1**）　**定款変更が擬制された場合の商号**

　　本文のとおり，社員の退社により，定款の記載中当該社員に係る部分
を廃止したと擬制され，また，種類の変更に係る定款変更をしたと擬制
される（法610条，639条）が，商号の変更まで擬制されるものではない
（合資会社Aという商号が自動的に合名会社Aとなるわけではない）ため，
別途，総社員の同意による定款の変更によって，責任形態に適合した商
号を定める必要があるとされる（相澤・論点解説565頁，609頁）。

（**注2**）　**法律上当然の種類の変更後の出資の履行**

　　合資会社が法律上当然に合同会社となった場合（法639条2項）におい
て，その後，社員が出資を履行し（法640条2項），又は当該社員に対す
る出資履行請求権を会社が資産として計上するときは，合同会社の資本
金の額は増加する（計30条1項1号・2号）。

　　これを原因とする資本金の額の増加の登記は，法律上，種類の変更と
は別個のものであり，また，登記原因年月日も別の日となるため，私見
ではあるが，上記⑴のただし書とは異なり，種類変更による設立の登記
とは別に登記をすべきものと解される（前記4－4の■1参照）。

■2 登記手続

　持分会社の種類の変更の場合には，種類の変更前の持分会社についての解散の登記申請書と種類の変更後の持分会社についての設立の登記申請書を，同時に提出する必要がある（法919条，商登106条等）。

（注1）　種類の変更に際してする退社の登記

　　　　定款変更による種類の変更は，前記■1の(1)のとおり，社員の責任変更や加入によって行うが，設立の登記及び解散の登記のほかに，別途，社員の責任変更や加入の登記をする必要はなく，社員の責任変更や加入があった後の状態で設立の登記をすることを前提に，設立の登記の添付書面を定める商登法105条1項3号等において，加入を証する書面等が掲げられている。

　　　　これに対し，社員の退社に伴い，法律上当然に種類の変更が擬制される場合には，まず当該退社の事実を積極的に公示するためであろうか，登記実務上，設立の登記及び解散の登記のほかに，別途，種類変更前の持分会社における退社の登記も，同時にする必要があるとされている（後記(2)参照）。

（注2）　合資会社における法律上当然の種類の変更後の事業継続

　　　　合資会社において，例えば，唯一の無限責任社員が死亡した後に合資会社の事業の継続を望む場合には，一旦，合同会社への種類の変更が擬制された後，定款の変更によって合資会社への種類の変更をする必要がある。登記手続としては，①合同会社の設立の登記，②合資会社の解散の登記，③合資会社における無限責任社員の死亡の登記を同時に行い，更に，④合資会社の設立の登記，⑤合同会社の解散の登記を行うこととなる（登録免許税額は，最低16万円）。

　　　　この点，会社法制定前は，唯一の無限責任社員の死亡が解散事由とされるとともに，社員を加入させて会社を継続することができ（旧商162条1項），この場合の登記手続は，①無限責任社員の死亡の登記，②解散の登記，③継続の登記を行っていた（登録免許税額は，最低7万円）。

　　　　このような事情等から，合資会社の一部の社員の退社後も合資会社として事業の継続を望む場合には，実務上，社員が死亡した場合に一般承継人が持分を承継する旨の定款の定め（法608条1項）を置いておくことが有益であるといわれる。

（注3） 合資会社において，全ての有限責任社員の退社と<u>同時に</u>，新たな有限責任社員が加入した場合の取扱い

　　　　この場合には，一旦合名会社への種類の変更が擬制された後，合資会社への種類の変更をしたとみる必要はなく，単に，社員の退社の登記及び加入の登記を同時に申請すれば足りる（類似の問題に関する昭42・9・29民事甲2411号回答，登記研究349号87頁参照）。

⑴　種類の変更後の持分会社についての設立登記の申請書

①　登記すべき事項

登記すべき事項は，次のとおりである。

・設立の登記事項と同一の事項（法912条等）

・会社成立後に登記されて現に効力を有する独立の登記事項（職務執行停止の仮処分，支配人等）

・会社成立の年月日（商登104条等）

・種類の変更前の持分会社の商号（同条）

・持分会社の種類を変更した旨及びその年月日（同条）

②　添付書面

添付書面は，次のとおりである。

⒜　種類の変更により合名会社になる場合

・合名会社の定款（商登113条1項，122条1項）

・原則として，定款の変更に係る総社員の同意を証する書面（商登93条。前記4－2の■2の⑵①も参照）

　　　この同意書においては，有限責任社員の責任変更により種類を変更する旨（法律上当然の種類の変更の場合は不要）のみならず，責任形態に合わせた会社の商号も定めることとなる。

⒝　種類の変更により合資会社になる場合

・合資会社の定款（商登105条1項1号，122条2項1号）

・原則として，定款の変更に係る総社員の同意を証する書面（商登111条，93条。前記４−２の■２の(2)①も参照）

　　この同意書においては，社員の加入や責任変更により種類を変更する旨のみならず，責任形態に合わせた会社の商号も定めることとなる。

・有限責任社員が既に履行した出資の価額を証する書面（商登105条１項２号，122条２項２号。前記４−１の■４の(3)②(b)参照）

　　なお，種類変更前の合名会社及び合同会社では，既に履行した出資の価額が登記簿上判明しないため，種類変更に際して有限責任社員が出資を追加履行しない場合であっても，この書面の添付を要するものと解される（旧商法下で合名会社が合資会社に組織変更した場合に関する商登法逐条解説257頁参照）。

・新たに社員を加入させた場合には，その加入を証する書面（総社員の同意書等）及び法人社員関係書面（商登105条１項３号，122条２項３号。前記４−３の■１の(2)②(b)参照）

(c)　種類の変更により合同会社になる場合

・合同会社の定款（商登105条２項１号，113条２項１号）

・原則として，定款の変更に係る総社員の同意を証する書面（商登118条，93条。前記４−２の■２の(2)①も参照）

　　この同意書においては，無限責任社員の責任変更により種類を変更する旨（法律上当然の種類の変更の場合は不要）のみならず，責任形態に合わせた会社の商号も定めることとなる。

・出資に係る払込み又は給付があったことを証する書面（商登105条２項２号，113条２項２号。前記４−１の■４の(3)③(b)参照）

　　なお，この書面は，種類変更前の出資全部履行義務がない場合（①合資会社につき社員の退社により法律上当然に種類の変更が生ずる場合，②種類変更前の合資会社の有限責任社員が既に出資の全部を履行済みであることが登記簿上明らかである場合等）には，登記実務上，添付する必要がないとして取り扱われている。

■2　登記手続　699

・出資の履行に伴い資本金の額を増加した場合には，資本金の額の決定に係る業務執行社員の過半数の一致があったことを証する書面（商登118条，93条）

・資本金の額が会社法及び計算規則の規定に従って計上されたことを証する書面（商登規92条，61条9項）

　　具体的には，代表社員の作成に係る証明書（種類変更直前の資本金の額と，計30条1項1号イ〜ハの額を示す等の方法により，資本金の額が同項の規定に従って計上されたことを確認することができるもの）がこれに該当する。この書面は，少なくとも種類変更直前の合名会社又は合資会社の資本金の額を示す必要があるため，資本金の額の増加の有無を問わず，添付する必要があると解される。

　上記のうち，総社員又は業務執行社員の同意を証する書面については，前記4−2の■2の(2)①②も参照されたい。

③　登録免許税額

　種類の変更による合名会社又は合資会社の設立の登記については，申請1件につき6万円である（登税別表第一第24号㈠ロ）。

　種類の変更による合同会社の設立の登記については，申請1件につき，資本金の額（課税標準金額）の1000分の1.5（900万円を超える資本金の額に対応する部分については，1000分の7。これによって計算した税額が3万円に満たないときは，3万円）である（登税別表第一第24号㈠ホ，登税規12条1項3号）。

④ 登記申請書の例

合資会社が合同会社に種類の変更をした場合の本店所在地における登記申請書の例は，次のとおりである。

合資会社の種類変更による合同会社設立登記申請書

1　商号　△△合同会社

1　本店　○県○市○町○丁目○番○号

1　登記の事由　　種類変更による設立

1　登記すべき事項　別紙のとおりの内容をオンラインにより提出済み

1　課税標準金額　　金300万円（資本金の額）

1　登録免許税　　　金３万円

1　添付書類　　　　定款　　　　　　１通

　　　　　　　　　総社員の同意書　　１通

　　　　　　　　　出資に係る払込み又は給付があったことを証する

　　　　　　　　　書面　　　　　　　１通

　　　　　　　　　業務執行社員の過半数の一致があったことを証す

　　　　　　　　　る書面　　　　　　１通

　　　　　　　　　資本金の額の計上に関する証明書　　１通

　　　　　　　　　委任状　　　　　　１通

　　　　　　　　　（委任状には，同時に提出した印鑑届書の印鑑を押

　　　　　　　　　印する。）

（以下略）

（注） 種類変更に係る別紙の例は，前記４－１の■４の⑸のとおりであるが，公告をする方法の次に「「会社成立の年月日」平成○年○月○日」を加え，また，末尾を「「登記記録に関する事項」平成○年○月○日△△合資会社を種類変更し設立」とする（商登104条等）。

■2 登記手続 *701*

⑤ 動産・債権譲渡登記

種類の変更をした持分会社につき動産・債権譲渡登記の登記事項概要ファイルがある場合には，登記官は，職権で，これを種類の変更後の持分会社の登記事項概要ファイルに移さなければならない（動産・債権譲渡登記規則6条4項）。

⑵ 種類の変更前の持分会社についての解散登記の申請書

① 登記すべき事項

登記すべき事項は，解散の旨並びにその事由及び年月日である（商登71条1項）。

なお，合資会社において，社員の退社に伴い，法律上当然に種類の変更が擬制される場合には，解散の登記と同時に，社員の退社の登記もする必要があり，登記実務上，この登記申請は，種類変更後の持分会社の代表社員が行って差し支えないとして取り扱われている。

② 添付書面

添付書面は要しない（商登106条2項等）。

上記①のなお書きにより社員の退社の登記をする場合には，その添付書面を要する（前記4－3の■3参照）。

③ 登録免許税額

申請1件につき3万円である（登税別表第一第24号㈠レ）。

上記①のなお書きにより社員の退社の登記をする場合には，別途，1万円を加算する必要がある（同号㈠カ，昭42・7・22民事甲2121号通達）。

④ 登記申請書の例

合資会社の種類変更による解散登記申請書

1　商号　△△合資会社（会社法人等番号・・・）

1　本店　○県○市○町○丁目○番○号

1　登記の事由　　種類変更による解散

1　登記すべき事項　平成○年○月○日○県○市○町○丁目○番○号
　　　　　　　　　　△△合同会社に種類変更し，解散

1　登録免許税　　金3万円

上記のとおり登記の申請をする。

　　平成○年○月○日

　　　　　　　　　　　　　　○県○市○町○丁目○番○号

　　　　　　　　　　　　　　　申請人　　　△△合同会社

　　　　　　　　　　　　　　○県○市○町○丁目○番○号

　　　　　　　　　　　　　　　代表社員　　株式会社☆☆

　　　　　　　　　　　　　　　職務執行者　何某

　　　　　　　　　　　　　　○県○市○町○丁目○番○号

　　　　　　　　　　　　　　　上記代理人　何某　印

　　　　　　　　　　　　　　（電話番号　・・・）

○○法務局御中

4-6 解散・清算等に関する登記

■1 解散及び清算人

(1) 解散及び最初の清算人の登記

① 手続等
(a) 解散事由

持分会社は，次の事由等により，解散する（法641条）。

　(i) 定款で定めた存続期間の満了
　(ii) 定款で定めた解散の事由の発生
　(iii) 総社員の同意

なお，法人が社員である場合の意思表示の主体については，前記4－2の■1の末尾の(注)を参照されたい。

　(iv) 社員が欠けたこと

この場合には，法定清算による必要があり，裁判所が選任した清算人が，社員の退社の登記，解散の登記及び清算人の登記を申請することとなる（法647条3項。解散の登記と別に退社の登記をすべきことにつき，類似の問題に関する味村・商業登記下179頁，237頁，登記研究104号44頁参照）。

　(v) 合併（合併により会社が消滅する場合に限る。）
　(vi) 破産手続開始の決定

破産手続中の会社の留意点については，株式会社に関する前記2－5の■

２の(2)①(a)(vii)の**(注)**及び後記**第５章の■４**も参照されたい。

　　(vii)　裁判所の解散命令（法824条１項）又は解散判決（法833条２項。解散
　　　　請求の要件となる「やむを得ない事由」の解釈については，最判昭61・
　　　　３・13民集40巻２号229頁参照）

　上記(vi)及び(vii)については，裁判所書記官から登記の嘱託がされる（破産法
257条１項，法937条１項１号リ・３号ロ）。

(b)　清算持分会社の清算手続

　合併又は破産手続開始の決定による解散の場合を除き，持分会社は，清算
手続をしなければならない（法644条１号）。

　合同会社では，株式会社と同様に，法定清算（清算人により清算手続を行
うもの）による必要があるが，合名会社及び合資会社では，社員間に人的信
頼関係があるため社員の利益を不当に害するおそれが少なく，また，解散の
登記後も５年間社員の債権者に対する責任が残ること等から，一定の解散事
由に該当する場合に，任意清算（清算人を選任せず，定款又は総社員の同意
により会社財産の処分方法を定めるもの）によることも許されている（法
646条，668条，673条）。

(c)　任意清算

　合名会社及び合資会社は，①定款で定めた存続期間の満了，②定款で定め
た解散の事由の発生，又は③総社員の同意により解散した場合には，定款又
は総社員の同意により定めた会社財産の処分方法に従い，清算手続を行うこ
とができる（法668条）。

　法人が社員である場合の総社員の同意に係る意思表示の主体については，
前記４−２の■１の末尾の**(注)**を参照されたい。

　この会社財産の処分方法は自由であり，例えば，会社財産を一括事業譲渡
してその対価を社員に分配する方法や，現物を社員に分配する方法等が紹介
されている（新版注釈会社法(1)473頁）。

　任意清算においては，次の手続を履践する。

　・解散の日（解散後に会社財産の処分方法を定めた場合には，その日）か

ら2週間以内に，解散の日における財産目録及び貸借対照表を作成すること（法669条）。

・上記の会社財産の処分方法に従い清算をする旨等を官報に公告し，知れている債権者に各別に催告する（公告を官報のほか定款の定めに従って二重に行う場合には，各別の催告を要しない）など，所要の債権者保護手続をとること（法670条）。ただし，通常の債権者保護手続とは異なり，異議を述べた債権者に対しては，常に弁済等の担保措置をとる必要がある。

会社が上記債権者保護手続に違反して財産を処分した場合には，債権者等は，当該行為の取消しの訴えを提起することができる（法863条）。

このように，任意清算では，解散の登記以外には，清算手続に入っても当然には登記事項に変更はなく，清算結了に至ってその旨の登記がされることとなる（後記■4参照）。

なお，任意清算について，定款に定めがなく，総社員の同意が得られない場合には，下記(d)の法定清算を行うこととなる。

（注）　任意清算における従前の代表権の帰趨
　　　　任意清算の場合には，登記実務上，解散前の代表社員の代表権は失われないとして取り扱われている（味村・商業登記下179頁。もとより，上記の会社財産の処分方法と合わせて，新たな代表社員を定めることも可能である。）。
　　　　この点，解散により，営業の存続を前提とする社員の会社代表権が消滅するかのような記述もある（新版注釈会社法(1)467頁）が，登記実務上は，従来から，任意清算の余地がある場合には，解散の登記をした際に代表社員の登記の職権抹消をしていないところである（商登規86条1項，後記②の(b)の**（注）**参照）。

(d)　法定清算

(i)　最初の清算人となる者

最初の清算人には，次に掲げる者がなる。

・定款で定める者
・業務執行社員の過半数の同意によって定める者

706 4-6 解散・清算等に関する登記

・これらの者がないときは，清算開始時の業務執行社員
・これらにより清算人となる者がないときは，裁判所が選任した者（ただ
　し，社員が欠けたことや解散命令又は解散判決によって解散した場合に
　は，常にこの方法による。）

　法人が社員である場合の上記定款の変更や業務執行社員の同意に係る意思
表示の主体については，前記4－2の■1の末尾の**(注)**を参照されたい。

　清算人は，社員以外の者から定めてもよい（新版注釈会社法(1)488頁参照）
し，株式会社と異なり，法人でも差し支えないが，法人が清算人になる場合
には，当該法人は，職務執行者を選任し，その者の氏名及び住所を社員に通
知しなければならない（法654条）。

　法人が業務執行社員であった場合において，清算開始時の業務執行社員が
清算人（いわゆる法定清算人）になるときでも，業務執行社員の職務執行者
を清算人の職務執行者とみなす旨の規定がないことや，両者の職務内容が大
きく異なり得ること等から，別途，当該法人において，清算人の職務執行者
を定める必要がある。

　(ii)　代表清算人

　清算人の中から代表清算人を定めない場合には，清算人は各自会社を代表
するため，上記(i)により清算人に就任すると，同時に代表清算人にも就任す
ることとなる（法655条1項本文・2項）。

　ただし，最初の清算人が定款又は業務執行社員の過半数の同意によって定
められず，業務執行社員が法定清算人となるときは，従前の代表社員がその
まま代表清算人となり（法655条4項），また，清算持分会社は，次の方法に
より清算人の中から代表清算人を定めることができる（同条3項。就任承諾
の要否については，代表取締役に関する前記2－5の■2の(1)②(a)(ii)(iii)参照）。

・定款に直接代表清算人の氏名を記載する方法
・定款に，清算人の互選により代表清算人を定める旨を記載した上で，清
　算人の互選によって選任する方法

　この場合に，定款変更に係る意思表示は，法人である社員にあっては，そ

■ 1　解散及び清算人　　707

の代表者（前記 4 − 1 の■ 2 の定款記載例では，株式会社 P の代表取締役何某，合同会社 Q の代表社員である a 株式会社の職務執行者何某）が行う。

　他方，清算人の互選に係る意思表示や，互選された清算人の代表清算人への就任承諾の意思表示は，法人である清算人にあっては，上記(i)により選任された職務執行者が行う。

　なお，裁判所が清算人を選任した場合には，清算人の中から代表清算人を定める権限は，裁判所に属する（法655条 5 項・ 3 項）。

②　登記手続

(a)　登記申請人

　登記申請人は，任意清算にあっては代表社員であり，法定清算にあっては代表清算人である。

(b)　登記すべき事項

　任意清算において登記すべき事項は，次のとおりである。

　・解散の旨並びにその事由及び年月日（法926条，商登98条 1 項）

　法定清算では，このほか，次の事項も登記すべき事項となる（法928条 2 項各号）。

　・清算人の氏名・名称及び住所

　・代表清算人の氏名・名称（会社を代表しない清算人がある場合に限る。）

　・代表清算人が法人であるときは，その職務執行者の氏名及び住所

　職務執行者は，法人が清算人となる場合に選任される（法654条 1 項）が，登記事項となるのは，代表清算人の職務執行者だけである。

　職務執行者の登記は，清算人が各自代表清算人となる場合には，清算人の名称及び住所の登記に付随する形でされるが，清算人の中から代表清算人を定めた場合には，清算人の登記ではなく，代表清算人の名称の登記に付随する形でされる（合名会社の社員に関する前記 4 − 1 の■ 4 の(2)参照）。

　最初の清算人に関する登記は，独立の登記であり，その就任の登記において，就任年月日は公示されない（前記 2 − 1 の冒頭の記述参照）。

708　　4-6　解散・清算等に関する登記

　なお，裁判所が清算人を選任した場合も，清算人の登記は，裁判所からの嘱託ではなく，会社（代表清算人）の申請によって行う。

（注）　解散の登記等と同時にされる職権抹消登記

　　合同会社につき解散の登記をしたとき（合併又は破産手続開始決定による解散の場合を除く。）は，登記官は，職権で，業務執行社員及び代表社員に関する登記を抹消する（商登規91条1項。これにより，社員に関連する登記事項は全部抹消される。）。

　　他方，合名会社及び合資会社では，法定清算によるべき場合（社員が欠けたことや解散命令又は解散判決による解散の場合）には，上記と同様に，解散の登記をしたときに職権で代表社員に関する登記を抹消するが，任意清算の余地がある場合（総社員の同意等による解散の場合）には，清算人の登記をしたときに職権で代表社員に関する登記を抹消する（商登規86条。ただし，これによっても社員の登記は依然として残る。）。

(c)　添付書面

添付書面は，次のとおりである。

(i)　解散の登記の添付書面

(ア)　解散の事由に応じて，次の書面

・定款で定めた解散の事由の発生により解散した場合には，当該事由の発生を証する書面（商登98条2項等）

・総社員の同意により解散した場合には，その同意を証する書面（商登93条等）

　上記のうち，総社員の同意を証する書面については，前記4－2の■2の(2)①も参照されたい。

　このほか，定款で定めた存続期間の満了により解散した場合には，登記簿上その事実が明らかであり，また，社員が欠けたことにより解散した場合には，同時に申請される社員の退社の登記の添付書面（前記4－3の■3）によりその事実が明らかであるため，他に添付書面を要しない。

(イ)　法定清算の場合には，代表清算人の資格を証する書面（商登98条3項等）

　申請人である代表清算人が，会社法647条1項1号及び655条4項の規定により従前の代表社員からそのまま代表清算人となったものであるときは，こ

の書面の添付は要しない。

　また，法定清算の場合には，通常，清算人の登記を同時に申請することと
なるが，その添付書面をもって，上記(イ)の書面とみることができる。

(ii)　法定清算の場合における最初の清算人の登記の添付書面

　(ア)　清算人に関する次の書面

・業務執行社員が法定清算人となる場合には，定款（これにより，定款
　に特段の清算人の定めがないことを確認し，また，業務執行社員に関する
　法591条１項の定款の定めの有無を確認する。商登99条１項１号等）

・定款で定める者が清算人となる場合には，定款又は定款変更に係る総
　社員の同意を証する書面のほか，清算人の就任承諾書（商登99条１項
　２号，93条等）

・業務執行社員の過半数の同意によって定める者が清算人となる場合に
　は，その同意があったことを証する書面及び清算人の就任承諾書（商
　登93条，99条１項３号等）

　　なお，社員が清算人に選任された場合に当該社員にはその就任義務
　があるとする見地から，社員が清算人になった場合には就任承諾書の
　添付を要しないとする見解がある（味村・商業登記下189頁）が，条文
　上明らかでなく，解釈の困難な箇所なので，登記申請人としては，就
　任承諾書を添付することが無難であろう（商登法逐条解説235頁，書式
　精義第５版下829頁参照）。

・裁判所が選任した者が清算人となる場合には，その選任決定書（裁判
　所において，就任承諾の意思を確認しているため，別途，就任承諾書の添
　付を要しない。商登99条１項４号等）

　上記のうち，総社員又は業務執行社員の同意を証する書面については，前
記４－２の■２の(2)①②も参照されたい。

　また，法人が清算人に就任する場合には，清算人への就任承諾の意思表示
は，当該法人の代表者（代表者が法人であるときは，その職務執行者）が行
う。

(イ) 代表清算人に関する次の書面

・代表社員が法定代表清算人となる場合には，代表清算人の資格を証する必要はない。

・清算人の中から代表清算人を定めた場合は，次の書面のいずれか

定款によって代表清算人を定めたときにあっては，上記(ア)の定款又は定款変更に係る総社員の同意を証する書面（商登93条等）

定款の定めに基づく清算人の互選によって代表清算人を定めたときにあっては，定款のほか，その互選を証する書面及び代表清算人の就任承諾書（商登99条１項２号・３号，93条等）

・裁判所が選任した者が代表清算人となる場合には，その選任に係る代表清算人に関する登記事項を証する書面（商登99条１項４号等）

上記のうち，総社員の同意を証する書面については，前記４－２の■２の(2)①も参照されたい。

また，清算人の互選に係る意思表示や，互選された清算人の代表清算人への就任承諾の意思表示は，法人である清算人にあっては，当該清算人の職務執行者が行う。

(ウ) 法人清算人関係書面（商登99条２項・３項等）

・法人が代表清算人になる場合には，代表清算人の選定の在り方を問わず，その登記事項証明書（添付省略の余地は，前記２－１の■６参照），清算人の職務執行者の選任を証する書面及び職務執行者の就任承諾書

なお，清算開始時の業務執行社員が法定清算人になる場合でも，業務執行社員の職務執行者が当然に清算人の職務執行者となるものではなく，職務執行者の選任書の添付を省略することはできない（前記①(d)(i)参照）。

・法人が代表清算人以外の清算人になる場合には，業務執行社員が法定清算人となるときや裁判所が選任した者が清算人となるとき（これらの場合には，社員の登記時や裁判所の選任時に当該法人の存在が確認されている。）を除き，その登記事項証明書（添付省略の余地は，前記

■1 解散及び清算人 *711*

2－1の■6参照）

　㈘　印鑑届書

　法定清算の場合には，登記申請の添付書面ではないが，印鑑提出者の資格
が変更になるため，代表清算人は，その印鑑を登記所に提出しなければなら
ない（商登20条，商登規9条の2）。

(d)　登録免許税額

　解散の登記については，申請1件につき3万円であり，最初の清算人の登
記については，申請1件につき9000円である（登税別表第一第24号㈠レ，㈣イ）。

　なお，清算持分会社が同時にその他の登記事項の変更もする場合（支店廃
止，本店移転等）には，別途，それぞれの登記の登録免許税額を加算する必
要がある（登記研究364号82頁参照）。

(e)　登記申請書の例

　合同会社の解散及び清算人の登記の申請書の例は，次のとおりである。

合同会社解散及び清算人就任登記申請書

1　商号　　X合同会社

1　本店　　○県○市○町○丁目○番○号

1　登記の事由　　　解散
　　　　　　　　　　平成○年○月○日清算人及び代表清算人の選任
　　　　　　　　　　（業務執行社員の清算人就任）

1　登記すべき事項　平成○年○月○日総社員の同意により解散
　　　　　　　　　　　（存続期間の満了，定款所定の解散事由の発生
　　　　　　　　　　　又は社員が欠けたことにより解散）
　　　　　　　　　　○県○市○町○丁目○番○号
　　　　　　　　　　　清算人　何某
　　　　　　　　　　○県○市○町○丁目○番○号
　　　　　　　　　　　清算人　合同会社Q

代表清算人　合同会社Ｑ

　　〇県〇市〇町〇丁目〇番〇号

　　職務執行者　何某

1　登録免許税　　金3万9000円

　　　　　　　　内訳　解散分　　3万円

　　　　　　　　　　　清算人分　　9000円

1　添付書類　　　総社員の同意を証する書面　　　1通

　　　　　　　　業務執行社員の一致を証する書面　1通

　　　　　　　　清算人の就任承諾書　　　　　　2通

　　　　　　　　定款　　　　　　　　　　　　　1通

　　　　　　　　清算人の互選を証する書面　　　1通

　　　　　　　　代表清算人の就任承諾書　　　　1通

　　　　　　　　登記事項証明書　　　　　　　　1通

　　　　　　　（添付省略の余地は，前記2－1の■6参照）

　　　　　　　　職務執行者の選任を証する書面　1通

　　　　　　　　職務執行者の就任承諾書　　　　1通

　　　　　　　　委任状　　　　　　　　　　　　1通

上記のとおり登記の申請をする。

　　平成〇年〇月〇日

　　　　　　　　　　〇県〇市〇町〇丁目〇番〇号

　　　　　　　　　　　申請人　　Ｘ合同会社

　　　　　　　　　　〇県〇市〇町〇丁目〇番〇号

　　　　　　　　　　　代表清算人　合同会社Ｑ

　　　　　　　　　　　職務執行者　何某

　　　　　　　　　　〇県〇市〇町〇丁目〇番〇号

　　　　　　　　　　　上記代理人　何某　印

　　　　　　　　　　　（電話番号　・・・）

○○法務局御中

⑵ 清算人及び代表清算人の変更の登記

① 手 続 等

(a) 清算人の就任

清算手続中において，清算人は，次の方法により選任され，その就任承諾により清算人となる（法647条1項2号・3号・2項。なお，社員が清算人となる場合の就任承諾の要否については，前記(1)②(c)(ii)(ア)参照）。

- ・総社員の同意による定款の変更により，定款に直接清算人の氏名を記載する方法
- ・業務執行社員の過半数の同意によって定める方法

　　なお，社員が1名である清算持分会社においても，裁判所が選任する方法ではなく，この方法によることができると解されること（旧商122条の削除）は，後記(c)(i)の(注)を参照されたい。

- ・裁判所が選任する方法

(b) 代表清算人の就任

清算人の中から代表清算人を定めない場合には，清算人は，各自会社を代表する（法655条1項）。

清算手続中において，清算人の中から代表清算人を定める場合には，次の方法による（法655条3項。就任承諾の要否については，代表取締役に関する前記2－5の■2の(1)②(a)(ii)(iii)参照）。

- ・総社員の同意による定款の変更により，定款に直接代表清算人の氏名を記載する方法
- ・定款に，清算人の互選により代表清算人を定める旨を記載した上で，清算人の互選によって選任する方法
- ・裁判所が清算人を選任した場合には，裁判所によって代表清算人を定める方法

(c) 清算人及び代表清算人の退任

清算人及び代表清算人の退任事由には，次のようなものがあり，基本的には株式会社と同様である（前記２－６の■１の(2)①(a)(iii)参照）が，法人である清算人に特有のものもある。なお，法令又は定款で定めた清算人の員数が欠けた場合に，任期満了又は辞任により退任した者がなお権利義務を有する旨の規律は，設けられていない。

(i) 死 亡

社員である清算人が死亡した場合には，社員の地位は当然に相続人に承継される（法675条）が，清算人の地位については，委任契約が終了し，相続人が清算人となるわけではない（民653条１号，昭35・３・18民事甲666号回答，新版注釈会社法(1)487頁，味村・商業登記下187頁参照）。

この場合には，会社法647条１項及び２項に従い，通常，業務執行社員の過半数の同意により清算人を定めることとなる。

（注）　社員である清算人死亡後の清算人の選任方法

旧商法（無限責任社員が清算人を選任するという法制）の下では，清算中の合資会社において，唯一の無限責任社員である清算人が死亡した場合には，同法122条の趣旨（社員が１名となり解散した場合には，清算の公正の観点から当該１名の社員に任せず，裁判所が清算人を選任すべきとするもの）から，当該唯一の無限責任社員（相続人）のみで同法164条ただし書により清算人を選任することはできず，裁判所が清算人を選任する必要があるとされていた（昭29・４・12民事甲770号通達，上記昭35回答，味村・商業登記下241頁，新版注釈会社法(1)489頁参照）。

また，旧商法の合名会社及び合資会社において，社員の過半数により清算人の選解任を行う旨の定款の別段の定めがある場合には，死亡した唯一の無限責任社員である清算人のほかに，有限責任社員があるか否かで区別し，これがないときは，前段落と同じく旧商法122条の趣旨が及ぶものの，これがあるときは，全社員の過半数により清算人を選任することができるとされていた（昭37・２・22民事甲367号回答，登記研究173号64頁）。

しかし，会社法では，社員が１名になったことが法定解散事由から除外されるとともに，社員が１名でも任意清算が可能となり（類型的に不公正とはされていない。），旧商法122条の規律は，社員が欠けた場合に裁判所が清算人を選任すべき旨に変更され，清算人の選解任は業務執行社員の過半

数により行うこととされた（法641条，647条，648条）。これを踏まえると，私見ではあるが，社員が1名の清算持分会社において当該社員の意思により清算人を選任すること（法647条1項3号）を否定するのは，条文上困難であり，社員である清算人が死亡した場合には，社員が1名であると2名以上であるとを問わず，業務執行社員の過半数の同意により清算人を定めることができると解される。

(ii) **辞　任**

業務執行社員の過半数の同意によって定めた清算人は，いつでも，辞任することができる（民651条，新版注釈会社法(1)489頁）。

これに対し，社員（業務執行社員）がそのまま法定清算人となった場合には，清算事務を遂行する義務があり，清算人を辞任できないとする見解が有力である（味村・商業登記下186頁，商登法逐条解説237頁，新版注釈会社法(1)487頁参照）。この点，社員の中から選任された業務執行社員が法定清算人となる場合については，業務執行社員も正当な事由があれば辞任できること（法591条4項）と若干不均衡ではあるが，必要があれば，裁判所による解任（法648条3項）の方法によることとなろう。

定款で定めた清算人又は代表清算人の辞任については，定款の変更に係る総社員の同意が必要かどうか，議論の蓄積もなく解釈が困難であるが，代表社員の辞任の取扱い（前記4−3の■4の(2)②(b)参照）との均衡や，清算事務の確実な遂行の必要性に照らすと，総社員の同意が必要と解すべきであろうか（ただし，定款で定めた業務執行社員の辞任の方法に関し見解が分かれていることにつき，前記4−3の■5の(1)①(b)の(**注**)を参照）。

このほか，裁判所が選任した清算人について，その辞任を認めるか否かは裁判所の解釈を重視すべきであるが，当該清算人が辞任した後に裁判所が新たな清算人を選任したとして，新清算人から清算人の辞任及び就任の登記申請があった場合には，これを受理して差し支えないとされている（昭38・3・15民事甲739号回答）。

(iii) **解　任**

清算人（裁判所が選任した者を除く。）は，いつでも，定款に別段の定め

がない限り社員の過半数の決定によって，解任することができる（法648条
1項・2項。法人が社員である場合の意思表示の主体については，前記4－2の
■1の末尾の**(注)**参照）。

　また，全ての清算人は，重要な事由があるときは，社員その他の利害関係
人の申立てにより，裁判所の決定によって解任される（法648条3項）。

　代表清算人は，その選定方法に応じ，次の方法により解職することができ
る。

- ・定款で定めた代表清算人を解職するには，特定の者を代表清算人とする
　定款の定めの削除（法655条3項）
- ・定款に基づく清算人の互選により定めた代表清算人を解職するには，清
　算人の過半数の一致（法655条3項）
- ・裁判所が定めた代表清算人については，裁判所の決定（法655条5項）
  - (iv)　清算人の選任決定の取消し
  - (v)　任期満了
  - (vi)　資格喪失
  - (vii)　清算人の破産手続開始の決定
  - (viii)　法人である清算人の解散等（前記4－3の■4の(2)①の**(注1)**参照）

②　登記手続

(a)　登記すべき事項

清算人及び代表清算人の就任の登記の登記事項は，次のとおりである。

- ・清算人の氏名・名称及び住所
- ・代表清算人の氏名・名称（会社を代表しない清算人がある場合に限る。）
- ・代表清算人が法人であるときは，その職務執行者の氏名及び住所
- ・就任年月日

これらの退任の登記の登記事項は，退任の旨及び退任年月日である。

　なお，清算人の退任の登記のうち，裁判所による解任又は清算人の選任決
定の取消しにあっては，裁判所により登記の嘱託がされる（法937条1項2号

ニ・ホ)。

(b) 添付書面

清算人及び代表清算人の就任の登記の添付書面は，最初の清算人の登記に関する前記(1)②(c)(ii)と同様である。

これらの退任の登記の添付書面は，退任を証する書面である（商登100条3項。前記4－3の■4の(2)も参照）。

(c) 登録免許税額

清算手続中の清算人又は代表清算人の変更の登記の登録免許税額は，申請1件につき6000円である（登税別表第一第24号四ニ）。

■2 その他の登記事項の変更

清算持分会社は，清算の目的の範囲内において，清算が結了するまではなお存続するものとみなされる（法645条）が，解散前と比べ，次のような点で差異が生じ，その変更の登記をすることができなくなる。

(1) 社員の加入・退社及び持分譲渡

清算持分会社では，社員関係の終結に向けた清算という目的上，新たな出資による加入や持分の譲受けによる加入は許されていない（法674条1号。持分譲渡の禁止につき明文の規定はないが，滝澤孝臣・最高裁判所判例解説民事篇平成4年度16頁，登記研究361号84頁，新版注釈会社法(1)468頁参照）。

また，清算持分会社では，会社の継続に際して退社する場合を除き，持分の払戻しを伴うことになる退社は許されていない（法674条2号）。

したがって，清算持分会社の状態においては，社員の死亡又は合併による消滅によりその持分が一般承継人に承継される場合（法675条）に限って，社員の退社及び加入や社員間の持分移転が許容されるにとどまる（前記4－

3の■1及び■2参照)。清算持分会社において,社員の死亡による退社及び相続による加入の登記をする必要はないとの先例(昭29・4・12民事甲770号通達)については,前記4-3の■1の(1)③の(**注4**)を参照されたい。

(2)　資本金の額の減少

清算持分会社は,次のように,利益の配当や財産の払戻し等をすることができない。

- ・利益の配当(法674条3号,621条)
- ・損失の塡補のための資本金の額の減少(法674条3号,620条)
- ・出資の払戻し(法674条3号,624条)
- ・合同会社における出資の払戻し又は持分の払戻しのための資本金の額の減少(法674条3号,626条)

(3)　一定の組織再編行為等

清算持分会社は,次の組織再編行為等をすることができない。

- ・清算持分会社が存続会社となる合併(法643条1号)
- ・清算持分会社が承継会社となる吸収分割(同条2号)
- ・合同会社となる種類の変更(法674条4号)

（注）　**清算持分会社の事業譲渡**

登記事項ではないが,事業譲渡の決定機関につき,解散前には,業務執行社員の過半数の決定(更に,定款変更を伴う場合には,総社員の同意)により行うのに対し,清算手続中では,清算人のみでは決定できず,社員の過半数をもって決定することとなる(法650条3項,新版注釈会社法(1)512頁)。

■3　会社の継続　　719

⑷　その他

　上記のほか，清算持分会社における商号の変更，支配人の選任，支店の設置，本店移転等については，清算株式会社と同様に，可能である（前記2－6の■2参照）。

　これらの登記の登録免許税額は，申請1件につき6000円（登税別表第一第24号㈣ニ）ではなく，解散前のものと同額である（同号㈣ニは清算人に関する登記事項の変更についてのみ適用があることにつき，登記研究364号82頁参照）。

■3　会社の継続

⑴　手　　続

　定款で定めた存続期間の満了，定款で定めた解散の事由の発生又は総社員の同意により解散した清算持分会社は，社員の全部又は一部の同意により，会社を継続することができる（法642条1項）。この場合には，継続に同意しなかった社員は，会社の継続の日に退社する（同条2項）。

　このほか，設立の無効又は取消しの判決が確定した場合（解散事由ではないが，清算を開始する必要がある。法644条）であっても，その無効又は取消しの原因が一部の社員のみにあるときは，他の社員の全員の同意により会社を継続することができるが，この場合には，当該原因がある社員は，退社したものとみなされる（法845条）。

　　（注）　旧商法では，本文のほか，①社員が1人となったことにより合名会社が
　　　　解散した後に，新たに社員を加入させてする継続（旧商95条2項）や，②
　　　　無限責任社員又は有限責任社員の全員が退社して合資会社が解散した後に，
　　　　新たに社員を加入させ又は無限責任社員のみで会社を続ける継続（旧商162
　　　　条1項ただし書・2項）の制度があった。

　　　　会社法では，上記①につき，社員が欠けたことが解散事由とされるとと

もに，その場合には継続の余地がなくなり（法641条4号），上記②につき，解散事由とされず，法律上当然の種類の変更の制度が創設され，やはり継続の余地がなくなった（法638条2項）。

⑵　登記手続

①　登記すべき事項

登記すべき事項は，継続の旨及びその年月日である。

継続の登記に際し，合同会社では，常に，代表社員及び業務執行社員の登記をする必要がある（前記4-3の■4及び■5）。

また，合名会社及び合資会社では，会社の継続に際して退社する社員がある場合にはその退社の登記を，社員の中から代表社員を定めた場合には代表社員の登記をする必要がある。

このほか，定款で定めた存続期間又は解散事由を変更し又は廃止した場合には，その変更の登記もしなければならない。

（注1）　**解散前の代表社員等の定めの効力**
　　　　定款により代表社員又は業務執行社員を定めていた会社が，法定清算の手続に入った後に継続する場合には，解散前の上記定款の定めは効力を失い，継続に際して，改めて定款に定めを置く必要があると解されている（味村・商業登記下193頁）。

（注2）　**継続の登記と同時にされる職権抹消登記**
　　　　総社員の同意等による解散後に，継続の登記をしたときは，登記官は，職権で，解散の登記並びに清算人及び代表清算人に関する登記を抹消する記号を記録しなければならない（商登規85条1項）。
　　　　また，設立無効判決等の確定後（解散の登記ではなく，設立無効等の登記がされる。法937条1項1号イ・チ）に，継続の登記をしたときは，登記官は，職権で，設立の無効・取消しの登記並びに清算人及び代表清算人に関する登記を抹消する記号を記録しなければならない（商登規85条2項）。

■3　会社の継続　*721*

②　添付書面

(a)　総社員の同意等による解散後の継続の場合

この場合の継続の登記の添付書面は，社員の全部又は一部の一致を証する書面である（商登93条等。社員の一致を証する書面については，前記4－2の■2の(2)①②も参照）。

合名会社及び合資会社では，この書面と登記記録との比較により，継続に同意しなかった社員が明らかになるため，この書面は，社員の退社の登記の添付書面（商登96条1項）を兼ねることとなる。

なお，合同会社では，解散の登記をした際に，既に業務執行社員及び代表社員に関する登記は職権で抹消されている（商登規91条1項）ため，継続に際して業務執行社員の退社の登記をする余地はなく，新たに定めた代表社員及び業務執行社員の登記をするための添付書面を要する（前記4－3の■4の(1)，■5の(1)参照）。

(b)　設立無効判決等の確定後の継続の場合

この場合の継続の登記の添付書面は，次のとおりである。

・設立の無効又は取消しの判決書の謄本（商登103条等）

・設立の無効又は取消しの原因がある社員<u>以外の全て</u>の社員の同意があったことを証する書面（商登93条等）

合名会社及び合資会社では，判決書の謄本及び社員の同意書と登記記録との比較により，設立の無効又は取消しの原因がある社員以外の全ての社員が継続に同意している事実が明らかになる。なお，上記の判決書の謄本は，社員の退社の登記の添付書面（商登96条1項）を兼ねることとなる。

これに対し，合同会社では，社員の氏名が登記事項でないため，上記とは事情が異なり，私見ではあるが，継続という効果の重大性に照らすと，判決書の謄本及び社員の同意書のほか，当該同意書が設立の無効・取消しの原因がある社員以外の全ての社員によるものであることを証する書面（全社員の氏名を確認するための定款等）も，添付書面に含まれると解される（商登118条，93条）。

③ 登録免許税額

継続の登記の登録免許税額は，申請1件につき3万円である（登税別表第
一第24号(一)ソ）。

そのほか，代表社員や社員の変更，存続期間又は解散事由の変更等の登記
についても，それぞれの登記の登録免許税額を加算する必要がある（清水・
登税法詳解179頁）。

④ 登記申請書の例

合同会社継続登記申請書

1　商号　〇〇合同会社
1　本店　〇県〇市〇町〇丁目〇番〇号
1　登記の事由　　会社継続

　　　　　　　　業務執行社員及び代表社員の変更
1　登記すべき事項　平成〇年〇月〇日会社を継続

　　　　　　　　同日次のとおり業務執行権付与

　　　　　　　　　　業務執行社員　何某

　　　　　　　　　　業務執行社員　株式会社〇〇

　　　　　　　　同日次のとおり就任

　　　　　　　　　〇県〇市〇町〇丁目〇番〇号

　　　　　　　　　　代表社員　何某

　　　　　　　　　〇県〇市〇町〇丁目〇番〇号

　　　　　　　　　　代表社員　株式会社〇〇

　　　　　　　　　　〇県〇市〇町〇丁目〇番〇号

　　　　　　　　　　職務執行者　何某
1　登録免許税　　　金4万円（資本金1億円超の場合は，6万円）

　　　　　　　　　内訳　継続分　　　　3万円

社員変更分　1万円（3万円）

1　添付書類　　継続につき社員の一致を証する書面　1通

定款変更に係る総社員の同意書　1通

登記事項証明書　　　　　　　　1通

（添付省略の余地は，前記2－1の■6参照）

取締役会議事録　　　　　　　　1通

職務執行者の就任承諾書　　　　1通

委任状　　　　　　　　　　　　1通

（以下略）

■4　清算結了

⑴　手　　続

①　合名会社及び合資会社

　任意清算手続の流れは，前記■1の⑴①(c)のとおりであり，債権者保護手続を履践しつつ，定款又は総社員の同意により定めた会社財産の処分方法に従って，債務の弁済や残余財産の分配を行う。

　これに対し，法定清算手続の流れは，次のとおりであり，債権者保護手続を予定しない代わりに，債務の弁済後でなければ残余財産を分配することができないとして，債権者の保護を図っている（法664条）。

・清算人の就任後遅滞なく行う財産目録及び貸借対照表の作成並びに社員への通知（法658条）

・債務の弁済（法664条）

・各社員の出資の価額に応じてする残余財産の分配（法666条）

・清算に係る計算及び社員の承認（法667条）

なお，社員は，解散の登記後5年以内に請求予告等をした債権者に対して

は，なお責任を負い続けることとなる（法673条１項）。

② 合同会社

合同会社では，法定清算による必要があるが，合名会社及び合資会社の法定清算と比べ，次のような特則が設けられており，むしろ株式会社の清算手続に準ずるものとなっている。

- 清算開始後遅滞なく，債権者に対して一定の期間（２か月以上）内に債権を申し出るべき旨の官報公告を行い，かつ，知れている債権者に各別の催告をすること（法660条）。
- 債権申出期間は，原則として，債務の弁済が禁止されること（法661条１項）。
- 債権申出期間内に申出をしない債権者は，清算から除斥され，分配されていない残余財産に対してしか弁済の請求ができなくなること（法665条）。

清算持分会社は，清算に係る計算につき社員が承認した日（任意清算にあっては，財産の処分を完了した日）から，本店の所在地においては２週間以内に，支店の所在地においては３週間以内に，清算結了の登記をしなければならない（法929条２号・３号，932条）。

⑵ 登記手続

① 登記すべき事項

登記すべき事項は，清算結了の旨及びその年月日（任意清算にあっては財産の処分完了日，法定清算にあっては社員の承認の日）である。

② 添付書面

添付書面は，次のとおりである（商登102条等）。

- 任意清算の場合には，財産の処分が完了したことを証する総社員が作成

■4　清算結了　　725

した書面（財産処分の内容の記載もあるもの。書式精義第5版下857頁参照）

・法定清算の場合には，会社法667条の規定による清算に係る計算の承認があったことを証する書面（清算結了の貸借対照表や，資産の処分を明らかにした清算計算書の記載もあるもの。書式精義第5版下854頁，登記研究170号96頁，新版注釈会社法(1)528頁参照）

　なお，この承認の主体につき，「各社員ノ承認」とする旧商法133条1項中「各」という文言が削られた理由は明らかでないが，実質改正ではなく，総社員の承認を証する書面（承認しない社員については，1か月以内に異議が述べられていない旨の代表清算人の証明書。法667条2項）を添付すべきと解される（書式精義第5版下852頁，新版注釈会社法(1)530頁参照）。

債権者保護手続に関する書面は，添付書面ではないが，任意清算の場合には，解散の日から債権者保護手続に要する1か月の期間が経過し，また，合同会社の法定清算の場合には，清算人の就任日から会社法660条の債権者保護手続に要する2か月の期間が経過した日以後でなければ，清算結了の登記を受理することはできないものと解される（昭33・3・18民事甲572号通達参照）。

なお，添付書面から債務超過の事実が判明する場合の取扱いについては，前記2－6の■4の(2)(b)を参照されたい。

③　登録免許税額

申請1件につき2000円である（登税別表第一第24号㈣ハ）。

④　登記申請書の例

前記■3の(2)④の登記申請書の例中，

「登記の事由　清算結了

　登記すべき事項　平成○年○月○日清算結了」

などとし，添付書面及び登録免許税額を上記②及び③のとおりとするほかは，これと同様である。

第5章

嘱託による登記

728　　　第5章　嘱託による登記

■1　株主総会決議の無効等に関する裁判

(1)　総　　論

　株主総会の決議の不存在若しくは無効の確認又は取消しの判決が確定した場合には，裁判所書記官から，嘱託書に裁判書の謄本を添付して，その登記の嘱託がされる（法937条1項1号ト，会社非訟事件等手続規則42条1項）。

　株主総会の決議の不存在，無効又は取消しの登記の登録免許税額は，登記の更正・抹消に当たるものとして，本店の所在地では2万円，支店の所在地では6000円であると解されている（登税別表第一第24号㈠ネ・ナ，㈡ロ，昭25・1・16民事甲68号通達，味村・商業登記上1094頁，1099頁，清水・登税法詳解195頁参照）。

　この場合，登記官は，当該株主総会で決議した事項に関する登記を抹消するとともに，当該登記によりかつて抹消された登記事項があるときは，その登記を回復しなければならない（商登規66条）。

　（注）　新株発行の不存在又は無効の確認，新株予約権の発行の不存在又は無効の確認及び株式会社における資本金の額の減少の無効の確認の判決が確定した場合も，基本的に，本文と同様である（法937条1項1号ロからヘまで，商登規70条）。

(2)　各　　論

①　本店移転決議の無効等

　他の登記所の管轄区域内への本店移転の決議につき不存在，無効又は取消しの判決が確定した場合には，裁判所書記官は，新旧両所在地の各管轄登記所に対して登記の嘱託をすべきであり，同時申請等の本店移転の登記申請と同様の手続によることを要しないとされている（味村・商業登記上1094頁，昭

29・12・28民事甲2764号通達）。

　この場合，新所在地を管轄する登記所は，その管轄区域内に支店がない限り，その会社の登記記録を閉鎖し，他方，旧所在地を管轄する登記所は，その会社の登記記録を復活する（商登規45条）。

　本店移転の登記後，判決の確定時までに新所在地において登記された事項については，これを旧所在地における登記記録に反映させる必要があるが，これについては，登記官の職権による旨の規定がないため，会社が改めて当該事項の登記申請をするよりほかはないとされている（味村・商業登記上1096頁）。

（注）　本店移転の無効による抹消申請

　　　　他の登記所の管轄区域内への本店移転の無効を原因として，会社が商登法134条の抹消登記の申請をする場合には，嘱託の場合と異なり，新旧両所在地における抹消登記の申請は，旧本店所在地の登記所において同時に受理し，本店移転の登記手続の例に従い処理するものとされている（昭45・3・2民事甲875号回答）。

　　　　なお，新旧両所在地の各管轄登記所に対して嘱託すべきとする上記昭和29年通達は，本店移転の登記申請につき同時申請の規定を有しなかった旧非訟事件手続法の下で発出されたものであり（黒木学「決議無効確認判決による嘱託登記の研究㈠」登記研究85号17頁），再考すべき余地もあるが，現在の裁判実務は，上記のように取り扱われているようである。

②　役員選任決議の無効等

(a)　登記手続

　役員選任決議の不存在，無効又は取消しの判決が確定し，その登記の嘱託がされたときは，登記官は，当該役員の登記に次のように記録して，当該役員の登記事項に抹消する記号を記録する（ただし，後記(b)の場合には，嘱託を却下すべきなので，注意が必要である。）。

730   第5章　嘱託による登記

役員に関する 事項	取締役　甲野太郎	平成18年6月30日就任
		平成18年7月10日登記
		平成19年5月14日東京地方 裁判所の選任決議無効の判 決確定
		平成19年5月15日登記

　この場合，当該役員の地位を前提とする他の登記があるときは，併せて，その登記事項にも抹消する記号を記録する（取締役の登記を抹消する場合の代表取締役，特別取締役，委員又は社外取締役に関する登記の抹消等。商登規67条）。

　そして，当該役員の登記を抹消した結果，登記簿上役員の法定員数に満たなくなる場合（取締役会設置会社において取締役が2名以下になる場合，監査役設置会社において監査役が存しなくなる場合等）において，抹消した役員の前任の役員の退任事由が任期満了又は辞任であるときは，本来，当該前任の役員は，なお役員としての権利義務を有していたはずである（法346条1項）ため，次のように，その登記を回復する（商登規66条，味村・商業登記上1096頁）。

役員に関する 事項	取締役　佐藤一郎	平成16年6月29日就任
		平成16年7月12日登記
		平成18年6月30日退任
		平成18年7月10日登記
		退任の登記
		平成19年5月15日職権抹消
	取締役　佐藤一郎	
		平成19年5月15日抹消により回復

■1　株主総会決議の無効等に関する裁判　　*731*

（注1）　選任後に本店移転があった場合の取扱い

　　　旧本店所在地において役員の就任登記がされた後，本店移転の登記が
され，その後，新本店所在地に役員選任決議の無効等の登記の嘱託がさ
れたときは，当該役員につき退任の登記がされていない限り（後記(b)参
照），これを受理して，当該役員の登記を抹消しなければならない（味
村・商業登記上1090頁。なお，昭36・2・8民四35号回答は，旧本店所
在地でされた取締役等の就任登記につき，その選任決議無効の判決に基
づく登記の嘱託が新本店所在地の登記所にあった場合に，これを却下す
べきとするが，この回答は，当該取締役等が既に退任している後記(b)の
事案に関するものである。）。

　　　この場合において，本文のとおり，任期満了又は辞任により既に退任
している前任役員の回復の登記をする必要があるときは，登記官は，登
記情報交換システム等を利用して，旧本店所在地における登記記録に係
る情報を入手し（味村・商業登記上1096頁），次のとおり，新本店所在地
の登記記録に，当該前任役員の旧本店所在地における最後の就任及び退
任の登記を反映させた（移記という文言を用いる。）上，これを回復する
こととなる（移記という文言については，類似の問題である取締役解任
決議の無効判決確定の場合に関する平19・12・14民商2722号通知参照）。

役員に関する 事項	取締役　佐藤一郎	平成16年6月29日就任
		平成19年5月15日移記
		平成18年6月30日退任
		平成19年5月15日移記
		退任の登記
		平成19年5月15日職権抹消
	取締役　佐藤一郎	
		平成19年5月15日抹消によ り回復

**（注2）　選任決議の無効等により抹消される取締役の登記の前に仮取締役の登
記がある場合の取扱い**

　　　例えば，取締役の員数を欠くとして，一時取締役の職務を行うべき者
X（仮取締役。法346条2項）の就任の登記があった後に，取締役Yの就

任の登記がされると，仮取締役Xの登記は登記官の職権で抹消される（商登規68条1項）が，その後，取締役Yの選任決議無効確認の判決確定の登記の嘱託がされたときは，取締役Yの就任登記を抹消するとともに，仮取締役Xの登記を回復しなければならない（商登規66条。植田和男・伊藤隆「商業法人登記実務における諸問題」民事月報49巻6号74頁）。

(b) 登記することができない場合

役員選任決議の無効等の判決が確定し，その登記の嘱託がされた場合であっても，訴えの提起時から長期間が経過し，当該役員につき辞任，解任，任期満了等による退任の登記がされるなど，当該役員の登記が登記簿上既に抹消されて現に効力を有しないときは，登記実務上，商登法24条3号により当該登記の嘱託を却下するものとして取り扱われている（昭47・7・26民事甲3036号回答，味村・商業登記上1089頁）。

（注）　裁判実務の在り方

役員選任の株主総会決議の取消しの訴えの係属中に，その決議に基づいて選任された役員が全て任期満了により退任し，その後の株主総会の決議によって役員が新たに選任された場合には，当該訴えがその役員の在任中の行為について会社の受けた損害を回復することを目的とする等の特別の事情がない限り，当該決議取消しの訴えは，訴えの利益を欠くに至るものと解されている（最判昭45・4・2民集24巻4号223頁，東京地方裁判所商事研究会編『類型別会社訴訟（第三版）I』380頁（判例タイムズ社，2011））。

この「特別の事情」を認めた裁判例はほとんどないといわれている（江頭・株式会社法369頁）が，仮に，裁判手続において，上記の特別の事情が認められて請求認容判決が確定した場合であっても，判例の立場によれば，役員の就任登記を形式的に抹消すること（役員の地位の喪失を公示すること）が訴えの利益に値するものとは想定されていないため，登記手続上は，本文に記載した取扱いがされることとなる。

③　新株発行の無効等

会社の成立後における株式の発行の無効又は不存在の判決が確定し，その登記の嘱託がされた場合には，登記官は，次のとおり，発行済株式の総数並びに種類及び数の登記につき，これを抹消し，変更前の登記事項を回復する

（複数回の新株発行の登記がされ，最初の新株発行についてのみ無効等の判決が確定したときは，現時点で登記されている発行済株式の総数から，無効とされた新株発行に係る増加株式数を差し引く）こととなる。

なお，資本金の額については，新株発行の無効等の判決が確定しても，新株発行前の状態に復するものではない（計25条2項1号，商登規70条の読替部分）。

発行済株式の総数並びに種類及び数	発行済株式の総数 5000株	
	発行済株式の総数 1万株	平成18年6月30日変更
		平成18年7月10日登記
		平成19年5月14日東京地方裁判所の新株発行（平成18年6月30日）無効の判決確定
		平成19年5月15日登記
	発行済株式の総数 5000株	
		平成19年5月15日回復

④　解散決議の無効等

解散決議の不存在，無効又は取消しの判決が確定し，その登記の嘱託がされた場合には，登記官は，解散の登記のほか，清算人の登記も抹消すべきものと解されている（味村・商業登記上1097頁，昭15・4・8民事甲418号回答）。

この考え方は，解散決議が無効である以上，以後の清算手続は全て無効であることが明らかであるから，商業登記規則66条1項の「決議した事項に関する登記を抹消する」という文言を類推適用するものと解されるが，そのような観点から，解散決議無効判決確定の登記の嘱託があった場合には，清算結了の登記も併せて抹消して差し支えないものと考えられる。

734　第5章　嘱託による登記

■ 2　合併の無効に関する裁判

(1)　吸収合併の無効

　吸収合併無効の判決が確定した場合には，裁判所書記官から，嘱託書に裁判書の謄本を添付して，存続会社についての変更の登記及び消滅会社についての回復の登記の嘱託がされる（法937条3項2号・4項，会社非訟事件等手続規則42条1項）。この場合，同時申請等の吸収合併の登記申請と同様の手続によることを要しない（味村・商業登記上1108頁）。

　存続会社についての変更の登記の登録免許税額は，本店の所在地では3万円，支店の所在地では9000円であり（登税別表第一第24号㈠ツ，㈡イ），消滅会社についての回復の登記の登録免許税額は，本店の所在地では3万円，支店の所在地では9000円である（同号㈠ソ，㈡イ，清水・登税法詳解194頁）。

　登記官は，次のとおり，存続会社については，登記記録中会社履歴区に吸収合併無効の旨を記録した上，発行済株式の総数並びに種類及び数の登記につき，これを抹消し，変更前の登記事項を回復する（その後，発行済株式の総数の増加の登記がされているときは，現時点で登記されている数から，合併による増加株式数を差し引く）こととなる。

　なお，資本金の額については，吸収合併無効の判決が確定しても，合併前の状態に復するものではない（計25条2項3号）。

(2)　新設合併の無効

　新設合併無効の判決が確定した場合には，裁判所書記官から，嘱託書に裁判書の謄本を添付して，設立会社についての解散の登記及び消滅会社についての回復の登記の嘱託がされる（法937条3項3号・4項，会社非訟事件等手続規則42条1項）。この場合，同時申請等の新設合併の登記申請と同様の手続に

■2 合併の無効に関する裁判　　735

【存続会社の登記記録】

発行済株式の総数並びに種類及び数	発行済株式の総数 　5000株	
	発行済株式の総数 　1万株	平成18年6月30日変更
		平成18年7月10日登記
	発行済株式の総数 　5000株	平成19年5月14日東京地方裁判所の合併無効の判決確定により変更
		平成19年5月15日登記
吸収合併	平成18年6月30日○県○市○町○丁目○番○号株式会社○○を合併 　　　　　　　　　　　　　　　平成18年7月10日登記	
	平成19年5月14日東京地方裁判所の合併無効の判決確定 　　　　　　　　　　　　　　　平成19年5月15日登記	

【消滅会社の登記記録】

登記記録に関する事項	平成18年6月30日○県○市○町○丁目○番○号株式会社○○に合併し解散 　　　　　　　　　　　　　　　平成18年7月10日登記 　　　　　　　　　　　　　　　平成18年7月10日閉鎖
	 　　　　　　　　　　　　　　　平成19年5月15日復活
	平成19年5月14日東京地方裁判所の合併無効の判決により回復 　　　　　　　　　　　　　　　平成19年5月15日登記

よることを要しない（味村・商業登記上1108頁）。

　設立会社についての解散の登記の登録免許税額は，本店の所在地では3万

円，支店の所在地では9000円であり（登税別表第一第24号㈠レ，㈡イ），各消滅会社についての回復の登記の登録免許税額は，本店の所在地では３万円，支店の所在地では9000円である（同号㈠ソ，㈡イ）。

　登記官は，次のとおり，設立会社については，新設合併無効の旨を記録して，登記記録を閉鎖し，消滅会社については，登記記録を復活する。

【設立会社の登記記録】

登記記録に関する事項	平成19年５月14日東京地方裁判所の合併無効の判決により解散 <div align="right">平成19年５月15日登記</div><div align="right">平成19年５月15日閉鎖</div>

【消滅会社の登記記録】

登記記録に関する事項	平成18年６月30日○県○市○町○丁目○番○号株式会社○○と合併して○県○市○町○丁目○番○号株式会社○○を設立し解散 <div align="right">平成18年７月10日登記</div><div align="right">平成18年７月10日閉鎖</div>
	<div align="right">平成19年５月15日復活</div>
	平成19年５月14日東京地方裁判所の合併無効の判決により回復 <div align="right">平成19年５月15日登記</div>

　　（注） 新設合併の無効又は新設分割の無効の場合には，法律上当然に従前の状態に復し，設立会社の清算手続を要しないのに対し，通常の設立の無効又は株式移転の無効の場合には，清算人による清算手続を要する（法475条２号・３号）。

■3　清算人に関する裁判

(1)　清算人の選任の裁判

①　総　　論

　裁判所は，清算株式会社について，会社法478条2項から4項までの規定により清算人を選任することができるが，更に，破産手続開始決定を受けて破産手続中の会社についても同様と解されることは，前述のとおりである（前記2－5の■2の(2)①(a)(vii)の**(注2)**参照）。

　清算人の登記は，裁判所書記官の嘱託による旨の規定がなく，会社（代表清算人）の申請による。

②　登記記録が既に閉鎖されている場合の取扱い

(a)　破産手続の終結の登記により登記記録が閉鎖された会社について，残余財産が存在するとして清算人の就任の登記が申請された場合には，これを受理し，当該登記記録を復活して，その登記をすることとなる（商登規45条，昭57・5・19民四3765号回答，登記研究415号85頁）。この場合には，登記官は，職権で，取締役，代表取締役及び破産管財人に関する登記並びに取締役会設置会社である旨の登記を抹消するとともに，現在事項証明書に破産手続開始決定の登記が表示されないよう，当該登記をも抹消する取扱いである（登記研究719号154頁）。

(b)　清算人の就任の登記がされた後，破産手続の終結の登記により登記記録が閉鎖された会社について，当該清算人から，本店の所在地を管轄する登記所に清算結了していない旨の申出があった場合には，商業登記規則81条の規定に準じ，当該登記記録を復活し，当該会社に支店があればその旨を支店の所在地の登記所に通知し，通知を受けた登記官も，支店の所在地における登記記録を復活するとされている（平9・3・17民四

496号通知，登記研究596号115頁）。

(c) 清算結了の登記により登記記録が閉鎖された会社について，残余財産が存在するとして清算結了の登記の抹消及び清算人の就任の登記が申請された場合には，これを受理し，当該登記記録を復活して，これらの登記をする（商登規45条，昭45・7・17民事甲3017号回答，前記2−6の■4参照）。

（注1）　支店の所在地における登記記録の復活
　　　　上記(a)の場合には，上記(c)の清算結了の登記の抹消申請の場合と異なり，支店の所在地の登記所に対して登記申請がされる余地がないため，本店の所在地の登記記録だけが復活することとなる。支店の所在地の登記事項の簡略化に伴う問題であり，私見ではあるが，上記(b)の取扱いに準じた統一的な指針が示されることが望まれる。

（注2）　登記用紙の復活と同時にコンピュータ登記簿に移行する場合の取扱い
　　　　破産手続の終結の登記により閉鎖された登記用紙は，コンピュータ登記簿に移記する必要がないが，上記(a)又は(b)に際して登記用紙を復活して，コンピュータ登記簿に移記する場合には，解散の事実を公示するため，平成17年法務省令第19号附則3条2項の「現に効力を有するもの」に準じて，破産宣告の登記及び破産終結の登記を共に移記するものとして取り扱われている。

(2)　清算人の解任の裁判等

　裁判所は，重要な事由があるときは，少数株主の申立てにより，清算人を解任することができる（法479条2項）。

　清算人の解任の裁判があったときは，裁判所書記官は，その登記を嘱託しなければならない（法937条1項2号ホ）。清算人の解任の裁判を取り消す裁判が確定したときも，同様である（同項3号イ）。

　これらの清算人に関する登記の登録免許税額は，申請1件につき6000円であると解されている（登税別表第一第24号㈣ニ，清水・登税法詳解200頁参照）。

⑶ 清算人の選任の裁判の取消し

　非訟事件につき，裁判所は，裁判をした後にその裁判を不当と認めるときはこれを取り消すことができる（非訟事件手続法59条）ところ，裁判実務においては，その職務範囲を申請に係る清算事務に限定して清算人が選任された上，当該清算事務の終了後，裁判所の職権により，清算人の選任決定の取消しがされることが多い。

　裁判所書記官による清算人の選任決定の取消しの登記の嘱託につき，会社法整備法による改正前の旧非訟事件手続法や制定当初の会社法に明文の規定はなかったが，実務上は，上記⑵の清算人の解任の場合に準じて嘱託による登記を許容し，破産手続の終結の場合に準じて，登記記録区に「平成○年○月○日○○地方裁判所の清算人何某選任決定取消の決定」と登記をした上，登記記録を閉鎖するものとされていた（柳川謙二「破産終結の登記後に選任された清算人についてその選任決定の取消しの登記の嘱託がされた場合の登記用紙の閉鎖について」民事法務245号6頁）。

　この点，信託法の施行に伴う関係法律の整備等に関する法律（平成18年法律第109号）77条による改正後の会社法937条1項2号ニでは，清算人の選任の裁判を取り消す裁判があったときは，裁判所書記官はその登記を嘱託しなければならないとされ（公布の日から施行），上記の実務上の取扱いが明文化された。

　なお，清算人の選任決定の取消しの登記の登録免許税額は，上記⑵と同様に，申請1件につき6000円であると解される（登税別表第一第24号㈣ニ）。

4　破産手続に関する裁判

(1)　破産手続開始決定の登記

①　総　　論

　破産手続開始の決定があったときは，裁判所書記官から，嘱託書に破産手続開始の決定の裁判書の謄本を添付して，次の登記の嘱託がされる（破産法257条1項・2項，破産規則78条）。これらの登記については，登録免許税は課されない（破産法261条）。

・破産手続開始決定の登記
・破産管財人の氏名又は名称及び住所
・破産管財人の単独職務執行の許可があったときは，その旨
・破産管財人の職務分掌の許可があったときは，その旨及び各破産管財人が分掌する職務の内容

　登記官は，破産手続開始決定の登記をしたときは，既にされている保全管理命令及び保全管理人に関する登記を抹消しなければならない（商登規117条2項1号）。

②　清算結了登記後の破産手続開始決定の取扱い

　既に清算結了の登記がされた会社につき，破産手続開始決定の登記の嘱託があった場合には，登記嘱託書及び添付書面である破産手続開始の決定の裁判書の謄本（破産規則78条）により清算が結了していないものと判断することができるため，清算結了の登記を職権で抹消し，破産手続開始決定の登記をして差し支えないとされている（植田和男・伊藤隆「商業法人登記実務における諸問題」民事月報49巻6号73頁）。

（注）　昭45・7・17民事甲3017号回答との関係

　　　上記昭和45年回答は，清算結了の登記により登記記録が閉鎖された会社

につき，裁判所から清算人職務代行者選任登記の嘱託があった場合でも，申請によって清算結了の登記を抹消して登記記録を復活した上でなければ受理できない（ただし，誰が申請人かは判然としない。）としており，本文との関係につき説明が難しいが，現実問題として，事前の登記申請を求めることが無理を強いることとなる場合も想定されるところであり，私見ではあるが，昭和45年回答の射程範囲を広く捉えるのは相当でないように思われる。

⑵　破産管財人の権限

　破産手続中においては，破産管財人は破産財団の管理処分権を有し，清算人は破産財団に属しない会社の財産の管理処分権を有し，取締役は会社の組織法的行為等の権限を有すると解されている（最判平16・6・10民集58巻5号1178頁，前記2－5の■2の⑵①(a)(vii)の（注）参照）。

　破産手続中の会社の本店移転の登記の申請は，代表取締役によってするとされている（昭56・6・22民四4194号回答）が，これ以外については，その解釈が明らかでなく，申請人においては，裁判所の見解等を聴取するなど，事案に応じた慎重な対応が望まれる。

　（注）　更生会社の管財人等の権限

　　　更生会社の管財人は，その事業の経営及び財産の管理処分をする権限を有しており，破産管財人とは権限の範囲が異なる（会社更生法72条1項）。

　　　更生手続開始決定の登記の後，更生計画認可前に登記事由の生じた①支配人の選任又は解任，②支店の設置，移転又は廃止，③定款変更を伴わない本店移転については，管財人が登記の申請をすべきであり，この場合には，商登法18条の書面を除き，他の書面の添付を要しないとされている（昭51・11・4民四5621号通達，登記研究353号104頁）。

　　　また，本店の移転は，事業の経営に属する事項であるため，保全管理人が選任されている更生手続開始決定前の会社について，代表取締役から本店移転の登記の申請があっても受理することはできないとされている（昭57・6・29民四4230号回答，登記研究416号126頁，鴻・先例百選12頁）。

　　　これらに対し，更生会社の役員の変更登記の申請は，代表取締役によってするとされている（登記研究223号68頁）。

⑶ 破産手続に関するその他の登記

裁判所書記官は，破産手続に関し，次の場合にも，その登記を嘱託しなければならない（破産法257条4項・5項・7項）。

・保全管理命令の発令
・破産手続開始決定の取消決定の確定
・破産手続廃止の決定の確定
・破産手続終結の決定

登記官は，それぞれの登記をした際に，商業登記規則117条2項に従い一定の登記を抹消し，同条3項に従い会社の登記記録を閉鎖する。

なお，破産手続終結決定又は破産手続の同時廃止若しくは異時廃止があった場合には，支店の所在地の登記記録をも閉鎖する必要があるところ，特別清算の終結決定の確定の場合の会社法938条1項のような嘱託規定がないため，支店の所在地の登記所に対し，その登記の嘱託がされないこととなっている（破産法257条7項・1項参照）。そこで，破産手続終結決定又は破産手続の同時廃止若しくは異時廃止の登記をした本店の所在地の登記官は，その旨を支店の所在地の登記所に通知し，通知を受けた支店の所在地の登記所は，当該会社の登記記録を閉鎖するものとされている（平18・8・25民商1999号通知）。

判例・先例索引

大　正

大 5 ・12・19民事甲1952号回答 ………… 20
大判大 6 ・ 2 ・ 2 民録23輯186頁 ……… 80
大10・10・21民事2223号回答 …………… 8
大13・ 3 ・26民事5429号回答 ………… 209
大13・12・17民事1194号回答 ………… 18

昭　和

大判昭 4 ・ 5 ・13大審院民事判例集
　　8 巻 7 号470頁 ………………………… 658
昭 4 ・ 9 ・18民事8379号回答 ………… 208
大判昭10・ 7 ・15大審院民事判例集
　　14巻1401頁 …………………………… 240
昭15・ 2 ・ 1 民事甲1225号回答 ……… 86
昭15・ 3 ・29民事甲350号回答 ……… 85
昭15・ 4 ・ 8 民事甲418号回答 ……… 733
昭25・ 1 ・16民事甲68号通達 ………… 728
昭25・ 1 ・30民事甲72号通達 ………… 525
昭26・ 8 ・21民事甲1717号通達 …… 12, 178
昭26・10・ 3 民事甲1940号回答 ……… 167
昭26・10・12民事甲1983号通達 …… 69, 389
昭27・ 7 ・21民事甲1047号回答 ……… 13
昭27・12・27民事甲905号通達 ……… 167
昭28・ 7 ・29民事局長回答 …………… 82
昭28・10・ 2 民事甲1813号回答 …… 150
昭29・ 1 ・13民事甲2553号回答 …… 81
昭29・ 4 ・12民事甲770号通達
　　………………………… 640, 714, 718
昭29・ 4 ・24民事甲866号通達 ……… 183
昭29・12・21民事甲2613号回答 ……… 8
昭29・12・28民事甲2764号通達 …… 728
昭30・ 2 ・18民事甲354号回答 ……… 14
昭30・ 4 ・26民事甲673号回答 …… 412, 413
昭30・ 5 ・ 6 民事甲553号回答 …… 451
昭30・ 5 ・10民四100号回答 ……… 14, 16
昭30・ 6 ・25民事甲1333号通達 …… 290, 330
昭30・ 8 ・ 8 民事甲1665号回答 …… 62
昭30・ 9 ・12民事甲1886号回答 …… 382

昭30・10・17民事甲2300号通達 ……… 413
昭30・12・17民事甲2686号通達 ……… 113
昭31・ 4 ・ 6 民事甲746号回答 ……… 413
昭31・ 5 ・19民四103号回答 ………… 93
昭31・11・15民事甲2633号回答 ……… 12
昭32・ 8 ・30民事甲1661号回答 ……… 85
昭32・12・24民事甲2419号通達 ……… 187
昭33・ 3 ・18民事甲572号通達 …… 528, 725
昭33・12・23民事甲2655号回答
　　……………… 407, 419, 428, 450, 467
昭34・ 1 ・ 8 民四 2 号回答 ………… 555
昭34・ 1 ・14民事甲2723号回答 …… 639
昭34・ 3 ・ 9 民事甲464号通達 …… 7
昭34・ 4 ・21民事甲772号回答 …… 166
昭34・ 7 ・28民四173号回答 ……… 270
昭34・ 8 ・29民事甲1923号回答 …… 234
昭34・ 9 ・ 4 民事甲1974号回答 …… 20
昭34・ 9 ・23民事甲2136号回答 …… 412
昭34・10・29民事甲2371号回答 …… 508
昭34・11・30民事甲2737号通達 …… 179
昭35・ 3 ・18民事甲666号回答 ……… 714
昭35・ 6 ・ 9 民事甲1422号回答 …… 18, 73
昭35・ 6 ・20民事甲1520号回答 …… 166
昭35・ 8 ・16民四146号回答 ……… 383
昭35・10・20民四197号回答 ……… 413
昭35・11・21民事甲2869号回答 …… 224
昭35・12・ 6 民事甲3060号回答 …… 200
昭35・12・27民事甲2868号回答 …… 86
昭36・ 2 ・ 8 民四35号回答 ………… 731
昭36・ 5 ・ 1 民四81号回答 ………… 151
昭36・ 8 ・14民事甲2016号回答 …… 441
昭36・ 8 ・25民事甲2069号指示 ……… 373
昭36・ 8 ・30民事甲2091号回答 …… 14
福岡高判昭36・ 9 ・28高民14巻 7 号
　　472頁 …………………………………… 96
昭37・ 2 ・22民事甲367号回答 ……… 714
最判昭37・ 3 ・ 8 民集16巻 3 号473頁
　　…………………………………………… 234
昭37・ 6 ・13民事甲1563号回答 …… 274

昭37・6・28民事甲1650号変更指示 ···· 386
昭37・8・18民事甲2350号回答 ········· 412
昭37・9・11民事甲2609号通達
··· 209, 423, 683
昭37・10・15民四215号回答 ············· 383
昭38・3・15民事甲739号回答 ········· 715
昭38・5・14民事甲1357号回答 ········· 639
昭38・5・18民事甲1356号回答
························· 142, 407, 428, 450, 467
昭38・8・21民四208号回答 ············· 533
昭38・9・19民事甲2623号回答 ········· 186
昭38・12・18民四313号回答 ············· 151
昭39・1・24民事甲167号回答 ··········· 13
昭39・1・29民事甲206号通達 ········· 525
昭39・4・7民事甲1500号回答 ···· 270, 310
昭39・8・6民事甲2712号通達 ········· 194
昭39・9・26民四308号回答 ············· 209
昭39・10・3民事甲3197号回答 ···· 412, 413
昭39・12・9民事甲3910号通達 ········· 272
昭39・12・26民事甲4024号回答 ········· 248
昭40・1・13民事甲79号回答 ············· 269
昭40・1・19民事甲104号回答 ········· 210
最判昭40・3・12判例時報412号72頁 ·· 657
昭40・7・13民事甲1747号回答 ········· 389
昭40・7・22民四242号回答 ············· 16
最判昭40・11・11民集19巻8号1953頁
··· 657
昭40・11・13民事甲3214号回答 ········· 235
昭41・1・20民事甲271号回答
····························· 381, 386, 438, 439
昭41・2・7民四75号回答 ············· 187
昭41・8・11民事甲1759号回答 ········· 191
昭41・8・24民事甲2441号回答 ········· 513
昭41・10・5民事甲2875号回答 ···· 285, 292
最判昭41・12・20民集20巻10号2160頁
······································· 406, 428, 449
昭41・12・23民四772号回答 ············· 244
昭42・9・29民事甲2411号回答 ········· 697
昭42・10・23民事甲2923号回答 ········· 354
昭42・11・14民事甲3164号通達 ········· 211
昭43・1・19民事甲207号回答 ········· 105
最判昭43・3・15民集22巻3号625頁
··· 409, 511
昭43・5・2民事甲1265号回答 ········· 528

昭43・8・21民四635号回答 ············· 7
昭43・10・2民事甲3018号通達 ········· 241
最判昭43・12・24民集22巻13号3334頁
··· 411
最判昭44・3・28民集23巻3号645頁 ·· 167
昭44・8・15民四733号回答 ············· 243
昭44・10・3民事甲2028号回答 ········· 232
昭44・10・23民事甲2227号通達 ········· 408
昭45・3・2民事甲875号回答 ···· 195, 729
最判昭45・4・2民集24巻4号223頁
··· 732
昭45・6・29民四468号回答 ············· 235
昭45・7・17民事甲3017号回答 ···· 528, 738
昭45・11・12民四5754号回答 ············· 6
最判昭46・6・24民集25巻4号596頁
··· 143
最判昭46・7・16民集23巻3号645頁
··· 291
昭47・7・26民事甲3036号回答 ········· 732
昭48・1・29民四821号通達
··· 107, 394, 631
最判昭48・2・2民集27巻1号80頁 ····· 75
昭49・8・14民四4637号回答 ···· 441, 454
昭49・11・15民四5938号通知 ········· 510
昭50・4・30民四2249号回答 ········· 249
昭51・3・18民四2157号回答 ········· 244
昭51・11・4民四5621号通達 ········· 741
昭52・8・15民四4079号回答 ··········· 73
昭53・2・21民四1200号回答 ············· 6
昭53・7・14民四3956号回答 ············· 7
昭53・9・18民四5003号回答
··· 418, 430, 453
昭54・2・16民四911号回答 ············· 7
昭54・11・6民四5692号回答 ········· 271
昭54・12・8民四6104号回答
··· 404, 427, 449, 465
昭54・12・24民四6466号回答 ··········· 13
昭55・6・7民四3263号通達 ········· 178
昭56・4・15民四3087号回答 ···· 18, 73
昭56・4・27民四2795号回答 ········· 236
昭56・6・5民四3466号回答 ········· 300
昭56・6・22民四4194号回答 ···· 409, 741
昭56・9・26民四5707号回答 ········· 532
昭56・11・9民四6427号回答 ········· 391

判例・先例索引　　745

昭57・2・12民四1317号回答 ………… 210
昭57・5・19民四3765号回答 ………… 737
昭57・6・29民四4230号回答 ………… 741
昭57・11・12民四6853号回答 ………… 235
昭57・11・13民四6854号回答 ………… 232
昭59・9・26民四4974号回答 …… 384, 612
昭60・3・11民四1480号回答 ………… 384
昭60・3・15民四1603号回答 …… 166, 168
昭60・7・8民四3952号回答 ………… 151
最判昭60・12・20民集39巻8号1869頁
…………………………………………… 143
最判昭61・3・13民集40巻2号229頁 ‥ 704
昭61・9・10民四6912号回答 ………… 286
最判昭62・1・22判例時報1223号136頁
…………………………………………… 609

平　成

平元・9・5民四3520号回答 ………… 413
平2・12・25民四5666号通達
………………… 29, 110, 249, 277, 278, 291
平3・2・15民四1162号通知 ………… 227
平5・11・5民四6928号通知 …………… 6
平6・1・10民四311号通知 ………… 180
最判平6・1・20民集48巻1号1頁 …… 165
平8・7・25民四1350号通知
………………………… 352, 353, 354, 355
最判平9・1・28民集51巻1号71頁 …… 285
平9・3・17民四496号通知 ………… 737
平9・9・19民四1709号通達 ………… 553
東京地判平9・10・13判例時報1654号
137頁 ………………………………… 657
平10・2・10民四270号通知 …… 150, 393
平10・5・22民四986号通知 ………… 16
平11・1・27民四137号通知 ………… 12
平11・2・24民四379号通知
…………………………… 105, 397, 595
平11・4・2民四667号通達 ………… 192
平12・1・5民四9号通知 …………… 86
平12・1・19民四103号通知 ………… 180
平12・10・11民四2310号通知 ……… 180
平13・4・19民商1091号通知 …… 548, 562
平13・12・25民商3126号通知 ……… 12
平14・4・25民商1067号通達
………… 59, 390, 421, 456, 458, 476, 507

平14・6・10民商1407号回答 ………… 137
平14・7・30民商1831号回答 ………… 244
平14・7・31民商1841号通知 ……… 5, 7
平14・8・13民商1921号通知 ………… 362
平14・8・14民商1960号通知 …………… 5
平14・8・28民商2037号通知 …… 276, 331
平14・10・7民商2364号回答 ………… 11
平14・12・18民商3044号回答 …… 147, 172
平14・12・27民商3239号通達
………… 110, 153, 278, 417, 453, 478, 494
平15・4・9民商1078号回答
………………… 438, 440, 443, 444, 447
平15・5・6民商1405号通知 ………… 405
平15・6・30民商1870号回答 …… 107, 394
平16・1・15民商84号通知 ………… 533
最判平16・6・10民集58巻5号1178頁
…………………………………… 408, 741
平16・6・18民商1765号回答 …… 14, 179
最判平16・10・1判例時報1877号70頁
…………………………………………… 409
平17・9・30民商2289号通達 …… 190, 560
平18・1・20民商135号回答 ………… 81
平18・4・5民商873号通知 ………… 624
平18・4・28民商1140号通達 …… 22, 219
最判平18・7・10集民220号689頁 …… 143
平18・8・25民商1999号通知 ………… 742
平18・9・6民総2051号通知 …… 62, 441
平19・1・11民商30号回答 ………… 143
平19・1・17民商91号通達
………………… 118, 279, 626, 644, 685, 688
平19・2・23民商451号通知 ………… 180
平19・4・25民商971号通達
…………………………… 555, 576, 577
最決平19・8・7民集61巻5号2215頁
…………………………………………… 357
平19・8・29民商1753号通知 ………… 405
平19・11・7民商2404号回答 ………… 190
平19・11・12民商2450号回答 ………… 191
東京地決平19・11・12金融・商事判例
1281号52頁 ………………………… 324
平19・12・14民商2722号通知 ………… 731
平20・1・25民商307号通知 …… 578, 581
最判平20・2・26民集62巻2号638頁
…………………………………………… 413

平20・9・30民商2664号回答 ………… 236
平20・10・2民商2653号回答 ………… 12
平20・11・21民商3036号回答 ………… 675
平21・3・16民商433号通知 ………… 104
最判平21・4・17集民230号395頁
　　　………………………………… 409, 452
平21・7・16民商1678号回答 ………… 8
平23・4・1民商816号通知
　　　………………………… 408, 429, 468
最判平24・4・24民集66巻6号2908頁
　　　………………………… 325, 352
最判平24・10・12民集66巻10号3311頁
　　　………………………………… 548
平27・2・6民商13号通達
　　　……………… 60, 357, 486, 488, 489
平27・2・6民商14号通知 ………… 507

平27・2・20民商18号通達
　　　………… 114, 396, 415, 422, 447, 456
平27・3・16民商29号通知 ……… 385, 612
最判平28・1・22民集70巻1号84頁 …… 167
平28・6・23民商98号通達・99号通知
　　　………………………………… 154
平28・6・28民商100号通達
　　　………………………… 107, 394, 415
平28・12・20民商179号通達 … 93, 111, 112
平29・2・10民商15号通達・16号通知
　　　………………………… 107, 394
最決平29・2・21判例タイムズ1436号
　　　102頁 ……………………………… 389
平29・3・17民商41号通達 ……… 113
平29・7・6民商110号回答
　　　………………………… 191, 192, 212

〈著者紹介〉

松井　信憲（まつい　のぶかず）

1994年　東京大学法学部卒業
1996年　東京地方裁判所判事補
1999年　法務省民事局付（参事官室，商事課，総務課）
2009年　佐賀地方裁判所判事
2012年　法務省民事局参事官
2017年　法務省民事局商事課長

【主な著書】
原田晃治編著『一問一答　平成12年改正商法——会社分割
　法制——』（共著，2000年，商事法務研究会）
谷口園恵＝筒井健夫編著『改正　担保・執行法の解説』
　（共著，2004年，商事法務）

商業登記ハンドブック［第3版］

2007年 6 月 1 日　初　版第 1 刷発行
2009年10月10日　第 2 版第 1 刷発行
2015年 5 月15日　第 3 版第 1 刷発行
2017年 8 月15日　第 3 版第 4 刷発行

著　　者　松 井 信 憲

発 行 者　塚 原 秀 夫

発 行 所　株式会社 商 事 法 務
　　　　　〒103-0025 東京都中央区日本橋茅場町3-9-10
　　　　　TEL 03-5614-5643・FAX 03-3664-8844〔営業部〕
　　　　　TEL 03-5614-5649〔書籍出版部〕
　　　　　http://www.shojihomu.co.jp/

落丁・乱丁本はお取替えいたします。　印刷／三英グラフィック・アーツ㈱
© 2015 Nobukazu Matsui　　　　　　　　Printed in Japan
Shojihomu Co., Ltd.
ISBN978-4-7857-2286-9
＊定価はカバーに表示してあります。

JCOPY ＜出版者著作権管理機構　委託出版物＞
本書の無断複製は著作権法上での例外を除き禁じられています。
複製される場合は、そのつど事前に、出版者著作権管理機構
（電話03-3513-6969、FAX 03-3513-6979、e-mail: info@jcopy.or.jp）
の許諾を得てください。